E. S. Varga
Ausgewählte Schriften 1918—1964

Zweiter Band:
Die Wirtschaftskrisen

Herausgegeben vom

Institut für Internationale Politik und Wirtschaft der DDR, Berlin

Wissenschaftliche Bearbeitung: Prof. Dr. habil. Horst Heininger
Prof. Dr. habil. Lutz Maier

E. S. Varga

Ausgewählte Schriften 1918—1964

Zweiter Band:
Die Wirtschaftskrisen

Akademie-Verlag · Berlin
1979

Diesem Band liegen folgende Quellen zugrunde:

Е. С. Варга

Избранные произведения. Экономические кризисы,
Москва 1974, издательство „Наука“

E. Varga

Wirtschaft und Wirtschaftspolitik im II. Vierteljahr 1926,
in: Internationale Pressekorrespondenz, Berlin, 6 (1926), Nr. 102, S. 1671—1681

E. Varga

Wirtschaft und Wirtschaftspolitik im III. Vierteljahr 1926,
in: Internationale Pressekorrespondenz, Berlin, 6 (1926), Nr. 132, S. 2277—2287

E. Varga

Wirtschaft und Wirtschaftspolitik im IV. Vierteljahr 1926,
in: Internationale Pressekorrespondenz, Berlin, 7 (1927), Nr. 14, S. 257—265

E. Varga

Wirtschaft und Wirtschaftspolitik im I. Vierteljahr 1927,
in: Internationale Pressekorrespondenz, Berlin, 7 (1927), Nr. 50, S. 1051—1063

E. Varga

Wirtschaft und Wirtschaftspolitik im II. Vierteljahr 1927,
in: Internationale Pressekorrespondenz, Berlin, 7 (1927), Nr. 78, S. 1669—1677

E. Varga

Wirtschaft und Wirtschaftspolitik im III. Vierteljahr 1927,
in: Internationale Pressekorrespondenz, Berlin, 7 (1927), Nr. 110, S. 2397—2402

E. Varga

Wirtschaft und Wirtschaftspolitik im 1. Vierteljahr 1932,
in: Internationale Pressekorrespondenz, Berlin, 12 (1932), Nr. 39, S. 1185—1199

E. Varga

Die große Krise und ihre politischen Folgen
Moskau—Leningrad 1934, Verlagsgenossenschaft ausländischer Arbeiter in der UdSSR

E. Varga

„Das Kapital“ von Karl Marx und der moderne Kapitalismus,
in: Sowjetwissenschaft/Gesellschaftswissenschaftliche Beiträge, Berlin, 4/1962, S. 352—368

Übertragung der Texte „Neue Erscheinungen während der Weltwirtschaftskrise“, „Die kapitalistische Welt vor einer neuen Krise“ und „Die Wirtschaft des Kapitalismus im zweiten Weltkrieg“ *aus der russischen in die deutsche Sprache: Dr. Paul Freiberg.* Der Text „‚Das Kapital‘ von Karl Marx und der moderne Kapitalismus“ wurde von *Gerda Tuchscheerer aus der russischen in die deutsche Sprache übertragen.*

Inhalt des zweiten Bandes

ACHTER TEIL

Inhalt des ersten Bandes

Inhalt des dritten Bandes

ERSTER TEIL

ZWEITER TEIL

Anhang

Erster Teil

Die Weltwirtschaftskrisen*

* Einleitender Beitrag zum Buch: Mirovoye èconomičeskie krizisy 1848—1935 (Die Weltwirtschaftskrisen 1848—1935). Moskva 1937, Ogiz.

I. Einleitung

Mit der Herrschaft der kapitalistischen Produktionsweise verläuft der Reproduktionsprozeß zyklisch, und Überproduktionskrisen erschüttern ständig die Welt des Kapitalismus.

Um die Möglichkeit von Überproduktionskrisen entstehen zu lassen, mußten die Arbeitsprodukte zu Waren werden, die Warenform der Produktion vorherrschen und die Arbeitskraft als solche sich in eine Ware verwandeln.[1] Nur wenn die Arbeitsprodukte zu Waren werden und die Güterverteilung in der Gesellschaft mit Hilfe des Geldes erfolgt, entsteht die Möglichkeit von Überproduktionskrisen. Aber die Verwandlung der Arbeitsprodukte in Waren bewirkt nur die abstrakte Möglichkeit.

„Allgemeine, abstrakte Möglichkeit der Krise — heißt nichts als die *abstrakteste Form* der Krise, ohne Inhalt, ohne inhaltsvolles Motiv derselben. Verkauf und Kauf können auseinanderfallen. Sie sind also *Krise* potentia ... Wodurch aber diese Möglichkeit der Krise zur Krise wird, ist nicht in dieser Form selbst enthalten; ... Die Weltmarktkrisen müssen als die reale Zusammenfassung und gewaltsame Ausgleichung aller Widersprüche der bürgerlichen Ökonomie gefaßt werden. Die einzelnen Momente, die sich also in diesen Krisen zusammenfassen, müssen also in jeder Sphäre der bürgerlichen Ökonomie hervortreten und entwickelt werden, und je weiter wir in ihr vordringen, müssen einerseits neue Bestimmungen dieses Widerstreits entwickelt, andererseits die abstrakteren Formen desselben als wiederkehrend und enthalten in den konkreteren nachgewiesen werden."[2]

Befaßt man sich mit der Geschichte des Kapitalismus, so sind erste Anzeichen für ständige Überproduktionskrisen bereits Ende des 18. und zu Beginn des 19. Jahrhunderts feststellbar. Aber damals war die kapitalistische Produktionsweise im wesentlichen noch

1 Um den Kapitalismus gegenüber den Werktätigen zu rechtfertigen, versucht die bürgerliche Wissenschaft „Zyklen" und „Überproduktionskrisen" in den vorkapitalistischen Gesellschaftsordnungen zu konstruieren. Ein typisches Beispiel ist dafür das Buch von F. Heichelheim (Wirtschaftliche Schwankungen der Zeit von Alexander bis Augustus, Jena 1930). Gelegentlich traten auch in der Sklavenhalterwirtschaft und im Feudalismus Absatzschwierigkeiten bei Waren auf, doch besteht der grundlegende Unterschied zu den Überproduktionskrisen im Kapitalismus in folgendem:
a) In den vorkapitalistischen Gesellschaftsordnungen tritt bei einigen nicht absetzbaren Waren gelegentlich ein Überschuß auf, jedoch findet niemals eine allgemeine Überproduktion statt, da der größte Teil der erzeugten Güter gar nicht erst zu einer Ware wird;
b) in vorkapitalistischen Gesellschaftsordnungen treten Absatzschwierigkeiten nur zufällig auf, sie sind aber keine ständig wiederkehrende Erscheinung, die sich zwingend aus dem Wesen der Gesellschaftsordnung ergibt;
c) traten bei Waren Absatzschwierigkeiten auf, so berührten diese nicht unmittelbar die Produzenten, d. h. die Sklaven und leibeigenen Bauern; vielmehr betrafen sie vor allem deren Ausbeuter. Von den unmittelbaren Produzenten hatten unter den Überproduktion nur jene wenigen Gruppen von Lohnarbeitern zu leiden, die es in der Sklavenhaltergesellschaft und dem Feudalismus vereinzelt gab (erst als die Konkurrenz zwischen Manufaktur und Zunfthandwerk einsetzte, betraf dies auch die Nebengewerke der Handwerker).

2 Karl Marx, Theorien über den Mehrwert, Zweiter Teil, in: MEW, Bd. 26 2., Berlin 1967, S. 510/511.

auf England und Westeuropa begrenzt. Deshalb hatten die Krisen auch keinen weltumfassenden Charakter; erst seit dem 19. Jahrhundert kann man von „Weltwirtschaftskrisen" sprechen. Die marxistische Wissenschaft geht davon aus, daß periodische Wirtschaftskrisen, die mit einem Zyklus abschließen und mit einem neuen beginnen, erst dann eintraten, als die industrielle Revolution abgeschlossen war und die Industrie den vorherrschenden Einfluß auf die nationale Wirtschaft ausübte, der Außenhandel voll entwickelt war und der Weltmarkt sich gewaltige Gebiete in Amerika, Asien und Australien erschlossen hatte und sich so der Konkurrenzkampf zwischen den Industrieländern entfaltete.

Unter „Weltwirtschaftskrisen" verstehen wir Überproduktionskrisen, die gleichzeitig die führenden kapitalistischen Länder erfassen. Der Beginn jeder Weltwirtschaftskrise kann nur annähernd bestimmt werden, denn die Krisen brechen in den einzelnen Ländern nicht zum gleichen Zeitpunkt aus. Das ergibt sich durch die ungleichmäßige Entwicklung in den einzelnen Produktionszweigen: In einigen Zweigen beginnt die Krise oft ein Jahr später als in anderen.[3] Gestützt auf die Hinweise von Marx und Engels führen wir nach sorgfältiger Analyse der uns zu Verfügung stehenden Angaben in dieser Arbeit folgende Daten für den Ausbruch der Weltwirtschaftskrisen sowie der Krisen in den führenden kapitalistischen Ländern an (vgl. Tabelle 1).

Tabelle 1
Ausbruch der periodischen Industriekrisen

Weltkrisen	Großbritannien	USA	Deutschland	Frankreich	Japan
—	1825	—	—	—	—
—	1836	1837	—	—	—
—	1847	1848	1847	1847	—
1857	1857	1857	1857	1857	—
1866	1866	1865	1866	1867	—
1873	1878	1873	1873	1873	—
1882	1882	1882	1883	1882	—
1890	1890	1893	1890	1891	—
1900	1900	1903	1900	1900	1900
1907	1907	1907	1907	1907	1907
1920	1920	1920	—	—	1920
1929	1929	1929	1929	1930	1929

Bei der Bezeichnung der Wirtschaftskrisen verwenden wir im folgenden in der gesamten Arbeit nur die Jahreszahlen für den Ausbruch der Krisen, nicht dagegen die Jahre, über die sie sich erstrecken. Handelt es sich um Angaben für mehrere Länder, so benutzen wir die Daten für den Ausbruch der Weltkrisen; geht es um ein Land, wird das Jahr des Krisenausbruchs in diesem Land genannt. Wird schließlich ein Einzeldatum für ein Land

3 Bürgerliche Konjunkturforscher bezeichnen als Krisenbeginn meist Ereignisse in der Zirkulationssphäre, wie einen Börsenkrach, Firmenzusammenbrüche usw. Für uns sind die Ereignisse in der produktiven Sphäre entscheidend. Eine Börsenpanik fällt meist nicht mit dem Ausbruch von Krisen zusammen, vielfach liegen ihre Ursachen außerhalb des zyklischen Verlaufs der Reproduktion (drohende Kriegsgefahr usw.).

genannt, so führen wir bei Veränderungen dieses Datums diese als wirkliches Datum an, und zwar unabhängig von dem für die Weltwirtschaftskrise oben genannten Datum.

Die vorstehende Tabelle zeigt, daß die periodischen Wirtschaftskrisen in den einzelnen Ländern zu unterschiedlichen Zeiten ausbrachen, und zwar je nach dem Entwicklungsstand des Kapitalismus in dem betreffenden Land. So brach die erste echte Überproduktionskrise in Großbritannien 1825 aus, in Japan dagegen erst 1900. Da über die ersten Krisen in Großbritannien und den USA keine statistischen Unterlagen vorliegen, können wir ständige statistische Angaben nur für die letzten neun Zyklen oder Krisen bringen. Bei den früheren Krisen müssen wir uns auf einzelne statistische Reihen beschränken.

II. Die Krisen und der Niedergang des Kapitalismus

In der Geschichte der letzten hundert Jahre folgen Zyklus auf Zyklus und eine Krise der anderen. In der Hoffnung, Mittel und Wege zu finden, um den Krisen vorzubeugen, unternimmt die bürgerliche Wissenschaft alles nur mögliche, um den zyklischen Ablauf der kapitalistischen Reproduktion zu begreifen. Mit „wissenschaftlicher Konjunkturforschung" befassen sich große Institute. Aber von einem wirklichem Verständnis der inneren Bewegungsgesetze des Kapitalismus ist die bürgerliche Wissenschaft heute weiter entfernt als zur Zeit von Sismondi. Vor einigen Jahren gab die angesehene Zeitung der britischen Liberalen, der „Manchester Guardian", dies offen zu:

„Wir wissen von der Bewegung der Erde um die Sonne und der Sonne im Weltall mehr, als von den industriellen Zyklen. Wir können die Bewegungen unbekannter und unfaßbar weit entfernter Himmelskörper mit größerer Genauigkeit vorhersagen als die Wirtschaftskrisen."[4]

Warum hat die bürgerliche Wissenschaft bei der Untersuchung der Krisenprobleme so niederschmetternde Ergebnisse aufzuweisen?

In dem Maße, wie der Klassenkampf des Proletariats die Herrschaft der Bourgeoisie in Zweifel stellte, glitt die bürgerliche Politökonomie von der wissenschaftlichen Erforschung der gesellschaftlichen Entwicklungsgesetze zur Apologetik des Kapitalismus ab. Sie verkündet hartnäckig — auch jetzt, nach dem beginnenden Niedergang des Kapitalismus, nach der Beseitigung der Herrschaft der Bourgeoisie auf einem Sechstel des Erdballs —, daß die kapitalistische Gesellschaftsordnung *endgültig* und ewig sei. Sie fürchtet jeden Hinweis auf die Kräfte, die dem Kapitalismus auf der Grundlage seiner eigenen inneren Bewegungsgesetze einen revolutionären Untergang bereiten. Damit verschließt sie sich aber auch den Weg zum Verständnis des Wesens der Krisen, denn der eigentliche Grund für die periodisch wiederkehrenden Krisen und den historisch unvermeidlichen Niedergang des Kapitalismus ist derselbe, nämlich der Widerspruch *zwischen dem gesellschaftlichen Charakter der Produktion und der kapitalistischen Form der Aneignung*.

Die periodisch wiederkehrenden Überproduktionskrisen bedeuten den Ausbruch aller Widersprüche der kapitalistischen Gesellschaftsordnung. Die Hauptursache der Krisen ist der Grundwiderspruch zwischen der gesellschaftlichen Produktion und der privatkapitalistischen Form der Aneignung. Die Krisen stellen eine vorübergehende („momentane") gewaltsame Lösung der entstandenen scharfen Widersprüche in der erweiterten Reproduktion dar. Doch der Grundwiderspruch des Kapitalismus bleibt nicht nur erhalten, sondern wird mit jeder Krise tiefer und führt unvermeidlich zu einer neuen Überproduktionskrise.

Aber diese Aufeinanderfolge der Zyklen und Krisen stellt keine mechanische Wiederholung qualitativ gleicher Erscheinungen dar; jede Krise ist eine weitere Stufe beim Niedergang des Kapitalismus, und zwar nicht nur in ökonomischer, sondern auch in sozialer Hinsicht. Jede Krise vernichtet die Existenz vieler einzelner Kapitalisten; sie läßt die Zahl derjenigen, die an der Erhaltung der kapitalistischen Gesellschaftsordnung interessiert

4 Manchester Guardian vom 9. Januar 1931.

sind, immer mehr schrumpfen und verschärft den Widerspruch zwischen Proletariat und Bourgeoisie, wobei der Gegensatz zwischen der gesellschaftlichen Produktion und der kapitalistischen Aneignung immer schärfere Formen annimmt.

Die Gesamtheit dieser Faktoren bildet die Grundlage für die periodischen Überproduktionskrisen und den historischen Übergangscharakter der kapitalistischen Gesellschaftsordnung. Dadurch können die bürgerlichen und sozialdemokratischen Konjunkturforscher der einzig richtigen Krisentheorie, nämlich der Theorie von Karl Marx, nicht zustimmen. Um die kapitalistische Gesellschaftsordnung zu verteidigen und zu vertuschen, daß die Überproduktionskrisen in wachsendem Maße die Voraussetzungen für den Niedergang des Kapitalismus schaffen, erfinden sie alle möglichen Krisen„theorien“. Nennen wir die wichtigsten davon:

1. Zyklen und Krisen seien keine Besonderheit der kapitalistischen Gesellschaftsordnung, es gab sie in allen Gesellschaftsformationen.

2. Krisen seien nicht gesellschaftlich bedingt, sondern zufälligen Charakters.[5]

3. Die Ursachen der Krisen lägen in der Unterkonsumtion; durch Lohnerhöhungen könne das Kapital den Markt erweitern und Überproduktionskrisen vorbeugen.

4. Anstelle der echten, innerhalb von 8—10 Jahren periodisch wiederkehrenden Zyklen und Krisen werden „große Zyklen“ von 40—50 Jahren erfunden; da andererseits für die allgemeine Krise das Auftreten von Rezessionen innerhalb des Zyklus (Teilkrisen) typisch ist, wird die Theorie von den „Dreijahreszyklen“ entwickelt. Diese und andere „Theorien“ sollen die Bedeutung der echten Krisen bemänteln.

5. Die Krisen, so behaupten andere, seien eine Erscheinung aus der Kredit-, nicht aber der Produktionssphäre. Die Überproduktion von Waren müsse keine Krise, sondern nur eine Produktionseinschränkung bewirken. „Die Krise resultiert aus dem plötzlichen Zusammenbruch des Kreditwesens“. Die Krisenursache läge im Mangel an Leihkapital. Deshalb können man den Ausbruch von Krisen durch „Kreditregulierung“ verhindern.

6. Als Gegengewicht zur marxistischen Theorie, nach der die Krisen unvermeidlich sind und sich periodisch wiederholen, wird eine „Theorie“ entwickelt, wonach die Ursache der Krisen ausschließlich in Disproportionen zwischen einzelnen Produktionszweigen zu suchen sei. Nach dieser „Theorie“ ergeben sich die Krisen nicht aus dem Wesen der kapitalistischen Produktionsweise, sondern sind eine zufällige Erscheinung und können mit Hilfe einer „geplanten Wirtschaft“ im Rahmen des Kapitalismus beseitigt werden (Says Lehre von der „Interessenharmonie“, die von Tugan-Baranovskij entwickelte Möglichkeit einer unbegrenzten Produktion von Produktionsmitteln; falsche Auslegung der Marxschen Reproduktionsschemata, wonach ein krisenfreier Verlauf der Reproduktion möglich sei, wie dies Karl Kautsky und Rudolf Hilferding darlegten).

Anhand des in diesem Buch veröffentlichten umfangreichen Zahlenmaterials kann sich der Leser von der Verlogenheit aller dem Marxismus feindlich eingestellter Krisentheorien überzeugen. Nur auf der Grundlage der einzig richtigen marxistisch-leninistischen Theorie von den Krisen und dem revolutionären Untergang des Kapitalismus kann dieses gesamte Zahlenmaterial ein harmonisches Ganzes bilden.

5 So hält der englische Ökonom W. Jevons die Sonnenflecken(!) mit ihrer Periodizität von 10,5 Jahren für eine Ursache der Krisen, denn von diesen Flecken hänge angeblich der Ernteertrag ab, der nach Auffassung von Jevons wesentlichen Einfluß auf die Wirtschaftskonjunktur habe.

Wir legen in folgendem die Krisentheorie von Marx kurz dar, insoweit dies zum Verständnis des Zahlenmaterials erforderlich ist. Wir halten die Wiedergabe der wichtigsten Grundsätze der marxistisch-leninistischen Theorie auch deshalb für notwendig, weil man in fast allen bürgerlichen und revisionistischen Veröffentlichungen einzelne Thesen der Marxschen Krisentheorie findet, die bewußt aus ihrem dialektischen Zusammenhang gerissen wurden.

III. Die Krisentheorie von Marx

Die Planlosigkeit und Anarchie der Warenproduktion bedingt die Krisen.

Die Hauptursache der Krisen ist der *Widerspruch zwischen der gesellschaftlichen Produktion und der kapitalistischen Aneignung.* Die privatkapitalistische Aneignung proletarisiert unvermeidlich die Massen, was Marx bekanntlich mehrmals als letztliche Ursache der echten Krisen bezeichnet.

Aber die Anarchie, der Widerspruch zwischen gesellschaftlicher Produktion und privater Aneignung und die daraus entspringende Proletarisierung der Massen sind im Kapitalismus ständige Erscheinungen, und zwar sowohl bei Hochkonjunktur als auch in der Krise. Folglich läßt sich mit ihnen nicht der zyklische Ablauf der kapitalistischen Reproduktion erklären. Die Triebkraft für den zyklischen Ablauf der Reproduktion ist nach Marx die Kapitalakkumulation, die bis zu einer gewissen Grenze zur Erweiterung des kapitalistischen Marktes führt, dann aber unmittelbar zu einer Ursache der Krise wird.

Im Kapitalismus zwingt die Konkurrenz „bei Strafe des Untergangs" zur Akkumulation, d. h. dazu, einen Teil des von der Bourgeoisie angeeigneten Mehrwertes nicht für die individuelle Konsumtion, sondern zur Erhöhung des Kapitals, in erster Linie zur Erneuerung und Erweiterung des fixen Kapitals einzusetzen, was zur Senkung der Produktionskosten und zur beschleunigten Selbstverwertung des Kapitals beiträgt. Die reale Akkumulation führt zur Überwindung der Phase der Depression (im Unterschied zur einfachen Akkumulation des Geldkapitals, die keinen unmittelbaren Einfluß auf den Verlauf des Zyklus hat). Solange der Prozeß der realen Akkumulation und vor allem der Erweiterung des fixen Kapitals anhält, dehnt sich der kapitalistische Markt aus; die Akkumulation bewirkt den Übergang zur Phase der Belebung und zum Aufschwung. In diesen Phasen des Zyklus treten die Kapitalisten immer stärker als Käufer von Waren der Abteilung I auf.

„Daß die Entwicklung der Produktion (und folglich auch des inneren Marktes) hauptsächlich auf der Linie der Produktionsmittel erfolgt, erscheint paradox und stellt zweifelsohne einen Widerspruch dar. Es ist tatsächlich ‚eine Produktion für die Produktion', eine Erweiterung der Produktion ohne entsprechende Erweiterung der Konsumtion. Aber dies ist ein Widerspruch nicht der Doktrin, sondern des wirklichen Lebens; es ist eben ein solcher Widerspruch, der dem ganzen Wesen des Kapitalismus und den sonstigen Widersprüchen dieses Wirtschaftssystems entspricht."[6]

Die steigende Produktion in der Abteilung I führt zur Erhöhung des variablen Kapitals, d. h. der Summe von v, wodurch der Absatz von Konsumtionsmitteln steigt und die Belebung sich auch auf die Abteilung II auswirkt. Somit ist die Erneuerung des fixen Kapitals die „materielle Grundlage" für den zyklischen Verlauf der Reproduktion.

Aber die Kapitalisten können die von ihnen hergestellten Produktionsmittel nicht endlos untereinander kaufen. Alle Produktionsmittel dienen letztlich zur Herstellung von Konsumtionsmitteln. Deshalb setzt der Absatz von Waren der Abteilung II, d. h., die „Konsum-

6 W. I. Lenin, Die Entwicklung des Kapitalismus in Rußland, in: Werke, Bd. 3, Berlin 1956, S. 44.

tionskraft der Gesellschaft"[7] auch dem Absatz der Waren der Abteilung I Grenzen; die hier bestehenden Grenzen beweisen überzeugend die Zwangsläufigkeit der periodischen Überproduktionskrisen.

Diese entscheidende Bedeutung der Konsumtionskraft der Gesellschaft hebt Marx besonders an der Stelle hervor, wo er sehr konkret von der Unvermeidlichkeit der Krisen spricht:

„Die Bedingungen der unmittelbaren Exploitation und die ihrer Realisation sind nicht identisch. Sie fallen nicht nur nach Zeit und Ort, sondern auch begrifflich auseinander. Die einen sind nur beschränkt durch die Produktivkraft der Gesellschaft, die andren durch die Proportionalität der verschiednen Produktionszweige und durch die Konsumtionskraft der Gesellschaft. Dies letztere ist aber bestimmt weder durch die absolute Produktionskraft noch durch die absolute Konsumtionskraft, sondern durch die Konsumtionskraft auf Basis antagonistischer Distributionsverhältnisse, welche die Konsumtion der großen Masse der Gesellschaft auf ein nur innerhalb mehr oder minder enger Grenzen veränderliches Minimum reduziert. Sie ist ferner beschränkt durch den Akkumulationstrieb, den Trieb nach Vergrößerung des Kapitals und nach Produktion von Mehrwert auf erweiterter Stufenleiter. Dies ist Gesetz für die kapitalistische Produktion, gegeben durch die beständigen Revolutionen in den Produktionsmethoden selbst, die damit beständig verknüpfte Entwertung von vorhandenem Kapital, den allgemeinen Konkurrenzkampf und die Notwendigkeit, die Produktion zu verbessern und ihre Stufenleiter auszudehnen, bloß als Erhaltungsmittel und bei Strafe des Untergangs. Der Markt muß daher beständig ausgedehnt werden, so daß seine Zusammenhänge und die sie regelnden Bedingungen immer mehr die Gestalt eines von den Produzenten unabhängigen Naturgesetzes annehmen, immer unkontrollierbarer werden. Der innere Widerspruch sucht sich auszugleichen durch Ausdehnung des äußern Feldes der Produktion. Je mehr sich aber die Produktivkraft entwickelt, um so mehr gerät sie in Widerspruch mit der engen Basis, worauf die Konsumtionsverhältnisse beruhen."[8]

Deshalb muß die Akkumulation, die den Markt erweitert und zur Belebung und zum Aufschwung führt, in einem bestimmten Augenblick zwangsläufig die Krise auslösen. Ist die Erweiterung des fixen Kapitals zu einem Teil beendet und beginnen die neuen Maschinen und neuen Werke eine erhöhte Menge von Waren, insbesondere von Waren der Abteilung II, auf den Markt zu werfen, so stellt sich heraus, daß die Kaufkraft der Gesellschaft zu gering ist, um die Waren aufzunehmen, die infolge der erhöhten Produktion auf den Markt geworfen wurden. Die Krise wird unvermeidlich.

Somit muß die Akkumulation zur Überproduktion führen. Sie ähnelt sogar einer verborgenen Überproduktion, worauf Marx verwies. In der Landwirtschaft (wie in allen anderen kapitalistisch betriebenen Produktionszweigen) gibt es ständig jene relative Überproduktion, die als solche mit der Akkumulation identisch ist. Marx zeigt gleichzeitig, daß die Akkumulation, die Konsumtionskraft der Gesellschaft und die Disproportionen keine Krisenfaktoren sind, die unabhängig voneinander wirken. Der Widerspruch zwischen der gesellschaftlichen Produktion und der privatkapitalistischen Aneignung zwingt zur Akkumulation; die Akkumulation verringert die Konsumtionskraft der Gesellschaft, sie ist gleichbedeutend mit einer ständigen relativen Überproduktion; folglich ist die *Disproportionalität im Kapitalismus kein Zufall, sondern zwingende Notwendigkeit*.

7 Unter „Konsumtionskraft der Gesellschaft" versteht Marx $v + (m - a)$, d. h. das variable Kapital plus Mehrwert abzüglich des akkumulierten Teils.

8 Karl Marx, Das Kapital, Dritter Band, in: MEW, Bd. 25, Berlin 1969, S. 254/255.

Tabelle 2
USA — Rückgang der Industrieproduktion vom Höchststand vor der Krise auf den niedrigsten Stand während der Krise (in %)

	Krisenjahre								
	1857	1865	1873	1882	1893	1903	1907	1920	1929
Industrie									
Gesamtindex der Industrieproduktion	—	—	—	—	—	—	—	23,0	46,2
Produktionsindex der verarbeitenden Industrie	—	—	—	—	—	2,2	16,4	22,6	47,2
Produktionsindex des Bergbaus	—	—	—	—	—	Zunahme	17,9	19,5	38,3
Erzeugung von Elektroenergie (Kraftwerke)	—	—	—	—	—	—	—	6,5	14,8
Kohleförderung	1,7	Zunahme	9,1	7,5	6,4	1,6	13,4	27,5	40,9
Erdölförderung	—	6,6	16,3	28,3	10,8	Zunahme	Zunahme	Zunahme	22,1
Eisenerzförderung	—	—	—	—	28,8	22,5	30,4	56,4	86,6
Roheisenerzeugung	20,2	17,9	27,0	12,5	27,3	8,4	38,2	54,8	79,4
Stahlerzeugung	—	—	Zunahme	10,7	18,4	7,3	40,0	53,1	75,8
Kupfergewinnung	Zunahme	Zunahme	Zunahme	Zunahme	4,5	Zunahme	5,3	73,5	77,5
Index des Absatzes von Werkzeugmaschinen	—	—	—	—	—	—	—	—	86,7
Index neuer Aufträge	—	—	—	—	—	—	—	—	87,5
Neubau von Eisenbahnen	—	—	—	—	—	36,4	42,8	—	97,6
Lokomotivbau	—	—	—	64,9	69,8	33,2	68,2	58,2	94,6
Produktion von Eisenbahnwagen (Personenwagen)	—	—	—	—	—	62,6	73,0	70,2	97,3
Automobilbau	—	—	—	—	—	—	Zunahme	28,3	74,4
Gesamtindex des Umfangs der abgeschlossenen Bauverträge (7 Staaten)	—	—	—	Zunahme	31,3	14,3	23,2	19,4	81,5*
Verbrauch an Baumwolle	27,4	—	9,0	15,4	19,8	3,9	8,9	20,0	31,0
Erzeugung von Kunstseide	—	—	—	—	—	—	—	Zunahme	10,7
Produktionsindex der Nahrungsmittelindustrie	—	—	—	—	—	—	—	1,2	18,4
Gesamtindex der Großhandelspreise	16,2	—	—	24,1	10,3	0	3,2	37,6	53,9**
Export (Ohne Reexport)	10,0	26,3	12,3	13,4	15,7	2,2	10,2	53,4	75,7**
Nettoimport	27,2	30,2	28,6	22,0	20,2	Zunahme	21,7	53,2	77,6**
Kurs der Industrieaktien	—	—	—	31,3	24,6	22,9	20,2	26,0	79,1

* 37 Staaten, Index des Wertes der abgeschlossenen Verträge.
** umgerechnet auf Goldbasis.

Deshalb sind alle Versuche von Bernstein, Kautsky, Hilferding und anderen, die Marxschen Schemata so „auszulegen", als ob Marx damit die Möglichkeit einer krisenlosen Entwicklung der kapitalistischen Reproduktion nachweisen wollte[9], sowohl dem Buchstaben als auch dem Geiste nach eine plumpe Verfälschung einer wichtigen marxistischen Grundthese.

Marx betrachtet die Reproduktionsschemata als Beweis, daß Disproportionen zwangsläufig auftreten, selbst bei einer „idealen Normalproduktion": „. . . solches Mißverhältnis (kann und muß) bei bloßer *Erhaltung* des fixen Kapitals entspringen . . . sie (kann und muß) entspringen . . . bei Voraussetzung einer idealen Normalproduktion, bei einfacher Reproduktion des bereits fungierenden gesellschaftlichen Kapitals . . ."[10]

Was hier am Beispiel eines Aspekts hervorgehoben wird (daß nämlich sogar die „ideale Normalproduktion" die Krise einschließt), ist im folgenden in allgemeiner Form weiterentwickelt: „Die Tatsache, daß die Warenproduktion die allgemeine Form der kapitalistischen Produktion ist, . . . erzeugt gewisse, dieser Produktionsweise eigentümliche Bedingungen des normalen Umsatzes, also des normalen Verlaufs der Reproduktion, sei es auf einfacher, sei es auf erweiterter Stufenleiter, die in ebenso viele Bedingungen des anormalen Verlaufs, Möglichkeiten von Krisen umschlagen, da das Gleichgewicht — bei der naturwüchsigen Gestaltung dieser Produktion — selbst ein Zufall ist."[11]

Im Kapitalismus ist die Disproportionalität kein Zufall, sondern eine Notwendigkeit, die aus dem Wesen der kapitalistischen Gesellschaftsordnung resultiert.

Dies wird im einzelnen durch Tabelle 2 belegt, die das Ausmaß der Krise in den Vereinigten Staaten zeigt.

Die marxistische Wissenschaft hat festgestellt, daß der Zyklus bis zu einem gewisssen Zeitpunkt meistens 10 bis 11 Jahre umfaßt. Es besteht aber kein Grund anzunehmen, daß dieser Zeitraum unveränderlich ist. Nach den Gesetzen des Kapitalismus kann man vielmehr davon ausgehen, daß sich dieser Zeitraum verändert und in der Tendenz kürzer wird.

Dies sind die wichtigsten Aspekte der marxistischen Krisentheorie.

Die von Marx vorgenommene Analyse der Krisen wurde von W. I. Lenin in hervorragender Weise fortgeführt. Lenin benutzte die Krisentheorie, um an zwei Fronten zu kämpfen: einmal gegen apologetische Auffassungen und zum anderen gegen reaktionäre kleinbürgerliche utopische Theorien. Viele ausgezeichnete Arbeiten Lenins sind dem unversöhnlichen Kampf gegen diese beiden Lager gewidmet, die dem revolutionären Proletariat und seiner Lehre feindlich gegenüberstehen. Lenin entwickelt hier in genialer Weise die Lehre von Marx über die historische Rolle und das historische Schicksal des Kapitalismus im allgemeinen und der marxistischen Krisentheorie im besonderen weiter.

Nur auf der Grundlage der Theorien von Marx, Engels und Lenin kann man das im vorliegenden Buch enthaltene reiche Zahlenmaterial erfassen und richtig beurteilen.

9 So schrieb Hilferding bereits in seinem „Finanzkapital": „Aber zugleich zeigen diese Schemata, daß in der kapitalistischen Produktion sowohl Reproduktion auf einfacher als auf erweiterter Stufenleiter ungestört vor sich gehen kann, wenn nur diese Proportionen erhalten bleiben . . . ebensowenig folgt aus den Schemata an sich die Möglichkeit einer allgemeinen Überproduktion von Waren, vielmehr läßt sich jede Ausdehnung der Produktion als möglich zeigen, die überhaupt bei den vorhandenen Produktivkräften stattfinden kann." (Rudolf Hilferding, Das Finanzkapital, Berlin 1955, S. 378.) Ähnliche Auffassungen finden wir bei Karl Kautsky, Otto Bauer usw.

10 Karl Marx, Das Kapital, Zweiter Band, in: MEW, Bd. 24, Berlin 1970, S. 465.

11 Ebenda, S. 490/491.

IV. Allgemeine Charakteristik der Krisen in den einzelnen Perioden des Kapitalismus

Die periodischen Krisen in der Industrie ergeben sich zwangsläufig aus den inneren Bewegungsgesetzen der kapitalistischen Produktionsweise. Diese allgemeine Feststellung reicht natürlich nicht aus, um die einzelnen konkreten Zyklen und Krisen zu charakterisieren. *Jeder Zyklus und jede Krise hat ihren besonderen historischen Charakter*, der durch zahlreiche Faktoren bestimmt wird. Der Verlauf der Zyklen und Krisen ändert sich mit der Entwicklung des Kapitalismus, d. h. vom industriellen Kapitalismus der freien Konkurrenz zum Monopolkapitalismus und zur Epoche der allgemeinen Krise des Kapitalismus. Sehr großen Einfluß auf die Zyklen und Krisen hat die Agrarkrise. Ökonomische „Zufälligkeiten", wie Mißernten, Entdeckung reicher Goldvorkommen usw. verändern den Ablauf der Zyklen. Zahlreiche Faktoren, die nicht ökonomisch bedingt sind, wie Epidemien, Kriege, Aufstände und Revolutionen wirken sich auf ihren Verlauf aus.

Aber nicht nur jede Weltkrise hat ihre besonderen charakteristischen Merkmale, auch in den einzelnen Ländern verläuft die Entwicklung ungleichmäßig, und innerhalb der einzelnen Länder entwickeln sich die einzelnen Industriezweige ebenfalls außerordentlich unterschiedlich.

Es gibt „neue" Zweige, die rasch wachsen, und daneben „alte" Zweige, die unabhängig vom zyklischen Verlauf der Reproduktion eine rückläufige Tendenz aufweisen.

Tabelle 3 zeigt die ungleichmäßige Entwicklung der Industrieproduktion vor dem Krieg (unabhängig von zyklischen Schwankungen).

Tabelle 3
Entwicklung der Industrieproduktion (1913 = 100)

Jahr	Großbritannien	Frankreich	Deutschland	USA	Gesamte Welt
1860	34	26	14	8	14
1870	44	34	18	11	19
1880	53	43	25	17	26
1890	62	56	40	39	43
1900	79	66	65	54	60

Quelle
R. Wagenführ, Die Industriewirtschaft, Entwicklungstendenzen der deutschen und internationalen Industrieproduktion 1860 bis 1932, „Vierteljahreshefte zur Konjunkturforschung", Sonderheft 31, Berlin 1933, S. 18.

Obwohl diese Ziffern nicht sehr genau sind, vermitteln sie trotzdem eine allgemeine Vorstellung vom relativen Zurückbleiben Großbritanniens und Frankreichs und vom stürmischen Aufschwung der USA. Natürlich können Länder mit rasch wachsender Industrieproduktion und Länder mit einem relativ langsamer verlaufenden Aufschwung nicht einen gleichen Ablauf des Zyklus aufweisen.

Diese ungleichmäßige und sprunghafte Entwicklung veränderte rasch das Gewicht und die Bedeutung der einzelnen Länder in der Weltwirtschaft. Tabelle 4 gibt eine teilweise

Vorstellung davon, wie sich der Anteil der kapitalistischen Länder an der Weltindustrieproduktion veränderte.

Tabelle 4
„Rangordnung" einzelner Länder in der Weltindustrieproduktion

Es standen in der Weltindustrieproduktion an	1860	1870	1880	1890	1900—1913
1. Stelle	Großbritannien	Großbritannien	USA	USA	USA
2. Stelle	Frankreich	USA	Großbritannien	Großbritannien	Deutschland
3. Stelle	USA	Frankreich	Deutschland	Deutschland	Großbritannien
4. Stelle	Deutschland	Deutschland	Frankreich	Frankreich	Frankreich

Die einzelnen Industriezweige entwickeln sich in jedem Land außerordentlich ungleichmäßig: Während bestimmter Zeiträume weisen einige Industriezweige ein kontinuierliches Wachstum auf, das um ein Mehrfaches über dem durchschnittlichen Wachstumstempo der gesamten Industrie liegt. Als Beispiel kann dafür die Entwicklung der deutschen Industrie dienen.

Deutsche Industriezweige mit besonders hohen Zuwachsraten (durchschnittliche jährliche Zunahme innerhalb eines Jahrzehnts)

1860—1870	%
Industrie insgesamt	2,7
Gas	24,3
Eisenerz	17,1
Eisen	18,2
Kupfererz	12,2
Kupfer	14,9
Steinkohle	11,4
Braunkohle	7,4

1870—1880	%
Industrie insgesamt	4,1
Jute	25,2
Schwefelsäure	20,0
Kupfererz	13,3
Kupfer	18,0

1880—1890	%
Industrie insgesamt	6,4
Jute	30,3
Nickel	19,6
Stahl	15,8
Zement	23,5
Schwefelsäure	22,4

1890—1900	%
Industrie insgesamt	6,1
Aluminium	270,0
Stahl	31,3
Kautschuk	18,6

1900—1913	%
Industrie insgesamt	4,2
Automobile	270,0
Aluminium	60,3
Nickel	22,6

Quelle
R. Wagenführ, Die Industriewirtschaft, Entwicklungstendenzen der deutschen und internationalen Industrieproduktion 1860 bis 1932, in: Vierteljahreshefte zur Konjunkturforschung, Sonderheft 31, a. a. O., S. 18.

Die ungleichmäßige Entwicklung in den einzelnen Ländern und einzelnen Produktionszweigen beeinflußt natürlich in jedem Fall den Verlauf der industriellen Zyklen und Krisen. Dazu kommen die weiter oben genannten Faktoren wie Kriege, koloniale Eroberungen, Agrarkrise, Mißernten usw., die den Verlauf modifzieren. Deshalb kann man den konkreten Verlauf aller Zyklen und Krisen nicht erschöpfend analysieren, denn das hieße die Geschichte des Kapitalismus zu schreiben. Wir müssen uns deshalb darauf beschränken, die typischen Besonderheiten im Zyklen- und Krisenverlauf während der einzelnen Entwicklungsperioden des Kapitalismus in allgemeiner Form zu beschreiben und den Einfluß der wesentlichsten nichtzyklischen Faktoren kurz darzulegen.

Zyklen und Krisen in der ersten Hälfte des 19. Jahrhunderts

Infolge fehlender statistischer Unterlagen lassen sich die Krisen in der ersten Hälfte des 19. Jahrhunderts nur sehr schwer einschätzen. Um die Krisen in diesem Zeitraum zu beurteilen, sind unseres Erachtens folgende Aspekte sehr wichtig.

Die zyklische Entwicklung finden wir vor allem in dem einzigen vollentwickelten kapitalistischen Land, nämlich in Großbritannien. Die Geschäftswelt verfügte damals über kein umfassendes Kommunikationsmittel (es gab keine Telegraphie, kein Telefon, kein Radio, keine Flugzeuge oder Eisenbahnen, die die Länder des europäischen Kontinents verbunden hätten), und so erhielt sie erst sehr spät Kenntnis vom Stand der Märkte, vor allem jenseits des Ozeans, was Spekulationen und Betrügereien förderte. Die Krisen entstanden vor allem im Handel, in der Geld- und Kreditsphäre und nur zum geringsten Teil in der Produktion.[12]

Der in der Krise zum Ausdruck kommende Widerspruch zwischen dem Bestreben des Kapitals, die Produktion möglichst stark auszuweiten, und der begrenzten Konsumtionskraft der Gesellschaft wurde relativ leicht überwunden, denn die Erweiterung des Binnenmarktes (auf den weiter unten eingegangen wird) und der Außenmärkte (Kolonien) erfolgte damals sehr rasch. Deshalb erstreckten sich Krisen und Depression nur über eine relativ kurze Zeit.

Zu Beginn dieser Periode waren die Warenpreise infolge der Napoleonischen Kriege außerordentlich hoch, und so brachte die Krise von 1825 einen starken Rückgang der Preise.

Am Ausgang dieser Periode standen die bürgerlichen Revolutionen von 1848 auf dem europäischen Kontinent und die Entdeckung der großen Goldlagerstätten in Kalifornien und Australien. Die stark ansteigende Goldförderung wirkte auf den Zyklus von 1847—1857 erheblich ein. Die neuentdeckten Goldfördergebiete hatten einen großen Bedarf an allen Arten von Waren, was der Produktion in Europa einen bedeutenden Auftrieb brachte. Die beträchtlichen Mengen an neuem Gold, die mit relativ niedrigen Produktionskosten gefördert wurden, bewirkten tendenzielle Preiserhöhungen, ließen den Reallohn der Arbeiter sinken und die Mehrwertrate steigen.

12 Marx schrieb, die zu erwartende Krise (1857) „wird . . . viel gefährlicher in ihrer Art sein als im Jahre 1847, als sie mehr den Charakter einer Geld- und kommerziellen Krise trug als den einer industriellen." (Karl Marx, Pauperismus und Freihandel — Die drohende Handelskrise, in: MEW, Bd. 8, Berlin 1960, S. 371.)

Im letzten Jahrzehnt dieser Periode gewann der Eisenbahnbau zunehmende Bedeutung für den Verlauf des Zyklus. Um diese Rolle des Eisenbahnbaus, die viele Jahrzehnte hindurch anhielt, zu verstehen, muß man sich folgendes vergegenwärtigen. Die Errichtung der Eisenbahnen bedeutet einen erweiterten Absatzmarkt für Waren der Abteilung I. Aber die Eisenbahnen unterscheiden sich von anderen Waren der Abteilung I dadurch, daß sie nur dem Transport von Waren, nicht aber zu deren Herstellung dienen. Somit vergrößern sie nicht die Masse der produzierten Waren, sie bedeuten also keine Erweiterung der Produktionsmittel im engeren Sinne. Da sie die Produktion nicht unmittelbar erhöhen, tragen sie dazu bei, den kapitalistischen Markt zu erweitern und erleichtern den Absatz der kapitalistisch hergestellten Industrieerzeugnisse an solchen Plätzen, zu denen die Waren früher keinen Zugang hatten oder zu denen ihr Transport zu teuer kam. Deshalb verlängerte der mit ungeheuren Investitionen verbundene Bau von Eisenbahnen den Zeitraum, innerhalb dessen sich der Widerspruch zwischen dem unbegrenzten Streben des Kapitals nach Ausdehnung und den beschränkten Konsumtionsmöglichkeiten der Gesellschaft — in Form einer Überproduktionskrise — entlud (nebenbei gesagt war der Eisenbahnbau auch mit erheblichen Spekulationen während der Gründerzeit verbunden, die zu großen Börsenkrachs und Firmenzusammenbrüchen führten).

Zyklen und Krisen im dritten Viertel des 19. Jahrhunderts

Mitte des 19. Jahrhunderts setzte sich die kapitalistische Entwicklung nach England in einer ganzen Reihe weiterer Länder durch; deshalb kann man die Krise von 1857 auch als erste internationale Krise bezeichnen.

Das dritte Viertel des 19. Jahrhunderts war durch mehrere Kriege gekennzeichnet: den englisch-chinesischen Krieg, den Krim-Krieg, den österreichisch-französischen Krieg im Jahre 1859 in Italien, den österreichisch-preußischen Krieg von 1866, den französisch-preußischen Krieg von 1870 und den Krieg zwischen den Nord- und Südstaaten Nordamerikas. Mit Ausnahme des zuletzt genannten Krieges waren alle nur von kurzer Dauer oder wurden mit relativ geringen militärischen Kräften geführt (wie der Krim-Krieg). Erst der nordamerikanische Bürgerkrieg, der fast die gesamte Versorgung Europas mit amerikanischer Baumwolle lahmlegte, hemmte zeitweilig das Wachstum der Industrie;[13] alle übrigen Kriege förderten jedoch die industrielle Entwicklung (nationale Einigung in Italien und Deutschland). Es war dies eine Periode, in der sich der Kapitalismus in den wichtigsten Ländern rasch entwickelte[14], gefördert vor allem durch die Freiheit des Handels, den ausgedehnten Eisenbahnbau und durch große Rüstungsaufträge. Die Krise von 1857 begann dann auch erstmals in der Geschichte des Kapitalismus nicht in England, sondern in den Vereinigten Staaten!

13 In England „standen nach den authentischen Schätzungen im Oktober 1862 60,3% der Spindeln und 58% der Webstühle still." (Karl Marx, Das Kapital, Erster Band, in: MEW, Bd. 23, Berlin 1962, S. 480.)

14 In bezug auf Deutschland haben Marx und Engels mehrfach hervorgehoben, daß „in Deutschland ... die große Industrie erst von 1848 (datiert) und ... das größte Vermächtnis dieses Jahrs (ist)" (Engels an Karl Kautsky, 8. 11. 1884, in: MEW, Bd. 36, Berlin 1967, S. 230). „Die Periode von 1849 bis 1859 (stellt) eine Epoche dar ..., die in der ökonomischen Entwicklung Deutschlands beispiellos ist. Während dieser Zeit hat es sich gewissermaßen aus einem landwirtschaftlichen in ein industrielles Land verwandelt." (Karl Marx, Eine preußische Meinung zum Krieg, in: MEW, Bd. 13, Berlin 1972, S. 354.)

Wie die Krise von 1857 war auch die Krise von 1866 nicht sehr tief und dauerte nur relativ kurze Zeit. Die rasche Einbeziehung der selbständigen — nichtkapitalistischen — Produzenten in den kapitalistischen Warenumschlag, die für die Erweiterung des Binnenmarktes in der gesamten zweiten Hälfte des 19. Jahrhunderts charakteristisch war, trug dazu bei, daß die Krisen schnell überwunden wurden.

Wir müssen noch etwas eingehender bei der Erweiterung des kapitalistischen Marktes verweilen, denn sie spielte für den Verlauf der Krisen im 19. Jahrhundert eine außerordentlich wichtige Rolle und hatte gleichzeitig große Bedeutung für die Verschärfung der Überproduktionskrisen, die für die Periode der allgemeinen Krise des Kapitalismus charakteristisch ist.

Mitte des 19. Jahrhunderts waren alle Länder mit Ausnahme Großbritanniens trotz ihrer kapitalistischen Entwicklung Agrarländer. Die Mehrheit der Bevölkerung bestand aus Bauern, die — vor allem für ihren eigenen Bedarf — nicht nur alle Nahrungsmittel, sondern auch einen Teil der Produktionsmittel herstellten, wie Kleidung und Haushaltsgeräte, oder ihre Häuser selbst errichteten usw. Teilweise wurde der Bedarf an Industrieerzeugnissen durch die Handwerker in den Dörfern gedeckt (die meistens ebenfalls Landwirtschaft betrieben). Deshalb treffen die Ausführungen Lenins in seiner Arbeit „Die Entwicklung des Kapitalismus in Rußland" auf die fortgeschrittenen Länder Europas in der Mitte des 19. Jahrhunderts voll und ganz zu. Der Zerfall der bäuerlichen Naturalwirtschaft schafft den kapitalistischen Binnenmarkt bzw. erweiterte Möglichkeiten für den Absatz der kapitalistisch hergestellten Waren. Lenin sagt: „. . . Der grundlegende Prozeß bei der Bildung des inneren Marktes (d. h. der Entwicklung der Warenproduktion und des Kapitalismus) ist die gesellschaftliche Arbeitsteilung. Sie besteht darin, daß sich nacheinander die verschiedenen Arten der Rohstoffverarbeitung (und die verschiedenen zu dieser Verarbeitung notwendigen Operationen) von der Landwirtschaft loslösen und sich selbständige Industriezweige bilden, die ihre Produkte (jetzt bereits *Waren*) gegen Produkte der Landwirtschaft austauschen. Damit wird die Landwirtschaft selbst zu einer Industrie (d. h. zu Warenproduktion), und es vollzieht sich in ihr derselbe Spezialisierungsprozeß."[15]

Mit der Erweiterung der Warenproduktion erfolgt innerhalb der Bauernschaft ein Differenzierungs- und Zerfallsprozeß. Einerseits entstand die dörfliche Bourgeoisie und andererseits das landwirtschaftliche Proletariat, wodurch der kapitalistische Markt eine zusätzliche Ausdehnung erfuhr, obwohl weitere Teile der bäuerlichen Bevölkerung ruiniert wurden.

„Folglich schafft die Verwandlung der Bauernschaft in Landproletariat in der Hauptsache einen Markt für Konsumtionsmittel, die Verwandlung der Bauernschaft in Dorfbourgeoisie in der Hauptsache einen Markt für Produktionsmittel. Mit anderen Worten, in den unteren Gruppen der ‚Bauernschaft' beobachten wir die Verwandlung der Arbeitskraft in Ware, in den oberen die Verwandlung der Produktionsmittel in Kapital."[16]

Auch an anderer Stelle seiner Arbeit weist Lenin darauf hin, wie der Zerfall der bäuerlichen Naturalwirtschaft den kapitalistischen Markt erweitert: „. . . Das Wachstum der warenproduzierenden Landwirtschaft schafft den inneren Markt für den Kapitalismus. Erstens führt die Spezialisierung der Landwirtschaft zum Austausch zwischen den verschiedenen landwirtschaftlichen Gebieten, zwischen den verschiedenen landwirtschaftlichen

15 W. I. Lenin, Die Entwicklung des Kapitalismus in Rußland, in: Werke, Bd. 3, a. a. O., S. 56.
16 Ebenda, S. 160.

Betrieben und zum Austausch der verschiedenen landwirtschaftlichen Erzeugnisse. Zweitens: je mehr die Landwirtschaft in die Warenproduktion einbezogen wird, um so rascher wächst die Nachfrage der Landbevölkerung nach Erzeugnissen der verarbeitenden Industrie, die der individuellen Konsumtion dienen; um so rascher wächst drittens die Nachfrage nach Produktionsmitteln, da mit den veralteten ‚bäuerlichen' Gerätschaften, Baulichkeiten usw. weder der kleine noch der große ländliche Unternehmer die neue, warenproduzierende Landwirtschaft betreiben kann. Viertens schließlich entsteht eine Nachfrage nach Arbeitskräften, da die Bildung einer ländlichen Kleinbourgeoisie und der Übergang der Grundeigentümer zu kapitalistischer Wirtschaft die Bildung eines Kontingents von ständigen und nichtständigen Landarbeitern voraussetzt. Nur durch das Wachstum der warenproduzierenden Landwirtschaft läßt sich auch der Umstand erklären, daß die Epoche nach der Reform durch die Erweiterung des inneren Marktes für den Kapitalismus gekennzeichnet ist . . ."[17]

Dieser Prozeß der „Entbauerung" der Bauernschaft, wie es Lenin bezeichnet, schafft eine (vom Standpunkt des „reinen" Kapitalismus) *zusätzliche Erweiterung des kapitalistischen Absatzmarktes* (mit der Erweiterung werden auch die Produkte der handwerklichen Arbeit durch billigere Erzeugnisse der Industrie verdrängt). Durch diese Erweiterung der Absatzmöglichkeiten auf dem Binnenmarkt werden die Phasen der Belebung und des Aufschwungs länger und wird die Wirkung der Krise abgeschwächt (jede Krise bedeutet aber zugleich einen neuen Angriff des Kapitals auf die vorkapitalistischen „unabhängigen" Produzenten).

Trotz der zunehmenden Verflechtung der einzelnen kapitalistischen Länder bleibt die Entwicklung des Binnenmarktes dennoch der entscheidende Faktor, der den Charakter des Zyklus und den Zeitpunkt für den Ausbruch echter Krisen in den einzelnen Ländern bestimmt. Besonders deutlich zeigt dies die Krise von 1873, die offensichtlich eine außerordentlich schwere Krise im 19. Jahrhundert war. Sie begann in Wien, griff auf das gesamte Kontinentaleuropa und den gesamten amerikanischen Kontinent über. Aber obwohl Großbritannien damals am Welthandel zweifellos mehr als jedes andere Land beteiligt war, entwickelte sich hier nicht sofort eine echte Krise. Die Weltkrise verschlechterte die wirtschaftliche Lage Großbritanniens nur geringfügig; erst 1878 brach die echte Krise aus.[18] Zu diesem Zeitpunkt verschärften sich die inneren Widersprüche in Großbritannien in solchem Maße, daß die Krise unvermeidlich wurde.

Der zyklische Verlauf der Reproduktion in der Weltwirtschaft wirkt natürlich — durch den Außenhandel — auf jedes einzelne Land beträchtlich ein. Befindet sich die kapitalistische Welt insgesamt in einer Phase des Aufschwungs, so bestehen bessere Absatzmöglichkeiten. Der Aufschwung in anderen Länder ermöglicht es, den Export des eigenen Landes zu erhöhen und vermindert den Importdruck. Bei einer weltweiten Krise ist die Situation umgekehrt: Es gibt nur begrenzte Exportmöglichkeiten und die Konkurrenz anderer Länder, die ihre überschüssigen Waren im Ausland absetzen wollen, ist sehr stark.

17 Ebenda, S. 315.

18 Bei der Einschätzung der englischen Krise Ende der 70er Jahre schrieb Marx an Danielson: „. . . Niemals zuvor (*gingen*) der *englischen Krise* ungeheuere und jetzt fast schon fünf Jahre andauernde Krisen in den *Vereinigten Staaten*, *Südamerika*, *Deutschland*, *Österreich* usw. voraus . . ." (Marx an Nikolai Franzewitsch Danielson, 10. April 1879, in: MEW, Bd. 34, Berlin 1966, S. 370/371.)

Entscheidende Bedeutung für den Zeitpunkt des Ausbruchs der Krise in den kapitalistischen Hauptländern hat aber die Situation auf dem Binnenmarkt, denn er nimmt den Hauptteil der gesamten Produktion auf.[19]

Sind die inneren Bedingungen für das Entstehen einer echten Krise in einem Lande mehr oder weniger herangereift, so kann der Ausbruch der Krise in anderen Ländern auch hier den Anstoß zur Krise geben und deren Ausbruch beschleunigen (neben dem Außenhandel spielt hierbei auch die internationale Kreditverflechtung eine große Rolle). Liegen für den Ausbruch einer echten Krise in einem Lande keine Voraussetzungen vor, so bewirkt eine Weltwirtschaftskrise nur eine schlechtere Wirtschaftslage oder Teilkrisen in einzelnen Produktionszweigen, führt jedoch nicht zum Ausbruch einer echten Krise.[20]

Die Agrarkrise des 19. Jahrhunderts und ihr Einfluß auf die industriellen Zyklen (1873—1895)

Die Periode zwischen der Krise von 1873 und etwa dem Jahr 1895 bezeichnen englische Ökonomen als die Zeit der großen Depression, während die Anhänger der sogenannten Theorie der großen Zyklen diese Zeit als Abwärtsbewegung einer großen Welle bezeichnen. Das ist natürlich falsch, denn auch während dieser Zeit entwickelte sich die kapitalistische Reproduktion zyklisch, was die Weltwirtschaftskrisen von 1873, 1882 und 1890 beweisen. Eine gewisse Deformierung des Zyklus ist aber unbedingt eingetreten. Über diesen Zeitraum schrieb Engels: „Die akute Form des periodischen Prozesses mit ihrem bisherigen zehnjährigen Zyklus scheint in eine mehr chronische, länger gezogne, sich auf die verschiednen Industrieländer verschiedenzeitig verteilende Abwechslung von relativ kurzer, matter Geschäftsbesserung mit relativ langem, entscheidungslosem Druck gewichen zu sein."[21]

19 Der Einfluß des Außenhandels und damit der Weltwirtschaft auf den Verlauf des Zyklus ist in den einzelnen Ländern unterschiedlich. Kleine Länder und Länder mit Monokultur sind vom Zyklus der Weltwirtschaft sehr abhängig; bei den großen Ländern hängt der Ausbruch der Krise aber vor allem vom Verlauf des Reproduktionsprozesses innerhalb des Landes ab.

Anteil des Exports an der Inlandsproduktion (in %)

Kleine Länder		Monokulturländer		Hochentwickelte kapitalistische Länder	
Belgien	51	Südafrikanische Union	59	Deutsches Reich	23
Dänemark	51	Brasilien	32	Italien	21
Finnland	46	Großbritannien	25	Japan	21
Schweiz	39	Frankreich	24	USA	7
Österreich	38				

Quelle
Die wirtschaftlichen Kräfte der Welt, hrsgg. von der Dresdner Bank, Berlin 1930, S. 174.

20 Bei der Weltwirtschaftskrise von 1929 brach die Krise in Frankreich fast zwei Jahre später aus.

21 F. Engels, Anmerkung, in: K. Marx, Das Kapital, Dritter Band, in: MEW, Bd. 25, a. a. O., S. 506.

Zu dieser Veränderung trug die große Agrarkrise erheblich bei, die sich über nahezu zwei Jahrzehnte erstreckte und den industriellen Zyklus bedeutend beeinflußte. Deshalb müssen wir uns hier kurz mit der Agrarkrise befassen.

Die Hauptursache der Agrarkrise war die gleiche wie bei den zyklischen Krisen in der Industrie, nämlich der Widerspruch zwischen dem gesellschaftlichen Charakter der Produktion und der kapitalistischen Form der Aneignung und das daraus entspringende Elend sowie die verminderte Kaufkraft der Massen. In diesem Sinne sind die Agrarkrisen nach W. I. Lenin „kapitalistische Krisen". Die äußere Erscheinungsform der Krise ist ohnehin die gleiche, denn beide Krisen sind Überproduktionskrisen.

Andererseits weisen sie aber auch große Unterschiede auf. Während sich die Krisen in der Industrie schon ein ganzes Jahrhundert lang periodisch alle 8—12 Jahre wiederholen, gab es in der gesamten Geschichte des Kapitalismus nur zwei echte Agrarkrisen: die erste im letzten Viertel des 19. Jahrhunderts und die zweite zwischen dem ersten und zweiten Weltkrieg (frühere Agrarkrisen, wie die in England nach den Napoleonischen Kriegen, hatten lokalen Charakter; vor dem Bau der Eisenbahnen gab es für landwirtschaftliche Erzeugnisse keinen Weltmarkt, sondern nur einzelne Märkte, die durch den Entwicklungsstand der Kommunikationsmittel begrenzt waren).[22]

Während die Krisen in der Industrie im 19. Jahrhundert meistens nur einige Monate und im Höchstfall ein bis zwei Jahre dauerten, erstreckte sich die Agrarkrise auf zwei Jahrzehnte. Die Hauptursachen für den Unterschied zwischen Industrie- und Agrarkrisen sind folgende.

In der Landwirtschaft der kapitalistischen Welt überwiegt die einfache Warenproduktion und die Produktion für den eigenen Verbrauch, auch wenn die landwirtschaftlichen Produzenten ebenfalls dem Kapital unterworfen sind, von ihm in verschiedenartigster Weise ausgebeutet werden und die kapitalistischen Großbetriebe in der Landwirtschaft ein beträchtlich höheres Niveau als die Bauernwirtschaften aufweisen.

Die gesamte Landwirtschaft einschließlich der kapitalistischen Großbetriebe stellt einen rückständigen Wirtschaftszweig dar (infolge des Privateigentums am Grund und Boden).[23] Die organische Zusammensetzung des Kapitals ist in der Landwirtschaft wesentlich niedriger, und das fixe Kapital, diese „materielle Grundlage" des zyklischen Verlaufs der Reproduktion, spielt eine wesentlich geringere Rolle als in der Industrie. Würde das fixe Kapital in der Landwirtschaft eine ähnlich bedeutsame Rolle wie in der Industrie spielen und würde die Grundrente nicht die Entwicklung der Produktivkräfte in der Landwirtschaft hemmen, so würde die landwirtschaftliche Produktion ohne Zweifel die gleichen Zyklen wie die Industrie aufweisen.

Die Agrarkrisen dauern vor allem deshalb so lange, weil die Einschränkung der Produktion in der Landwirtschaft mit wesentlich höheren Produktionskosten als in der Industrie

22 Die Bemühungen einzelner Autoren, unter dem Vorwand der „Reinhaltung" des Marxismus die Agrarkrise als Teilerscheinung der industriellen Krise darzustellen, widerspricht den Ansichten der Begründer des Marxismus und wird vom gesamten Verlauf der ökonomischen Entwicklung des Kapitalismus widerlegt.

23 W. I. Lenin hob hervor, „daß sich der Kapitalismus in der Landwirtschaft, im Vergleich zu seiner Entwicklung in der Industrie, in einem Stadium befindet, das der Manufaktur näher steht als der maschinellen Großindustrie." (W. I. Lenin, Neue Daten über die Entwicklungsgesetze des Kapitalismus in der Landwirtschaft, I. Folge, Kapitalismus und Landwirtschaft in den Vereinigten Staaten von Amerika, in: Werke, Bd. 22, Berlin 1960, S. 97.)

verbunden ist, denn die festen Bestandteile der Produktionskosten, die sich mit dem Umfang der bearbeiteten Fläche nicht verändern, spielen hier eine wesentlich größere Rolle. Die Grundrente in Form von Pachtzins und Hypothekenzinsen, die Zinsen für das in Gebäuden und Maschinen investierte Kapital und dessen Amortisation, der Unterhalt und die Amortisation des Zugviehs, die Steuern sowie die Löhne für die ständigen Lohnarbeiter machen in den USA im 20. Jahrhundert insgesamt etwa 70% aller Produktionskosten aus, die auch dann unverändert bleiben, wenn die landwirtschaftliche Nutzfläche verringert wird. Außerdem ist es für einen Bauern schwer, für sich und seine Familie außerhalb seiner Wirtschaft Arbeit zu finden, wenn er sein Land und seinen Hof nicht endgültig verlassen will. Er produziert deshalb weiter, sofern seine Wirtschaft ihm nur das Existenzminimum sichert. Deshalb dauert der Abbau der entstandenen Überproduktion in der Landwirtschaft wesentlich länger als in der Industrie.

Die konkrete Ursache für die Agrarkrise im letzten Viertel des 19. Jahrhunderts war die Revolution bei den Verkehrsmitteln, nämlich der Bau der Eisenbahnen in Nordamerika und in Rußland sowie die besseren und billigeren Transportmöglichkeiten über den Ozean.[24] Dadurch konnte aus den neuen Gebieten billiges Getreide auf den europäischen Markt gebracht werden.

Engels gibt folgende klassische Formulierung für das Wesen der Agrarkrise im 19. Jahrhundert: „Die transozeanischen Dampfschiffe und die nord- und südamerikanischen und indischen Eisenbahnen brachten ganz eigentümliche Landstrecken in die Lage, auf den europäischen Kornmärkten zu konkurrieren. Da waren einerseits die nordamerikanischen Prärien, die argentinischen Pampas, Steppen, von der Natur selbst urbar gemacht für den Pflug, jungfräulicher Boden, der auf Jahre hinaus selbst bei primitiver Kultur und ohne Dünger reichliche Erträge bot. Und da waren die Ländereien der russischen und indischen kommunistischen Gemeinwesen, die einen Teil ihres Produkts, und zwar einen stets wachsenden, verkaufen mußten, um Geld zu erhalten für die Steuern, die der erbarmungslose Despotismus des Staats ihnen abzwang — oft genug durch Tortur. Diese Produkte wurden verkauft ohne Rücksicht auf die Produktionskosten, verkauft für den Preis, den der Händler bot, weil der Bauer absolut Geld haben mußte zum Zahlungstermin. Und gegen diese Konkurrenz — des jungfräulichen Steppenbodens wie des unter der Steuerschraube erliegenden russischen und indischen Bauern — konnte der europäische Pächter und Bauer bei den alten Renten nicht aufkommen."[25]

Trotz ihres großen Ausmaßes war die Agrarkrise im 19. Jahrhundert keine Weltagrarkrise; sie betraf nur die Getreidewirtschaft der europäischen Länder (und der Ostgebiete der Vereinigten Staaten, wo der Getreideanbau unter der Konkurrenz der Steppen-

24 Der Transport eines Quarters Weizen kostete (in Schilling):

Jahr	Von Chikago nach New York	Von New York nach England
1874	5,5	10,5
1881	2,5	4

25 Karl Marx, Das Kapital. Dritter Band, in: MEW, Bd. 25, a. a. O., S. 735. Diese Anmerkung wurde von Friedrich Engels offensichtlich zu Beginn der 90er Jahre geschrieben (das Vorwort zum Dritten Band datiert bekanntlich vom Oktober 1894).

gebiete erheblich zu leiden hatte). Die Viehwirtschaft und die technischen Kulturen waren von der Krise nicht betroffen.[26]

Andererseits erwies sich der Übergang zur intensiven Viehzucht, zur Milchwirtschaft, zum Zuckerrübenanbau usw. als ein Weg, um die Agrarkrise in West- und Mitteleuropa zu überwinden (außerdem trug das Fallen der Grundrente, die sich den niedrigen Getreidepreisen anpaßte, die massenweise Aufgabe nichtkonkurrenzfähiger landwirtschaftlicher Betriebe, die Einführung von Getreidezöllen usw. dazu bei).

Die Agrarkrise hatte im 19. Jahrhundert ohne Zweifel starken Einfluß auf die Situation in der kapitalistischen Wirtschaft. Die sinkende Kaufkraft der bäuerlichen Bevölkerung in bezug auf Industriewaren verlängerte die Depressionsphase und erschwerte den Übergang zu den Phasen des Aufschwungs.

Andererseits darf man aber auch die Bedeutung der Agrarkrise nicht überschätzen. Die Entwicklung der Industrieproduktion zeigt, daß der Kapitalismus trotz der Agrarkrise einen steilen Aufstieg nahm (der von Wagenführ berechnete Index der Weltindustrieproduktion stieg — wenn man 1913 = 100 setzt — von 19 im Jahre 1870 auf 43 im Jahre 1890, d. h. er stieg in 20 Jahren um über das Doppelte). Erst die großen Erfolge bei der Industrialisierung, der rasche Anstieg der Bevölkerung in den Städten und die dadurch hervorgerufene größere Nachfrage nach Nahrungsmitteln höherer Qualität ermöglichten es, die europäische Agrarkrise im Zuge der allgemeinen Entwicklung zu überwinden.

Dabei taucht die Frage auf, wie dieses starke Anwachsen der Industrieproduktion mit der langen Agrarkrise in den 70er und 80er Jahren des vorigen Jahrhundert zu vereinbaren ist?

Die Lösung dieses scheinbaren Widerspruchs liegt in der Preisbewegung. Während dieser Zeit sind die Preise ständig gefallen.[27] Bei einem solchen Preisrückgang entwerten die

26 Das beste Beispiel ist die Preisentwicklung während der Agrarkrise des 19. Jahrhunderts auf dem englischen Markt, der zu dieser Zeit mit vollem Recht als Weltmarkt bezeichnet werden kann.

Durchschnittliche Großhandelspreise in London (in Shilling und Pence)*

Jahr	Englischer Weizen, 112 Pfd.		Englischer Hafer, 112 Pfd.		Amerikanischer Mais, 480 Pfd.	Rindfleisch 1. Sorte 8 Pfd.		Schweinefleisch mittlerer Sorte, 8 Pfd.	
1851—1875	12	5	8	8	33	4	3	4	2
1876—1882	10	1	8	5	26	4	11	4	5
1883—1900	7	1	6	6	23	4	8	3	6

* Die Angaben wurden dem Buch von M. Sering entnommen (M. Sering, Internationale Preisbewegung und Lage der Landwirtschaft in den außertropischen Ländern, Berlin 1929, S. 169).

Der Index der Großhandelspreise entwickelte sich wie folgt:

Jahr	Großbritannien (1913 = 100)	Frankreich (1901—1910 = 100)	Deutschland (1913 = 100)	USA (1910—1913 = 100)
1873	130,6	144	119	133
1896	71,8	82	70,9	68

Elemente des konstanten Kapitals während der Produktion der Waren. Da die Waren aber nicht zu ihrem wirklichen Produktionspreis, sondern zum Preis ihrer Reproduktion verkauft werden, so wird der angeeignete Mehrwert nur teilweise realisiert. Mit den fallenden Preisen sinkt der Profit, und Betriebe mit überdurchschnittlichen Produktionskosten gehen bankrott.

Noch einige Worte zum Einfluß der industriellen Krise auf die Lage der Landwirtschaft. In jeder industriellen Krise sinkt der Bedarf an landwirtschaftlichen Rohstoffen, und eine anhaltende Krise bewirkt, daß die Nachfrage nach Nahrungsmitteln höherer Qualität nachläßt. Die Industriekrisen waren aber im 19. Jahrhundert zu kurz, um die Situation in der Landwirtschaft nachhaltig zu beeinflussen. Obwohl die Industriekrisen auch die Agrarkrisen und die Agrarkrisen wiederum die Industriekrisen beeinflußten und beide jeweils verschärfend wirkten, so verlief doch jede dieser Krisen nach ihren inneren Gesetzmäßigkeiten.[28]

Der Einfluß des Kapitalexports auf Krisen und Zyklen

Eine Ursache für die rasche Entwicklung des Kapitalismus im letzten Viertel des 19. Jahrhunderts war zweifellos der starke Anstieg des Kapitalexports.[29] Nach Angaben von W. I. Lenin in seinem Buch „Der Imperialismus als höchstes Stadium des Kapitalismus" stieg das von England im Ausland investierte Kapital von 15 Mrd. Francs im Jahre 1872 auf 42 Mrd. im Jahre 1893; die Auslandsinvestitionen Frankreichs stiegen von 10 Mrd. Francs im Jahre 1869 auf 20 Mrd. im Jahre 1890.[30] Wir wollen hier nicht Lenins Analyse des ökonomischen Wesens des Kapitalexports wiederholen, denn sie ist den Lesern bekannt. Wir werden nur den Einfluß des Kapitalexports auf die Zyklen und Krisen behandeln.

Der Kapitalexport ermöglicht einen zusätzlichen Warenexport aus hochentwickelten kapitalistischen Ländern. Es werden also Waren, in erster Linie der Abteilung I, in andere Länder verkauft und exportiert, ohne daß ihr Wert sofort durch andere Waren (oder Gold) ersetzt wird, wodurch sich die Aufnahmefähigkeit des kapitalistischen Marktes „künstlich" erweitert; der Kapitalexport trägt somit dazu bei, die Aufschwungsphase zu verlängern und die Krise abzuschwächen. Aber die Herrschaft der Monopole und die allgemeinen Gesetzmäßigkeiten des Imperialismus gleichen den Einfluß dieses Faktors weitgehend aus.

Wie wichtig der Kapitalexport in sozialer und politischer Hinsicht für die imperialistischen Hauptländer auch ist (mit ihm ist die Existenz der Rentiersklasse — dieser „Parasiten im Quadrat" — und die Korrumpierung der Arbeiteraristokratie verbunden), so sollte man aber den Einfluß des Kapitalexports auf den Verlauf der Zyklen in quantitativer Hinsicht

28 Dies war auch die von Marx deutlich zum Ausdruck gebrachte Meinung. Zur Agrarkrise der 70er Jahre schrieb er: „Was die Agrarkrise betrifft, so wird sie sich entwickeln, an Stärke zunehmen und nach und nach zu einem Höhepunkt kommen, um eine völlige Revolution in den ländlichen Eigentumsverhältnissen mit sich zu bringen — ganz unabhängig von den Zyklen der kommerziell-industriellen Krisen." (Marx an Nikolai Franzewitsch Danielson, 12. September 1880, in: MEW, Bd. 34, Berlin 1966, S. 464.)

29 Wir behandeln zuerst den Einfluß des Kapitalexports und erst dann den Einfluß der Monopole, da historisch gesehen der Kapitalexport vor der Bildung von Monopolen einsetzte.

30 Vergl. W. I. Lenin, Der Imperialismus als höchstes Stadium des Kapitalismus, in: Werke, Bd. 22, Berlin 1962, S. 246.

nicht überschätzen. Nach allerdings ungenauen Berechnungen der Dresdner Bank belief sich der Kapitalexport aus Großbritannien und der Schweiz auf 4% ihres Nationaleinkommens, während der Anteil des Kapitalexports bei anderen Ländern noch geringer war.[31] Folglich muß man den Kapitalexport nicht zum Nationaleinkommen, sondern zum Bruttowert der Industrieproduktion in Beziehung setzen (wobei Landwirtschaft, Bauwesen usw. nicht am Kapitalexport beteiligt sind).* In beiden Fällen ist der Einfluß des Kapitalexports auf die zyklische Entwicklung nur sehr begrenzt.

Zyklen und Krisen des Monopolkapitalismus in der Vorkriegszeit

Als die Agrarkrise Mitte der 90er Jahre überwunden war, setzte sich der Aufschwung der Industrieproduktion bis zum Beginn des Weltkrieges fort, *wobei sich das Wachstumstempo weiter erhöhte*. Spiethoff schreibt: „Die Aufschwungsspanne 1895—1913 kann als ein einziger großer Aufschwung angesehen werden, der 1901/02 und 1908/09 durch kurze Stockungen unterbrochen war.“[32] Zwar ist diese Behauptung falsch, doch immerhin ziemlich charakteristisch.

„Die zwei Dezennien vor dem Kriege“, stellte der III. Kongreß der Komintern fest, „waren eine Epoche einer besonders mächtigen kapitalistischen Entwicklung. Die Perioden des Aufschwungs zeichneten sich durch lange Dauer und hohe Intensität, die Perioden der Depression durch ihre kurze Dauer aus. Im allgemeinen ging die Kurve entschieden nach oben.“[33]

Nach Berechnungen von Wagenführ stieg der Index der Weltindustrie von 60 im Jahre 1900 auf 100 im Jahre 1913 (vgl. Tabelle 3). Diesem bemerkenswerten Aufschwung liegen vor allem folgende Faktoren zugrunde: der gewaltige Ausbau des Eisenbahnnetzes[34], das erhebliche Wachstum der elektrotechnischen und chemischen Industrie; der steigende Absatz von Industriewaren bei der Landbevölkerung, nachdem die Agrarkrise überwunden war; der Warenexport aufgrund des wachsenden Kapitalexports[35] gegen Ende dieses Zeitraumes und schließlich die gewaltigen Rüstungsaufwendungen am Vorabend des Weltkrieges.

Dieser starke Aufschwung des Kapitalismus erfolgte am Ende des Übergangs von der freien Konkurrenz zur Herrschaft der Monopole und zum Imperialismus. Das Zusammen-

31 Die wirtschaftlichen Kräfte der Welt, hrsg. von der Dresdner Bank, a. a. O., S. 172.

32 Handwörterbuch der Staatswissenschaften, Jena 1925, S. 56.

33 Thesen zur Weltlage und die Aufgaben der Kommunistischen Internationale. In: Thesen und Resolutionen des III. Weltkongresses der Kommunistischen Internationale (Moskau, 22. Juni bis 12. Juli 1921), Hamburg 1921, S. 9.

34 Die Gesamtlänge der Eisenbahnstrecken in der Welt erhöhte sich von 790000 km im Jahre 1900 auf 1,104 Mio km im Jahre 1913. Durch diese Entwicklung der Eisenbahnen konnten etwa 80 Mrd. Goldfrancs in der Produktion von Waren der Abteilung I investiert werden, ohne damit das Warenangebot auf dem Markt zu erhöhen (die Errichtung der Großkraftwerke hatte ähnlichen Einfluß auf die Marktsituation).

35 Nach den von W. I. Lenin in seinem Werk „Der Imperialismus als höchstes Stadium des Kapitalismus“ genannten Angaben erhöhten sich die Auslandsinvestitionen Englands, Frankreichs und Deutschlands von 102—112 Mrd. Francs im Jahre 1902 auf 179 bis 204 Mrd. Francs im Jahre 1914 (Werke, Bd. 22, a. a. O., S. 246).

* Nach dem zweiten Weltkrieg ist die Bauwirtschaft aktiv am Kapitalexport beteiligt (Anm. d. Hrsg.).

treffen dieser beiden Aspekte, nämlich die volle Entwicklung des Monopolkapitalismus und die außerordentlich günstige wirtschaftliche Entwicklung zwischen 1895 und 1913 versuchten die Apologeten des Kapitalismus auszunutzen, um damit ihre falsche „Theorie" zu untermauern, wonach die Monopole die Anarchie überwinden und damit die Krisen allmählich abschwächen und schließlich beseitigen würden.

Diese von W. I. Lenin entlarvte „Theorie" hat angesichts der unwiderlegbaren historischen Fakten ein völliges Fiasko erlitten. Die Monopole beseitigen weder die Anarchie der kapitalistischen Produktionsweise noch die Konkurrenz. Die Kapitalakkumulation erfolgt immer rascher, da durch die gewaltige zunehmende Zentralisation des Kapitals und die Verflechtung von Industrie-, Bank- und Finanzkapital ein immer größerer Teil des Mehrwertes in die Hände der Finanzaristokratie gelangt. Trotz ihres verschwenderischen Luxus, mit dem sie sich umgibt, kann sie nur einen kleinen Teil der erzielten Profite für die individuelle Konsumtion ausgeben. Die Monopole, die besonders in der Rohstofförderung und der Schwerindustrie großen Einfluß haben, sorgen für hohe Preise, schmälern die Einkünfte der nichtorganisierten Kapitalisten, der Mittelschichten und vor allem der Arbeiterklasse und beschneiden so die Kaufkraft der Gesellschaft noch mehr. Damit verschärfen die Monopole den Widerspruch zwischen dem grenzenlosen Expansionsstreben des Kapitals und der begrenzten Konsumtionskraft der Gesellschaft.

Das stürmische Wachstum der Industrieproduktion in den Jahren von 1895–1913 ging mit besonders schweren und tiefen Überproduktionskrisen einher.

Die Krise von 1900 wies einige besondere Merkmale auf: Es war das erste Mal, daß in der Entwicklung der japanischen Wirtschaft ein zyklischer Ablauf hervortrat und in Rußland eine Krise ausbrach; in den Vereinigten Staaten setzte die Krise erst drei Jahre später ein, wie dies auch bei der Weltwirtschaftskrise von 1890 der Fall war.

In dieser Arbeit werden die Krisen und Zyklen im zaristischen Rußland nicht besonders analysiert, da sie dort relativ spät einsetzten und bereits 1913 beendet waren. Die Krisen weisen in Rußland den gleichen zyklischen Verlauf wie in anderen Ländern auf. Der Binnenmarkt war hier längst nicht so aufnahmefähig wie in den westeuropäischen Ländern. Das lag an den Überresten des Feudalismus, wodurch die russischen Bauern ständig am Rande des Hungers lebten. Dazu kam die agrarische Überbevölkerung und der sehr niedrige Lebenssstandard des Industrieproletariats. Die Aufnahmefähigkeit des Binnenmarktes wurde außerdem dadurch beeinträchtigt, daß infolge des stark vertretenen Auslandskapitals ein beträchtlicher Teil des angeeigneten Mehrwerts ins Ausland abfloß. Deshalb war die Konsumtionskraft der Gesellschaft in Rußland besonders begrenzt und die Auswirkungen der Krise besonders schwer.

„In Rußland wirkt sich überhaupt die Krise unvergleichlich stärker aus als in irgendeinem anderen Land", schrieb W. I. Lenin über die Krise von 1900. „Zur Stagnation in der Industrie kommt bei uns noch die Hungersnot der Bauern."[36]

Deshalb waren die Phasen der Belebung und des Aufschwungs selbst in dem Vorkriegsjahrzehnt, in dem sich der Kapitalismus in Rußland kräftig entwickelte, verhältnismäßig schwach und nicht von langer Dauer, während die Krisen tiefe Auswirkungen zeitigten. Der russisch-japanische Krieg und die Revolution von 1905 veränderten in Rußland weitgehend den gesamten Verlauf der zyklischen Reproduktion.

Trotz der starken Ausweitung der kapitalistischen Produktion sind für den Untersuchungszeitraum bereits bestimmte Aspekte zu erkennen, die für die zyklische Entwicklung

36 W. I. Lenin, Die Lehren der Krise, in: Werke, Bd. 5, Berlin 1955, S. 86.

in der allgemeinen Krise des Kapitalismus charakteristisch sind und vor allem die Tendenz erkennen lassen, daß sich die Zyklen verkürzen. In den Vereinigten Staaten folgte der Krise von 1903 bereits 1907 eine weitere Krise, und 1913 zeichnete sich wiederum ein Rückgang ab. Vermutlich wäre 1914 eine neue Krise ausgebrochen, wenn der zyklische Verlauf der Reproduktion durch den Weltkrieg nicht gewaltsam unterbrochen worden wäre.

V. Krisen und Zyklen in der allgemeinen Krise des Kapitalismus

Der Weltkrieg löste die allgemeine Krise des Kapitalismus aus, obwohl er für diese keine Vorbedingung war; die Voraussetzungen dafür lagen im Wesen des Monopolkapitalismus als solchem. Die allgemeine Krise ergab sich aus den inneren Widersprüchen des Kapitalismus, die in den periodisch wiederkehrenden Überproduktionskrisen zum Ausdruck kamen und die revolutionäre Ablösung des Kapitalismus unvermeidlich machen. In der Periode der allgemeinen Krise des Kapitalismus beginnt die Herrschaft der Bourgeoisie schon zu zerfallen, das Proletariat hat sie bereits auf einem Sechstel der Erde gestürzt und baut die sozialistische Gesellschaft auf. In dieser Periode sind die historischen Voraussetzungen für den Sturz der Herrschaft der Bourgeoisie längst herangereift und die revolutionären Aktionen und Aufstände der werktätigen Massen bedrohen in mehreren Ländern die Herrschaft der Bourgeoisie unmittelbar.[37]

Wir können hier die Periode der allgemeinen Krise nicht erschöpfend analysieren und können deshalb nur kurz jene besonderen ökonomischen Faktoren darlegen, die den Krisenverlauf in dieser Periode modifizieren.

Der Zerfall der Welt in zwei Teile und der daraus resultierende Kampf der beiden Systeme — Sozialismus und Kapitalismus — bedeutet, daß ein grundlegend neuer Widerspruch von welthistorischer Bedeutung entsteht. Die neuen Erscheinungen in der kapitalistischen Welt, die für die Epoche der allgemeinen Krise des Kapitalismus charakteristisch sind, bedeuten nur eine Verschärfung der bereits in den vorhergehenden Perioden bestehenden inneren Widersprüche des kapitalistischen Systems.

Der Widerspruch zwischen dem Bestreben des Kapitals, die Produktion ständig auszudehnen, und der beschränkten Konsumtionskraft der Gesellschaft, der in früheren Stadien der kapitalistischen Entwicklung und am deutlichsten in den periodischen Überproduktionskrisen zutage trat, weist jetzt die Tendenz auf, sich chronisch zu verschärfen. Die Aufnahmefähigkeit des kapitalistischen Marktes bleibt ständig hinter den Bedürfnissen des Absatzes zurück; durch die fehlenden Absatzmöglichkeiten kann der Kapitalismus die vorhandenen Produktionsmittel meist nicht voll ausnutzen.[38] Diese ständig

37 Durch die außerordentlich ungleichmäßige kapitalistische Entwicklung, wie sie für die Epoche des Imperialismus charakteristisch ist, kann der revolutionäre Sturz des Kapitalismus nicht gleichzeitig in allen Ländern erfolgen. Der Übergang vom Kapitalismus zum Sozialismus erstreckt sich in der ganzen Welt über eine ganze Epoche, die viele Jahrzehnte umfaßt. Dies ist ein historisch kurzer Zeitraum, wenn wir daran denken, daß der Übergang von der Sklavenhaltergesellschaft zum Feudalismus viele Jahrhunderte und der Übergang vom Feudalismus zum Kapitalismus etwa zwei Jahrhunderte dauerte. Mitte des 19. Jahrhunderts gab es noch Sklaverei in den Vereinigten Staaten, und noch jetzt bestehen feudale Staaten.

38 Eine Untersuchung des amerikanischen Brookings-Instituts zeigt, daß in den Jahren des Aufschwungs (1925—1929) die Produktionskapazitäten der amerikanischen Industrie zu knapp 80% ausgelastet waren (E. Nourse, America's Capacity to Produce, Washington, 1934, S. 416). Diese Einschätzung erscheint uns zu optimistisch. Wenn wir die Fehler in dieser Schätzung berichtigen und die Berechnung auf den gesamten Zyklus ausdehnen, so stellt sich heraus, daß die Produktionskapazität der

überschüssigen Produktionskapazitäten zeigen sich auch in der Landwirtschaft in Form der chronischen Agrarkrise; in der Zirkulationssphäre nehmen sie die Form überschüssigen Leihkapitals an, da die Möglichkeiten, das in Geldform akkumulierte Kapital produktiv zu nutzen, begrenzt sind.

Das bedeutet natürlich nicht, daß keine Erneuerung des fixen Kapitals möglich wäre. Das Entwicklungstempo der Produktion ist während der allgemeinen Krise durch die Tiefe der Krisen und die Länge der Depressionssphasen zweifellos langsamer geworden. Das heißt aber nicht, daß die Produktivkräfte „stagnieren", wie dies, mit Verlaub zu sagen, die „Theorie" des Trotzkismus behauptet. Trotz des überschüssigen fixen Kapitals und sogar gerade wegen des überschüssigen fixen Kapitals werden neue Fabriken errichtet, die mit den modernsten automatischen Maschinen ausgestattet sind, um die Produktionskosten zu senken. Es gibt also in der Entwicklung der Produktivkräfte keine Stagnation, sondern es wächst das Unvermögen, die sich entwickelnden Produktivkräfte auszulasten.

Die undialektische und lügenhafte „Theorie der Stagnation" dient nur der Bourgeoisie. Mit Hilfe dieser „Theorie" soll die Vorstellung genährt werden, daß der Kapitalismus von allein zusammenbricht. Die Anhänger dieser „Theorie" verteidigen im Grunde genommen den Kapitalismus gegen den revolutionären Ansturm des Proletariats. Mit solchen „Theorien" wollen sie die Arbeiterklasse davon abhalten, sich die unwiderlegbare Feststellung des Marxismus-Leninismus zu eigen zu machen, daß nur die revolutionäre Beseitigung des Kapitalismus und der Aufbau des Sozialismus auf der Grundlage der Diktatur des Proletariats der kapitalistischen Ausbeutung ein Ende machen können.

Die Kehrseite des Kapitalüberschusses ist die chronische Arbeitslosigkeit. Die für den Kapitalismus im allgemeinen typische industrielle Reservearmee wird zu einer chronischen Arbeitslosenarmee, die auch in der Phase des Aufschwungs keine Beschäftigung findet.[39]

amerikanischen Industrie nur zu 67,5% ausgelastet wird (E. Varga, Die allgemeine Krise und der chronische Überschuß an fixem Kapital, in: Mirovoe chozjajstvo i mirovaja politika, 1/1936, S. 152). Nach offiziellen Angaben der deutschen Statistik war die Produktionskapazität der deutschen Industrie im Jahre 1936 — als die Industrieproduktion Deutschlands bereits über dem Stand von 1929 lag — in bezug auf die Arbeitsplätze nur zu 70% ausgelastet.

39 Ende 1936 lag die Produktion in Großbritannien um etwa 15% über der von 1929, während es 1,6 Mio Arbeitslose gab, d. h., etwa jeder siebente Arbeiter war arbeitslos. In den USA, die Ende 1936 den Stand der Produktion von 1929 erreicht hatten, gab es etwa 10 Mio Arbeitslose. Diese Situation ergab sich, obwohl der natürliche Bevölkerungszuwachs und die Zahl der Einwanderer erheblich unter dem Vorkriegsstand lagen.
Folgende Zahlen vermitteln eine Vorstellung von der Entwicklung der Arbeitslosigkeit in Großbritannien (in %):

Jahr	Niedrigster Stand vor der Krise	Höchster Stand während der Krise
1856—1858	4,9	12,2
1865—1868	2,1	7,9
1872—1879	0,9	11,4
1882—1886	2,3	10,2
1890—1893	2,1	7,5
1899—1904	2,0	6,0
1906—1908	3,6	7,8
1919—1922	2,4	15,2
1929—1932	10,4	22,1

Diese permanente Arbeitslosigkeit drückt ständig auf den Arbeitsmarkt und erleichtert es der Bourgeoisie, die Arbeitsintensität zu erhöhen, die Arbeiter noch stärker auszubeuten und damit die Armee „überschüssiger" Arbeitskräfte noch rascher anwachsen zu lassen. In den fortgeschrittenen kapitalistischen Ländern, wie in Großbritannien und den USA, zeichnet sich die Tendenz ab, die absolute Zahl derjenigen Arbeiter, die unmittelbar Neuwert in der Produktion schaffen, zu verringern, während die Anzahl der in der Zirkulation, in der Konsumtion und im Dienstleistungswesen Beschäftigten relativ ansteigt. So gelangt der Kapitalismus in der Periode der allgemeinen Krise in den Zustand, den Marx als „Kapitalüberschuß bei überzähliger Bevölkerung" bezeichnete.

Bereits im ersten Band des „Kapital" wies Marx im Zusammenhang mit dem allgemeinen Gesetz der kapitalistischen Akkumulation auf die Tendenz hin, einen Überschuß an Arbeitskräften zu schaffen: „Mit dem Wachstum des Gesamtkapitals wächst zwar auch sein variabler Bestandteil, oder die ihm einverleibte Arbeitskraft, aber in beständig abnehmender Proportion. ... Mit der durch sie selbst produzierten Akkumulation des Kapitals produziert die Arbeiterbevölkerung also in wachsendem Umfang die Mittel ihrer eignen relativen Überzähligmachung. Es ist dies ein der kapitalistischen Produktionsweise eigentümliches Populationsgesetz, wie in der Tat jede besondre historische Produktionsweise ihre besondren, historisch gültigen Populationsgesetze hat."[40]

An anderer Stelle schreibt Marx: „Eine Entwicklung der Produktivkräfte, welche die absolute Anzahl der Arbeiter verminderte, ... würde Revolution herbeiführen, weil sie die Mehrzahl der Bevölkerung außer Kurs setzen würde."[41]

Als der Kapitalismus noch in der Entwicklung begriffen war und noch Möglichkeiten bestanden, die Binnen- und Außenmärkte zu erweitern, konnte sich diese bereits von Marx hervorgehobene Tendenz, nämlich ein Absinken der Anzahl der beschäftigten Arbeitskräfte, nicht durchsetzen. Diese Tendenz entwickelte sich so deutlich erst während der allgemeinen Krise des Kapitalismus.

In der Periode der allgemeinen Krise ist die Situation des Kapitalismus offensichtlich folgende: Der verfaulende, parasitäre Charakter des Kapitalismus zeigt sich immer deutlicher; seine Unfähigkeit, die hervorgebrachten Produktivkräfte auszunutzen, tritt immer stärker hervor; der Widerspruch zwischen Bourgeoisie und Proletariat verschärft sich weiter; der Kreis derjenigen Personen, die an der Erhaltung der Herrschaft der Bourgeoisie interessiert sind, verringert sich. So ist die Periode der allgemeinen Krise des Kapitalismus vor allem eine Periode der sozialen Revolutionen.

Natürlich führt die allgemeine Krise des Kapitalismus zu bestimmten Veränderungen im konkreten Ablauf der Zyklen und Krisen. Die Folgen des Weltkrieges (und die Vorbereitung auf einen neuen Weltkrieg) führen darüber hinaus zu bestimmten Veränderungen im Charakter der Zyklen und Krisen.

Die Rüstungskonjunktur

Der Weltkrieg unterbrach den Zyklus. Anstelle der bevorstehenden Krise entwickelte sich die *Rüstungskonjunktur*. Der Krieg schuf einen gigantischen zusätzlichen Markt für die Nachfrage nach unproduktiven Konsumgütern, die vom Staat bezahlt werden. Die Kon-

40 Karl Marx, Das Kapital, Erster Band, in: MEW, Bd. 23, a. a. O., S. 658 u. 660.
41 Ebenda, Dritter Band, in: MEW, Bd. 25, a. a. O., S. 274.

sumtion (sowie die durch den Krieg verursachten direkten Zerstörungen) waren größer als die Produktion; in den unmittelbar kriegführenden Ländern sank darüber hinaus die Produktion.[42] Da die Nachfrage größer als das Angebot war, erfolgten erhebliche Preissteigerungen, eine „Preisrevolution", wie es Marx nannte. Durch den langanhaltenden Nachfrageüberhang verloren die Preise ihre Beziehung zum Wert. Das so entstandene außerordentlich hohe Preisniveau war eine der Ursachen, daß die Krisen von 1920 und 1929 eine so zerstörerische Wirkung hatten.

Der Krieg führte zu erheblichen Veränderungen in den Beziehungen zwischen den Ländern. Die USA wurden endgültig zum führenden Land des Kapitalismus und verwandelten sich aus einem Schuldnerland in ein Gläubigerland. Der Mangel an Industrieerzeugnissen in Europa begünstigte die industrielle Entwicklung in Übersee, insbesondere in Japan. Die am Krieg beteiligten europäischen Staaten, vor allem das besiegte Deutschland, waren in ihrer Entwicklung bis unter das Vorkriegsniveau zurückgeworfen.

Um die Militärausgaben zu finanzieren, wurden die Staatsschulden ungeheuer aufgebläht. Während bei den am Krieg beteiligten Staaten eine reale Verelendung eintrat, war die Bereicherung anderer Länder nur scheinbar. Die Eigentümer der Kriegsanleihen erwarben das Recht auf eine Rente, auf nicht durch Arbeit erworbene Einkommen und auf einen beträchtlichen Teil künftiger Erzeugnisse der gesellschaftlichen Produktion. Das stand in schreiendem Gegensatz zur wirklichen Verelendung, wie sie in der kapitalistischen Welt durch den Krieg eingetreten war und schuf damit die Voraussetzungen für eine allgemeine Entwertung der Währungen, für den Zerfall des internationalen Kreditsystems und für den Staatsbankrott, den einige Länder in der Nachkriegszeit machten.

Die Krise von 1920

Der Nachfrageüberhang dauerte noch mehr als ein Jahr nach Kriegsende an, denn die Vorräte im Groß- und Einzelhandel waren erschöpft, an vielen Konsumgütern herrschte Mangel, woraus sich weitere Preissteigerungen ergaben.[43] Das Bestreben der Bourgeoisie, die sich gegen Kriegsende entwickelnde revolutionäre Krise zu überwinden, die Anwendung von Methoden des Zwanges sowie gewisse materielle Zugeständnisse an die Arbeiterklasse trugen dazu bei, den Beginn der Krise hinauszuschieben.

„Um den Preis weiterer organischer Zerrüttung des Wirtschaftssystems ... gelang es den bürgerlichen Regierungen, gemeinsam mit den Bankkonzernen und Industrietrusts, den Beginn der wirtschaftlichen Krise bis zu dem Moment hinauszuziehen, als die

42 Japan und die USA rechnen wir nicht zu diesen Ländern.

43 Index der Großhandelspreise

Jahr	USA (Bureau of Labor Statistics, 1910—1914 = 100)	Großbritannien („Statist", 1913 = 100)
1918	191	226
1919	202	243
1920	226	295

Die Pfundentwertung spielte bei der Preisentwicklung in Großbritannien eine gewisse Rolle, während der Goldstandard in den USA weiterhin erhalten blieb.

politische Krise, hervorgerufen durch die Demobilisierung und die erste Abschätzung der Kriegsfolgen, schon abzuflauen begann", stellte der III. Weltkongreß der Kommunistischen Internationale in einer Resolution fest.[44]

Obwohl die Krise von 1920 zu einem erheblichen Produktionsrückgang führte, dauerte sie nicht allzu lange und umfaßte nicht alle kapitalistischen Länder. In Deutschland, wo die Inflation andauerte, gab es im Jahre 1920 keine Überproduktionskrise, denn die Ereignisse unterschieden sich von denen in anderen Ländern: Bis Mitte 1923 war durch die „Flucht in die Sachwerte" ein Aufschwung zu verzeichnen, es folgte die durch die Inflation ausgelöste Krise vom Herbst 1923, im Jahre 1924 setzt eine Stabilisierung ein usw. In Frankreich kam es durch den Wiederaufbau der zerstörten Gebiete zu einer besonders starken Erweiterung der Märkte, so daß es in den Jahren 1920/1921 ebenfalls keine Überproduktionskrise gab. Die für die Krise von 1929 so charakteristische ungleichmäßige Entwicklung in den einzelnen Ländern zeichnete sich bereits bei der Krise von 1920 deutlich ab.

Die Krise von 1920 verursachte einen erheblichen Preisrückgang, der jedoch die „Preisexplosion", die während des Krieges eingesetzt hatte, nicht völlig wettmachte. Obwohl die Arbeitsproduktivität gegenüber der Vorkriegszeit zweifellos weiter gestiegen war und bei der Goldfördertechnik keine solchen Fortschritte erzielt worden waren, die den Goldpreis hätten wesentlich senken können, hielten sich die Preise auf einem Niveau, das erheblich über dem Vorkriegsniveau lag.[45] Diese eigenartige Erscheinung war vermutlich dadurch verursacht, daß die verschiedenen Elemente der Produktionskosten durch langfristige Verträge (Wohnungsmieten und Pacht) und staatliche Maßnahmen (Eisenbahntarife und Steuern) gebunden waren und es den Monopolen darüber hinaus gelang, die Preise auf einem hohem Niveau zu halten.

Eine weitere Krise war notwendig, um das im Krieg außerordentlich gestiegene Preisniveau dem jetzigen Stand des Wertes der Waren anzugleichen.

Die zeitweilige Stabilisierung und der Zyklus 1921—1929

Als die Krise von 1920 überwunden war und besonders nachdem sich die deutsche Währung Ende 1923 stabilisiert hatte, setzte eine starke zyklische Belebung der Industrieproduktion ein. Es kam zu einer zeitweiligen Stabilisierung des Kapitalismus, wozu auch der Sieg der Bourgeoisie über die revolutionäre Bewegung außerhalb der UdSSR beitrug. In den folgenden Jahren setzte die Rationalisierung ein, und das fixe Kapital wurde ergänzt und erneuert, wodurch die Arbeitsintensität, vor allem in den USA und Deutschland, beträchtlich erhöht wurde. Trotz der starken Konjunktureinbrüche 1924 und 1927 in den USA sowie 1926 in Deutschland zeigten die Ideologen der amerikanischen Bourgeoisie und die europäische Sozialdemokratie einen grenzenlosen Optimismus und prophezeiten einen „ewigen Aufschwung". Sie bestritten das Wirken der allgemeinen Krise des Kapitalismus und hielten die Stabilisierung für endgültig und ewig. Auf dem Kieler Parteitag der deutschen Sozialdemokratie sagte Hilferding den Anbruch einer langen Periode

44 Thesen und Resolutionen des III. Weltkongresses der Kommunistischen Internationale (Moskau, 22. Juni bis 12. Juli 1921), Hamburg 1921, S. 11/12.

45 Der Großhandelspreisindex schwankte in den USA von 1922—1929 zwischen 139 und 151 (nach Angaben der einzelnen Jahre, 1910—1914 = 100).

des Aufschwungs des Kapitalismus voraus und begründete dies mit der dem Marxismus widersprechenden These, daß die wachsenden Produktivkräfte sich automatisch ihren Markt schaffen. Gegenüber diesen verlogenen Theorien der bürgerlichen und sozialdemokratischen Ökonomen und Politiker schätzte allein die Kommunistische Internationale die Lage und die Perspektiven des Kapitalismus richtig ein. Die verlogene Ideologie eines „ewigen Aufschwungs" fand bei den rechten Opportunisten in der Kommunistischen Partei der USA eifrige Anhänger, die die Theorie Lovestones von der sogenannten Ausnahmestellung Amerikas vertraten. Die Kommunistische Internationale hatte die Stabilisierung des Kapitalismus stets als „zeitweilig", „vorübergehend", „relativ" und „unbeständig" bezeichnet.

„Der teilweise und labile Charakter dieser Stabilisierung" kam „im fieberhaften Wechsel der Konjunktur, in der äußerst ungleichmäßigen Entwicklung, in dem großen Widerspruch zwischen den Produktionsmöglichkeiten und dem tatsächlichen Produktionsumfang sowie in der außerordentlich großen und chronischen Arbeitslosigkeit zum Ausdruck."[46]

Das trügerische Geschwätz von der „dauernden Prosperität" in den USA, von „der krisenfreien Stabilisierung" und von einem bevorstehenden neuen, langen Aufschwung des Kapitalismus (Hilferding) wurde über Bord geworfen, als die Krise von 1929 einsetzte, sie sich als tiefste und längste Krise in der Geschichte des Kapitalismus erwies.

Die Krise von 1929

Das Zahlenmaterial der vorliegenden Arbeit enthält umfangreiche Angaben zu dieser Krise. Es gibt darüber hinaus eine ansehnliche Literatur.[47] Wir beschränken uns deshalb hier nur auf die wichtigsten Aspekte der Krise.

Tabelle 5

Rückgang der Weltproduktion von Kohle, Roheisen und industriellem Verbrauch an Baumwolle während der Weltkrisen (in %)*

Jahr der Weltkrisen	Kohle	Roheisen	Verbrauch an Baumwolle
1873	2,7**	8,0	—
1882	2,5**	9,4	6,8
1890	1,9	5,5	21,7
1900	Zuwachs	0	12,5
1907	4,3	20,3	10,1
1920	14,2	40,1	—
1929	30,9	64,8	26,7

* Bei Kohle und Roheisen ist Rußland in den Angaben für die gesamte Welt bis einschließlich der Krise von 1907 enthalten; ab 1920 sind die Ergebnisse für die gesamte Welt ohne UdSSR. Der industrielle Verbrauch an Baumwolle umfaßt den Gesamtverbrauch in den USA, in Deutschland, Frankreich und Italien.

** USA, Großbritannien, Deutschland, Frankreich.

46 Thesen des VII. Erweiterten Plenums des EKKI (Dokumente der Kommunistischen Internationale 1919–1932, Moskau 1933, S. 626).

47 Vgl. Resolutionen der Plenartagungen der Komintern; E. Varga, Zwischen dem VI. und VII. Kongreß der Komintern, Moskau 1935; E. Varga, Neue Erscheinungen in der Weltwirtschaftskrise, Moskau 1934; Sammelbände des Instituts für Weltwirtschaft und Internationale Politik: Die Weltwirtschaftskrise, Moskau 1932; Probleme der Weltkrise, Moskau 1932; Die Kreditkrise der Gegenwart, Moskau 1932.

Die Krise von 1929 war — was den Rückgang der Industrieproduktion betrifft — die tiefste in der Geschichte des Kapitalismus. Das zeigt sich deutlich in Tabelle 5 und den nachfolgenden Tabellen.

Tabelle 6
Index der Industrieproduktion (1913 = 100)

Jahr	Großbritannien	Deutschland	Frankreich*	USA	Kapitalistische Welt**
1890	62	40	56	39	43
1900	79	65	66	54	60
1910	85	89	89	88	88
1913	100	100***	100	100	100
1929 (Höchststand vor der Krise)	104,4	108,3***	144	182,6	150
1932 (tiefster Stand während der Krise)	70,7	51,8+	92++	81,2	84

* In den Grenzen des jeweiligen Jahres.
** Für 1890—1913 R. Wagenführ, a. a. O., S. 69. Der höchste und der tiefste Stand wird nach dem Monatsindex des Konjunkturinstituts von Wagemann in Berlin ausgewiesen, wo als Ausgangsjahr 1928 = 100 angegeben ist und eine Umrechnung auf das Jahr 1913 als Basis erfolgte; vgl. die Angaben von R. Wagenführ, a. a. O., S. 67.
*** In den Vorkriegsgrenzen; in den gegenwärtigen Grenzen beläuft sich der Höchststand auf 119,2, der tiefste Stand auf 57,1.
+ Ohne Nahrungs- und Genußmittelindustrie
++ 1935.

Tabelle 7
Anzahl der Jahre, um die die Produktion einzelner Industriezweige zurückgeworfen wurde

Weltkrisen	USA		Großbritannien		Frankreich	
	Kohle	Stahl	Roheisen	Schiffbau	Kohle	Roheisen
1857	2	–	2	5	3	4
1866	1	—	3	5	1	2
1873	3	1	5	3	2	2
1882	3	3	1	16	5	7
1890	3	2	6	5	1	2
1900	1	3	6	6	6	5
1907	2	4	5	15	1	2
1920	13	13	69	8	—	—
1929	28	31	71	90	9	9

Vor dem Krieg gab es zusammenfassende Indexziffern nur für jene Jahre, in denen eine Industriezählung vorgenommen wurde. Deshalb geht aus Tabelle 6 nur hervor, wie stark die Industrieproduktion unter den Vorkriegsstand abgesunken war (als der Kapitalismus sich noch in seiner Entwicklungsetappe befand, ging die Industrieproduktion, wie bereits Marx feststellte, während der Krise nicht unter den Höchststand des vorhergehenden Zyklus zurück).

Somit wurde die kapitalistische Welt durch die Krise von 1929 ungefähr auf den Stand der Jahre 1908/1909 zurückgeworfen, die Industrie Frankreichs auf das Jahr 1911 (ohne die ersten Nachkriegsjahre zu berücksichtigen), die USA auf die Jahre 1905/1906, Deutschland auf das Jahr 1896 (wenn man von 1919 absieht) und Großbritannien auf das Jahr 1897 (wenn man von 1921 und 1926 absieht).

Bei einzelnen Industriezweigen wird das Bild noch deutlicher; das trifft besonders bei Tabelle 7 zu, die zeigt, um wieviel Jahre die Industrie durch die Krisen zurückgeworfen wurde.

Die Tabellen 8 und 9 verdeutlichen gut das besondere Ausmaß, das die Krise von 1929 in den USA, dem führenden Land des Kapitalismus, hatte.

Tabelle 8

Rückgang der Produktion vom Höchststand vor der Krise auf den niedrigsten Stand während der Krise (in %)

Datum der Krisen	Kohle	Roheisen	Stahl	Verbrauch an Baumwolle	Bauwirtschaft*
1857	— 1,7	—20,2	—	—27,4	—
1865	+ 0,5	—17,9	—	—	—
1873	— 9,1	—27,0	+ 8,9	— 9,0	—
1882	— 7,5	—12,5	—10,7	—15,4	—
1893	— 6,4	—27,3	—18,4	—19,8	—31,3
1903	— 1,6	— 8,4	— 7,3	— 3,9	—14,3
1907	—13,4	—38,2	—40,0	— 8,9	—23,2
1920	—27,5	—54,8	—53,1	—20,0	—19,4
1929	—40,9	—79,4	—78,8	—31,0	—81,5

* Bei der letzten Krise: Index des Wertes der abgeschlossenen Verträge bei 37 Staaten; bei den vorhergehenden Krisen bezieht sich der Index auf den Umfang der abgeschlossenen Verträge für 7 Staaten.

Die Krise von 1929 war zugleich die längste Weltkrise in der Geschichte des Kapitalismus.[48]

Für die USA kann dies mit folgenden Zahlen belegt werden (vgl. Tabelle 9):

Tabelle 9

Dauer des Produktionsrückganges in einzelnen Industriezweigen (in Monaten)

Krisenjahre	Roheisen	Kohle	Bauwirtschaft
1892	27	—	—
1903	7	—	11
1907	8	6	9
1920	16	16	8
1929	39	41	57

48 Während der großen Agrarkrise von 1873—1895 wiesen einzelne Länder eine sehr lange Depression auf, jedoch hatte keine Weltkrise eine solche Länge wie die Krise von 1929.

Die Ursachen dafür, daß in der Industrieproduktion ein so langer und starker Rückgang einsetzen konnte, ist vor allem in dem chronisch überschüssigen fixen Kapital zu suchen, das für die allgemeine Krise des Kapitalismus charakteristisch ist. Das Ausmaß der Krise erkennt man deutlich am starken Rückgang der Produktion von Produktionsmitteln (vgl. Tabelle 10).

Tabelle 10
Index der Industrieproduktion im Jahre 1932 (1929 = 100)

Index	USA	Deutschland	Polen
Gesamtindex	53,8	53,3	53,9
Index der Produktionsmittel	27,6	34,4	42,4
Index der Konsumtionsmittel	75,9	76,3	64,1

Quelle
Monthly Bulletin of the League of Nations, 1/1937, S. 11—12.

Angaben, die wir dem Bulletin der „National City Bank" vom Oktober 1933 entnehmen, zeigen deutlich den Rückgang der Produktion von Produktionsmitteln und den sehr ungleichmäßigen Rückgang bei einzelnen Warenarten in den USA.

Entwicklung bei Konsumtionsmitteln und Produktionsmitteln in den USA
(1932 gegenüber 1929)

Konsumtionsmittel	Prozentuale Veränderung
Schaf- und Hammelschlachtungen	+17,2
Verbrauch von Käse	+15,5
Teeimport der USA	+ 6,0
Kaffeeimport der USA	+ 1,2
Milchanlieferung nach New York	0,0
Benzinverbrauch	— 0,2
Kakaoimport der USA	— 5,4
Geflügellieferungen auf die 5 wichtigsten Märkte	— 6,1
Tabaklieferungen ab Lager	— 6,5
Verbrauch von Weizenmehl	— 7,8
Reisanlieferung bei den Reisverarbeitungsbetrieben	— 8,0
Butterverbrauch	— 8,8
Anlieferung von Rohseide bei den Fabriken	—10,6
Eieranlieferungen auf 5 Märkten	—12,3
Rinder- und Kälberschlachtungen	—12,8
Zigarettenlieferungen ab Lager	—13,0
Schuhproduktion	—13,2
Schweineschlachtungen	—14,7
Eisenbahnanlieferungen von Apfelsinen und Zitronen	—15,5
Fischanlandungen in den wichtigsten Häfen	—19,2
Eisenbahnanlieferungen von Äpfeln	—20,8
Eisenbahnanlieferungen von Kartoffeln	—22,5
Raffinierung von Zucker in 8 Häfen	—23,0

(Fortsetzung)

Konsumtionsmittel	Prozentuale Veränderung
Eisenbahnanlieferungen von Zwiebeln	—24,6
Verbrauch von Zeitungspapier	—25,7
Verbrauch von Rohbaumwolle	—28,8
Zigarrenlieferungen ab Lager	—32,2
Verbrauch von Rohwolle	—34,2
Verkauf von Konfekt ab Fabrik (in Dollar)	—39,9
Auslieferung von Reifen	—40,5
Auslieferung von Möbeln	—64,0
Auslieferung von Haushaltsstaubsaugern	—64,3
Produktion von Personenkraftwagen	—75,2

Produktionsmittel	Prozentuale Veränderung
Anzahl der fertiggestellten Handelsschiffe	+ 2,5
Niederbringen von Erdölbohrungen	—32,8
Dachziegellieferungen	—42,3
Errichtung von Wirtschaftsbetrieben (in Dollar)	—45,0
Anlieferung von Zement	—52,6
Verkauf von Farben und Lacken (in Dollar)	—53,0
Produktion von Schwefelsäure	—57,9
Bleilieferungen	—59,5
Lieferungen von Hartholz	—61,7
Produktion von Bauglas	—62,2
Lieferungen von Installationsmaterial und Kanalisationsanlagen	—64,5
Lieferungen von Radiatoren für Dampfheizung	—64,5
Lieferung von Douglas-Kiefern	—65,8
Produktion von Lastkraftwagen	—69,5
Lieferungen von Pumpen (in Dollar)	—72,8
Lieferungen von Baustahl	—73,8
Lieferungen von Stahlträgern	—74,4
Gießereiausrüstungen (Auftragseingänge)	—75,9
Lieferung von Elektromotoren (in Dollar)	—76,0
Bestellungen von Stahlkesseln	—80,7
Wohnungsbau (Fläche)	—81,0
Verbrauch an Eisenerz	—83,9
Ziegelproduktion	—85,0
Produktion von Stahlschienen	—85,2
Öffentliche Bauten (in Dollar)	—85,6
Lieferung von Werkzeugmaschinen	—86,7
Bau von Handelsgebäuden (in Dollar)	—86,8
Produktion von Stahlblöcken	—87,0
Aufträge für Elektroöfen	—87,1
Bau von Fabriken und Werken (in Dollar)	—92,1
Bau von Lokomotiven	—95,4
Lieferungen von Elektrowinden (in Dollar)	—95,9
Bau von Güterwagen	—99,3

Zum Teil ist die Ursache des starken und langanhaltenden Rückgangs der Industrieproduktion in den Aktivitäten der Monopole zu suchen, die stärker als je zuvor sind.

Die Monopole versuchten die hohen Preise beizubehalten und die Krise zu überwinden, indem sie die Produktion einschränkten, denn früher, zur Zeit der freien Konkurrenz, verursachte die Krise sofort einen erheblichen Preissturz, wodurch die Hortung von Warenbeständen begünstigt wurde. Die Monopole hatten mit ihrem Versuch, die Preise auf dem früheren Stand zu halten, allerdings keinen Erfolg, und so fielen die Monopolpreise während der Krise tatsächlich erheblich. Doch schon der Versuch, die Monopolpreise auf ihrem früheren Stand zu halten, vertiefte die Krise und ließ sie länger andauern.

Der Preisfall war während der Krise von 1929 wesentlich tiefer als während irgendeiner anderen früheren Krise (vgl. Tabelle 11).

Tabelle 11
Preisrückgang während der Krise

USA Jahre des Rückgangs	Rückgang in %	Großbritannien Jahres des Rückgangs	Rückgang in %
1857—1858	16,2	1857—1858	13,3
1867—1871	18,7*	1866—1870	5,9
1872—1879	33,8	1873—1879	25,3
1882—1886	24,1	1880—1887	22,7
1893—1894	103	1890—1896	15,2
1903—1904	0	1900—1902	7,9
1907—1908	3,2	1907—1908	8,7
1920—1922	37,6	1920—1922	36,9*
1928—1934	53,9*	1928—1935	57,8*

* Umgerechnet auf Gold.

Tabelle 12
Index von freien und Kartellpreisen*

Jahr	Österreich** (1923—1931 = 100)		Deutschland** (1926 = 100)		Polen** (1928 = 100)	
	Monopolpreise	freie Preise	Monopolpreise	freie Preise	Monopolpreise	freie Preise
1929	99	100	105	97	107,7	93,6
1930	96	87	103	80	108,9	81,0
1931	91	76	94	61	107,8	63,7
1932	94	73	84	48	95,0***	49,1***

* Die Ausplünderung der Bevölkerung durch die Kartelle mit Hilfe hoher Zölle wurde so offensichtlich, daß das Monopolkapital die weitere Veröffentlichung dieser Zahlen verhinderte.

** Für Österreich und Deutschland nach Angaben von „World Production and Prices 1925—1933“, Genf 1934; für Polen nach Angaben von „Konjunktura Gospodarcza w Polsce 1924—1927“. Warszawa 1938.

*** 1933.

Der starke Preissturz ließ sich nicht nur mit dem Ausmaß der Krise erklären, sondern lag, wie wir bereits oben bemerkt haben, darin begründet, daß die erste Nachkriegskrise die während des Krieges ausgelöste „Preisrevolution“ nur teilweise beseitigt hatte. Die Preise waren jedoch sehr ungleichmäßig gefallen. So gingen die Preise für Monopolerzeugnisse erheblich später und längst nicht so stark wie die Preise für nichtmonopolisierte Waren zurück.

Bei einigen Ländern sind die Preisindizes nach „freien“ und „Monopol“-waren unterteilt (vgl. hierzu Tabelle 12).

Hohe Monopolpreise konnten natürlich nur aufrechterhalten werden, wenn die Produktion der entsprechenden Waren erheblich eingeschränkt wurde.

Wurden andererseits die Preise für solche Erzeugnisse der Monopole künstlich hochgehalten, die zur Herstellung anderer Erzeugnisse benötigt wurden und in deren Herstellungskosten eingingen, so wurde dadurch der Preisrückgang bei diesen Erzeugnissen verzögert, was die nichtmonopolisierten Betriebe und kleinen Kapitalisten in eine besonders schwierige Lage brachte.

Die Agrarkrise

Das Ausmaß und die außerordentliche Länge der Krise waren teilweise dadurch bedingt, daß die industrielle Krise mit der Agrarkrise der Nachkriegsjahre verflochten war. Diese zweite Agrarkrise betraf eine ganze Reihe von Ländern und war die erste wirkliche Weltkrise. Sie umfaßte erstmals alle Zweige der Landwirtschaft: die Getreidewirtschaft, die Viehwirtschaft und die technischen Kulturen.

Der Ausgangspunkt der Agrarkrise ist in der beträchtlichen Vergrößerung der Aussaatfläche und der Steigerung der landwirtschaftlichen Produktion in den überseeischen Ländern, wie den USA, Kanada, Australien und Argentinien, zu suchen, hervorgerufen durch die hohen Preise und die gewaltige Nachfrage während des Krieges. Nach Kriegsende

Tabelle 13
Rückgang der Preise in den USA und Deutschland

Jahr	USA* (1909—1914 = 100)			Deutschland** (1913 = 100)		
	Preise für landwirtschaftliche Erzeugnisse	Preise der von den Farmern erworbenen Waren	Verhältnis ersterer zu letzteren	Preise für landwirtschaftliche Erzeugnisse	Preise für Industrieerzeugnisse	Verhältnis ersterer zu letzteren
1929	138	152	91	137	157	87
1930	118	144	81	125	150	83
1931	80	124	65	111	136	82
1932	57	107	53	97	118	82
1933	63	109	58	93	113	82

* Agricultural Situation, April 1934.
** Konjunkturstatistisches Handbuch. 1936, Berlin 1935, S. 99, 104.

ging die sehr hohe Nachfrage zurück. Die Weltkrise von 1920 leitete die Agrarkrise ein, die vor allem in einem erheblichen Preissturz zum Ausdruck kam. Die vorübergehende Stabilisierung hatte die Nachfrage nach landwirtschaftlichen Erzeugnissen erhöht und damit die Agrarkrise abgeschwächt. Zugleich erholte sich aber auch die europäische Landwirtschaft allmählich von den Kriegsfolgen. Die landwirtschaftliche Produktion Europas erreichte den Vorkriegsstand.

Der Ausbruch der industriellen Krise von 1929 verschärfte die Agrarkrise erheblich, was in einem gewaltigen Preissturz zum Ausdruck kam. Die Preise für landwirtschaftliche und industrielle Erzeugnisse gingen beträchtlich auseinander („Scheren"effekt), gewaltige Warenvorräte sammelten sich an, die keinen Absatz fanden und die Bauern massenweise ruinierten.

Tabelle 13 zeigt den Preisrückgang, die „Schere", in den USA und Deutschland.

Trotz des starken Preisrückgangs auf dem Weltmarkt sank die Nahrungsmittelproduktion (nach Berechnungen des Völkerbundes) nicht.

Der vom Völkerbund errechnete Index der Weltnahrungsmittelproduktion (Brot, Fleisch, Wein, Kaffee, Tee, Kakao usw.) zeigt folgende Veränderungen:

(1925—1929 = 100)

Jahr		Jahr	
1928	103	1931	103
1929	103	1932	103
1930	104	1933	104

Quelle
Statistical Yearbook of the League of Nations, Genf 1933, S. 170.

Bereits weiter oben, im Zusammenhang mit der Agrarkrise im 19. Jahrhundert, wiesen wir auf die Ursachen hin, die einer Einschränkung der landwirtschaftlichen Produktion entgegenstehen. In einigen europäischen Ländern, die landwirtschaftliche Erzeugnisse importieren, wie Frankreich und Italien, war durch den verstärkten Agrarprotektionismus die Inlandsproduktion an Getreide so erheblich angestiegen, daß bei einer guten Ernte sogar mehr Getreide vorhanden war, als im Lande benötigt wurde. Erst durch die Mißernten der Jahre 1934 bis 1936 in den wichtigsten überseeischen Ländern ging die Produktion landwirtschaftlicher Erzeugnisse etwas zurück.

Durch die lange Überproduktion wurden gewaltige Vorräte an landwirtschaftlichen Erzeugnissen angesammelt, die keinen Absatz fanden (vgl. Tabelle 14).

Der Preissturz und die Überproduktion hatten solche Ausmaße angenommen, daß landwirtschaftliche Erzeugnisse in einigen Ländern systematisch vernichtet wurden. In den USA wurde Weizen und Mais anstelle von Kohle verheizt, in Brasilien wurden Millionen Säcke mit Kaffee ins Meer geschüttet, in Dänemark ging man dazu über, systematisch Kühe zu schlachten, in den USA wurden Millionen Schweine abgestochen und im Mississippi ertränkt, ein Viertel der Baumwollanbaufläche wurde nicht abgeerntet

Tabelle 14
Index der Weltvorräte an Nahrungsmitteln und Rohstoffen (1925—1929 = 100)

Jahr	Gesamtindex	Weizen	Zucker	Kaffee	Baumwolle	Seide	Kautschuk
1925	76	72	70	43	80	89	63
1929	124	150	129	149	103	116	129
1930	158	155	157	243	127	174	183
1931	183	167	209	259	151	193	230
1932	194	163	230	284	161	193	262

Quelle
World Production and Prices 1925—1932, Genf 1933, S. 36.

usw.[49] Während Millionen Arbeitslose und deren Familien hungerten und Not litten, wurden Nahrungsmittel und Textilrohstoffe massenweise vernichtet, um weitere Preisrückgänge zu verhindern. Etwas Ähnliches war in der Geschichte des Kapitalismus noch nicht vorgekommen. Dies zeigt anschaulich, wie scharf der Widerspruch zwischen den Produktivkräften und den Produktionsverhältnissen in der kapitalistischen Gesellschaft ist.

Die Agrarkrise verursachte somit einen Rückgang der landwirtschaftlichen Produktion und führte zur Zerrüttung der Landwirtschaft.

Der Ruin der Landwirtschaft beinhaltet zwei wirtschaftlich und sozial unterschiedliche Aspekte.

1. Mehr oder weniger freiwillig vollzog sich in der kapitalistischen Landwirtschaft eine extensive Entwicklung: Die Produktionsmethoden glichen sich dem veränderten Preisniveau an (so wurden z. B. Pferdepflüge anstelle von Traktoren eingesetzt, denn Benzin war teuer, Hafer dagegen billig und fand keinen Absatz); der Verbrauch an Kunstdünger ging zurück, denn bei den niedrigen Preisen für landwirtschaftliche Erzeugnisse war dessen Einsatz nicht mehr rentabel; durch die erheblich gesunkenen Löhne kehrte man vielfach zur Handarbeit zurück, statt moderne Maschinen einzusetzen.

2. Der allgemeine Ruin der Bauernwirtschaften erfolgte zwangsläufig. Obwohl die bäuerlichen Familien sehr große Entbehrungen litten, konnten die Bauern aus dem verbleibenden Erlös nicht die einfache Reproduktion sichern, das verendete Vieh ersetzen, die verbrauchten Arbeitsmittel durch neue ergänzen usw. Die Arbeitsteilung ging in der Landwirtschaft allmählich zurück; während die Marktproduktion sank, entwickelte sich die Tendenz, nur für den eigenen Bedarf der bäuerlichen Familien zu produzieren.

Der Ruin der Bauernwirtschaften war in den Kolonien besonders stark. Durch die Krise verstärkte sich der Nichtäquivalentenaustausch erheblich, denn die Monopole hielten ihre Preise auf einem relativ hohen Stand und drückten die Preise für Rohstoffe aus den Kolonien künstlich herab (vgl. Tabelle 15).

Die Verflechtung von Agrar- und Industriekrise vertiefte beide. Die Agrarkrise nahm vor allem deshalb zu, weil die Nachfrage der Industrie nach landwirtschaftlichen Rohstoffen abnahm und die Kaufkraft der städtischen Bevölkerung für hochwertige Nahrungsmittel sank.

49 E. Varga, Novye javlenija v mirovom ėkonomičeskom krizise. Moskva 1934, S. 56—59. (Siehe auch Bd. II, S. 347—349 der vorliegenden Ausgabe.)

Tabelle 15
Entwicklung des Preisindex für Waren der imperialistischen Staaten und der Kolonien (1913 = 100)

	Industrielle Fertigerzeugnisse		Gußeisen	Kohle	Erzeugnisse der Kolonien			
	USA	Deutschland	Großbritannien	Großbritannien	indische Baumwolle (London)	Jute (London)	Tee (London)	Rohrzucker (New York)
1929	135	157	132	122	114	102	138	71
1932	101	119	109	113	65	52	65	33

Der Massenruin der Bauernwirtschaften erschwerte andererseits den Absatz von landwirtschaftlichen Produktionsmitteln sowie von Konsumgütern, die speziell die Bauern benötigten, und verstärkte damit die Krise in der Industrie.

Allerdings ist zwischen der Agrarkrise im 19. Jahrhundert und der gegenwärtigen Agrarkrise zu unterscheiden. Im 19. Jahrhundert war die Agrarkrise eine Krise der europäischen Getreidewirtschaft. Sie wurde überwunden, als sich in Westeuropa der Schwerpunkt von der Getreidewirtschaft auf die Viehwirtschaft verlagerte, die Produktionskosten durch Rationalisierung gesenkt, die Ernteerträge erhöht wurden usw. Diese Möglichkeit bestand damals, denn der Kapitalismus wies noch eine ansteigende Entwicklungstendenz auf, die Industrialisierung hatte erhebliche Erfolge zu verzeichnen, die Stadtbevölkerung nahm rasch zu, wodurch der Absatz von Milch, Fleisch, Eiern usw. schnell wuchs. Nach dem Krieg war die Agrarkrise ein Bestandteil der allgemeinen Krise des Kapitalismus. Es war jetzt nicht mehr möglich, diese Krise im Zuge der aufsteigenden Entwicklungstendenz des Kapitalismus oder durch Ausdehnung des Absatzes zu lösen. Die chronische Massenarbeitslosigkeit, die Tendenz, die Anzahl der produktiv Beschäftigten zu verringern, der fortschreitende Ruin der Handwerker in den Städten, die schleichenden Krisen und Depressionen erlauben keine Erweiterung des Absatzes von Nahrungsmitteln (vor allem höherer Qualität). Zwar kann sich die gegenwärtige Agrarkrise wie 1936 zeitweilig abschwächen, in der Hauptsache aber nur durch einige Mißernten. Aber der für die allgemeine Krise des Kapitalismus charakteristische und Verwertung suchende ständige Kapitalüberschuß führt dazu, daß sich die Produktion sofort sprunghaft erweitert, sobald die Preise für landwirtschaftliche Erzeugnisse aus irgendwelchen Gründen profitable Anlagemöglichkeiten in der Landwirtschaft erwarten lassen, was dann nach ein bis zwei Jahren zu erneuter Überproduktion führt.[50]

Der Außenhandel war durch die Krise von 1929 stärker als durch alle vorhergehenden Krisen betroffen, und zwar sowohl wertmäßig (durch den erheblichen Preisrückgang),

50 Im Herbst 1936 wurde die Anbaufläche für Winterweizen in den USA um fast 10 Mio Acres, d. h. um mehr als 15% gegenüber dem Vorjahr erweitert. Damit war die Anbaufläche größer, als jemals zuvor in der Geschichte der USA. In Kanada erhöhte sich die Anbaufläche gegenüber dem Herbst 1935 um 26%.

als auch mengenmäßig. Prozentual ging der Außenhandel stärker zurück als die Produktion. Der internationale Warenaustausch hatte somit einen Rückschlag erfahren.[51]

Die Ursachen dieser Erscheinung sind bekannt. Durch die außerordentliche Einengung der Absatzmöglichkeiten während der Krise versuchte die Bourgeoisie jedes Landes, den Markt im „eigenen" Land 100%ig zu monopolisieren. So entwickelte sich die Tendenz des Rückgangs der internationalen Arbeitsteilung. Erzeugnisse, die man bis dahin einführte, wurden soweit wie möglich im Lande hergestellt. Dadurch wuchs der Protektionismus ins unermeßliche, was bis zum völligen Einfuhrverbot für bestimmte Warenarten ging. Anstelle des Freihandels auf dem Weltmarkt entwickelte sich ein System der „Nettobilanzierung", das heißt jeder Staat bezieht nur soviel Erzeugnisse von einem anderen Staat wie dieser bei ihm kauft; es entwickelte sich ein staatlich organisierter Naturalaustausch usw. Die Währungsschwierigkeiten und die fast völlige Einstellung des Kapitalexports während der Krise trugen ebenfalls dazu bei, daß der Außenhandel zurückging.

Die Kredit- und Geldkrise weist einige spezifische Besonderheiten auf, die sich aus der allgemeinen Krise des Kapitalismus sowie dem starken Einfluß der Finanzoligarchie ergeben.

Die Krise von 1929 setzte etwa Mitte des Jahres ein, als die gerade produzierten Waren noch nicht bis zum Endverbraucher gelangt waren, sondern sich in den Lägern der Großhändler und Fabrikanten befanden. Die Krise wurde mit einem gewaltigen Börsenkrach in den USA im Oktober 1929 eingeleitet. Die Aktienkurse fielen unaufhörlich, und auch die Intervention der Großbanken konnte diesen Sturz nicht aufhalten. In der Geschichte des Kapitalismus gab es bis dahin keinen derartigen Kurssturz bei Aktien.

USA: Rückgang des Index der Aktienkurse während der Krise von 1929 und der vorhergehenden Krisen

Monate und Jahre	% des Rückgangs
Februar 1873—Juni 1877	40,0
Juni 1881—Juni 1884	41,7
Januar 1893—August 1893	44,4
Juni 1901—November 1903	42,9
Januar 1907—November 1907	40,4
Oktober 1919—August 1921	41,2
September 1929—Juli 1932	87,4

In den anderen kapitalistischen Ländern fielen die Aktienkurse nicht ganz so stark.

Die Ursache für diesen Rückgang der Aktienkurse bestand darin, daß sich einerseits die industrielle Krise verschärft hatte und zahlreiche Betriebe unrentabel wurden und bankrott machten und anderseits die Aktienkurse, vor allem in Amerika, durch die Spekulation künstlich hochgeschraubt waren. Der in der allgemeinen Krise ständig vorhandene Überfluß an Leihkapital und die Schwierigkeiten, Kapital in der Produktion anzulegen, hatten die Aktienkurse spekulativ aufgebläht. Dabei standen die kleinen Kapitalisten vor besonders

51 Während die Produktion in der kapitalistischen Welt Ende 1936 gegenüber 1929 zugenommen hatte, belief sich das Außenhandelsvolumen im III. Quartal 1936 nach Angaben des Völkerbundes auf nur 84,5% des Volumens von 1929 (Monthly Bulletin of Statistics, 1/1937, S. 2).

großen Schwierigkeiten, denn durch die fortschreitende Konzentration war ein immer größeres Mindestkapital erforderlich, um einen neuen konkurrenzfähigen Betrieb zu errichten. Die Monopole erschwerten das Entstehen neuer Betriebe immer mehr. Den kleinen Kapitalisten bleibt nur noch eine Möglichkeit: entweder ihr Kapital zu einem sehr geringen Zinssatz als Leihkapital anzulegen oder zu versuchen, in Aktien zu spekulieren. Das Geschwätz vom „ewigen Aufschwung" förderte ebenfalls das Anwachsen der Aktienspekulationen. Der erhebliche Kurssturz bei den Aktien erleichterte es schließlich der Finanzoligarchie, die zahlreichen kleinen Aktienbesitzer zu expropriieren und die Aktien spottbillig aufzukaufen, an denen sie interessiert war.

Trotz des Ausmaßes der Industriekrise und des gewaltigen Börsensturzes gab es keine Geldpanik oder einen fühlbaren Mangel an Zahlungsmitteln; in den ersten Krisenjahren waren im allgemeinen keine Massenabhebungen von Bank- und Sparkasseneinlagen festzustellen. Die offiziellen Diskontsätze der Zentralbanken hielten sich während der Krise relativ niedrig, doch konnten nur relativ wenige Großkapitalisten, die ihre „Kreditfähigkeit" bewahrt hatten, zu diesen Sätzen Kredite bekommen. Wenn keine neue „Geldpanik" entstand, wie das bei früheren Krisen der Fall war, so lag das an dem chronischen Überschuß an Leihkapital, den durch die starken Preisrückgänge in der Zirkulation freigesetzten Mitteln und der verminderten Warenzirkulation.

Das nichtvorhergesehene Ausmaß der Krise führte dazu, daß viele Großbetriebe und Großbanken zusammenbrachen und das Bank- und Kreditsystem in anderen Ländern erheblich erschüttert wurde. Erfolgten Bankzusammenbrüche früher schon bei Ausbruch der Krise, so traten sie in der Krise von 1929 erst sehr spät auf: in Deutschland im Sommer 1931 und in den USA im Frühjahr 1933 (als der Tiefpunkt der Krise in der Industrie bereits überwunden war). Die Vereinigung von Industrie- und Bankkapital zum Finanzkapital, die Herrschaft der Finanzoligarchie, verzögerte derartige Zusammenbrüche. Hatten die Banken in der vormonopolistischen Zeit ihren Schuldnern nur relativ geringe Beträge im Vergleich zu den Eigenmitteln der Banken zur Verfügung gestellt (und verfügten außerdem über besondere Garantien, so daß ein Zusammenbruch sie nicht so stark berührte), so waren die Großbanken jetzt auf Leben und Tod mit einer kleinen Zahl von Großbetrieben verbunden. Deshalb setzten die Banken alle Mittel ein, um Zusammenbrüche der Großbetriebe und einen offenen Ausbruch der Kreditkrise zu verhindern. Sie konnten aber nur den Ausbruch der Kreditkrise hinausschieben, wobei sie in Kauf nehmen mußten, daß sich dieser erheblich verschärfte. Solche Kommandohöhen der kapitalistischen Wirtschaft wie die „Darmstädter Bank", die „Deutsche Bank" u. a. hielten der Krise nicht stand.

Die Kreditkrise war engstens mit Währungsabwertungen verbunden.

Durch den gewaltigen Preissturz war die Schuldenlast nicht mehr tragbar. Entweder mußten die Zahlungen vollständig eingestellt werden (Massenzusammenbrüche) oder die Realverschuldung mußte durch Abwertung der Währungen (bei Beibehaltung der Nominalverschuldung) vermindert werden. Nach vielen Überlegungen und Experimenten[52] waren

52 Verschiedene Faktoren gaben in den einzelnen Ländern den unmittelbaren Anstoß zur Abwertung der Währungen: In den überseeischen Agrarländern war dies der Mangel an ausländischen Zahlungsmitteln, in Großbritannien der erhebliche Goldabfluß, in den USA die Bankkrise, die das ganze Land erfaßt hatte, in Frankreich der Außenhandel und die Lage des Staatshaushalts; der wirkliche Grund für die Abwertung der Währungen war jedoch die allgemein nicht mehr tragbare Schuldenlast (die private, die staatliche und die kommunale Verschuldung), die in dem erheblichen Preissturz begründet war.

schließlich alle Länder der Welt gezwungen, ihre Währungen abzuwerten.[53] In denjenigen Ländern, die den bisherigen Nennwert ihrer Geldeinheit beibehielten, erfolgte die Abwertung in versteckter Form, wie z. B. in Deutschland. Das Geld dieser Länder wurde zu einer Binnenwährung, die, wenn überhaupt, dann nur mit beträchtlichem Disagio an der freien Zirkulation im Ausland beteiligt war. Diese allgemeine Währungsabwertung war ein qualitativ neuer Aspekt der Krise von 1929, den vorhergehende Krisen nicht aufwiesen. Die Währungsabwertung in der ersten Nachkriegsperiode war unmittelbar durch den Weltkrieg hervorgerufen worden.

Zwischen dem Umfang der Kreditkrise und der Währungsabwertung bestand folgender Zusammenhang: In denjenigen Ländern, in denen die Währungsabwertung zu einem früheren Zeitpunkt vorgenommen wurde (Großbritannien und Japan), trat die Kreditkrise nicht so ausgeprägt auf. In Großbritannien stand keine einzige Großbank vor dem Zusammenbruch. Wo die Goldparität zu lange aufrechterhalten wurde, wie in Deutschland und den USA, nahm die Kreditkrise besonders scharfe Formen an.

Die fast generell vorgenommene Einstellung der internationalen Zahlungen, eine bei dieser Krise erstmals aufgetretene Erscheinung, steht in unmittelbarem Zusammenhang mit dem Preissturz und der Währungskrise. Durch den beträchtlichen Preisrückgang hatte sowohl die Inlands- als auch die Auslandsverschuldung erdrückende Ausmaße angenommen. Die Exporterlöse gingen bei den niedrigen Preisen erheblich zurück (besonders bei den Agrarländern) und reichten nicht aus, um die Zinsen und die fällige Tilgung der Auslandsschulden zu decken. Da die geringen Goldbestände bald erschöpft waren, kam es zwangsläufig zu Zahlungseinstellungen. Die Krise brachte das gesamte System der Kriegsschuldenregulierung, wie den Young-Plan und die interalliierten Schuldenabkommen, durcheinander. Das internationale Kreditsystem war zutiefst erschüttert. Der Kapitalexport kam nahezu völlig zum Erliegen, was wiederum zu einem weiteren Rückgang des Welthandels führte.

Die Krise von 1929 erwies sich also in allen Bereichen der Zirkulationssphäre als tiefste und spürbarste Krise in der Geschichte des Kapitalismus.

Verschlechterung der Lage der Arbeiterklasse verlängert die Krise

Die Großbourgeoisie war bemüht, die Last der Krise so weit wie möglich auf die Arbeiterklasse und die Werktätigen abzuwälzen.

Die Bourgeoisie raubte Millionen Arbeitern und Angestellten ihren Arbeitsplatz, sie senkte deren Löhne und hielt die Preise möglichst hoch. Sie konnte ihre Lage nur verbessern, indem sie die Situation der Arbeiter, Angestellten, Bauern sowie der Bevölkerung in den Kolonien verschlechterte.

Die Angaben der bürgerlichen Statistik über die Lage der Arbeiterklasse während der Krise sind nur sehr unvollständig und überdies verfälscht. Hier sollen nur einige Zahlen genannt werden, die ein Licht auf die Lage der Arbeiterklasse werfen.

53 Die Kurse der wichtigsten Währungen betrugen Ende 1936 gegenüber ihrer ursprünglichen Goldparität (in %):

USA	Großbritannien	Frankreich	Italien	Japan
59	59,6	70,4	59	33,8

Rückgang der Anzahl der Beschäftigten in der verarbeitenden Industrie der USA

Jahr	%	Jahr	%
1903—1904	5,4	1918—1921	26,4
1907—1908	11,8	1929—1932	38,3

Während der Krise nahm die Zahl der Arbeiter erheblich ab. Zugleich ging auch das Einkommen der Arbeiterklasse während der Krise erheblich zurück. Vergleichbare Angaben über die Einkommensminderung bei den Arbeitern, Angestellten und Beamten während der letzten Krise und der vorhergehenden Krisen liegen nur für Deutschland vor.

Rückgang des Einkommens der Arbeiter, Angestellten und Beamten in Deutschland

Jahr	%
1900—1901	4,5
1907—1908	3,0
1929—1932	42,0

Parallel zum Rückgang der Geldeinkommen der Arbeiter fielen auch die Preise. Doch blieb der Rückgang der Einzelhandelspreise und damit der Lebenshaltungskosten beträchtlich hinter dem der Großhandelspreise zurück (Tabelle 16); dies ist eine Besonderheit der Krise von 1929.

Tabelle 16
Rückgang der Großhandelspreise und der Lebenshaltungskosten (von Januar 1929—Januar 1933, in %)

Land	Großhandelspreise	Lebenshaltungskosten
Niederlande	49	15
Frankreich	38	4
USA	36	26
Deutschland	35	23
Großbritannien	27	15

Quelle
World Production and Prices 1925—1933, S. 110.

Indem die Bourgeoisie einerseits die Last der Krise auf die Werktätigen abwälzte, Arbeiter entließ und die Löhne senkte, anderseits aber die Preise künstlich hochhielt, verringerte sie die Kaufkraft der Bevölkerung, hemmte den Abbau der überschüssigen Warenbestände und trug so dazu bei, Krise und Depression zu verlängern.

Neuer Zyklus · Depression · Perspektiven

Trotz ihres außergewöhnlichen Ausmaßes und ihrer Dauer wurde die Krise von 1929 durch das Wirken der der kapitalistischen Wirtschaft innewohnenden Gesetzmäßigkeiten überwunden. Im Sommer 1932 war der Tiefpunkt der Krise im Weltmaßstab überwunden; die Krise ging sowohl in den einzelnen Ländern als auch bei den Industriezweigen langsam und sehr ungleichmäßig in eine Depression besonderer Art über. Für die kapitalistische Wirtschaft begann ein neuer Zyklus. Wir brauchen hier nicht im einzelnen auf den Mechanismus einzugehen, der zur Überwindung der Krise führte. Es waren die gleichen Faktoren, die auch bei allen früheren Krisen wirkten: Die nicht konkurrenzfähigen Betriebe brachen zusammen, die überschüssigen Bestände wurden abgebaut, da die Produktion durch Preisrückgang, Verderb und Vernichtung von Waren noch unter dem Stand der geschrumpften Produktion lag, das verbrauchte fixe Kapital war zu ersetzen, die niedrigen Zinssätze förderten langfristige Investitionen (z. B. im Wohnungsbau) usw. Es begann die Phase der Depression.

Die Wirkungsbedingungen der allgemeinen Krise des. Kapitalismus hemmten jedoch jene inneren Kräfte, die in der Regel die Depression durch die Phasen der Belebung und des Aufschwungs ablösten. Durch überschüssiges fixes Kapital war es nicht möglich, das fixe Kapital in dem Umfang zu erneuern und zu erweitern, der notwendig ist, um die Phase des Aufschwungs einzuleiten. Die chronische Massenarbeitslosigkeit verhinderte einen größeren Absatz von Konsumgütern. Durch die sogenannte Krisenrationalisierung (Erhöhung der Leistung durch stärkere Intensivierung der Arbeit) sank der Anteil der Arbeiterklasse am Sozialprodukt noch weiter. Die kapitalistischen Hauptländer, wie die USA, Großbritannien und Deutschland, besitzen auch kaum noch Möglichkeiten, den kapitalistischen Absatzmarkt durch die Ruinierung von Bauernwirtschaften zu erweitern, was früher dazu beigetragen hatte, Krisen und Depressionen zu überwinden. Der Prozeß der Verwandlung der Bauern in Warenproduzenten ist in diesen Ländern nahezu abgeschlossen. In den USA war während der Krise zum Teil sogar die Tendenz festzustellen, vorwiegend für den Eigenbedarf zu produzieren, da die Verkaufspreise keine Profite mehr brachten. Der Differenzierungsprozeß hatte während der Krise in der Bauernschaft zugenommen, doch konnte die Masse der ruinierten Bauern nicht in der Industrie unterkommen (wie dies im 19. Jahrhundert der Fall war), sondern vergrößerte die Arbeitslosenarmee.

Somit trug die wachsende Differenzierung in der Bauernschaft nicht dazu bei, den kapitalistischen Markt zu erweitern. Auch ließ sich der Markt nicht mehr durch Eroberung neuer Kolonien vergrößern, denn die Aufteilung der Welt war schon lange abgeschlossen. In den Krisenjahren hatte sich die Leichtindustrie in den Kolonien weiter entwickelt, wodurch deren Rolle als Absatzmarkt noch weiter sank.

Nachdem der Tiefpunkt der Krise überwunden war, wurde das Marktproblem deshalb für die Weiterentwicklung der kapitalistischen Wirtschaft zum zentralen Problem.

Der unlösbare Widerspruch zwischen den wachsenden Möglichkeiten der Produktion und den relativ begrenzten Absatzmöglichkeiten führt in der allgemeinen Krise des Kapitalismus dazu, daß der industrielle Zyklus deformiert wird und erschwert den Übergang zur Phase des allgemeinen Aufschwungs.

Der besondere Charakter der Depression besteht darin, daß der industrielle Zyklus unter dem Einfluß der allgemeinen Krise des Kapitalismus deformiert wird.[54]

54 Diese Deformation war bereits beim Zyklus 1921—1929 zu bemerken; es gab bereits damals keinen allgemeinen Aufschwung. Einzelne Länder (z. B. Großbritannien) und ganze Industriezweige (Kohle-

Die Überwindung der Krise und der Depression wurde allerdings in einigen Ländern durch zwei spezifische Faktoren begünstigt, nämlich durch die gewaltigen Rüstungsaufwendungen und die Währungsabwertungen.

Unter bestimmten Bedingungen bedeutet die Rüstung eine zeitweilige Erweiterung des kapitalistischen Absatzmarktes über seinen „normalen" Rahmen hinaus. Das ist der Fall, wenn die Rüstungsaufwendungen nicht aus Steuergeldern, sondern durch Anleihen finanziert werden. Wird die Rüstung vollständig aus den Steuern finanziert, so kann der Markt nur die bisherige Warenmenge aufnehmen. Es ändert sich nur die Naturalform der Industrieproduktion, denn anstelle von Konsumtionsgütern für die Zivilbevölkerung und von Produktionsmitteln werden Rüstungsgüter hergestellt.

Wird die Rüstung durch Anleihen finanziert, so erweitert dies den Absatzmarkt, allerdings nur insoweit, wie die Rüstungsfinanzierung durch brachliegendes Kapital erfolgt.[55] Gibt es kein brachliegendes Kapital mehr, so erfolgt die weitere Rüstung (sofern sie durch Steuern oder Inflation finanziert wird) zu Lasten desjenigen Kapitals, das für die „normale" Produktion benötigt wird. Die markterweiternde Wirkung der Rüstung wird nicht nur aufgehoben, sondern in ihr Gegenteil verkehrt. Konkret bedeutet dies, daß in Ländern mit umfangreichem brachliegendem Kapital, wie in Großbritannien und den USA, die Rüstung einen Faktor darstellt, der den Beginn des Aufschwungs fördert; in Ländern mit Kapitalmangel, wie in Deutschland, Italien und Japan, spielte die Rüstung diese Rolle nur in der Phase der Depression.

Die Währungsabwertung verstärkte vor allem die Konkurrenzfähigkeit jener Länder auf dem Weltmarkt, in denen sie früher vorgenommen wurde, und beschleunigte die Investitionen in den Zweigen der Abteilung I. Nachdem sich die Währungsabwertung aber allgemein durchgesetzt hatte, verlor sie zunehmend an Bedeutung.

Somit ist die „Theorie der Rüstungs- und Inflationskonjunktur", die die Rolle der inneren Kräfte des Kapitalismus bei der Überwindung der Krise negiert, grundfalsch. Das schließt aber nicht aus, daß Rüstung und Inflation für eine gewisse Zeit in einigen Ländern zur Überwindung der Krise und der Depression beitrugen.

Die starke Ungleichmäßigkeit des neuen Zyklus

Das Wesen des neuen industriellen Zyklus besteht darin, daß die Entwicklung in den einzelnen Ländern und Produktionszweigen sehr ungleichmäßig verläuft. Wurde Ende 1936 in der britischen Presse bereits vom Ende der Aufschwungsphase und vom Beginn einer neuen zyklischen Krise gesprochen, so stellte die Schweizer „Neue Zürcher Zeitung" im Leitartikel ihrer Neujahrsausgabe fest, daß das siebente Krisenjahr zu Ende geht.

Diese in der Geschichte noch nicht erlebte ungleichmäßige Entwicklung zeigt sich deutlich, wenn man die Entwicklung der Industrieproduktion von dem Zeitpunkt an verfolgt, nachdem der Tiefpunkt der Krise überwunden ist (vgl. Tabelle 17).

In den letzten Monaten des Jahres 1936 erreichte die Industrieproduktion etwa den Stand von 1929, jedoch nicht den Höchststand einzelner Monate dieses Jahres und das viereinhalb Jahre, nachdem der Tiefpunkt der Weltkrise überwunden war. Einzelne Länder

industrie, Schiffbau, Baumwollindustrie) waren kaum am Aufschwung beteiligt. Der Aufschwung wäre noch schwächer ausgefallen, wären nicht die Kriegsschäden zu beseitigen gewesen. Die Phase des Aufschwungs wurde wiederholt unterbrochen.

55 Andernfalls würde die Rüstung ein ausgezeichnetes Mittel zur Verhinderung der Krisen darstellen.

Tabelle 17
Index des Volumens der Industrieproduktion* (1929 = 100)

Jahr	Gesamte Welt ohne UdSSR**	UdSSR	USA	Großbritannien	Japan	Deutschland	Frankreich	Niederlande	Polen	Tschechoslowakei
1933	70.8	198,4	63,9	88,2	113,2	60,7	76,7	69,1	55,6	60,2
1934	76,4	238,3	66,4	98,8	128,7	79,8	71,0	69,8	63,0	66,5
1935	84.9	293,4	75,6	105,7	141,8	94,0***	67,4	66,3	66,4	69,9
1936+	95,3	372,0	88,1	114,1	146,9	106.1***	70,6	68,7	72,2	77,6

* Nach Angaben des Monthly Bulletin of the League of Nations, 1/1937.
** Nach Angaben der Sonderbeilage zu Wirtschaft und Statistik, 24/1936, umgerechnet auf Basis 1929 = 100.
*** Einschließlich Saargebiet.
+ Durchschnitt aus den Angaben für 9, 10, 11 oder 12 Monate.

wiesen eine außerordentlich ungleichmäßige Entwicklung auf. Hatte Japan bereits 1933 den Stand von 1929 überschritten, so erreichten andere Länder diesen Stand erst 1934 und Großbritannien erst 1935; die USA hatten den Stand von 1929 noch nicht einmal 1936 erreicht. Einige Länder, wie Frankreich, die Niederlande, die Schweiz, Polen und die Tschechoslowakei hatten die Krise gerade erst überwunden und befanden sich noch immer in der Phase einer tiefen Depression.

Hier können nicht die konkreten Ursachen für die unterschiedliche Entwicklung des Zyklus in den einzelnen Ländern untersucht werden. Es sei nur festgestellt, daß der Zeitpunkt der Währungsabwertung entgegen weitverbreiteten bürgerlichen Theorien nicht die Ursache für diese Unterschiede im Zyklusverlauf darstellt. Das zeigen die oben genannten Zahlen. Obwohl die USA im März 1933 abwerteten, waren noch weitere vier Jahre erforderlich, um auf das vor der Krise erreichte Produktionsniveau zu kommen. In der Tschechoslowakei erfolgte die erste Abwertung 1934 und die zweite 1936, doch stieg dennoch die Industrieproduktion in diesem Land kaum, und der Index der Industrieproduktion bleibt nach vorläufigen Angaben noch immer um etwa 25% hinter dem Stand von 1929 zurück. Andererseits liegt die Produktion in Deutschland trotz der formellen Beibehaltung der Goldparität der Mark bereits über dem Stand von 1929. Die wirklichen Ursachen für den andersgearteten Zyklusverlauf in den einzelnen Ländern liegen in den unterschiedlichen Möglichkeiten zur Erweiterung des fixen Kapitals (Großbritannien und Japan), im Ausmaß der Rüstungsaufwendungen (Japan, Deutschland und Italien), im Vorhandensein (oder Fehlen) monopolisierter Absatzmärkte in den Kolonien, in den konkreten Wachstumsbedingungen des Binnenmarktes, die wiederum mit den Besonderheiten in der Reallohnentwicklung zusammenhängen (erheblicher Rückgang in Japan und Deutschland, gewisse Erhöhung in Großbritannien) usw.

Die wachsende Ungleichmäßigkeit beweist eindeutig, wie tief die allgemeine Krise die Grundpfeiler des Kapitalismus erschüttert hatte. Unwiderlegbare Fakten entlarven das Geschwätz vom „organisierten Kapitalismus", von der kapitalistischen „Planwirtschaft" und ähnliche Erfindungen der Apologeten der bürgerlichen Gesellschaftsordnung vollauf.

Die weitere Entwicklung wird davon abhängen, wann der Weltkrieg ausbricht, d. h. wann die Aktionen einzelner Aggressoren (Überfall Japans auf China, Italiens auf

Abessinien sowie Deutschlands und Italiens auf Spanien) in einen Weltkrieg übergehen. Der Beginn des Krieges würde den Zyklus in ähnlicher Weise wie 1914 unterbrechen. Würde ein Weltkrieg erst in ein bis zwei Jahren ausbrechen, so wird in den Ländern, die die Krise früher als andere Länder überwunden und 1936 die Aufschwungssphase erreicht haben, also in Japan, Großbritannien und den skandinavischen Ländern, etwa 1937/1938 eine neue zyklische Krise einsetzen. In Großbritannien reifen die Vorausssetzungen für eine Krise heran, und Ende 1936 wird in der bürgerlichen Presse bereits über eine mögliche Krise breit diskutiert. Das bedeutet, daß die neue zyklische Krise in einigen Ländern offensichtlich bereits ausbrechen wird, bevor andere die Krise endgültig überwunden haben, d. h. bevor das höchste Produktionsniveau vor der Krise erreicht ist. Viele Länder stehen bereits vor einer neuen zyklischen Krise, obwohl sie noch nicht die Folgen der Krise von 1929 gänzlich überstanden haben. Wie die nach der Krise von 1929 einsetzende Depression einen „besonderen Charakter" trug, so wird der ganze neue Zyklus einen besonderen Charakter aufweisen.

Krisenfreie Entwicklung der sozialistischen Wirtschaft in der UdSSR

Die gesamte bürgerliche Wissenschaft muß wohl oder übel zugeben, daß die Wirtschaft der Sowjetunion in keiner Weise von der größten Krise in der Geschichte des Kapitalismus berührt wurde.[56]

Das menschewistische Geschwätz von Trockij aus jener Zeit, als er seinen Kampf gegen die Partei und die Sowjetmacht „ideologisch" zu untermauern versuchte und behauptete, daß die Wirtschaft der UdSSR angeblich immer stärker unter den Einfluß der kapitalistischen Weltwirtschaft gerate und dadurch auch von Krisen beeinflußt werde, wurde von der Wirklichkeit längst in den Bereich jener illusionären Vorstellungen der konterrevolutionären Bourgeoisie und ihrer Ideologen verwiesen, die davon träumten, die UdSSR in ein Anhängsel des Weltkapitalismus zu verwandeln und den Kapitalismus in der UdSSR zu restaurieren. Das gleiche Schicksal erlitten auch die rechten Opportunisten, die von der Wiederherstellung der Kulakenherrschaft träumten. Die UdSSR wurde zu einer fortschrittlichen Industriemacht, sie war in technischer und ökonomischer Hinsicht völlig unabhängig von den kapitalistischen Ländern geworden, die Produktivkräfte entwickelten sich kontinuierlich, die Kultur blühte bei allen Völkern der UdSSR auf, und der Lebensstandard und Wohlstand der Werktätigen wuchs in der UdSSR rasch und stetig. Angesichts der katastrophalen Krise in den kapitalistischen Ländern beweisen diese Erfolge den Triumph der Ideen Lenins vom Sieg des Sozialismus in der UdSSR und widerlegten zugleich restlos die „Theorien" von Trockij und Zinóv'ev, wonach der Aufbau des Sozialismus in der UdSSR nicht möglich sei.

Weiter oben wurden Angaben des Völkerbundes über die Entwicklung der Industrieproduktion in den kapitalistischen Ländern sowie über deren Ansteigen in der Sowjetunion gemacht.

56 Der Absatz einzelner Exporterzeugnisse der Sowjetunion traf während der Krise auf dem Weltmarkt auf gewisse Schwierigkeiten; doch angesichts der stürmisch wachsenden Produktion für den Binnenmarkt war dies völlig nebensächlich und spielte keine wesentliche Rolle.

Hatte die Industrieproduktion in der kapitalistischen Welt Ende 1936 noch nicht den Stand von 1929 erreicht, so lag die Industrieproduktion in der UdSSR um fast das Vierfache über dem Stand von 1929, Tabelle 18 macht das besonders deutlich.

Tabelle 18
Steigerung (+) oder Rückgang (—) der Industrieproduktion

	1929	1930	1931	1932	1933	1934	1935
UdSSR* (Schwerindustrie)	+25,9	+29,7	+24,9	+14,3	+ 8,3	+20,7	+22,0
Kapitalistische Welt	+ 6,0	−14,6	−13,9	−15,1	+14,2	+ 6,5	+ 8,3
Prozentualer Anteil der Produktion der UdSSR an der Produktion der kapitalistischen Welt	5,7	8,3	12,6	17,5	16,1	18,0	20,8

* Nach Angaben der Zentralverwaltung für Statistik der Volkswirtschaft.

Ein Vergleich zwischen der wachsenden Industrieproduktion in der UdSSR und der Entwicklung der Industrieproduktion in den größten kapitalistischen Ländern seit 1913 wird in Tabelle 19 gegeben.

Tabelle 19
Volumen der Industrieproduktion (in % zu 1913)

Land	1913	1920	1929	1932	1933	1934	1935
UdSSR* (Schwerindustrie)	100	13,8	194,9	359,8	389,6	470,2	537,0
USA	100	126,1	172,5	92,8	110,1	114,5	130,8
Großbritannien	100	100,2	100,5	77,2	82,8	92,5	98,5
Deutschland** neuer Index (Umrechnung 1935)	100	—	—	—	66,8	85,0	98,1
alter Index	100	55,1	103,1	61,5	—	—	—
Frankreich	100	62	139	96	107	99	94

* Nach Angaben der Zentralverwaltung für Statistik der Volkswirtschaft.
** In den Grenzen des jeweiligen Jahres.

Aus dieser Tabelle lassen sich gut zwei entscheidende Besonderheiten in der Epoche der allgemeinen Krise des Kapitalismus erkennen, nämlich das langsamere Entwicklungstempo in den kapitalistischen Hauptländern und der stürmische Aufschwung in der Sowjetunion. Innerhalb von 22 Jahren stieg die Industrieproduktion in den USA um 30%, also im Jahresdurchschnitt um 1,4%. In Großbritannien, Frankreich und Deutschland war die Industrieproduktion 1935 niedriger als 22 Jahre zuvor (Deutschland hatte durch den Krieg wichtige Industriegebiete verloren, doch entsprach die Bevölkerung Deutschlands dem Vorkriegsstand). Demgegenüber war die Schwerindustrie in der Sowjetunion in diesem Zeitraum auf über 500% angestiegen. Die UdSSR erreichte dieses stürmische Wachstum, obwohl sie sich im Gegensatz zu Großbritannien und Deutschland beim wirtschaftlichen Aufbau nur auf ein Produktionspotential stützen konnte, das im ersten Weltkrieg und im

Bürgerkrieg erheblich zerstört worden war. Darüber hinaus hatte sie es mit dem harten Widerstand des Klassenfeindes, mit Sabotage und Diversionsakten zu tun, die auf eine Wiederherstellung der kapitalistischen Ordnung zielten. Auch mußte die Diktatur des Proletariats erst qualifizierte Leiter und Wirtschaftsorganisatoren ausbilden. Die Arbeiterklasse der Sowjetunion hatte die große Aufgabe der Industrialisierung unter außerordentlich schwierigen Bedingungen begonnen und löste sie ohne Hilfe der Kapitalisten und ohne Kapitalimport.

Diese welthistorischen Erfolge der Sowjetunion beweisen die gewaltigen Vorzüge der sozialistischen Wirtschaft, die keine Krisen, keine Arbeitslosigkeit, keine Vergeudung von Nationaleinkommen, kein Elend der Volksmassen und andere unheilbare Gebrechen des Kapitalismus kennt. Diese Erfolge wurden erreicht, weil im Sowjetstaat die Arbeiter und Bauern herrschen, weil in unserem Land die Diktatur des Proletariats errichtet wurde und die Demokratie sich in einem im Kapitalismus nicht vorstellbaren Umfang entwickelt und weil schließlich die Macht der Sowjets die uneingeschränkte Unterstützung aller Werktätigen der UdSSR findet.

Zweiter Teil

Konjunkturforschung und Krisentheorie*

* Aus: Wirtschaft und Wirtschaftspolitik im III. Vierteljahr 1927, in: Internationale Pressekorrespondenz, Berlin, 7 (1927), Nr. 110, S. 2397—2403.

Konjunkturforschung und Krisentheorie

* * Die Nachkriegszeit hat eine neue „Wissenschaft“ entstehen lassen: die *Konjunkturforschung*. Die kapitalistische Wirtschaft bewegt sich in Umschlagzyklen: „Zustand der Ruhe, wachsende Belebung, Prosperität, Überproduktion, Krach, Stagnation, Zustand der Ruhe etc.“. — so wie es *Marx* kennzeichnet.[1] Diese *zyklische Bewegung ist untrennbar von der kapitalistischen Produktionsweise, gehört zu ihrem Wesen als einer antagonistischen Produktionsweise.*[2]

„. . . periodisch macht sich der Konflikt der widerstreitenden Agentien in Krisen Luft. Die Krisen sind immer nur momentane gewaltsame Lösungen der vorhandnen Widersprüche, gewaltsame Eruptionen, die das gestörte Gleichgewicht für den Augenblick wiederherstellen.“[3]

Warum kann es keine krisenlose kapitalistische Wirtschaft geben? Die Antwort darauf lautet: „Die Bedingungen der unmittelbaren Exploitation und die ihrer Realisation sind nicht identisch. Sie fallen nicht nur nach Zeit und Ort, sondern auch begrifflich auseinander. Die einen sind nur beschränkt durch die Produktivkraft der Gesellschaft, die andren durch die Proportionalität der verschiednen Produktionszweige und durch die Konsumtionskraft der Gesellschaft. Diese letztre ist aber bestimmt weder durch die absolute Produktionskraft noch durch die absolute Konsumtionskraft; sondern durch die Konsumtionskraft auf Basis antagonistischer Distributionsverhältnisse, welche die Konsumtion der großen Masse der Gesellschaft auf ein nur innerhalb mehr oder minder enger Grenzen veränderliches Minimum reduziert. Sie ist ferner beschränkt durch den Akkumulationstrieb, den Trieb nach Vergrößerung des Kapitals und nach Produktion von Mehrwert auf erweiterter Stufenleiter. Dies ist Gesetz für die kapitalistische Produktion, gegeben durch die beständigen Revolutionen in den Produktionsmethoden selbst, die damit beständig verknüpfte Entwertung von vorhandnem Kapital, den allgemeinen Konkurrenzkampf und die Notwendigkeit, die Produktion zu verbessern und ihre Stufenleiter auszudehnen, bloß als Erhaltungsmittel und bei Strafe des Untergangs.“[4]

Oder an anderer Stelle: „Der Widerspruch, ganz allgemein ausgedrückt, besteht darin, daß die kapitalistische Produktionsweise eine Tendenz einschließt nach absoluter Entwicklung der Produktivkräfte, abgesehn vom Wert und dem in ihm eingeschloßnen Mehrwert, auch abgesehn von den gesellschaftlichen Verhältnissen, innerhalb deren die kapitalistische Produktion stattfindet . . .“[5]

Der zentrale Begriff ist die *„Konsumtionskraft der Gesellschaft bei antagonistischen Verteilungsverhältnissen“*, wobei das Einkommen der Arbeiterklasse durch Summe v, das

1 K. Marx, Das Kapital, Dritter Band, in: MEW, Bd. 25, Berlin 1973, S. 372.

2 Marx verwahrt sich dagegen, daß durch die kapitalistische Produktionsweise bloß die Möglichkeit der Krise gegeben sei, „es also zufällig ist, ob sie eintrete“ (K. Marx, *Theorien über den Mehrwert*, Zweiter Teil, in: MEW, Bd. 26.2, Berlin 1974, S. 500/501).

3 K. Marx, Das Kapital, Dritter Band, in: MEW, Bd. 25, a. a. O., S. 259.

4 Ebenda, S. 254/255.

5 Ebenda, S. 259.

variable Kapital, beschränkt ist, die Kapitalisten aber durch die Konkurrenz genötigt werden, immer die neuesten Produktionsmittel anzuwenden, das heißt, einen stets wachsenden Teil des Kapitals als konstantes Kapital zu produzieren, die organische Zusammensetzung ihres Kapitals zu erhöhen, die gesamte Produktionskapazität über die Konsumtionskraft der Gesellschaft hinaus zu erweitern. Dadurch entsteht notwendigerweise eine „Disproportionalität" in der gesellschaftlichen Produktion: Zu viel Kapital wird in der Abteilung I (Produktion von Produktionsmitteln) angelegt, zu wenig vom jährlichen Wertprodukt in Form der Waren der Abteilung II, in Form von Konsumtionsmitteln, verbraucht. Es entsteht eine Überproduktion in der Abteilung II, die notwendigerweise eine Überproduktion in Abteilung I, in der Produktion des konstanten Kapitals nach sich zieht, denn „die Produktion von konstantem Kapital ... findet nie seiner selbst wegen statt, sondern nur, weil mehr davon gebraucht wird in den Produktionssphären, deren Produkte in die individuelle Konsumtion eingehn."[6]

Infolge der Unübersichtlichkeit des Marktes im Kapitalismus, infolge insbesondere der Trennung des Kapitals in industrielles und Handelskapital geht aber die Produktion weiter, obwohl die Überproduktion bereits eingetreten ist.

„Trotz ihrer Verselbständigung ist die Bewegung des Kaufmannskapitals nie etwas andres als die Bewegung des industriellen Kapitals innerhalb der Zirkulationssphäre. Aber kraft seiner Verselbständigung bewegt es sich innerhalb gewisser Grenzen unabhängig von den Schranken des Reproduktionsprozesses und treibt ihn daher selbst über seine Schranken hinaus. Die innere Abhängigkeit, die äußere Selbständigkeit treiben es bis zu einem Punkt, wo der innere Zusammenhang gewaltsam, durch eine Krise wiederhergestellt wird."[7]

Wann die Überproduktion zur akuten Krise übergeht, hängt von „zufälligen" Umständen ab; oft löst ein relativ geringfügiger Vorfall: Bankrott einer Bank, eine außenpolitische Schwierigkeit, Preisfall einer einzelnen Ware, die Krise aus, verwandelt die potentiell bereits längere Zeit vorhandene Krise in eine akute.

Der Ablauf der Krise wird stark beeinflußt durch den Grad der erreichten Überproduktion; diese wiederum durch die größere oder geringere Ausdehnung des Kredits, durch die Ausdehnung der Spekulation, die das Bankkapital durch sein Verhalten bei der Kreditgewährung vorwärtstreiben oder beschränken kann — immer nur bis zu einem gewissen Grade. Je länger die Überproduktion weitergeführt wurde, je höher die Wellen der auf Kredit gebauten Spekulation emporschlagen, desto schärfere Formen nimmt die Krise an, desto gewaltsamer geschieht die Wiedervereinigung der getrennten Elemente der kapitalistischen Wirtschaft. Durch einen gewaltigen Preissturz wird der Wert der über den „gesellschaftlichen Bedarf", über die Konsumtionskraft der Gesellschaft hinaus produzierten Waren auf die dem gesellschaftlichen Bedürfnis entsprechende Summe reduziert. Durch massenhafte Betriebseinstellungen wird das Gleichgewicht zwischen Produktions- und Konsumtionskraft der Gesellschaft momentan wiederhergestellt.[8] Durch massenhafte Bankrotte wird die Überspannung des Kredits gewaltsam liquidiert usw.

6 Vgl. ebenda, S. 316/317.

7 Ebenda, S. 316.

8 Die Disproportion kann auch in *der* Form zum Ausbruch einer Krise führen, daß ein zu großer Teil des Produktenwertes in einer solchen Form des konstanten Kapitals der Abt. I (Eisenbahnbau, Kanalbau, Häuserbau) produziert wird, in der es erst im Verlauf einer sehr langen Reihe von Jahren seinen Wert auf Produkte der Abt. II überträgt. In diesem Falle kann ein Mangel an produktivem Kapital eintreten — der unter kapitalistischen Verhältnissen immer die Form eines Mangels an Leihkapital annimmt — und zur Überspannung des Kredits und zu einer Krise führt.

Wird hingegen durch Krediteinschränkungen die Spekulation erschwert und der Überproduktion frühzeitig Einhalt geboten, so nimmt der Übergang von der Prosperität zur Stagnation nicht die Form des „Krachs“ an, sondern die Form der „Rezession“, des Abflauens der Geschäftstätigkeit, ohne große Preisstürze, ohne eine scharfe Kreditkrise, ohne massenhafte Zusammenbrüche.

Sinn und Zweck der neuen „Wissenschaft“ der *Konjunkturforschung* ist es, den *Gang der Konjunktur zu beobachten, die Krisenmomente rechtzeitig zu erkennen, um den Kapitalisten zu ermöglichen, den Übergang für sie möglichst leicht zu machen.* Einzelne Narren hoffen sogar, auf dem Wege der Konjunkturforschung zu einer „konjunkturlosen Wirtschaft“, zu einer ewigen Prosperität des Kapitalismus zu gelangen.[9]

Wir haben oben Wissenschaft in Anführungszeichen gesetzt! Mit vollem Rechte! Denn Wissenschaft bedeutet ein theoretisches System; was aber die Konjunkturforschung bisher leistet, ist reine Empirie: das Zusammentragen von — zum Teil sehr wertvollem — Material über den tatsächlichen Konjunkturgang in der Vergangenheit und in der Gegenwart; ferner kurzfristige Voraussagen über die Gestaltung der Konjunktur, ebenfalls rein empirisch, auf der ganz primitiven Grundlage, daß, wenn in der Vergangenheit gewissen Symptomen oft bestimmte wirtschaftliche Vorgänge folgten, dies auch in der Zukunft der Fall sein wird; ein Vorgehen, das nur bei Vorhandensein der richtigen ökonomischen Theorie als wissenschaftlich begründet gelten kann, ohne diese dagegen den Charakter eines empirischen Rätselratens hat . . .

Der Mangel an theoretischer Fundierung ist kein Vorwurf speziell gegen die Konjunkturforschung; es ist der allgemeine Charakterzug der ganzen bürgerlichen Nationalökonomie der Gegenwart. Sie ist Vulgärökonomie höchster Potenz. Wenn wir z. B. das große „Werk“[10] eines der berühmtesten bürgerlichen Nationalökonomen der Gegenwart, *Gustav Cassel*, durchlesen (es gehört viel Anstrengung für einen Marxisten dazu!) so finden wir folgendes: Es gibt keinen Wert, noch weniger einen Mehrwert, aber auch keinen Profit, keinen Imperialismus; keine Theorie des Arbeitslohnes. Es gibt nur „Knappheit“:

„Es war vorhanden eine Geldkapitalnot, verursacht durch die übermäßige Größe der Operationen, verglichen mit den vorhandenen Mitteln, und zum Ausbruch gebracht durch die Störung des Reproduktionsprozesses infolge . . . *Überanlage von Eisenbahnen* . . .“ schreibt Marx (K. Marx, Das Kapital, Dritter Band, in: MEW, Bd. 25, a. a. O., S. 436). Oder:
„Im April 1847 hatten fast alle kaufmännischen Häuser angefangen, ihr Geschäft mehr oder weniger auszuhungern („to starve their business“) durch Anlage eines Teiles ihres Handelskapitals in Eisenbahnen“. (Ebenda, S. 425.)

9 *Sombart*, der in seiner Jugend von allen bürgerlichen Ökonomen am meisten von dem „Gift des Marxismus“ genossen hatte, bemerkt ganz richtig, daß der zyklische Gang der Produktion für die Kapitalistenklasse als Ganzes große Vorteile ergibt:
„Wenn es dem Kapitalismus gelungen ist, während seiner ganzen Hochperiode den Arbeitslohn trotz des raschen Schrittmaßes der Kapitalakkumulation in den angemessenen Grenzen zu halten und damit seine eigene Lebens- und Entwicklungsfähigkeit zu bewahren, so verdankt er das . . . nicht zuletzt dem eigentümlichen Rhythmus der Expansionskonjunktur. Diese ist es, die dafür sorgt, daß in Aufschwungzeiten der Arbeitslohn dank der raschen Preissteigerung nicht im gleichen Maße wie der Mehrwert wächst; sie ist es aber auch, die durch die regelmäßige Kontraktionsbewegung, durch Abstoßung von Arbeitskräften, den Arbeitsmarkt in erwünschter Weise überfüllt und damit die industrielle Reservearmee schafft, die ein ungebührliches Steigen des Arbeitslohnes verhindert.“ (W. Sombart, Das Wirtschaftsleben im Zeitalter des Hochkapitalismus, II. Halbband, Berlin 1927, S. 586.)

10 G. Cassel, Theoretische Sozialökonomie, 4. Auflage, Leipzig 1927.

Knappheit an Kapital, daher muß für die Überlassung der Nutzung des Kapitals Zins gezahlt werden; *Knappheit an Boden*, daher muß für seine Nutzung Grundrente gezahlt werden; *Knappheit an Geld*, daher hat das Geld einen Preis; *Knappheit an Arbeitern*, sie bestimmt die Höhe des Arbeitslohnes.[11] Profit gibt es nicht: Was ein Kapital über den Zins hinaus ergibt, ist Risikoprämie und Lohn der besonders hoch qualifizierten und „knappen" Arbeit des Unternehmers. In dem Bestreben, alle Widersprüche und Gegensätze aus der Welt zu schaffen, konstruiert er unzählige falsche Zirkel, macht die erbaulichsten logischen Kopfsprünge . . .

Oder nehmen wir das neue Buch eines viel ernsteren Forschers, eines der Führer der amerikanischen Nationalökonomie, *W. C. Mitchell*[12], zur Hand. Entsprechend der Sachlage, daß der amerikanische Kapitalismus sich noch auf einer aufsteigenden Linie befindet, daß die Herrschaft der Bourgeoisie noch nicht unmittelbar von der proletarischen Revolution bedroht wird, versucht er nicht, den wahren Charakter der kapitalistischen Produktionsweise — Produktion für den Profit — zu vertuschen. „Ein geschäftliches Unternehmen kann der Gesellschaft durch Produktion von Gütern nur dienen unter der Voraussetzung, daß seine Operationen auf eine längere Dauer profitbringend sind" (Seite 105). „Alle Änderungen . . . beeinflussen die Geschäftstätigkeit, indem sie die Profitaussichten (the prospects of making money) beeinflussen" (Seite 107).

Aber wenn man untersucht, wie er die Möglichkeit des Profits überhaupt erklärt, so findet man als Grundlage den „profit upon alienation", den Zuschlag zu den Kaufpreisen bei Gelegenheit des Verkaufs.[13]

Ähnliches Fehlen einer theoretischen Grundlage läßt sich bei den übrigen bürgerlichen Ökonomen feststellen; wir wollen die Beispiele nicht häufen. *Die bürgerliche Nationalökonomie ist theoretisch hinter Ricardo zurückgefallen!* Dies ist die wahre Sachlage! *Um der Erkenntnis auszuweichen, daß die kapitalistische Produktionsweise ebenso historisch bedingt und zum Verschwinden verurteilt ist wie alle vorhergehenden Produktionsweisen, verzichten sie auf jede theoretische Einsicht in die kapitalistische Gesellschaft!*

Wenn das allgemeine theoretische Niveau der heutigen bürgerlichen Nationalökonomie in diesem Zustande ist, so ist es selbstverständlich, daß ihre Leistungen auch auf dem so schwierigen Teilgebiet der Konjunktur- und Krisentheorie vollkommen ungenügend sind. Es besteht freilich ein tiefgehender klassenbedingter Unterschied zwischen der Art der Behandlung der allgemeinen Theorie des Kapitalismus und des Krisenproblems im besonderen. Aus den oben angeführten Gründen hat die bürgerliche Ökonomie alle Ursache, die grundlegenden Zusammenhänge, die historische Rolle und den Charakter des kapitalistischen Systems als auf Ausbeutung gegründet zu vertuschen. Demgegenüber besteht ein unmittelbar praktisch-wirtschaftliches Interesse der Kapitalisten, den Gang der Konjunktur im vorhinein zu wissen. (Daher werden jährlich ungezählte Millionen für Kon-

11 Dies ist kein schlechter Scherz, den *wir* machen:
„Der Preis der Arbeit wird, wie überhaupt der Preis jedes Produktionsfaktors, durch ihre relative Knappheit bestimmt, also durch das Angebot von Arbeit im Verhältnis zur Nachfrage nach ihr." (Ebenda S. 293.)

12 W. C. Mitchell, Business Cycles, hg. v. Bureau of Economic Research, New York 1927.

13 „Profit wird gemacht durch zusammenhängende Serien von Käufen sei es im Handel, sei es in der Industrie, im Bergbau, im Ackerbau . . . Daher ist die Differenz zwischen den Preisen, zu denen Güter gekauft und verkauft werden können, eine der grundlegenden Vorbedingungen der geschäftlichen Tätigkeit". (Ebenda, S. 107.)

junkturforschung ausgegeben, werden mit freiwilligen Zuwendungen der Kapitalisten überall Konjunkturinstitute gegründet.)

Aber der Mangel einer theoretischen Basis rächt sich. Man kann nicht jede Einsicht in die Totalität des kapitalistischen Systems verwischen und zugleich Klarheit auf einem Teilgebiet schaffen.

Zwar gibt es unzählige „Krisentheorien", und ihre Zahl vermehrt sich von Jahr zu Jahr. Alle enthalten — mit einigen Ausnahmen — Elemente, die einem Teil der Wirklichkeit entsprechen; sie umfassen nicht das Ganze des Problemkreises, sondern greifen ein Teilelement heraus und versuchen damit das ganze Krisenproblem zu erklären. *Alle bürgerlichen Krisentheorien — sowohl der Vorgänger als der Nachfolger von Marx — sind unrichtige Verallgemeinerungen einzelner Elemente der umfassenden Krisentheorie von Marx.*

Es würde weit über den Rahmen dieser Arbeit hinausgehen, dies im einzelnen nachzuweisen. Wir wollen nur einige Beispiele anführen.

Die *Unterkonsumtionstheorie* von *Sismondi*, die heute die offizielle Theorie der Reformisten bildet, enthält als gemeinsames Element mit der Krisentheorie von Marx die Begrenztheit der Konsumtionskraft der Gesellschaft. Sagt doch Marx[14]: „Der letzte Grund aller wirklichen Krisen bleibt immer die Armut und Konsumtionsbeschränkung der Massen . . ." Während aber die Reformisten die „Unterkonsumtion" isoliert betrachten und den Kapitalisten zumuten, den Arbeitern freiwillig höhere Löhne zu zahlen, um ihnen mehr Waren verkaufen zu können, setzt Marx an obiger Stelle fort: „. . . gegenüber dem Trieb der kapitalistischen Produzenten, die Produktionskräfte zu entwickeln, als ob nur die absolute Konsumtionsfähigkeit der Gesellschaft ihre Grenze bilde". Was bei Sismondi und den Reformisten isoliert, daher falsch ist, ist hier ein Element der ganzen Theorie und richtig.

Ein anderes Beispiel: Die Krisentheorie *Sombarts*. Ihr Wesen besteht darin, daß diejenigen Rohstoffe, die zur Erweiterung des Produktionsapparates und der Bautätigkeit, zur Vermehrung der „*anorganischen Dauergüter*" dienen — wie Kohle, Steine, teilweise auch Holz —, aus dem „Vermögen der Erde" gewonnen werden, daher ihre Produktion sehr rasch gesteigert werden kann. Im Gegensatz hierzu erfordert die Ausdehnung der Produktion der Landwirtschaft im breitesten Sinne eine längere Zeit. Hierdurch entsteht eine Disproportion.

„. . . Es kommt zu einem Abbruch der Aufwärtsbewegung, weil zwischen den verschiedenen Bestandteilen des Kapitals, zwischen festem und umlaufendem Kapital einerseits, zwischen Sachkapital und Geldkapital andererseits ein schädliches Mißverhältnis entsteht. Es beginnt an umlaufendem Kapital, insbesondere an Geldkapital zu fehlen usw. Daher Überproduktion auf einer Seite, Unterproduktion auf der anderen."[15]

Diese Theorie, die einige richtige neben falschen Elementen enthält, ist voll und ganz vorweggenommen in folgenden Sätzen von Marx[16]: „. . . Es ist in der Natur der Sache begründet, daß pflanzliche und tierische Stoffe, deren Wachstum und Produktion bestimmten organischen, an gewisse natürliche Zeiträume gebundnen Gesetzen unterworfen sind, nicht plötzlich in demselben Maß vermehrt werden können, wie z. B. Maschinen und andres fixes Kapital, Kohlen, Erze usw., deren Vermehrung, die sonstigen Natur-

14 K. Marx, Das Kapital, Dritter Band, in: MEW, Bd. 25, a. a. O., S. 501.
15 W. Sombart, Das Wirtschaftsleben im Zeitalter des Hochkapitalismus, Bd. 2, a. a. O., S. 563.
16 K. Marx, Das Kapital, Dritter Band, in: MEW, Bd. 25, a. a. O., S. 128.

bedingungen vorausgesetzt, in einem industriell entwickelten Land in kürzester Frist vor sich gehn kann. Es ist daher möglich und bei entwickelter kapitalistischer Produktion sogar unvermeidlich, daß die Produktion und Vermehrung des Teils des konstanten Kapitals, der aus fixem Kapital, Maschinerie etc. besteht, einen bedeutenden Vorsprung gewinnt vor dem Teil desselben, der aus organischen Rohstoffen besteht, so daß die Nachfrage nach diesen Rohstoffen schneller wächst als ihre Zufuhr, und daher ihr Preis steigt" . . .

„. . . Zunächst ist aber schon aus dem bisher Gesagten klar: je entwickelter die kapitalistische Produktion, und je größer daher die Mittel plötzlicher und anhaltender Vermehrung des aus Maschinerie usw. bestehenden Teils des konstanten Kapitals, je rascher die Akkumulation (wie namentlich in Zeiten der Prosperität), desto größer die relative Überproduktion von Maschinerie und anderem fixem Kapital und desto häufiger die relative Unterproduktion der pflanzlichen und tierischen Rohstoffe, desto markierter das vorher beschriebene Steigen ihres Preises und der diesem entsprechende Rückschlag. Desto häufiger sind also die Revulsionen, die in dieser heftigen Preisschwankung eines der Hauptelemente des Reproduktionsprozesses ihren Grund haben."

Wir könnten ebenso zeigen, daß z. B. die Theorien von *Tugan-Baranovskij*, *Lederer* und anderer vom Marxismus ausgehenden Ökonomen im Wesen aus dem richtigen Zusammenhang gerissene Teile des Gedankensystems von Marx darstellen: wir wollen uns aber nicht länger dabei aufhalten. Manche von den sogenannten Theorien, wie die psychologische Theorie von *Pigou*[17] oder die vielen Theorien, die den zyklischen Gang der kapitalistischen Produktionsweise durch Naturerscheinungen (Änderung der Sonnenflecken, Wetterzyklen) erklären, sind eigentlich überhaupt keine ökonomischen Theorien.

Kurzum: die Konjunkturforschung erhält von der bürgerlichen ökonomischen Wissenschaft fast keinerlei Unterstützung: Sie ist ganz und gar darauf angewiesen, in dem Vielerlei der wirtschaftlichen Erscheinungen auf empirische Weise Ordnung zu schaffen versuchen. Ein schweres Beginnen.

Die Leistungen der Konjunkturforschung

a) Die Beschreibung des Konjunkturganges

Überblicken wir die Arbeit der Konjunkturinstitute, vor allem die der *amerikanischen*, so muß einem die ungeheure Arbeit imponieren, die in den Veröffentlichungen dieser Institute enthalten ist. Auf ein Jahrhundert zurück wurden die wirtschaftlichen Tatsachen gesammelt, geordnet, systematisiert und gemessen: gemessen nach allen möglichen Richtungen. Es wurden sehr feine mathematisch-statistische Methoden entwickelt, um quantitative Vergleiche zwischen den verschiedenartigsten ökonomischen Tatsachenreihen herzustellen.

Indessen, der Mangel einer theoretischen Fundierung entwertet die Ergebnisse dieser Arbeit in sehr starkem Maße. Man kann die Ergebnisse folgendermaßen zusammenfassen: Es ist gelungen, das quantitative Verhältnis zwischen den einzelnen Teilen der kapitalistischen Wirtschaft in weitem Maße aufzuhellen. Vor allem gilt das für die Elemente der Zirkulationssphäre, während die Vorgänge in der Produktionssphäre wegen des Mangels an elementaren Daten viel weniger beachtet werden konnten. Dies nimmt für uns, die wir gewöhnt sind, die kapitalistische Wirtschaft von der Produktion aus zu betrachten, diesen Ergebnissen viel an Wert.

17 A. C. Pigou, Industrial fluctuations, London 1927.

Die theoretische Ungeklärtheit der Forscher bringt es mit sich, daß Daten der Produktionssphäre und der Zirkulationssphäre wahllos zusammengeworfen werden, daß aus zufällig herausgegriffenen Elementen der Produktion, der Waren bzw. Geldzirkulation Gesamtbeweise fabriziert werden, die als Maßstab für den Gang der Konjunktur dienen sollen.

Die theoretische Ungeklärtheit führt auch dazu, daß zum Beispiel die Gesamtheit der wirtschaftlichen Vorgänge in drei Märkte zerlegt werden: Warenmarkt, Geldmarkt und Effektenmarkt. Diese drei werden als gleichwertige Bestandteile behandelt, wodurch ein ganz falsches Bild der Vorgänge entsteht. (*Spiethoft* und das *Deutsche Konjunktur-Institut.*)

Die theoretische Unklarheit bringt es mit sich, daß sich die Konjunkturforscher nicht einmal über ihre Terminologie einigen können; zum Beispiel in der Frage, wann es eine Krise gibt und ob überhaupt der Ausdruck „Krise" richtig sei, herrschen große Differenzen. Wenn wir zum Beispiel das große, von dem *amerikanischen Bureau of Economic Research* veröffentlichte Buch „Business Annals" von W. L. Thorp (mit einer Einleitung von *W. C. Mitchell*, New York 1926) über die Konjunkturgeschichte der kapitalistischen Welt durcharbeiten, so sehen wir, daß dort der Ausdruck „Krise" überhaupt verworfen wird und an seiner Stelle der Ausdruck „Rezession" gebraucht wird, davon ausgehend, daß nicht jeder Übergang von der Prosperität zur Depression ein krisenhafter sein muß. Daher wird der Zyklus bloß in vier Phasen zerlegt: Depression, Aufschwung (revival), Prosperität und Rezession. Die Krise ist dadurch zu einer zufälligen Erscheinung degradiert, die in manchen Zyklen auftritt und in manchen nicht.

In diesem Punkt macht sich der Klassencharakter der bürgerlichen Wirtschaft scharf geltend. Für die Arbeiterschaft ist die Tatsache wichtig, daß beim Umschlagen der Prosperität in die Depression massenhafte Arbeitslosigkeit eintritt. Daher bedeutet für die Arbeiterschaft jedes Umschlagen eine Krise. Vom kapitalistischen Gesichtspunkt wird von einer Krise nur dann gesprochen, wenn der Umschlag der Prosperität in die Depression mit einer Kreditkrise und massenhaften Bankrotten kapitalistischer Unternehmungen verbunden ist: ein Umstand, der für die Arbeiterschaft ganz gleichgültig ist.

Die Rezession, d. h. den Übergang von der Prosperität zur Depression als Scheidelinie benützend, wird in diesem Buch die wirtschaftliche Geschichte der kapitalistischen Länder, und zwar beginnend ungefähr mit ihrem Eintritt in die kapitalistische Wirtschaftsweise, nach Konjunkturzyklen bearbeitet.[18]

Der Hauptmangel dieser Bearbeitung ist der, daß für die Feststellung der Scheidelinie zwischen Prosperität und Depression kein objektiver Maßstab vorhanden ist. Insbesondere ist dies natürlich für die älteren Zeiten der Fall, als die Wirtschaftsstatistiken noch mangelhafter waren als heute. Die Scheidelinie wurde in vielen Fällen bloß auf Grundlage der allgemeinen Äußerungen der damaligen Presse gemacht. Diese sind selbstverständlich sehr relativ. In einer Periode lang andauernder Depression erscheint eine kleine Besserung bereits als Beginn der Prosperität, umgekehrt bei einer lang andauernden Konjunktur eine kleine Verschlechterung bereits als Beginn der Depression.

Daher große Unbestimmtheit in der Feststellung der Dauer der einzelnen Zyklen und eine über das bisherige Maß hinausgehende Vermehrung der einzelnen Zyklen. So wurde zum

18 Die Bearbeitung erstreckt sich auf folgende Länder: Vereinigte Staaten, England, Frankreich, Deutschland, Österreich, Rußland, Schweden, Niederlande, Italien, Argentinien, Brasilien, Kanada, Südafrika, Australien, Indien, Japan, China.

Beispiel die Zahl der amerikanischen Zyklen in der Periode von 1796 bis 1923 gegenüber den bisherigen Annahmen verdoppelt, was gleichbedeutend ist mit der Verminderung der Dauer eines Zyklus auf die Hälfte. In dieser Periode von 129 Jahren werden für die Vereinigten Staaten von Amerika 32 Zyklen festgestellt mit einer Durchschnittslänge von rund vier Jahren. In der gleichen Periode soll es in England nur 22 Zyklen gegeben haben mit einer durchschnittlichen Dauer von $5^3/_4$ Jahren. Überhaupt ist das Hauptergebnis dieser Untersuchung, daß der Gang der Konjunktur in den einzelnen Ländern viel verschiedener ist, als im allgemeinen angenommen wurde. Weder die Zahl noch die Dauer noch der Zeitpunkt des Umschlagens fallen in den einzelnen kapitalistischen Ländern zusammen. Daher ist das Endergebnis ein ziemlich unbefriedigendes.

Mitchell faßt das Ergebnis in folgendem zusammen: „Die allgemeinste Folgerung, die durch die weitausgedehnten Beobachtungen, die die Annals umfassen, festgestellt wurde, ist, daß es keinen ‚anormalen Stand des Geschäftes' gibt. Diese Ausdrucksweise wird in gleicher Weise in Büchern über ökonomische Theorien und in den Gesprächen von Geschäftsleuten gebraucht. Aber die historische Erfahrung zeigt, daß diesem Begriff keine Realität entspricht."

(In einer bürgerlichen Ausdrucksweise konstatiert hier Mitchell, daß sich die kapitalistische Wirtschaft immer nur in einem labilen, immer wieder sich neu bildenden und wieder in Widersprüchen sich auflösenden Gleichgewicht befindet.)

„Die Wiederkehr von Depression, Aufschwung, Prosperität und Rezession in einer Zeitfolge in einem Lande nach dem anderen mag als Hauptschluß aus den Erfahrungen, die in diesen Annalen zusammengefaßt sind, gezogen werden; aber eine zweite Folgerung ist, daß dieses Wiederkehren in dem ganzen Gebiet sich niemals in gleicher Weise zweimal wiederholt. Die Konjunkturzyklen sind verschieden in ihrer Dauer und in der relativen Dauer ihrer einzelnen Phasen, sie sind verschieden in industrieller und geographischer Beziehung; sind verschieden in ihrer Intensität; sind verschieden in der Zeit und in der Gleichmäßigkeit, in der sie von einem Land auf das andere übergreifen."[19]

Die Verschiedenheit des Konjunkturganges hat aber eine Tendenz zur Verminderung. Je näher wir der gegenwärtigen Periode kommen, desto mehr fallen Anfang und Ende der Konjunkturzyklen in den verschiedenen Ländern zusammen. Es ist dies offenbar die Folge der stärkeren Verknüpfung der einzelnen nationalen Wirtschaften in der Weltwirtschaft. Die Verschiedenheit des Konjunkturganges ist zum großen Teil dem verschiedenen Grad der Industrialisierung der betreffenden Länder zuzuschreiben. Eine je größere Bedeutung die Agrikultur in der Wirtschaftsstruktur eines Landes hat, desto stärker wird seine Konjunktur durch den Ausfall der Ernte, also durch „Zufälligkeiten" bestimmt.

Das Ergebnis dieser historischen Beschreibung des Konjunkturganges in den wichtigsten kapitalistischen Ländern gibt daher eine gute, aber ganz skizzenhafte Übersicht über den Wirtschaftsverlauf. Es ist ein sehr nützliches Handbuch für den Historiker, der die ökonomische Basis der politischen Ereignisse, wenn auch in allgemeinster Form, geordnet vorfindet. Ökonomische Erkenntnisse lassen sich aus dem Material, wie es vorliegt, nur in beschränktem Maße gewinnen, weil es trotz des großen Umfanges des Buches (380 Seiten) zu wenig Material gibt, um danach selbständig arbeiten zu können, die gegebene empirische Aufarbeitung des Materials aber für theoretische Arbeiten keine gute Grundlage gibt.

19 W. L. Thorp, Business Annals, New York 1926, S. 37.

b) Die Ergebnisse der Messungen des Wirtschaftsverlaufes

Die größte Arbeit der Konjunkturforschung wurde auf die Versuche, die Wirtschaftsvorgänge statistisch zu messen, verwendet. Es wurden feine und sehr komplizierte mathematisch-statistische Methoden zu diesem Zwecke geschaffen. Es ist unmöglich, hier auf diese Methoden näher einzugehen. Wir wollen nur bemerken, daß infolge des Fehlens einer Theorie durch die Verwendung dieser Methode Zusammenhänge jeglicher Art zwischen den einzelnen Reihen des Wirtschaftslebens geschaffen werden können, was große Gefahren mit sich bringt.[20]

Eine Kritik dieser Methode unterlassend, wollen wir nur hervorheben, daß sich in der Beobachtung des Verlaufes des Wirtschaftslebens ziemlich klar *vier Hauptlinien* unterscheiden lassen:

1. *Die Linie der allgemeinen Entwicklung, die von den Amerikanern die „Trend"linie genannt wird.* Wenn wir zum Beispiel auf Jahrzehnte hinaus die Gestaltung der Eisenproduktion von Jahr zu Jahr beobachten, so können wir feststellen, daß diese Produktion, mit gleichen Phasen des industriellen Zyklus verglichen, jeweils eine aufsteigende Linie darstellt, d. h., die Eisenproduktion ist sowohl während der Depression als während der Prosperität höher als in der entsprechenden Phase des vorhergehenden Zyklus. Verbindet man in einer mathematisch bestimmten Weise von Jahr zu Jahr die Daten der Eisenproduktion, so erhalten wir die Trendlinie. Die jeweiligen Abweichungen von der Trendlinie ergeben die durch den Wechsel der Konjunktur verursachten Änderungen in der Eisenproduktion. Die Abweichung von der Trendlinie, die auf Grund der vorherrschenden Jahre auch für die Zukunft im vorhinein festgestellt werden kann, ergäbe einen Maßstab für den Gang der Konjunktur.

Tatsächlich liegen die Dinge viel komplizierter. Je nachdem, mit welcher mathematischen Methode die Trendlinie aus den gleichen Daten konstruiert wird, ergeben sich außerordentlich große Differenzen.[21]

So finden wir zum Beispiel in dem Buch von *Mitchell* (Seite 216) die Konstruktion von Trendlinien für die Eisenproduktion der Vereinigten Staaten von 1856 bis 1926. Diese sind nach acht verschiedenen Methoden konstruiert. Das Ergebnis ist vom Gesichtspunkt der Konjunkturbeurteilung sehr überraschend. Nach der auf Grundlage der kleinsten Quadrate konstruierten Trendlinie müßte die Eisenproduktion im Jahre 1926 54 Mio t betragen, nach einigen, mit anderen Methoden konstruierten Trendlinien, ungefähr 35 Mio t, d. h., beurteilen wir die Eisenproduktion der Vereinigten Staaten im Jahre 1926 als Konjunktursymptom nach der erst erwähnten Trendlinie, so wäre die Konjunktur dort sehr schlecht, beurteilen wir sie nach der zweiterwähnten Trendlinie, so wäre die Konjunktur eine durchschnittliche. Wir sehen hieraus, wie schwierig es ist, von diesen mathematisch-statistischen Konstruktionen zur realen Konjunkturbeobachtung überzugehen.

Die zweite Schwierigkeit besteht darin, daß keinerlei Garantien dafür bestehen, daß die bisher beobachtete Trendlinie sich in Zukunft in gleicher Weise fortsetzen wird.

20 Siehe W. C. Mitchell, Business Cycles, a. a. O., S. 265.

21 Die Konstruktion der Trendlinien wird auf die Weise gemacht, daß die jährlichen (eventuell monatlichen oder täglichen) Daten in ihrer chronologischen Reihenfolge auf ein Papier aufgezeichnet und untereinander verbunden werden. Dies ergibt eine ziemlich unregelmäßige Zickzacklinie. Es wird nun erprobt, durch die Anwendung welcher mathematischen Methode sich eine Linie finden läßt, von der die Abweichung der tatsächlichen Linie ein Minimum ergibt.

„Die säkularen Trendlinien sind Änderungen ohne vorhergehende Ankündigung unterworfen und es ist eine allgemeine Erfahrung, daß eine Linie, die ausgezeichnete Resultate für eine gegebene Periode ergibt, aufhört, gute Resultate zu ergeben, wenn diese rückwärts verlängert oder auf einige Jahre in der Zukunft projiziert wird.“[22]

Die Unklarheit dieser Forschungsmethode zeigt der Vorschlag einiger Konjunkturforscher, die Trendlinien jeweils nur für kürzere Perioden zu berechnen, womit selbstverständlich die Bedeutung der Trendlinien als Methode der Trennung der allgemeinen Entwicklungslinien von den zyklischen Schwankungen verlorengehen würde.

Der Hauptmangel liegt eben darin, daß diese Trendlinien empirisch konstruiert werden und die ökonomische Bedeutung nicht untersucht wird. Nur eine solche Untersuchung könnte dieser Methode ein wirkliches Gewicht geben. Die Bedeutung mancher Trendlinien ist ja ganz klar. Es ist selbstverständlich, daß sich zum Beispiel der Verbrauch an Lebensmitteln mit der Vermehrung der Bevölkerung erhöhen muß. Andererseits sehen wir aber, daß in den Vereinigten Staaten mit der Erhöhung des allgemeinen Lebensniveaus der Konsum von Getreide pro Kopf der Bevölkerung fällt und durch vermehrten Verbrauch von Gemüse, Obst und Meiereiprodukten kompensiert wird. Der Ausbau des amerikanischen Eisenbahnnetzes verursacht einen fallenden Trend des Wassertransportes, die Vermehrung der Automobile eine rückgehende Tendenz der Fahrradproduktion usw.

Noch größer werden die Schwierigkeiten, wenn Versuche gemacht werden, aus den Trendlinien der einzelnen ökonomischen Reihen, die sowohl der Produktions- als der Zirkulationssphäre entnommen werden, eine einheitliche Trendlinie für die ganze Volkswirtschaft zu konstruieren. Das Zusammenwerfen von Daten der Produktions- und der Zirkulationssphäre nimmt den meisten derartigen Versuchen für uns jeden Wert.

Als positives Ergebnis der Forschungen über die Trendlinien ergibt sich nur, daß wir uns nicht mit der Beobachtung des „Konjunkturganges“ begnügen dürfen, sondern immer auch den allgemeinen Gang der Wirtschaft, ob sich diese auf einer aufsteigenden oder einer fallenden Gesamtlinie vollzieht, in Betracht ziehen sollen.

Dies hat für uns eine große aktuelle politische und theoretische Bedeutung. Ganz grob, ganz annähernd kann festgestellt werden, daß das Volumen der industriellen Produktion in der Vorkriegszeit in der kapitalistischen Welt jährlich um 3% gestiegen ist. *Dies bedeutet, daß, wenn wir den Vorkriegskapitalismus als „normal“ annehmen, in der Zeit zwischen 1913 und 1927 die industrielle Produktion um rund 50% hätte steigen müssen.* Wenn also heute von den Bürgerlichen und Sozialdemokraten als Errungenschaft dargestellt wird, daß die Vorkriegsproduktion bereits um einige Prozent überholt ist, so muß man darauf hinweisen, daß unter normalen Umständen, wenn wir uns nicht in der Niedergangsperiode des Kapitalismus befinden würden, in dieser Zeit nicht eine Steigerung von 2 bis 3%, sondern eine Steigerung von 50% das „Normale“ gewesen wäre.

2. *Die saisonmäßigen Variationen.* Ein zweites Ergebnis der Konjunkturforschung ist die auch aus dem praktischen Leben gut bekannte Tatsache, daß gewisse Elemente des Wirtschaftslebens jedes Jahr parallele Änderungen ihres Volumens durchmachen. Diese saisonmäßigen Einflüsse sind zum Teil Ergebnisse von Naturvorgängen: Die Ernte in den gemäßigten Zonen fällt in eine gewisse Jahreszeit: Das Auf-den-Markt-Bringen der Ernte verursacht eine Steigerung des Eisenbahnverkehrs, eine Ausdehnung der Geldzirkulation usw. Von der Jahreszeit bedingt sind gewisse Änderungen im Geschäftsgang der Textilindustrie und der

22 W. C. Mitchell, Business Cycles, a. a. O., S. 214.

Konfektion. Andere Einflüsse sind konventioneller Art: Weihnachtseinkäufe, Quartalsabschluß, Monatsabrechnungen an den Börsen usw.

3. „*Irreguläre Einflüsse*“: So nennt man „außerökonomische“ Momente, die den Geschäftsgang beeinflussen; Mißernte, Naturschäden, Kriege (letztere sind natürlich von unserem Standpunkt aus keinesfalls außerökonomische Ereignisse, sondern von dem kapitalistischen System untrennbare, ökonomisch fundierte Ereignisse).

Nach Ausschaltung des Einflusses dieser drei nicht zyklischen Faktoren: der langfristigen Änderungen (Trends), der Saisonvariationen und der irregulären Einflüsse verbleiben als Rest die reinen Konjunkturschwankungen[23]. Diese lassen sich, soweit es sich um *einzelne* ökonomische Tatsachenreihen handelt, ziemlich gut messen. Damit würden wir eine gewisse Möglichkeit erhalten, festzustellen, in welchem Grade das ökonomische Leben in Perioden der Depression langsamer pulsiert als in Zeiten der Prosperität. Hier einige Ergebnisse (vgl. Tabelle 1):

Tabelle 1

Die relative Größe der zyklisch-irregulären Fluktuationen im amerikanischen Wirtschaftsleben 1903 bis 1914 bzw. 1903 bis 1918.

	Abweichungen vom Standard
Umsatz von Aktien an der New Yorker Börse	49,6
Unausgeführte Bestellungen des Stahltrusts	32,3
Summe der Bauvorhaben in 20 amerikanischen Städten	20,4
Waren-Clearing in New York	26,3
Zinsrate für 2- bis 3Monatswechsel in New York	19,66
Roheisenproduktion	19,15
Zinsrate für 4- bis 5Monatswechsel in New York	16,46
Durchschnittspreis von 12 Industrieaktien	15,3
Dividenden der Industrieaktiengesellschaft	14,96
Konkurse (Bradstreet)	13,55
Warenimporte	11,91
Reserven der New Yorker Clearing-Haus-Banken	10,83
Durchschnittspreis von 20 Eisenbahnaktien	10,18
Waren-Clearings außer New York	8,62
Depositen der New Yorker Clearing-Haus-Banken	8,20
Brutto-Einnahmen von 12 führenden Eisenbahnen	6,7
Kredite der New Yorker Clearing-Haus-Banken	8,20
Bradstreet Großhandels-Preisindex	3,68
Verzinsung von 10 Eisenbahnobligationen	2,82
Großhandelsindex des Arbeitsamtes	2,60

Quelle

Nach W. M. Persons, in: W. C. Mitchell, Business Cycles, New York 1927, S. 274.

23 Neben diesen vier Hauptlinien hat man versucht, noch andere Faktoren festzustellen: so Kondrat'ev seine „*großen Zyklen*“, von denen seit Beginn des Kapitalismus bisher $2^1/_2$ verflossen sind, wir stünden im dritten, (siehe *Kondrat'ev*, Mirovoe chozjajstvo i ego krizisy [Die Weltwirtschaft und ihre Krisen, Moskva 1922]), die 22 bis 24 Jahre währenden zweitklassigen Trends von Kusnetz (W. C. Mitchell, Business Cycles, a. a. O., S. 229) usw. Wir wollen aber die ohnehin sehr komplizierte Materie nicht noch mehr komplizieren und sehen von der Erörterung dieser Auffassungen ab.

Bei Durchsicht dieser Tabelle — wie auch bei den die Tiefe der Differenz zwischen Prosperität und Depression in anderen Ländern zeigenden Tabellen — fällt es auf, daß die Daten der Zirkulationssphäre weitaus überwiegen. Aus der Produktionssphäre sind nur Bauvorhaben und Roheisenproduktion entnommen; als mittelbare Symptome sind der Auftragsbestand des Stahltrusts, der Clearingverkehr und der Warenimport verwertbar. Alle anderen Daten beziehen sich voll und ganz auf die Zirkulationssphäre.

Da die Bautätigkeit und die Eisenproduktion besonders „*konjunkturempfindlich*" sind, d. h. das Produktionsvolumen besonders stark von der Konjunkturphase abhängig ist, scheint festzustehen, daß die „*Tiefe der Krise*", d. h. die *Differenz in der Gesamtproduktion zwischen Prosperität und Krise keinesfalls 20%, wahrscheinlich im ganzen eher weniger als mehr wie 10% beträgt* (was natürlich nicht mit der Tatsache in Widerspruch steht, daß einzelne Industriezweige, zum Beispiel Eisenproduktion, in einer schweren Krise auf die Hälfte ihrer Prosperitätsproduktion absinken. Denn große Teile der Wirtschaft — zum Beispiel Landwirtschaft — werden von einer „normalen" Krise fast gar nicht berührt.[24] Die Daten Englands und Deutschlands zeigen eine noch geringere Differenz zwischen dem Geschäftsgang der Prosperität und der Depression.

Was das Verhältnis der Produktions- und der Zirkulationssphäre anbelangt, so ist festzustellen, daß die Fluktuation des Kleinhandels am kleinsten, die des Großhandels (in den gleichen Waren) größer, die der Produktion am größten ist (was übrigens *Marx* ohne komplizierte mathematische Methoden früher gewußt hat). Zum Beispiel betrug die Deviation (nach Ausschaltung der Saisonveränderungen) in Amerika 1919—1925[25]:

	Kleinhandel	Großhandel	Produktion
Schuhe	9,9	14,6	19,3
Lebensmittel (Grocery)	4,5	7,6	10,8

Zur Zusammenfassung aller Daten in einer Indexzahl, die den Konjunkturgang — nach Ausschaltung der langfristigen Änderungen und Saisonvariationen — eindeutig charakterisieren würde, liegen zwar zahlreiche Versuche vor; sie leiden aber alle daran, daß die Daten der Produktionssphäre und der Zirkulationssphäre willkürlich bewertet zusammengefaßt werden.[26]

24 Arthur Spiethoff behauptet sogar: „*Eine Zunahme des unmittelbaren Verbrauches ist dem Aufschwung nicht wesenseigentümlich. Ein Aufschwung ist auch möglich ohne Vermehrung und Verbesserung des unmittelbaren Gütergenusses*". (A. Spiethoff, Artikel „Krisen" in: Handwörterbuch der Staatswissenschaften, Sechster Band, Vierte Aufl., Jena 1925, S. 19.)

25 Nach S. S. Kusnetz, Cyclical Fluctuations, New York 1926. Ein für die nordamerikanische Konjunkturforschung typisches Buch.

26 Der „*Index de l'activité industrielle française*", veröffentlicht vom *Comité des Forges*, enthält z. B. 20 Elemente, deren jedes mit dem gleichen Gewicht von 5 bewertet wird. Diese Elemente sind: Kohlenproduktion, Kohlenimport, Import und Produktion von Mineralöl, Eisenerzgewinnung, Roheisenproduktion, Stahlproduktion, Produktion von Kali und Import von Phosphaten und Nitraten, Baumwollimport, Wollimport, Export von Baumwollstoffen, Export von Wollstoffen, Export von Seidenstoffen, Export von Wäsche, Export von Automobilen, tägliche Eisenbahnwaggongestellung, Einnahmen der Eisenbahnen, Schiffsverkehr der Häfen, Schiffsverkehr auf den Kanälen, Flüssen und Küsten, Zolleinnahmen, Vorschüsse und Eskomptierungen der Bank von Frankreich. (Vgl. Bulletin Quotidien vom 7. Oktober 1927.) Es ist schwer begreiflich, wie man dem Wolleimport z. B. eine gleiche Bedeutung beimessen kann wie der Stahlproduktion.

Von allen diesen Indexen scheint uns der *Index der „American Telephone and Telegraph Company"*, *„General Business Compared with Normal"*, der brauchbarste zu sein, da er fast ausschließlich Elemente der Produktionssphäre enthält.[27] Es sind dies:

	Prozent des Gesamtindexes
Roheisenproduktion	20
Unausgeführte Bestellungen des Stahltrusts	10
Anforderungen von Eisenbahnwaggons	10
Eisenbahnverladungen	5
Nettofrachteinnahmen pro to-km	5
Kohlenproduktion	5
Baumwolleverbrauch	10
Ausnützung der Maschinerie in der Wollindustrie	10
Papierproduktion	10
Holzproduktion	5
Lederproduktion	5
Krafterzeugung	5

Quelle
Business Cycles, S. 295.

Einen wirklichen Maßstab der Konjunktur gibt natürlich keiner dieser Indexe; aber sie geben doch einen allgemeinen, leicht erfaßbaren Eindruck über den Gang der Konjunktur!

Zusammenfassend können wir feststellen: Das Ergebnis der gewaltigen Arbeit, die in den letzten Jahren der Konjunkturforschung gewidmet wurde, ist dies, daß man gewisse, durch unmittelbare Beobachtung bekannte wirtschaftliche Vorgänge quantitativ zu erfassen gelernt hat, und daß es ferner gelungen ist, langfristige Änderungen, Saisonvariationen und Konjunkturschwankungen voneinander zu trennen und so eine gewisse Einsicht in die Größe der letzteren zu gewinnen, wobei aber die Bewertungen, je nach der Auswahl der Elemente und deren Bewertung sowie nach der Art der mathematischen Bearbeitung, weitgehende Abweichungen zeigen.

Für die theoretische Einsicht in das Wesen des Kapitalismus bietet diese ganze Literatur — soweit wir sie übersehen können — *keinen Gewinn*! Im Gegenteil; sie ist durch Verwischung der Begriffe eher geeignet, Verwirrung zu stiften.

Aber auch die von den Kapitalisten als praktischer Zweck ins Auge gefaßte Vorhersage des Konjunkturganges ist noch keinesfalls erreicht. Wir geben im speziellen Teil schlagende Beispiele dafür, wie in Deutschland und Amerika gegenwärtig — trotz der intensivsten Konjunkturforschung — die Meinungen über die gegenwärtige Phase der Konjunktur und damit über ihre Gestaltung in der nächsten Zukunft auseinandergehen.

Auch besteht keine Hoffnung, daß die Ergebnisse der Konjunkturforschung, solange sie sich rein empirisch oder unter Zuhilfenahme unrichtiger bürgerlicher Theorien betätigt, sich irgendwie grundlegend bessern würden. Nur eine Verbindung der Marxschen Theorie mit den mathematisch-statistischen Methoden der Konjunkturforschung, eine Unterordnung dieser Forschungsinstitute unter marxistischer Führung, würde zu einem wirklich nützlichen Ergebnis führen.

27 G. Cassel, Theoretische Sozialökonomie, 4. Aufl., Leipzig 1927.

Dritter Teil

Studien über Grundzüge der Entwicklung imperialistischer Hauptländer*

* Wirtschaft und Wirtschaftspolitik 1922—1939, in: Internationale Pressekorrespondenz, 6.—7. Jg., Berlin 1926, 1927, 1932.

I. Die Krise der englischen Wirtschaft: eine Teilerscheinung des Niederganges des Kapitalismus*

* * Der Kampf zwischen Arbeit und Kapital hat eine in der Geschichte Englands noch nie erlebte Schärfe angenommen. Klasse steht gegen Klasse. Die englische Bourgeoisie vergißt ihre hergebrachte Heuchelei: Religion, Menschenliebe und Wohltätigkeit. Sie verkündet offen: Der Hunger der Frauen und Kinder soll die Bergarbeiter in das Joch der Kapitalisten zurückzwingen.

Auf der Landeskonferenz der Conservative Association von London erklärte der Präsident *Lord Hunsdon*[1]:

„Der Ministerpräsident sagte uns, wir sollen nicht böswillig und rachsüchtig sein. Dies sind keine britischen Eigenschaften:

Aber da die Bergarbeiter unsere Feinde sind, sollen wir sie nicht füttern. Wir haben die Deutschen auch nicht gefüttert, und ich kann für mein Leben nicht einsehen, warum wir die Bergleute füttern sollten . . ., aber wir tun gerade dies durch die Armenunterstützung. Wir geben den Frauen und Kindern der Bergarbeiter und dadurch auch den Bergarbeitern selbst im Wege der Armenunterstützung zu essen."

Dieser brutale Ausbruch des sonst so scheinheilig verleugneten Klassenhasses beweist, daß es um das Sein oder Nichtsein der englischen Klassenherrschaft geht. Wir wollen daher den Versuch machen, die Grundlagen des englischen Kapitalismus etwas eingehender zu untersuchen. Dies ist um so nötiger, als wir selbst, wie auch die überwiegende Mehrheit der Genossen, den Ausbruch des Kampfes in diesem Moment für unwahrscheinlich hielten.[2]

Sicherlich ist es der englischen Bourgeoisie gelungen, die meisten Beobachter über ihre insgeheim mit großem Eifer und Umsicht getroffenen Kampfvorbereitungen zu täuschen. Anderseits ist es aber auch sicher, daß der Kampf von dem scharfmacherischen Flügel der Bourgeoisie, die in der Konservativen Partei und in der Regierung von den Diehards repräsentiert wird, — eigentlich gegen den Wunsch der Mehrheit der Bourgeoisie —

1 Daily Herald vom 24. Juni. Eine ähnliche Zuschrift von Frank Salisbury wurde in der „Times" veröffentlicht.

2 Ich schrieb in meinem letzten Vierteljahresbericht, zwei Wochen vor dem Beginn des Kampfes: „Obwohl die Situation in diesem Moment sehr zugespitzt ist, glauben wir doch, daß es nicht zu einem Kampf kommen wird, da die englische Bourgeoisie in diesem Moment, in Anbetracht ihrer außenpolitischen Schwierigkeiten, es auf keinen Streik, der notwendigerweise zu einer Art Generalstreik werden muß, ankommen lassen kann. Wahrscheinlich wird, wie vor neun Monaten, die Regierung wenigstens den verlustbringenden Gruben, und auf eine gewisse Zeit begrenzt, eine Subvention zubilligen und während dieser Zeit die anderen Empfehlungen der Kohlenkommission, wie Aufkauf der Bergregale, technische Umänderungen, Vereinigung von Betrieben usw. durchführen und auf diese Weise versuchen, die Lösung der Frage zum mindesten hinauszuschieben."
Ich hätte die Möglichkeit gehabt, die Zeilen während der Drucklegung zu streichen. Ich habe es nicht getan: man soll seine Fehler nicht vertuschen, sondern ihnen durch eine sorgfältigere Analyse auf den Grund gehen.

* Aus: Wirtschaft und Wirtschaftspolitik im II. Vierteljahr 1926, in: Internationale Pressekorrespondenz, Nr. 102, vom 10. August 1926, S. 1671—1682.

entfesselt wurde. Wir müssen deshalb untersuchen, weshalb die englische Bourgeoisie gezwungen war, die Offensive gegen die Arbeiterschaft zu ergreifen. Denn darüber soll man sich keiner Täuschung hingeben: Es handelt sich in diesem Kampf nicht speziell um den Kohlenbergbau. Der Kampf hier ist nur der Auftakt zu weiteren Kämpfen in allen anderen Industriezweigen Englands. Diese Untersuchung kann aber nur dann erfolgreich sein, wenn wir die britische Wirtschaft als einen Teil der Weltwirtschaft betrachten, mit welcher sie, stärker als irgendein Industrieland der Welt, verflochten ist.

a) Der Entwicklungsgang der britischen Wirtschaft[3]

England war der Schrittmacher der kapitalistischen Entwicklung. Der englische Kapitalismus gab die Grundlage zum „*Kapital*" von *Karl Marx*. Es stand zur Zeit von Marx an der Spitze der industriellen Entwicklung, es war die industrielle Werkstätte der Welt, während die Landwirtschaft bereits damals eine rückläufige Tendenz zeigte, die sich bis heute fortsetzt.

Auch in der Industrie hat das Kapital Englands gegen Ende des 19. Jahrhunderts die Führung verloren. Es behielt aber die Oberhand in der Schiffahrt, im Kapitalexport, im internationalen Bankwesen. Es entwickelte sich immer mehr zu einem Rentnerstaat, der einen bedeutenden Teil seines Einkommens aus dem Ausland bezog: aus der Ausbeutung der Kolonien, als Profit des Auslandskapitals, als Schiffahrts- und Bankiergewinne.

Der Weltkrieg war ein Versuch der englischen Bourgeoisie, ihre industrielle Vorherrschaft gegenüber dem mächtig emporgewachsenen Deutschland mit bewaffneter Hand zu verteidigen. Der Versuch ist insofern gelungen, als Deutschland geschlagen wurde. Aber England hat seine industrielle Vormacht nicht wiedergewonnen: im Gegenteil, es ist auf dem besten Wege, auch seine Vormachtstellung als Kapitalexporteur, als Weltbankier zu verlieren.

Dies führte zu einem Kampf zwischen Bankkapital und Industriekapital. Um seine Stellung als Weltbankier behalten zu können, setzte das englische Kapital die Rückkehr zur Goldparität durch. Dies bildet aber in dem gegenwärtigen Kampf um den Weltmarkt ein schweres Hindernis für die englische Industrie gegenüber den Konkurrenten mit aktueller oder bereits liquidierter Inflation. Die Ausfuhr von Industriewaren zeigt eine stark rückläufige Tendenz. Der Rückgang der Ausfuhr an Industrieprodukten gefährdet aber die Möglichkeit des weiteren Kapitalexports und damit die Basis des englischen Bankkapitals in der Welt.

Den Ausweg aus diesem Widerspruch sucht die englische Bourgeoisie in der Wiederherstellung ihrer Konkurrenzfähigkeit durch Herabsetzung ihrer Produktionskosten im Wege einer Verschlechterung der Arbeitsbedingungen der Arbeiterschaft. Der Kohlenkampf ist der erste Versuch hierzu. Er wurde nicht mutwillig heraufbeschworen. Der englischen Bourgeoisie blieb kein anderer Ausweg offen als die Offensive gegen das Proletariat.

Hiermit untergräbt aber die englische Bourgeoisie das soziale Fundament ihrer Herrschaft: die Interessengemeinschaft mit der englischen Arbeiteraristokratie, die bisher die Abfälle der imperialistischen Ausbeutung der Welt von der Bourgeoisie erhalten hatte.

3 Die folgenden Ausführungen decken sich im wesentlichen mit einem Artikel, der in der „Kommunistischen Internationale" Nr. 4—5 von 1926 erschienen ist.

An Stelle der Eintracht tritt der Klassenkampf. An Stelle der durch friedliche Demokratie verhüllten Herrschaft der Bourgeoisie die offene brutale Diktatur der Bourgeoisie ...

Wir wollen die hier skizzierten Tendenzen mit einigen Zahlenreihen belegen.

Die *Gesamtproduktion Englands* ist gegenwärtig, obwohl die Bevölkerung um 5% gestiegen ist, zweifellos kleiner als vor dem Kriege. Exakt statistisch läßt sich dieser Rückgang nicht erfassen. Es liegen aber verschiedene Berechnungen vor. Und zwar schätzt die Gesamtproduktion des Jahres 1924, 1913 gleich 100 genommen:

Bowley[4]	87%
Layton[5]	95%
Weir[6]	86%

Der *englische Ackerbau* zeigt seit vielen Jahrzehnten eine rückläufige Tendenz. Der Ackerbau tritt zurück und macht dem Grasland und den Wildforsten Platz. Während des Krieges erfuhr der Ackerbau, unter dem Einfluß der hohen Preise für ausländisches Getreide, eine Ausdehnung. Aber nach dem Kriege setzte der Rückgang wieder ein. Die Entwicklung zeigen folgende Zahlen[7]:

	in Tsd. Acres			
	1905	1913	1919	1924
Getreide und Hülsenfrüchte	7054	6922	8371	6671
Weide und Wiesen	17200	17563	15782	16429

Der Boden Englands ist im Besitz der Großgrundbesitzer. Eine Bauernklasse in kontinentaleuropäischem Sinne existiert nicht. Dies ist sozial von großer Bedeutung, da die Bourgeoisie hierdurch ihres kleinbürgerlichen Schutzes beraubt ist. Die ganze in der Landwirtschaft erwerbstätige Bevölkerung von England und Wales beträgt nicht mehr als 8,5% aller Erwerbstätigen.

Die Industrie. Die Entwicklung der englischen Industrie hielt bis Ende des 19. Jahrhunderts noch irgendwie Schritt mit ihren Konkurrenten. Im 20. Jahrhundert wurde aber England in der Entwicklung der Industrie von seinen Gegnern weit überholt. Das zeigen folgende Daten (vgl. Tabelle 1):

4 Bekannter Professor der Nationalökonomie.

5 Redakteur des „Economist".

6 Bekannter Großindustrieller.

7 Verschiedene Jahrgänge; *Statistical Abstract*, Daten für 1925 liegen in vergleichbarer Form nicht vor. Bei der Benutzung englischer Statistiken ist große Vorsicht nötig, da es besondere Zahlen für England und Wales, besondere für „*United Kingdom*" gleich England, Wales, Schottland und Irland, und für Großbritannien gleich England, Wales, Schottland gab. Wenn wir „*England*" schreiben, verstehen wir England plus Wales plus Schottland.

Tabelle 1
Förderung in Mio t

	Steinkohle		Eisen		Stahl	
	1900	1913	1900	1913	1900	1913
England	229	292	9,1	10,6	6,0	7,8
Deutschland	109	190	7,6	12,9	7,4	15,3
Frankreich	33	40	2,7	5,2	1,9	4,7
Belgien	23	23	1,0	2,5	0,9	2,5
Vereinigte Staaten	245	517	14,0	31,4	10,3	31,8

Während die anderen Länder ihre Eisen- und Stahlproduktion verdoppelt haben, hat sich die Englands bloß um 20% gehoben. In der Nachkriegszeit ging dann die Produktion Englands in Kohle, Eisen und Stahl absolut gegenüber 1913 zurück. Sie betrug:

	Mio t	
	1925	1913
Kohle	242,0	292,0
Eisen	6,3	10,6
Stahl	7,4	7,8

Ein absolutes Abfallen machten die anderen wichtigsten Industrien Englands, auf denen der Export des Landes beruhte: Maschinenbau, Schiffbau, Textilindustrie durch. Unmittelbare Produktionsdaten liegen nicht vor. Indirekt zeigt der Rückgang der Quantität der im Lande verarbeiteten Rohstoffe das Zusammenschrumpfen der gesamten Industrie.

Der reine Import von „*Rohstoffen und Halbfabrikaten*"[8] (Import abzüglich Reexport) betrug, zu Preisen von 1913 berechnet (vgl. Tabelle 2)[9]:

Tabelle 2

	Mio £	In % von 1913
Jahresdurchschnitt 1900—1904	158,5	72,8
Jahresdurchschnitt 1905—1909	179,3	82,3
Jahresdurchschnitt 1910—1913	204,7	94,—
1913	206,2	100,—
1922	163,9	79,5
1923	163,6	79,3
1924	185,7	90,1

Quelle
Balfour-Bericht, I. Survey of Oversea Markets, London 1925, S. 639.

8 „Raw Materials and Articles Wholly or Mainly Unmanufactured". Diese Warengruppe enthält die wichtigsten industriellen Rohstoffe, wie Baumwolle, Wolle, Jute, Metalle, Holz, Häute.

9 Die Berichte der Balfour-Kommission sind ein glänzendes Quellenwerk, nicht nur für die Erkenntnis der englischen Wirtschaftsverhältnisse, sondern auch für jene der Weltwirtschaft. Es liegen bisher zwei Bände vor: „Committee of Industries and Trade: I. Survey of Oversea Markets, London 1925. II. Survey of Industrial Relations, London 1926.

Diese Zahlen legen Zeugnis ab für das weitere Zusammenschrumpfen der englischen Industrie. Da der Produktionsapparat größer ist als vor dem Kriege und ebenso die Bevölkerung und die Zahl der Industriearbeiter, so muß ein Teil des Produktionsapparates chronisch stilliegen und ein bedeutender Teil der Arbeiter chronisch arbeitslos sein.

Die Erscheinungen der seit 1920 chronischen Industriekrise wurden von den englischen Wirtschaftspolitikern häufig untersucht. Am eingehendsten von der Balfour-Kommission. Das wichtigste Ergebnis ist, daß der Export Englands *an Industriewaren*, verglichen mit 1913, sich folgendermaßen gestaltet hat[10]:

Tabelle 3
Industriewarenexport (zu den Preisen von 1913 berechnet)

	Mio £	In % von 1913
Jahresdurchschnitt 1900—1904	264,6	64,3
Jahresdurchschnitt 1905—1909	327,5	79,6
Jahresdurchschnitt 1910—1913	387,4	94,2
1913	413,8	100,0
1922	279,6	66,4
1923*	303,5	73,3
1924	325,1	78,6

* Diese Statistik ist (wie auch die vorhergehende) natürlich nicht ganz genau. 1913 wurde die Gruppierung etwas geändert; 1923 schied Irland aus dem Innenhandel aus, und die Ausfuhr dorthin fungiert von da an als Außenhandel. Beide Änderungen lassen den Export der Nachkriegszeit *höher* erscheinen, als es sein sollte.
Quelle
Balfour-Bericht, I. Survey of Oversea Markets, a. a. O., S. 640.

Wir sehen, daß der Export von Industriewaren im Jahre 1924, auf *gleicher Preisbasis berechnet, unter das Niveau der Jahre 1905 bis 1909 zurückgegangen ist.*

Der Export von Industriewaren ist aber für die Wirtschaft Englands von ausschlaggebender Bedeutung. Daher wurden auch die Ursachen des Rückgangs mit großem Aufwande untersucht. Das Balfour-Komitee gibt folgende Ursachen an[11]:

a) Verminderung der Kaufkraft der Bevölkerung in den Absatzländern der englischen Industrie;

b) Entwicklung einer eigenen Industrie[12];

c) Verdrängung der englischen Exportwaren durch andere.

10 Der einleitende Teil des Balfour-Berichts, S. 4, betont, daß diese Berechnungsart den Rückgang des Exports übertreibt, und schätzt für 1924 den Gesamtexport Englands („United Kingdom" — England im engern Sinne, Wales und Schottland) auf 90 Prozent des Jahres 1913.

11 Balfour-Bericht, Committee of Industries and Trade. I. Survey of Oversea Markets, a. a. O., S. 5.

12 Im allgemeinen werden die erhöhten Zölle als eine der Hauptursachen der Absatzkrise der europäischen Industrie betrachtet. Die Berechnungen des englischen Handelsamtes für das Balfour-Komitee kommen *für das Jahr 1924* zu einem anderen Resultat. Der Zoll auf die wichtigsten englischen Exportwaren („staple exports") in den 18 wichtigsten Exportmärkten betrug (*in Prozenten des Wertes ausgedrückt* [S. 545]):

Wir wollen uns mit den ersten zwei Ursachen — die in gleicher Weise alle europäischen Industrieländer treffen — an dieser Stelle nicht weiter beschäftigen; sie sind Komponente der allgemeinen Krise des europäischen Kapitalismus. Was das Dritte anbelangt, so leugnet der Balfour-Bericht, daß England im Export *bis zum Jahre 1923* (!) von seinen Konkurrenten zurückgedrängt worden wäre. Im Gegenteil: *Der Anteil Englands am Weltexport war bis dahin gestiegen.* Er betrug[13]:

1913	13%
1923	14%

Daher lautet das Hauptergebnis der Untersuchung: es seien nicht spezielle Ursachen der englischen Wirtschaft, sondern die allgemeine Wirtschaftslage an dem Rückgang des Exports gegenüber der Vorkriegszeit schuld.

Wir glauben aber, daß in den letzten $2^{1}/_{2}$ Jahren zu den allgemeinen Ursachen der englischen Industriekrise — die gleicherweise die anderen Industrieländer treffen — eine neue spezielle Ursache hinzugekommen ist, die die Lage der englischen Industrie gegenüber ihren Konkurrenten auf dem Weltmarkt verschlechtert, die Krise der englischen Industrie verschärft hat: die Rückkehr zum Goldstandard. Die Bedeutung dieser Maßnahme kann nur durch eine theoretische Erörterung erkannt werden.

Britisches Reich		
	1914	1924
Indien	$2^{3}/_{4}$	$10^{1}/_{2}$
Australien	$6^{1}/_{4}$	$9^{3}/_{4}$
Kanada	$15^{1}/_{4}$	$13^{1}/_{4}$
Südafrika	$2^{1}/_{2}$	9
Neuseeland	$8^{1}/_{4}$	$8^{1}/_{2}$
Fremde Staaten		
	1914	1924
USA	$19^{1}/_{2}$	32
Deutschland	$17^{1}/_{4}$	10
Argentinien	24	$20^{1}/_{2}$
Frankreich	$21^{1}/_{2}$	$10^{1}/_{2}$
Japan	$19^{1}/_{2}$	$10^{1}/_{4}$
China	5	5
Holland	$2^{3}/_{4}$	$2^{3}/_{4}$
Brasilien	88	41
Belgien	10	$8^{1}/_{2}$
Ägypten	8	8
Italien	$18^{1}/_{2}$	$15^{3}/_{4}$
Spanien	42	$37^{1}/_{4}$
Schweden	23	$12^{1}/_{4}$

13 Committee of Industries and Trade. I. Survey of Oversea Markets, a. a. O., S. 3.

b) Inflation und Deflation als Weltwirtschaftsfaktoren

Um die Bedeutung der Inflation und der Deflation — Rückkehr zur ursprünglichen Goldparität — auf die Struktur des Kapitalismus zu verstehen, wollen wir im Sinne von Marx folgenden Weg einschlagen. Wir wollen vor allem das *industrielle Kapital* — nicht Industriekapital — allen anderen Kapitalarten gegenüberstellen. Marx definiert das industrielle Kapital folgendermaßen:

„Das Kapital, welches im Verlauf seines Gesamtkreislaufs diese Formen [$G - W^{A}_{Pm} \cdots W' - G'$, (Geld — Arbeitskraft — Produktionsmittel . . ., Produktion . . . Ware — Geld)] annimmt und wieder abstreift und in jeder die ihr entsprechende Funktion vollzieht, ist *industrielles Kapital* — industriell hier in dem Sinn, daß es jeden kapitalistisch betriebnen Produktionszweig umfaßt.“[14]

Zum industriellen Kapital gehören also kapitalistisch betriebene Landwirtschaft, Industrie und Transport;[15] es gehören nicht dazu: Warenhandlungs- und Geldhandlungskapital (Bankkapital, zinstragendes Kapital), also jene Kapitalarten, die nur die Zirkulationssphäre, niemals die Produktionssphäre behausen. Dementsprechend nehmen sie an der Wert- und Mehrwertproduktion nicht unmittelbar teil. *Ihr Profit ist abgespaltener Teil des Profits des industriellen Kapitals.* Sie ersetzen einen Teil des industriellen Kapitals während des Zirkulationsprozesses (Warenhandelskapital), oder bilden einen Teil des industriellen Kapitals mit einer *fixen Verzinsung* (Industrie-Obligationen, Leihkapital). (Die Grundrente ist abgespaltener Teil des Mehrwerts, ohne in irgendwelcher Weise auf einer Kapitalgrundlage basiert zu sein.)

Inflation und Deflation bedeuten eine Neuverteilung des jährlichen Wertproduktes zwischen Arbeitslohn, Profit des industriellen Kapitals und dem hiervon abgespaltenen Profit der anderen Kapitalarten. Während die *Inflation* noch im Gange ist, geschieht diese Neuverteilung zugunsten des Anteils des industriellen Kapitals. Der Arbeitslohn hält mit der Teuerung nicht Schritt. Die Rückzahlung des Leihkapitals und die Bezahlung der Zinsen erfolgt in nominellen Geldeinheiten von vermindertem Werte. Das Warenhandlungskapital — insbesondere im Kleinhandel — erleidet bei jedem Umschlag eine Verminderung, weil die Verkäufe nicht zu dem vollen Reproduktionspreis erfolgen. Das Ergebnis ist eine Neuverteilung des gesellschaftlichen Gesamtkapitals zugunsten des industriellen Kapitals.

Die *Deflation* erzeugt das Umgekehrte. Der Anteil des Arbeitslohnes steigt, da die Geldlöhne langsamer sinken als die Preise. Zinszahlungen und Rückzahlung des Leihkapitals erfolgen in nominellen Geldeinheiten von erhöhtem Werte. Das Warenhandlungskapital erleidet nominell auch in der Deflation Verluste, weil der Warenvorrat wegen der sinkenden Preise unter dem Einkaufspreis verkauft werden muß; der Verlust ist aber nur scheinbar, da der Wert der Geldeinheit entsprechend gestiegen ist. Das bleibende Ergebnis ist eine Neuverteilung des gesellschaftlichen Gesamtkapitals zu Lasten des industriellen Kapitals.

Wir setzen ferner im Sinne von Marx voraus, daß die Arbeitskraft zu ihrem Wert bezahlt wird, daß daher die Inflations- bzw. Deflationsstörungen in der Gestalt des Arbeitslohnes nach einer gewissen Zeit verschwinden. Es bleibt daher als endgültiges Ergebnis in den Inflationsländern eine sehr starke Verminderung des realen Ertrages des *„Renten-*

14 K. Marx, Das Kapital. Zweiter Band, in: MEW, Bd. 24, Berlin 1973, S. 56. Hervorhebung von Marx, Klammer von mir zur Erläuterung eingefügt — E. V.

15 Vgl. ebenda, S. 153.

kapitals" — so nennen wir Kapital mit einem vertragsmäßig in nominellen Geldeinheiten fixierten Profitanteil —: in den Deflationsländern die Wiederherstellung bzw. Aufwertung des Ertrages auf die volle Goldparität. Das heißt: In den Inflationsländern ist der vom Profit des industriellen Kapitals für Kapitalrente abgespaltene Teil viel geringer als unter „normalen" Verhältnissen; in den Deflationsländern „normal" oder übernormal, wenn nämlich während der Inflation entstandenes Rentenkapital auf Goldparität aufgewertet wird.

Die Lage des industriellen Kapitals ist daher — alle anderen Umstände gleichgesetzt — in den Inflationsländern entschieden günstiger als in den Deflationsländern.

Von allen großen kriegführenden Ländern ist aber England das einzige, das nach einer Inflation zur Goldparität, zum Goldstandard zurückgekehrt ist, wo das industrielle Kapital den vollen Anteil des Rentenkapitals aus seinem Profit befriedigen muß. Das industrielle Kapital Deutschlands ist von der Last der Vorkriegs- und Kriegs-Kapitalrenten — von der geringfügigen Aufwertung abgesehen —befreit; in Frankreich, Belgien, Italien bereits bis zu 80 Prozent. Es ist klar, daß im Kampfe um den Weltmarkt das englische industrielle Kapital in einer ungünstigen Lage ist.

Wir wollen nunmehr versuchen, die quantitative Bedeutung des Rentenkapitals am Beispiel Englands und Deutschlands aufzuzeigen.

England. Das englische Budget weist für *Verzinsung der Staatsschulden* 355 Mio £ auf. Hiervon gehen 35 Mio £ an Amerika; ein Posten, der zwar für das industrielle Kapital eine Belastung, für die englische Rentnerklasse aber kein Einkommen bildet.

Spareinlagen: Vor dem Kriege betrugen die Einlagen in den eigentlichen Sparkassen[16] 230 Mio £; 1924: 363 Mio; von den Renteneinkommen aus Bankkonten sehen wir ab, da diese überwiegend industrielles Kapital in seiner Phase als Geldkapital darstellen. Als Verzinsung pro Jahr können wir rund 15 Mio £ annehmen.

Lebensversicherungen: Im Jahre 1924 wurden an Lebensversicherungssummen, Renten usw. 40 Mio £ ausgezahlt.[17]

Obligationen: Es ist uns nicht gelungen, die Gesamtsumme der fix verzinslichen nichtstaatlichen Obligationen festzustellen. Die sechs großen englischen Eisenbahngesellschaften haben aber allein eine fix verzinsliche Last (Debenture und Preferred Stock) von 666 Mio £ (13,5 Mrd. Mark, analog den von der Reparations-Kommission für die Reichseisenbahn-Gesellschaft festgestellten 11 Mrd. Mark). Die durchschnittliche Verzinsung der Obligationen beträgt 1925 5,11 %.[18] Verzinsung, der Eisenbahnschulden allein 34 Mio £. Wenn wir noch 16 Mio £ für alle Arten anderer Obligationsschulden hinzurechnen, erhalten wir pro Jahr 50 Mio, *zusammen also 450 Mio £*[19].

Von der Größenordnung dieser Summe erhalten wir einen Begriff, wenn wir uns daran erinnern, daß das Nationaleinkommen Englands 1914 von *Chiozza-Money* auf 2100 Mio £ für das Jahr geschätzt wurde. Vom „Economist" für das Jahr 1924 auf rund 4000 Mio £ (Nummer vom 10. November 1925). Das Renteneinkommen beträgt daher — nach unserer sicher zu niedrigen Berechnung — über ein Zehntel des Nationaleinkommens.

Wie schwer das Renteneinkommen auf dem industriellen Kapital Englands lastet, geht aus folgender Überlegung noch klarer hervor. Die englischen Kohlekapitalisten forderten

16 Post office and Trustee's: lt. Angaben verschiedener Jahrgänge des Statistical Abstracts for the United Kingdom.

17 Statistical Abstracts 1924, S. 220.

18 Economist vom 26. Januar 1926.

19 Diese Zahl ist natürlich nur eine annähernde, da aber 355 Mio £ Staatsschuldenzinsen sicher sind, kann die Abweichung nicht zu groß sein.

einen Lohnabbau von ungefähr durchschnittlich 10 shilling die Woche pro Arbeiter. (Wir nehmen runde Zahlen, um die Berechnung zu erleichtern.) Eine Million Arbeiter angenommen, beträgt dies wöchentlich eine halbe Million £, jährlich 26 Mio. (23 Mio £ Subventionen hatten hingereicht, um 9 Monate hindurch die Kohleindustrie profitabel zu gestalten.) Gegenüber dem Renteneinkommen sind dies aber ganz kleine Summen, ein Zwanzigstel der von uns errechneten Summe des Renteneinkommens.

Von besonderer Bedeutung ist auch noch die Tatsache, daß alle zivilen und militärischen Pensionen ebenfalls automatisch auf Goldparität aufgewertet wurden.

Natürlich fällt ein großer Teil des Renteneinkommens an die Eigner des industriellen Kapitals selbst oder an ihre Familienangehörigen. Dies stärkt die industrielle Bourgeoisie als Klasse, ändert aber nichts daran, daß der Profit des industriellen Kapitals als ökonomisches Ganzes um den Betrag der Rente — wenn wir den Anteil des Arbeitslohnes am Wertprodukt als gleichbleibend voraussetzen — gekürzt wird. Privatwirtschaftlich ausgedrückt: Der Umstand, daß die Aktionäre eines industriellen Großunternehmens aus anderen Quellen eine Rente beziehen, ändert absolut nichts an der Tatsache, daß der Profit dieses Unternehmens durch das Gewicht des mitzuschleppenden Teiles der Rente beschnitten wird, bzw. daß die Produktionskosten erhöht werden. Letzteres ist insbesondere für die Konkurrenzfähigkeit auf dem Weltmarkte von Wichtigkeit.

Deutschland. Im Gegensatz zu England ist das industrielle Kapital Deutschlands von der Last der Vorkriegs- und Kriegs-Kapitalrente durch die Inflation fast ganz befreit worden. Die Summe des rententragenden Kapitals läßt sich auch hier nur annähernd feststellen. Wir haben aus den Daten des Statistischen Jahrbuches 1915 folgende Daten für das Vorkriegs-Rentenkapital festgestellt (vgl. Tabelle 4).

Tabelle 4

	in Mrd. Mark
Reichsschuld	5
Schulden der Einzelländer	16,2
Obligationen der deutschen Stadt- und Landgemeinden (1912)	6,34
Obligationen von Aktiengesellschaften (1912)	4,60
Schuldverschreibungen der deutschen Bodenkreditinstitute	17,05
Einlagenbestand der öffentlichen und nicht öffentlichen Sparkassen	19,82
	69,—

Hinzuzurechnen wären noch die Lebensversicherungen und einige andere Posten. Bei einer durchschnittlichen Verzinsung von nur 4% würde dies ein Rentnereinkommen von rund 3 Mrd. Mark im Jahre betragen, das durch die Inflation im wesentlichen ausgelöscht ist.

Während des Krieges hat das Deutsche Reich Kriegsanleihe im Betrage von über 100 Mrd. Mark aufgenommen[20]. Die Verzinsung dieser Summe würde — bei einer Rückkehr zum Goldstandard, wie es in England geschehen ist — jährlich 5 Mrd. Mark erfordern,

20 Für den 31. März 1918 — also noch ein halbes Jahr vor Kriegsende — werden im Statistischen Jahrbuch 1920 rund 105 Mrd. an Reichsschulden ausgewiesen, gegen 5 vor dem Kriege.

zusammen mit dem Vorkriegsrenteneinkommen als 8 Mrd. Mark. Die Bedeutung dieser Summe wird klar, wenn wir sie mit den Schätzungen des gegenwärtigen Volkseinkommens vergleichen. Für das Jahr 1925 schätzt:

der Reichsverband der deutschen Industrie	43—48 Mrd. M
der ADGB	42—60 Mrd. M
das Statistische Reichsamt	50—55 Mrd. M

Das Konjunkturinstitut schreibt hierzu folgendes:

„All dies Für und Wider leitet uns zu der vorläufigen Annahme eines volkswirtschaftlichen Einkommens von kaum über 50 Mrd. im Jahr 1925 zurück. Zumal noch in Betracht zu ziehen ist, daß die Schätzung lediglich auf den Ergebnissen für Januar bis September 1925 fußt, also nicht die Krisenperiode von Oktober 1925 ab umschließt. Unter Berücksichtigung der wahrscheinlichen Unterschätzung des Volkseinkommens in der Vorkriegszeit und der Entwicklung der Bevölkerungszahl ergibt sich ein Rückgang des realen Volkseinkommens von 10—15 Prozent, *wenn ein Geldentwertungsindex von 140 Prozent angewandt wird.*“[21]

Es ist klar, daß eine hundertprozentige Aufwertung der Kriegsschulden und Vorkriegsschulden, wie sie in England durch die Rückkehr zum Goldstandard geschehen ist, für das industrielle Kapital Deutschlands eine untragbare Last bedeuten und es auf dem Weltmarkt vollkommen konkurrenzunfähig machen würde; daß hingegen das Wegfallen des Renteneinkommens dem industriellen Kapital Deutschlands einen gewaltigen Vorsprung gibt England und Amerika gegenüber.

Die Sachwalter des englischen und amerikanischen industriellen Kapitals haben diesen Vorteil klar erkannt und im Dawes-Gutachten offen ausgesprochen. Die deutsche Industrie wurde mit einer Schuld von 5 Mrd. Goldmark, die Reichsbahn mit 11 Mrd. belastet, um den Vorsprung der deutschen Industrie zu vermindern.

Die Rückkehr zum Goldstandard in England bzw. die Wiedereinführung der Goldwährung nach der Inflation in Deutschland haben eine tiefgehende Änderung in der ganzen Wirtschaftsstruktur beider Länder hervorgebracht. In England blieb die Rentnerklasse erhalten, das Lohneinkommen der Arbeiter blieb im Durchschnitt ungefähr das der Vorkriegszeit, daher starke Aufnahmefähigkeit des inneren Marktes bei sehr geschwächter Konkurrenzfähigkeit auf dem Weltmarkt. In Deutschland hingegen Verschwinden der Rentnerklasse, niedrigere Löhne als in der Vorkriegszeit; daher eine starke Einengung des inneren Marktes und aus diesem Grunde ungenügende Konkurrenzfähigkeit auf dem Weltmarkte, obwohl die Last der Kapitalrente unvergleichlich geringer ist.

Gemeinsam ist der englischen und deutschen Krise: der Widerspruch zwischen Produktions- und Verwertungsverhältnissen, d. h. ein Absatzmangel.

Die Ursache liegt in England vor allem in dem verringerten Auslandsabsatz[22]; in Deutschland im ungenügenden Inlandsabsatz.

Gemeinsam ist der Wille der englischen und deutschen Bourgeoisie, die Krise auf Kosten des Proletariats zu lösen. In England durch eine unmittelbare Zurückschraubung der Lebenshaltung der Arbeiterschaft unter jene des Jahres 1913. In Deutschland vor allem durch eine intensivere Ausbeutung der Arbeitskraft im Wege der Rationalisierung.

21 Vierteljahrshefte zur Konjunkturforschung, Heft 1, S. 40.

22 Der Außenhandel Englands gestaltete sich in den letzten Jahren in folgender Weise:

c) Das Problem der englischen Bourgeoisie: Die Last der Rente

Als Grundproblem der englischen Bourgeoisie ergibt die marxistische Analyse die Frage: *Soll der Anteil des Renteneinkommens an dem gesellschaftlichen Gesamtprodukt aus dem Arbeitslohneinkommen oder aus dem Profit des industriellen Kapitals entnommen werden?* Der große Kampf zwischen Kapital und Arbeit in England hat dieses ökonomische Problem zur Grundlage. Es geht um die Frage: Entweder: Konfiskation des Renteneinkommens durch eine Inflation wie in den Ländern, die auf dem Weltmarkt mit England konkurrieren; oder: Herabdrückung des Lohneinkommens auf ein soviel niedrigeres Niveau als jenes der konkurrierenden Länder, um die Kapitalrente — ohne Schaden des Profits des industriellen Kapitals — bezahlen zu können? Diese Art der Fragestellung ist natürlich für die Kapitalisten ganz fremd. Sie halten sich an die äußere Erscheinung der Preisbildung. Sie interessiert nur die Differenz zwischen Selbstkosten und Verkaufspreis, die Erscheinung der unmittelbaren Profitbildung. Alle Kostenelemente: Rohstoffe, Arbeitslohn, Eisenbahntarife, Zinsen, Steuern sind für die Kapitalisten gleichwertig. *Ihr Problem ist: die Selbstkosten müssen herabgesetzt werden, um den Auslandsabsatz erhöhen zu können!*

Der Weg der Inflation ist für die englische Bourgeoisie ungangbar. Zwar haben die Wortführer des industriellen Kapitals gegen die Deflation Stellung genommen. Mac Kenna, Keynes und andere haben die schlimmen Folgen der Deflation vorausgesagt, indem sie ohne eine tiefgehende Analyse einfach auf die Verschlechterung der Konjunktur infolge der mit der Deflation verbundenen fallenden Preise hinwiesen. Die Federation of Brit. Ind., die mächtige Organisation der englischen Industriellen, hatte wiederholt gegen die Deflationspolitik Einspruch erhoben. Aber die Macht des Bank- und Geldkapitals, das Interesse der Rentner hat sich stärker erwiesen als der Einfluß der Industrie.

Dies ist kein Zufall. In England ist die Entwicklung zum *Finanzkapital* viel weniger fortgeschritten als in Deutschland. Die Rolle des Bankkapitals ist größer, Industrie und Bankkapital voneinander unabhängiger. *Die Rolle Englands als Weltbankier konnte nur wieder gewonnen werden durch eine Rückkehr zum Goldstandard.* So mußte das Interesse des industriellen Kapitals den Interessen des Bank- und Rentenkapitals weichen.

	Export britischer Waren (in Mio £)		*Reiner Import* (in Mio £)	
	zu dem jew. Preise	zum Preis des Jahres 1913	zu dem jew. Preise	zum Preis des Jahres 1913
1910—1913	474	493	611	615
1921	703	372	979	484
1922	719	262	899	570
1923	764*	391*	978*	626*
1924	795	396	1140	701
1925	773		1169	

* Das Ausscheiden Irlands ist berücksichtigt.

Quelle
Die Daten sind außer für 1925 dem Band I des Balfour-Komitees, Survey of Oversea Markets, a. a. O., S. 636, entnommen.

Die Deflationspolitik Englands hat aber auch eine sehr wichtige, wenn auch für die Politiker vielleicht unbewußte Klassenbasis. In England gibt es keine Bauernklasse. Die Konzentration der Betriebe ist sehr weit gediehen. Auf einen Selbständigen entfallen rund elf Arbeiter und Angestellte. Eine Inflation würde starke Breschen in die noch vorhandenen Reste des Kleinbürgertums: Handwerker, Kleinhändler, schlagen und insbesondere die in England zahlreiche Schicht der Rentner vernichten. Der an dem Bestand des Kapitalismus interessierte Teil der Bevölkerung würde katastrophal zusammenschmelzen; die Bourgeoisie, aller Hilfstruppen beraubt, würde unmittelbar isoliert den Riesenmassen des englischen Proletariats gegenüberstehen.

Die englische Bourgeoisie kann daher keine Politik betreiben, die die Rentnerklasse enteignet. Sie muß die Kapitalrente aus ihrem Profit voll abspalten. Dies bedeutet: hohe Staatssteuern, um die Staatsschulden zu voller Goldparität verzinsen zu können, hohe Kommunalsteuern, um die Kommunalschulden zu verzinsen. Unmittelbare Abspaltung eines Teils vom Profit zur Bezahlung der Obligationszinsen der Industrieunternehmungen selbst. Hohe Eisenbahnfrachtraten, da die Eisenbahnobligationen voll verzinst werden müssen usw. Der Anteil des Rentenkapitals am Profit des industriellen Kapitals macht sich in den verschiedensten Formen geltend. Für den industriellen Kapitalisten, der nur die Erscheinungsform sieht, bedeutet dies *hohe Selbstkostenpreise*, *verminderte Konkurrenzfähigkeit auf dem Weltmarkt*. Daher der Versuch, durch Verschlechterung der Arbeitsbedingungen die Selbstkosten zu senken.

Es bliebe ein Ausweg aus diesem Dilemma: die Erhöhung der Preise auf dem inneren Markt, die Abwälzung des Anteils des Rentenkapitals auf die „Konsumenten", das heißt auf die Kapitalisten als Konsumenten, auf die Rentner, Kleinbürger und auf die Arbeiterschaft, falls diese die Preissteigerung nicht durch Lohnerhöhungen ausgleichen kann. Um aber eine solche Politik durchführen zu können, müßte der *Freihandel* aufgegeben werden. England müßte, ähnlich wie Amerika, Deutschland, Frankreich usw. zum Schutzzollsystem übergehen, um die ausländische Konkurrenz in England auszuschalten. Die Schutzzölle würden automatisch die Zusammenballung der gleichartigen Unternehmungen in Kartelle herbeiführen und die Möglichkeit zu Preissteigerungen auf dem inländischen Markt schaffen.

Versuche zur Einführung des Schutzzollsystems in England wurden, mit gewissem Erfolge, tatsächlich gemacht. Die Zahl der industriellen Schutzzölle wird systematisch vermehrt. Der prinzipielle Übergang zum Schutzzollsystem wurde aber bei den Wahlen 1924 abgelehnt. Die Schwierigkeit liegt darin, daß die Bedeutung des Auslandsmarktes für die entscheidend wichtigen Industriezweige Englands: Baumwolle, Eisen und Stahl, Maschinenbau usw. noch größer ist als bei den meisten anderen Ländern: daß daher durch einen Zollschutz ihnen nicht geholfen werden kann.

Dem anarchischen Charakter der kapitalistischen Produktionsweise entsprechend, wurden aber die Preise in jenen Produktionszweigen, die ausschließlich für den inneren Markt arbeiten und der Konkurrenz des Auslands nicht ausgesetzt sind, wie Eisenbahnen, Bauindustrie, kommunale Dienste usw. in den sogenannten „*sheltered industries*" über das allgemeine Niveau erhöht. In diesen Industrien stehen auch die Arbeitslöhne höher (vgl. Tabelle 5).

Dies bedeutet, daß in den geschützten Industrien der Anteil des Rentenkapitals tatsächlich auf das „Publikum" abgewälzt wurde. Da aber Eisenbahnfrachten, Baukosten, kommunale Auslagen usw. auch in die Selbstkosten der Exportindustrien eingehen, verschlechtern sie deren Konkurrenzfähigkeit auf dem Weltmarkt und schaffen die seit sechs Jahren andauernde Massenarbeitslosigkeit. *Die Arbeitslosigkeit* betrug in Prozenten aller Versicherten des betreffenden Zweiges Ende März 1925:

Eisenwerke	20,1	Schiffsbauer	36,7
Maschinenbauer	12,0	Leinenweberei	29,6
Schiffsmaschinenbauer	24,1		

Hingegen war die Arbeitslosigkeit in den geschützten Industrien:

Bauindustrie	8,6
Buchdruckerei	5,5
Lebensmittel	7,0

So wird die englische Bourgeoisie immer wieder zu einer Offensive gegen die Arbeiterschaft gedrängt. Die englische Bourgeoisie ist genötigt, die Arbeiteraristokratie in den Exportindustrien abzubauen, womit die herkömmliche soziale Basis ihres Imperialismus: Zusammengehen zwischen Bourgeoisie und Arbeiteraristokratie, verlorengeht.

Tabelle 5
Prozentuale Erhöhung des vollen Wochenlohns vom 30. 4. 1925 (August 1914 = 100)

Exportindustrien:		Geschützte Industrien:	
Kohle	49 bis 67	Bau	81 bis 106
Eisen	21 bis 85	Eisenbahnen	85 bis 161
Maschinen	44 bis 76	Buchdruck	107 bis 117
Schiffbau	35 bis 68	Bäcker	88 bis 112
Baumwolle	61	Kommunalarbeiter	101
Ungefährer Durchschnitt	60*	Ungefährer Durchschnitt	100*
		Erhöhung über August 1914	
		Lebenshaltungskosten, Juni 1925	72,0
		Großhandelsindex	64,2

* Balfour-Bericht, Bd. II, S. 7.

Quelle
Balfour-Bericht, Committee of Industries and Trade. II. Survey of Industrial Relations, London 1926, S. 88 passim.

Alle Errungenschaften des englischen Proletariats, die es sich in der Kriegs- und Nachkriegszeit erkämpft hatte, sollen abgebaut, die Lebenshaltung unter jene der unmittelbaren Vorkriegsjahre zurückgeschraubt werden. Nur so könnte die englische Exportindustrie ihre alte St^llung auf dem Weltmarkt wiedergewinnen. Dies ist aber auch für die Rolle Englands als Weltbankier unerläßlich. Denn nur wenn England eine stark aktive Zahlungsbilanz hat, wenn es, wie in der Vorkriegszeit, ständig einen großzügigen Kapitalexport tätigen kann, ist das englische Bankkapital imstande, seine Rolle als Weltbankier wiederzugewinnen.

Die inneren Widersprüche der englischen Wirtschaft treten auch hierbei scharf hervor. Die englische Bourgeoisie ist zum Goldstandard zurückgekehrt, um Weltbankier sein zu können. Aber diese Rückkehr hat den englischen Export an Industriewaren so erschwert, daß die Zahlungsbilanz passiv zu werden droht, womit die Grundlage des Weltbankiertums wieder dahinschwindet.

In den letzten Jahren häuften sich immer mehr die bürgerlichen Stimmen, die behaupteten, die „unsichtbaren" Einnahmen Englands deckten nicht mehr das Defizit der Handelsbilanz; England zehre bereits von seinen ausländischen Kapitalien.

Es ist schwer, die Richtigkeit oder Unrichtigkeit dieser Behauptung festzustellen, da die Zahlungsbilanz sehr viele schwankende Posten enthält.

Die folgende Tabelle 6 zeigt zum mindesten die Linie der Entwicklung:

Tabelle 6

	In Mio £						
	1907	1910	1913	1922	1923	1924	1925
Überschuß der Einfuhr an Waren u. Edelmetallen	142	159	158	171	203	341	386
Reineinkommen a. d. Schiffahrt	85	90	94	110	115	130	124
Reineinkommen aus der ausländischen Kapitalanlage	160	187	210	175	150	185*	215*
Kommissionen (Banken usw.)	25	25	25	30	30	40	40
Andere Dienste	10	10	10	10	10	15	15
Insgesamt „*Unsichtbarer Export*"	280	312	339	325	305	370	394
Frei für ausländische Kapitalanlagen	138	153	181	154	102	29	8**

* Nach Abzug von 35 Mio £ für die Zahlungen an die Vereinigten Staaten.
** Die amtliche revidierte Aufstellung der „Times" bringt einen Überschuß von 28 Mio £ heraus, weil den amerikanischen Zahlungen Regierungseinnahmen von anderen Regierungen in der Höhe von 20 Mio £ gegenübergestellt werden.

Quellen
Bis 1925: Balfour-Bericht, I. Survey of Oversea Markets, a. a. O., S. 665; für 1925: Times vom 21. Januar 1926; für 1907 u. 1910: Economist; für spätere Jahre: Monatsberichte der Midland Bank.

Anmerkung
Dem ausgewiesenen Einfuhrüberschuß sind vom Balfour-Komittee 8 Mio £ für Diamanten dazugeschlagen.

Wir sehen: Verdoppelung des Einfuhrüberschusses, Verschwinden des für neue ausländische Kapitalanlagen freien Überschusses ist das Ergebnis der letzten Jahre. In diesem Jahre wird angesichts des schweren Schadens, den die Ausfuhr durch den Kohlenstreik erleidet, die Passivität der Zahlungsbilanz nicht mehr zu bemänteln sein.

Die Ursache der Verschlechterung der Zahlungsbilanz liegt in dem durch die Deflationspolitik geförderten starken Konsum des englischen Volkes.

Tatsächlich hat das englische Volk als Ganzes in der Nachkriegszeit bisher besser gelebt als vor dem Kriege. Die Einfuhr von *Lebensmitteln, Getränken und Tabakwaren* ist größer als vor dem Kriege. Die Ausgaben für die Einfuhr dieser Waren betrugen in *Mio* £ (vgl. Tabelle 7):

Tabelle 7

	zu den jew. Preisen	% der Gesamteinfuhr	zu Preisen d. Js. 1913	% der Gesamteinfuhr
1910—1913	263	40	260,5	42,1
1923	484	49,4	319,2	49,7
1924	543	47,7	349,2	48,7
1925	Ungefähr das gleiche Zahlenverhältnis: genaue Zahlen liegen (wegen Irland) nicht vor.			

Quelle
Balfour-Bericht, I. Survey of Oversea Markets, a. a. O., S. 636 und 639.

Anmerkung
Die Änderung durch das Ausscheiden Irlands ist berücksichtigt. (Prozentzahlen von mir berechnet — E. V.)

Rund die Hälfte der Einfuhr, um 10% der Gesamteinfuhr mehr, wurde in der Nachkriegszeit für Essen, Trinken und Rauchen verausgabt!

Es gibt dies nicht bloß eine Preiserhöhung, sondern eine Erhöhung des pro-Kopf-Verbrauches, wie es die folgende Tabelle 8 für einige wichtige Importwaren zeigt.[23] Die inländische Produktion kann als gleichbleibend vorausgesetzt werden.

Tabelle 8
Verbrauch pro Kopf der Bevölkerung an importierten Lebensmitteln, in engl. Pfund-Gewicht

	1910—1913	1922—1924	1925
Weizen	256	258	215
Mehl	26	28,8	19
Geräuchertes Fleisch (Bacon)	13,7	20,7	19
Rindfleisch (Beef)	21,2	28,2	26,7
Hammelfleisch (Mutton)	12,9	13,7	11,8
Butter	10	11,3	12,2
Käse	5,6	6,7	6,6
Zucker	81	78	—
Tee	6,6	8,7	8
Reis	6,8	5,2	—

Diesen Zahlen darf keine zu große Bedeutung und Genauigkeit beigemessen werden. Die Erhöhung des pro-Kopf-Konsums für die letzten Jahre ist zum Teil dem Ausscheiden Irlands, wo die Lebenshaltung viel niedriger ist, zuzuschreiben. Auch die Änderungen der Lebensmittelproduktion im Inland sind nicht berücksichtigt. Aber das Zusammenfallen in der Entwicklung der Wertzahlen des Außenhandels mit diesen Mengenzahlen gibt doch die Möglichkeit, sicher anzunehmen, daß die Lebenshaltung des englischen Volkes — trotz des verminderten Reallohnes der Arbeiterschaft der Exportindustrie und trotz der Massenarbeitslosigkeit — sich erhöht hat.

Wir sehen: die englische Bourgeoisie steht sehr schweren Problemen gegenüber. *Verminderte Produktion, erhöhter Verbrauch, verminderte Ausfuhr, erhöhte Einfuhr; drohende Passivität der Zahlungsbilanz. Verminderte koloniale Überprofite* infolge verstärkten Widerstandes der Kolonialvölker. *Gefährdung des Kapitalexports und damit seiner Stellung als Weltbankier.*

Der Ausweg: stärkere Ausbeutung der Arbeiterschaft. Herabsetzung der Löhne bei verlängerter Arbeitszeit: dadurch Senkung der Selbstkosten. Vermehrte Ausfuhr bei verringertem Konsum der Arbeiter, d. h. bei verminderter Einfuhr. Dadurch Aktivierung der Zahlungsbilanz, Möglichkeit des Kapitalexports, Wiedergewinnung der Vormachtstellung Englands als Weltbankier.

Die englische Bourgeoisie kann ihre Probleme nur auf Kosten des Proletariats zu lösen versuchen. Die englische Bourgeoisie beschreitet zögernd diesen Weg. Sie fühlt, daß ihre

23 Die Zahlen sind für 1910—13 und 1922—24 im „Statistical Abstract" für je ein Jahr pro Kopf errechnet. Wir haben daraus einen Durchschnitt für je 3 Jahre berechnet. Die Zahlen 1925 sind von uns *annähernd* berechnet aus den Importdaten des Board of Trade Journal vom 14. Januar 1926.

Herrschaft durch den Verlust der Unterstützung der Arbeiteraristokratie gefährdet wird. Aber es bleibt ihr nichts anderes übrig . . .

Dieser Versuch muß zu gewaltigen Klassenkämpfen zwischen Bourgeoisie und Proletariat führen. Der allgemeine Streik und der Bergarbeiterstreik sind nur der Auftakt hierzu. In diesen Kämpfen wird sich der Charakter der englischen Arbeiterschaft grundlegend ändern. Aus einer „verbürgerlichten" Arbeiterklasse verwandelt sich die englische Arbeiterschaft in ein klassenbewußtes, revolutionäres Proletariat.

d) Das Problem der deutschen Bourgeoisie: Die Rationalisierung

Die deutsche Bourgeoisie leidet, ebenso wie die englische, an der Absatzkrise. Während aber in England als Ausfluß der Deflation der innere Markt eine starke Aufnahmefähigkeit zeigt, ist in Deutschland infolge der Inflation der innere Markt eingeengt. Die deutsche Industrie muß daher mehr exportieren. Um dies erreichen zu können, will sie, ebenso wie die englische, die Selbstkosten herabsetzen, um auf dem Weltmarkt besser konkurrieren zu können. Sie bedient sich zu diesem Zwecke der „Rationalisierung". Da um dieses Schlagwort manche Mißverständnisse herrschen, wollen wir versuchen, die ganze Rationalisierungsgeschichte marxistisch auf ihren ökonomischen Inhalt zu prüfen.

Unter Rationalisierung versteht die deutsche Bourgeoisie gegenwärtig alle Methoden, die zur Erhöhung des Profits eines Unternehmens führen. Zum besseren Verständnis der Sache müssen wir auch hier das industrielle Kapital von dem Warenhandlungs- und Geldhandlungskapital (Leihkapital, Bankkapital) unterscheiden.

Uns interessiert hier nur die Rationalisierung im Gebiete des industriellen Kapitals, das die Grundlage des ganzen Kapitalismus bildet. Die Rationalisierung im Handel, Bankwesen usw. lassen wir außer Betracht.

Die Rationalisierung im Gebiete des industriellen Kapitals erstreckt sich sowohl auf die *Zirkulationssphäre* als auf die *Produktionssphäre*.

In der Zirkulationssphäre gibt es zwei Hauptrichtungen der Rationalisierung:

a) Die Erhöhung der Preise über den Produktionspreis (Produktionspreis im Sinne von Marx = Kostenpreis + Durchschnittsprofit) hinaus durch monopolistische Zusammenfassung von Unternehmungen derselben Art.

b) Maßnahmen zur Verminderung des Anteils des nicht industriellen Kapitals am Gesamtprofit.

Über die Zusammenfassungstendenzen innerhalb der deutschen Wirtschaft brauchen wir hier nicht viel zu sagen. Wichtig ist, daß im Gegensatz zur Inflationszeit, als der vertikale Trust der Haupttypus der Zusammenballung von Unternehmungen war, gegenwärtig wieder der horizontale Zusammenschluß, also die Kartellierung und Vertrustung von Unternehmungen, die dieselben Waren produzieren, überwiegt bzw. eine Vertrustung von kombinierten Unternehmungen, wobei innerhalb der Trusts eine Spezialisierung der Produktion in den Einzelbetrieben nach standortlichen bzw. produktionstechnischen Vorteilen vor sich geht.

Versuche zur Verminderung des Anteils des nicht industriellen Kapitals zu dem Gesamtprofit bestehen in dem Bestreben nach Ausschaltung des Zwischenhandels, nach Herstellung einer unmittelbaren Verbindung zwischen Produzenten und Konsumenten, und in Versuchen, den Anteil des Leihkapitals am Gesamtprofit zu vermindern.

Für die Arbeiterschaft ist diese zweite Art der Rationalisierungsbestrebungen ökonomisch gleichgültig. Es ist ein Kampf, der sich innerhalb der Kapitalistenklasse um den Anteil am Profit abspielt. (Politisch ist es von Bedeutung, da es die Einheit der Bourgeoisie schwächt.) Die Kartellbildung hingegen betrifft die Arbeiterschaft schon unmittelbar, indem durch die Erhöhung der Preise über die Produktionspreise hinaus eine Tendenz zur Herabsetzung der Reallöhne entsteht, insofern die Lohnerhöhungen nicht mit den Preiserhöhungen Schritt halten.

Wichtiger als die Vorgänge in der Zirkulationssphäre sind die Vorgänge in der *Produktionssphäre*, dem eigentlichen Gebiet der Rationalisierung. Die Rationalisierung in der Produktionssphäre läßt sich in folgende Gruppen einteilen:

a) *Erhöhung der Produktivität der Arbeit.* Dies bedeutet, daß durch technische Fortschritte, d. h. durch Anwendung besserer Produktionsmittel und Produktionsverfahren, die in der Einheit des Produktes enthaltene Arbeitszeit vermindert wird. Die Rationalisierung in diesem Sinne ist absolut nichts Neues. Sie geht vor sich, seit der Kapitalismus überhaupt besteht. Es bedeutet dies eine reale Herabsetzung des Produktionspreises, ohne unmittelbar die Teilung des Wertproduktes in Wert und Mehrwert zu berühren.

Mittelbar bedeutet die Erhöhung der Produktivität der Arbeit, d. h. die Herabsetzung der Produktionskosten pro Einheit des Produktes, die Möglichkeit der Herabsetzung des Arbeitslohnes, wenn sich die Herabsetzung der Produktionskosten auf Waren erstreckt, die in den Konsum der Arbeiterschaft eingehen. Bei Einhaltung der theoretischen Voraussetzung von Marx, daß die Arbeitskraft im Kapitalismus zu ihrem Wert bezahlt wird, senkt sich der Arbeitslohn entsprechend der Verbilligung der in den Konsum der Arbeiter eingehenden Waren. Der Anteil der Kapitalisten an dem Wertprodukt wird bei gleichbleibendem Reallohn der Arbeiterschaft größer. Alle anderen Umstände gleichgesetzt, würde dies Erhöhung des Gesamtprofits der Kapitalistenklasse bedeuten. Da aber die Erhöhung der Produktivität der Arbeit eine Verschiebung der organischen Zusammensetzung des Kapitals in der Richtung der Erhöhung des konstanten Teiles bedeutet[24], geht die durch den technischen Fortschritt erzielte Erhöhung des Anteils am Mehrwert des Kapitals mit einer Verminderung der Profitrate zusammen. Die Kombination des technischen Fortschritts mit der monopolistischen Preisbestimmung durch die Kartelle soll zum Ergebnis haben, daß die alten Verkaufspreise trotz der erfolgten Verminderung des Produktionspreises erhalten bleiben, d. h. den Versuch, die Tendenz zum Fallen der Profitrate im Zusammenhang mit der Erhöhung der Produktivität auszuschalten.

b) *Methoden zur Produktion von relativem Mehrwert.* Verschiedene Rationalisierungsbestrebungen laufen darauf hinaus, durch bessere Organisierung der Arbeit eine Verminderung der in der Einheit des Produktes enthaltenen Arbeitszeit ohne technischen Fortschritt, d. h. eine Herabsetzung des Produktionspreises ohne Verbesserung des Produktionsapparates zu erreichen. Diese Methode ist ebenfalls nichts Neues und wurde seit Bestehen des Kapitalismus immer wieder in verschiedenen Formen angewendet. Eine wichtige und interessante Rationalisierungsmethode ist die Vereinheitlichung der Größe und Qualität von Gütern und Güterteilen: Standardisierung, Normalisierung, Typisierung. Die hierdurch erreichte Verminderung der in der Einheit des Produktes enthaltenen Arbeitszeit fällt offenbar auch in die Kategorie des relativen Mehrwertes: Doch wäre eine nähere Untersuchung wünschenswert.

24 Unter organischer Zusammensetzung des Kapitals versteht Marx das von der jeweiligen Technik bedingte Wertverhältnis von konstantem und variablem Kapital, d. h. zwischen dem Kapital, das in Produktionsmitteln, Rohstoffen usw. angelegt wird, und dem Teil, der für Arbeitslohn verausgabt wird.

c) *Vergrößerung des absoluten Mehrwertes durch erhöhte Ausbeutung der Arbeitskraft.* Diese Form der Rationalisierung trifft die Arbeiterschaft am unmittelbarsten. Sie erstreckt sich sowohl auf die einfache Verlängerung der Arbeitszeit, als insbesondere auf eine Intensivierung der Arbeit, auf ein Zwingen der Arbeiter, in der gleichen Zeit eine höhere Ausgabe an Arbeitskraft zu leisten. Die letztere Art wird manchmal unrichtig allein als Rationalisierung bezeichnet. Die Einführung des laufenden Bandes und anderer Methoden der automatischen Kontrolle und Intensivierung der Arbeitskraft-Ausgabe bilden die Hauptmittel hierzu. Eine Intensivierung der Arbeit aber kann auch und findet auch statt ohne Einführung von derartigen technischen Neuerungen wie das laufende Band, einfach durch Erhöhung der für eine gewisse Zeit vorgeschriebenen Arbeitsleistung bzw. durch Herabsetzung des Stücklohnes. Es handelt sich bei allen diesen Methoden um eine verstärkte Ausbeutung der Arbeitskraft, eine Mehrausgabe an Arbeit in derselben Zeit und für denselben Geldlohn.

d) *Die Verschärfung der Ausbeutung durch einfache Lohnherabsetzungen,* wodurch in vielen Fällen der Preis der Arbeit unter ihren Wert herabgedrückt wird.

Wir sehen hieraus, daß alle die Maßnahmen, die in der Produktionssphäre als Rationalisierung bezeichnet werden, im Wesen auf die Erhöhung der Mehrwertrate hinauslaufen, teils durch erhöhte Produktion von relativem Mehrwert, teils durch Erhöhung der Produktion von absolutem Mehrwert bzw. durch Herabdrückung des Preises der Arbeitskraft unter ihren Wert. Wir glauben, daß sämtliche Rationalisierungsmaßnahmen sich zwanglos in diese Kategorien des Marxismus einreihen lassen und daß es ganz unrichtig ist, wenn der gegenwärtige Rationalisierungsfeldzug von den Genossen als etwas in der Entwicklung des Kapitalismus Neues, noch nicht Dagewesenes betrachtet wird, wie dies von den Sozialdemokraten dargestellt wird.

Die deutsche Bourgeoisie ist zu einer verstärkten Ausbeutung der Arbeiterschaft gezwungen.

Wenn es richtig ist, daß alle die Verfahren zur Erhöhung des Profits des industriellen Kapitals, die man gegenwärtig in Deutschland unter dem Terminus „Rationalisierung" zusammenfaßt, in der Geschichte des Kapitalismus auch früher beständig angewendet wurden, so müssen zwei Fragen aufgeworfen werden:

1. Ist das Tempo der Rationalisierung gegenwärtig in Deutschland stärker als sonst?

2. Was für ein Erfolg für die Gesamtlage der deutschen Wirtschaft kann durch die Rationalisierung erwartet werden?

1. Was das erste anbelangt, so ist es schwer, das Tempo der Rationalisierung, d. h. Erhöhung der Produktivität der Arbeit und Vermehrung der Ausbeutung, irgendwie zu messen. Immerhin haben wir den Eindruck, daß das Tempo gegenwärtig schärfer ist als früher und schärfer als im allgemeinen in anderen Ländern, vielleicht mit Ausnahme der Vereinigten Staaten. Die Ursache dieses verschärften Tempos ist, wie wir glauben, folgendes:

Der Produktionsapparat der deutschen Industrie ist viel größer, als es den Absatzmöglichkeiten bei den gegebenen Produktionspreisen entspricht. Es besteht ein starker Widerspruch zwischen Produktions- und Absatzmöglichkeiten. Es ist eine allgemein bekannte Tatsache, daß die nicht volle Ausnutzung der Produktionskapazität zu einer Erhöhung der Produktionskosten führt. Der Inlandsabsatz ist beschränkt durch die geringe Kaufkraft der deutschen Bevölkerung, weil die Arbeitslöhne niedrig, die Lebensmittelpreise verhältnismäßig hoch sind, die Rentnerklasse verschwunden, die Kaufkraft der Bauernschaft infolge der starken Besteuerung und der hohen Zinsen für Leihkapital vermindert ist: weil ein Teil des jährlichen Wertproduktes als Reparationen und Zinsen für Auslandskapital in das Ausland abfließt usw. Für das deutsche Industriekapital besteht daher die Notwendigkeit, den Auslandsabsatz zu steigern, um die Produktionskapazität einigermaßen ausnutzen zu können. Dies bedingt aber eine Verbilligung der Produktionskosten, um mit dem Ausland erfolgreich konkurrieren zu können, wobei die Ausfuhr der deutschen Industrie nach manchen Ländern durch spezielle Hindernisse (Ausnahmsbehandlung, Zölle) und durch die sehr beschränkte Möglichkeit, Kapitalexport zu treiben, gehemmt ist. Die deutsche Industrie ist daher zur Rationalisierung, d. h. Herabsetzung der Produktionskosten, Erhöhung der Ausbeutung der Arbeiterschaft durch ihre besondere Lage auf dem Weltmarkt gezwungen. Dies erklärt, weshalb das Tempo der Rationalisierung gegenwärtig in Deutschland ein viel schärferes ist als früher in anderen Ländern.

Es ist hierbei folgendes in Betracht zu ziehen. Obwohl das Bestreben zur Verminderung der Produktionskosten sich durch die ganze Geschichte des Kapitalismus hinzieht, so sind für das Tempo dieser Entwicklung auch nicht rein ökonomische Momente von Wichtigkeit. Im allgemeinen kann man sagen, daß, solange ein kapitalistisches Unternehmen bzw. ein ganzer Industriezweig unter den gegebenen Produktionsbedingungen mit gutem Profit arbeitet, das Bestreben zur Herabsetzung der Produktionskosten kein so dringendes ist. Die Kapitalisten geben sich einer gewissen Ruhe hin, das Tempo des technischen Fortschritts, der Rationalisierung und der Steigerung der Ausbeutung verlangsamt sich.

Noch wichtiger sind die politischen Gesichtspunkte. Der Imperialismus ist aufgebaut auf einer Interessengemeinschaft des industriellen Kapitals und der Arbeiteraristokratie. Die Kapitalisten sind in der Lage, der Arbeiteraristokratie eine erhöhte Lebenshaltung zu gewähren; sie müssen es andererseits tun, um im Kampf mit den anderen imperialistischen Mächten und bei der Ausbeutung der unterdrückten kolonialen Gebiete im Lande selbst eine Stütze an der Arbeiteraristokratie zu haben.

Die gegenwärtige Niedergangsperiode des Kapitalismus im allgemeinen und Deutschlands und Englands im besonderen, ist dadurch gekennzeichnet, daß die europäische und insbesondere die deutsche Bourgeoisie nicht mehr die Möglichkeit hat, eine Arbeiteraristokratie aus ihren imperialistischen Überprofiten zu erhalten. Die deutsche Bourgeoisie ist daher gezwungen, zu rationalisieren, d. h. die Arbeiterschaft stärker auszubeuten, ohne Rücksicht darauf, daß dies ihre Machtstellung, ihre Klassenlage schädigt, den Klassenkampf verschärft. Es ist also kein Zufall, sondern eine ökonomisch-historisch fundierte Notwendigkeit, daß die deutsche Bourgeoisie gegenwärtig mit dem Schlagwort der Rationalisierung gegen die Arbeiterschaft vorgeht.

2. Die deutsche Bourgeoisie und die deutsche Sozialdemokratie versprechen sich von der Durchführung der Rationalisierung eine starke Erhöhung des Exports an Industriewaren, einen neuen Aufstieg des deutschen Kapitalismus. Dieser Aufstieg soll dann durch Ausdehnung der Produktion ermöglichen, die durch den Rationalisierungsprozeß überflüssig gemachten Arbeitskräfte wieder in die Produktion einzubeziehen.

Wir halten diese Hoffnungen der deutschen Bourgeoisie für unrichtig. Der Verlauf der letzten acht Monate zeigt, daß die Krise des deutschen Kapitalismus, soweit sie die Arbeiterschaft betrifft, unverändert anhält. Die Lage derjenigen Kapitalisten, die die Krise bisher überstanden haben, scheint sich etwas gebessert zu haben; die Arbeitslosigkeit jedoch nimmt nicht ab. Im Gegenteil, es werden immer neue Massenentlassungen von Arbeitern vorgenommen und angekündigt.[25] Es ist hierbei zu betonen, daß die Methoden der Erhöhung der Produktivität der Arbeit und der Produktion von relativem Mehrwert nur zu verwirklichen sind im Wege einer Erhöhung der Produktion des betreffenden Betriebes. Der innere Widerspruch der ganzen Rationalisierung besteht in folgendem: Es muß rationalisiert, d. h. der Produktionspreis herabgesetzt werden, weil bei den früheren Produktionspreisen die Warenmenge, die bei nicht voller Ausnutzung der Produktionskapazität produziert würde, nicht absetzbar ist. Daher müssen die Produktionskosten gesenkt werden. Aber die Methoden der Herabsetzung der Produktionskosten sind nicht zu trennen von einer Mehrproduktion an Waren. Es müßten also noch mehr Waren abgesetzt werden als vor der Rationalisierung.

Die deutsche Bourgeoisie sieht diesen Widerspruch und versucht, ihn zum Teil durch Schließung von Betrieben, Vernichtung von Produktionsmitteln auszuschalten. Dies halten wir für ein besonderes Merkmal der Rationalisierung in der Periode des Niederganges des Kapitalismus. In der aufsteigenden Periode wurde der Widerspruch zwischen Produktions- und Verwertungsmöglichkeiten durch Ausdehnung des Absatzmarktes für kapitalistische Produkte im In- und Auslande überwunden, also durch eine Entwicklung auf einer höheren Stufenleiter. Gegenwärtig ist diese Entwicklung unmöglich, und daher sehen wir in Deutschland einen doppelten Prozeß: *Der durch die Rationalisierung erzwungenen Vermehrung der Warenmasse wird durch Stillegung und Vernichtung eines Teiles des Produktionsapparates entgegengewirkt.*

Ist dies aber richtig, so bedeutet zwar die Durchführung der Rationalisierung, daß jene Kapitalistengruppen, die die Krise überstehen, die Rationalisierung durchführen und sich in monopolistische Verbände zusammenballen, ihren Profit erhöhen können, bedeutet aber andererseits, daß es zu einer allgemeinen Verschlechterung der Lage der Arbeiterklasse, zu einer vermehrten Ausbeutung und zur Schaffung einer ständigen sehr großen Arbeitslosen-Reservearmee führt, wie dies in England seit sechs Jahren bereits der Fall ist. Die durch die Rationalisierung freigesetzten Arbeitskräfte können nicht durch die Ausweitung der kapitalistischen Produktionsweise im In- und Auslande wieder in die Produktion einbezogen werden. Die Rationalisierung muß daher als ein Versuch betrachtet werden, die Profitmöglichkeiten eines Teiles des industriellen Kapitals auf Kosten der Arbeiterschaft sicherzustellen; für den ganzen deutschen Kapitalismus bedeutet aber die Rationalisierung keinen Weg zu einem allgemeinen neuen Aufstieg.

e) Kein Aufstieg, sondern verschärfte Kämpfe

Die Krise des englischen und des deutschen Kapitalismus ist in gewisser Weise verschieden. Der englische Kapitalismus leidet speziell an den die Produktionskosten verteuernden *Folgen der Deflation*, die, bei starker Aufnahmefähigkeit des *inneren* Marktes, seine Konkurrenzfähigkeit auf dem Weltmarkt hemmen. Der deutsche Kapitalismus leidet speziell an den *Folgen der Inflation*, die den inneren Markt sehr stark einengte und hierdurch die Ausnutzung der Produktionskapazität verhinderte.

Gemeinsam ist der Widerspruch zwischen Produktions- und Verwertungsmöglichkeiten. Gemeinsam das Stilliegen eines bedeutenden Teiles des Produktionsapparates bei gleich-

25 Die in den letzten Wochen stattgehabte geringe Besserung des Arbeitsmarktes ist die Folge des englischen Streiks.

zeitiger Massenarbeitslosigkeit. Gemeinsam das Bestreben der Kapitalisten, durch Herabsetzung der Produktionskosten ihren Absatz, vor allem auf dem Weltmarkt, zu steigern. Gemeinsam der Angriff gegen die Arbeiterschaft zwecks Erhöhung der Ausbeutung.

England und Deutschland sind hier als typische Beispiele für Deflations- bzw. Inflationsländer gewählt.[26] Es besteht kein Zweifel, daß nach der Stabilisierung in Frankreich, Italien, Belgien sich ähnliche Zustände entwickeln werden wie in Deutschland. In den Ländern, die zum Goldstandard zurückkehrten — Holland, Schweden, Norwegen — ist die Lage analog jener Englands.

Das Problem für die Bourgeoisie wird — wenn die aktuelle Inflation überwunden ist — überall das gleiche sein:

Kampf um den Absatzmarkt. Überwindung des Widerspruchs zwischen Produktions- und Verwertungsverhältnissen; um in diesem Kampf siegen zu können, wird die Bourgeoisie *überall* alle Mittel der Herabsetzung der Produktionskosten anwenden. Nicht nur die deutsche Bourgeoisie wird „*rationalisieren*", sondern auch die Bourgeoisie aller Länder. Nicht nur die englische Bourgeoisie wird versuchen, die Reallöhne der Arbeiter herabzudrücken. Die Bourgeoisie wird überall versuchen, die Ausbeutung zu verschärfen[27], die Lohnkosten zu senken, um billiger verkaufen zu können. *Schärfste Kämpfe zwischen der Bourgeoisie und dem Proletariat sind daher unvermeidlich.*

Der Niedergang des Kapitalismus nimmt neue Formen an. Das Bild wird äußerlich jenem der Vorkriegszeit ähnlicher. Die „Unterproduktion" der Nachkriegsjahre ist verschwunden. Überall — mit Ausnahme der Länder mit aktueller Inflation — herrscht „*Überproduktion*", besteht eine Absatzkrise. Während aber im „normalen" Kapitalismus die Absatzkrise bloß in der Krisenphase vorhanden war, wird sie jetzt zu einer ständigen Erscheinung. Während in der Vorkriegszeit nur in der akuten Krisenphase eine Massenarbeitslosigkeit vorhanden war, wird dies in der Niedergangsperiode zu einer ständigen Erscheinung.

Die Ideologen des Kapitalismus, bürgerliche und sozialdemokratische, verkünden, daß mit der Überwindung der „Unterproduktionskrise", mit dem Vorhandensein eines leistungsfähigeren Produktionsapparates, mit der durch die Rationalisierung erzielten Herabsetzung der Produktionskosten trotz Massenarbeitslosigkeit der Weg zu einem neuen Aufstieg des Kapitalismus geebnet sei. Der kapitalistische Aufstieg vollzog sich ja immer in der Weise, daß der technische Fortschritt, die Erhöhung der Produktivität der Arbeit zeitweilig Arbeiter „freisetzte", daß aber die durch den technischen Fortschritt erzielte Verbilligung der Warenpreise den Absatz so ausdehnte, daß die freigesetzten Arbeiter immer wieder in die Produktion einbezogen wurden. Die Zahl der industriellen Arbeiterschaft vermehrte sich im Zeitalter des Kapitalismus, trotz der sich immer wiederholenden Freisetzungen, nicht nur absolut, sondern auch im Verhältnis zur Gesamtbevölkerung. So wird es auch im 20. Jahrhundert sein, nachdem die durch den Weltkrieg verursachte Verwüstung überwunden ist . . .

Diese Theorie basiert auf der absolut unhistorischen, unmarxistischen Voraussetzung, daß der Weltkrieg ein „Zufall" war, der bei richtiger Politik hätte vermieden werden

26 Es ist für die Niedergangsperiode des Kapitalismus bezeichnend, daß sowohl Inflation als Deflation gleicherweise zu einer Absatzkrise führen.

27 Es ist bezeichnend, daß das englische Parlament, der stärkste Hort der kapitalistischen Demokratie, und der italienische Ministerrat, das Organ der offenen kapitalistischen Diktatur. Ende Juni ganz gleichzeitig eine Verlängerung der Arbeitszeit beschlossen haben.

können. Tatsächlich ist aber der Weltkrieg entstanden, weil ein gleichzeitiger Aufstieg des Kapitalismus in allen imperialistischen Ländern in alter Weise sich als unmöglich erwies und der Kampf um die Ausbeutungsgebiete unvermeidlich wurde.

Die Ausweitung des Absatzmarktes für industrielle Produkte, die im Laufe des 19. Jahrhunderts es der europäischen Industrie ermöglichte, die freigesetzten Arbeiter immer wieder in der Produktion unterzubringen, beruhte auf folgenden Hauptentwicklungstendenzen:

a) *Die Spezialisierung der Landwirtschaft.* Die Landwirtschaft wurde entindustrialisiert und zugleich industrialisiert. Entindustrialisiert in dem Sinne, daß die früher innerhalb der bäuerlichen- bzw. gutsherrlichen Wirtschaft getriebene industrielle Arbeit (Verfertigung von Geräten, Spinnerei und Weberei, Gerberei, Holzbearbeitung, Bauhandwerk usw. usw.) durch die Belieferung mit Waren der Fabrikindustrie ersetzt wurde. Industrialisiert in dem Sinne, daß der Ackerbau selbst in viel stärkerem Maße statt Tier- und Menschenkraft von der Großindustrie produzierte Maschinerie anwendet. Die Landbevölkerung wurde auf die *eigentliche* landwirtschaftliche Produktion spezialisiert, ein sehr großer Teil der früher von der in der Landwirtschaft tätigen Bevölkerung geleisteten Arbeit in die städtische bzw. in die landwirtschaftliche Industrie verlegt.[28] Diese sich auf die ganze Welt erstreckende Herausschälung der industriellen Betätigung aus der Landwirtschaft und Überschichtung in die Großindustrie ermöglichte die Ausweitung des industriellen Absatzes im 19. Jahrhundert.

Parallel ging die Verdrängung des Handwerks durch die Fabrikindustrie; dies vermehrt die Zahl der industriellen Arbeiter, indem frühere Handwerker ins Proletariat herabsinken, bedeutet also Erhöhung des Absatzes der Fabrikindustrie, aber keine Vermehrung der Arbeitsmöglichkeit für industrielle Arbeiter, da die Zahl der proletarischen Handwerker natürlich größer war als die Zahl der industriellen Arbeiter, die zum Ersatz der Produkte des Handwerks in der Industrie benötigt wurden.

b) *Die Konzentrierung in Westeuropa der industriellen Produktion* zur Deckung des nicht mit im eigenen Lande erzeugten Waren gedeckten Bedarfs der ganzen Welt. Es ging keine gleichmäßige Industrialisierung der Welt vor sich. Der durch die Herausschälung der Elemente der industriellen Arbeit aus der Landwirtschaft und der Vernichtung des Handwerks entstehende Bedarf an Produkten der Industrie wurde überwiegend durch Westeuropa gedeckt. Während der Anteil der industriellen Bevölkerung in Europa stets größer wurde, wird der Anteil in Indien — trotz der raschen Entwicklung einer modernen Großindustrie — durch die massenhafte Vernichtung des bäuerlichen Handwerks seit 50 Jahren bei jeder Volkszählung kleiner.

Diese zwei Prozesse ermöglichten den starken Aufstieg der europäischen Industrie, des europäischen Kapitalismus im 19. Jahrhundert. Diese Entwicklungsprozesse werden aber im 20. Jahrhundert nicht mehr in der Weise wirken, wie im 19. Die Verdrängung des Handwerks ist in den Industrieländern fast beendet. Die Herausschälung der industriellen Betätigung aus der Landwirtschaft ebenfalls.[29] In jenen Ländern, wo dieser Prozeß noch

28 Daher sind Berechnungen von jener Art, daß, da gegenwärtig eine prozentuell viel geringere Zahl von landwirtschaftlichen Arbeitskräften genügt, um die Gesamtbevölkerung zu ernähren, die Produktivität der *landwirtschaftlichen* Arbeit entsprechend gestiegen sei, unrichtig. Früher verwendete eben die ländliche Bevölkerung einen bedeutenden Teil ihrer Arbeitszeit auf die Herstellung industrieller Güter.

29 In Amerika ist die Spezialisierung so weit fortgeschritten, daß die Weizenfarmer Konservengemüse, Büchsenfleisch und von 1000 km Entfernung importiertes Obst, das von besonderen Obstfarmern produziert wird, verzehren.

im Gange ist, wird der Versorgung aus Europa durch die Schaffung einer eigenen Großindustrie entgegengearbeitet. In allen Ländern, die nicht absolut unterjocht sind, wird durch Hochschutzzölle die Industrialisierung gefördert. Das europäische Kapital paßt sich, dem anarchischen Charakter der kapitalistischen Produktionsweise entsprechend, diesem Entwicklungsgang, soweit es ihn nicht mit Gewalt verhindern kann, an, indem es — *angezogen durch die höhere Profitrate* — selber die industrielle Produktion in diese Länder verlegt. Mit der Entwicklung einer eigenen Industrie parallel entwickeln sich andererseits das nationale Bewußtsein und der nationalrevolutionäre Widerstand der Kolonialvölker gegen die Ausbeutung durch die Imperialisten, wodurch die kolonialen Überprofite vermindert werden und der Bourgeoisie der imperialistischen Länder die wirtschaftliche Möglichkeit genommen wird, auf Kosten der unterdrückten Völker eine gut bezahlte Arbeiteraristokratie zu erhalten.

Wenn wir noch die Entwicklung der Vereinigten Staaten in Rechnung stellen, so ist es ganz klar, daß eine ähnliche Entwicklung der europäischen Industrie wie im 19. Jahrhundert unmöglich ist, daß dem europäischen Kapitalismus kein neuer glänzender Aufstieg bevorsteht; daß die durch den technischen Fortschritt freigesetzten industriellen Arbeiter nicht — wie im 19. Jahrhundert — durch eine stürmische Ausweitung des kapitalistischen Absatzmarktes für Industrieprodukte wieder aufgesogen werden. Der Widerspruch zwischen Produktions- und Verwertungsmöglichkeiten besteht nicht mehr nur in der Krisenphase, sondern wird zu einer ständigen Erscheinung.

Dies führt zu einer außerordentlichen Zuspitzung der Klassengegensätze einerseits, der imperialistischen Gegensätze andererseits. Die Kapitalisten jedes einzelnen Landes müssen versuchen, durch möglichste Verschärfung der Ausbeutung die Selbstkosten ihrer Waren herabzusetzen, um ihre Konkurrenten auf dem Weltmarkt zu schlagen. Die Arbeiter werden hartnäckigen Widerstand leisten, der sich bis zu revolutionären Kämpfen steigert.

Durch den Sturz der russischen Bourgeoisie und den Aufstieg der Sowjetunion geschreckt, wird die Bourgeoisie der einzelnen kapitalistischen Staaten immer wieder dazu getrieben werden, den Versuch zu wagen, ihre Konkurrenten statt durch verstärkte Ausbeutung der eigenen Arbeiter mit Waffengewalt niederzuschlagen. Neue Kriege liegen ebenso zwangsmäßig auf der Linie der Entwicklung, wie der Weltkrieg kein durch unrichtige Politik verursachter „Zufall", sondern ein Ausbruch der kapitalistischen Widersprüche war.

Die Niederlage der Bourgeoisie eines Staates im Kriege bedeutet aber eine solche Erschütterung des staatlichen Machtapparates, die das kapitalistische System bei der ohnehin vorhandenen Verschärfung des Klassenkampfes nicht überdauern kann. *Kein Aufstieg, sondern ein weiterer Niedergang, eine Periode gewaltiger innerer Kämpfe, Bürgerkriege und imperialistischer Kriege, die schließlich zum Siege der proletarischen Revolution führen: das ist die richtige Perspektive*[30] *!*

30 Manche Genossen werden in diesen Ausführungen eine Bestätigung der Theorie Luxemburgs finden wollen. Dies wäre unrichtig! Daß historisch der Aufstieg des europäischen Kapitalismus im 19. Jahrhundert auf der Ausdehnung des kapitalistischen Absatzmarktes im In- und Auslande gegründet war, hat nicht Luxemburg entdeckt; es ist bereits im Kommunistischen Manifest zu lesen. Das Wegfallen dieser besonderen Ausdehnungsmöglichkeit bedeutet aber nicht die absolute Unmöglichkeit der Akkumulation, sondern eine derartige Verschärfung der Widersprüche, die zu einem Sturz des Systems, zu einem Siege des Proletariats führen müssen — wenn die subjektiven Faktoren der Revolution der objektiven Lage gewachsen sind. Schaltet man diese Widersprüche gedanklich aus, nimmt man einen einheitlichen Weltkapitalismus mit einem nicht kämpfenden Proletariat an, so ist die Möglichkeit einer

f) Amerika kann keine Abhilfe schaffen

Oft hört man die Ansicht, daß zwar der europäische Kapitalismus eine schwere Probe durchmache: daß aber diese Krise durch die „Hilfe" des rasch aufsteigenden amerikanischen Kapitalismus überwunden werden könne. Tatsächlich hat der amerikanische Kapitalismus einigen europäischen Ländern „geholfen", durch Gewährung von Anleihen, das heißt durch Überlassung von überschüssigen Produktionsmitteln die Unterproduktionskrise zu überwinden. Geholfen in kapitalistischer Art und Weise: gegen gute Zinsen und ökonomische Unterwerfung. Für eine Wiederholung dieser Hilfe besteht aber — im Sinne unserer vorhergehenden Ausführungen — keine Möglichkeit mehr: Der europäische Kapitalismus leidet heute überwiegend an Überproduktion. Das amerikanische Bankkapital wird noch Gelegenheit haben, bei der Stabilisierung der Valuten in Frankreich, Belgien, Italien „*helfend*" mitzuwirken. Dann werden aber immer schärfere Kämpfe des amerikanischen industriellen Kapitals mit dem europäischen kommen; der amerikanische Kapitalismus wird in die Krise des europäischen mit hineinbezogen werden.

In einer Artikelserie[31], die zweifellos zu den wertvollsten weltwirtschaftlichen Arbeiten der letzten Jahre gehört, beleuchtet Genosse *Osinskij* die wirtschaftliche Entwicklung der Vereinigten Staaten und ihr Verhältnis zu Europa. Sein Hauptgedankengang ist folgender:

1. Das Tempo der Entwicklung der Produktionskräfte Amerikas in der Periode 1913 bis 1924 war langsamer als in der Vorkriegszeit und überhaupt viel geringer, als allgemein angenommen wird.

Insbesondere ist dies in der Nachkriegszeit der Fall.

2. Der *innere* Reichtum der Vereinigten Staaten ist seit Beginn des Krieges nur wenig gewachsen. Die Vermehrung des äußeren Reichtums (Verwandlung aus einem Schuldnerland in ein Gläubigerland) war vor allem die Folge des Warenabsatzes in der Kriegszeit zu Wucherpreisen.

3. In der Produktion der wichtigsten Produkte (Kohle, Eisen, Textilien) nähert sich das Verhältnis des Anteils von Amerika und Europa jenem der Vorkriegszeit. (Die Einbeziehung der Sowjetunion mit ihrem raschen Aufstieg verschiebt — wie der Autor richtig bemerkt — das Bild zugunsten Europas.)

4. Die Besserung der Wirtschaftslage Europas ist nur in sehr geringem Maße der amerikanischen Kapitalhilfe geschuldet.

5. Daß die an Europa gewährten amerikanischen Anleihen überwiegend nicht in Form der unmittelbaren Beteiligung an den Unternehmungen durch Aktienkauf, sondern in Form fix verzinslicher Anleihen erfolgte: daher „kontrolliert" auch das amerikanische Kapital die europäische Industrie nicht.

6. Um seinen Überfluß an Industriewaren absetzen zu können, muß das Kapital der Vereinigten Staaten auf dem Weltmarkt Absatz suchen. Die allgemeine Krise des Kapitalismus wird dies erschweren. Sie werden dabei auf die Konkurrenz der europäischen

Akkumulation auch bei vollständigem Fehlen „dritter Schichten" sehr gut möglich. (Es wäre außerordentlich nützlich, wenn die glänzende Studie Bucharins über die Akkumulationsfrage größere Verbreitung fände!)

31 Pravda, 1926; seither russisch in Broschürenform erschienen. Es wäre sehr nützlich, dieselbe auch in anderen Sprachen zu veröffentlichen.

Länder stoßen, die gegen die übermächtigen Konkurrenten ebenso koaliert in den Kampf ziehen werden, wie sie es 1914 gegen das damals übermächtig scheinende Deutschland getan haben.

Diesen Gedankengang belegt Osinskij mit reichem Zahlenmaterial; wir können all dies hier nicht reproduzieren. Wir glauben aber folgendes bemerken zu können:

Die Auswahl von Einzeldaten zur Illustrierung der Entwicklung der Produktion im allgemeinen oder der Produktionskräfte ist immer bedenklich. Wenn — um nur ein Beispiel zu bringen — man statt Roheisen, wie es Osinskij tut, *Stahl* zur Illustrierung nimmt, bekommt man ein bedeutend modifiziertes Ergebnis zugunsten Amerikas! Der Index des Department of Commerce[32] zeigt, 1913 = 100 gesetzt, folgende Zahlenreihe:

	Monatsdurchschnitte					
	1920	1921	1922	1923	1924	1925
Eisen	120	54	87	130	101	118
Stahl	135	64	114	144	122	146

Auch muß in Betracht gezogen werden, daß der Kohleverbrauch kein *ständiger* Indikator der Produktion ist, da — abgesehen von der stärkeren Verwendung des Rohöls — durch die starken Fortschritte der Feuerungstechnik dieselbe Quantität Kohle mehr Energie produziert als früher. Während die Produktion von Kohle in Amerika im Jahre 1925 ungefähr der von 1919 gleich war (1919: 515 Mio Tonnen, 1925: 542, Zunahme 5%), ist der Produktionsindex des Department of Commerce, der 64 Waren erfaßt, von 100 im Jahre 1919 auf 126 im Jahre 1926 gestiegen[33]: also 5% Zunahme der Kohleproduktion, 26% Zunahme der industriellen Produktion.[34]

Trotz gewisser Vorbehalte, die sich aber nur auf die quantitative Seite beziehen, *geben wir Osinskij in Punkt 1, 2, 3 recht!* Hingegen glauben wir, daß die „Hilfe“ Amerikas für die Besserung der Wirtschaftslage Europas von großer Wichtigkeit war und daß das amerikanische Kapital in weitem Maße die Wirtschaft Europas „kontrolliert“.

Wir glauben, daß die auf rein quantitativen Überlegungen fußende Beurteilung Osinskijs unrichtig ist. Ein Unternehmen mag 95% alles Nötigen besitzen; aber die fehlenden 5% in barem Geld können das Unternehmen in den Bankrott treiben. In einer solchen Lage war Europa in der Nachkriegszeit. Die Kredite, die Deutschland zur Stabilisierung der Valuta und zur Auffüllung seines Zirkulationskapitals erhalten hat, waren im Verhältnis zu seinem Gesamtkapital eine verschwindend geringe Summe: Aber ohne diese kleine Summe wäre es dem deutschen Kapitalismus kaum gelungen, die Inflationskrise zu überwinden.

32 Survey of Current Business, Februar 1926, S. 2.

33 Ebenda S. 9.

34 Die Ursache dieser Erscheinung ist, neben besserer Ausnutzung der Kohle, neben Fortschritten der Technik, wodurch für dieselben Erfolge ein geringerer Aufwand an Energie benötigt wird, sicherlich die im System der Ratenzahlungen vorweggenommene Konsumtion. Während früher Ware nur gekauft wurde, wenn der volle Kaufpreis bereits im Besitz des Konsumenten war und bis dahin in irgend einer Form als Leihkapital zur Beschleunigung der Akkumulation diente, wird jetzt bereits konsumiert, bevor der Preis „erarbeitet“ ist. Diese Vorwegnahme erweitert den unproduktiven Konsum und verschiebt die Akkumulation.

Wenn ich so sagen darf: Es ist nicht die statische, sondern die dynamische Bedeutung der Kredite, die den Ausschlag gibt.

Ebenso glaube ich, daß das amerikanische Kapital tatsächlich große Teile des europäischen Kapitalismus „kontrolliert". Und zwar in doppelter Art. Erstens im „staatlichen Wege", indem das amerikanische Kapital bei der Gewährung der Stabilisierungsanleihen die Wirtschaftspolitik der Staaten, denen es hilft, diktiert. So war es beim Londoner Abkommen über den Dawes-Plan. So geschieht es gegenwärtig in Belgien, wo auf Befehl der amerikanischen Bankiers das Budget geändert und die Staatseisenbahnen „auf wirtschaftliche Basis" gestellt wurden. So wird es demnächst in Frankreich der Fall sein. Durch die interallierten Schulden, den Dawes-Plan, die Stabilisierungsaktionen übt das amerikanische Kapital tatsächlich eine Kontrolle über die Wirtschaftspolitik der meisten europäischen Staaten aus.

Das amerikanische Kapital kontrolliert ferner „privatwirtschaftlich" wichtige Teile des europäischen industriellen Kapitals. Der von Osinskij betonte Umstand, daß die amerikanischen Kapitalisten den europäischen Unternehmungen Kapital überwiegend in Anleiheform gegen feste Zinsen leihen, bedeutet nicht, daß sie keinen Einfluß auf die Geschäftsgebarung haben. Dies läßt sich in Deutschland unmittelbar beobachten. Wenn ein Unternehmen auf die amerikanische Kapitalhilfe absolut angewiesen ist, so spielt die Formfrage, ob das Kapital als Beteiligung am *Aktien-Kapital* oder als Anleihe gewährt wird, keine entscheidende Rolle. Wenn dagegen — wie gerade in den letzten Monaten — das Inland die Kapitalnachfrage in bedeutendem Maße decken kann, leistet die Bourgeoisie dem amerikanischen Einfluß stärkeren Widerstand.

Wenn ich aber auch in der Bewertung der Größe der gegenwärtigen Abhängigkeit des europäischen Kapitalismus von Amerika von Osinskij abweiche, bin ich mit ihm in der Beurteilung der großen Entwicklungslinie vollkommen einverstanden.

1. Das Entwicklungstempo der Produktionskräfte in den Vereinigten Staaten verlangsamt sich; das amerikanische industrielle Kapital muß in verstärktem Maße Absatz außerhalb des eigenen Landes suchen.

2. Hierbei stößt es auf eine wachsende Konkurrenz des europäischen industriellen Kapitals, dessen Abhängigkeit vom amerikanischen Bankkapital nach der Befriedigung der dringendsten Anleihebedürfnisse geringer wird. Statt der „*Hilfe*" Amerikas tritt der Wettbewerb immer stärker in den Vordergrund. Der Gegensatz zwischen Europa und Amerika verschärft sich.

Diese Tendenz — das möchten wir, um Mißverständnissen vorzubeugen, betonen — wird, wie im Kapitalismus immer, durch Gegentendenzen durchkreuzt. Und zwar:

a) Die Versuche der Bildung einer Einheitsfront aller europäischen „Schuldnerländer" gegen Amerika werden immer wieder zerschlagen durch die Gegensätze zwischen den europäischen Mächten: England—Frankreich; Frankreich—Deutschland; Deutschland—Polen usw. in endloser Reihenfolge.

b) Andererseits polarisieren sich alle revolutionären Kräfte der Welt um Sowjetrußland, alle kapitalistisch-gegenrevolutionären um die Vereinigten Staaten als der stärksten kapitalistischen Macht. Wird der Niedergang des europäischen Kapitalismus wieder akute Formen annehmen, wird in weiteren Staaten die Herrschaft der Bourgeoisie gefallen sein, dann kann eine Einheitsfront zwischen den Vereinigten Staaten und den noch vorhandenen kapitalistischen Staaten Europas gegen das revolutionäre Proletariat, geführt von der Sowjetunion, zustande kommen. Dies ist wahrscheinlich. Aber die Perspektive eines neuen, auf die Hilfe Amerikas gestützten Aufstiegs des europäischen Kapitalismus ist ganz falsch. *Nicht der amerikanische Kapitalismus wird den europäischen mit sich emporheben, sondern auch der Aufstieg des amerikanischen Kapitalismus verlangsamt sich bereits; er selbst wird in die Krise des europäischen Kapitalismus herabgezogen!* Nur wenn der Kampf zwischen Proletariat und Bourgeoisie in Europa sehr lange unentschieden hin und her wogte, wobei die „überflüssigen" Menschen und die überschüssigen Produktionsmittel im Kriege und Bürgerkriege zugrunde gingen, könnte der europäische Kapitalismus als Anhängsel des amerikanischen zu einem kümmerlichen Dasein wieder erstehen. Aber ein Aufstieg mit amerikanischer Hilfe widerspricht absolut dem antagonistischen Charakter der kapitalistischen Produktionsweise.

II. Der Weg des deutschen Kapitalismus*

** In den letzen Monaten herrscht bei einem Teil der deutschen Bourgeoisie ein starker Optimismus in bezug auf die wirtschaftliche Zukunft Deutschlands. Ein Optimismus, der auch andere Kreise mitreißt. Die Verdoppelung der Börsenkurse im Laufe dieses Jahres, die kontinuierliche Zunahme der Spareinlagen, die starke Monopolbildung im Inlande und die führende Stellung der deutschen Bourgeoisie in der internationalen Kartellbildung, die Aufnahme Deutschlands in den Völkerbund und der ständige Ratssitz, dies sind die Grundlagen, die trotz der bis in die letzten Monate andauernden schweren Wirtschaftskrisen die Meinung von dem gesicherten Aufstieg des deutschen Kapitalismus aufkommen ließ.

Insbesondere ist es aber der Rückblick auf den Weg, den der deutsche Kapitalismus seit drei Jahren zurückgelegt hat. Im Oktober 1923 schien der deutsche Kapitalismus unmittelbar vor dem Untergang zu stehen. Die Valuta in sprunghafter Entwertung sich dem Nullpunkt nähernd, die Zirkulation der Waren entblößt, da niemand Sachwerte gegen deutsches Papiergeld hergeben wollte. Hungernde, revoltierende Arbeiter. Die KPD bereitete sich zum Sturz der Bourgeoisie als akute Aufgabe vor ...

Die deutsche Bourgeoisie hat sich aus dieser verzweifelten Situation erfolgreich herausgearbeitet. *Verglichen mit dem Zustand von drei Jahren hat der deutsche Kapitalismus einen gewaltigen Prozeß der Stabilisierung durchgemacht!* Nur Narren können dies leugnen!

Bedeutet dies aber, daß dem deutschen Kapitalismus nunmehr ein lang andauernder Aufstieg bevorsteht, daß die schweren Widersprüche der deutschen Wirtschaft gelöst sind? Um auf diese Frage eine Antwort geben zu können, *erscheint es notwendig, den Versuch zu machen, die Wirtschaftsentwicklung Deutschlands in den letzten Jahren, die Lage der deutschen Wirtschaft im Rahmen der Weltwirtschaft, und im Vergleich mit der Vorkriegszeit, neuerlich gründlich zu untersuchen.*

Eine solche Untersuchung stößt auf große Schwierigkeiten. Die Ergebnisse der Betriebs- und Berufszählung des Jahres 1925 sind bisher — von Bruchstücken abgesehen — nicht veröffentlicht worden. Wir haben daher kein zahlenmäßiges Bild der Struktur der Wirtschaft, der Veränderungen, die seit 1907 vor sich gegangen sind: Wir wissen nicht, wie sich die soziale Schichtung der Bevölkerung seit zwanzig Jahren geändert hat. Wir haben keine brauchbare Produktionsstatistik, von der Schwerindustrie abgesehen. Die Daten des Außenhandels sind infolge der Änderung des Territoriums, der Preisverschiebung, der Ausschaltung der Reparationslieferungen aus der Ausfuhrstatistik schwer vergleichbar usw. usw. Die folgenden Ausführungen werden infolgedessen in ihren quantitativen Berechnungen unvermeidlich Fehler enthalten, doch hoffen wir, daß sich die Abweichungen von der Wahrheit innerhalb solcher Grenzen halten werden, daß dadurch die Richtigkeit der Problemstellungen und der Schlußfolgerungen nicht berührt wird.

Um das Ergebnis unserer Untersuchung gleich hier vorwegzunehmen: Trotz des zweifellos großen Fortschrittes der letzten drei Jahre hat *die deutsche Wirtschaft pro Kopf der Bevölkerung weder in der Produktion noch im Konsum das Vorkriegsniveau erreicht,*

* Aus: Wirtschaft und Wirtschaftspolitik im III. Vierteljahr 1926, in: Internationale Pressekorrespondenz, Nr. 134, vom 8. November 1926, S. 2277—2287.

obwohl ein starker Zustrom von ausländischem Kapital mitgeholfen hat. Ungelöst ist der Widerspruch zwischen Produktions- und Verwertungsmöglichkeiten, ungelöst die Frage, wie das Millionenheer von Arbeitslosen Arbeit finden wird, unentschieden die Frage, ob der Reparationsplan ohne Erschütterung des deutschen Wirtschaftslebens durchführbar ist, unentschieden die Frage, ob die deutschen Fertigfabrikate in der notwendigen Quantität auf dem Weltmarkt Absatz finden werden ...

Ein weiterer Aufstieg der deutschen Wirtschaft bis zum Vorkriegsniveau und darüber hinaus ist in keiner Weise sichergestellt und unseres Erachtens höchst unwahrscheinlich! Er könnte nur stattfinden:

1. Wenn ein allgemeiner Anstieg des Weltkapitalismus stattfände oder
2. wenn im Sinne des Leninschen Gesetzes über die ungleichmäßige, sprunghafte Entwicklung im Kapitalismus es Deutschland gelingen würde, gestützt auf neue technische Erfindungen (Kohleverflüssigung, chemische Industrie), innerhalb der Niedergangsperiode eine sprunghafte, die anderen kapitalistischen Mächte überholende Entwicklung durchzumachen.

Keine der beiden Möglichkeiten erscheint uns als wahrscheinlich. Daher glauben wir, daß ein weiterer starker Aufstieg der deutschen Wirtschaft, eine neue Blüte, nicht eintreten wird!

1. Die Grundtatsachen der deutschen Wirtschaft[1]

Wir gehen bei den folgenden Betrachtungen von dem Hauptgesichtspunkte aus: Inwiefern ist die deutsche Bourgeoisie, ist das kapitalistische System auf die Dauer imstande, die auf dem Territorium des Deutschen Reiches lebende Bevölkerung wie in der Vorkriegszeit zu erhalten, zu ernähren, zu kleiden, ihr ein Heim zu schaffen? Die Frage ist offenbar gleichbedeutend mit der Frage nach der voraussichtlichen Dauer der Stabilisierung des Kapitalismus in Deutschland. Wir wollen vor allem versuchen, die Grundtatsachen der deutschen Wirtschaft nach der Stabilisierung — von den Konjunkturschwankungen an dieser Stelle absehend — darzustellen.

1. Auf dem gegenüber der Vorkriegszeit um rund 11,3% (mit Saar) verminderten Gebiet[2] des Deutschen Reiches leben heute *ungefähr ebensoviel Menschen als in den Jahren vor dem Kriege: 65 Millionen 1910, 64 Millionen jetzt* (Herbst 1926). Die Bevölkerungsdichte ist von 120 pro km^2 1910 auf 133,5 pro km^2 1925 gestiegen.

2. In der gegenwärtigen Bevölkerung gibt es aber eine größere Anzahl im *arbeitsfähigen Alter* als vor dem Kriege. Es fehlen die in den vier Kriegsjahren nicht geborenen Kinder, die heute im Alter von 8 bis 11 Jahren wären; es fehlen die Alten, die infolge der Kriegsentbehrungen vorzeitig gestorben sind. Zahlenmäßige Daten liegen nur für 1919 vor, sind daher schon stark veraltet.

Die Zahl der potentiell Erwerbstätigen muß aber gegenwärtig noch größer sein, d. h. die Zahl der Menschen, die auf Grund ihres Alters und ihrer Vermögensverhältnisse auf eigenen Verdienst angewiesen sind (mögen auch viele von ihnen keine Gelegenheit zu einem Verdienst finden), als es der Änderung des Altersaufbaus entsprechen würde. Denn Hunderttausende lebten vor dem Kriege als Rentner, Pensionäre usw., ohne erwerbstätig zu sein! Hunderttausende Ehefrauen und erwachsene Töchter, die vor dem Kriege vom Familienvater erhalten wurden, müssen jetzt arbeiten. *Es gab Erwerbstätige:*

1 Wo nichts anderes angegeben, sind die Daten dem Statistischen Jahrbuch 1915 bzw. 1926 entnommen.
2 Vor dem Kriege 540875,5 km^2; jetzt (ohne Saargebiet) 468717,8 km^2.

1907 (altes Gebiet) von 62,01 Millionen Seelen 26,17
1913 (altes Gebiet) von 66,98 Millionen Seelen 28,0[3]
1913 (neues Gebiet) von 60,42 Millionen Seelen 26,0[4]
1925 (neues Gebiet) von 62,6 Millionen Seelen 31,64

Wir kommen auf Grundlage dieser Tatsache zu folgenden Ergebnissen:

a) *Das jährliche Wertprodukt des deutschen Volkes müßte gegenwärtig größer sein als vor dem Kriege, da mehr Erwerbstätige vorhanden sind.*

b) Da der sachliche Produktionsapparat Deutschlands heute besser ist, die Technik große Fortschritte gemacht hat, die Arbeit daher produktiver geworden ist, *so müßte die jährlich produzierte Gütermasse in noch größerem Maße gestiegen sein, als die Zahl der Erwerbstätigen.*

c) *Die Zahl der Erwerbstätigen im Verhältnis zu der Gesamtbevölkerung ist sehr stark gewachsen; da die Produktivität der Arbeit gestiegen ist, so müßte die Versorgung des deutschen Volkes heute besser sein als vor dem Kriege.*

Nun ist der letzte Punkt offenbar unrichtig. *Das deutsche Volk ist heute, was Ernährung, Kleidung und Wohnung anbelangt, zweifellos schlechter versorgt als vor dem Kriege.* Das geht aus der Tabelle 1 hervor.

Die Tabelle 1 zeigt, daß im Jahre 1925, das als Ganzes eine ziemlich gute Konjunktur zeigt, die Konsumtion pro Kopf der Bevölkerung zwar bedeutend höher war als in den vorhergehenden Jahren, aber mit einigen Ausnahmen, wie Reis, Zucker und Südfrüchte, noch immer wesentlich hinter dem Pro-Kopf-Verbrauch des Jahres 1913 zurückblieb.

Diese Daten sind natürlich von nicht besonderer Genauigkeit[5]. Aber es ist kein Zweifel, daß die breiten Massen heute in einer schlechteren Lebenslage sind als vor dem Kriege.

Diese unsere Auffassung wird auch vom Institut für Konjunkturforschung, das als amtliche Institution zum Optimismus neigt, bestätigt.

„Nach allen vorhandenen Beobachtungen (Verbrauchssteuerstatistik, einzelne Haushaltungsbudgets, Viehschlachtungen usw.) hat der Konsum an inländischen Verbrauchsgütern pro Kopf der Erwachsenen eher abgenommen." (Vierteljahresheft zur Konjunkturforschung, Berlin-Hamburg Nr. 2, Seite 46.)

Es fragt sich daher: wo gerät das Wertprodukt der vermehrten Zahl der Erwerbstätigen hin?

Es könnte vorausgesetzt werden, daß von dem Wertprodukt der um drei Millionen vermehrten Zahl der Erwerbstätigen gegenwärtig ein um die Differenz vergrößerter Teil

3 Errechnet unter der Voraussetzung, daß die Prozentzahl der Erwerbstätigen zur Gesamtbevölkerung die gleiche geblieben ist. Das Konjunkturinstitut schätzt ebenfalls 27,9 Millionen, aber auf dem jetzigen Reichsgebiet!! Da sich die Bevölkerungszahl durch den Versailler Friedensvertrag um 10 Prozent vermindert hat, würde die Zahl der Erwerbstätigen im ganzen Reich 1913 rund 30,5 Millionen betragen haben. Doch ist diese Berechnung offenbar unrichtig.

4 Unsere Schätzung, vorausgesetzt, daß auf dem neuen Gebiet die Zahl der Bevölkerung um 10 Prozent kleiner war (entsprechend der Lage 1920), zeigt, daß die Zahl der Erwerbstätigen zwischen 1907 und 1913 rascher gestiegen ist als die Bevölkerung.

5 Es ist zu beachten, daß die Ernte 1913 eine besonders gute war, was einen über den Durchschnitt erhöhten Konsum verursacht hat; daß ferner in den Jahren 1922 bis 1923 die Ernteergebnisse infolge der Zwangswirtschaft zu niedrig angegeben wurden.

Tabelle 1
Verbrauch von einigen Rohstoffen und Lebensmitteln in Deutschland.
Pro Kopf der Bevölkerung

		1913 1913/1914*	1922 1922/1923*	1923 1923/1924*	1924 1924/1925*	1925 1925/1926*
Baumwolle	kg	7,2	4,3	3,0	4,3	5,9
Jute	kg	2,3	1,6	1,4	1,7	2,1
Erdöl	kg	15,2**	6,6	3,0	3,8	7,4
Roggen	kg	153	90	106	87	128
Weizen	kg	96	47	57	68	83
Gerste	kg	108	29	42	45	—
Kartoffeln	kg	700	500	433	495	—
Reis	kg	2,5	—	1,7	3,4	5,3
Fleisch	kg	52	34	31	43	47
Heringe (ges.)	kg	2,2	1,3	2,0	2,3	2,1
Zucker	kg	19,0	19,5	13,3	20,2	21+
Südfrüchte	kg	4,4	0,9	0,7	4,8	6,1
Kaffee	kg	2,4	0,6	0,6	0,9	1,4
Tee	kg	0,06	0,05	0,04	0,06	0,07
Bier	ltr.	102	51	45	60	75
Branntwein	ltr.	5,4***	2,5	1,8	2,8	—

* Für Getreide.
** Mit der Inlandsproduktion zusammen 17,2.
*** 1912—1913.
\+ Schätzung. Daten: Bis 1924, zum Teil 1925 aus Statistischem Jahrbuch für das Deutsche Reich, 1926. Neuere Daten von uns errechnet.

akkumuliert wird. Wir halten dies für unwahrscheinlich. Die Akkumulation betrug vor dem Kriege nach den Daten von Helffrich 9 Milliarden im Jahre. Wenn wir voraussetzen, daß das durchschnittliche jährliche Wertprodukt jedes Erwerbstätigen heute entsprechend der Erhöhung des Preisniveaus größer ist, daß ferner das ganze Wertprodukt der drei Millionen zuschüssigen Erwerbstätigen und der Teil, der durch den verringerten Verbrauch erübrigt wird, alles Akkumulation wird, so würden wir zu einer Akkumulation von 15—20 Mrd. Mark jährlich kommen[6], wovon offenbar keine Rede sein kann.

Die Lösung des Problems, wo das Wertprodukt der stark vermehrten Zahl von Erwerbstätigen hinkommt, liegt unseres Erachtens darin, daß *„Erwerbstätig" nicht gleichbedeutend mit „Wertproduzierend" ist!* Zwei Tatsachen sind hier von besonderer Bedeutung:

1. *Die chronische Massenarbeitslosigkeit;*
2. *die vermehrte Zahl der nicht produktiven Erwerbstätigen.*

6

Vorkriegsakkumulation	9 Mrd.
Durch die Geldentwertung erhöht auf	12 Mrd.
Wertprodukt von 3 Millionen neuer Werktätigen zumindest	3—5 Mrd.
Minderverbrauch	1—2 Mrd.
Zusammen	16—19 Mrd.

Die Feststellung der wirklichen Zahl der Arbeitslosen ist nicht leicht.

Das Institut für *Konjunkturforschung* gibt für den 1. August 1926 folgende Berechnung der tatsächlichen Arbeitslosen (vgl. Tabelle 2):

Tabelle 2

Unterstützte Arbeitslose	1650000*
Ausgesteuerte (solche, die schon so lange arbeitslos sind, daß sie keine Arbeitslosenunterstützung erhalten)	100000
Nichtunterstützte (weil jemand in der Familie in Arbeit steht)	165000
	1915000
Kurzarbeiter 1670000, deren verkürzte Arbeitszeit, auf volle Arbeitswochen umgerechnet, eine Arbeitslosigkeit von ausmacht	500000
Zusammen	2415000

* Die Zahl der Vollarbeitslosen beträgt, wenn man die Prozentzahl der Arbeitslosen in den Gewerkschaften auf die gesamte industrielle Arbeiterschaft überrechnet, nach derselben Quelle am 1. August 1750000.

Quelle
Vierteljahreshefte zur Konjunkturforschung, Berlin—Hamburg, H. 2, S. 41.

Wir wollen dazu bemerken, daß die tatsächliche Zahl noch größer sein muß, da die Zahl der Ausgesteuerten und die Zahl der keine Unterstützung Erhaltenden bedeutend höher ist, als das Konjunkturinstitut schätzt. Wir glauben, daß wir, wenn die durch Kurzarbeit verlorene Zeit auf Vollerwerbslose umgerechnet wird, für August 1926 2,8 bis 3 Millionen Vollarbeitslose und im Jahresdurchschnitt seit der Valutastabilisierung ungefähr 1,5 bis 2 Millionen als der Wahrheit nahekommend annehmen können.

Zum Vergleich mit der Vorkriegszeit sei die Berechnung des Instituts für Konjunkturforschung angeführt (Vierteljahreshefte zur Konjunkturforschung, Berlin—Hamburg H. 2, S. 42), wonach in den letzten 8 Jahren vor dem Kriege die Arbeitslosigkeit in Deutschland, umgerechnet über die Prozentzahl der Arbeitslosen in den Gewerkschaften, im Durchschnitt ca. 200000 betragen hat; die Höchstzahl war 467000 im Januar 1914, im Winter eines Krisenjahres.

Wir sehen also, daß von dem Zuwachs an Erwerbstätigen im Jahresdurchschnitt ungefähr 1,5 Millionen mehr arbeitslos sind, keinen Wert produzieren. Es sind bloß potentielle, keine tatsächliche Erwerbstätige. —

Was die Zunahme der Erwerbstätigen in den nichtproduktiven Beschäftigungen, Beamte, Angestellte, selbständige Handwerker usw. anbelangt, so wird man ein volles Bild erst nach dem Vorliegen der Ergebnisse der Betriebszählung haben. Eine grobe Berechnung läßt sich auf Grund der vorliegenden Teilergebnisse machen:

Es betrug die Zahl der im *Handel* überhaupt[7] Beschäftigten in 1000:

7 „Handel überhaupt" umfaßt: Warenhandel, Bank- und Börsenwesen, Hausierer- und Straßenhandel
uns auf jene Gebiete beschränken, bei welchen auch die Zahl der Erwerbstätigen bekannt ist.
und sonstiger Handel. Siehe Wirtschaft und Statistik, 18/1926, S. 600 und Nr. 16/1926, S. 514. Wir mußten

	Bayern	Hamburg	Oldenburg	Anhalt	Lübeck	Zusammen	Erwerbstätige	%
1907	196	119,1	11	11	8,8	335,9	4200	8
1925	290	164,2	17,6	12,9.	12,0	496,7	5052	9,8

Der Anteil der im Handel Beschäftigten hat sich in jenen Gebieten, über welche sowohl diese Daten als auch die Zahl aller Erwerbstätigen bereits vorliegen, von 8 auf 9,8% gehoben. Bei den 31,6 Millionen Erwerbstätigen bedeutet *dies eine Zunahme um rund 570000!* Diese große Armee von neuen Erwerbstätigen trägt zur Produktion fast nichts bei. –

Eine weitere Zunahme hat die Zahl der unproduktiven Beamten des Reichs, der Staaten, Städte, der Reichsbahn usw. Über die Zunahme der Zahl dieser Kategorien haben wir keinen Anhaltspunkt; doch kann man die Zunahme sicherlich auf einige Hunderttausend schätzen.

Wir kommen zu dem Ergebnis, daß trotz der *Zunahme der Erwerbstätigen die Zahl der tatsächlich Güter produzierenden, Wert schaffenden Arbeitskräfte gegenwärtig nicht größer, eher kleiner ist als vor dem Kriege innerhalb der gleichen Bevölkerungszahl.*

Es gibt heute gegenüber der Vorkriegszeit ein *Mehr* von:

2,5 Millionen Vollarbeitslosen (Kurzarbeit auf volle Arbeitslosigkeit umgerechnet),
0,6 Millionen im Handel Tätigen,
0,4 Millionen Beamten

3,5 Millionen

Die Zunahme der Erwerbslosen ist durch die Zunahme dieser nicht produzierenden Kategorien restlos aufgewogen.

Eine wichtige Bestätigung unserer Ansicht ergeben die Zahlen der in den unter Gewerbeaufsicht stehenden Industriebetrieben beschäftigten Arbeiter. Unter die Gewerbeaufsicht fällt die eigentliche Industrie nebst Bergbau: Jeder Betrieb mit motorischer Kraft und jeder Betrieb mit mindestens 10 Arbeitern. (Im Jahre 1925 wurde die Gewerbeaufsicht auf Betriebe mit zumindest 5 Arbeitern und auf die Angestellten ausgedehnt; da aber diese Änderung in Preußen und einigen ganz kleinen Ländern noch nicht durchgeführt wurde, so sind die Zahlen mit einer gewissen Umrechnung noch vergleichbar.)

Die Zahl der in den der Gewerbeinspektion unterstellten Betrieben Arbeitenden betrug[8]:

1913 altes Gebiet	7386173
1922 neues Gebiet	8215622
1924 neues Gebiet	7278820
1925 neues Gebiet	7868820[9]

Die Entwicklungslinie der deutschen Wirtschaft richtet sich aber zweifellos auf eine Ausschaltung der unproduktiven Erwerbstätigen, auf eine Vermehrung der Zahl der Arbeitslosen hin. In den ersten acht Monaten gab es 17600 Konkurse und Geschäftsaufsich-

8 Statistisches Jahrbuch für das Deutsche Reich, 1926, S. 71.

9 In Preußen, Lippe, Waldeck und Schaumburg-Lippe ergab die Aufnahme nach der *alten* Methode eine Zunahme von 342000 auf 4206000 Arbeiter gegenüber dem Jahre 1924. Dies auf die gesamte Zahl von 7868000 übertragen ergibt eine Zunahme von 590000.

ten; nicht gezählt sind aber jene zahlreichen Fälle, in denen wegen Mangels an Vermögen kein Konkurs eröffnet wird. Vor dem Kriege gab es rund 9000 Konkurse jährlich. Der Prozeß der Monopolbildung und Rationalisierung vermindert die Zahl der selbständigen Händler, der Angestellten und Beamten, vermehrt die Zahl der Arbeitslosenarmee . . .

Das Grundproblem der deutschen Wirtschaft ist: *Wie kann man der bereits vorhandenen und durch die Rationalisierung und Monopolbildung sich stets weiter vermehrenden Zahl der Arbeitslosen Arbeit schaffen?*

Dieses Problem hängt aufs engste mit dem zweiten zusammen:

Wie wird es möglich werden, den vergrößerten Produktionsapparat Deutschlands voll auszunutzen?

Für die deutsche Arbeiterschaft würde aber nur eine volle Inbetriebsetzung des ganzen Produktionsapparates volle Beschäftigung schaffen. Für die Bourgeoisie aber steht die Frage anders. Für sie ist der Profit, nicht die Beschäftigung der Arbeiter ausschlaggebend. Wenn auch die Gesamtsumme des Profits nicht größer sein kann als die Gesamtsumme des angeeigneten Mehrwertes, daher eine vermehrte Beschäftigung von Arbeitern im allgemeinen erhöhten Profit bedeutet, so doch selbstverständlich nur dann, wenn die produzierte Warenmasse zu ihrem Produktionspreis realisiert werden kann. Daher der Drang der Kapitalisten, die Produktionskosten herabzusetzen durch immer stärkere Ausbeutung einer wenn auch geringen Zahl von Arbeitern. Daher das Streben nach Erhöhung der Produktivität der Arbeit (um die notwendige Arbeit zu vermindern), nach Rationalisierung, nach Monopolbildung (indirekte Erhöhung der Ausbeutung durch erhöhte Warenpreise), ohne Rücksicht darauf, was mit der Arbeitslosenarmee geschieht. Die Profite, zumindest der in Monopolen zusammengeballten deutschen Großindustrie, können sich, auch bei wachsender Arbeitslosigkeit und wachsender Verelendung der Arbeiterklasse, erhöhen.

2. Der Ausbau des sachlichen Produktionsapparates

Wir setzten in den bisherigen Ausführungen voraus, daß die Produktivität der Arbeit in Deutschland seit der Vorkriegszeit gestiegen ist, daß die Leistungsfähigkeit des sachlichen Produktionsapparates sowohl im ganzen größer ist als vor dem Kriege, d. h. eine größere Masse von Gütern produzieren kann, als auch in dem Sinne, daß jeder einzelne im Arbeitsprozeß tätige Arbeiter im Durchschnitt einen größeren, leistungsfähigeren Produktionsmechanismus in Bewegung setzt als vor dem Kriege.

Dies ist die Ansicht aller Beobachter des Wirtschaftslebens Deutschlands. Eine zahlenmäßige Bestätigung werden nur die Zahlen der Betriebszählung ergeben. Zwar ist die deutsche Wirtschaft — von den zu Kriegszwecken neuerrichteten Betrieben abgesehen — mit einem sehr herabgewirtschafteten Produktionsapparat aus dem Krieg hervorgegangen. Dies wurde aber auf Kosten der Arbeiterschaft und der Mittelschichten in der Periode der Inflation durch eine scharfe Zentralisation des vorhandenen Vermögens in den Händen der Großbourgeoisie nicht nur ausgeglichen, sondern überholt. Wir können einige Beispiele dafür beibringen.

Der Neuzugang an Maschinen über den natürlichen Verschleiß hinaus betrug in den Jahren 1920 bis 1922 nach den leider noch immer nicht veröffentlichten Untersuchungen des Genossen Mendel'son vom Institut der Roten Professur in Moskau 4,6 Mio Tonnen mit einem Vorkriegswert von rund 5 Mrd. Mark.

Die maschinelle Ausrüstung des Kohlenbergbaues zeigt folgende Entwicklung (vgl. Tabelle 3):

Tabelle 3

	Anzahl		Leistung in PS	
	1. 4. 1914	1. 4. 1924	1. 4. 1914	1. 4. 1924
Drehbohrmaschinen	48	2427	42	1793
Bohrhämmer	13783	43472	21574	51023
Abbauhämmer	545	15500	585	12944
Kohlenschneider	35	69	72	232
Schüttelrutschenmotoren	2135	6301	19038	57429
Schrämmaschinen	270	715	951	3782
Preßlufthacken	—	469	—	488
	16816	68953	42262	127637

Quelle
Börsen-Courier vom 6. Januar 1925.

Es zeigt sich, daß der Kohlebergbau während der Inflationsperiode seinen Produktionsapparat in ausgedehntem Maße verbessert hat.

Nach dem Geheimbericht des „Micum" (Berliner Tageblatt vom 16. Februar 1925) ist die Leistungsfähigkeit der Ruhrbergwerke gegenüber der Vorkriegszeit um rund 33% gestiegen, der Hochöfen um 32%, Konverter 16%, Martinsöfen 40%.

Nach den Angaben der DAZ vom 24. März 1926 gestaltete sich die Leistungsfähigkeit der deutschen Eisenwerke wie folgt:

	Zahl der Hochöfen	Leistungsfähigkeit pro 24 Std.	Leistungsfähigkeit pro Ofen
1912[10]	291	44000	153
1922	219	38000	172
1926	208	50000	273

Es kann ferner kein Zweifel darüber bestehen, daß der Ausbau der Wasserkräfte und der Elektrizitätsanlagen überhaupt heute jenem der Vorkriegszeit weit überlegen ist.[11]

Die Produktions*kapazität* der Elektrizitätswerke betrug nach den Daten der Vereinigung der Elektrizitätswerke:

10 Die Zahlen für 1912 sind von uns errechnet nach den Angaben des Statistischen Jahrbuchs 1915, S. 115.

11 Siehe *Dehne*: Die deutsche Elektrizitätswirtschaft, Berlin 1926. Eine ausgezeichnete Darstellung ist: The Electrical Industry in Germany, herausgegeben von der Vereinigung der britischen Elektrizitätsindustrie, London 1926.

	1913	Anfang 1925
Kapazität kW	2095600	5938400
Ausbeute Mio Einheiten	4061	11525

Ebenso steht es mit der chemischen Industrie, die in den letzten 13 Jahren riesige Neuanlagen errichtet hat.

Die Ausrüstung der Eisenbahnen ist heute viel besser als vor dem Kriege.

Das rollende Material der vollspurigen Eisenbahnen betrug:

	Lokomotiven	Personenwagen	Güterwagen
1913	29990	65961	667048
1923	30850	69253	748713
1924	30767	69209	705021

Der Dawes-Bericht, dem wir die Zahlen für 1923 entnehmen, bemerkt, daß zwei Drittel des ganzen rollenden Materials in den letzten Jahren in Dienst gestellt wurden. „Das augenblicklich im Besitze des deutschen Eisenbahnsystems befindliche rollende Material ist sowohl an Qualität wie an Quantität dem vor dem Kriege verwendeten *weit überlegen.*“[12] Seither hat sich das rollende Material durch die Verwendung von 20- und 50-Tonnen-Güterwaggons weiter gebessert.

Auf je 100 Kilometer Betriebslänge entfielen:

	Lokomotiven	Personenwagen	Güterwagen
1913	48	111	1121
1924	54	141	1453

Obwohl dies nur Einzeldaten sind, lassen sie doch keinen Zweifel darüber, daß der sachliche Produktionsapparat gegenwärtig viel leistungsfähiger ist als vor dem Kriege.

3. Produktionsfähigkeit und tatsächliche Produktion

Wir haben im vorhergehenden aufgeklärt, daß es gegenwärtig, trotz der stark vermehrten Zahl der Erwerbstätigen, nicht mehr produktiv Arbeitende in Deutschland gibt als vor dem Kriege, eher weniger. Trotzdem sollte in Anbetracht der Ausweitung und Verbesserung des Produktionsapparats, der erhöhten Produktivität der Arbeit die Produktion größer sein als vor dem Kriege. Dies ist aber allem Anschein nach nicht der Fall. Leider gibt es in Deutschland außer für Kohle und Eisen und noch einige Monopolwaren keine Produktionsstatistik. Wir geben im folgenden einige Daten, wobei wir die Daten des

12 Dawes-Bericht, Frankfurter Ausgabe. II. Auflage, S. 102.

ganzen Vorkriegsdeutschland nehmen, da die heutige Bevölkerung jener des Vorkriegsdeutschland ungefähr gleich ist: Die Änderung durch die Gebietsverkleinerung zeigt sich dann in der *Pro-Kopf-Konsumtionstabelle* (vgl. Tabelle 4).

Tabelle 4

Verbrauch wichtiger Rohstoffe in Deutschland pro Kopf der Bevölkerung in kg (laut Berechnungen des Statistischen Jahrbuchs 1926)

	1913	1922	1923	1924	1925
Kohle überhaupt*	2470,0	2412,0	1731,0	2163,0	2212,0
Eisenerze	690,0	259,0	130,0	200,0	309,0
Roheisen	277,0	162,0	80,0	123,0	160,0
Kupfer	4,0	3,3	2,5	2,8	—
Kalirohsalze	153,0	197,0	168,0	119,0	—
Baumwolle	7,2	4,3	3,0	4,3	5,9
Jute	2,3	1,6	1,4	1,7	2,1
Erdöl (ohne Schmieröle)	15,2**	6,6	3,0	3,8	7,4

* Braunkohle, Koks und Briketts auf Steinkohle umgerechnet.
** Mit der Inlandsproduktion zusammen 17,2.

Diese Daten zeigen ein seit 1923 sehr rasch ansteigendes, aber noch stark unter dem Niveau des Jahres 1913 stehendes Bild der Wirtschaft. Wenn auch durch bessere Ausnutzung der Wasserkräfte und bessere Heiztechnik die produzierte Energie sich besser entwickelt hat, wenn auch das Verhältnis des Verbrauchs an Stahl pro Kopf (über das keine amtlichen Berechnungen vorliegen) ein günstigeres ist als bei Roheisen, dessen Verbrauch im Weltmaßstab hinter jenem des Stahls eine zurückbleibende Tendenz aufweist, so ändert dies doch nichts daran, daß der Konsum der wichtigsten Brenn- und Rohstoffe noch immer stark hinter dem Vorkriegsniveau liegt. Für das laufende Jahr mit seiner starken Wirtschaftskrise dürften diese Ziffern noch niedriger sein als 1925.[13] Dies bedeutet ein allgemein niedrigeres Niveau der ganzen Wirtschaft.

13 *Nettoeinfuhr wichtiger Rohstoffe (1000 Doppelzentner):*

	1926 Januar bis Juni	1925 Januar bis Juni
Wolle und Tierhaare	716	777
Baumwolle	1069	2037
Flachs, Hanf, Jute	586	1277
Kalbfelle und Rindshäute	140	708
Rohtabak	203	509
Bau- und Nutzholz	12156	19285
Holz und Holzmasse	5224	8207
Kupfer	522	1573
Blei	277	797
Zink	269	522

In den letzten Monaten ist, Zeitungsnachrichten zufolge, eine stärkere Einfuhr von Rohstoffen erfolgt, doch liegen zusammenfassende Daten noch nicht vor.

Die Gestaltung der Produktion

Wie bekannt, gibt es in Deutschland keinerlei systematische Produktionsstatistik, wie in den Vereinigten Staaten oder in der Sowjetunion. Nur die Produktion einzelner Waren wird ausgewiesen. Wir geben diese Zahlen wieder, obwohl ihre Gestaltung in der Pro-Kopf-Konsumtion bereits vorweggenommen ist (vgl. Tabelle 5, 6 und 7).

Tabelle 5
Produktion (in Mio t)

	Steinkohle	Braunkohle	Koks	Eisen	Stahl	Kalisalze
1912	176	81	31	15,1	16,3	11,3
1913 altes Gebiet	190	87	35	16,7	17,1	12,3
1913 neues Gebiet	119	87	32	10,9	11,9	11,9
1922	119	137	30	9,2	11,2	13,1
1923	72	119	14	4,9	—	11,3
1924	140	124	24	8,8	9,6	10,1
1925	132	140	27	10,2	11,9	10,3
1926 Hälfte	66	66	14	4,1	5,2	5,2

Quelle
Statistisches Jahrbuch für das Deutsche Reich, 1926. Internationale Übersicht.

Tabelle 6
Landwirtschaftliche Produkte (in Mio t)

	Weizen	Roggen	Gerste	Hafer	Kartoffeln	Zuckerrüben
1912	4,36	11,6	3,48	8,52	50,2	16,9
1913 altes Gebiet	4,66	12,2	3,67	9,71	54,1	—
1913 neues Gebiet	4,04	10,13	3,04	8,61	44,1	7,8
1922	1,96	5,23	1,61	4,02	40,7	10,8
1923	2,90	6,68	2,36	6,11	32,6	8,7
1924	2,43	5,73	2,40	5,65	36,4	10,3
1925	3,22	8,06	2,60	5,58	41,7	10,3
1926	3,05	7,50	2,62	6,57	—	—

Quelle
Statistisches Jahrbuch für das Deutsche Reich, 1926. Internationale Übersicht.

Tabelle 7
Viehbestand in Mio St.

	Pferde	Rindvieh	Schweine	Schafe	Ziegen
1913 jetziges Gebiet	3,81	18,47	22,53	4,99	3,16
1925	3,92	17,20	16,20	4,75	3,80

Quelle
Statistisches Jahrbuch für das Deutsche Reich, 1926. Internationale Übersicht.

Wir wissen, daß die Richtigkeit der deutschen Produktionszahlen, insbesondere jener der landwirtschaftlichen Produktion, in den Nachkriegsjahren stark und zum Teil sicher berechtigten Anfechtungen ausgesetzt waren. Trotzdem kann man als feststehend annehmen, daß die gegenwärtig 31,6 Millionen Erwerbstätigen für die vorhandenen 63 Millionen Menschen weniger Rohstoffe und Lebensmittel produzieren, als die 26 Millionen Erwerbstätigen auf dem verkleinerten Reichsgebiet für die damalige Bevölkerung von 60,5 Millionen Menschen.

Wir besitzen keinerlei brauchbare Daten über die verarbeitende Industrie mit Ausnahme der Textilindustrie, wo der Import von Faserstoffen einen Anhaltspunkt bietet.

Es betrug der reine Import (nach Abzug des Exports) in Tausend Tonnen:

	Wolle und Tierhaare		Baumwolle		Flachs, Haut, Jute	
		Garne daraus		Garne daraus		Garne daraus
1913	291	10	485	17	291	21
1925	135	16	384	55	210	20

Dabei war 1925 ein Jahr der Auffüllung der Vorräte und starker Rohstoffeinkäufe. 1926 wird der Bezug offenbar geringer sein, nach den obigen Daten des ersten Halbjahres zu urteilen.

Nach diesen Daten kann man sich keinen Begriff von der *Ausnutzung der Produktionskapazität* machen. Hierüber wird erst die neue Betriebszählung eine Aufklärung geben. Duisberg gab in seiner Rede auf der Dresdener Tagung der Industriellen, September 1926, folgende Zahlen für die Ausnutzung der Produktionskapazität an:

Maschinenbau	50%
Lokomotiv- und Wagenbau	25%
Holz	25—60%
Eisen*	60%
Stahl*	70%

* Aus den Veröffentlichungen der Vereinigten Stahlwerke AG errechnet.

Von welcher Seite man die Sache auch betrachtet, es kommt eine verringerte Produktion und eine verringerte Konsumtion heraus, was bei der gewaltigen Zunahme der Zahl der Erwerbstätigen und der zweifellos eingetretenen Erhöhung der Produktivität der Arbeit unerklärlich wäre, wenn nicht die chronische Arbeitslosigkeit und die sehr starke Überbesetzung der nicht produktiven Erwerbszweige die Erklärung geben würden.

4. Die Gestaltung des Volkseinkommens

Eine gewisse Kontrolle — wenn auch keine sehr verläßliche — unserer Berechnungen bilden die Schätzungen des Volkseinkommens.

Vor dem Kriege betrug das Volkseinkommen im Jahre 1912[14] nach der im allgemeinen

14 Im allgemeinen pflegt man diese Schätzung als für das Jahr 1913 geltend anzuführen. Da aber die Einkommenssteuer, auf die die ganze Schätzung basiert ist, im Jahre 1913 auf Grundlage des Einkommens von 1912 bestimmt wurde, gilt diese Schätzung tatsächlich für 1912.

für ungefähr richtig gehaltenen Schätzung Helfferichs 43 Mrd. Mark bei einer Bevölkerung von 66,13 Millionen; also pro Kopf rund 650 Mark. Wenn wir die Erhöhung der Lebenshaltungskosten mit 40% für das Jahr 1925 annehmen, gelangen wir zu einem Pro-Kopf-Einkommen von 910 Mark. Dies würde ungefähr eine gleiche Wirtschaftshöhe wie vor dem Kriege bedeuten. Bei einer Bevölkerung von 62,6 Millionen also rund 57 Mrd.

Für die gegenwärtige Zeit liegen folgende Schätzungen des Volkseinkommens vor (vgl. Tabelle 8):

Tabelle 8

	Mrd.
Reichsverband der Deutschen Industrie* (1925)	43—48
Allgemeiner Deutscher Gewerkschaftsbund (für 1925)**	52—60
Statistisches Reichsamt (1925)	50—55
Institut für Konjunkturforschung*** (1925)	50 ·
Rogowski⁺ (für 1924)	42,5—46

Quellen
* Deutsche Wirtschafts- und Finanzpolitik, Dezember 1925, S. 11.
** Gegenwartsaufgaben der deutschen Wirtschaftspolitik, Berlin 1926, S. 13.
*** Mit der Bemerkung, daß die Berechnung des Statistischen Reichsamtes sich auf die Daten der guten Konjunkturperiode, Januar bis September des Jahres 1925 bezieht.
\+ Rogowski, Das deutsche Volkseinkommen, Berlin 1926.

Im Jahre 1924 wurde das Volkseinkommen von Helffrich, Lansburgh, Kuczynski, Luther, Witte auf 18—25 Mrd. geschätzt (!). (Siehe Kuczynski: Finanzpolitische Korrespondenz Nr. 6, Februar 1925.)

Wir betonen nochmals, daß wir diesen Schätzungen keinen besonderen Wert beilegen. Aber sie stimmen mit unserer, auf die Produktions- und Konsumtions-Statistik sich gründenden Ansicht überein, daß das Wirtschaftsleben Deutschlands im Jahre 1925 — einem, von den letzten zwei Monaten abgesehen, guten Konjunkturjahr mit relativ geringer Arbeitslosigkeit — pro Kopf der Erwerbstätigen bzw. der Gesamtbevölkerung berechnet, noch stark hinter der Vorkriegszeit zurückblieb.[15]

Nur die Schätzung der Gewerkschaften ergibt knapp die Summe, die ein gleiches reales pro Kopf-Einkommen der Bevölkerung, wie 1912, ergeben würde. Diese Schätzung überschätzt aber — ohne Kritik die Zahlen des Reichsverbandes der Deutschen Industrie annehmend — das Lohn- und Angestellten-Einkommen bei weitem. Sie nimmt 33 bis 36 Mrd. Mark für diesen Posten an. Dies ist absolut überschätzt.

15 Die Behauptung, daß das Niveau von 1913 im Jahre 1925 bereits erreicht war, stützt sich auf einige rohe Produktionsdaten, insbesondere der Schwerindustrie. Man muß aber beachten, daß die Bevölkerung des gegenwärtigen Reichsgebietes im Jahre 1913 nur 60,4 Millionen Einwohner zählte, heute aber bereits über 63 Millionen! Auch wird nicht genügend beachtet, daß ein Teil des jährlichen Wertproduktes in Reparationen weggezahlt wird und von der Gesamtsumme des Volkseinkommens abgezogen werden sollte. Die Tatsache, daß die Reparationsleistungen bisher aus ausländischen Anleihen bezahlt wurden, ändert in *diesem* Zusammenhange die Sachlage gar nicht.

Es betrug der Jahresverdienst:	Mark
Verheirateter Landarbeiter — im Jahre 1925 — Reichsdurchschnitt[16]	1012,60
Lediger Freiarbeiter[17], Reichsdurchschnitt	804,70
Industriearbeiter, *höchste Tarifklasse*, mit Sozialzuschlägen für Kinder[18]	2164,—
Ungelernter Arbeiter mit Sozialzuschlägen für Kinder[19]	1560,—

Wenn wir in Betracht ziehen, daß all diese Zahlen aus amtlichen Quellen stammen mit einer Tendenz zur Überschätzung, daß es noch viel niedriger entlohnte Arbeiterkategorien (Dienstboten, Verkäuferinnen mit 80 Mark pro Monat, Maschineschreiberinnen mit 80 bis 100 Mark usw.) gibt, so können wir den Durchschnitt keinesfalls höher als 120 Mark im Monat, 1440 Mark im Jahr, schätzen. Tatsächlich dürfte er in Anbetracht der gewaltigen Arbeitslosigkeit und Kurzarbeit noch niedriger sein. Dies ergibt bei einer Zahl von 22,6 Lohn- und Gehaltsempfängern höchstens 32,5 Mrd. Von 33 bis 36 Mrd. kann keine Rede sein.

5. Die Reparationslasten und Auslandsanleihen

Aus dem jährlichen Wertprodukt des deutschen Volkes, das — wenn wir von dem *Einkommen zweiten Grades* (z. B. Beamte, Ärzte, Rechtsanwälte usw.) absehen — mit der Gesamtsumme des Volkseinkommens natürlich gleich ist, wurden aber im letzten Reparationsjahr 1200 Mio an das Ausland abgegeben. Diese Belastung soll in den nächsten Jahren bis auf 2500 Mio Mark gesteigert werden, vorausgesetzt, daß der Transfer gelingt und die Dawes-Abgaben nicht durch eine Revision des Planes herabgesetzt werden. Dies bedeutet eine weitere Verminderung des dem deutschen Volke zum Konsum oder zur Akkumulation zur Verfügung stehenden Jahreseinkommens; bei vollem Betrag der Reparationszahlungen um rund 5% des auf 50 Mrd. Mark geschätzten Volkseinkommens. Wenn wir ferner voraussetzen, daß die Akkumulation — wie vor dem Kriege — ungefähr 20% des Volkseinkommens beträgt, vermindern die Reparationszahlungen die Akkumulation um rund 25%.[20]

Nun muß aber betont werden, daß die Reparationslasten bisher weder auf die Lebenshaltung noch auf die Akkumulation einen Einfluß ausgeübt haben, weil dieselben bisher in keiner Weise aus dem Wertprodukt des deutschen Volkes bezahlt wurden, sondern durch die Aufnahme von ausländischen Anleihen und durch Veräußerung deutschen Vermögens bzw. Anweisungen auf späteren Mehrwert (Aktien, Obligationen). Wie groß die Summe des nach Deutschland geflossenen Auslandskapitals ist, läßt sich schwer genau bestimmen. Zusammenstellungen liegen nur für die öffentlich aufgelegten Anleihen vor.

16 Statistisches Jahrbuch 1925, S. 275.

17 Ebenda.

18 Statistisches Jahrbuch 1925, S. 291. Gewogener Wochenverdienst des Jahres 1925 Durchschnitt 43 Mark, 52mal gerechnet.

19 Ebenda. Gewogener Wochendurchschnitt des Jahres 1925 30 Mark, 52mal.

20 Wir wiederholen: Alle diese Berechnungen sollen nur ein annähernd grobes Bild der quantitativen Verhältnisse geben und dürfen nicht als errechnete Zahlen gewertet werden.

Die *bekanntgewordenen* deutschen Auslandsanleihen seit Annahme des Dawes-Gutachtens sind (vgl. Tabelle 9):

Tabelle 9

	in Mio					
	Dollar	£	fl.	Schw. fr.	RM	Sa. in RM*
Dawes-Anleihe	200,—	—	—	—	—	840,—
1924 1. 9.—31. 12.	28,—	1,75	—	—	0,70	154,—
1925 1. 1.—31. 12.	296,—	9,10	5,57	31,50	7,25	1471,79
1926 1. 1.—30. 6.	202,77**	5,94	19,02	52,—	0,30	1047,37
Summa:	726,77	16,79	24,59	83,50	8,25	3513,16

* Umrechungskurse: Dollar = 4,20 RM; £ = 20,4 RM; fl = 1,69 RM; Schw. fr. = 0,81 RM.

** Die Schätzung des Handelsdepartements der USA von 159,3 Mio Dollar bezieht wahrscheinlich die Bayernanleihe (10,0 Mio Dollar) und Großkraftwerk Mannheim-Anleihe (3,0 Mio Dollar) nicht ein, da erst im Juli aufgelegt. Die National City-Bank schätzt die Anleihe an Deutschland auf *245 Mio Dollar* im Jahre 1925, auf *210 Mio Dollar im ersten Halbjahr 1926.*

Quelle
Wirtschaftsdienst, 32/1926, S. 1102.

Seit 1. Juli sind einige weitere große Auslandsanleihen abgeschlossen worden:

	Mio Mark
Anleihe der Kommunen	33,6
Siemens	100,8
Hamburger Stadtanleihe	82,—
Preußen	86,—
Bayern	42,—
Sparkasse und Giroverband	33,6
Sächsische Werke A.-G.	63,—
Vereinigte Stahlwerke	126,—

Außer diesen öffentlich aufgelegten Auslandsanleihen wurden aber auch kurzfristige Kredite gewährt und Aktien in großem Maßstabe in Deutschland für ausländische Rechnung gekauft. *Schacht schätzte unlängst die Gesamtverschuldung Deutschlands an das Ausland gegenwärtig auf 5 Mrd. Mark.* Wieviel deutsche Aktien und andere deutsche Wertpapiere in ausländischem Besitz sind, läßt sich auch nicht annähernd schätzen. Die Nachrichten hierüber sind außerordentlich widersprechend. Sehr ernsten Quellen zufolge geht der Ankauf von Aktien auch gegenwärtig in großem Maßstabe vor sich. So lesen wir z. B. in der angesehenen englischen Zeitschrift „The Statist“ folgendes:

„Amerikanisches Kapital ist auf diese oder jene Weise so stark an dem neugebildeten deutschen Stahltrust, nach Meinung der meisten Leute, beteiligt, daß es nach einer konservativen Berechnung drei Viertel des ganzen Kapitals — vielleicht auch noch mehr — besitzt. Durch verwegene und ganz unerwartete Börsenmanöver soll die mächtige Standard

Oil Comp. of New Jersey in den Besitz der Majorität der neu emittierten Aktien der I. G. Farbenfabriken gekommen sein; es besteht die sehr begründete Voraussetzung (excellent reason for supposing), daß der Einbruch (raid) des Petroleumtrusts an der Börse von Erfolg war. Es besteht hierfür keine aktuelle Bestätigung, aber sichere und überzeugende Zeichen."[21]

Wir wissen, daß es eine ganze Reihe von amerikanischen und englischen Holding-Gesellschaften gibt, die systematisch deutsche Aktien ankaufen. Wir wissen, daß englisches Kapital an einigen Großbanken beteiligt ist. Wir wissen, daß die ganze Zündhölzchenindustrie dem schwedisch-amerikanischen Zündhölzchentrust unterworfen ist. Wir wissen, daß holländisches Kapital ausschlaggebend an der deutschen Margarineindustrie beteiligt ist. Wir wissen, daß Harriman die deutsche Zinkproduktion beherrscht. Wir wissen, daß die Zigarettenindustrie von den ausländischen Tabaklieferanten abhängig ist. Aber wie groß diese Beteiligungen sind, dies zahlenmäßig festzustellen, ist kaum möglich, da all diese Papiere Gegenstand des internationalen Börsenhandels bilden. Jeden Tag ist in den Berliner Börsenberichten zu lesen, daß ausländische Käufe dieses oder jenes Papier in die Höhe treiben. Aber *einige Mrd. Mark* werden es sicher sein.[22] Eine feste Summe läßt sich um so weniger angeben, als die Kurse der Effekten infolge der unstabilen Wirtschaftslage riesigen Schwankungen unterliegen, wie wir später sehen werden.

Auslansanleihe und Passivität der Handelsbilanz.

Eine gewisse Kontrolle der Höhe des Hereinströmens von Auslandskapital bildet die Passivität der Handelsbilanz.

Die Auslandsanleihen müssen die Form von Gold oder Waren annehmen, um nach dem Kapitalimportlande zu gelangen. Nur ausnahmsweise — wie im Frühjahr 1926 — wurden die in Amerika aufgenommenen Anleihen von den deutschen Unternehmungen teilweise kurzfristig in Amerika selbst angelegt, da das neue Kapital nur sukzessive investiert werden kann, in Deutschland selbst aber für kurzfristiges Geld infolge der Wirtschaftskrise kein Bedarf bestand.

Es betrug die Mehreinfuhr in den Jahren 1924 bis 30. April 1926, nach Angaben des Statistischen Reichsamtes:
Nach Angaben des Konjunkturinstituts[23]:

	Mio Mark
Waren im freien Verkehr (ohne Reparationen)	5900
Edelmetalle und Deckungsdevisen lt. Berechnung des Konjunkturinstituts	1271
	7171

21 The Statist vom 7. August 1926, S. 222.

22 Das Institut für Konjunkturforschung schätzt in dem der Zahlungsbilanz gewidmeten zweiten Ergänzungsheft der Vierteljahreshefte zur Konjunkturforschung, Berlin-Hamburg, S. 14: „Aus Anlagen in Deutschland und Effektenbesitz wird das Ausland ... rund 50 Millionen ziehen können." Dies würde bei einer Verzinsung von 7% einer Summe von 700 Mio entsprechen. Unseres Erachtens eine auch in der Größenklasse unrichtig niedrige Ziffer. An anderer Stelle des Heftes, S. 9, wird bemerkt, daß „die Schätzung der sämtlichen anderen Posten (außer den Zinsen der langfristigen Anleihen) *fußt auf so unsicheren Voraussetzungen, daß* ... usw.".

23 Ebenda, S. 5. Die amtlichen Außenhandelszahlen sind hier abgeändert: von dem Einfuhrwert sind 5% *ab*gezogen, zum Ausfuhrwert 1,5% *zu*geschlagen! Dies ergibt eine Differenz von 2 Milliarden.

	Mio Mark
Waren im freien Verkehr ohne Reparationslieferungen	3996
Edelmetalle und Deckungsdevisen	1271
	5267

Hinzu kommt noch ein Saldo von 315 Mio aus Dienstleistungen, so daß sich insgesamt ein Kapitalzufluß von 5585 Mio Mark, bzw. nach den Daten des Statistischen Reichsamtes 7500 ergibt. Da aber die Handelsbilanz in den letzten Monaten wieder stark passiv geworden ist, so ergäbe sich ein Kapitalzufluß aus dem Auslande von der Größe um die 6 bzw. 8 Mrd., also um 1 bis 3 Mrd.[24] mehr, als Schacht für die Auslandsverschuldung Deutschlands angegeben hatte. Es blieben dann 1 bzw. 3 Mrd. für ausländische Wertpapiereinkäufe.

Wir glauben, daß die zweite höhere Summe der Wahrheit näher kommt als die erste. Was bedeutet die Tatsache, daß in zwei Jahren (die Dawes-Anleihe wurde September 1924 aufgenommen) mindestens 6 bis 8 Mrd. Mark Auslandskapital nach Deutschland kam?

Es bedeutet:

1. Daß die Reparationen in der Höhe von 2,5 Mrd. *ganz* aus ausländischen Anleihen und nicht aus dem Wertprodukt des Landes gezahlt wurden; daß also die Frage, ob Deutschland die Reparationen wird tragen können, absolut noch nicht entschieden ist;

2. daß außerdem noch 3,5 bis 5,5 Mrd. Mark ausländisches Wertprodukt zu dem in Deutschland erzeugten Wertprodukt hinzukamen.

Wir sehen, daß die Besserung der Wirtschaftslage Deutschlands zu einem Teil durch den Zustrom ausländischen Kapitals verursacht wurde. Da aber *trotz dieses Zustromes* — der natürlich nicht ewig andauern kann und wofür Zinsen bezahlt werden müssen — die deutsche Wirtschaft in Produktion und Konsumtion noch immer nicht einmal das Vorkriegsniveau erreicht, obwohl die Bevölkerung sich vermehrt hat, so kann *keine Rede davon sein, daß Deutschland irgendwie bereits in ein gesichertes Stadium des kapitalistischen Wiederaufstiegs eingetreten wäre.* Die schwierigsten Fragen: Wie dem Millionenheer der Arbeitslosen Arbeit schaffen? Wie für die Produkte des übergroßen Produktionsapparates Absatz schaffen, Produktions- und Verwertungsverhältnisse ausgleichen? Wie die Reparationen und Zinsen der Auslandsanleihen bezahlen? — Diese Fragen harren noch ihrer Lösung.

Monopolbildung und Aktienkurse

Die Bewertung der Aktien wird allgemein als ein Maßstab der Zukunftsaussichten der Wirtschaft angesehen. Nun ist es interessant, daß *die Aktienkurse sich in diesem Jahre trotz der schweren Wirtschaftskrise mehr als verdoppelt haben!* Wir geben im folgenden eine Zusammenstellung des „Börsen-Courier" über die auf Termin gehandelten, also marktgängigsten Effekten.

24 Ein Teil dieser Summe wurde durch den Rückfluß gehamsterter ausländischer Noten gedeckt. Dem steht jedoch die Tatsache gegenüber, daß die meisten Auslandsanleihen stark unter pari ausgegeben wurden, so daß der Erlös nach Abzug der Bankprovisionen, Zwischenzinsen usw. wohl um ungefähr 10 Prozent unter dem Nominalwert blieb; es mußte also nominell um soviel mehr aufgenommen sein.

Die *Entwicklung der Terminwerte* von Woche zu Woche ist durch die nachstehende Tabelle 10 illustriert:

Tabelle 10
Entwicklung der Terminpapiere

	31. 12. 1924	1. 4. 1925	25. 9. 1925	9. 10. 1925
6 Schiffahrts	533 1/2	843	957 3/8	1044 3/4
7 Banken	737 1/2	904	1195 1/2	1266 7/8
15 Montan	750	1281 7/8	1837 1/8	1930 7/8
3 Braunkohlen	255 5/8	357 1/2	539	551 3/4
6 Elektro	444 3/4	677 3/4	975 1/2	1025 3/4
7 Maschinen	333 7/8	574 3/4	740 7/8	775 1/8
5 Chemische	337 1/2	513 3/4	784	873 1/8
3 Kali	289 7/8	447 1/4	451	469 3/4
3 Sprit	285 5/8	399 3/4	702	720 1/2
55 Werte				
Insgesamt:	3968 1/4	5999 5/8	8182 3/8	8658 1/2

Was ist der Grund dieser Entwicklung?

1. In der Gestaltung der Aktienkurse spiegelt sich in eigenartiger Weise die Wirtschaftskrise selbst wider. Durch die Verminderung der zirkulierenden Warenmenge wurde Geld in der Zirkulation freigesetzt. Dies bewirkte ein sehr starkes Fallen des Zinssatzes für kurzfristige Gelder, daher einen Zustrom freier Gelder auf dem Wertpapiermarkt.

2. Der Ausgangspunkt, das Kursniveau bei Jahreswende, war — entsprechend dem Anfangsstadium der Krisenphase — ein sehr niedriger. 46,4% der Wertpapiere standen unter 50%, 28% der Wertpapiere standen zwischen 50 bis 75% des Nominalwertes, nur 10% standen über Parität.[25]

3. Eine große Rolle spielten bei den Kurssteigerungen *Gründungsgewinne!* Bei den zahllosen Zusammenschlüssen, Konzern- und Trustbildungen verstehen es die Großbanken, die Kurse der neuen Aktien in die Höhe zu treiben und zu diesen hohen Preisen dem „Publikum" anzuhängen. Ob eine den hohen Aktienkursen entsprechende Dividende auf die Dauer auch bezahlt werden kann, hängt von der Höhe der durch den Zusammenschluß tatsächlich realisierbaren Monopolgewinne ab. Dies aber wieder von dem ganzen zukünftigen Gang der Weltwirtschaft ...

Die große Hausse der Aktien an der Börse kann also keinesfalls als ein vollgültiger Beweis für die künftige günstige Entwicklung der deutschen Wirtschaft betrachtet werden.

25 Da die Umstellung der Bilanzen auf Goldbasis nach sehr verschiedenen Prinzipien erfolgte, haben diese Zahlen nur einen sehr bedingten Wert.

6. Die zwei Auswege: Stärkung des inneren Marktes oder erhöhter Auslandsabsatz

Das Hauptproblem des deutschen Kapitalismus bleibt nach wie vor die Absatzfrage. Vom Absatz hängt es ab, ob man die 2 bis 3 Millionen Arbeitsloser wieder in die Produktion einstellen kann. Vom Absatz hängt es ab, ob man den sachlichen Produktionsapparat voll ausnutzen kann.

Zwei entgegengesetzte Wege werden hierzu vorgeschlagen:

Erhöhung des Inlandsabsatzes durch Gewährung höherer Löhne — sagt die Sozialdemokratie.

Erhöhung des Auslandsabsatzes durch Herabsetzung der Lohnkosten — sagt die Bourgeoisie.

Der sozialdemokratische Ausweg ist für die Kapitalisten, die vorläufig die Entscheidung zu treffen haben, unannehmbar. *Einzelne* Kapitalisten, die weniger unentbehrliche Waren für die Arbeiterklasse produzieren: Kleider, Möbel, Spielzeug, Fahrräder (in Amerika Automobile), haben ein Interesse an einer allgemeinen, raschen Erhöhung des Arbeitslohnes, da dadurch ihre Waren einen erhöhten Absatz finden. Die *ganze Kapitalistenklasse* kann eine Erweiterung des inneren Marktes durch eine Erhöhung des Reallohnes niemals anstreben. Denn es würde bedeuten, einen Teil des Mehrwertes den Arbeitern in Geldform zu schenken, um ihnen dafür Waren verkaufen zu können. Obwohl die Kapitalisten keine Marxisten sind, fühlen sie doch, daß dies für sie ein schlechtes Geschäft wäre. Die Kapitalisten gewähren Lohnerhöhungen nur, wenn sie die Arbeiterschaft erkämpft, oder gegen entsprechend erhöhte Leistung. Erhöhte Leistung bedeutet aber vermehrte Warenproduktion, reproduziert also nur den Widerspruch zwischen Produktions- und Verwertungsverhältnissen auf erhöhter Stufenleiter.

Die Kapitalisten machen jetzt tatsächlich das Gegenteil. Sie rationalisieren, d. h. sie setzen die Lohnkosten herab und vermindern damit die Kaufkraft der Arbeiterschaft. Gleichzeitig schließen sie sich in monopolistischen Organisationen zusammen, um die Preise — trotz Herabsetzung der Produktionskosten — hoch zu halten. Das heißt, sie versuchen die durch die Herabsetzung der Produktionskosten erzielte Ersparnis einfach als Mehrprofit zu behalten. Um die ausländische Konkurrenz fernzuhalten, haben sie hohe Schutzzölle eingeführt. Hierfür brauchten sie die Unterstützung der Agrarier, mußten also auch hohe Lebensmittelzölle mit in Kauf nehmen. Die Schere ist verschwunden; die Preise der Agrarerzeugnisse stehen heute höher als der Gesamtindex mit 1913 verglichen. Hierdurch erhöht sich zwar die Kaufkraft der landwirtschaftlich besitzenden Klasse, aber um ebensoviel wird die Kaufkraft der Arbeiterschaft, gleiche Geldlöhne vorausgesetzt, vermindert.[26]

Der Gedankengang der Kapitalisten ist, durch billige Produktion den Auslandsmarkt zu erobern, dadurch die ganze deutsche Volkswirtschaft emporzuheben und die durch die Rationalisierung freigesetzte Arbeiterschaft dann wieder in die Produktion einzubeziehen. Sie gehen von dem Dogma aus: „*Für eine billige Ware von guter Qualität finden sich immer Käufer.*"

26 Der Reallohn der deutschen Arbeiterschaft ist im Laufe des Jahres 1926 gefallen. Der Geldlohn blieb nach den amtlichen Angaben vollkommen unverändert; tatsächlich wurden die Akkordsätze, also der tatsächliche Verdienst, weitgehend gedrückt. Der Index der amtlichen Lebenshaltungskosten ist aber um 2 bis 3% gestiegen, so daß ein Fallen des Reallohnes um 5% angenommen werden kann!

Bei den Kapitalisten selbst bestehen starke Zweifel über den Erfolg dieses Weges. Der Rationalisierungsrausch ist verschwunden. So sagte z. B. der Präsident des Reichsverbandes der Deutschen Industrie auf der Dresdener Tagung Anfang September:

„Der für die deutsche Volkswirtschaft so wichtige Maschinenbau, der von allen deutschen Industriezweigen den größten Ausfuhrüberschuß zu verzeichnen hatte ... arbeitet mit nur *wenig über 50-prozentiger* Normalbeschäftigung. Wie bekannt, ist im Lokomotiv- und Eisenbahnwagenbau bei weniger als 25-prozentiger Ausnutzung der Anlagen der Zustand der Dinge geradezu trostlos. ... Wenig erfreulich sind die Verhältnisse auf dem Gebiet der Papier- und Textilindustrie, die einen großen Teil der deutschen Arbeiterschaft umfaßt. ... Trotz Belebungserscheinungen ... *ist eine entscheidende Wendung zum Besseren leider noch nicht festzustellen.*“[27]

Direktor Hans Kraemer, Präsidialmitglied des Reichsverbandes der Deutschen Industrie, erklärte auf der Textilschau in Frankfurt am 22. September[28]:

„... Der nicht geringste Teil der Schwierigkeiten rührt daher — um es offen auszusprechen — daß die deutschen Waren im Ausland um 30 bis 50% zu hoch im Preise seien und keineswegs immer Friedensqualität aufweisen. Das Schlagwort auf diese Feststellungen heißt: *Rationalisierung*, als ob damit das alleinseligmachende Rezept gefunden sei. Direktor Kraemer wies in energischer Form nach, daß dieses Schlagwort teilweise sehr fragwürdigen Charakter habe und geeignet sei, Tatsachen zu verdecken, für die wir uns die Augen offen halten müssen. Im Gegensatz zu Amerika haben wir weder Mittel zur ausreichenden Modernisierung noch den Absatz, und, was diese Bedenken noch überrage, nicht entfernt eine Organisation eines Absatzes, wie sie die amerikanische Industrie allein aufweise.“

Auf der Düsseldorfer Tagung der rheinisch-westfälischen Großindustriellen erklärte der Generaldirektor der Guten-Hoffnungs-Hütte Reusch[29]:

„Die in der letzten Zeit hervorgetretene Meinung, schon jetzt an eine Überwindung der Wirtschaftskrise zu glauben, eilt den Tatsachen jedenfalls voraus. Die wahre Lage der deutschen Wirtschaft wird stark verschleiert durch die Einwirkungen des seit Monaten andauernden englischen Bergarbeiterstreiks sowie durch die der deutschen Wirtschaft zugeflossenen ausländischen Darlehen. Wir dürfen die Augen nicht davor verschließen, daß der Anteil unserer Ausfuhr an der Gesamtbedarfsdeckung der Welt stark abgenommen hat. Es wird einer langen, zähen Arbeit bedürfen, um die Stellung, die wir in der Vorkriegszeit auf dem Weltmarkt einnahmen, wieder zu erobern.“

Auf dem Parteitag der Deutschen Volkspartei in Düsseldorf stellte der Generaldirektor Vögler, der Präsident des Stahlwerkverbandes, fest[30]: „daß es der Wirtschaft gelungen sei, die Voraussetzungen zu schaffen, von denen aus man zu einer besseren wirtschaftlichen Arbeit zu gelangen hoffe. Mehr als die Grundlage sei aber noch nicht da. Von einer Blüte der Wirtschaft, die man etwa aus den Börsenkursen erkennen könnte, könne keine Rede sein. Wenn auf gewissen großen Gebieten zurzeit eine starke Belebung eingetreten sei, so seien das in erster und letzter Linie die Auswirkungen des gewaltigen Streiks in England.“

27 *Zitiert nach dem Originaltext:* Ausgabe des Reichsverbandes der Deutschen Industrie. — Korrespondenz Reichsindustrie vom 2. September.

28 Deutsche Allgemeine Zeitung. DAZ Frankfurter Korrespondenz vom 22. September.

29 Bergwerkszeitung vom 2. Oktober.

30 Kölnische Zeitung vom 5. Oktober.

Wir wollen im folgenden noch drei Fragen untersuchen:

1. Wie hat sich der deutsche Außenhandel in den letzten Jahren entwickelt?
2. Wie groß ist die Aufnahmefähigkeit des Weltmarktes in Fertigwaren?
3. Wie haben sich die Konkurrenzverhältnisse auf dem Weltmarkt in den letzten Jahren entwickelt?

7. Die Gestaltung des deutschen Außenhandels

Der Außenhandel Deutschlands gestaltete sich im Vergleich mit der Vorkriegszeit wie folgt (ohne Gold und Silber) (vgl. Tabelle 11):

Tabelle 11

Spezialhandel (in Mio Mark auf Grund der Einheitswerte von 1913)

			Überschuß	
	Einfuhr	Ausfuhr	Einfuhr	Ausfuhr
1913 altes Gebiet	10770	10097	673	—
1913 neues Gebiet*	9693	9087	606	—
1922 neues Gebiet*	6290	6187	103	—
1923 neues Gebiet*	7212	8007	—	795
1924 neues Gebiet	6769	5134	1635	—
1925 neues Gebiet	9000	6596	2404	—
1926 Jan. bis Aug. = $^2/_3$ Jahr	4800	4850	—	50

* Vorausgesetzt, daß der Außenhandel im Verhältnis der Verminderung der Volkszahl zurückgegangen wäre.
** Zu den ausgewiesenen Zahlen Mai bis Dezember die Hälfte hinzugeschlagen.

Es muß bemerkt werden, daß die Ausfuhr des Jahres 1913 besonders hoch war, und der normale Einfuhrüberschuß vor dem Kriege 1500 Mio Mark jährlich betrug. Die Zahlen zeigen daher, daß der Außenhandel sich zwar dem Vorkriegsniveau nähert, dasselbe aber noch nicht erreicht hat. Insbesondere ist der zur Deckung der Reparationszahlungen nötige Ausfuhrüberschuß nirgends sichtbar.

In *Gegenwartswerten* gestaltete sich der Außenhandel (Spezialhandel ohne Gold und Silber) (vgl. Tabelle 12):

Tabelle 12

Spezialhandel (in Mio Mark in Gegenwartswerten)

			Überschuß	
	Einfuhr	Ausfuhr	Einfuhr	Ausfuhr
1923	6150	6102	48	—
1924	9083	6552	2531	—
1925	12428	8798	3630	—
1926 Jan. bis Aug. = $^2/_3$ Jahr	6077	6423	—	346

Die Aktivität der ersten Monate 1926 ist vor allem der starken Verminderung der Rohstoffeinfuhr zuzuschreiben: die Ausfuhr ist zwar auch wesentlich gestiegen, zum Teil als Folge des englischen Kohlenstreiks. Im August 1925 reine Steinkohlenausfuhr rund 22 Mio Mark; August 1926: 85 Mio; Steigerung 63 Mio.

Für Deutschland, das außer Kohle und Kali keine Rohstoffe in großen Mengen ausführen kann, *ist die Entwicklung der Ausfuhr von Fertigwaren entscheidend.* Diese ist zwar in stetigem Steigen begriffen, bleibt aber noch ganz beträchtlich um rund 30% hinter der Vorkriegszeit zurück (vgl. Tabelle 13):

Tabelle 13
Deutschlands Ausfuhr an Fertigwaren* (in Mio Reichsmark auf Grundlage der Vorkriegswerte)

1913 ganzes Jahr	6993	
1924 I. Halbjahr	1830	3980
1924 II. Halbjahr	2150	
1925 I. Halbjahr	2249	4733
1925 II. Halbjahr	2484	
1926 I. Halbjahr	2523	

* Die Ausfuhr an halbfertigen Waren belief sich 1924 auf ca. 10% der Fertigwarenausfuhr.

Quelle
Wirtschaft und Statistik, verschiedene Nummern.

Die Aufnahmefähigkeit des Weltmarktes für Fertigfabrikate

Um die Zahlungsbilanz zu aktivisieren, d. h. um aus dem Erlös der exportierten Fertigfabrikate die Reparationen und die Zinsen der ausländischen Anleihen decken zu können, da der Kapitalimport natürlich nicht endlos weiter gehen kann, müßte die Ausfuhr Deutschlands in Fertigfabrikaten, ganz grob gerechnet, um folgende Summen steigen:

	Mio Mark
Reparationszahlungen	1500—2500
Zinsen des in Deutschland angelegten Auslandskapitals	500— 600
Vermehrter Rohstoffimport, der zur Erweiterung des Fertigwarenimports nötig ist	1000—1200
Zusammen:	3000—4300

Die Summe, mit der sich die Fertigwarenausfuhr Deutschlands heben müßte, um ohne ausländische Anleihen eine aktive Zahlungsbilanz zu schaffen, beträgt einige Milliarden. Sollte das deutsche Volk im allgemeinen dieselbe Lebenshaltung erreichen wie vor dem Kriege, so wäre eine weitere Erhöhung der Einfuhr von rund $1^1/_2$ Mrd. Vorkriegsmark nötig, da damals um soviel mehr für den Import von Lebensmitteln und Textilrohstoffen ausgegeben wurde. Im heutigen Wert also 2 Mrd. Mark. Nach sehr grober Berechnung müßte Deutschland, um seine Wirtschaft auf die Vorkriegshöhe zu bringen, die Reparationen zu bezahlen und das deutsche Volk ebenso wie vor dem Kriege zu ernähren und zu kleiden, einen Mehrexport von Fertigwaren im Werte von mindestens rund 6 Mrd. Mark erreichen.

Um einen Begriff von der Möglichkeit einer solchen Ausfuhrsteigerung zu gewinnen, haben wir in der folgenden Tabelle 14 die Ausfuhr an Fertigfabrikaten der wichtigsten kapitalistischen Länder für das Jahr 1925 zusammengestellt. Es fehlt von den wichtigsten Industrieexportländern nur Italien, dessen Außenhandelsstatistik die Trennung von Rohstoffen, Fertigwaren nicht kennt.

Tabelle 14
Welthandel in Fertigfabrikaten 1925

	Einfuhr	Ausfuhr	Ausfuhr
	in Mio Währungseinheiten		in Mio Dollar
England (£)	320	616	2957
Vereinigte Staaten ($)	796	1842	1842
Deutschland (RM)	2005	6626	1578
Frankreich (Fr.)	5402	26976	1295
Belgien (Fr.)	3910	8081	387
Tschechoslowakei (Kr.)	4055	11635	349
Japan (Yen)	243	556	228
Holland (Gulden)	5053	626	250
			8886
Einfuhr Deutschlands:			500
			8386

Quelle
Accounts relating to the Trade and Commerce — Her Majesty's Statistic Office.

Anmerkung
Umrechnung auf Grund der Angaben des Survey of Current Business.

Die Tabelle zeigt, daß die Gesamtaufnahmefähigkeit des Weltmarktes an industriellen Fertigwaren der aufgezählten Länder ungefähr 34 Mrd. Mark ausmacht. Die Fertigwarenausfuhr der nicht aufgezählten Länder, wie Italien, Polen und einiger kleinerer Länder, dürfte bei der höchsten Schätzung nicht mehr als 6 Mrd. Mark ausmachen, zusammen also rund 40 Mrd. Mark. Die Aufnahmefähigkeit des Weltmarktes müßte sich also um volle 15% vermehren, oder die deutsche Industrie müßte bis zu einem Sechstel des gesamten Umsatzes ihre Konkurrenten vom Weltmarkte verdrängen, um für die Mehrausfuhr deutscher Industriewaren im Betrage von 6 Mrd. Mark auf dem Weltmarkt Platz zu schaffen. Diese Aufgabe scheint uns unlösbar zu sein, insbesondere wenn man die Unfähigkeit Deutschlands zu einem großzügigen Kapitalexport und die hohen Schutzzölle, die sich dem deutschen Export in den Weg stellen, in Betracht zieht.

Die Konkurrenzverhältnisse auf dem Weltmarkt haben sich gegenüber der Vorkriegszeit stark zuungunsten Deutschlands verschoben und verschieben sich nach dem Kriege nur sehr langsam wieder zugunsten Deutschlands. Nach der amtlichen amerikanischen Statistik

(Commerce Report) betrug der Anteil Deutschlands und seiner wichtigsten Konkurrenten an der Gesamtausfuhr der Welt (vgl. Tabelle 15):

Tabelle 15
Wert der Ausfuhr in Prozenten der Gesamtausfuhr der Welt

	1913	1924	1925
Großbritannien und Irland	16,7	17,5	16,7
Deutschland	13	6,2	7,4
Frankreich	7,2	8,9	7,7
Vereinigte Staaten	13,5	18,3	17,4

Quelle
Commerce Report, zitiert nach: Wirtschaftsdienst, H. 37 vom 17. Oktober 1926.

Wir sehen, Deutschland als Ausfuhrland ist noch weit, sehr weit davon entfernt, auch nur seine Vorkriegsposition in der Ausfuhr der Welt wiederzugewinnen.

Wir wollen noch ganz kurz an einigen Industriezweigen, die als die zukunftsreichsten für den deutschen Kapitalismus gelten und in welchen Deutschland als führend auf dem Weltmarkt gilt — Chemische Industrie, Elektrische Industrie und Maschinenbau — die Entwicklung aufzeigen:

Chemische Industrie (vgl. Tabelle 16)

Tabelle 16
Außenhandel (in Mio Mark)*

	1913	1924	1925
Ausfuhr	895	350,7	859,7
Einfuhr	215	93,7	143,1
Ausfuhrüberschuß	680	247,0	756,6

* Wir fassen in dieser Tabelle auf Grund des Statistischen Jahrbuches folgende Posten der Außenhandelsstatistik zusammen: Schwefelsaures Ammoniak; sonstige chemische Rohstoffe und Halbzeuge; Steinkohlenteer, -öle und -derivate; Zelluloid usw.; Filme; Farben, Firnisse, Lacke; Schwefelsaures Kali, Chlorkalium; sonstige chemische und pharmazeutische Erzeugnisse. Es fehlt Kunstseide, da dieselbe mit der natürlichen Seide gemeinsam aufgeführt wird.

Wir sehen einen gewaltigen Ruck vorwärts in der Ausfuhr 1925, aber die Vorkriegsausfuhr ist noch nicht erreicht und der Anteil Deutschlands an der Versorgung der Welt mit Chemikalien, in Anbetracht der seither vor sich gegangenen Ausdehnung des Verbrauchs, sicher erheblich zurückgegangen.

Elektrische Industrie

Die Ausfuhr der fünf wichtigsten Länder gestaltete sich prozentuell wie folgt (vgl. Tabelle 17):

Tabelle 17
Ausfuhr von elektrischen Maschinen und Apparaten

	1913	1923	1924	1925
Großbritannien	23,4	28,9	28,9	30,2
Deutschland	48,5	28,7	25,7	27,7
Vereinigte Staaten	17,7	31,3	33,4	31,3
Frankreich	6,7	7,2	8,2	6,6
Schweiz	3,7	3,9	3,8	4,2

Quelle
The Electrical Industry in Germany, S. 11.

Wir sehen, Deutschland ist vom ersten auf den dritten Platz zurückgedrängt: In absoluten Zahlen hat es seinen Vorkriegsexport eben erreicht, während die Vereinigten Staaten den ihren verdoppelt haben.

Maschinenindustrie

Der Export und Import von Maschinen jeder Art, auch Apparaten und Maschinenteilen — ohne elektrische — betrug[31] (in Mio Mark):

	1913	1924	1925
Ausfuhr	936	621	855
Einfuhr	125	80	172
	813	541	683

Auch hier eine starke Steigerung im Jahre 1925, aber die Vorkriegsausfuhr ist, trotz der starken Steigerung der Preise, nicht erreicht. Auch hier ist Deutschland von der Konkurrenz der anderen Länder zurückgedrängt.

Die Verteilung des *Maschinenexports nach Gewicht* in Prozenten[32]:

	1913	1923	1924	1925
Großbritannien	40	33	35	30
Deutschland	41	28	27	27
Frankreich	16	35	34	40
Schweiz	3	4	4	3

Von der ersten Stelle ist Deutschland auf die dritte Stelle verdrängt.

31 The Electrical Industry in Germany, S. 105.
32 Ebenda, Seite 106.

Die Daten der ersten acht Monate des laufenden Jahres zeigen eine weitere Besserung; die Ausfuhr von Fertigwaren ist um 400 Millionen = 10% gegenüber 1925 gestiegen; die Einfuhr von Fertigwaren ist stark gefallen. Aber es müßte diese Entwicklung noch einige Jahre ungestört vor sich gehen, bevor Deutschland auch nur sein Vorkriegsniveau wiedererobert hat.

Warenexport und Kapitalexport

In der Eroberung des Weltmarktes ist es eines der größten Hindernisse für den deutschen Kapitalismus, daß er vorläufig außerstande ist, den Warenexport als Kapitalexport zu betreiben, wie es seine Konkurrenten in größtem Maßstabe tun. Zwar gibt es wieder eine Spartätigkeit; die Spareinlagen wachsen monatlich um rund 80 Mio Mark. Zwar wird für den Export von Waren bereits ein mehrere Monate, eventuell ein — wie im Falle der russischen Kreditaktion bis zu vier Jahren währender — Kredit gegeben, aber einen *eigentlichen Kapitalexport*, das heißt Anlage deutschen Kapitals als industrielles Kapital im Ausland unmittelbar oder in Form von Aktienkäufen, gibt es erst in verschwindendem Maße, wie Tabelle 18 zeigt:

Tabelle 18
Ausgabe von Wertpapieren im Deutschen Reich

Zeitraum	Inländische Werte*						
	Anleihen öffentlicher Körperschaften	Schuldverschreibungen der Grund-Kreditanstalten	Sonstige Schuldverschreibungen	Aktien	Zusammen	Ausländische Werte**	Gesamtzahl
Jahresdurchschnitt 1907 bis 1913	1171	911	398	739	3219	473	3698
April bis Dezember 1924	27	375	50	150	602	1	603
1. Halbjahr 1925	16	605	63	361	1045	5	1050
2. Halbjahr 1925	23	261	50	346	685	5	685
Jahr 1925	39	866	113	707	1725	10	1735
1. Halbjahr 1926	566	657	51	299	1573	15	1588

* Bei der Beurteilung dieser Summe muß daran erinnert werden, daß die Konzernbildung sehr häufig die *Form* von Neuemission annimmt, was natürlich nicht mit neuer Kapitalanlage gleichzusetzen ist. Bei der Gründung der Vereinigten Stahlwerke zum Beispiel wurden mehrere hundert Millionen neues Kapital geschaffen durch Erwerbung des vorhandenen Kapitals der teilnehmenden Werke.

** Auslandswerte, die das erstemal in Deutschland gehandelt werden und daher stempelsteuerpflichtig sind.

Quelle
Wirtschaft und Statistik, Nr. 15, vom 1. August 1926.

Gegenüber einer Summe von 473 Mio 1913 steht jetzt die Summe von 15 Mio. Solange Deutschland ein Kapitalimportland ist, kann es keinen echten Kapitalexport treiben, höchstens Vermittler sein. Es ist möglich, daß deutsche Kapitalisten in den bereits zu Rentenkapitalismus neigenden Ländern Leihkapital aufnehmen und es als industrielles

Kapital anderswo anlegen. Dies würde ein Kapitalexport von neuem Typus sein. Ansätze zu einer solchen Entwicklung sind vorhanden, aber noch sehr wenig ausgebildet.

Damit kommen wir auch zur Frage des *deutschen Imperialismus*. Der heutige Entwicklungsgrad des deutschen Kapitalismus drängt gebieterisch zum Imperialismus. Alle Vorbedingungen, die Lenin aufstellt, sind, *bis auf die Möglichkeit des Kapitalexports*, vorhanden. Es fehlt aber die militärische Macht zur Verwirklichung des imperialistischen Ausdehnungsdranges. Deutschland ist nicht nur entwaffnet, es ist in gewissem Sinne zu einer *Kolonie* gemacht. Dies darf man über den vielen Kolonialtagungen und der imperialistischen Ideologie nicht vergessen! Deutschland hat eine Reihe kolonialer Merkmale:

1. Es ist ein Kapitalimportland;
2. es ist entwaffnet;
3. es muß einen jährlichen Tribut zahlen;
4. seine Staatseinnahmen sind beschlagnahmt, die Rentenbank und die Reichsbahnen stehen unter fremder Kontrolle.

Die Niedergangsperiode des Kapitalismus hat einen neuen Staatstypus geschaffen, der die größten Widersprüche vereinigt: ein hochkapitalistisches Industrieland, das auf eine imperialistische Ausdehnung absolut angewiesen ist, ist politisch in eine koloniale Abhängigkeit von seinen Konkurrenten gebracht.

8. Zusammenfassung

Wir wollen das Ergebnis unserer Untersuchung kurz zusammenfassen:

1. Der deutsche Kapitalismus hat seit der Stabilisierung große Fortschritte gemacht, ohne aber das Vorkriegsniveau bisher in der Produktion, Konsumtion und Akkumulation erreicht zu haben.

2. Der Wiederaufbau geschah nicht ganz aus eigenen Kräften; er wurde durch den Kapitalimport stark gefördert.

3. Das Problem des deutschen Kapitalismus ist nicht gelöst. Der Widerspruch zwischen Produktions- und Verwertungsverhältnissen ist äußerst scharf. Um das Millionenheer von Arbeitslosen wieder im Produktionsprozeß unterbringen zu können und die Reparationslasten zu zahlen, müßte die deutsche Fertigwarenausfuhr um ein Sechstel des ganzen Weltbedarfs gesteigert werden.

4. Der Widerspruch zwischen der zu imperialistischen Ausdehnungsbestrebungen zwingenden inneren Entwicklung der deutschen Wirtschaft und dem Mangel an machtpolitischen Mitteln zur Verwirklichung dieser Bestrebungen wird immer schärfer. Es mangelt dem deutschen Kapitalismus an Kapital zum Kapitalexport. Das Land ist zu Reparationszahlungen verpflichtet, die Staatseinnahmen sind beschlagnahmt, Reichsbahn und Reichsbank stehen unter Kontrolle der imperialistischen Konkurrenten.

5. Den Widerspruch zwischen Produktions- und Verwertungsmöglichkeiten sucht die deutsche Bourgeoisie durch Rationalisierung, durch stärkere Ausbeutung des Proletariats, im Wege einer Ausdehnung des Exports auf dem Weltmarkt zu überwinden. Hierdurch wird der innere Markt weiter eingeengt. Der Kampf zwischen Proletariat und Bourgeoisie muß sich verschärfen.

6. Die Ausdehnung des Warenexports stößt auf den Widerstand der konkurrierenden imperialistischen Staaten und auf die Grenzen der Aufnahmefähigkeit des Weltmarktes

für Fertigwaren. Die deutsche Bourgeoisie versucht, die Konkurrenz durch internationale Kartellbildungen zu mildern, in der Hoffnung, sich infolge der niedrigen Lohnkosten einen hohen Profit bei geringerer Produktion zu sichern. Die Tendenz der Ausweitung des Auslandsabsatzes kreuzt sich mit der Tendenz zur Bildung internationaler Monopolorganisationen.

7. Das Problem der Weiterentwicklung des deutschen Kapitalismus bis zur Vorkriegshöhe und darüber hinaus ist bisher nicht gelöst. Alle Lösungsversuche laufen auf eine stärkere Ausbeutung des Proletariats hinaus. Ob die kapitalistische Lösung gelingen wird, hängt einerseits von der Entwicklung des Weltkapitalismus, anderseits von dem Grade und der Nachhaltigkeit des Widerstandes der deutschen Arbeiterschaft gegen die stärkere Ausbeutung ab.

III. Der Weg des französischen Kapitalismus*

** Wir wollen im folgenden versuchen, die Wirtschaftslage Frankreichs eingehender zu untersuchen, unter der Voraussetzung, daß die Inflationsperiode beendet sei. Es ist zwar die Möglichkeit nicht ausgeschlossen, daß der Kurs des französischen Franken eine Zeitlang noch Schwankungen unterliegen wird; auch ein neuer Kurssturz ist nicht vollkommen ausgeschlossen. Das Wahrscheinlichste ist aber, daß die Periode der Inflation tatsächlich abgeschlossen ist. Sowohl die Gestaltung der inneren und äußeren Kaufkraft des Franken, als auch der Druck des anglo-amerikanischen Kapitals drängt in diese Richtung. Wir wollen daher versuchen, die Ergebnisse der Wirtschaftsentwicklung Frankreichs in der Nachkriegsperiode zusammenzufassen und für die künftige Entwicklung eine Perspektive zu zeichnen.

Wir wollen gleich betonen, daß es unrichtig wäre, die Entwicklung der französischen Wirtschaft in der nächsten Zeit sich einfach nach der Analogie der deutschen Stabilisierungskrise vorzustellen. Eine Reihe von Momenten, die wir später näher ausführen werden, spricht dafür, daß der Übergang von der Inflation zu der Stabilisierung sich in Frankreich in vielen Beziehungen anders auswirken wird, als er sich in Deutschland ausgewirkt hat.

Im folgenden soll vor allem die Entwicklung der einzelnen Produktionsfaktoren in der Nachkriegszeit untersucht und ein Vergleich mit der Vorkriegszeit angestellt werden. Wir stoßen hierbei auf ähnliche Schwierigkeiten wie in Deutschland: Die letzten Betriebs- und Berufsstatistiken stammen aus dem Jahre 1907; die letzte Agrarstatistik aus dem Jahre 1895, so daß eine wirklich gründliche Feststellung der Entwicklung der Produktionskräfte fast unmöglich ist. Wir müssen uns auf äußere Anzeichen und zum Teil auf zufälliges Material beschränken. Hierzu kommen die Schwierigkeiten, die daraus entspringen, daß durch die Angliederung von Elsaß-Lothringen an Frankreich die Produktionskapazität einzelner Industrien: Eisen und Stahl, Textil, Kali, sprunghaft erhöht wurde. Daher muß bei der Beurteilung der industriellen Entwicklung Frankreichs Elsaß-Lothringen besonders behandelt werden, wohingegen in bezug auf Landwirtschaft, Valuta usw. die Angliederung von geringerer Bedeutung ist und manchmal ganz außer Betracht bleiben kann.

Die Entwicklung der Bevölkerung

Der französische Kapitalismus zeichnet sich seit fast einem Jahrhundert durch seine stagnierende Bevölkerung aus. In dieser Beziehung hat das letzte Jahrzehnt keine Änderung gebracht. Die Verluste an erwachsener männlicher Bevölkerung im arbeitsfähigen Alter durch den Krieg wurden durch den Anschluß Elsaß-Lothringens und durch eine vermehrte Hinzuziehung ausländischer Arbeiter knapp aufgewogen. Während unmittelbar vor dem Kriege die Zahl der Ausländer rund $1^1/_2$ Millionen betrug, wurden bei der letzten Volkszählung 1926 $2^1/_2$ Millionen Ausländer festgestellt. Es ist wahrscheinlich, daß die Zahl der Ausländer eine größere ist. Die in Frankreich geborenen Kinder von Ausländern werden — so glauben wir wenigstens — ähnlich wie in England als französische Staats-

* Aus: Wirtschaft und Wirtschaftspolitik im III. Vierteljahr 1926, in: Internationale Pressekorrespondenz, Nr. 14, vom 4. Februar 1927, S. 257—265.

bürger gezählt, ebenso die aus den Kolonien eingewanderte Arbeiterbevölkerung. Jedenfalls steht fest, daß es dem französischen Kapitalismus gelungen ist, die fehlenden Arbeitskräfte aus fremden Ländern zu ersetzen. Damit hat sich zugleich die offenbar unrichtige Theorie von Otto Bauer, die er seinerzeit im „Kampf" entwickelt hatte — und der ich schon damals entgegentrat —, als ob die Rückständigkeit des französischen Kapitalismus vor dem Kriege eine Folge der geringen Bevölkerungsvermehrung wäre, auch praktisch als unrichtig erwiesen.

Wieviel Lohnarbeiter es unter den $2^1/_2$ Millionen Ausländern gibt, geht aus den bisherigen Veröffentlichungen nicht hervor. Es dürfte aber der weitaus überwiegende Teil sein. Dies bedeutet, daß für den französischen Kapitalismus die Möglichkeit besteht, die während der Stabilisierungskrise einsetzende Arbeitslosigkeit durch Abstoßung der ausländischen Arbeitskräfte zu überwinden bzw. zu mildern. Damit ist aber nicht gesagt, daß dies tatsächlich geschehen wird, denn die ausländischen Arbeitskräfte sind billiger als die französischen und außerdem viel „disziplinierter", da sie unter besonderen Kollektivverträgen arbeiten und die Gefügigkeit gegenüber den Forderungen der Kapitalisten die Grundlage ihrer Aufenthaltserlaubnis in Frankreich bildet. Es ist daher vorauszusehen, daß die französischen Kapitalisten sich nicht beeilen werden, die ausländischen Arbeiter abzustoßen, sondern diese solange im Lande behalten werden, bis es ihnen gelingt, Löhne und Arbeitsbedingungen der französischen Arbeiterschaft auf ein den neuen Verwertungsbedingungen des französischen Kapitals angepaßtes Niveau herabzudrücken.

Die Entwicklung der französischen Landwirtschaft

Die Entwicklung der französischen Landwirtschaft wird gegenüber der Vorkriegszeit durch zwei Momente charakterisiert:

1. eine Verringerung der bebauten Fläche;
2. eine Erhöhung des Ertrages pro Hektar.

Tabelle 1
Bebaute Fläche (in 100 ha)

	Jahresdurchschnitt							
	1909/1913	1920	1921	1922	1923	1924	1925	1926
Weizen	6787*	5094	5330	5290	5533	5512	5613	5463
Roggen	1253*	869	874	888	897	889	869	859
Gerste	804*	664	669	693	681	714	699	736
Hafer	3978*	3350	3358	3436	3423	3495	3480	3529
Zusammen	12822							10587
Mais	467**	336	328	320	342	342	346	—
Kartoffeln	1646*	1440	1453	1464	1451	1463	1465	1446
Zuckerrüben	246	105	102	131	165	203	195	208
Weinberge	1626	1585	1591	1527	1537	1550	1594	1614

* Auf das neue Territorium umgerechnet.
** Altes Gebiet.

Beide Momente scheinen vor allem mit dem Mangel an Arbeitskräften zusammenzuhängen. In gewissen Gegenden Frankreichs, im Südosten vor allem, entvölkert sich das Land ziemlich rasch. In 30 Departements war die Bevölkerung im Jahre 1925 geringer als vor dem Kriege, obwohl ein Teil des Mangels durch die Ansiedlung italienischer Landarbeiter und Kleinbauern ersetzt wurde. Die Erhöhung des Ertrages ist zum Teil die Folge der Verminderung der bebauten Fläche, indem selbstverständlich die am wenigsten ertragfähigen Bodenstücke unbebaut blieben bzw. in Wiesen und Weiden verwandelt wurden, zum Teil aber auch eine Folge der intensiveren Bodenbewirtschaftung; dafür spricht die Zunahme des Verbrauchs an Kunstdünger (vgl. Tabelle 1).

Die Tabelle 1 zeigt einen knapp 20prozentigen Rückgang der mit Getreide bebauten Fläche gegenüber dem Jahrfünft vor dem Kriege. Der Rückgang ist nicht die Folge der Kriegsverwüstungen, da in den letzten sieben Jahren, von 1920 an gerechnet, trotz des Wiederaufbaus der verwüsteten Gebiete keine nennenswerte Zunahme der bebauten Fläche zu konstatieren ist. Den Fortschritt im Ertrag pro Hektar in den letzten 5 Jahren gegenüber dem Jahrfünft vor dem Kriege zeigt Tabelle 2:

Tabelle 2
Hektarertrag (in dz)

	1909/1913 (Jahresdurchschnitt)	1921/1925	1925	1926
Weizen	13,1	14,5	16,0	12,3
Roggen	10,6	11,7	12,8	10,6
Gerste	14,3	13,8	14,7	15,9
Hafer	13,4	12,7	13,6	16,5
Mais	12,1	11,4	14,7	—
Kartoffeln	87,1	84,0	103,8	—
Zuckerrüben	239,1	234,7	245,7	—
Wein (in Hektolitern)	30,9	41,2	39,4	—

Als das gesamte Ergebnis dieser entgegengesetzten Entwicklungsfaktoren: Verminderung der bebauten Fläche und Erhöhung des Ertrages pro Hektar, zeigt sich ein ziemlich erhebliches Zurückbleiben des Gesamtertrages der Landwirtschaft gegenüber der Zeit vor dem Kriege, wie aus Tabelle 3 ersichtlich ist.

Tabelle 3
Ernteerträgnisse (in Mio dz)

	Durchschn. 1909/1913	1922	1923	1924	1925	1926	Durchschn. 1922/1926
Weizen	88,6*	66,2	75,0	76,5	90,0	67,7	75,0
Roggen	13,3*	9,8	9,3	10,2	11,1	8,5	9,8
Gerste	11,1*	8,9	9,8	10,5	10,3	11,8	10,5
Hafer	53,5*	41,8	48,9	44,3	47,5	57,8	48,0
Mais	5,7*	3,2	3,2	4,6	5,1	—	4,0

* Auf das neue Territorium umgerechnet.

Auch der Viehbestand bleibt noch immer ziemlich stark hinter dem der Vorkriegszeit zurück, wie die folgende Tabelle zeigt:

Tabelle 4
Viehbestand (in Tsd.)

	1913	1925
Pferde	3291	2880
Rinder	14807	14572
Schafe	16213	10537
Schweine	7048	5793
Ziegen	1453	1378

Daß trotz der Verminderung der Viehzahl eine Erhöhung des Hektarertrages eingetreten ist, kann der erhöhten Anwendung von Kunstdünger zugeschrieben werden.[1]

Zusammenfassend kann festgestellt werden, daß die französische Landwirtschaft sich heute auf einem entschieden niedrigeren Niveau befindet als im Jahrfünft vor dem Kriege, ohne daß sich eine Tendenz zur Erhöhung der Produktion in den letzten sieben Jahren feststellen ließe (vgl. Tabelle 5). Wir möchten noch bemerken, daß in Frankreich in den letzten drei bis vier Jahren eine ziemlich große „Schere" zuungunsten der Landwirtschaft besteht, was selbstverständlich auf die Entwicklung derselben hindernd einwirkte.

Tabelle 5
Großhandelsindex

	Lebensmittel	Industriestoffe
1919	389	430
1920	532	635
1921	411	389
1922	376	379
1923	458	506
1924	523	598
1925	566	691
1926 (Dezember)	597	679

Bergbau und Industrie

Im Gegensatz zu der Landwirtschaft zeigt die Entwicklung des Bergbaus und der Industrie Frankreichs seit dem Kriege einen sehr starken Aufschwung. Frankreich ist aus einem Lande mit überwiegender Klein- und Mittelindustrie zu einem Lande moderner Großindustrie geworden. Statistische Daten, die die Gesamtheit dieser Entwicklung umfassen,

1 Sämtliche Daten, soweit nichts anderes bemerkt, sind den verschiedenen Jahrgängen des „Annuaire Statistique de la France" entnommen. Im allgemeinen muß aber bemerkt werden, daß die französische Statistik nicht sehr verläßlich ist und die Angaben verschiedener Quellen über denselben Gegenstand weitgehend voneinander abweichen.

liegen noch nicht vor. Aber Einzelbeschreibungen[2] lassen keinen Zweifel über das Bestehen dieser Tatsache aufkommen.

Die sprunghafte Entwicklung vor allem der französischen Schwerindustrie und Metallindustrie ist am engsten mit dem Kriege und dem Wiederaufbau verbunden. Sie vollzog sich in drei sich ziemlich klar abgrenzenden Etappen:

1. Als Ersatz für die Industrie der Nordostgebiete, die am Anfang des Krieges von den Deutschen besetzt wurden, wurde im Innern Frankreichs eine neue metallverarbeitende Großindustrie zum Zwecke der Versorgung des Heeres mit Kriegsmaterial geschaffen;
2. Durch den Versailler Friedensvertrag wurde Frankreich das hoch industrialisierte Lothringen angeschlossen;
3. Aus den Staatsentschädigungen wurden die Industrieunternehmungen des verwüsteten Gebiets auf das allermodernste neu aufgebaut und ausgerüstet.

Die auf dem alten französischen Gebiet neu geschaffene Industrie bedeutet einen inneren Zuwachs an Produktionskräften. Dies besagt aber nicht, daß diese Neuschaffung von Produktionskräften eine gleichwertige innere Akkumulation bedeutet. Der Wiederaufbau der verwüsteten Gebiete geschah zum großen Teil auf Kosten der französischen Bauern und Kleinbürger, deren Vermögen im Wege der Inflation expropriiert und dem Großkapital zugeführt wurde. Die Erhöhung der Produktionskräfte Frankreichs durch den Anschluß Elsaß-Lothringens bedeutet natürlich nur einen *äußeren* Zuwachs. Trotzdem ist aber feststehend, daß der französische Bergbau und die französische Industrie heute auf einem viel höheren Niveau der kapitalistischen Entwicklung stehen als vor dem Kriege. Einen gewissen Begriff über die Entwicklung der französischen Industrie ergeben die Zahlen über die angewendeten Motorkräfte (vgl. Tabelle 6):

Tabelle 6
In Betrieb befindliche Dampfmaschinen, nach Branchen geordnet (in 1000 kW)

	1913	1920	1921	1922	1923
Elektrizität	576	823	970	1223	1678
Metallindustrie	438	551	667	668	727
Bergwerke	423	508	530	540	685
Textil- und Bekleidungsindustrie	398	398	411	416	431
Chemische Industrie	106	103	106	120	122
Sonstige	662	661	665	631	673
Zusammen	2603	3044	3349	3598	4316*

* Davon in den drei Departements Moselle, Haut-Rhin, Bas-Rhin (Elsaß-Lothringen) 385.

Die Zahlen des „Annuaire" beziehen sich nur auf die Zeit bis 1923. Sie zeigen, daß sich insbesondere die in der Elektrizitätsindustrie angewendete Dampfmaschinenkraft in vier Jahren verdoppelt hat. Die Zunahme in den anderen Industriezweigen ist etwas geringer, aber immerhin bedeutend.

2 Am besten zusammengefaßt wird die Änderung in der industriellen Entwicklung Frankreichs in dem Bericht des englischen Konsuls *J. R. Cahill*, Report of the Economic Industrial Conditions in France, 1925, dargestellt.

Neben der vermehrten Energie durch Anwendung von Dampfmaschinen spielt aber die Ausnutzung der Wasserkräfte zur Herstellung von Energie eine besondere Rolle, wie folgende Zahlen in Tabelle 7 zeigen:

Tabelle 7
Entwicklung der französischen Wasserkräfte (in 1000 kW)

1910	650
1914	800
1922	1200
1924	1500

Quelle
Indicateur de la production française.

Der Bergbau

Der französische Bergbau hat sich seit Ende des Krieges durch die Aneignung Elsaß-Lothringens bedeutend gesteigert. Aber auch die Produktionskapazität der nordfranzösischen Kohlengruben wurde durch die Neuausrüstung beim Wiederaufbau gesteigert. Die wichtigsten Zahlen sind die folgenden (vgl. Tabelle 8):

Tabelle 8
Entwicklung des Bergbaus

	Produktion (in Mio t)						Zahl der Arbeiter (in Tsd.)		
	1913	1922	1923	1924	1925	1926	1913	1922	1923
Steinkohle	40,1	31,1	37,7	44,0	47,1	—	196	225	259
Eisenerz	21,9	21,0	23,3	30,0	35,8	—	25	23	24
Kali*	0,3	0,9	1,0	1,1	1,2	—	—	5,3	5,6
Gesamtzahl der Bergarbeiter							239	278	317

* Die Zahlen sind dem „Annuaire Statistique de la France“ entnommen. Merkwürdigerweise gibt das „Statistische Jahrbuch für das Deutsche Reich“, S. 56 viel höhere Förderungsziffern für Elsaß an, und zwar:

in Mio t			
1922	1923	1924	1925
1,3	1,6	1,7	1,9

Den größten Zuwachs zeigt die Förderung von Eisenerz. Dies ist dem Anschluß Elsaß-Lothringens zu verdanken, wo im Jahre 1913 21,1 Mio t Eisenerz gewonnen wurden, gegenüber 21,9 Mio t in Frankreich[3]. Diese Zahlen zeigen zugleich, daß *die Eisenerzproduktion Frankreichs noch immer hinter jener der Vorkriegszeit zurückbleibt*. Das Hindernis lag in der

3 Zahlen aus dem Statistischen Jahrbuch für das Deutsche Reich, 1926, S. 44.

schweren Verwendbarkeit der lothringischen Minetteerze. Vor dem Kriege wurden diese teils an Ort und Stelle mit Hilfe des Kokses aus Rheinland-Westfalen verhüttet, teils nach dem Ruhrgebiet zur Verhüttung gebracht. Deutschland importierte außerdem im Jahre 1913 3,8 Mio t *französische* Eisenerze, während im Jahre 1925 der Import aus Frankreich und Elsaß-Lothringen zusammen nicht mehr als 1,2 Mio t betrug. Die deutsche Hüttenindustrie hat sich von den lothringischen Erzen unabhängig gemacht.

Eine viel bessere Entwicklung hat der Kalibergbau von Elsaß in französischen Händen genommen. Die Produktion hat sich nach französischen Angaben vervierfacht, nach deutschen Angaben versechsfacht. Die Franzosen haben das deutsche Kalimonopol tatsächlich durchbrochen und das deutsche Kalikartell zu einem für die französische Seite sehr günstigen Vertrag gezwungen.

Die industrielle Produktion

Über die Größe der industriellen Produktion besitzen wir keine Daten, mit Ausnahme einiger Industriezweige. Wir werden daher genötigt sein, um einen Maßstab der industriellen Entwicklung zu gewinnen, einen Umweg einzuschlagen und — ähnlich wie wir es bei Deutschland gemacht haben — aus der Größe des Verbrauchs von industriellen Rohstoffen auf die industrielle Produktion schließen müssen. Die Produktion von Eisen und Stahl gestaltete sich folgendermaßen (vgl. Tabelle 9):

Tabelle 9
Produktion von Eisen und Stahl

	Produktion (in Mio t)		Zahl der Arbeiter (in Tsd.)
	Eisen	Stahl	
1913 (altes Gebiet)	5,2	4,7	—
1913 (mit Lothringen)	9,0	7,0	118,0
1919	2,4	2,2	101,4
1920	3,3	2,7	100,1
1921	3,4	3,1	93,2
1922	5,2	4,5	83,7
1923	5,3	5,0	99,3
1924	7,7	6,9	117,8
1925	8,4	7,3	111,6
1926	9,4*	8,3*	—

* Schätzung.

Bei der Beurteilung dieser Zahlen muß in Betracht gezogen werden, daß die *lothringische* Schwerindustrie allein 63 Hochöfen besaß und im Jahre 1913 folgende Produktion aufwies:

in Mio t	
Eisen	3,87
Stahl	2,26

Die Produktionskapazität Lothringens betrug im Jahre 1913 ungefähr 75% der damaligen französischen Produktionskapazität[4]. Es zeigt sich aber, daß die Eisen- und Stahlproduktion Frankreichs jene der Vorkriegszeit bereits überschritten hat. In den ersten Friedensjahren wurde die Produktionskapazität der lothringischen Werke nur zu einem geringen Teile ausgenutzt[5]. Dies ist vor allem dem Mangel an Koks zuzuschreiben. Die lothringische Eisenindustrie bezog ihren Hüttenkoks jeweils aus Rheinland-Westfalen. In der Nachkriegszeit war die Belieferung mit Koks ganz ungenügend, was eine der Hauptursachen der Ruhrbesetzung war. 1913 bezog Lothringen 3,84 Mio t westfälischen Koks, in den Jahren 1919/24 weniger als die Hälfte dieser Menge jährlich[6].

„*Dieser Zustand befriedigte die Interessenten nicht, daher entschloß sich die französische Regierung zur Besetzung des Ruhrgebiets, um eine unmittelbare Verbindung zwischen den Eisenwerken und dem wichtigsten Koks produzierenden Zentrum Europas zu haben*", stellt kaltblütig ein französischer Sachverständiger, *H. Laufenburger*, fest[7].

Mit dem Aufhören der Kohlen- und Koksknappheit fiel dieses Hindernis weg und die Produktion Lothringens erreichte im Jahre 1925 — Eisen und Stahl zusammen — jene der

Tabelle 10

Nettoeinfuhr wichtiger Rohstoffe (in Tsd. dz)

	1913	1921	1922	1923	1924	1925
Wolle	2048	1139	2547	2132	1804	2110
Seide	109	77	114	89	137	127
Kautschuk	67	175	281	316	352	380
Baumwolle	2687	1887	2396	2352	2812	3264
Leinen	1036	279	125	223	510	552
Flachs	312*	105	261	292	297	245
Jute	1218*	453	842	753	970	886
Mineralische Öle	5104	7092	8852	9887	12072	14238
Kupfer	844	230	591	943	1318	977
Blei	778*	226	680	837	857	687
Zinn	87*	65	81	90	101	100
Zink	400*	138	423	411	539	267

* Bruttoeinfuhr.

4 Revue d'Economie Politique, Spezialnummer über Elsaß-Lothringen, November/Dezember 1924, S. 2009.

5 Die Produktion Elsaß-Lothringens betrug nach den Angaben des Statistischen Jahrbuchs für das Deutsche Reich:

	in Mio t						
	1913	1920	1921	1922	1923	1924	1925
Eisen	3,7	1,4	1,4	2,3	1,9	3	3,3
Stahl	2,3	0,8	1,2	1,7	1,6	2,4	2,6

6 Revue d'Economie Politique, Spezialnummer, S. 999.

7 Ebenda, Seite 1000.

Vorkriegszeit, die Gesamtproduktion Frankreichs auf dem neuen Territorium überstieg jene der Vorkriegszeit.

*

Über *die Produktion der verarbeitenden Industrie* haben wir nur einzelne zusammenhanglose unmittelbare Daten. In der Tabelle 10 zeigen wir die Nettoeinfuhr wichtiger Rohstoffe als Anhaltspunkt für die Entwicklung der industriellen Produktion.

Die Tabelle weist einige Mängel auf, da es bei einigen Waren für 1913 nicht gelungen ist, die Nettoeinfuhr (Einfuhr minus Ausfuhr) festzustellen. Auch dürften bei einigen Waren in der inneren Produktion gewisse Änderungen vor sich gegangen sein. Die Tabelle zeigt, daß eine starke Steigerung der Einfuhr von Kautschuk, mineralischen Ölen und Kupfer stattgefunden hat, daß hingegen die Einfuhr von Textilstoffen nur eine ganz geringe Steigerung aufweist, eine Steigerung, die durch die Einbeziehung der Textilindustrie des Elsaß zur Genüge erklärt wird. Wir möchten hierbei daran erinnern, daß die Textilindustrie des Elsaß sehr bedeutend war. In der Vorkriegszeit hatte diese folgende Ausrüstung:

Baumwollspindeln	1865000
Baumwollwebstühle	38000
Wollspindeln	700000
Wollwebstühle	7500

Im Verhältnis zu der französischen Industrie beträgt dies 27% der Baumwollspindeln, 33% der Webstühle, rund 25% der Wollspindeln und Webstühle. Wenn man diesen starken Zuwachs in Betracht zieht, *so scheint es, daß die Erhöhung des Imports an Baumwolle und Wolle hinter der Erhöhung der Produktionskapazität zurückbleibt, und daß ein nicht unbedeutender Teil der Produktionskapazität der Textilindustrie trotz der Inflationskonjunktur unausgenutzt geblieben ist.*

Die industrielle Entwicklung Frankreichs kann besser beurteilt werden, wenn wir die Entwicklung des Pro-Kopf-Verbrauchs der wichtigsten Rohstoffe vor dem Kriege und gegenwärtig im Vergleich mit den entsprechenden Zahlen über Deutschland darstellen (vgl. Tabelle 11).

Tabelle 11

Pro-Kopf-Verbrauch wichtiger Rohstoffe in Deutschland und Frankreich (in kg)

	1913		1924		1925	
	Deutschland	Frankreich	Deutschland	Frankreich	Deutschland	Frankreich
Kohle	2470	1623	2163	1927	2212	1700
Erdöl	17,2	13,3	3,8	32,6	7,4	35,4
Eisen und Stahl	401,0	228,0	—	—	324,0	312,0
Kautschuk	0,3	0,15	0,4	0,88	0,7	0,94
Baumwolle	7,2	6,8	4,3	7,1	5,9	8,1
Jute	2,3	3,0	1,7	2,4	2,1	3,2
Wolle	3,2	6,7	2,7	5,7	2,5	—
Seide	0,07*	0,1	0,04*	0,11	0,04*	—

* Eigene Produktion (nicht bedeutend) nicht mit einberechnet.

Diese Zahlen zeigen, daß der Pro-Kopf-Verbrauch an industriellen Rohstoffen in Frankreich gegenüber der Vorkriegszeit ziemlich stark gestiegen ist und in einigen Arten Deutschland überholt hat. Dies ist der beste Beweis für die starke *Industrialisierung* Frankreichs seit Kriegsbeginn.

Die Entwicklung des Exports an Industrieartikeln

Die Änderung in der Struktur der französischen Wirtschaft zeigt sich viel klarer an den Daten des Außenhandels[8] als in den spärlichen und unverläßlichen Daten der Produktion. In der folgenden Tabelle 12 ist die Ausfuhr der wichtigsten industriellen Fertigwaren zusammengestellt. Die hier angeführten Posten betrugen im Jahre 1913 rund 49% des Wertes der Gesamtausfuhr; im Jahre 1925 rund 47% des Wertes der Gesamtausfuhr. Die Daten selbst sind im Gewicht in dz angegeben, da infolge der großen Valutaschwankungen die Daten des Ausfuhrwertes kein verläßliches Bild geben.

Aus dieser Tabelle geht klar hervor, daß die Ausfuhr der alten Ausfuhrindustrien Frankreichs, insbesondere der Textilindustrie, dem Gewichte nach in verhältnismäßig geringem Maße gestiegen ist. Die Steigerung entspricht keinesfalls dem Zuwachs an Produktionsfähigkeit, den die Angliederung der Textilindustrie Elsaß-Lothringens darstellt. Hingegen ist eine sprunghafte Steigerung in der Ausfuhr von Eisen und Stahl, Werkzeugen und Metallwaren, Automobilen, überhaupt in den Produkten der Eisen- und Stahlindustrie und der Eisenfertigindustrie eingetreten. Ob diese Einfuhrsteigerung dem Zuwachs an Produktionskapazität der lothringischen Industrie entspricht oder ihn übersteigt, läßt sich aus Mangel an den nötigen Daten nicht feststellen. Immerhin steht es fest, daß Frankreich zu einem bedeutenden Ausfuhrland schwerindustrieller und eisenverarbeitender Produkte geworden ist.

8 Folgende Tabelle gibt eine Darstellung des *Außenhandels* Frankreichs in Goldfranken, über den New Yorker Kurs umgerechnet, mit allen Vorbehalten, die bei einem derartigen Verfahren geboten sind:

Außenhandel Frankreichs (in Mio Goldfranken)

	Einfuhr			Ausfuhr		
	Nahrungsmittel	Rohstoffe	Fertigfabrikate	Nahrungsmittel	Rohstoffe	Fertigfabrikate
1913	1818	4946	1058	839	1858	4183
1920	4241	8985	4598	933	2184	6489
1921	2508	4330	1914	797	1574	5235
1922	2393	5853	1816	784	2420	8064
1923	2337	6494	1361	997	2922	6010
1924	2416	6999	1376	1090	2835	6725
1925	2279	7366	1261	907	3141	6744

Wenn wir in Betracht ziehen, daß die Goldpreise auf dem Weltmarkt 1925 rund 50% höher sind als 1913, so ergibt sich, daß die Ausfuhr Frankreichs an Fertigwaren und Rohstoffen nur um ein geringes gestiegen wäre und nicht mehr als der Aneignung Elsaß-Lothringens entsprechen würde. Doch glauben wir, daß die Daten ein falsches Bild ergeben und die Ausfuhr tatsächlich größer war.

Tabelle 12
Ausfuhr wichtiger Fabrikate (in Tsd. dz)*

	1913	1921	1922	1923	1924	1925
Seidengewebe	62	57	63	76	86	92
Wäsche, Bekleidung, Konfektionsartikel	64	87	81	80	96	88
Baumwollgewebe	554	587	437	445	671	548
Automobile	354**	376	341	408	618	761***
Wollgewebe	234	156	182	255	345	289
Eisen und Stahl	7620	24393	27917	24407	30244	39734
Werkzeuge und Metallwaren	1448	1878	1914	3101	2964	5474
Kautschukwaren	69	211	189	219	276	306
Bearbeitete Häute	154	214	96	130	190	175
Dampf- und andere Antriebsmaschinen	821+	606	511	813	890	990
Parfümerie und Seifen	514	466	544	657	764	722
Glas und Kristall	1530	744	700	883	1175	1376
Pelzwaren	—	10,5	12,7	14	17	19

* Reihenfolge nach der Größe des Ausfuhrwertes 1925.
** Karosserie.
*** Karosserie insgesamt. Automobil mit einbegriffen 988000 dz.
+ Machines et mécaniques.

Das Transportwesen

Seit der Vorkriegszeit hat eine sehr starke Entwicklung des französischen Transportwesens eingesetzt. Das rollende Material der Eisenbahnen wurde zum großen Teil erneuert und weitertert, die Handelsflotte vergrößert, die Häfen ausgebaut; ein Teil der Eisenbahnen

Tabelle 13
a) Eisenbahnen*

	Zahl	Lokomotiven Motorische Kraft in Tsd. KW
1913	14341	8900
1923	18446**	17410
1924	—	—

b) Handelsflotte (in Tsd. NRT)

		darunter Dampfschiffe und Ölmotoren
1913	1582	980
1919	1306	879
1923	2145	1759

* Und Tramways.
** Ohne Elsaß-Lothringen. — Mit E.-L. 20280.

befindet sich in der Umstellung auf elektrische Zugkraft, große Kanalbauten sind in Angriff genommen worden. Einige Daten können über diese Entwicklung in folgendem gegeben werden (vgl. Tabelle 13).

Das Problem der französischen industriellen Entwicklung

Die Tatsache einer starken Entwicklung der französischen Industrie, insbesondere der Schwerindustrie und der eisenverarbeitenden Industrie steht außer Zweifel, wenn auch die vorhandenen statistischen Daten diese Entwicklung und insbesondere die Produktionssteigerung der französischen Industrie nicht so groß erscheinen lassen, wie im allgemeinen angenommen wird. Prinzipiell wichtig ist aber, daß diese industrielle Entwicklung Frankreichs sich unter nicht normalen Bedingungen vollzogen hat. Während der ganzen Periode der Nachkriegszeit von 1919—1926 hat mit geringen Intervallen in Frankreich die Inflation angehalten. Dies bedeutet, daß das nötige Kapital zum Ausbau der französischen Industrie nicht durch eine Akkumulation in der Industrie selbst, sondern durch eine großzügige Expropriation des Vermögens der französischen Mittelschichten, also im Wege der Zentralisation vor sich gegangen ist. Die Inflation bedeutet weiterhin, daß die französische Industrie im Wettbewerb mit der amerikanischen, englischen, schweizerischen und seit nunmehr drei Jahren auch mit der deutschen Industrie den Vorteil der Inflation genossen hat.

Wenn wir an unserer Voraussetzung festhalten, daß die Inflationsperiode im Wesen beendet ist (ein Rückfall von kürzerer Dauer ist keinesfalls ausgeschlossen), so präsentiert sich das Problem der französischen Industrie in folgender Weise:

Haben sich durch die technische Entwicklung der Kriegs- und Nachkriegszeit die Standortbedingungen der französischen Industrie in dem Maße gebessert, daß ihre Produktionskosten nicht über jenen ihrer Konkurrenten auf dem Weltmarkt stehen? Wenn wir nämlich für die Erklärung der Rückständigkeit der industriellen Entwicklung Frankreichs nicht in ideologische Erklärungsmethoden verfallen wollen (wie Mangel an Unternehmungslust, Degeneration des französischen Volkes, ungenügende Volksvermehrung usw.), so können wir diese Rückständigkeit nicht anders erklären, als daß diese eine Folge der schlechten Standortverhältnisse war. Es sei hierbei daran erinnert, daß vor 150 Jahren, also zu Beginn der Manufakturperiode, Frankreich in der europäischen Industrie auch England gegenüber absolut die Führung hatte. Auch die intensive wirtschaftliche Tätigkeit der französischen Kapitalistenklasse in dem letzten Jahrhundert zeigt, daß es sich bei der Vorkriegsrückständigkeit Frankreichs nicht um nationale Eigenschaften, sondern um reale ökonomische Ursachen gehandelt hat. Das uns bekannte technisch-ökonomische Material reicht nicht hin, um sich ein Urteil über die Änderung der Standortverhältnisse der französischen Industrie gegenüber seinen Konkurrenten bilden zu können. Eines steht jedenfalls fest: Die besonderen Vorteile, die die französische Industrie bisher aus der Inflation gezogen hat, werden in der Zukunft nicht mehr vorhanden sein. Es ist ferner unzweifelhaft, daß mit dem Übergang zur Stabilisierung eine starke Krise des französischen Wirtschaftslebens eintreten wird. Wir wollen in folgendem auf Grund der Verschiedenheiten des Verlaufs der Inflation in Frankreich und Deutschland versuchen, gewisse Schlußfolgerungen auf die Gestaltung des französischen Wirtschaftslebens in der ersten Zeit der Stabilisierung zu ziehen.

Vergleich der französischen und deutschen Inflationswirtschaft

Man ist im allgemeinen geneigt, die Folgen der französischen Inflation mit jenen der deutschen gleichzusetzen. Sicherlich bestehen viele gemeinsame Momente. Vor allem die

Tatsache, daß in Frankreich — ebenso wie in Deutschland — der Anteil des fix verzinslichen Kapitals (Staatsanleihen, Industrie-Obligationen, Spareinlagen, Lebensversicherungen usw.) an dem jährlichen Wertprodukt des Landes auf einen Bruchteil des Nominalbetrages reduziert wurde. Die großzügige Expropriation aller Rentner, wie auch der Bauernschaft und des Kleinbürgertums vollzog sich auf gleiche Weise. In beiden Ländern bedeutet die Kriegs- und Nachkriegszeit eine Periode der gewaltigsten Zentralisation des Kapitals — bei zeitweiliger Verminderung des Gesamtvermögens aller Schichten. Wenn aber die Expropriation der Vorkriegs-Rentnerklasse in Deutschland (nach den geringfügigen Aufwertungen) rund 95%, in Frankreich bei dem gegenwärtigen Stand des Franken nur rund 80% beträgt, so ist diese Expropriation in Frankreich in sozialer Beziehung noch bedeutsamer als in Deutschland, weil der Anteil des fix verzinslichen Kapitals an dem jährlichen Wertprodukt in dem „Rentner-Staat" Frankreich bedeutend größer war als in Deutschland[9].

Die wichtigsten Posten an fix verzinslichem Kapital in Frankreich waren in der Vorkriegszeit

	Mrd. F
Staatsschuld	33
Obligationen der Eisenbahn	22,6
Spareinlagen	6
Kommunalanleihen	2,6
Hypothekenschulden	2,4
	66,6

Es fehlen die Industrieobligationen, die sehr ausgedehnte Lebensversicherung usw.

Wenn wir noch den Verlust des Einkommens aus den ausländischen Kapitalanlagen in Betracht ziehen[10], das in Frankreich auf sehr weite Kreise der Bauernschaft und des Kleinbürgertums verteilt war, so kommen wir auf einen Verlust an Kapital von 80

9 Wir berechneten das fix verzinsliche Kapital Deutschlands in der Vorkriegszeit in unserer vorletzten Übersicht auf rund 65 Mrd. Goldmark.

10 Nach den Berechnungen von *Moulton* in „The french debt problem", New York 1925, S. 126, hat Frankreich von seinen im Ausland angelegten Kapitalien durch Enteignung bzw. Inflation verloren:

	Mrd. F
in Rußland	21
Österreich-Ungarn	3
Türkei	2
Deutschland	1
Balkan	3
	30

6—7 Mrd. wurden während des Krieges nach dem Ausland verkauft; 3 Mrd. bringen nur sehr wenig, weil die Valuta entwertet wurde.

bis 100 Mrd. Franken, an Einkommen von 4—5 Mrd. jährlich. Es muß daher eine starke Einschränkung des Konsums der breiten Massen vorausgesetzt werden.

Nun zeigen aber die Pro-Kopf-Daten der Konsumtion, daß dies im Gegensatz zu Deutschland nicht der Fall ist, wenn die von der amtlichen französischen Statistik publizierten Daten[11], die wir in der Tabelle 14 zusammengestellt haben, richtig sind.

Tabelle 14
Verbrauch wichtiger Lebensmittel und Rohstoffe pro Kopf der Bevölkerung (in kg)

	1913	1922	1923	1924	1925*
Roggen	30**	24	24	27	28
Gerste	28**	24	26	29	26
Mais	27**	22	22	25	25
Kartoffeln	342	327	252	378	362
Reis	5,6	3,6	6,6	4,2	4,8
Zucker	17,5***	20,1	19,0	19,6	22,3
Wein (Liter)	142***	212	168	201	179
Bier (Liter)	33,6***	25,5	30,4	—	—
Kaffee	2,84***	4,4	4,3	4,3	4,2
Kakao	0,69***	1,0	1,1	1,0	1,2
Tee	0,04***	0,03	0,03	0,04	0,04
Alkohol+ (Liter)	3,73	2,42	2,66	2,51	—
Tabak	1,1	1,4	1,4	1,4	1,3
Baumwolle	6,8	6,1	5,9	7,1	8,1
Jute	3,0	2,1	1,9	2,4	2,2
Wolle	6,7	7,8	6,6	5,7	—
Seide	0,1	0,08	0,09	0,11	—

* Daten von uns errechnet.
** 1909/1913.
*** 1911/1913.
\+ Besteuert.

Die Tabelle zeigt — ähnlich wie in England — *eine steigende Tendenz des Massenverbrauchs. Die Inflation hat nicht zu einer schlechteren Versorgung des Volkes mit Lebensmitteln und Kleidung geführt, wie dies in Deutschland in so hohem Maße der Fall war.*[12]

Wie ist diese wichtige Differenz zu erklären? Wir glauben, daß hier zwei Momente eine große Rolle spielen:

a) Obwohl ein Teil Frankreichs durch die Deutschen systematisch zerstört wurde, scheint der Vermögensbestand des übrigen Teiles — infolge der Unterstützung durch England und Amerika, wie auch des nicht unterbrochenen Zusammenhanges mit der Weltwirtschaft —

11 Siehe „Annuaire Statistique de la France", verschiedene Jahrgänge.

12 Die Statistik gibt keine Aufklärung über die Konsumgestaltung der einzelnen Klassen. Nach Einzeldarstellungen kann aber angenommen werden, daß die Lebenshaltung der französischen Arbeiterschaft im allgemeinen bisher nicht unter jene der Vorkriegszeit gesunken ist.

viel weniger gelitten zu haben, das Land als Ganzes weniger verarmt aus dem Krieg hervorgegangen zu sein als Deutschland.[13]

b) Es scheint, daß weite Kreise des französischen Volkes, die in normalen Zeiten einen Teil ihres Einkommens zwecks Rentenbildung aufgespart hatten, dies wegen der durch die Inflation verursachten Entwertung unterließen und statt dessen ihren Konsum vergrößerten.[14]

Mögen auch andere Ursachen dabei wirksam gewesen sein, die widerspruchsvolle Tatsache: Expropriierung von 80% der fixverzinslichen Einkommen und großer Schichten des Kleinbürgertums einerseits, gestiegene Konsumtion der wichtigsten Lebensmittel und Textilstoffe andererseits, ist nicht zu bestreiten.

Eine wichtige Differenz in der *Gestaltung der deutschen und französischen Inflationswirtschaft ist die Kontinuität und Progression der Markentwertung gegenüber dem Zick-Zack-Kurs des Franken.* Nach der starken Entwertung des Franken im Jahre 1920 folgte die Steigerung um rund 20% im Jahresdurchschnitt 1922. Der Entwertung im Jahre 1923 folgte die sprunghafte Kurssteigerung um 50% im Frühjahr 1924; der Entwertung im Jahre 1925 die sprunghafte Kurssteigerung in der zweiten Hälfte 1926, wieder um 50%.

Folgende Zahlen zeigen die Schwankungen des Frankenkurses im *Jahres-* bzw. Monatsdurchschnitt, daher stark abgeschwächt (vgl. Tabelle 15).

Tabelle 15
Schwankungen des Frankenkurses (Amerikanische Cents für 1 F)

1913	1920	1921	1922	1923	1924	1924 März	1924 April	1925	1926 Januar	1926 Juli	1926 Dez.
19,3	7,0	7,5	8,2	6,1	5,2	4,2	6,1	4,8	3,8	2,5	4,0

13 Hierzu hat sicherlich auch die Tatsache beigetragen, daß Frankreich — die an seine Alliierten gegebenen Anleihen abgerechnet — von England und Amerika etwa 20 Mrd. Goldfranken während der Kriegs- und Nachkriegszeit erhalten hat, während Deutschland alle Kosten des Krieges aus den eigenen Hilfsquellen decken mußte, abgesehen von der Ausbeutung der besetzten Gebiete.

14 Die Spareinlagen bei der Caisse Nationale d'Epargne gestalteten sich wie folgt:

Spareinlagen* (in Mio F)	
1913	1818
1920	2354
1921	2697
1922	2952
1923	3164
1924	3306
1925	3803
1926 Januar	4047
1926 September	4141

* Caisse Nationale d'Epargne. — Bulletin Mensuel de Statistique. Der Goldwert der Spareinlagen hat sich auf ungefähr die Hälfte der Vorkriegszeit vermindert.

Diese starken und sprunghaften Schwankungen des Frankenkurses ließen den Charakter der Inflationswirtschaft in Frankreich viel weniger scharf herausbilden, als es in Deutschland der Fall war. Es war keinesfalls ein sicherer Gewinn für die Kapitalisten, ihre Geschäftsgebarung eindeutig auf die Baisse des Franken einzustellen. Insbesondere:

a) Es war kein sicherer Gewinn, Kredite bei der Zentralnotenbank aufzunehmen, da man nicht wissen konnte, ob beim Verfallstermin der Franken einen höheren oder einen niedrigeren Kurs haben wird als bei Aufnahme des Kredites.

b) Es war kein sicherer Gewinn, sein Kapital in „Sachwerten" anzulegen, da man nicht wissen konnte, ob der Erlös später, infolge Steigerung des Frankenkurses nicht geringer sein wird, als der Einkaufspreis.

c) Es war kein sicherer Gewinn, sein Geld in ausländischen Noten oder sein Kapital in ausländischen Werten anzulegen bzw. damit ins Ausland zu flüchten, da eine Kursbewegung des Franken die größten Verluste nach sich ziehen konnte.

Infolgedessen zeigt die französische Wirtschaft in viel geringerem Maße die Erscheinungen der Inflationswirtschaft, als es in Deutschland der Fall war.

a) Infolge der Schwankungen des Frankenkurses kam es nicht zu einer derartigen Beschleunigung der Zirkulationsgeschwindigkeit und zum Zusammenschrumpfen des Goldwertes der zirkulierenden Geldsumme wie in Deutschland oder Polen. Während der Goldwert des umlaufenden Papiergeldes in Deutschland im Oktober 1923 auf 300 Mio Goldmark zusammengeschmolzen war, gestaltete sich der Goldwert der umlaufenden französischen Banknoten wie folgt (vgl. Tabelle 16):

Tabelle 16
Frankenkurs und Notenumlauf

	Banknotenumlauf*, ** Mrd. Papierfranken	Banknotenumlauf*** Mrd. Goldfranken
1913	5,7 + 3,6 Gold	9,3
1920	37,9	13,5
1921	36,5	14,03
1922	36,4	15,2
1923	39,1	12,2
1924	40,9	11,1
1925	51,1	12,8
1926 Januar	50,6	9,2
1926 Juli	56,0	7,2
1926 November	53,3	9,7

* Am Ende des Jahres bzw. des Monats.
** Bulletin Mensuel de Statistique.
*** Umgerechnet auf Grund der Angaben des „Bulletin Mensuel de Statistique".

Der Goldwert der zirkulierenden Geldmasse ist heute — entsprechend dem Anschluß Elsaß-Lothringens und der erhöhten Warenzirkulation — größer als vor dem Kriege,[15] insbesondere wenn wir in Betracht ziehen, daß auch die bons de tresor gewisse Geldfunktionen (tägliche Kassenreserve) ausüben.

15 Auf die Bedeutung dieser Tatsache hat *K. A. Herrmann* in einem interessanten Artikel („Börsen-Courier" vom 25. Juni 1926) hingewiesen.

b) Es hat keine *„Flucht in die Sachwerte“* stattgefunden, und im Zusammenhang damit haben sich *keine Inflationskonzerne* gebildet. Der Zentralisationsprozeß war zwar sehr stark, aber es kam nicht zu den mit Notenbankkrediten getätigten wahllosen Zusammenkäufen von Betrieben jeder Art, wie es in Deutschland der Fall war.

c) Ausländische Noten zirkulieren im Inlande nur in geringem Maße. Dies bedeutet, daß nicht — wie es in Deutschland der Fall war — Werte ins Ausland verkauft und der Erlös als Zirkulationsmittel verwendet wird, was dem ökonomischen Wesen nach auf einen unverzinslichen Kredit an das Ausland hinausläuft und das eigene Wirtschaftsleben schwächt. Ausländische Werte wurden zwar an der Börse gekauft, aber auch verkauft, je nachdem auf Hausse bzw. Baisse der fremden Valuten spekuliert wird. Man spricht zwar von einer starken Kapitalflucht, man nennt Summen bis zur Höhe von einigen Milliarden, die nach dem Ausland verschoben wurden. Es wird sich aber hierbei mehr um eine vorübergehende, dem Gang der Valutakurse angepaßte Spekulation als um eine definitive Anlage im Ausland gehandelt haben.

Zusammenfassend können wir sagen: Der geringere Grad der Entwertung und noch mehr die starken Schwankungen in der Kursgestaltung des französischen Franken haben die Deformation der französischen Wirtschaft infolge der Geldentwertung in viel engeren Schranken gehalten, als es in Deutschland der Fall war. Daher dürfte auch die „Stabilisierungskrise“ mildere Formen zeigen, als sie in Deutschland gezeigt hatte.

Die französische Stabilisierungskrise

Die Stabilisierungskrise dürfte sich in folgenden Punkten von der deutschen unterscheiden:

a) Da der Goldwert der im Umlauf befindlichen Geldsummen gegenwärtig ebenso groß ist wie vor dem Kriege, daher auch die Zirkulationsgeschwindigkeit nicht wesentlich größer ist als damals, wird nach der Stabilisierung nicht jene jähe Verlangsamung der Umlaufgeschwindigkeit des Geldes und infolgedessen jener Mangel an Kapital in Geldform eintreten, wie es in Deutschland der Fall war. Daher auch nicht der massenhafte Zusammenbruch von Unternehmungen.

b) Die Rohstoffeinfuhr Frankreichs war in den letzten Jahren höher als vor dem Kriege, wie die von uns oben zusammengestellte Tabelle zeigt. Daher geht Frankreich nicht von Warenvorräten entblößt in die Stabilisierungsperiode hinein, wie es bei Deutschland der Fall war. Auch von Mangel an Fertigwaren, von Schlangen vor den Geschäften hört man nichts. Daher wird keine so sprunghafte Steigerung der Einfuhr eintreten wie in Deutschland.

c) Da es in Frankreich keine Inflationskonzerne gibt, wird auch jene gewaltige Umgruppierung der kapitalistischen Unternehmungen — Auflösung der Inflationskonzerne — unterbleiben.

d) Da keine ausländischen Noten in nennenswertem Umfange zirkulieren und es viel weniger ausländische Devisen und Guthaben in Privatbesitz gibt, besitzt Frankreich nicht jene latente Reserve an ausländischen Zahlungsmitteln, die Deutschland zur Deckung seines in der ersten Zeit der Stabilisierung so gewaltigen Defizits der Außenhandelsbilanz verwenden konnte. Auch gibt es noch — im Gegensatz zu Deutschland — eine ziemlich große Summe französischer Banknoten im Ausland[16], die nach der erfolgten Stabilisierung nach Frankreich zurückströmen und die Zahlungsbilanz belasten werden.

16 *Moulton* schätzt die Summe für Ende 1924 auf 10 Mrd. Franken (Moulton and Lewis, *The french debt problem*, New York 1925, S. 35).

Es ist ferner wahrscheinlich, daß die chronische Massenarbeitslosigkeit in Frankreich bedeutend geringer sein wird als in Deutschland. Die gewaltige Masse der ausländischen Arbeiter wird das Land in ziemlich raschem Tempo verlassen — die Rückwanderung hat bereits begonnen. Außerdem wird ein Teil der französischen Arbeiter, die in den letzten Jahren aus der Landwirtschaft in die Industrie abwanderten, wieder aufs Land zurückkehren, sobald sich dort die Arbeitsgelegenheit mit der Liquidierung der Schere vermehren wird. (Am 1. Januar 1927 wurden die Agrarzölle wieder in Kraft gesetzt, was das Verschwinden der Schere beschleunigen wird.)

Man kann sagen: Die Stabilisierungskrise wird sich in der inneren Wirtschaft nicht so tiefgehend auswirken, als es in Deutschland der Fall war. Dagegen wird die Stabilisierung, wenn die französische Bourgeoisie an dem System der „*nationalen Stabilisierung*" ohne Hilfe des Auslands, ohne ausländische Anleihen, ohne Ratifikation des Washingtoner Abkommens festhält, durch eine Passivität der französischen Zahlungsbilanz bedroht sein, und bei der geringsten äußeren Schwierigkeit ebenso in die Brüche gehen, wie es mit den ähnlichen Versuchen der polnischen und belgischen Bourgeoisie geschehen ist.

Die Probleme der französischen Stabilisierung

Wie wir bereits ausführten, sind die innenwirtschaftlichen Vorbedingungen der Stabilisierung der französischen Valuta vorhanden.

a) *Der Staatshaushalt ist ausgeglichen.* Es wird sich vielleicht noch ein Defizit ergeben, aber keinesfalls von einer Größe, die für die Stabilität der Währung gefährlich werden könnte. Die Last der inneren Staatsschulden ist zwar durch die Kurssteigerung des Franken stark gestiegen. Wenn wir rund 300 Mrd. Papierfranken als Summe der inneren Staatsschuld annehmen, so beträgt ihr Goldwert rund 60 Mrd. Goldfranken gegenüber 33 vor dem Kriege. Die gesunkene Kaufkraft des Goldes in Betracht gezogen, beträgt der Vorkriegsgoldwert der gegenwärtigen Staatsschuld rund 45 Mrd. Goldfranken. Die vom Staat zu zahlende Zinslast für die innere Schuld dürfte, in Anbetracht des höheren Zinsfußes, ungefähr das Doppelte der Vorkriegszeit betragen. Dementsprechend müssen auch die Steuern erhöht werden.[17] Dies bedeutet eine schwere Belastung der französischen Wirtschaft. Natürlich nicht in der Art, wie es die bürgerliche Vulgärökonomie auffaßt, als ob durch die hohen Steuern die Kaufkraft der Bevölkerung verringert, der innere Markt eingeengt würde. In dieser Form ist es barer Unsinn. Die Erhebung der Steuern zum Zwecke der Verzinsung einer inneren Staatsschuld bedeutet unmittelbar nur eine Neuverteilung eines Teils des jährlichen Wertprodukts. Was dem einen genommen wird an Steuern, fließt dem anderen als Zinsen der Staatsschuld zu. (Wir setzen voraus, daß es keine ausländischen Inhaber der französischen Staatspapiere gibt, was der Wahrheit ungefähr entspricht.) Um keinen Pfennig wird die gesamte Kaufkraft der Bevölkerung durch diese Neuverteilung *unmittelbar* vermindert.

17 Das Gesamtbudget betrug 1913: 5072 Mio Franken, hiervon für Zinsen der Staatsschuld 1355 Mio. Gegenwärtig beträgt das Normalbudget 39000 Mio — rund 8 Mrd. Goldfranken; wenn wir die verringerte Kaufkraft des Goldes und den Zuwachs Elsaß-Lothringens in Betracht ziehen, nur um ein geringes mehr als vor dem Kriege. Auf die Zinsen der Staatsschulden entfallen gegenwärtig rund 16500 Mio, in Goldfranken 5500, in Vorkriegsgoldfranken ungefähr 4000 Mio. Also das Dreifache der Vorkriegszeit. Außerdem hat die „Amortisationskasse" Einnahmen von rund 8 Mrd. jährlich, die, abgesehen von den Reparationen, ebenfalls aus Steuern herstammen.

Wir betonen, unmittelbar! Mittelbar wirkt sich eine große Höhe der Staatsschulden in der Richtung der Verringerung des jährlichen Wertproduktes der ganzen Bevölkerung aus. Der Besitz von Staatspapieren bedeutet eine der Verzinsung entsprechende Anweisung auf das Wertprodukt des Landes. Je höher dieser Zinsbetrag ist, desto mehr Leuten gibt er die Möglichkeit, zu leben ohne zu arbeiten. Es tritt daher — alle anderen Umstände gleichgesetzt — eine Verminderung des arbeitenden Teils der Bevölkerung, daher auch Verminderung des jährlichen Wertproduktes ein. Deshalb wäre auch eine Revalorisierung des Franken, das heißt die Steigerung des Frankenkurses bis zur Goldparität — mit welchen Schlagworten die Rechte jetzt in Frankreich spielt — für Frankreich untragbar, denn die Zinsen der inneren Schuld würden ein ungeheures Renteneinkommen und eine untragbar breite Klasse nichtproduzierender Rentner schaffen. Es ist fraglich, ob der gegenwärtige Kurs des Franken von diesem Standpunkt aus nicht bereits zu hoch gegriffen ist.[18]

b) Die in Umlauf befindliche Banknotenmenge nimmt seit einem halben Jahr ab, die Kreditansprüche der Kapitalisten an die Notenbank sind fallend, weil das Zirkulationsbedürfnis durch die umfassende Geldsumme gedeckt ist. Eine neue inflationistische Vermehrung des Banknotenumlaufs droht im Falle der Stabilisierung nicht.

c) Einer Notenzirkulation im Goldwert von rund 10 Mrd. Goldfranken steht ein Goldvorrat der Notenbank von 3,68 Mrd. — mit der bei der englischen Bank deponierten Summe, deren Rückkehr allerdings recht zweifelhaft ist — 5,8 Mrd. Goldfranken, gegenüber. Ein Deckungsverhältnis, das jene Leute, die die Garantie der Stabilität in der Golddeckung sehen, zufriedenstellen kann.

Eine mögliche Gefahr bildet vorläufig noch die große Summe der kurzfristigen schwebenden Schulden. Sollte die Stabilisierung — was wahrscheinlich ist — zu einer Einengung der Kredite der Notenbank an die Privatwirtschaft und überhaupt zu einer Verknappung der Zirkulationsmittel führen, so besteht die Möglichkeit, daß mehr Bons zur Einlösung präsentiert werden, als es im Schema der Amortisationskasse vorgesehen ist. Die Staatskasse wäre dann unter Umständen gezwungen, wieder Anleihen bei der Notenbank aufzunehmen, Inflation zu treiben. Eine ernste Gefahr für die Stabilisierung besteht aber unserer Ansicht nach auch hierin nicht.

Wir wollen nunmehr untersuchen, inwiefern im Verhältnis Frankreichs zur übrigen Welt, in der Gestaltung der Zahlungsbilanz, Gefahren für die Stabilisierung liegen.

Die Zahlungsbilanz Frankreichs

Vor dem Kriege gestaltete sich die Zahlungsbilanz Frankreichs nach den Berechnungen (Nettozahlen) von *Moulton*[19] wie folgt:

18 Die Höhe des Stabilisierungskurses ist natürlich eine Klassenfrage, wobei das unmittelbare Interesse der Bourgeoisie an einem niedrigen Stabilisierungskurs mit dem politischen Interesse der Erhaltung der Gefolgschaft der breiten bäuerlichen und kleinbürgerlichen Massen in Widerspruch gerät. Das ökonomische Interesse der Großbourgeoisie, die keine Staatspapiere, wohl aber festverzinsliche Schulden hat, ist ein niedriger Stabilisierungskurs. Das Interesse der Staatsanleihebesitzer, Bauern und Kleinbürger, der großen Wählermasse, ist ein hoher Stabilisierungskurs. Die Regierung der Bourgeoisie schwankt zwischen diesen widerstrebenden Interessen, weil sie auf die Stimmen dieser Schichten angewiesen ist.

19 Moulton and Lewis, The french debt problem, New York 1925, S. 16.

		Mio Goldfranken		
1909—1913	Defizit des Außenhandels		1456	
	Ertrag des im Ausland angelegten Kapitals*	1805		
	Einnahmen aus der Schiffahrt	215		
	Einnahmen aus Touristenverkehr	625		
	Einnahmen aus internationalem Handel, Kommissionen	150	2795	
	Überschuß an Einnahmen, frei für Kapitalexport			1339

* Moulton schätzt die ausländische Kapitalanlage Frankreichs vor dem Kriege auf 45 Mrd. Franken (davon 11,3 Mrd. in Rußland), das in Frankreich bzw. französischen Werten investierte Auslandskapital auf 3,5 Mrd., ebenda, S. 20).

Zu ähnlichen Ergebnissen kommt auch *Meynial*[20] und andere. Viel schwieriger ist es, die gegenwärtige Zahlungsbilanz Frankreichs festzustellen, da fast alle Elemente zweifelhaft geworden sind. Infolge der starken Variation der Kurse sind die Wertzahlen des *Außenhandels* sehr ungenau, mit einer Tendenz zur Verminderung des Defizits, da die Importwerte von den Importeuren aufgegeben werden, die ein Interesse daran haben, niedrigere Ziffern anzugeben, um einen niedrigeren Zollkoeffizienten zu zahlen.[21] Die Einnahmen aus den Reparationen, die Ausgaben für Zinsen und Amortisation der interalliierten Schulden, sind schwer zu schätzen, ebenso die Gestaltung der französischen Anlagen im Ausland (Kapitalflucht) und die ausländischen Anlagen in Frankreich (Häuser, Güter usw.).[22]

Wir wollen im folgenden annehmen, daß das Einkommen Frankreichs aus den Reparationszahlungen ungefähr auf die Zinsen und Amortisation der interalliierten Schulden aufgehen wird, nachdem die Schulden an England und USA fundiert sein werden, oder nur ein geringerer Überschuß bleiben wird.[23] Wenn wir nach dieser Ausschaltung die Ziffern Meynials für das Jahr 1924 gruppieren, kommen wir zu folgendem Ergebnis:

	Mio F		In Goldfranken umgerechnet	
Exportüberschuß Frankreichs	1300		260 (20% wie Moulton für 1914 annimmt)	
Importüberschuß der Kolonien		1800		360
Touristenverkehr	4800		960	
Einkommen aus Auslandsanlagen	2500		500	
Schiffahrt	1500		300	
Zinsen von Privatanleihen usw.		200		40
Geldsendungen ausländischer Arbeiter		1000		200
	10100	3000	2020	600
Überschuß	7100		1420	

20 Meynial, Creances et Dettes internationales, Paris 1926, S. 87.

21 Moulton and Lewis, The french debt problem, a. a. O., S. 317 passim.

22 Sehr eingehend beschäftigt sich mit der Zahlungsbilanz Frankreichs Meynial im erwähnten Buche, S. 83 bis 149, ohne daß man recht klug daraus wird.

23 Bei voller Bezahlung der vorgesehenen 2500 Mio Mark Reparationen würde Frankreich rund 1300 Mio Mark jährlich erhalten, müßte aber bezahlen: 130 Mio Dollar = 550 Mio Mark an die Vereinigten Staaten und 12,5 Mio £ = 250 Mio Mark an England.

Es würde so das merkwürdige Ergebnis herauskommen, daß Frankreich im Jahre 1924 eine Summe von 1400 Mio Goldfranken für ausländische Kapitalanlagen oder für die Rückzahlung von Auslandsschulden zur Verfügung gehabt hätte, ebensoviel wie vor dem Kriege! (Wenn wir die Reparationszahlungen einrechnen, eine noch größere Summe.) Und dieses glänzende Ergebnis wäre erzielt, trotzdem von den ausländischen Kapitalanlagen, die Frankreich vor dem Kriege besaß, nur ein Bruchteil übrig geblieben ist.

Moulton kommt ebenfalls zu dem Ergebnis[24], daß, Reparationen und Zinsen für die politischen Schulden Frankreichs ausgeschaltet, Frankreich im Jahre 1924 eine aktive Zahlungsbilanz im Betrage von 6,6 Mrd. Papierfranken gleich 1320 Mio Goldfranken hatte.

Alle derartigen Berechnungen enthalten große Fehlermöglichkeiten. Trotzdem scheint es, daß der Stabilität der französischen Valuta auch von dieser Seite keine Gefahren drohen, insbesondere, wenn die interalliierten Schuldenabkommen doch ratifiziert werden — was später sicherlich der Fall sein wird — und vorübergehende Defizite der Zahlungsbilanz durch ausländische Anleihen leicht gedeckt werden können.

Zusammenfassung und Perspektiven

Frankreich tritt in die Stabilisierungsperiode mit einer verschlechterten Landwirtschaft und einem stark ausgedehnten industriellen Produktionsapparat ein. Krieg und Inflation haben eine starke Zentralisation, eine weitgehende Expropriation der Renten und des Vermögens der Bauern und Kleinbürger bewirkt. Aber infolge der sich einige Mal wiederholenden starken Rückschläge des Frankenkurses innerhalb der Inflation zeigt die französische Wirtschaft in viel geringerem Maße jenes typische Bild der Inflationswirtschaft, wie wir es aus Deutschland, Österreich oder Polen kennen: keine Inflationskonzerne, keine „Flucht in die Sachwerte", daher auch keine solche Disproportion zwischen fixem und Zirkulationskapital wie in Deutschland, kein Zusammenschrumpfen der zirkulierenden Geldsumme, kein Mangel an Rohstoffen und Fertigwaren; auch kein Rückgang der Konsumtion an Massenartikeln. Die Inflation in Frankreich ging in ihren ökonomischen Folgen nicht über eine weitgehende Vermögenskonzentration hinaus. Die Gewinne des Großkapitals wurden auf Kosten der Bauernschaft, der Rentner, des Kleinbürgertums — nicht oder nur in geringem Maße auf Kosten des französischen Proletariats — gemacht.

Die Stabilisierung bedeutet, daß jene Vorteile, die die französische Bourgeoisie aus der Differenz zwischen Produktionspreis und Reproduktionspreis[25], zwischen innerer und äußerer Kaufkraft[26] des Franc gezogen hat, aufhören. Hieraus folgt, daß die französische Industrie unter valutarisch gleichen Bedingungen den Kampf mit ihren Konkurrenten auf dem Weltmarkt wird aufnehmen müssen. Hierbei wird es sich erst entscheiden, ob

24 Moulton and Lewis, The french debt problem, a. a. O., S. 370.

25 Bei einer langsam fallenden Valuta verkauften Kleinhändler und Gewerbetreibende ihre Waren immer zum Kostenpreis plus Durchschnittsprofit, also Produktionspreis, in der nominellen Geldeinheit. Infolge der inzwischen eingetretenen Geldentwertung erhalten sie aber real einen geringeren Erlös als der neue Einkaufs- beziehungsweise Reproduktionspreis. Daher die unbemerkte, aber unvermeidliche Verarmung dieser Schichten in der Inflation.

26 Die folgende Tabelle zeigt die Differenz zwischen innerer und äußerer Kaufkraft des Franc, jeweilig auf Grund des französischen beziehungsweise amerikanischen Großhandelsindexes berechnet. Es wäre natürlich falsch, die äußere Kaufkraft des Franc an dem Valutakurs zu messen, da hierbei die auf dem Weltmarkt vor sich gegangene Minderbewertung des Goldes außer Berechnung bliebe.

jene Standortnachteile, die vor dem Krieg die Rückständigkeit der französischen Industrie bewirkt hatten, durch die Änderung der Technik in den letzten 13 Jahren beseitigt wurden oder nicht. Aber selbst wenn diese Standortnachteile ausgeglichen sind, so muß die französische Industrie nunmehr das Schicksal der deutschen und englischen teilen; sie wird gleicherweise mit dem Widerspruch zwischen Produktions- und Verwertungsmöglichkeiten kämpfen müssen wie diese. Die Lage der französischen Industrie wird erschwert sein durch die viel geringere Aufnahmefähigkeit des inneren Marktes, durch die geringe Bevölkerung, durch die verschlechterte Lage der Landwirtschaft, durch die hohen Steuern, die die Aufrechterhaltung der „Weltmachtstellung" erfordert.

Die französische Bourgeoisie wird daher in der nächsten Zeit zu einer großzügigen Offensive gegen die Arbeitsbedingungen des französischen Proletariats, gegen Lohnhöhe und Achtstundentag schreiten. Sie wird dabei auf einen scharfen Widerstand des französischen Proletariats stoßen. Denn es besteht ein großer Unterschied zwischen der Lage des deutschen und des französischen Proletariats bei Beginn der Stabilisierungsperiode. Durch die rapide Markentwertung wurde im Jahr 1923 der Reallohn der deutschen Arbeiterschaft auf ein Minimum reduziert. Der Arbeitslohn verlor von einem Tag auf den anderen die Hälfte seiner Kaufkraft. Die Arbeiter hungerten und verelendeten. Die Stabilisierung bedeutete für sie — wohl bei verlängerter Arbeitszeit und großer Arbeitslosigkeit — eine starke reale Standarderhöhung. Nicht so bei den französischen Arbeitern, deren Reallohn heute ungefähr jenem der Vorkriegszeit gleich ist, wo die Offensive des Kapitals eine unmittelbar wirkende Verschlechterung der Lage der Arbeiter bedeuten wird, zugleich mit einer Massenarbeitslosigkeit, die bereits begonnen hat. *Die relativ friedliche Periode des Klassenkampfes ist auch in Frankreich zu Ende!* Die französische Industrie muß für ihre Existenz auf dem Weltmarkt kämpfen; sie wird vor allem versuchen, ihre Konkurrenzfähigkeit durch erhöhte Ausbeutung, durch „Rationalisierung" zu sichern. *Die bisherige Vorzugsstellung des französischen Kapitalismus hat ihr Ende erreicht!*

Fußnote 26 (Fortsetzung)

	Großhandelsindex a)	Innere Kaufkraft des Franc b)	Kurs in New York cents je Franc c)	Äußere Kaufkraft des Francs d)	Großhandelsindex in den Vereinigten Staaten e)
1913	100	100	19,3	100	100
1919	357	28	13,7	206	35,2
1920	510	20	7,0	226	11,0
1921	345	29	7,5	147	26,5
1922	327	31	8,2	149	28,8
1923	419	24	6,1	154	20,8
1924	489	21	5,2	150	17,3
1925	550	18	4,7	159	15,1
1926 Dez.	641	15,6	4,0	150	13,9

a) Jahrbuch; b) umgerechnet auf Grund des Großhandelsindexes; c) Survey of Current Business; d) Department of Labor; e) umgerechnet auf Grund des New Yorker Kurses und des Großhandelsindexes der Vereinigten Staaten.

IV. Die Vereinigten Staaten als führender imperialistischer Staat*

Die wichtigste Tendenz in der Weltpolitik der Gegenwart ist die Scheidung der Welt in zwei große Lager: in das kapitalistisch-konservativ-gegenrevolutionäre und das revolutionäre Lager. Den Mittelpunkt des revolutionären Lagers bildet die Sowjetunion; als Mittelpunkt des gegenrevolutionären Lagers kristallisieren sich immer mehr die Vereinigten Staaten heraus. Während die nationalrevolutionären Bewegungen der ganzen Welt ihren natürlichen Anschlußpunkt in der Sowjetunion haben, wohin auch die revolutionäre Bewegung des Proletariats in allen kapitalistischen Ländern gravitiert, führt die wirtschaftliche Übermacht der Vereinigten Staaten zu einer immer klarer hervortretenden Vormachtstellung in der kapitalistischen Welt. Diese Polarisierung der ganzen Welt in zwei große Lager ist die wichtigste Tendenz des gesamten weltpolitischen Geschehens.

Diese Entwicklung wird verdeckt durch die Tatsache, daß das Verhältnis zwischen den Vereinigten Staaten und der Sowjetunion ein relativ gutes ist, daß aktuell die Führung des Kampfes gegen die Sowjetunion in den Händen Großbritanniens liegt. In diesem Moment ist der Gegensatz zwischen kapitalistischer Herrschaft und revolutionärer Bewegung in den Vereinigten Staaten noch nicht akut, und diese Tatsache mildert das außenpolitische Verhältnis zwischen den Vereinigten Staaten und der Sowjetunion. Der Kampf zwischen Kapital und Arbeit ist in den Vereinigten Staaten weniger akut als in Europa. Der Kapitalismus der Vereinigten Staaten bewegt sich noch auf einer aufsteigenden Linie. Die kolonialen Profite und der gewaltige Reichtum des Landes ermöglichen es der Bourgeoisie der Vereinigten Staaten — ähnlich wie vor dem Krieg der britischen —, der Arbeiterschaft einen aufsteigenden Standard zu gewähren, einen bedeutenden Teil der Arbeiterschaft als Arbeiteraristokratie in den Dienst der Bourgeoisie zu stellen. Die Herrschaft der Bourgeoisie ist in den Vereinigten Staaten selbst unmittelbar noch nicht bedroht, was den Gegensatz zu der Sowjetunion, dem Zentrum der revolutionären Entwicklung der Welt, mildert.

Hinzu kommt die Tatsache, daß außenpolitisch diese zwei größten Mächte der Welt, durch große Entfernungen getrennt, wenig unmittelbare Berührungspunkte haben. Der Kapitalismus der Vereinigten Staaten vollzieht gegenwärtig (gegenwärtig im historischen Sinne) seinen Übergang zum Imperialismus. Er hat zwar schon früher imperialistische Kriege geführt und sich verschiedene Gebiete angeeignet. Aber diese Kriege und Gebietsaneignungen dienten zum Teil rein weltpolitischen und strategischen Zwecken. Es fehlten im Lande selbst die ökonomischen Grundlagen der imperialistischen Ausdehnung: Industrieexport und Kapitalexport. Im Verlaufe der letzten zehn Jahre sind diese ökonomischen Grundlagen voll entwickelt worden, und die Vereinigten Staaten sind zu dem kräftigsten imperialistischen Land der Welt geworden.

Aber die imperialistischen Ausdehnungsbestrebungen der Vereinigten Staaten richten sich vorläufig auf Gebiete, die der Sowjetunion sehr fern liegen. Das unmittelbare Ausdehnungsgebiet des Imperialismus der Vereinigten Staaten ist Nord- und Südamerika. *Man könnte*

* Aus: Wirtschaft und Wirtschaftspolitik im I. Vierteljahr 1927, in: Internationale Pressekorrespondenz, Nr. 50, vom 12. Mai 1927, S. 1051—1063.

die Politik der Vereinigten Staaten in der letzten Zeit als offensiv auf dem amerikanischen Kontinent und defensiv in Asien bezeichnen. Offensiv in Amerika, wo es durch gewaltige Kapitalanlagen in Kanada und Südamerika und durch militärische Eingriffe in Mittel- und Südamerika energisch und konsequent vorstößt. Defensiv in Asien, wo zwar die Vereinigten Staaten strategisch wichtige Punkte (Hawaii-Inseln, Philippinen-Inseln) besetzt halten, diese aber doch mehr zur Abwehr eines möglichen japanischen Angriffes dienen, als daß sie ökonomisch wichtig wären. In China befolgen die Vereinigten Staaten im wesentlichen die Politik der „freien Tür": Sie sind gegen die Abgrenzung von „Einfluß-Sphären" an einzelne imperialistische Mächte. Sie erwarten aus der gegenwärtigen Revolution das Entstehen eines freien bürgerlichen China und hoffen, dort ohne unmittelbare militärische Eingriffe später auf Grund ihrer ökonomischen Übermacht die besten Geschäfte zu machen. Daher ist es England bis heute trotz aller Anstrengungen nicht gelungen, die Vereinigten Staaten zu einer aktiven Beteiligung an einem Krieg gegen China zu bewegen.

Diese abwartende, in gewissem Sinne „freundliche" Einstellung des Kapitalismus der Vereinigten Staaten gegenüber der chinesischen Revolution, dem größten weltpolitischen Vorgang der Gegenwart, eine Einstellung, die jener der Sowjetunion in gewissem Sinne parallel geht, wie auch die gemeinsamen Gegensätze der Sowjetunion und des Imperialismus der Vereinigten Staaten gegenüber dem britischen Imperialismus hatten es zur Folge, daß es bisher zwischen dem Zentrum des Weltkapitalismus und dem Zentrum der Weltrevolution zu keinem Zusammenstoß gekommen ist. Möglicherweise wird sich dieser Zusammenstoß noch längere Zeit hinausschieben. Trotzdem aber wird in einem gewissen Stadium der Entwicklung ein Zusammenstoß zwischen diesen zwei führenden Mittelpunkten des Kampfes zwischen Kapital und Arbeit unvermeidlich werden.

Die Elemente des Reichtums der Vereinigten Staaten

Die Vereinigten Staaten sind zweifellos das reichste Land in dem Sinne, daß Produktion und Konsumtion pro Kopf der Bevölkerung alle anderen Staaten weitaus überragen. Dies ist gleichbedeutend mit der Tatsache, daß die Produktivität der Arbeit in den Vereinigten Staaten größer ist als irgendwo in der Welt. Die Ursachen dieser Erscheinung sind folgende:

1. *Der natürliche Reichtum des Landes.* Boden ist in viel größerem Ausmaße vorhanden als in anderen kapitalitischen Ländern. Es ist oder war zumindest bis zur jüngsten Zeit in dieser Beziehung ein Kolonialland. In der Erde selbst hat es ungeheure Bodenschätze jeder Art. Diese natürlichen Umstände bringen es mit sich, daß bei gleicher technischer Ausrüstung jeder Arbeiter ein größeres Maß von Gebrauchswerten hervorbringen kann.

2. Aber die *Produktivität der Arbeit* ist in den Vereinigten Staaten auch in dem Sinne höher als in anderen kapitalistischen Ländern, daß jeder Arbeiter eine größere Masse von Produktionsmitteln in Bewegung setzt, mit einer viel besseren technischen Ausrüstung arbeitet als im Durchschnitt der anderen kapitalistischen Länder.

3. Hierzu kommt die mit der besseren technischen Ausrüstung zusammenhängende *höhere Intensität der Arbeit.* Die Arbeitskraft wird von den Kapitalisten auf das rücksichtsloseste ausgenutzt: es ist bekannt, daß in den großen Fabriken der Vereinigten Staaten niemals Arbeiter, die über 40 Jahre alt sind, in die Arbeit eingestellt werden.

4. Die Menschen selbst, die das Territorium der Vereinigten Staaten bevölkern, bilden — abgesehen von den Negern und den in den ersten Jahrzehnten des Bestehens der Staaten gewaltsam dahin geschleppten weißen Sklaven — die Auslese der besten Elemente der

Klasse, die die Auswanderer jeweils stellt. Es ist selbstverständlich, daß die unternehmungslustigsten, am wenigsten durch konservative Vorurteile beeinflußten, entschlossensten Elemente der europäischen Arbeiter- und Bauernklasse sich zu der freiwilligen Auswanderung nach den Vereinigten Staaten entschlossen haben. Die Auswanderung hat auf diese Weise als Auslese zugunsten der Vereinigten Staaten gewirkt.

Neben dieser Auslese aus Europa findet auch ständig eine Auslese der tüchtigsten Elemente aus den unteren Klassen innerhalb der Vereinigten Staaten statt. Es hat in den Vereinigten Staaten niemals Stände gegeben, d. h. die Klassen waren nicht durch juristisch-traditionelle Abgrenzungen voneinander geschieden. Jene Hindernisse rechtlich traditioneller Art, die in Europa — über die ökonomischen Barrieren hinaus — den Aufstieg des einzelnen in die herrschende Klasse verhindern, waren in Amerika nie vorhanden. Bis zur jüngsten Zeit waren die Grenzen der Klassen in Amerika fließend, der Aufstieg aus einer Klasse in die andere bei dem großen Reichtum des Landes verhältnismäßig leicht möglich.[1] Dies ermöglichte es den tüchtigsten, auf die individuelle Bereicherung eingestellten Elementen der Arbeiterschaft und der anderen erwerbstätigen Klassen, in die Bourgeoisie aufzusteigen, was viel zu der Schwächung des Klassenbewußtseins der erwerbstätigen Klassen gegenüber der Bourgeoisie beitrug. Das Phantom der *individuellen* Bereicherung beherrscht noch heute allgemein die Geister in Amerika.

Die große Anhäufung von Reichtum, die in Amerika in der letzten Zeit vor sich ging, ist aber zu einem bedeutenden Teil dem Raubbau an den natürlichen Hilfsquellen des Landes geschuldet. Während sich auf der Oberfläche des Landes kolossale Reichtümer aufhäuften, wurde die natürliche Fruchtbarkeit des Bodens rücksichtslos ausgeraubt, die Wälder verwüstet, die Bodenschätze — Kohle, Petroleum — planlos vergeudet. Wenn man eine Wirtschaftsbilanz der Vereinigten Staaten nicht nur für die von Menschen produzierten Reichtümer, sondern auch für die natürlichen Reichtümer ziehen würde, so ergäbe sich für die letzten 50 Jahre eine starke Verarmung an natürlichen Reichtümern. Es würde sich zeigen, daß der aktuelle Reichtum des Landes zu einem großen Teil durch die Vergeudung der natürlichen Hilfsquellen geschaffen wurde. Diese Tatsache zeigt sich am besten an der Entwicklung der amerikanischen Landwirtschaft.

Die amerikanische Landwirtschaft

Die amerikanische Landwirtschaft unterscheidet sich in zwei Punkten von der europäischen. *Es gibt in Amerika keine Bauern*, d. h., es gibt keine landwirtschaftlichen Produzenten, die in erster Linie zur Deckung des häuslichen Bedarfs produzieren. Die amerikanische Landwirtschaft trägt rein kapitalistischen Charakter, in dem doppelten Sinne, daß sie erstens stark spezialisierte Warenwirtschaft ist, und zweitens, daß die Farmer kapitalistische Unternehmer sind, die ihre Farm als profitbringendes Unternehmen betrachten, durch keinerlei traditionelle Momente an ihre Wirtschaft gebunden und dann immer bereit sind, die Farm und auch die ganze landwirtschaftliche Beschäftigung aufzugeben, wenn ihnen auf einem anderen Gebiete eine lohnendere Beschäftigung möglich ist.

Es gibt in Amerika weder einen kapitalistischen Großgrundbesitz, mit Ausnahme der südlichen Baumwolldistrikte, noch eine Grundbesitzerklasse in europäischem Sinne, d. h.

1 Siehe die Charakterisierung der amerikanischen Gesellschaft bei K. Marx, Der achtzehnte Brumaire des Louis Bonaparte, in: MEW, Bd. 8, Berlin 1960, S. 122/123.

eine Klasse mit juristisch und traditionell festgelegten Sondervorzügen innerhalb der kapitalistischen Wirtschaft, wie dies z. B. in England und Deutschland der Fall ist.* Als kleine Kapitalisten, die mit dem überwiegenden Teil ihres Produktes auf den Markt angewiesen sind, konnten die Farmer den Kampf mit den Industriellen nicht aufnehmen. Daher besteht in Amerika seit fast einem Jahrzehnt eine Krise der Farmwirtschaft.

Das zweite wichtige Moment, das die amerikanische Landwirtschaft von der europäischen bis zur jüngsten Zeit unterschieden hat, war das Vorhandensein von freiem Boden, frei im ökonomischen Sinne des Wortes, nicht im juristischen. Frei in dem Sinn, daß es den Arbeitern möglich war, die sehr niedrigen Beträge, die zum Ankauf des Bodens und der ersten primitiven Produktionsmittel nötig waren, zu ersparen. Es mußte zwar für die Aneignung des Bodens ein gewisser Preis an die Eisenbahngesellschaften oder an den Staat gezahlt werden; dies bedeutete aber ökonomisch kein Hindernis, bedeutete im ökonomischen Sinne nicht das Vorhandensein eines die Produktion hindernden, Renten fordernden Großeigentums[2].

Die Tatsache des Vorhandenseins von freiem Boden bestimmte bis zur jüngsten Zeit den Charakter der amerikanischen Landwirtschaft. Die Wirtschaftsweise war darauf gerichtet, mit möglichst geringen Kosten auf einem sehr großen Territorium zu produzieren. Also gerade das Gegenteil der chinesischen Landwirtschaft, die darauf eingestellt ist, auf einem Minimum von Boden mit einer sehr großen Aufwendung von Arbeitskraft einen möglichst großen Rohertrag zu gewinnen. Daher der Erfolg, daß in den Vereinigten Staaten der Ertrag pro Flächeneinheit sehr niedrig, hingegen pro Kopf der Arbeitenden sehr hoch ist; im Gegenteil dazu in der chinesischen Landwirtschaft der Ertrag pro Flächeneinheit außerordentlich hoch, pro Arbeiter aber sehr niedrig ist.

Wir wollen diese Entwicklungslinie mit einigen Daten belegen. Der Prozentsatz der in der Farmwirtschaft direkt konsumierten Erzeugnisse betrug in Prozent des Wertes:

1920	1921	1922	1923	1924	1925	Durchschnitt
18,4	20,9	23,1	20,9	20,9	19,4	20,4

Quelle
Nach den Berechnungen des Department of Agriculture, zitiert in dem ausgezeichneten Buch: The Agricultural Problem in the United States, hg. vom National Industries Conference Board, New York 1926, Seite 20.

Wir sehen, daß rund ein Fünftel des Wertes in der Landwirtschaft selbst konsumiert wird. 80 Prozent des Produktes kommen auf den Markt. Tatsächlich ist es so, daß in einzelnen Gebieten der Vereinigten Staaten nur gewisse Produkte produziert werden: Ein großes Gebiet produziert Weizen, ein anderes Mais, ein drittes Baumwolle usw. Der Weizenfarmer kauft Fleisch, Butter, Gemüse, Obst auf dem Markt, und zwar in den meisten Fällen in Form von sehr weit hingebrachten Waren, zum großen Teil in Konservenform.

2 Daß das formaljuristische Bestehen des Privateigentums an Grund und Boden von dem ökonomischen Monopol der Bodeneigentümer grundverschieden ist, führt Marx in seiner Polemik gegen Rodbertus im 2. Teil der „Theorien über den Mehrwert" einige Male nachdrücklich aus.

* Wegen technischer Fehler in der Originalquelle wurden im Interesse des Sinnzusammenhangs zwei Sätze ausgelassen (d. Hrsg.).

Die extensive Entwicklung der amerikanischen Landwirtschaft, die Ausbreitung des bebauten Bodens an Stelle der Intensivierung zeigen alle Daten, die sich auf die amerikanische Landwirtschaft beziehen. Die Gesamtfläche der Vereinigten Staaten beträgt rund 1903 Mio Morgen. Ein großer Teil ist natürlich für Ackerbau nicht brauchbar. Die *Verteilung dieses Gesamtareals* ist folgende:

	Mio Morgen		Mio Morgen
Gesamtfläche	1903	hiervon Grasland	231
hiervon Wald	484	hiervon Kulturland	523
hiervon Steppe oder Trockenweide	487	hiervon Wege, Städte und unbrauchbares Gelände	212

Von dieser Gesamtfläche sind bis heute nicht einmal die Hälfte in Farmen, in landwirtschaftliche Betriebe eingegliedert. Mehr als die Hälfte befindet sich noch außerhalb eines Individualbetriebes. Das in Farmen eingegliederte Land wird in der amerikanischen Statistik in zwei Hauptarten geteilt, in verbessertes und in unverbessertes Land. (Letzteres bedeutet angeeignetes oder keiner Bearbeitung unterliegendes Land.) Die extensive Ausdehnung der amerikanischen Landwirtschaft läßt sich am besten durch die Verbreiterung des in Farmen eingegliederten Landes charakterisieren (vgl. Tabelle 1).

Tabelle 1
Entwicklung der amerikanischen Landwirtschaft

	1850	1880	1890	1900	1910	1920	1925
	(in Mio)						
Zahl der Farmen	1,45	4,00	4,56	4,74	6,36	6,45	6,37
Der gesamte, in Farmen eingegliederte Boden (acre)	294	536	623	839	879	956	925
hiervon verbessertes Land	113	285	358	414	478	503	—*
hiervon unverbessertes Land	181	251	266	424	400	453	—
Prozentsatz des in Farmen eingegliederten Landes	15,6	18,2	32,7	44,1	46,2	50,2	48,6
Auf 1000 Morgen verbesserten Farmlandes entfallen Einwohner	205	176	176	183	192	210	—

* Wurde nicht weiter aufgenommen.

Quelle
Statistical Abstract of the United States, 1925, S. 581.

Diese Tabelle zeigt folgende Tatsachen:

1. Nur die Hälfte des Gesamtterritoriums ist bisher in Farmen eingegliedert, und nur etwas mehr als die Hälfte des Farmlandes ist verbessertes Land.

2. Der Prozeß der sukzessiven Eingliederung des Landes in Farmen hat sich im 20. Jahrhundert sehr verlangsamt, und zwischen 1920 und 1925 ist eine Verminderung des Farm-

landes um rund 30 Mio Morgen eingetreten, das heißt, Boden, der früher als Farmland gedient hat, wurde aufgegeben, die landwirtschaftlich bewirtschaftete Fläche verkleinerte sich.

3. Die extensive Entwicklung der amerikanischen Landwirtschaft wird durch die Tatsache besonders gekennzeichnet, daß auf 1000 acre verbesserten Farmlandes im Jahre 1920 rund ebensoviel Einwohner fielen als 1850. Dies bedeutet, daß wenn wir von dem Export absehen (auf dessen Höhe wir weiter unten zurückkommen), die Bevölkerung der Vereinigten Staaten gegenwärtig ebensoviel Boden pro Kopf zu ihrer Ernährung braucht wie vor 70 Jahren. Wir möchten noch bemerken, daß von den 925 Mio Morgen Farmland im Jahre 1925 nur 391 Mio Ackerland war, und hiervon im Jahre 1924 nur 344 Mio Ernte brachten, 50 Mio dienten als Brache oder ergaben keine Ernte. Es gab ferner noch von dem nicht als Ackerland benutzten Boden (Weideland) 115 Mio Morgen ackerbares Land.

4. Es ergibt sich aus diesen Zahlen, daß eine Ausdehnung des Ackerbaues in den Vereinigten Staaten nur noch auf rund 150 Mio Morgen möglich wäre, d. h. um rd. 40%, wobei wahrscheinlich schon minderwertiger Boden bebaut werden müßte. Hiermit ist auch die Grenze der extensiven Entwicklung der amerikanischen Landwirtschaft gesetzt.

Die geringe Arbeitsintensität der amerikanischen Landwirtschaft zeigen folgende Zahlen: Es waren beschäftigt auf je 1000 Morgen:

Arbeitskräfte

	Farmland	verbessertes Land	Ackerland
1850	17	44,2	—
1880	14,4	27,1	46,4
1920	12,6	24	34,6

Wir sehen also, daß die Zahl der Arbeiter eine herabgehende Tendenz aufweist, entsprechend dem allgemeinen Charakter der amerikanischen Landwirtschaft, ein möglichst großes Territorium mit möglichst wenig Arbeitskräften, zu bewirtschaften.

Tabelle 2

Jahresdurchschnitt	Mais	Weizen	Hafer	Kartoffeln	Baumwolle Pfd.
	bushels		bushels		
1866—1875	26,1	12,0	28,2	93,0	176
1876—1885	25,4	12,3	27,4	81,2	171
1886—1895	23,8	12,7	26,1	74,4	177
1896—1900	26,2	12,9	28,9	81,6	193
1901—1905	25,3	14,0	30,7	99,1	185
1906—1910	27,6	14,7	28,4	97,1	180
1911—1915	26,0	15,5	31,7	98,3	192
1916—1920	27,0	13,6	33,2	95,7	163
1921—1925	27,7	13,8	30,8	107,4	143

Quelle
Statistical Abstract of the United States, 1925, S. 336/338.

Die Extensivität der amerikanischen Landwirtschaft zeigt sich ferner schlagend darin, daß sich *die Erträge pro Morgen seit Jahrzehnten gleich geblieben sind.* Wir geben im folgenden die Erträge der wichtigsten Bodenfrüchte pro Morgen (vgl. Tabelle 2).

Die Steigerung der durchschnittlichen Erträge pro Morgen ist ganz geringfügig. Vergleicht man diese Tabelle mit der Entwicklung der Hektarerträge der deutschen, überhaupt der westeuropäischen Landwirtschaft, so springt der verschiedene Charakter besonders stark in die Augen.

Selbstverständlich gibt es auf einem so großen Territorium, wie es die Vereinigten Staaten sind, große Unterschiede in den Erträgen. Es läßt sich dabei, wie wir glauben, folgendes unterscheiden: Die Erträge sind höher in den nordöstlichen, stark bevölkerten Gebieten, wo ein Übergang zur intensiven, auf die Versorgung des städtischen Marktes eingestellten Wirtschaft vor sich geht, und höher in jenen Gebieten, wo die Ausdehnung der Landwirtschaft eben vor sich geht, und die ursprüngliche Fruchtbarkeit des bisher nicht bebauten Bodens ausgenutzt wird.

Der extensive Charakter der amerikanischen Landwirtschaft wird ferner sichtbar durch die geringe Vermehrung des Viehstandes. Die *Zahlen des Zensus* zeigen folgendes Bild:

	Pferde	Rindvieh	Schafe	Schweine
	(Mio St.)			
1880	10,4	39,7	42,2	49,8
1890	15,3	57,6	40,9	57,4
1900	18,3	67,7	61,5	62,9
1910	19,8	61,8	52,4	58,2
1920	19,8	66,7	35,0	59,3
1925	16,5	61,6	35,3	51,8
1926	15,8	59,8	40,7	51,2

Quelle
Statistical Abstract of the United States, 1925, S. 609.

Wir sehen: Die Vermehrung des Viehstandes hat keinesfalls Schritt gehalten mit der Ausdehnung der Kulturfläche, daher auch die Düngerproduktion nicht.

Der Charakter der amerikanischen Landwirtschaft als extensiver Raubbau an der natürlichen Fruchtbarkeit des Bodens tritt klar hervor. *Der Boden erhält die ihm entzogenen Nährstoffe nicht zurück.* Ein bedeutender Teil geht mit der exportierten landwirtschaftlichen Produktion verloren. Ebenso jener Teil, der in den mit moderner Kanalisierung versehenen Städten — in Amerika die Regel — konsumiert wird.

Die Krise der amerikanischen Landwirtschaft ist nicht nur eine Krise der kapitalistischen Produzenten, die nicht auf ihren Profit kommen, sondern eine Krise des Systems selbst. Die extensive Ausdehnung der bebauten Fläche hat ihre Grenzen ungefähr erreicht. Es gibt wenig neuen Boden mehr, der ausgesaugt werden könnte. Die amerikanische Landwirtschaft muß zu einer Gleichgewichts- bzw. Anreicherungswirtschaft übergehen, d. h. ebensoviel bzw. mehr Nährstoffe jährlich dem Boden einverleiben, als diesem mit der Ernte entzogen werden. Dies bedeutet große Neuanlagen von Kapital, das den meisten Farmern nur zu höheren Zinsen zugänglich ist, es bedeutet eine Verteuerung der Produktion; einen

Nachteil gegenüber Kanada und Argentinien, die noch Boden in großem Ausmaße zur Fortsetzung der extensiven Raubwirtschaft zur Verfügung haben.

Da ferner die landwirtschaftliche Produktion der Vereinigten Staaten den eigenen Bedarf überschreitet, muß ein Teil exportiert werden. Infolgedessen gestaltet sich der Inlandspreis = Weltmarktpreis — Frachtkosten. Da alle von der Industrie gelieferten Produktions- und Konsumtionsmittel aber zollgeschützt sind, d. h. der Preis stellt sich im allgemeinen auf Weltmarktpreis + Frachtkosten + Zoll, entsteht eine untragbare Differenz zwischen den Produktionskosten und den Verkaufspreisen der Farmprodukte, die zu einem Ruin der einzelnen Farmer führt.

Die Bodenverteilung

Wir erwähnten oben bereits, daß es in den Vereinigten Staaten keinen Großgrundbesitz in europäischem Sinne des Wortes gibt. Es gibt Bodenspekulation in großem Maßstabe, aber kein sich vom Vater auf Sohn vererbendes Großgrundeigentum, keine müßige, bloß die Grundrente genießende Herrenklasse.

Tabelle 3
Prozentuale Bodenverteilung im Jahre 1920

	Zahl der Farmen (in Tsd.)	Zahl der Farmen %	Besitz an Farmland %	Besitz an verbessertem Boden %
Unter 20 acres	796	12,4	0,9	1,6
20— 49 acres	1504	23,3	5,1	7,7
50— 99 acres	1475	22,9	11,1	14,4
100—174 acres	1450	22,5	20,4	25,5
175—499 acres	1006	15,6	29,0	38,8
500—999 acres	150	2,3	10,6	9,6
Über 1000 acres	67	1,0	23,1	7,5
	6448	100	100	100

Quelle
Statistical Abstract of the United States, 1925, S. 590.

Die 67405 Großgrundbesitzer mit über 200 ha Boden im Durchschnitt besitzen 23% des Farmlandes, *aber nur 7% des verbesserten Bodens!* Nur 1627 befanden sich auf dem dichtbevölkerten nordöstlichen Gebiet in den 14 Staaten der New-England-, Middle-, Atlantic- und East-North-Central Gebiete. Der überwiegende Teil ist Bodenspekulation, zur späteren Aufteilung bestimmt.

Prozent der Farmen

	1880	1890	1900	1910	1920
Eigenbewirtschaftung	74,4	71,6	64,7	63	60,9
Pachtung	25,6	28,4	35,3	37	38,1

Quelle
Statistical Abstract of the United States, 1925, S. 590—591.

Prozent der in Farmen eingegliederten Fläche

Eigenbewirtschaftung	51,4	61,8	52,9	59	48,3	54
Durch Angestellte bewirtschaftet	10,4		6,1		5,7	
Zugepachtet zur eigenen Wirtschaft	14,9		15,2		18,4	
Teilpacht	14		16,2		19,3	
Geldpacht	9,2		9,5		8,4	

Ein bedeutender und stets wachsender Teil des Bodens wird von Pächtern bewirtschaftet.

Die Eigenbewirtschaftung geht von Jahrzehnt zu Jahrzehnt zurück, die Pacht breitet sich aus. Es müssen aber hierbei gewisse Einschränkungen gemacht werden. Die Teilpacht ist hauptsächlich im Süden verbreitet und ist im Wesen ein verkapptes Arbeitsverhältnis, eine hochgradige Ausbeutung der Neger. Hingegen ist die Pacht in den Mittel- und Weststaaten in vielen Fällen der Weg zu späterem Erwerb von eigenem Grund und Boden; die jüngeren Leute sind Pächter, die älteren Besitzer ihrer Farmen. Die Pacht scheint nicht sehr hoch zu sein, sie betrug im Durchschnitt der Jahre 1920—1925 12,4% des Bruttoertrages der Farmproduktion[3].

Wichtig ist, daß es sich im allgemeinen um keine kapitalistische Großpacht wie in England handelt, sondern die Pächter sind fast ausschließlich selbstarbeitende Farmer. An dem Charakter der Zerplitterung der Unternehmungen wird dadurch nichts geändert.

Die Krise der Farmerkapitalisten

Die Krise der Landwirtschaft, deren Gründe wir oben darstellten, führte in der Nachkriegszeit zu einer Krise der Farmerkapitalisten. Beide Erscheinungen zusammen pflegt man die amerikanische *Agrarkrise* zu nennen. Die Krise äußerte sich in einem *Rückgang der*

Tabelle 4
Preisgestaltung (1913 = 100)

	alle Waren	Farmprodukte		alle Waren	Farmprodukte
1890	80,5	69,8	1918	194,3	218,5
1900	80,5	70,5	1919	206,4	230,8
1905	86,2	78,8	1920	226,2	217,9
1910	100,9	103,2	1921	146,1	123,7
1913	100,0	100,0	1922	148,8	133,3
1914	98,1	102,6	1923	153,7	141,2
1915	100,8	103,9	1924	149,7	143,4
1916	126,8	122,8	1925	158,7	158,1
1917	177,2	189,6			

Quelle
Statistical Abstract of the United States, 1925, S. 313—314. Der Gesamtindex ist auf 404 Warenarten, der Farmpreisindex auf 30 Produkte nach den Preisen, die die Produzenten erhalten haben, aufgebaut.

3 Vgl. The Agricultural Problem in the United States, hg. vom National Industries Conference Board. New York 1926, S. 20; lt. Angaben des Departments of Agriculture.

Farmfläche (wir gaben bereits die Daten darüber), in einer Verminderung der Farmbevölkerung[4], einem massenhaften Bankrott der Farmer. Die unmittelbare Ursache dieser Krise war die Schere.

Tabelle 4 zeigt drei Perioden:

1. In den zwei Jahrzehnten 1890—1910 waren die Preise für landwirtschaftliche Produkte verhältnismäßig niedriger als 1913.

2. 1910—1920, im Jahrzehnt des Weltkrieges, standen die landwirtschaftlichen Produkte bedeutend höher als 1913.

3. 1921—1925: Die Preise der Farmprodukte stehen niedriger als das allgemeine Preisniveau, gleichen sich aber am Ende wieder aus.

Es drängt sich hier die Frage auf, warum 1890—1910 keine Agrarkrise war, obwohl die Preise der Farmprodukte damals ebenfalls unter dem relativen Niveau von 1913 standen?

Die Antwort scheint in folgendem zu liegen:

1. Die Produktionskosten waren damals niedriger, als noch eine starke Ausdehnung des Bodenbaus und damit eine Raubwirtschaft an dem ursprünglichen Bestand an Naturkräften des Bodens vor sich ging.

2. Während der starken Erhöhung der Preise bis auf 231 im Jahre 1920 hielten sich manche Kostenelemente (Pacht, Zinsen von Hypotheken auf neugekauftem Boden, Steuern usw.) auf dem früheren hohen Preisniveau und konnten bei dem Preissturz auf 127 im Jahre 1921 nicht entsprechend herabgesetzt werden. Es wurde teilweise zu alten Produktionskosten produziert, aber zu den neuen niedrigen Preisen verkauft. Unter solchen Verhältnissen mußten die Farmer zugrunde gehen. Die starke Spezialisierung der amerikanischen Landwirtschaft verschärfte die Krise, da die Preisgestaltung ungleichmäßig vor sich ging: Die Krise ergriff nach der Reihe die Mais-, Weizen-, Viehzucht- und Baumwollgebiete, nach der jeweiligen Preisgestaltung.

Folgende Tabelle gibt einen ungefähren Einblick in die Verteilung des jährlichen Wertproduktes der amerikanischen Landwirtschaft (vgl. Tabelle 5):

Tabelle 5

Annähernde Verteilung des Bruttoeinkommens der Landwirtschaft im Jahre 1924/1925

	Mio	%	
Preissumme der Farmprodukte	17350	100	
Verbraucht innerhalb der Landwirtschaft			
Samen, Futter und Verlust (waste)	4600	26,5	
Konsum der Farmerfamilien	2360	13,6	40,1
Verkauft und der Erlös verwendet für:			
Pachtzins	1025	5,9	
Zins für Leihkapital	765	4,4	
Staatsdienste	615	4,5	
Bezahlung der Lohnarbeiter	1205	6,9	
Produkte und Dienste anderer Geschäftszweige	6780	39,2	59,9

Quelle

Agricultural Problem in the United States, a. a. O., S. 19.

4 Das Department of Agriculture schätzt die Farmbevölkerung per 1. Januar 1926 auf 30655000, eine Abnahme von 479000 im Jahre 1925, eine Million seit 1920.

Da Pacht und Zins gleichgeblieben waren, der Preis der Industriewaren in viel geringerem Maße gefallen war, als der der Farmprodukte, mußte dies zu einer Verlustwirtschaft, also zu einer Krise der Farmer selbst führen.

In der Nachkriegszeit spitzte sich die strukturelle Krise der amerikanischen Landwirtschaft in akuter Form zu einer Farmerkrise aus. Die ökonomische Grundlage war aber die Notwendigkeit, von der extensiven Raumwirtschaft zur regelmäßigen Naturstoffersatz-Wirtschaft überzugehen.[5]

Diese strukturelle Krise wurde durch die — infolge des Verschwindens des freien Bodens — eingetretene reale Steigerung der Bodenpreise verschärft: Erst im letzten Jahrfünft ist ein Gleichgewicht eingetreten. Die Verhältnisse zeigen folgende Zahlen:

	1900	1910	1920	1925
Durchschnittswert eines acre Farmlandes	15,57	32,40	57,36	40,85
Farmprodukte-Index	70,5	103,2	217,9	158,1

Quelle
Zusammengestellt aus den Angaben des Statistical Abstract of the United States, 1925, S. 588 u. 319.

Die Erhöhung der Bodenpreise ist prozentual noch größer als diejenige der Farmprodukte. *Es zeigt sich der eigenartige Widerspruch, daß, obwohl die profitable Raubwirtschaft infolge Verschwindens des freien Bodens ihr Ende erreichen mußte, aus dem gleichen Grunde das Bodenmonopol sich in der Preissteigerung des Bodens verstärkt geltend machte!*

Die Lage der Farmer ist unter diesen Umständen eine sehr schwierige. Ihr Einkommen bleibt nach verläßlich erscheinenden Berechnungen hinter dem der Arbeiter in der Industrie zurück. Das *Jahreseinkommen* betrug:

Jahr	Farmer unter Abzug der Kapitalzinsen	Farmarbeiter	Andere Arbeiter	Großhandelsindex
1910	526	330	635	100,0
1915	535	362	691	100,8
1918	1309	586	1123	104,3
1920	508	779	1503	226,2

Quelle
Agricultural Problem in the United States, a. a. O., S. 56.

Die Berechnungsart ist rein kapitalistisch: Der Bodenpreis wird als Kapitalanlage angesehen und die Verzinsung vom Jahreseinkommen der Farmer abgezogen. Daß es aber insbesondere jenen Farmern, die in der Periode der hohen Preise neu Boden kauften oder pachteten, schlechter ging als den Arbeitern, beweist die starke Landflucht in dieser Zeit.

Überhaupt macht man sich in Europa oft eine ganz falsche Vorstellung über die Einrichtung und Lebensweise der amerikanischen Farmer. Sicherlich ist die Lebenshaltung im

5 Die Vernichtung der Nährstoffe des Bodens in den Vereinigten Staaten wird nebenbei anschaulich gezeigt in dem ausgezeichneten Buch von F. H. King, Farmers of forty centuries, or Permanent agriculture in China, Korea and Japan, London 1926; es ist dies das grundlegende Buch für die Kenntnisse des chinesisch-japanischen Ackerbausystems.

Durchschnitt weit höher als die der europäischen Bauernschaft. Aber man darf sich keine übertriebenen Vorstellungen machen.

Von 100 Farmern hatten im Jahre 1920:

Automobile	Traktoren	Wasserleitung im Haus	Gas oder elektr. Licht	Radio
31	3,4	10	7	4,5

Quelle
Statistical Abstract of the United States, 1925, S. 602.

Seither hat sich die Zahl der Automobil- und Radiobesitzer wahrscheinlich vermehrt. Aber das Bild ist ein entschieden anderes, als man nach oberflächlichen Reisebeschreibungen erwarten würde.

Was insbesondere die Löhne der landwirtschaftlichen Arbeiter anbelangt, so sind sie ganz und gar nicht hoch. Nach den Angaben der Ernteberichterstatter (eine Quelle, die immer zu höheren Angaben neigt) betrug der durchschnittliche Monatslohn ohne Verpflegung in Dollar:

1910	1915	1920	1921	1925
20,04	29,97	65,05	43,58	47,80

Diese Löhne sind gar nicht hoch; verglichen mit der Preisgestaltung ergibt sich erst in den letzten Jahren eine reale Erhöhung über das Vorkriegsniveau — eine Folge der Einwanderungsbeschränkung.

Der Kampf zwischen Farmern und industrieller Großbourgeoisie

Seit mehreren Jahrzehnten gibt es einen fast ununterbrochenen Kampf zwischen Farmern und industrieller Großbourgeoisie um die Wirtschaftspolitik des Landes. Die Farmer fühlen, daß sie durch das industrielle Kapital, durch die Eisenbahnen, durch die Banken ausgeplündert werden. Sie versuchten wieder und wieder, die Wirtschaftspolitik des Staates in ihrem Interesse zu lenken. Sie versuchten einigemal, selbständige „*dritte Parteien*" zu schaffen. Sie führten Kämpfe für die Doppelwährung, gegen die Trusts, insbesondere gegen die hohen Schutzzölle, Alles vergebens! Kam die Demokratische Partei ans Ruder, so wurden einige Zölle herabgesetzt; eine wesentliche Änderung trat nicht ein.[6] Es gibt

6 Wegen Raummangel können wir hier die wechselvolle Geschichte dieser Zollkämpfe nicht wiedergeben. Manches Interessante darüber findet sich in dem Buch von W. W. Jennings: „A History of the Economic Progress of the USA", New York 1926. Industrieschutzzölle bestehen seit 100 Jahren ununterbrochen! Der damals rein landwirtschaftliche Süden protestierte jahrzehntelang heftig dagegen. Die Zölle betrugen im Durchschnitt des Warenpreises Prozent (nach den Angaben von Jennings):

1844	1858	1890	1894	1897	1909
35	20	49	39	57	49

Gegenwärtig dürften die Zölle ebenfalls ungefähr 50% vom Wert betragen. Eine vom Parlament 1911 im Interesse der Farmer angenommene Reduktion der Zölle scheiterte an dem Veto des Präsidenten Taft!

zwar auch Zölle für landwirtschaftliche Produkte, aber sie wirken sich nicht aus, weil die Vereinigten Staaten einen Exportüberschuß haben, wodurch — bei Mangel eines organisatorischen Zusammenschlusses der Farmer — die Preise im Inland auf Weltmarktpreis minus Transportkosten sinken müssen. Hingegen verstanden es die Trusts — durch Bestechung und Korruption jeder Art — ihre Zollwünsche immer durchzusetzen und die Zölle zur Beherrschung des inneren Marktes voll auszunutzen.

Die Krise der Nachkriegszeit erhöhte die Erbitterung der Farmer, wuchs in Anbetracht der Schere außerordentlich. Im Jahre 1921 wurde in beiden Häusern der sogenannte „Emergency Tariff Act" angenommen, der 35 Cents pro Bushel Weizen, 15 bei Mais, 25 bei Kartoffeln usw. vorsah. Präsident *Wilson erhob Veto* gegen das Gesetz mit der Begründung, daß es den Farmern nicht helfen würde. Diese brauchten keinen Zollschutz, sondern bessere ausländische Absatzmärkte usw. Die nötige Zweidrittelmehrheit — um das Veto des Präsidenten zu entkräften — fand sich nicht.

Wilson hatte im Wesen Recht: ein Zollschutz ohne einen organisatorischen Zusammenschluß zur Beherrschung des inneren Marktes mußte bei dem Vorhandensein eines Exportüberschusses unwirksam bleiben. Der Export der wichtigsten landwirtschaftlichen Produkte ist aber sehr hoch, wie folgende Zahlen zeigen:

Es betrug der Export in Prozent des gesamten Produktionsvolumens:

	1914	1919	1921	1923
Alle Waren	9,6	15,3	12,2	8,5
Weizen	19,1	31,2	25,6	29,9
Baumwolle	62,6	45,1	48,7	58,2
Tabak	47,2	43,7	36,4	34,7
Fleischprodukte	6,1	15,6	9,5	6,5

Quelle
Commerce Yearbook 1925, S. 94/97.

Von den wichtigen Ackerbauprodukten sind es nur Mais und Hafer, bei denen der Export geringfügig ist. Bei den übrigen Produkten kann ein Zoll nur dann wirksam sein, wenn er durch eine Organisation zur Entfernung des Überschusses von Innenmarkt — wie dies alle Kartelle und Trusts bewerkstelligen — verbunden ist.

Diesem Zweck sollte die MacNary-Haughen-Bill dienen, das letzte verunglückte Produkt des Kampfes der Farmer gegen das Industriekapital.

Ende Februar wurde vom Kongreß ein Gesetzentwurf angenommen, der mit seinem offiziellen Titel „Kontrolle der überschüssigen Produkte" (Surplus Control Act) genannt wurde und im wesentlichen folgenden Inhalt hat:

1. Es wird durch ein ziemlich kompliziertes Wahl- bzw Vorschlagssystem ein Farmeramt, „Federal Farm Board", analog dem das Bankwesen der Vereinigten Staaten regulierenden Federal Reserve Board geschaffen. An der Spitze der Institution soll der Landwirtschaftsminister stehen.

2. Absatz 6 des Gesetzes lautet:

„Für die Zwecke dieses Gesetzes sollen Baumwolle, Weizen, Mais, Reis, Tabak und Schweine als die ‚grundlegenden landwirtschaftlichen Produkte' bezeichnet werden ...

Wenn das Farmamt findet, daß die Bedingungen der Produktion und des Verkaufs irgendeines anderen landwirtschaftlichen Produktes derartige sind, daß die Voraussetzungen dieses Gesetzes darauf anwendbar sind, so soll das Amt hiervon dem Kongreß Bericht erstatten.

Wenn das Amt findet, daß während des Jahres vorhanden ist oder vorhanden sein kann: ein Überschuß über die Inlandsnachfrage für Weizen, Mais, Reis, Tabak oder Schweine oder ein Überschuß über die Nachfrage für den regelmäßigen Verkauf („orderly marketing") von Baumwolle oder Weizen, Mais, Reis, Tabak oder Schweinen ... dann soll das Amt öffentlich diese Tatsache verkünden, und die in diesem Akt vorgesehenen Operationen zu einem bestimmten Termin beginnen."

Die Operationen, die hier vorgesehen sind, sind die folgenden:

a) Beseitigung oder Verfügung des vorhandenen Überschusses der grundlegenden landwirtschaftlichen Produkte;

b) Zurückhaltung dieses Überschusses;

c) Sicherung dieser Waren gegen eine unerwünschte und exzessive Fluktuation auf dem Markt;

d) Finanzierung des Kaufes, der Lagerung, des Verkaufs oder anderer Verfügung über diese Waren.

Für jede der grundlegenden Waren soll ein Fonds geschaffen werden, aus dem die aus dem Verkauf im Ausland erwachsenen Verluste gedeckt werden sollen. Der Fonds soll durch Abgaben der Farmer gedeckt werden. Um das ganze System in Gang zu bringen, soll die Staatskasse, entsprechend dem Wunsch des Federal Farm Board, Summen bis zur Höhe von 250 Mio Dollar diesem zur Verfügung stellen.

Das wirtschaftliche Wesen des Gesetzes

Das wirtschaftliche Wesen des Gesetzes besteht darin, durch eine Organisation der Farmer in Kooperativen bzw. durch Ausnutzung der bestehenden Kooperativorganisationen dem Inlandmarkt in den aufgezählten Waren eine solche Menge zu entziehen und im Ausland zu verkaufen, daß der Preis dieser Waren auf den Weltmarktpreis plus Zoll steigen soll.

Das Wesen des geplanten Gesetzes ist also prinzipiell demjenigen des kanadischen und australischen Pools entgegengesetzt. Der kanadische und australische Pool bezweckt, durch monopolistische Zusammenfassung des Angebotes auf dem Weltmarkt den Weltmarktpreis künstlich in die Höhe zu treiben, wobei die Preise auf dem Inlandsmarkt durch die Erhöhung der Auslandspreise automatisch mit in die Höhe getrieben werden. Aber die Grundlage ist die Gleichheit der Inlands- und Auslandspreise. Das amerikanische Gesetz hingegen legt das Hauptgewicht auf die Gestaltung der Inlandspreise und ist darauf berechnet, den Exportüberschuß auf dem Weltmarkt auch zu niedrigeren Preisen loszuschlagen, um auf dem Inlandsmarkt kein größeres Angebot zu belassen, als dieser zu den Preisen Weltmarktpreis plus Zoll vertragen kann. Daher wirken der kanadische und die ihm ähnlichen Pools auf dem Weltmarkt im Sinne einer Erhöhung der Preise, das vorgesehene amerikanische Gesetz würde aber im Gegenteil im Sinne einer Herabsetzung der Weltmarktpreise, im Sinne eines Dumpings auf dem Weltmarkt, wirken. Obwohl also äußerlich manche Ähnlichkeiten bestehen, sind diese Organisationen nicht nur nicht ähnlich, sondern ihrem ökonomischen Wesen nach absolut einander widersprechend.[7]

Es ist klar, daß das vorgesehene Gesetz kein gut durchdachtes ist. Es ist etwas anderes, ein Dumping in einem Produkt zu treiben, von dem 5 bis 15 und 25% auf den Weltmarkt kommen und etwas anderes, das gleiche zu tun bei einem Produkt, wo 50 bis 60% exportiert werden müssen. Es ist klar, daß, wenn eine derartige Organisation wirksam werden sollte, für Tabak oder Baumwolle, diese in doppelter Richtung wirken muß. Sie muß nicht nur den Inlandsmarkt durch den Export soweit entlasten, daß der Preis sich auf Weltmarktpreis plus Zoll einstellt für den inländischen Verkauf, sondern es muß außerdem der Export zusammengefaßt und es müssen — ähnlich wie bei dem kanadischen Pool oder bei der brasilianischen Kaffeevalorisation — durch diese Zusammenfassung des Angebotes auf dem Weltmarkt die Weltmarktpreise selbst erhöht werden. Denn wenn dies nicht geschieht, so könnten die Verluste am Export den Nutzen der Erhöhung der Inlandspreise für die Produzenten leicht zunichte machen. Für diese beiden Produkte — Baumwolle und Tabak — müßte also die neue Organisation beide Zwecke erfüllen, nach außen ähnlich wie der kanadische Pool wirken, im Inland aber künstlich den Preis auf die Höhe von Weltmarktpreis plus Zoll herauftreiben.

Die Annahme dieses Gesetzes im Unterhaus und im Senat war nur dadurch möglich, daß erstens beide Parteien mit Rücksicht auf die bereits im Gang befindlichen Vorbereitungen zur nächsten Präsidentenwahl den Farmern zeigen wollten, daß sie etwas zur Linderung ihrer Notlage tun wollen. Der Gesetzentwurf wurde sowohl im Repräsentantenhaus als auch im Senat durch Majorität angenommen, die sich aus beiden Parteien fast gleichmäßig rekrutierte.

Was aber noch wichtiger ist: Der Gesetzentwurf hätte niemals die Majorität bekommen können, wenn sich nicht ein Block zwischen den Vertretern der Farmerinteressen und den Vertretern der Großbankinteressen ergeben hätte. Gleichzeitig mit der Mac-Nary-Haughen-Bill wurde nämlich die MacFadden-Bill in beiden Häusern verhandelt, ein Gesetzentwurf, der gewisse rechtliche Benachteiligungen der Großbanken gegenüber den lokalen Kleinbanken beseitigen sollte. (Wir kommen später darauf zurück.) Diese zwei Gruppen hatten, die Linie der Parteibildung — Republikaner und Demokraten — durchkreuzend, einen Block zur Durchdringung beider Gesetzentwürfe geschaffen.

Was ist nun geschehen? Coolidge legte am 26. Februar gegen das Farmergesetz Veto ein, bestätigte aber das Gesetz, das den Interessen der Großbanken dient. Das Ergebnis der Blockbildung zwischen Farmerinteressen und Großbankeninteressenten war also das, daß die Großbanken ihren Zweck erreichten, die Farmer aber, wie schon so oft in der Geschichte der Vereinigten Staaten, die Betrogenen blieben.

In dem Elaborat, mit dem Coolidge sein Veto begründete, sind neben verschiedenen Punkten, die die technische Undurchführbarkeit des Farmergesetzes darstellen, folgende Hauptpunkte von Wichtigkeit:

1. Die Bevorzugung von einzelnen Produkten durch das Gesetz würde dazu führen, daß die agronomische Entwicklung von der Produktion von einzelnen Produkten zu dem System der regelmäßigen Fruchtfolge aufgehalten würde.

2. Der wichtigste Einwand von Coolidge ist, daß das Gesetz den Farmern nichts nützen würde. „Was immer die temporäre Wirkung einer willkürlichen Einmischung sein mag,

7 Der volle Text des geplanten Gesetzes ist zu finden in: Commercial and Financial Chronicle vom 19. Februar 1927, S. 998.

niemand kann leugnen, daß auf die Dauer die Preise durch das Gesetz von Angebot und Nachfrage beherrscht werden. Eine Erhöhung der Preise und deren Erhaltung auf einem höheren Niveau durch eine Organisation, die notwendigerweise die Produktion erhöhen und den Konsum vermindern muß, zu erwarten, bedeutet, ein ökonomisches Gesetz, das ebensogut fundiert ist, wie ein Naturgesetz, verleugnen zu wollen."[8]

3. Die Produkte, die in dem Plan eingeschlossen sind, betragen nur ein Drittel der amerikanischen Farmprodukte. Es gibt mehrere Millionen Farmer, die keines von den Produkten produzieren, deren Preiserhöhung vorgesehen ist, die davon nicht profitieren: Viehzüchter, Milchproduzenten usw., dagegen einen direkten Schaden davon hätten.

4. „Es besteht die Gefahr, daß das Ausland gegen das im Gesetz vorgesehene Dumping einschreiten und dadurch unsere Absatzmärkte im Ausland vermindern würde."

Es gehört eine große Dosis von Unverschämtheit dazu, wenn Coolidge den Mut aufbringt, angesichts der alle großen Industriezweige umfassenden Monopolorganisationen in Amerika und angesichts des Dumpings, den manche von diesen Trusts betreiben, sich den Farmern gegenüber auf das Gesetz von Angebot und Nachfrage zu berufen, wie auf die Gefahr von Retorsionsmaßregeln des Auslandes hinzuweisen, wovon bei der gegenwärtigen Machtstellung der Vereinigten Staaten kaum die Rede sein kann.[9]

Durch das Veto des Präsidenten ist der Kampf vorläufig wieder zugunsten des Industriekapitals entschieden. Es ist aber sicher vorauszusehen, daß sich die Farmer mit dieser Entscheidung nicht zufrieden geben werden; daß sie ihre gegenwärtige, bedrängte Lage nicht solange aushalten wollen, bis durch die natürliche Vermehrung der Bevölkerung in den Vereinigten Staaten der Inlandsmarkt für die wichtigsten Produkte der Landwirtschaft genügend sein wird, sondern daß die große Masse der Farmer sich nunmehr, nachdem dieser Weg der Erhöhung der Preise der landwirtschaftlichen Produkte verschlossen ist, wieder dem entgegengesetzen Weg zuwenden wird: der Forderung des Abbaues der Industrieschutzzölle, der Herstellung des Gleichgewichts zwischen Industrie- und Landwirtschaftspreisen durch die Herabsetzung der Preise für industrielle Produkte.

Jedenfalls ist vorauszusehen, daß der Kampf zwischen Farmern und Industriekapital in den nächsten Jahren eine noch schärfere Form annehmen wird, und die Möglichkeit besteht, daß die Preisverhältnisse der Vereinigten Staaten sich radikal umgestalten werden. Soviel steht jedenfalls fest, daß Coolidge persönlich nach diesem Veto, das ihn bei der Farmerbevölkerung absolut unpopulär machen wird, nicht mehr der Kandidat der Republikanischen Partei bei den nächsten Präsidentenwahlen sein kann. Er hat seine persönlichen Chancen als treuer Diener des Industriekapitals geopfert.

Die amerikanische Industrie

Die Industrie bildet das Rückgrat der amerikanischen Wirtschaft. Während das Wertprodukt der Landwirtschaft auf rd. 15 Mrd. Dollar jährlich bewertet werden kann, beträgt das Wertprodukt der Industrie rund das Vierfache.

8 New York Times vom 26. Februar 1927.

9 Gleichzeitig mit dem Veto von Coolidge wurde ein Gutachten des Reichsstaatsanwalts (Attorney General) an Coolidge veröffentlicht, wonach der Oberste Gerichtshof das Gesetz wahrscheinlich als mit der Verfassung im Widerspruch stehend, für ungültig erklären würde. Der Oberste Gerichtshof ist seit Jahrzehnten eine Hochburg des Industriekapitals, mit dessen Hilfe es ihm mißliebige Gesetze einfach für ungültig erklären läßt.

Diese starke Entwicklung der Industrie hängt mit der Eigenart der Landwirtschaft zusammen. Da die Landwirtschaft auf dem Grundsatz aufgebaut war, ein möglichst großes Territorium mit möglichst wenigen Arbeitskräften zu bebauen, so ist der Anteil der von der Industrie an die Landwirtschaft gelieferten Produktions- und Konsumtionsmittel viel größer als in Europa, wo viele Gebrauchsartikel der bäuerlichen Wirtschaft und des bäuerlichen Haushalts noch immer im eigenen Betriebe angefertigt werden. Selbst ein Teil der Lebensmittel der Bauernschaft geht in Konservenform durch die Industrie durch, bevor er in den Konsum eingeht.

Ebenso wie die Landwirtschaft ist auch die amerikanische Industrie auf dem Prinzip der größtmöglichen Ersparung an Arbeitskräften aufgebaut. Dies ergab sich aus dem — trotz der starken Einwanderung — im Verhältnis zu den Möglichkeiten der industriellen Ausdehnung großen Mangel an Arbeitskräften. Die amerikanische Industrie mußte, um sich die unentbehrliche industrielle Reservearmee zu schaffen, ununterbrochen technische Neuerungen, arbeitersparende Maschinen einführen.

Hieraus ergaben sich zwei Folgen:

1. eine die europäische Industrie weitaus überschreitende hohe organische Zusammensetzung des Kapitals;

2. eine die europäische ebenfalls weit überschreitende Konzentration der Betriebe und deren Zusammenballung in monopolistischen Organisationen.

Die noch lange nicht beendete Besiedlung des Landes, der ungeheure Reichtum an Naturschätzen und das durch die hohe Arbeitsleistung der Arbeiterschaft bedingte und ermöglichte hohe Lebensniveau der Bevölkerung hatten zur Folge, daß der überwiegende Teil dieser sich stürmisch entwickelnden industriellen Produktion auf dem inneren Markte Absatz finden konnte. Bis zur jüngsten Zeit ist die Exportquote, das heißt der Prozentsatz der exportierten Warenmenge zur Gesamtproduktion, sehr gering und zeigt keine Tendenzen zur Steigerung.

Die *Entwicklung des Exports in Prozenten des Wertes der Produktion* zeigt folgende Tabelle (vgl. Tabelle 6):

Tabelle 6

	1899	1904	1909	1914	1919	1921	1923
Gesamtproduktion	—	—	9,2	9,6	15,3	12,2	8,5
Alle Industriezweige*	6,5	5,8	4,8	6,2	8,8	6,2	4,3
Industrie ohne Lebensmittelindustrie	4,9	5,0	4,5	6,1	7,1	5,8	4,0

* Diese Reihen geben die Exportquote durchweg zu niedrig an (um ungefähr 2%), weil sie den Bruttowert der industriellen Produktion zur Grundlage nehmen, worin — wie erwähnt — starke Doppelzählungen enthalten sind.

Quelle
Commerce Yearbook 1925, S. 94—95.

Wir sehen, bis in die jüngste Zeit ist die Exportquote der Industrie nicht gestiegen.

Manche Anzeichen deuten darauf hin, daß die Aufnahmefähigkeit des inneren Marktes an Industrieprodukten eine relative Sättigung erreicht hat und daß die Industrie der Vereinigten Staaten gezwungen sein wird, einen höheren Prozentsatz ihrer Produktion zu exportieren. Doch läßt sich hierüber nichts Positives aussagen.

Das Entwicklungstempo der amerikanischen Industrie

Wir unterlassen es an dieser Stelle, die unzählige Male in Umlauf gesetzten Daten über die Entwicklung einzelner amerikanischer Industriezweige zu wiederholen. Statt dessen wollen wir ein Gesamtbild der industriellen Entwicklung in einigen Zahlen geben (vgl. Tabelle 7—9):

Tabelle 7
Fabrik und Handwerk

	Zahl der Betriebe (in Tsd.)	Lohnarbeiter (in Tsd.)	Pferdekräfte (in Mio Dollar)	Kapital (in Mio Dollar)	Produktenwerte* (in Mio Dollar)
1849	123	957	—	533	1019
1869	252	2054	2,35	1695	3386
1899	512	5306	10,01	9813	13000

* Die in der Tabelle fehlenden Daten wurden bei der betreffenden Aufnahme nicht gesammelt. (Statistical Abstract of the United States, 1925, S. 745.)

Tabelle 8
Nur Betriebe, deren Jahresprodukt höher als 500 Dollar ist

	Zahl der Betriebe (in Tsd.)	Lohnarbeiter (in Tsd.)	Pferdekräfte (in Mio Dollar)	Kapital (in Mio Dollar)	Produktenwerte* (in Mio Dollar)
1899	208	4713	—	8975	11407
1909	268	6615	18,7	18428	20672
1914	276	7036	22,4	22731	24246
1919	290	9096	29,5	44466	62418

* Die in der Tabelle fehlenden Daten wurden bei der betreffenden Aufnahme nicht gesammelt. (Statistical Abstract of the United States, 1925, S. 745.)

Tabelle 9
Fabriken mit Ausschluß der Betriebe, die weniger als 5000 Dollar produzieren

	Zahl der Betriebe (in Tsd.)	Lohnarbeiter (in Tsd.)	Pferdekräfte (in Mio Dollar)	Kapital (in Mio Dollar)	Produktenwerte* (in Mio Dollar)
1919	214	9000	—	—	62042
1922	196	6947	—	—	43653
1923	196	8778	33,01	—	60556

* Die in der Tabelle fehlenden Daten wurden bei der betreffenden Aufnahme nicht gesammelt. (Statistical Abstract of the United States, 1925, S. 745.)

Die Tabellen zeigen uns bereits die starke Konzentration in der amerikanischen Industrie. Das Weglassen der Betriebe erst bis 500, dann bis 5000 Dollar Jahresprodukt hat die Zahl der Unternehmungen im ersten Falle auf 40%, im zweiten Falle auf 60% der vorher aufgenommenen verringert, ohne daß sich in der Zahl der Arbeiter, dem aufgewendeten Kapital oder im Wertprodukt eine irgendwie nennenswerte Verminderung vollzogen hätte. Insbesondere das Weglassen der Betriebe mit unter 5000 Dollar Jahresprodukt im Jahre 1919 hat eine Verminderung der anderen Elemente von weniger als 1% nach sich gezogen.

Es muß ferner betont werden, daß bei der Beurteilung der Zahlenreihe des Produktenwertes die in der Zwischenzeit vor sich gegangene Erhöhung des Preisniveaus und die Doppelzählungen in Betracht zu ziehen sind, die bei der weiteren Verwendung von industriellen Halbprodukten zu Fertigwaren entstehen. Daher ist diese Zahlenreihe nur als Kennzeichnung der Entwicklungslinie, nicht absolut zu betrachten.

Die Daten der Aufnahme von 1925 stehen uns noch nicht zur Verfügung. Es kann aber angenommen werden, daß sich seither eine weitere Erhöhung der industriellen Produktion vollzogen hat. Dies ergibt sich aus dem Produktionsindex des Federal Reserve Board, der für die industrielle Produktion der letzten Jahre folgende Zahlen aufweist[10]:

1919	1920	1921	1922	1923	1924	1925	1926
83	87	67	85	101	95	104	108

Diese Zahlenreihe zeigt uns, daß die Produktion der Industrie ihrem Volumen nach in den Jahren 1925 und 1926 bedeutend höher war als in den Jahren 1919, 1921 und 1923, deren Zensusdaten in der obigen Tabelle gegeben sind. Man kann daher auch voraussetzen, daß die Produktivkräfte: angewendetes Kapital, motorische Kräfte, Arbeiterzahl und der gesamte Produktenwert, in ähnlichen Proportionen gestiegen ist.

Konzentration und Arbeiterverteilung in der amerikanischen Industrie

Folgende Tabellen geben uns einen noch klareren Einblick in die gewaltige Konzentration der amerikanischen Industrie. Die Daten beziehen sich auf das Jahr 1923 (vgl. Tabellen 10 u. 11).

Es ergibt sich also folgendes Bild:

In 963 Betrieben, die zusammen $^1/_2$% aller Betriebe ausmachen, werden 2,1 Millionen Lohnarbeiter, 24% von allen, beschäftigt.

In 16500 Betrieben mit über 100 Arbeitern, die zusammen 8,5% aller Betriebe ausmachen, arbeiten über 6 Millionen Arbeiter, zusammen 71,3% der industriellen Lohnarbeiter.

10 Der neue Index des Federal Reserve Board, das erstemal veröffentlicht in der Februarnummer des „Federal Reserve Bulletin", wie auch der frühere, ist ein Index des Produktionsvolumens und kein Wert- bzw. Preisindex. Als Grundlage dient die durchschnittliche Tagesproduktion der drei Jahre 1923, 1924 und 1925, wobei das statistische Gewicht der einzelnen Industriezweige (zusammen 35 Industriezweige, die ungefähr 80% der gesamten industriellen Produktion der Vereinigten Staaten repräsentieren) besonders bestimmt wurde.

Tabelle 10

	Zahl der Betriebe	Zahl der Lohnarbeiter	Prozent der Unternehmungen	Prozent der Lohnarbeiter
	(in Tsd.)			
Total	196	8778	100,0	100,0
Keine	8	—	4,3	—
1— 5	79	213	40,3	2,4
6— 20	55	612	27,8	7,0
21— 50	25	818	12,9	9,3
51— 100	12	883	6,3	10,1
101— 250	10	1576	5,1	18,0
251— 500	4	1332	2,0	15,2
501—1000	1	1231	0,9	14,0
über 1000	1	2113	0,5	24,1

Zu einem ähnlichen Ergebnis kommen wir, wenn wir die Verteilung der Lohnarbeiter unter den Betrieben nach der Höhe des in denselben produzierten Produktenwertes vornehmen. Die Zahlen beziehen sich ebenfalls auf das Jahr 1923 (vgl. Tabelle 11):

Tabelle 11

Betriebe mit einem jährlichen Produktwert von (in Tsd. Dollar)	Zahl der Betriebe (in Tsd.)	%	Zahl der Lohnarbeiter (in Tsd.)	%	Produktenwert (in Mio Dollar)	%*
5— 20	62,0	31,6	190	22,0	698	1,1
20— 100	72,4	36,9	719	8,2	3426	5,7
100— 500	42,01	21,4	1721	19,6	9497	15,7
500—1000	9,56	4,9	1135	12,9	6753	11,1
über 1000	10,33	5,2	5014	57,1	40182	66,4

* Diese Zahlenreihe unterscheidet sich von der an anderer Stelle gegebenen, weil hier die Doppelbewertung durch Übergang von Halbfabrikaten zur weiteren Bearbeitung in andere Betriebe ausgeschaltet wird.

Wir sehen also folgendes Bild: In 10327 Betrieben, von denen jeder ein Produktenwert von über 1 Million Dollar jährlich auf den Markt brachte, waren 5 Millionen Arbeiter, mehr als die Hälfte aller Arbeiter, beschäftigt, wobei diese 57% der gesamten Lohnarbeiter 66% des jährlichen Produktenwertes hervorbrachten.

Die Steigerung dieser Gruppe mit über 1 Million Dollar Produktenwert war in dem letzten Jahrzehnt eine rapide. Zwischen 1914 und 1923 stieg ihre Prozentzahl von 2,1 auf 5,2, die Zahl der in dieser Gruppe beschäftigten Arbeiter von 53 auf 57% und der Anteil am Produktenwert von 49 auf 66%. Wir kommen also zu dem Ergebnis, daß in rund 15000 Unternehmungen mit jeweils mehr als 100 Arbeitern 70% Arbeiter beschäftigt sind, die ungefähr 80% des Produktenwertes produzieren. (Wären die Eisenbahnen und

Bergwerke in die Statistik mit einbezogen, so würde die Konzentration noch stärker hervortreten.)

Nun ist aber in Betracht zu ziehen, daß diese 15000 Unternehmungen doch nicht voneinander unabhängig sind, sondern daß der größte Teil von ihnen in Trusts zusammengefaßt ist. Wie sich diese Unternehmungen unter den Trusts verteilen, darüber haben wir keine Statistik. Es ist aber eine bekannte Tatsache, daß einzelne Trusts sehr viele große Betriebe vereinigen. Könnte man eine darauf bezügliche Statistik aufstellen, so würde sich das Bild ergeben, daß 80% der Lohnarbeiter in einem Dutzend von Monopolorganisationen zusammengefaßt sind. Vergleicht man dies mit der Tatsache, daß in der Landwirtschaft $6^1/_2$ Millionen einzelne Farmer vorhanden sind, ohne eine nennenswerte organisatorische Verbindung, so ist es klar, warum die Farmer in den wirtschaftspolitischen Kämpfen unbedingt unterliegen müssen.

Versuch einer annähernden Bestimmung der Mehrwertsrate und Profitrate in der amerikanischen Industrie

Die von der amerikanischen Statistik gegebenen Daten machen den Versuch möglich, die *Mehrwertsrate* in der amerikanischen Industrie annähernd zu bestimmen.

Als Elemente für diese Berechnung sind vorhanden:

Die gesamte gezahlte Lohnsumme = v.

Die in der industriellen Produktion erreichte Werterhöhung (value added by manufacture) = $v + m$.

Die Höhe des in Maschinerie angelegten Teiles des fixen Kapitals, woraus sich die Abnutzung berechnen läßt.

Es fehlen zur genauen Berechnung:

1. Der Wertanteil der Abnutzung des in Gebäuden vorhandenen Teiles des fixen Kapitals; doch ist dieser Teil relativ so gering, daß er bei der ohnehin nur groben Berechnung vernachlässigt werden kann.

2. Es fehlt aber ein sehr wichtiger Bestandteil, nämlich die Summe des kommerziellen Profits, der bekanntlich einen abgespaltenen Teil des in der Industrie produzierten Mehrwertes bildet, indem im Sinne der Marxschen Werttheorie die Waren vom Industriekapital an das Handelskapital nicht zum vollen Produktionspreis, sondern unter diesem abgegeben werden; zu einem Preis, der es ermöglicht, daß das Handelskapital, die Ware zu ihrem Produktionspreise verkaufend, die Durchschnittsprofitrate für sein Kapital realisiert. Der Profit des Handelskapitals ist also in der Industrie produzierter Mehrwert und müßte daher, um die wirkliche Mehrwertsrate zu finden, zu dem in der Industrie ausgewiesenen Mehrwert hinzugerechnet werden. Hierzu stehen uns aber die nötigen Daten nicht zur Verfügung.

Die in der folgenden Tabelle errechnete Mehrwertsrate ist daher bedeutend niedriger, als es der Wirklichkeit entsprechen würde.

Mit diesen Vorbehalten läßt sich folgende Tabelle errechnen[11] (vgl. Tabelle 12):

11 Sowohl in den Materialkosten als im Produktenwert sind Doppelzählungen enthalten, da das fertige Produkt eines Industriezweiges als Material in weitere Industriezweige eingeht; eben deshalb gleicht es sich aber aus!
Die Preissteigerung kann, da die Mehrwertsrate auf jedes Jahr besonders berechnet wird, außer Betracht bleiben.

Tabelle 12

	Lohnsumme = v	Materialkosten = c	Abnutzung des Maschinenwertes	Produktenwert	Summe des Mehrwerts = m	Mehrwertsrate %
	I	II	III	IV	V	VI
					IV − (I + II + III)	$\frac{V}{I} = \frac{m}{v}$
1899	2008	6576	254	11407	2569	123
1904	2610	8500	330	14794	3354	128
1909	3427	12143	500	20672	4602	134
1914	4068	14278	600	23988	4942	121
1919	10462	37233	1600	62042	12742	122
1921	8202	25325	1400	43653	8726	106
1923	11009	34706	1800	60566	13051	118

Die Rubriken I, II und IV sind dem „Commerce Yearbook", Seite 13, entnommen. Für die Berechnung der Abnutzung an Maschinen standen uns die Zahlen für den Gesamtwert der in der Industrie verwendeten Maschinen zur Verfügung:

in Mio Dollar:

1900	1904	1912	1922
2541	3298	6091	15783

Quelle
Entnommen der englischen Publikation Wealth, debt and taxation (Department of commerce and labor. Special reports of the Census Office), Washington 1922, S. 18.

Wir haben den kommerziellen Gepflogenheiten gemäß *eine jährliche Abnutzung von 10% des Wertes* angenommen und die Angaben durch Interpolation auf die fehlenden Jahre ausgedehnt.

Betrachten wir diese Tabelle, so ist die wichtigste Erkenntnis daraus, daß die von Marx angenommene 100prozentige Mehrwertsrate, die allgemein als weit übertrieben bezeichnet wurde, in der amerikanischen Industrie überschritten wird. Dabei muß immer wieder betont werden, daß diese Mehrwertsrate niedriger als die wirkliche ist, da eben der Anteil des Profits des Handelskapitals, der ebenfalls in der Industrie produziert wird, darin nicht zum Ausdruck kommt.

Wir betonen ausdrücklich: *Es handelt sich hier um einen ganz groben Versuch der annähernden Bestimmung der Mehrwertsrate*, *auf Grundlage ungenügender Daten mit sicherlich großen Abweichungen von der Wirklichkeit*, wobei nur soviel behauptet werden kann, daß die Abweichung in der Richtung auf ein zu niedriges Erscheinen der tatsächlichen Mehrwertsrate liegt.

Wie hoch die *Profitrate* in der amerikanischen Industrie ist, läßt sich ebenfalls in einer groben Annäherung aus dem bei uns vorhandenen Material entnehmen. Wenn wir die von uns errechnete Summe des Mehrwerts mit der in dem Zensus angegeben Höhe des Kapitals in der Industrie vergleichen, erhalten wir folgendes Bild:

Mio Dollar

	Kapital	Mehrwert	Profitrate
1904	12676	3351	26%
1909	18428	4602	25%
1914	22791	4942	22%
1919*	44467	12742	28%

* Daten für neuere Jahre nicht gesammelt.

Quelle
Statistical Abstract of the United States, 1925, S. 745.

Wir müssen selbstverständlich auch hier die größten Vorbehalte machen in bezug auf die Genauigkeit dieser Zahlen, da nur eine sehr genaue Durchsicht des Zensusmaterials Aufklärung darüber geben könnte, ob das „Kapital" wirklich mit dem, was wir in marxistischem Sinne Kapital nennen, ungefähr zusammenfällt. Die Berechnung der Profitrate steht rein methodologisch der Wahrheit näher als die Berechnung der Mehrwertsrate, weil der kommerzielle Profit — der bei der Berechnung der Mehrwertsrate unrichtigerweise fehlt — hier eben wegbleiben soll. Alles in allem scheinen uns aber diese Zahlen ungefähr der Wirklichkeit näherzukommen. Selbstverständlich darf die Tatsache, daß im Durchschnitt viel niedrigere *Dividenden* gezahlt werden, niemanden täuschen, da 1. das Kapital im allgemeinen stark verwässert ist; 2. ein sehr großer Teil des Profits in den Betrieben selbst neuangelegt wird und nicht in Dividendenform an die Aktionäre gelangt.

Die Monopolorganisationen in der amerikanischen Industrie

Eine interessante Erscheinung in der Entwicklung der Vereinigten Staaten ist das Zurückbleiben des juristischen Überbaus hinter den Änderungen in der ökonomischen Basis. Es bestehen auf allen Gebieten noch Gesetze, die einem früheren Stadium der ökonomischen Entwicklung entsprechen, die heute veraltet sind und umgangen werden müssen. Zum Beispiel dürfen die Banken in der Mehrzahl der Einzelstaaten keine Filialen errichten, niemals außerhalb des Staates, wo sie ihre Zentrale haben. Sie dürfen die bei ihnen angelegten Gelder nicht außerhalb der Grenzen des Staates verwenden usw.

Ähnlich steht es mit den Kartellen und Trusts. Sie sind angeblich verboten. Das monopolistische Kapital mußte jahrzehntelang immer neue Formen des Zusammenschlusses schaffen, um die bestehenden Gesetze zu umgehen, mußte Gerichte und Gesetzgeber kaufen usw. Selbstverständlich können die Gesetze und Institutionen eines bürgerlichen Staates den monopolistischen Zusammenschluß des Kapitals nicht verhindern. Tatsächlich ist in den Vereinigten Staaten die Monopolbildung weiter fortgeschritten als — vielleicht mit Ausnahme Deutschlands — in irgendeinem Lande der Welt. Leider gibt es keine Statistik über den Grad, den die Zusammenballung des Kapitals in Amerika erreicht hat. Die amtliche Statistik — sonst so ausgezeichnet — macht an diesem Punkte Halt! Es gibt zahlreiche gute Bücher über die amerikanischen Trusts[12], einige sehr aufschlußreiche Untersuchungskommissionsberichte, aber meines Wissens nichts Zusammenfassendes, woraus man die quantitative Bedeutung der Monpolorganisationen im Vergleich zur Gesamtwirtschaft entnehmen könnte.

Jedenfalls ist die Macht der großen Trusts überragend. Wir wollen einige neueste Daten über die USA Steel Corporation, den Stahltrust, aufnehmen.

Produktion 1926	Mio t
Eisen	18,9
Stahl	22,7
Fertigwaren	16,2
Zahl der Arbeiter 1925	249833
Bezahlte Löhne	457 Mio Dollar
Zahl der Betriebe	138
Zahl der Hochöfen	112
Zahl der Lokomotiven	1464
Zahl der Waggons	64705
Zahl der Seeschiffe	35

Quelle
Nach dem Monatsbericht der National City Bank, Januar 1927.

Wir sehen: *Die Produktion des Stahltrusts ist größer als jene Deutschlands und Englands zusammen!* Man kann sich leicht vorstellen, was für einen Druck dieser Koloß auf die Politik der Vereinigten Staaten ausüben kann. Der Stahltrust wurde 1901 gegründet mit einem Kapital von *1403 Mio Dollar* = rd. 6 Mrd. Mark durch die Vereinigung einer Reihe von bereits bestehenden Trusts. Der Gründergewinn an diesem Nominalkapital beträgt rund 150 Millionen Dollar[13], von dem der Löwenanteil Morgan zufiel. Das wirklich investierte Kapital ist unbekannt; jedenfalls war es sehr stark „*verwässert*". Trotzdem hat die Gesellschaft seit ihrem Bestehen, im Durchschnitt der 25 Jahre 5,2% Dividenden den Common Stocks und 7% den Vorzugsaktien gezahlt.

Insgesamt wurden *1279 Mio Dollar an Dividenden ausgezahlt.* Das heißt mehr, als das nominelle ursprüngliche Kapital — nach Abzug des Gründergewinnes — betrug.

Mittlerweile hat aber die Gesellschaft nach ihrer eigenen Aufstellung *899,6 Mio Dollar aus den nicht verteilten Gewinnen in die Unternehmungen neu investiert.* Wie viele „geheime Reserven" außerdem noch vorhanden sind, ist unbekannt. Wir sehen hier eine Illustration der These von Marx, daß nach einer gewissen Zeit jedes Kapital nur aus aufgehäuftem Mehrwert besteht.[14] Diese Profite waren möglich, weil auch die außerhalb des Trusts gebliebenen Eisen- und Stahlwerke mit dem Trust zusammen ein Kartell bildeten. Kartelle

12 Siehe z. B. E. Jones, The Trust Problem in the USA, New York 1922.

13 Vgl. ebenda, S. 289.

14 Kraß zeigt sich dies bei Ford. Die Ford-Gesellschaft wurde 1903 mit nominell 100000 Dollar gegründet; hiervon wurden nur 28000 Dollar in bar eingezahlt; der Rest in Form von Patenten, Zeichnungen, Maschinen. Das Unternehmen hat in 22 Jahren — nach Abzug der Einkommen- und anderer Steuern — 925 Mio Dollar Profit gemacht. Ford hat seine ursprünglichen Partner nach der Reihe ausgezahlt; sein Vermögen wird gegenwärtig auf 1000 Mio Dollar geschätzt (vgl The New Republic vom 27. März 1927).

sind in Amerika verboten. Aber von 1907 an hatte Gary regelmäßig die unabhängigen Eisenkapitalisten zu Dinners geladen — dies konnte ihm kein Gesetz verbieten —, auf denen die nötigen Preis- und Produktionsvereinbarungen getroffen wurden.

Ungeheure Profite wurden und werden durch diese Monopolorganisationen (Standard Oil, Zuckertrust, Kupfertrust, Tabaktrust usw.), die mit Umgehung der Gesetze, durch offenen Betrug (Standard Oil[15]), durch Börsenmanöver usw. aufgebaut wurden, angeeignet. Die Grundlage ihres Monopols bilden Kapitalübermacht (Stahltrust), die Monopolisierung der Transportmittel und der Verarbeitung (Standard Oil[16]), Monopol der Patente und technischen Verfahren (General Electric, American Shoemachine Comp.).

Wenn wir auch keine zahlenmäßige Kenntnis über die Bedeutung der Monopolorganisationen in den Vereinigten Staaten haben, kann doch kein Zweifel bestehen, daß sie die ausschlaggebende Macht in der Wirtschaftspolitik und der Politik sind. Parteipolitik als solche interessiert sie sehr wenig: Sie unterstützen finanziell beide große Parteien (in einem Staate die eine, im Nachbarstaat die andere), um auf alle Fälle gesichert zu sein und die Politiker in der Hand zu haben. Bei jeder Zolltarifvorlage läßt sich der Einfluß der einzelnen unmittelbar interessierten Trusts verfolgen. Die bekanntesten Politiker sind ihre Agenten. *Mellon* ist ein Hauptnutznießer des Aluminium-Trusts. *McAdoo*, der Schwiegersohn Wilsons, stand in ihren Diensten. *Kellog* führt die Kampagne gegen Mexiko im Interesse *eines* Petroleumkonzerns[17]. Die Mittelamerika-Politik der Vereinigten Staaten von Amerika wird vom Bananentrust, der „United Fruit Comp." bestimmt[18]. Die großen Trusts, nicht die Großbanken wie in Europa, bilden die zentralen Kräfte des amerikanischen Kapitalismus.

Das Vordringen des Bankkapitals

Bis zur jüngsten Zeit war das Bankkapital in den Vereinigten Staaten relativ weniger entwickelt als in Europa. Die Jugend der Gesellschaft, der freie Boden, die großen Möglichkeiten von profitabler Anlage, hinderten das Entstehen von Leihkapital. Bis heute ist es in Amerika nicht Sitte, durch „Entsagung" Groschen auf Groschen legend, sich ein kleines Kapital anzusammeln.[19] Gerade die Spareinlagen bilden aber das Fundament des Bank-

15 Die Standard Oil hatte 63 scheinbar von ihr unabhängige Gesellschaften statt ihrer arbeiten lassen, um den Schein der Konkurrenz zu erwecken (vgl. E. Jones, The Trust Problem in the USA, a. a. O., S. 81).

16 Die Standard Oil beherrscht nur ungefähr $^1/_4$ der Rohölproduktion Amerikas. „Wahrscheinlich erhält die Standard das Rohöl billiger, als wenn sie es selbst produzieren würde. Der sehr spekulative Charakter der Rohölproduktion ... verursacht, daß zumindest auf die Dauer das Rohöl unter den durchschnittlichen Produktionskosten verkauft wird." (E. Jones, The Trust Problem in the USA, a. a. O., S. 60.)

17 Siehe „The New Republic" vom 23. Februar 1927, wo nachgewiesen wird, daß bis auf die Dohenny- und Mellon-Gruppe, die 36% bzw. 6% der mexikanischen Rohölproduktion beherrschen, alle ausländischen Petroleumkonzessionäre sich dem neuen Gesetze unterworfen haben.

18 Vgl. W. Bitter, Die Eroberung Mittelamerikas durch den Bananentrust, Hamburg 1921. Der Trust hat alle Verkehrsmittel im Bananentransport zu Lande und zu Wasser monopolisiert.

19 Die ausländischen Arbeiter machten zwar Ersparnisse, schickten diese aber überwiegend nach der Heimat.

kapitals. Statt aus dem laufenden Einkommen etwas zu ersparen, wird vielfach das zukünftige Einkommen im vorhinein, in Form des Einkaufs auf Ratenzahlung, ausgegeben[20].

Daher war der Bestand an Spareinlagen bis zur jüngsten Zeit relativ gering. Diese betrugen:

Mio Dollar

	Depositen bei allen Geldinstituten	Saving Deposite*	Bei den Sparkassen	Zahl der Einleger in Tsd.
1880	2134		819	2336
1890	4060		1550	4259
1900	7239		2390	5898
1910	15283		4070	9143
1920	37315	15310	6538	11428
1925	46765	23130	9065	14640

* Commerce Yearbook 1925, S. 271.

Quelle
Statistical Abstract of the United States, 1925, S. 255.

Bis 1910 war die Summe der Spareinlagen relativ niedrig, den Bedürfnissen des rasch aufstrebenden Kapitals nicht genügend. Daher das Bestreben, durch gesetzliche Regelung zu verhindern, daß das auf einem Territorium sich ansammelnde Kapital zur Entwicklung der Produktionskräfte anderswo verwendet wird. Daher: Verbot der Filialgründung überhaupt[21] oder Gestaltung von Filialen nur auf dem Gebiet jener Stadt oder jenes Einzelstaates, wo das Hauptinstitut seinen Sitz hat. Der Rediskont von Wechseln war verboten; eine Bank durfte die Wechsel einer anderen nicht diskontieren, noch die Noten einer anderen Bank in Verkehr bringen! Jede Bank eine isolierte Einheit! Daher die ungeheure Zahl der kleineren Provinzbanken mit einem Kapital von 15000 bis 25000 Dollar, die sinnlose Zersplitterung des Bankwesens. Es gibt im Süden und Westen Staaten, wo auf 800 Einwohner ein Geldinstitut entfällt. Es gab Geldinstitute:

	Insgesamt	National-banken*	Einzelstaats-banken**	Trust-banken	Sparkassen	Sparvereine	Private Banken
1900	10182						
1910	23095	7145	12166	1091	1121	638	934
1920	30139	8030	18195	1408	1087	520	799
1925	28841	8072	16983	1680	972	611	523

* Die von den Reichsbehörden genehmigt sind.
** Die von den einzelstaatlichen Behörden genehmigt sind.

20 Im Jahre 1925 wurden für 6,5 Mrd. Dollar Waren auf Ratenzahlung verkauft (vgl. Statist vom 6. November 1926, Banking Num.).

21 Von 48 Einzelstaaten dürfen bis heute in 26 die Banken überhaupt keine Filiale einrichten. (Protokoll der Bankiertagung 1926, Spezialnummer der „Commercial and Financial Chronicle" vom 16. Oktober 1926, S. 98; weiter als „Bankier-Protokoll" zitiert.)

Jede kleinere Stadt hat ihre eigene kleine Bank[22], nur in den letzten fünf Jahren hat ihre Zahl begonnen abzunehmen.

Die Rückständigkeit des ganzen Systems zeigt die Tatsache, daß unzählige Banken sich mit der Herausgabe von Banknoten beschäftigen. *Bis 1915 gab es keine zentrale Notenbank*; selbst das damals eingeführte Federal-Bank-System hat noch immer starke Züge der alten Dezentralisation; es besteht nicht ein, sondern zwölf zentrale Noteninstitute, die durch die ihnen angeschlossenen mehrere tausend Federal Reserve Banks geschaffen wurden, die alle das Recht haben, „Federal Reserve Banknoten" herauszugeben!

Diese Zersplitterung des Bankwesens — selbst die Folge der relativ geringen Ansammlung von Leihkapital — entspricht nicht den Interessen der Großindustrie. Es ergibt sich die eigenartige Situation, daß das Kreditbedürfnis eines unabhängigen Provinz-Industrie-Unternehmens größer ist, als die finanziellen Kräfte von Dutzenden kleiner Bankinstitute des betreffenden Staates[23]. Es ergab sich die Lage, daß nicht große Banken das Industriekapital führend beeinflußten, sondern die Großindustrie sich Banken schuf.

Die Geschichte der Bankgesetzgebung der letzten zwei Jahrzehnte ist der Versuch, eine den Interessen der Großindustrie entsprechende Bankorganisation zu schaffen. Diese Organisation ist bis heute nicht vorhanden: Das im Februar 1926 geschaffene MacFadden-Gesetz ist ein kleiner Schritt dazu: Es erlaubt den Nationalbanken, Filialen zu errichten, aber nur in jenen Staaten, wo die Staatsbanken dieses Recht besitzen. In 26 Staaten von 48 bleiben Bankfilialen weiter verboten; das heißt, den Großbanken wird die Möglichkeit genommen, das in kleinen Beträgen vorhandene Kapital unmittelbar aufzusaugen. Selbstverständlich setzte sich die Konzentrationstendenz trotz dieser gesetzlichen Hemmungen durch, aber unter großen Schweirigkeiten, mit komplizierten Methoden der Umgehung der Gesetze. An Stelle des Ausbaues von Filialnetzen trat die „Merger"-Bildung, die Fusion, die Einverleibung von kleineren Geldinstituten in die Großbanken usw.[24]

Der große Umschwung trat in den letzten zehn Jahren ein. *Der Krieg und die Nachkriegszeit brachte, wie bekannt, einen riesigen Zustrom von Gold in das Land. In den Jahren 1915 bis 1924 betrug der reine Zufluß an Gold über drei Milliarden Dollar. Damit hatte der Mangel an Leihkapital sein Ende erreicht.* Der große Goldvorrat ermöglichte es, durch Notenausgabe die Bedürfnisse der Großbanken und der Industrie zu befriedigen. Hierdurch hat das amerikanische Bankwesen und insbesondere die Herausbildung von gewaltigen Großbanken eine sprunghafte Entwicklung genommen. Das Bankkapital ist zu einem ebenbürtigen Faktor des Industriekapitals geworden, wenn auch vorläufig das Industriekapital das Übergewicht hat[25].

22 Außer diesen Geldinstituten gibt es noch über 10000 Bau- und Leihvereine (Building and Loan Associations) mit 8,5 Millionen Teilnehmern.

23 Vgl. Bankier-Protokoll, S. 101.

24 Das große Reservoir, aus dem die Großbanken, vor allem Morgan, ihr Leihkapital schöpften, waren die Lebensversicherungsgesellschaften. Die Lebensversicherung ist in Amerika ungeheuer verbreitet. Es gibt 300 Gesellschaften mit rund 100 Millionen Lebensversicherungen (auf manche Personen mehrere). Ihre Einnahmen betrugen 1925 rund 3 Mrd. Dollar. Sie hatten (1927) Reserven von rund zehn Mrd. Dollar, davon vier in Hypotheken, vier in Bons angelegt. Die amerikanische Lebensversicherung ist die amerikanische Form der individuellen Ersparnisse, sie ist dreimal so groß, wie in der übrigen Welt zusammengenommen.

25 Dies zeigte sich besonders scharf in der Affäre des „Manifests der Bankiers", als Morgan unter dem Druck des Industriekapitals seine Unterschrift zurückziehen mußte. (Siehe meinen Artikel „Die Strukturwandlung in den Vereinigten Staaten", in: „Die Kommunistische Internationale", 10/1927, 8. Jg., Hamburg, S. 471—478.)

Die „Macht der Banken" (banking power), das heißt: Summe des Eigenkapitals, der Reserven, Depositen und der „*Zirkulation*" (eigene Banknoten) betrug:

	Mrd. Dollar
Durchschnitt 1911—1915	23,4
Durchschnitt 1916—1920	39,9
Durchschnitt 1921—1925	56,4
Durchschnitt 1925	60,4
Durchschnitt 1926	64,9

Quelle
Commerce Yearbook 1925, S. 551; für 1926: The Annalist vom 28. Januar 1927.

Die Macht der Banken hat sich — auch bei Einrechnung der Erhöhung des Preisniveaus — in 14 Jahren mehr als verdoppelt, nominell verdreifacht.

Zugleich ist eine starke Konzentration vor sich gegangen. In jenen Gebieten, wo die kapitalistische Entwicklung am weitesten fortgeschritten ist: in den Neu-England-Staaten und in Kalifornien hat die Zahl der selbständigen Banken rasch abgenommen, die Zahl der Filialen zugenommen. Anstelle der Aufsaugung von Ersparnissen in Geldform tritt weitgehend die Unterbringung von Anleihen und Obligationen unmittelbar bei den kleinen Sparern.[26] Vor dem Kriege gab es in Amerika 500000 Wertpapierbesitzer: im Kriege 20 Millionen.[27]

Wie stark die Großbanken geworden sind, zeigt folgende Tabelle, die wir aus der Banknummer des „Statist" zusammenstellen:

Mitte 1926 betrugen das Eigenkapital und die Depositen

	Mio Dollar
Guaranty Trust Comp.	565
First National Bank New York	388
First National Bank Chicago	353
First National Bank Boston	299
Equitable Trust Company	460
Continental and Com. Chicago	449
Chase	892
Bankers Trust Comp.	480
National Bank of Commerce	610
National City Bank	1107
	5603

26 Vor dem Kriege war das Bondgeschäft ein aristokratisches; einige alte Häuser beschäftigten sich damit, die Pakete im Wert von mindestens 25000 Dollar unterbrachten. Die Kriegsanleihen brachten die große Wandlung (vgl. Bankier-Protokoll, S. 106).

27 Vgl. ebenda.

Diese zehn Großbanken haben an Eigenkapital und Depositen rund 30 Mrd. Mark zur Verfügung. Die Zersplitterung des Bankwesens besteht zwar formell noch weiter, aber die Bedeutung der Großbanken wächst rapid, während die Zehntausende kleiner Provinzbanken in relative Bedeutungslosigkeit hinabsinken[28].

Wie stürmisch diese Entwicklung bei den größten Instituten ist, zeigen folgende Zahlen:

Chase National Bank (Mio Dollar)

	1913	1920	1926
Kapital und Reserven	14,6	40	76,8
Depositen	120	450	813

National City Bank (Mio Dollar)

	1914	1921	1925
Aktienkapital	25	40	50
Depositen	276	706	994

Wir sehen: die National City Bank kann einen Vergleich mit dem größten Industrieunternehmen der Vereinigten Staaten von Amerika, dem Stahltrust, bereits aushalten. Zugleich mit dieser stürmischen Entwicklung und Konzentration des amerikanischen Bankwesens ging ein *Strukturwandel in seiner weltwirtschaftlichen Stellung vor sich.* Vor dem Kriege waren die amerikanischen Großbanken Organe der inneren Wirtschaft; gegenwärtig, da die Vereinigten Staaten zu dem größten Kapitalexportland geworden sind, sind sie zu Trägern der imperialistischen Machtpolitik der Vereinigten Staaten von Amerika geworden.

Der Kapitalexport

Vor dem Kriege waren die Vereinigten Staaten noch ein Kapitalimportland. Das *in den Vereinigten Staaten angelegte ausländische Kapital* — der Natur der Sache nach ausschließlich europäisches — betrug nach Schätzungen:

Mio Dollar

1843	1860	1873	1880	1890	1904	1914
150	400	1500	2000	3000	3900	5000

Quelle
Robert W. Dunn, American Foreign Investments, New York 1926 (das grundlegende Buch für diesen Problemkreis), S. 1—2.

28 Die Reformisten machen viel Reklame für die amerikanischen Gewerkschaftsbanken; diese ehrenhaften Institute haben in den sieben Jahren ihres Bestehens glücklich eine Summe von 127 Mio Dollar an Kapital und Depositen zusammengebracht; Promille des gesamten „banking power". Und damit wollen sie den Kapitalismus umwandeln.

Demgegenüber standen schon frühzeitig Investitionen amerikanischer Kapitalien im Ausland. Diese betrugen 1914 – nach der Schätzung von E. H. Firk – 2600 Mio Dollar, so daß die *reine Kapitalschuld an das Ausland* bei Ausbruch des Krieges rund 2,5 Mrd. Dollar betragen hat.

Die amerikanische Kapitalanlage im Ausland verteilte sich vor dem Kriege wie folgt:

Mio Dollar

Kanada	Mexiko	Kuba	Süd-Mittel-Amerika	China-Japan	Europa
750	1000	100	180	100	350

Bereits diese Zahlen der Vorkriegszeit zeigen das Überwiegen der Kapitalanlage der Vereinigten Staaten auf dem amerikanischen Kontinent selbst. Was den ökonomischen Charakter der Kapitalanlage anbelangt, so kann – natürlich mit den nötigen Einschränkungen – gesagt werden: Das europäische Kapital kam überwiegend in Form von *Leihkapital* an die amerikanische Industrie und die Eisenbahnen, während das exportierte amerikanische Kapital unmittelbar als industrielles Kapital angewendet wurde. (Petroleumproduktion in Mexiko, Schlachthäuser in Argentinien, Zuckerproduktion in Kuba, alle Art von Industrie in Kanada.)

Die Kriegs- und Nachkriegszeit brachte einen völligen Umschwung in der Stellung der Vereinigten Staaten von Amerika auf dem internationalen Kapitalmarkt. Es wurde aus einem Schuldnerland das größte Kapitalexportland der Welt.

Die Möglichkeit hierzu bot die ungeheuer aktive Handelsbilanz der Vereinigten Staaten von Amerika, selbst eine Folge der skrupellosen Ausnutzung der Kriegskonjunktur bei der Preisbestimmung. Allein in den sechs Wirtschaftsjahren 1916 bis 1921 betrug der Exportüberschuß über 17 Mrd. Dollar; auch seither ist die Handelsbilanz immer aktiv.

Den Gegenwert des Überschusses des Warenexports bildete:

Rücklauf der in ausländischem Besitz befindlichen amerikanischen Wertpapiere (Entschuldung)	3000 Mio Dollar
Staatsanleihen an die alliierten Nationen	10500 Mio Dollar
Gold	2500 Mio Dollar

Nachdem der überwiegende Teil der im Ausland befindlichen Wertpapiere zurückgekauft war, nachdem der Bedarf an Gold übersättigt war, begann die Periode des großzügigen Kapitalexports aus den Vereinigten Staaten von Amerika und damit die neue Ära des vollentwickelten Imperialismus.

Die Zahlenangaben über die Höhe des amerikanischen Kapitalexports gehen stark auseinander, je nachdem nur die öffentlich in Amerika aufgelegten Auslandsemissionen oder auch der Ankauf von im Ausland emittierten Wertpapieren, einfach laufende Kredite mitberechnet werden.

Folgende Zusammenstellung ist die des „Commercial and Financial Chronicle“ und bezieht sich nur auf die in Amerika aufgelegten Emissionen (ohne Konvertierungsoperationen) (vgl. Tabelle 13):

Tabelle 13
Auswärtige Emissionen (Summe in Mio Dollar)

	1920	1921	1922	1923	1924	1925	1926
Regierungsanleihen	191	329	416	187	571	541	481
Andere Auslandsemissionen	40	15	80	24	195	399	462
Kanada (Staaten und Städte)	46	76	94	20	132	49	61
Kanada (andere)	108	106	40	30	98	95	141
Kolonien der Vereinigten Staaten von Amerika	16	27	43	8	9	9	10
	401	553	673	275	1005	1093	1155

Quelle
Statistical Abstract of the United States, 1925, S. 304. Zahlen für 1926 in: Commercial and Financial Chronicle vom 22. Januar 1927, S. 434.

Die Einteilung der Tabelle ist die übliche: Kanada als ökonomisch aufs engste mit den Vereinigten Staaten von Amerika verbunden, wird besonders ausgewiesen. Dagegen werden nur die juristisch anerkannten Kolonien als solche aufgeführt: Kuba fungiert als unabhängiger Staat!

Viele Kommentare braucht man zu diesen Zahlen nicht. Wir sehen das sprunghafte Anwachsen der *privaten* Auslandsanleihen (Banken, Industrieunternehmungen). Innerhalb dieser nehmen die Aktienemissionen, also *unmittelbare Beteiligung* an ausländischen Industrieunternehmungen, an Bedeutung zu.

Es wurden Aktien emittiert in Millionen Dollar:

	1926	1925	1924	1923	1922
Vorzugsaktien	48	38	0,6	—	—
Stammaktien	41	16	0,003	—	—

Von der einfachen Aneignung eines fixen Teils vom Mehrwert in Form von Obligationen geht das amerikanische Kapital zu der unmittelbaren Beherrschung durch Aktienzeichnung über.

Der tatsächliche Kapitalexport der Vereinigten Staaten von Amerika ist größer als hier ausgewiesen; es kommen hinzu die an ausländischen Börsen angekauften Wertpapiere; unmittelbare Anlage von Kapital in amerikanischen Unternehmungen im Ausland; Geldkredite usw. Moody schätzt für das Jahr 1926 den amerikanischen Kapitalexport auf 1700 Mio Dollar.

In wie großem Maße die Vereinigten Staaten von Amerika bereits ein Kapitalexportland geworden sind, zeigt, daß im Jahre 1926 von *6311 Mio Dollar Gesamtemission 1155 Mio Dollar ins Ausland gingen*, das heißt nahezu der fünfte Teil.

Die Auslandsemissionen bilden für die amerikanischen Banken eine Quelle der raschen Bereicherung. Die auf den Kredit angewiesenen Staaten und Unternehmungen werden schonungslos ausgewuchert. Die Provision der Banken bei der Dawes-Anleihe betrug 6%

vom Nominalbetrag. Anfangs 1925 wurde in Moodys „Investor's Service" folgendes mitgeteilt:

„Im Jahre 1923 nahm ein brasilianischer Staat eine Anleihe von $1^1/_2$ Millionen Dollar in den Vereinigten Staaten von Nordamerika auf; Verzinsung 8 Prozent jährlich. Die amerikanischen Bankiers bekamen die Anleihe mit 85 Prozent. Kommission und andere Ausgaben, die mit der Flottmachung der Anleihe verbunden waren, wurden dem Staate noch einmal abgezogen, das waren aber wieder 243000 Dollar. Obendrein zogen die Bankiers im voraus die Zinsen für ein Jahr und die Amortisation für vier Jahre ab. Das waren 620000 Dollar. So bekam der Staat in bar Geld 745000 Dollar, verzinste dafür 1500000 Dollar zu 8 Prozent und gab eine jährliche Amortisation von 60000 Dollar. Das machte für die 745000 Dollar eine jährliche Zahlung von nicht weniger als 180000 Dollar oder ungefähr einen tatsächlichen Satz von 25 Prozent."[29]

Der Kapitalexport stärkt die Stellung des Bankkapitals gegenüber dem Industriekapital und die Macht der Großbanken gegenüber den Kleinbanken. Die Auslandsemissionen sind nämlich das Monopol einiger großer Emissionshäuser: National City Bank; Guaranty Trust Comp.; Morgan; Lee Higginson and Comp.; Dillon, Read; Kuhn, Loeb and Comp. und noch einige. Vor allem Morgan mit seinen Großbanken; den kleineren Instituten wird einfach vorgeschrieben, wieviel sie von jeder Anleihe übernehmen und absetzen müssen. Zugleich entwickelt sich der Einfluß der amerikanischen Großbanken durch Filialen, Affiliationen und Aktienankauf in fast allen Ländern der Welt. Das aktive, dirigierende und wuchernde Element sind international immer die Banken der kapitalexportierenden Länder!

Die Summe des amerikanischen Kapitals im Ausland

Das Department of Commerce[30] schätzt für *Ende 1924* die Summe des im Ausland angelegten Kapitals auf 9090 Mio Dollar. In den zwei Jahren 1925 und 1926 kam ein Zuwachs von 2250 Millionen an öffentlichen Emissionen; mit der nicht öffentlichen Kapitalausfuhr zusammen wohl an 3000 Millionen. *Die Höhe des im Ausland angelegten Kapitals* (ohne die Kriegsforderungen von 10 Mrd. Dollar) *kann man Ende 1926 auf rd. 12000 Mio Dollar schätzen*[31]. Damit haben die Vereinigten Staaten Großbritannien als Kapitalexportland bereits überflügelt.

Die Richtung des amerikanischen Kapitalexports

Das amerikanische Kapital hat in den letzten Jahren seinen Weg in fast alle kapitalistischen Länder der Welt gefunden. Das Hauptgebiet bleibt aber nach wie vor der amerikanische Kontinent, aber mit einer steigenden Beteiligung von Europa.

Für 1926 liegt die Verteilung noch nicht vor. Die Entwicklung geht auf eine stärkere Kapitalanlage in Europa; aber 71% waren 1924 noch in Amerika angelegt.

In dem Buch von Dunn ist der Anteil der amerikanischen Kapitalanlage in jedem wichtigen Lande dargestellt; es ergibt sich, daß das amerikanische Kapital nicht nur in

29 Zitiert: Julius Hirsch, Das amerikanische Wirtschaftswunder, Berlin 1925, S. 210.

30 Vgl. R. W. Dunn, American Foreign Investments, New York 1926, S. 183.

31 Diese Summe gibt auch Winkler in „Moody's Investor's Service" an (vgl. R. W. Dunn, American Foreign Investments, a. a. O., S. 183). Das „Department of Commerce" schätzt für Ende 1925 10405 Millionen („The Balance of International Payments" in 1925, S. 15).

Tabelle 14
Verteilung der amerikanischen Kapitalanlagen nach Kontinenten (in Mio Dollar)

	1913	%	1923	%	1924	%	1925*	%
Kanada und Neufundland	750	29	2450	30	2460	27	2825	27
Lateinamerika	1330	51	3760	46	4040	44	4210	41
Europa	350	13	1300	16	1900	21	2500	24
Asien und Australien	175	7	595	8	690	8	870**	8

* Nach: „The Balance of International Payments", 1925.
** Und alle anderen Gebiete.

Quelle
R. W. Dunn, American Foreign Investments, a. a. O., S. 3 u. 183.

Mexiko, Kanada und Kuba vorherrscht, sondern auch in allen europäischen Ländern eine starke Position hat. Auch in dem angeblich boykottierten Frankreich. Eine Reihe der größten Unternehmungen: Crédit Lyonnais, Schneider-Creusot, Banque de Paris et de Pays Bas, de Wendel, alle Eisenbahnen sind mit dem amerikanischen Kapital verbunden, daß heißt an Amerika verschuldet. Die Zahl der amerikanischen Unternehmungen, die Fabriken und andere Unternehmungen in Frankreich besitzen, geht in die Hunderte.[32] Ähnlich ist es in Deutschland und in Großbritannien; das in Großbritannien angelegte amerikanische Kapital beträgt rund 500 Mio Dollar.[33] Italien hat in den letzten 4 bis 5 Monaten an 100 Mio Dollar aus Amerika erhalten. *Dagegen ist die amerikanische Kapitalanlage in China und in Indien verschwindend gering*[34]; in Asien ist hauptsächlich in Japan Kapital angelegt.

Das Einkommen der Vereinigten Staaten von Amerika aus den ausländischen Kapitalanlagen

Das Einkommen aus den Auslandskapitalien läßt sich natürlich schwer schätzen. Die amtliche Schätzung lautet für 1925:

	Mio Dollar
Einkommen aus privater Kapitalanlage	520
Zinsen der Kriegsanleihen	160
	680
Ab Einkommen aus in Vereinigten Staaten von Amerika angelegtem Auslandskapital	165
Nettoeinkommen	515

Quelle
The Balance of International Payments, S. 15.

32 Vgl. R. W. Dunn, American Foreign Investments, a. a. O., S. 143; einige Dutzend mit Namen aufgezählt.
33 Vgl. ebenda, S. 151.
34 Vgl. ebenda, S. 163/174.

Wir halten diese Schätzung für zu niedrig. Immerhin bildet diese Summe bereits einen starken Einnahmeposten und ist in rascher Steigerung begriffen.

Der amerikanische Imperialismus

Die Wirtschaft der Vereinigten Staaten von Amerika zeigt nunmehr alle Merkmale des Imperialismus: höchste Stufe der Monopolbildung, gewaltige Industrie, Kapitalexport, koloniale Ausdehnung, monopolistische Absatzmärkte, Überprofit aus den Kolonien, Arbeitsaristokratie. Dabei haben die Vereinigten Staaten von Amerika noch den Vorteil einer gewaltigen Ausdehnung bei relativ geringer Bevölkerung: Sie können noch Agrarprodukte ausführen, wenn sie auch kein Agrarexportland im eigentlichen Sinne mehr sind, da sie Lebensmittel in höherem Betrag ein- als ausführen.[35] Aber der Export von Industriewaren steigt — wenn wir von den Kriegsjahren absehen — ununterbrochen. Zugleich zeigt sich, daß die Ausfuhr von Industriewaren mit der Kapitalanlage parallel geht: Wo die Vereinigten Staaten das meiste Kapital angelegt haben, dorthin geht auch relativ die größte Ausfuhr von Industriewaren. Die prozentuale Verschiebung im Außenhandel zeigen folgende Zahlen:

Mio Dollar

	Ausfuhr				Einfuhr			
	1910/1914		1921/1925		1910/1914		1921/1925	
	Summe	%	Summe	%	Summe	%	Summe	%
Rohstoffe	2130	33,1	4310	27,4	1689	34,4	3450	36,8
Lebensmittel	421	19,8	1021	23,7	398	23,6	832	24,1
Halbfabrikate	342	16	535	12,4	307	18,2	606	17,6
Industrielle Fertigwaren	654	30,7	1565	36,3	389	23,1	720	20,9

Quelle
Commerce Yearbook 1926, S. 108.

Die Tendenz ist unzweideutig; Verschiebung der Ausfuhr von Rohstoffen auf industrielle Fertigwaren; der umgekehrte Prozeß in der Einfuhr. Die Ausfuhr von industriellen Fertigwaren geht mit dem Kapitalexport parallel.

Ausfuhr von industriellen Fertigwaren in den Jahren 1921/25, nach Weltteilen

	Mio Dollar	% der Gesamtausfuhr
Europa	446	19,6
Nordamerika	500	48,6
Südamerika	214	72,9
Asien und Australien	356	55,8
Afrika	49	70,4

35 1925 Lebensmitteleinfuhr 928 Mio Dollar, Lebensmittelausfuhr 892 Mio Dollar (vgl. Commerce Yearbook 1926, S. 1084).

Der Export nach Europa besteht nur bis zu einem Fünftel aus industriellen Fertigwaren, nach Südamerika zu dreiviertel.

Außenhandel und Kapitalexport sind von der politischen Einwirkung nicht zu trennen. Die Ideologie der früheren Periode, die Ideologie der für den inneren Markt produzierenden Industrie, wirkte lange hemmend und hindernd. Man sollte sich „von Europa zurückziehen", sich „auf den amerikanischen Kontinent beschränken". Der Einfluß dieser Ideologie hat es bewirkt, daß die Vereinigten Staaten von Nordamerika dem Völkerbund fernblieben, daß sie bei den Verhandlungen über die Durchführung des Dawes-Planes seine Staatsmänner nur als „zufällige Privatbesucher" nach London entsenden konnten: Eine Konzession an diese Ideologie ist die Abrüstungspropaganda (wobei freilich entscheidend ist, daß die Vereinigten Staaten zu Lande unangreifbar sind; daher forcieren sie die Rüstungsbeschränkungen der Großkampfschiffe: Unterseeboote, Luftzeuge, kleine Schiffe können ihnen absolut nichts anhaben infolge der riesigen Entfernung von jedem praktisch in Frage kommenden Gegner).

Aber veraltete Ideologien können die Anpassung der Politik an die ökonomische Entwicklung nicht aufhalten. Tatsächlich sind heute die Vereinigten Staaten die *führende imperialistische Macht*, die das bestausgerüstete Heer und die beste Flotte haben; die in allen weltpolitischen Angelegenheiten ihre Hand im Spiele haben; die ihre wirtschaftliche, maritime und militärische Übermacht ebenso brutal einsetzten wie die europäischen imperialistischen Räuber.

Am klarsten sieht man das auf dem Gebiet, wo der amerikanische Imperialismus eine aktiv offensive Politik betreibt, in dem Gebiet des Karibischen Meeres. Nach einer Zusammenstellung in der „New Republic" vom 26. Januar 1927 hat *die Union militärisch interveniert im 20. Jahrhundert in:*

Formell unabhängig, tatsächlich Kolonie:	*Kuba* (seit 1901) 1898—1902, 1906—1909, 1912, 1917.
Formell unabhängig, tatsächlich Kolonie:	*Panama* (seit 1903) 1908, 1912, 1917, 1918, 1921.
Formell unabhängig, tatsächlich Kolonie:	*Dominikanische Republik* (seit 1905) 1903, 1904, 1913, 1914, 1916—1924.
Formell unabhängig, tatsächlich Kolonie:	*Nikaragua* (seit 1912) 1899, 1907, 1910, 1912—1925, 1926, 1927.
Formell unabhängig, tatsächlich Kolonie:	*Haiti* (seit 1915) 1915.
Unabhängig (?)	*Mexiko* 1914, 1915.
Unabhängig (?)	*Honduras* 1907, 1910, 1911, 1919, 1924, 1925.
Unabhängig (?)	*Kostarika* 1919.
Unabhängig (?)	*Kolumbien* 1903.

In diesen 9 Ländern haben die Vereinigten Staaten nicht weniger als 32mal militärisch „interveniert"!

Aber das gewalttätige Vordringen beschränkt sich natürlich nicht auf das Karibische Meer; sie „intervenieren" in China zusammen mit Großbritannien; sie halten eine militärische Gewaltherrschaft auf den Philippinen aufrecht; sie mischen sich in den Tacna Arica-Konflikt; sie bereiten einen neuen Krieg gegen Mexiko vor usw. usw. Es mag manchen ehrlichen Gegner des Imperialismus und Militarismus in Amerika geben neben den zahllosen Heuchlern, aber die Politik muß der ökonomischen Basis folgen.

Mit dem Übergang der Vereinigten Staaten von Amerika zu einem großzügigen Kapitalexport sind auch bereits Züge eines „Alterns" des amerikanischen Kapitalismus zu bemerken. Die gewaltige Reichtümer aufhäufende Bourgeoisie, — die an den von ihr ausgebeuteten Farmern keinen genügenden Rückhalt hat — verbietet die Einwanderung, schafft eine echte Arbeiteraristokratie im Land, schafft die grundfalsche Ideologie von dem Übergang des Kapitaleigentums an die Arbeiterschaft, von der „ökonomischen Revolution", die dem Kapitalismus ein Ende bereitet[36]. Es entwickelt sich eine Rentnerschicht, *und das Tempo der Entwicklung* der Produktivkräfte innerhalb des Landes wird langsamer. Wir wollen die Anführung von statistischen Daten lieber auf eine spätere Zeit verschieben, bis neuere Daten vorliegen. Der vor 20 Jahren noch so jugendfrische amerikanische Kapitalismus zeigt die ersten Züge des Zustandes, den Lenin als „sterbenden Kapitalismus" bezeichnete.[37]

36 Siehe meine Weltwirtschaftsübersicht 1926.

37 Eine Reihe von wichtigen Fragen: Einkommensverteilung, Lage der Arbeiter, Einwanderungsverbot und Arbeiteraristokratie konnten wegen Raummangels nicht behandelt werden.

V. Der Weg des italienischen Kapitalismus*

Die Entwicklung des italienischen Kapitalismus im letzten Jahrzehnt zeigt einige besonders interessante Momente. *Italien ist die Großmacht Europas, die am spätesten in die moderne kapitalistische Entwicklung eingetreten ist, trotzdem aber in kürzester Zeit einen ausgesprochen imperialistischen Charakter angenommen hat.* Die offene Forderung einer Neuverteilung der Erde und offene Kriegsrüstungen zu diesem Zweck charakterisieren am besten den italienischen Kapitalismus.[1]

Die zweite Besonderheit in der Entwicklung des italienischen Kapitalismus ist die Tatsache, daß *die Diktatur der Bourgeoisie hier die besondere Form des Faschismus angenommen hat!* Es taucht die Frage auf, inwiefern dieses Regierungssystem die Entwicklung der italienischen Wirtschaft — gegenüber jener anderer Länder — hemmt oder fördert? Wir wollen hier, das Ergebnis vorausnehmend, sagen: Die Tatsache des Bestehens des faschistischen Regimes hat keine irgendwie bedeutende Differenz in der Entwicklung der italienischen Wirtschaft in der Nachkriegszeit nach sich gezogen, wenn wir diese mit Frankreich, dessen Verhältnisse am nächsten liegen, vergleichen. Ebenso wie Frankreich, ist es auch Italien gelungen, die Valuta zu stabilisieren und die Kriegsfolgen bis zu einem gewissen Grade zu überwinden.

Die Folge des Bestehens des faschistischen Systems ist aber, *daß diese Reorganisation der kapitalistischen Wirtschaft in Italien in viel stärkerem Maße auf Kosten der Arbeiterschaft vor sich ging als in Frankreich oder Deutschland.* Während im übrigen Westeuropa die reale Lebenshaltung des Volkes im allgemeinen und wahrscheinlich auch der Arbeiterklasse im besonderen nicht wesentlich schlechter als vor dem Kriege ist, deuten sichere Zeichen, die wir später entwickeln werden, darauf hin, daß das faschistische Regime eine absolute Verschlechterung der Lage der Arbeiterklasse nach sich gezogen hat.

Ungünstige und günstige Faktoren der Entwicklung des italienischen Kapitalismus

Der moderne italienische Kapitalismus entwickelte sich im 20. Jahrhundert. Noch um die Jahrhundertwende war Italien seinem ganzen Charakter nach ein agrar-feudales Land; es hat diesen Charakter in Süditalien bis heute behalten.

1 Am 20. Mai erklärte Mussolini in seiner Kammerrede folgendes: „Es ist unsere erste Pflicht, unsere bewaffneten Kräfte zu verbessern. Wir müssen zu einer gewissen Zeit imstande sein, fünf Millionen Menschen zu mobilisieren. Wir müssen imstande sein, sie zu bewaffnen. Wir müssen unsere Flotte vergrößern und unsere Luftstreitkräfte so stark und so zahlreich machen, daß das Getöse ihrer Motoren jedes andere Geräusch verdrängen soll, daß ihr Schatten die Sonne über der Erde Italiens verdecken soll. Dann werden wir imstande sein, zwischen 1935 und 1940, falls, wie ich glaube, ein entscheidender Punkt in der europäischen Geschichte eintreten wird, unserer Stimme Gehör und unserem Rechte endgültige Anerkennung zu verschaffen."

* Aus: Wirtschaft und Wirtschaftspolitik im II. Vierteljahr 1927, in: Internationale Pressekorrespondenz, Nr. 78, vom 4. August 1927, S. 1669—1677.

Die Ursache der verspäteten Entwicklung des italienischen Kapitalismus, das heißt vor allem der italienischen Industrie, ist der vollkommene Mangel an Rohstoffen der industriellen Produktion. Italien besitzt keinerlei mineralische Rohstoffe: weder Brennstoffe: Kohle, Petroleum, noch irgendwelche Erze: Eisen, Kupfer oder andere Metalle. Selbst das Salz wird aus dem Meer gewonnen. Es fehlen ferner auch die organischen industriellen Rohstoffe: Nadelholzwälder und sämtliche Textilrohstoffe, mit Ausnahme von Seide und etwas Wolle. Dieser Mangel an Rohstoffen hat es bewirkt, daß bis zum Kriege die industrielle Entwicklung äußerst langsam vor sich gegangen ist.

Dem Nachteil der fehlenden Roh- und Brennstoffe steht *der Vorteil eines Überflusses an billigen Arbeitskräften gegenüber*. Die Billigkeit der Arbeitskräfte, das heißt die Niedrigkeit der Reallöhne hat zum Teil natürliche, zum Teil sozialhistorische Ursachen. Die natürliche Ursache ist, daß infolge des südlichen Klimas das Bedürfnis nach Kleidung, nach Fett und Fleisch geringer ist als in den nördlichen Ländern und auch die Wohnkosten niedriger sind. Sozialhistorische Ursachen sind die große Dichte der Bevölkerung (es wohnen in Italien rund 130 Einwohner pro km^2, ungefähr so viel wie in Deutschland bei einer viel niedrigeren wirtschaftlichen Entwicklung) sowie die ungünstige Bodenverteilung, die das Grundrenteneinkommen auf eine geringe Zahl von Großgrundbesitzern konzentriert und Millionen von vollkommen landlosen Landarbeitern schafft.

Der Überfluß an Arbeitskräften zeigte sich von jeher in einer sehr starken Auswanderung. Die sich langsam entwickelnde Industrie und die in Süd- und Mittelitalien sehr extensiv betriebene Landwirtschaft konnte den Einwohnern keine Lebensmöglichkeit bieten. Im Durchschnitt 1909 bis 1913 sind jährlich 670000 Leute aus Italien ausgewandert (im Jahre 1913 873000), davon rund 400000 nach Übersee, 270000 nach Europa. Bereits im Jahre 1911 wurden $5^1/_2$ Millionen als ständig im Ausland lebende Italiener verzeichnet; die „zeitweilig Ausgewanderten", über zwei Millionen, wurden zu der heimischen Bevölkerung hinzugezählt.[2]

Die starke Auswanderung zeigt, daß es in Italien ständig eine sehr große Reservearmee an Arbeitern gibt. Dies zusammen mit dem aus natürlichen Ursachen folgenden geringeren Wert der Arbeitskraft in Italien schafft für die italienische Industrie in bezug auf Arbeitskosten eine bevorzugte Stellung.

Daher sehen wir, daß sich in der Kriegs- und Nachkriegszeit insbesondere jene Industriezweige in Italien entwickeln, die — nach der Terminologie Webers — „Arbeitskraft ge-

2 Die Auswanderung setzte sich auch in der Nachkriegszeit fort; aber die Reglementierung der Einwanderung nach den Vereinigten Staaten verhindert die Auswanderung in dieses Gebiet. Die Auswanderung gestaltete sich in der Nachkriegszeit folgendermaßen (in Tsd.):

	Übersee	Europa	Zusammen
1920	220	190	410
1921	200	80	280
1922	122	157	279
1923	178	218*	396
1924	131	271*	402
1925	110	210*	320

* Viele ohne Reisepässe emigriert, die in diesen Zahlen nicht inbegriffen sind.

lagert“ sind, das heißt, wo in der Einheit des Produktes viel Arbeitslohn und verhältnismäßig wenig Stoffe, die ihr Gewicht während des Produktionsprozesses verlieren oder vermindern (Brennstoffe, Erze), enthalten sind. So sehen wir im letzten Jahrzehnt eine rasche Entwicklung des Schiffbaus, des Automobilbaus und der Kunstseidenindustrie.

Die kapitalistische Entwicklung Italiens erhielt in dem letzten Jahrzehnt zwei besondere Förderungen. Erstens den Krieg, der gewisse, für die Produktion von Kriegsmaterial nötige Industrien sich sprunghaft entwickeln ließ; ferner den technischen Fortschritt in der elektrischen Hochspannungsleitung, die es ermöglichte, die durch Ausnutzung der Wasserkräfte in den Alpen gewonnene elektrische Energie in die großen Industriestädte Norditaliens zu leiten. Dies bildet einen gewissen Ersatz für den mangelnden Brennstoff und eine der Grundlagen der sprunghaften Entwicklung der norditalienischen Industrie. Doch darf die Bedeutung dieser Ausnutzung der Wasserkräfte für die Gesamtwirtschaft Italiens nicht überschätzt werden.

Die Entwicklung des italienischen Kapitalismus wird gehemmt durch die geringe Aufnahmefähigkeit des inneren Marktes, durch die Bedürfnislosigkeit, die niedrige Lebenshaltung der großen Masse der landwirtschaftlichen Bevölkerung. Es gibt in Italien im Durchschnitt des ganzen Landes noch immer rund 30% Analphabeten, in Süditalien und auf den Inseln 70%. Die niedrige Lebenshaltung des italienischen Industrieproletariats ist für den italienischen Kapitalismus ein Vorteil, insofern es sich um die Lohnkosten handelt, ist aber ein Nachteil, sofern es sich um die Aufnahmefähigkeit des inneren Marktes handelt.

Diese geringe Aufnahmefähigkeit des inneren Marktes ist eine der Ursachen, die das italienische Kapital zu einer imperialistischen Ausdehnungspolitik treibt. Der Widerspruch zwischen den sich entwickelnden Produktivkräften der italienischen Industrie und den geringen Absatzmöglichkeiten im eigenen Lande treibt den italienischen Kapitalismus dazu, gesicherte Absatzmärkte im Ausland zu suchen. Daher die Bestrebungen zur ökonomischen Durchdringung Albaniens und weiterhin des Balkan; die krampfhaften Versuche, sich ein brauchbares Kolonialgebiet zu erobern. Die bombastischen Reden

Tabelle 1
Berufsgliederung der Bevölkerung (10. Juni 1911)

Erwerbstätige	in Tsd.	% aller Erwerbstätigen
I. Landwirtschaft, Jagd, Fischerei	9085,6	54,0
II. Bergbau und Industrie	4401,8	26,5
III. Handel und Verkehr	1465,8	8,3
IV. Freie Berufe, öffentliche Dienste usw.	1883,5	11,2
Zusammen Erwerbstätige	16836,7	100
Nicht Erwerbstätige (Haushalt, Studierende usw.)	9743,4	
Bevölkerung über 10 Jahre	26580,1	
Kinder unter 10 Jahren	8091,3	
Bevölkerung	34671,4	

Mussolinis über die „Wiederherstellung des römischen Imperiums" sind nichts anderes als der Widerhall der ökonomischen Bedürfnisse des, eines genügenden Inlandsmarktes entbehrenden, italienischen Kapitalismus. Es ist eine, dem chauvinistischen und nationalistischen Charakter des Faschismus entsprechende offene Verkündung der Politik, die auch die anderen imperialistischen Länder, wenn auch unter ständigen Friedensbeteuerungen, treiben.

Inwiefern die rasche Entwicklung der norditalienischen Industrie die Berufsgliederung des italienischen Volkes geändert hat, läßt sich leider aus Mangel an Daten nicht feststellen: Die Volkszählung 1921 war unseres Wissens mit keiner Berufszählung verbunden. Die Berufsgliederung 1911 zeigt Tabelle 1 auf Seite 187.

Mehr als die Hälfte der Erwerbstätigen war vor dem Kriege in der Landwirtschaft tätig, und wir glauben, daß es auch gegenwärtig noch die Hälfte ist. Die Landwirtschaft ist daher bis heute in der italienischen Wirtschaft von entscheidender Bedeutung.

Die Landwirtschaft Italiens

Die Landwirtschaft Italiens weist ungeheure Differenzen in bezug auf ihre Intensität und auf ihren ganzen Charakter auf. In der Po-Ebene wird die Landwirtschaft außerordentlich intensiv betrieben: Die Hektarerträge erreichen stellenweise jene Deutschlands, wobei noch in Betracht gezogen werden muß, daß in weiten Gebieten Doppelkulturen auf der gleiche Fläche stattfinden; Getreide wird unter Obstbäume gesät. In Süditalien und auf den Inseln hingegen ist die Bewirtschaftung außerordentlich extensiv, und die Hektarerträge sind fast die niedrigsten in Europa. Abholzung der Wälder, Mangel an Niederschlägen bzw. weit ausgedehnte Moraste sind die Ursache hiervon.

Folgendes Bild zeigt die *Verteilung des Gesamtareals nach der Kultur**:

	Mio ha
Gesamtfläche	31,0
Hiervon:	
Unproduktives Land	2,6
Nicht kultiviertes, produktives Land	1,3
Buschland	1,5
Zusammen	5,4
Wald	5,6
Ständige Wiesen und Weiden	6,9
Ackerland	13,2

* Offizielle Daten aus dem Jahre 1925.

Es ist für die italienischen Zustände bezeichnend, daß es überhaupt keine Statistik über die Verteilung des Bodens gibt[3]. Aber auch ohne eine Statistik ist es allgemein bekannt,

3 Mortara hat den Versuch gemacht, aus den Daten der Grundsteuer ungefähr die Verteilung des Bodens festzustellen. Das sehr zweifelhafte Ergebnis dieser Berechnungen ist folgendes:

daß der größte Teil des Bodens im Besitz von Großgrundeigentümern ist, die den Boden in kleinen Parzellen an Halbpächter verpachten oder ihn durch landwirtschaftliche Arbeiter selbst bearbeiten lassen. In Süditalien und Sizilien ist noch das Zwischenpächtersystem allgemein; der niemals auf seinem Gut lebende Großgrundbesitzer verpachtet den Boden an einen Generalpächter, der den Boden dann in kleinen Parzellen an Halbpächter weiter verpachtet. Also Großgrundeigentum, zersplittert in kleine Betriebe, so wie es vor dem Kriege bzw. vor der Revolution in Rußland und Rumänien üblich war. Ein System, das die schlechten Seiten und Folgen — ohne die guten — sowohl des Großgrundbesitzes als auch der kleinen Betriebe vereinigt. Auf diese Weise gibt es in Italien eine nach Millionen zählende Masse von vollkommen landlosen landwirtschaftlichen Arbeitern. Die offizielle Statistik teilt die 9085597 *in der Landwirtschaft beschäftigten Personen* in die folgenden Kategorien ein:

Personen, die eigenen Boden resp. den der Familie bebauen	1715260
Pächter aller Art	2305076
Gesinde	384593
Hirten usw.	238993
Tagelöhner	4215648
Gärtner, Waldhüter, Jäger, Köhler, Holzfäller, Seidenzüchter, Angestellte usw.	166506
Fischer	59521
	9085597

Quelle
Annuario Statistico Italiano, 1914, S. 49.

Große Änderungen dürften in der Zwischenzeit nicht vorgegangen sein. Ein kleiner Teil der Pächter hat sich während des Krieges bereichert und ist imstande gewesen, Boden zu kaufen.[4] Sicherlich ist es aber den über 5 Millionen zählenden Tagelöhnern, Hirten, Gesinde usw. nicht gelungen, sich Boden zu kaufen, so daß auch weiterhin eine — vielleicht mit Ausnahme Ungarns — nirgends in Europa vorhandene gewaltige Masse von vollkommen landlosen landwirtschaftlichen Proletariern vorhanden ist.

Diese Tatsache gibt der italienischen landwirtschaftlichen Bevölkerung ihren besonderen sozialen Charakterzug. Es gibt in Italien keine Bauernklasse wie in Frankreich oder Deutschland. Die überwiegend große Masse der in der Landwirtschaft tätigen Personen sind entweder landlose Lohnarbeiter und landlose Halbpächter, deren Lage in vielen Fällen kaum etwas besser ist als die der Tagelöhner. Die sich vor dem Kriege rasch wiederholen-

1—2 ha	614000
2—4 ha	450000
Bauerngüter	342000
Großgüter	250000
	1656000

Diese Zahlen stimmen mit jenen der Berufsstatistik ungefähr überein. Außerdem errechnet Mortara mehr als drei Millionen „Besitze" mit über einen Hektar.

4 Siehe Maurice Pernot, L'experience italienne, Paris 1924: ein bürgerliches, nicht uninteressantes Buch.

den „*Bauernaufstände*" — in Wirklichkeit Kämpfe der landlosen Arbeiter und Halbpächter — zeugen für die revolutionären Möglichkeiten innerhalb der ländlichen Bevölkerung Italiens. Daher spielen in den ersten Fasci die Söhne von Grundbesitzern und der wenig zahlreichen Großbauern eine große Rolle.

Es ist auf Grund der vorliegenden Daten sehr schwer zu entscheiden, ob in dem letzten Jahrzehnt ein Fortschritt in der Italienischen Landwirtschaft stattgefunden hat oder nicht. Die bebaute Fläche ist derjenigen der Vorkriegszeit gleich; die stärkere Ausdehnung der mit Getreide bebauten Fläche während des Krieges ist wieder zurückgegangen.

Tabelle 2
Bebaute Fläche (in Tsd. ha)

	Durchschnitt			
	1909/1913*	1920/1924	1925	1926
Weizen	4744	4646	4724	4915
Roggen	123	122	126	121
Gerste	248	223	233	237
Hafer	507	478	486	498
Mais	1608	1536	1554	1521
Reis	145	121	144	148
	7375	7126	7267	7440
Kartoffeln	287	331	346	352

Quelle
Daten aus den Jahrbüchern des römischen Internationalen Agrarinstituts.

Der *Ernteertrag* zeigt in den letzten Jahren sowohl gegenüber der Vorkriegszeit als auch gegenüber den ersten Nachkriegsjahren eine steigende Tendenz.

Tabelle 3
Brotgetreideernte (in Mio dz)

	Jahresdurchschnitte		
	1909/1913	1919/1922	1923/1926
Weizen	49,9	45,4	58,3
Roggen	1,4	1,4	1,6
Reis	4,8	4,6	6,0
Mais	25,5	21,8	26,3
Gerste	2,2	1,6	2,3
Hafer	5,4	4,6	5,7
	89,2	79,4	100,2
Kartoffeln	16,5	16,0	19,8

Neben der Getreideernte sind die Daten der Wein-, Öl-, Obst- und Gemüseernten von Wichtigkeit (vgl. Tabelle 4):

Tabelle 4

Weinernte (in Mio hl)	1909/1913	1919/1922	1923/1926	
	47,5	37,0	44,5	
Ölernte (in Mio hl)	1909/1913	1919/1922	1923/1926	
	1,83	1,91	1,94	
Obst- und Gemüseernte (in Mio dz)	1909/1913	1921	1922	1923/1925
Obst (wichtigste Sorten)	22,1	15,6	19,5	19,0
Gemüse (wichtigste Sorten)	12,0	12,7	12,6	15,7

Da sich die bebaute Fläche nicht ausgedehnt hat, so ergibt sich hieraus eine Steigerung des Ertrages pro Hektar, wie auch folgende Tabelle 5 zeigt:

Tabelle 5
Ertrag pro ha (in dz)

	Durchschnitt			
	1909/1913	1920/1924	1925	1926
Weizen	10,5	10,4	13,9	12,2
Roggen	11,0	11,5	13,5	13,6
Gerste	8,9	10,5	12,0	10,0
Hafer	10,6	10,1	14,2	11,9
Mais	15,8	15,1	18,0	19,7
Reis	32,8	41,1	43,7	48,2
Kartoffeln	57,6	49,7	62,4	65,2

Der Gesamteindruck, den man von der landwirtschaftlichen Produktion gewinnt, ist der eines sehr langsamen Fortschrittes, wobei aber die Vermehrung der Bevölkerung rascher fortschreitet als die landwirtschaftliche Produktion. Die Bevölkerung Italiens ist — die neuen Provinzen mit eingerechnet — von rund 35 Millionen Köpfen der Vorkriegszeit auf über 40 Millionen 1925 gestiegen. Die landwirtschaftliche Produktion ist also entschieden hinter der Vermehrung der Bevölkerung zurückgeblieben.

Die Entwicklung des Viehstandes zeigen folgende Zahlen (vgl. Tabelle 6):

Seit 1918 hat keine neuere Viehzählung stattgefunden. Die Daten der obigen Tabelle genügen bloß zur Feststellung, daß der Viehstand bei Beendigung des Krieges nicht kleiner, eher etwas größer war als 1908.

Tabelle 6
Viehstand (in Tsd.)

	1908	1918*	1926 Schätzung von Prof. Fotticchia**
Pferde	955,9	989,8	1050
Esel	849,7	949,2	980
Maultiere	388,3	484,1	520
Rindvieh	6198,9	6239,7	7400
Schafe	11162,9	11753,9	12350
Ziegen	2714,9	3082,5	3100
Schweine	2507,8	2338,9	2850

* Von der feindlichen Armee besetztes Gebiet nicht mit einbegriffen.
** Siehe „Bulletin Quotidien" vom 18. Juni 1927.

Die Entwicklung der italienischen Industrie

Man liest jetzt viel von der stürmischen Industrialisierung Italiens. Man findet jede Woche Nachrichten über die rasche Entwicklung der Kunstseidenindustrie, der Automobilindustrie und des Schiffbaus. Auch kann man Indexziffern zusammenstellen, die eine rasche Entwicklung der italienischen Wirtschaft zu beweisen scheinen. *Mortara* gibt z. B. folgende Indexzahlen: 1913 = 100 gesetzt:

Tabelle 7
Index der Industrieentwicklung

	1919	1922	1924	1926
Konsum von Kohle, Mineralöl und elektrischer Energie	92	114	139	163
Stahlproduktion	78	112	145	180
Eisenbahn-Gütertransport	94	101	131	158
Seegütertransport	60	74	100	112

Quelle
G. Mortara, Prospettive economiche 1927, Milano 1927, S. XVII.

Aber diese und ähnliche Reihen von Indexzahlen zeigen nur so viel, daß die italienische Wirtschaft die Kriegsfolgen überwindet und sich seit Ende des Krieges auf einer aufsteigenden Linie bewegt hat, wie die Wirtschaft aller kriegführenden Länder. Aber ihren ökonomischen und sozialen Sinn erhalten solche Zahlen nur, wenn sie auch in absoluten Zahlen und im Vergleich mit anderen Ländern untersucht werden.

Einige Daten zu einer derartigen Untersuchung finden wir in italienischen statistischen Monatsschriften, andere in den Materialien, die der Weltwirtschaftskonferenz vorlagen. Wir wollen die wichtigsten Industriezweige einzeln behandeln.

Tabelle 8
Kohle

	1913	1919	1922	1924	1926
	(in Mio t)				
Produktion	0,7	1,2	0,9	1,0	1,5
Import	11,8	7,2	9,6	11,3	9,7
Konsum*	12,0	7,5	10,2	12,4	12,5

* Konsum ist nicht gleich Produktion plus Import; es fehlt die Bunkerkohle, und die Größe der Vorräte ändert sich.

Quelle
Daten aus G. Mortara, Prospettive economiche 1927, a. a. O.

Wir sehen: Die Kohleproduktion hat sich verdoppelt! Ein schöner Posten für die Indexzahlenrechnung. Aber in Deutschland oder Großbritannien wird in zwei *Tagen* mehr Kohle gefördert, als in Italien das ganze Jahr! *Der Konsum aber hat sich nicht gehoben*, was schon allein ein Beweis dafür ist, daß von einer allgemeinen großzügigen Industrialisierung nicht die Rede sein kann. Denn trotz der Ausnutzung der Wasserkräfte zur Erzeugnung der Elektrizität bleibt die Kohle die Grundlage jeder Industrialisierung.

Tabelle 9
Eisen und Stahl

	Produktion (in Tsd. t)				
	1913	1919	1922	1924	1926
Eisen	427	240	158	304	520
Stahl	989	732	1046	1359	1600

Quelle
G. Mortara, Prospettive economiche 1927, a. a. O., S. 348.

Eisenproduktion stationär; Stahlproduktion um 60% höher als in der Vorkriegszeit. Aber die Jahresproduktion, die zum großen Teil bloße Umschmelzung von aus dem Ausland importiertem Schrott und Roheisen bildet[5], beträgt nur rund den sechsten Teil der deutschen, französischen oder britischen Produktion.

Maschinenbau. Für den Grad der Industrialisierung eines Landes ist es besonders bezeichnend, wie sich die Produktion der Produktionsmittel im engen Sinne, der Maschinen, gestaltet. Hierüber finden wir Daten in der für die Weltwirtschaftskonferenz von dem Deutschen Verein der Maschinenindustriellen verfaßten Denkschrift.

5 Es wurden importiert an Schrott:

1925	958000 t
1926	773000 t

G. Mortara, Prospettive economiche 1927, Milano 1927, S. 359.

Der Wert der italienischen Maschinenproduktion betrug in Vorkriegsgoldmark:

1913	175 Mio
1925	173 Mio

Die Zahl der in der Maschinenindustrie beschäftigten Arbeiter betrug 1913 30000, 1925 35000. Wir sehen auf diesem wichtigsten Gebiet keinerlei Fortschritt. Der Maschinenbau Italiens betrug im Jahre 1925 dem Werte nach nicht mehr als 1,2% der Weltproduktion.

Aber auch der Import von Maschinen zeigt kein starkes Tempo der Industrialisierung. Es betrug (die Außenhandelszahlen annähernd *über den Großhandelsindex auf Vorkriegsgoldlire umgerechnet) der Wert des Außenhandels in Maschinen:*

	Maschinen und Apparate (in Mio)		
	Import	Export	Reiner Import
1913	131,4	25,5	105,9
1923	84	27	57
1924	100	30	70
1925	154	32	122
1926	175	38	137

Wir sehen: stationäre Eigenproduktion und stationärer Import: *Eigenproduktion und Import zusammen im besten Jahre, 1926, rund 300 Mio Vorkriegslire;* hiervon ein Teil als Ersatz des im Laufe des Jahres verschlissenen, unbrauchbar gewordenen Teiles. *Wie kann von einer großzügigen Industrialisierung überhaupt die Rede sein, wenn der Wert des jährlichen Zugangs an Maschinen und Apparaten, zusammen mit deren Amortisationsersatz, sich in den letzten vier Jahren zwischen 50 und 120 Mio Goldmark bewegt hat!*

Textilindustrie.

Die Zahl der Baumwollspindeln betrug:

1913	4,6 Mio
1925	4,83 Mio

Ebenfalls kein irgendwie nennenswerter Fortschritt.

*

Wir gehen nunmehr zu jenen Industriezweigen über, die einen größeren Fortschritt aufweisen.

Elektroindustrie. Der Wert der Produktion ist von 45 Mio Goldmark auf 139 Mio Vorkriegswert im Jahre 1925 gestiegen. Aber noch immer ist es ein ganz geringer Teil der Weltproduktion: 1913 waren es 1,2%, 1925 1,9%. In ähnlicher Proportion ist die Erzeugung von elektrischer Energie gestiegen: von 2,3 Mrd. Kwh im Jahre 1913 auf 7,6 Mrd. 1925. 1000 Kilometer Eisenbahnen, rd. 5%, wurden 1926 in Italien durch elektrische Kraft betrieben. Es wäre aber ein Irrtum zu glauben, daß die Ausnutzung der Wasserkräfte — so günstig sie auf die Entwicklung der norditalienischen Industrie bisher gewirkt hat — eine grundlegende Änderung der Standortbedingungen für die Zukunft bedeuten. Der Italien sehr freundlich gesinnte McGuire schreibt darüber:

„Es gibt eine sehr starre Grenze für die Ausweitung der hydroelektrischen Entwicklung ... Die besten Wasserkräfte sind bereits ausgenutzt, und obwohl viele Anlagen noch erweitert oder verbessert werden können, kann die Ausdehnung nur durch Ausnutzung von Lagen geschehen, die bisher als unprofitabel betrachtet wurden. Kurz, die Schaffung neuer Werke kann nur bei stetig abnehmendem Ertrag vor sich gehen."[6]

Die italienische Industrie ist nach wie vor an den Verbrauch ausländischer Kohle gebunden.

Automobilbau. Eine der Industrien, die sich in Italien wirklich rasch entwickelt hat, ist der Automobilbau[7]. Es sind darin mehr als 40000 Arbeiter beschäftigt, davon 35000 in den Fiatwerken. Der Wert der Produktion betrug 1925 fast eine Milliarde Lire. *Über 70% dieses Wertes wurden ausgeführt!* Die Ausfuhr betrug:

Automobilausfuhr (St.)

1918	1923	1924	1925
2938	12749	18989	29041

Schiffbau und Schiffahrt. Eine sehr starke Entwicklung hat der *Schiffbau* durchgemacht. Von rd. 50000 t, die 1913 vom Stapel gelassen wurden, erfolgte eine Steigerung auf über 200000 t im Jahre 1926. In diesem Jahre stand Italien an zweiter Stelle in der Welt, nach Großbritannien. Auch die im Bau befindliche Tonnage Ende 1926 war mit rd. 240000 t die zweitgrößte nach Großbritannien.[8]

Diese rasche Entwicklung des Schiffbaus ist zwei besonderen Umständen geschuldet. Durch den Friedensschluß fielen alle größeren Werften der früheren Österreich-Ungarischen Monarchie Italien zu (Pola, Triest, Monfalcone, Fiume usw.). Die Kapazität hat sich dadurch verdoppelt. Zweitens wurde und wird der italienische Schiffbau durch profitable staatliche Bestellungen (Kriegsschiffbau) subventioniert. Sowohl Automobilbau als Schiffbau werden vom Faschismus als Kriegsrüstungsindustrie mit besonderem Wohlwollen behandelt.

Die rasche Entwicklung der Handelsflotte ist zum Teil ebenfalls militärischen Zwecken zuzuschreiben und durch sehr hohe staatliche Zuwendungen erzielt.

Die italienische Handelsflotte entwickelte sich folgendermaßen:

Dampf- und Motorschiffe (Tsd. BRT)

1913	1920	1922	1924	1926
1274	2118	2699	2719	3150

6 C. E. McGuire, Italy's International Economic Position, New York 1927, Institute of Economics. (Sehr faschistenfreundlich.) S. 143.

7 Siehe Jahrbuch für Wirtschaft, Politik und Arbeiterbewegung, Jahrgang 1925/1926, S. 823.

8 Daten des Lloydregisters zitiert nach „Bulletin mensuel de Statistique", Februar 1927, S. 44.

Damit hat die italienische Handelsflotte Deutschland (3049000 t) überholt und ist ganz nahe an die französische (3303000 t) herangekommen; sie steht an fünfter Stelle in der Welt: Großbritannien, Vereinigte Staaten, Japan, Frankreich, Italien.

Kunstseide. Eine wirklich stürmische Entwicklung nahm die Kunstseidenproduktion. Die *Produktion* betrug *in Tonnen*:

1913	1924	1925	1926
150	8000	14000	15000

Im Jahre 1925 betrug die italienische Produktion rd. 20% der Weltproduktion. Die Produktionskapazität ist weit größer als die Produktion: Sie wird von Mortara auf 40000 t geschätzt. Ungefähr die Hälfte der Produktion wird exportiert.

*

Diese Daten über die Entwicklung der wichtigsten Industriezweige zeigen einen recht verschiedenen Charakter und lassen sich — beim Fehlen eines allgemeinen Produktionsindexes — schwer auf eine einheitliche Basis bringen.

Da aber die italienische Wirtschaft die meisten industriellen Rohstoffe importiert, so läßt sich eine *Statistik des Verbrauchs der wichtigsten Rohstoffe* zusammenstellen, die ein indirektes Bild der Entwicklung der Industrie als Ganzes geben (vgl. Tabelle 10):

Tabelle 10
Verbrauch (in Tsd. dz)

	1913	1922	1923	1924	1925
Kohle	120000	102000	100900	124000	115000
Erdöl*	1900	6500	8200	9100	12000
Elektr. Energie (Mrd. kW)	2,3	—	—	—	7,6
Eisen und Stahl	13400	—	13670	16120	24550
Kupfer	290	350	450	520	650
Blei	319	86	210	348	344
Zink	—	65	116	166	201
Baumwolle**	2020	1780	1850	2010	2400
Jute	414	291	315	456	499
Kautschuk	25	65	82	91	120

* Statistique Générale de la France; Annuaire international de statistique.
** Die Ausfuhr an Baumwollwaren nicht abgerechnet.

Quellen
Annuaire international de statistique; Statistique Générale de la France; Materialien zur Weltwirtschaftskonferenz. Daten für 1926 liegen noch nicht voll vor.

Schon diese Tabelle zeigt, daß von einem *allgemeinen* starken Fortschritt der Industrie nicht gesprochen werden kann. Noch klarer wird dies, wenn wir den Verbrauch auf den Kopf der — auch durch Gebietszuwachs vermehrten — Bevölkerung berechnen.

Tabelle 11
Verbrauch wichtiger Rohstoffe pro Kopf der Bevölkerung (in kg)

	1913	1922	1923	1924	1925
Bevölkerung (in Mio)	35,6	39,3	39,7	40,1	40,55
Kohle	340,0	260,0	254,0	310,0	284,0
Erdöl	5,4	17,0	21,0	23,0	30,0
Eisen und Stahl	38,0	–	34,0	40,0	61,0
Kupfer	0,8	0,9	1,1	1,3	1,6
Blei	0,9	0,22	0,53	0,87	0,85
Baumwolle	5,7	4,5	4,7	5,0	5,9
Jute	1,2	0,74	0,79	1,1	1,2
Kautschuk	0,07	0,17	0,21	0,23	0,3

Quellen
Annuaire international de statistique; Statistique Générale de la France; Materialien zur Weltwirtschaftskonferenz. Daten für 1926 liegen noch nicht voll vor.

Auf Grund dieser Daten können wir unser Urteil in folgendem zusammenfassen:

1. *Trotz des raschen Fortschritts in einzelnen Industriezweigen ist die allgemeine Entwicklung der Industrie gegenüber der Vorkriegszeit — in Anbetracht der Vergrößerung des Territoriums und der stark vermehrten Bevölkerung — nicht groß.* Italien ist im Wesen bis heute ein Agrarland;

2. Die Fortschritte der italienischen Industrie wurden *unter besonderen Umständen: Inflation, gewaltsame Herabdrückung der Löhne, stärkste Unterstützung durch den faschistischen Staat erreicht.* Die Erhöhung des Lirekurses im Jahre 1927 hat bereits eine schwere Krise der italienischen Industrie hervorgebracht. Einige der sich besonders rasch entwickelnden Industriezweige: Kunstseide, Automobilbau, mußten Teile ihres Aktienkapitals an das Auslandskapital abtreten;

3. *Die natürlichen Nachteile des Standorts:* Mangel an Brennstoffen, wurden durch die Ausnutzung der Alpenwasserkräfte für die norditalienische Industrie zeitweilig gemildert. Aber dieser günstige Faktor kann nicht verallgemeinert werden und hat die Tendenz, sich in seiner Wirksamkeit zu vermindern;

4. *Bei stabiler Valuta kann daher die italienische Industrie ihre Position am Weltmarkt nur behaupten, wenn sie monopolistisch beherrschte Absatz- und Rohstoffmärkte gewinnen kann*[9]. Daher der besondere, den der Bourgeoisie der anderen europäischen Länder über-

9 Den geringen Fortschritt der Gesamtwirtschaft Italiens zeigen folgende Daten des Seeverkehrs: Frachtverkehr nach dem Auslande, in Mio t:

	1913	1922	1924	1926
Ausgeladen	18,3	14,9	19,5	19,6
Eingeladen	3,2	2,0	3,2	3,1

(Daten aus G. Mortara, Prospettive economiche 1927, a. a. O., S. 406; die Zahlen für 1926 sind vorläufige.)

steigende Drang des Faschismus zu einer imperialistischen Ausdehnung, die offene Verkündung der Notwendigkeit einer Neuverteilung der Welt!

Die Entwicklung der italienischen Valuta

Die *Entwicklung der italienischen Valuta* zeigt in der Kriegs- und Nachkriegszeit eine der französischen ähnliche Entwicklung. Die wichtigsten Daten sind in folgender Tabelle 12 zusammengefaßt:

Tabelle 12

	Banknoten-Umlauf	Vorschüsse an den Staat	Dollarkurs in % der Parität	Großhandels-preisindex	Kleinhandels-preisindex
	Jahresende		(Bachi) 1913 = 100 Jahresdurchschnitt		
1914	2936	735	100	95	94
1916	5012	2554	124	200	125
1918	11750	7166	144	409	239
1920	19732	10743	389	624	452
1921	19209	8505	449	578	501
1922	18012	8077	406	562	527
1923	17247	7754	419	575	518
1924	18114	7344	443	585	538
1925	19350	7062	485	690	605
1926	18340	3782	496	709	657

Quelle
Daten bis 1926 entnommen: C. E. McGuire, Italy's International Economic Position; Memorandum sur les monnaies. Bd. I, S. 58. (Material der Weltwirtschaftskonferenz.)

Die Durchsicht dieser Tabelle zeigt folgende Tatsachen:

1. Eine *unmittelbare Inflation*, das heißt Emission von Banknoten für Rechnung des Staates zur Deckung des Defizits des Staatshaushalts, *hat es in Italien seit Ende 1920 nicht gegeben.* Im Gegenteil: Der Nominalbetrag der emittierten Banknoten zeigt eine Abnahme, ebenso die Vorschüsse der Notenbank an den Staat. Dies ist ein gewaltiger Unterschied gegenüber den echten Inflationsstaaten: Deutschland, Frankreich, Österreich usw.

2. *Die Lira war seit 1921 im ganzen und großen stabilisiert.* Die Kursschwankungen waren zwar noch ziemlich groß, insbesondere im Jahre 1926. Aber im Jahresdurchschnitt betrachtet, beträgt die Entwertung in sechs Jahren nicht mehr als 10 bis 15%, so daß der Kurs als relativ stabil bezeichnet werden kann. Dies bedeutet, daß die italienische Wirtschaft der Nachkriegszeit keinen so ausgeprägten Charakter einer Inflationswirtschaft zeigt wie jene Deutschlands.

3. *Die Stabilisierung der Valuta ist nicht das Verdienst des faschistischen Regimes.* Die Grundlage der Stabilisierung, die Einstellung der inflationistischen Notenemission auf Rechnung des Staates wurde bereits vor dem Umsturz der Faschisten geschaffen. Im

Gegenteil brachte das faschistische Regime bis zur zweiten Hälfte 1926 eine neuere langsame Entwertung der Valuta.

4. Während der ganzen Kriegs- und Nachkriegszeit bestand eine starke „Schere" zwischen Großhandels- und Kleinhandelspreisen; dies ermöglichte der Großbourgeoisie einen starken Gewinn auf Kosten der Mittelschichten, eine Zentralisation des Vermögens im Besitz der Großbourgeoisie.

5. Bei der besonderen Lage der italienischen Industrie, die fast alle ihre Rohstoffe aus dem Ausland importieren muß, ist die Inflation in ihrer Konkurrenzfähigkeit auf dem Weltmarkt nur solange von Vorteil, als die Großhandelspreise im Inland *bedeutend* über dem Niveau der Kleinhandelspreise stehen. Ist dies nicht der Fall, so ist es für die Bourgeoisie vorteilhafter, wenn die Valuta stabilisiert wird. Dieser Stabilisierung stehen — wie wir in folgendem ausführen — keine unüberwindlichen Hindernisse entgegen.

Die Gestaltung des italienischen Staatshaushalts

Der Staatshaushalt Italiens weist — wie der jedes kriegführenden Landes — in den Kriegs- und ersten Nachkriegsjahren ein großes Defizit auf, wie folgende Zusammenstellung zeigt (vgl. Tabelle 13):

Tabelle 13
Einnahmen und Ausgaben des Staatsbudgets (in Mrd. Lire)

Jahr endend 30. Juni	Einnahmen	Ausgaben	Defizit	Überschuß
1915	2,7	5,8	3,1	
1916	2,9	12,5	9,7	
1917	5,5	21,7	16,2	
1918	7,7	26,5	18,8	
1919	9,9	33,3	23,4	
1920	15,5	27,9	12,4	
1921	19,3	37,5	18,2	
1922	20,4	37,6	17,2	
1923	19,6	24,5	4,9	
1924	20,5	21,2	0,7	
1925	20,4	20,0		0,4
1926	20,4	18,9		1,5

Quelle
C. E. McGuire, Italy's International Position, a. a. O., S. 340; Zahlen für 1926 provisorisch.

Wir können auf Grund dieser Zahlen — deren Richtigkeit für die faschistische Periode oft in Zweifel gezogen wurde, ohne daß jedoch ein *Beweis* der Fälschung erbracht worden wäre — folgendes feststellen:

1. Das große Defizit des Staatshaushalts hat seit dem Jahre 1922 sein Ende erreicht. Der Staatshaushalt Italiens ist seit drei Jahren — nach den amtlichen Daten — balanciert. Der Stabilität der Lira droht von seiten des Staatshaushalts keine Gefahr.

2. Die Staatsausgaben der letzten Jahre, wenn man sie ganz grob mit einem Preisindex von 600 umrechnet, *sind nur um ein geringes höher als in der Vorkriegszeit!* Wenn

man die Vergrößerung des Territoriums und die Vermehrung der Volkszahl in Betracht zieht, so ist die Zunahme der Staatsausgaben, im Vergleich mit anderen Staaten, sehr gering.

Die *Steuereinnahmen des Staatshaushalts* gestalteten sich folgendermaßen:

Mio Lire (Jahr endend 30. Juni)

1914	1916	1918	1920	1922	1924	1925
2003	2403	4381	7532	13995	15308	16050

Quelle
C. E. McGuire, Italy's International Economic Position, a. a. O., S. 348.

Bei der Armut des Landes ist aber diese Belastung, im Vergleich mit dem Volkseinkommen, ziemlich hoch. So berechnet McGuire folgende Ziffern in Mio Lire:

Jahr	Steuern	Nationaleinkommen	%
1925	20649	100000	20
1914	2600	20000	13

Quelle
C. E. McGuire, Italy's International Economic Position, a. a. O., S. 456.

Doch sind in den 20649 Mio Lire auch Einnahmen nichtsteuerlicher Art mitenthalten.

Die Staatsschulden

Italien hatte bei Beginn des Weltkrieges eine Staatsschuld von 15,77 Mrd. Goldlire; ein Betrag, der im Vergleich mit der Armut des Landes als außerordentlich hoch angesprochen werden kann.[10] Darin sind aber rund sieben Milliarden Lire für die Baukosten der staatlichen Besitz bildenden 13900 Kilometer Eisenbahnen mitenthalten.[11]

Der Zinsendienst kostete den Staatshaushalt 1913 rd. 600 Mio Lire.

Diese Vorkriegsstaatsschuld wurde durch die Inflation auf ungefähr ein Viertel des ursprünglichen Betrages reduziert. (Mit Einrechnung der verminderten Kaufkraft des Goldes auf ein Sechstel.)

Wenn wir die oben angewiesenen Budgetdefizits addieren, so kommen wir für die Periode 1914 bis 1927 auf ein *Gesamtdefizit von 124 Milliarden Lire*. Daher müßte die Staatsschuld gegenwärtig rund *140 Milliarden Lire* betragen.

10 Die Staatsschulden anderer Länder betrugen bei Kriegsausbruch:

Deutsches Reich	5,4 Mrd. Mark
Frankreich	33,0 Mrd. Franken
Großbritannien	717,0 Mio £

Nur Frankreich hatte eine höhere Staatsschuld als Italien.

11 Vgl. C. E. McGuire, Italy's International Economic Position, a. a. O., S. 437.

Demgegenüber zeigt der Ausweis der inneren italienischen Staatsschulden folgendes Bild:

Fundierte Schulden (Mrd. Lire)

	Juni 1924	Juni 1926
Vorkriegsschulden	12,5	12,5
Langfristige Anleihen	36,1	36,0
Bons, Laufzeit 3 bis 9 Jahre	11,9	15,0
	60,5	63,5

Schwebende Schulden (Mrd. Lire)

Kassenscheine	22,2	17,8
Staatsnoten	2,4	2,1
Banknoten	7,5	6,7
Laufende Rechnungen	0,5	1,2
	32,6	27,8
Ganze innere Schuld	93,1	91,3

Für die Verzinsung der inneren Schuld wurden 1925 4000 Mio Lire aufgewendet: Umgerechnet über den Großhandelsindex ergibt sich, daß die *Verzinsung der inneren Staatsschulden*, wenn die Revalorisierungsaktion Mussolinis nicht weitergeführt wird, *den Staatshaushalt nicht mehr kostet als in der Vorkriegszeit.*

Vergleicht man die Summe der Budgetdefizite mit der Summe der inneren Staatsschuld, so ergibt sich eine Differenz von rd. 47 Mrd. Lire. Dies ist der Betrag, den Italien von seinen Kriegsgenossen: Großbritannien und den Vereinigten Staaten, als Kriegsanleihe erhalten hat.

Die interalliierten Schulden Italiens

Während des Krieges hat Italien bekanntlich große Anleihen von den Vereinigten Staaten und Großbritannien erhalten. Und zwar:

	Kapital (Mio)	Goldlire	Papierlire (Mitte 1927)
Vereinigte Staaten	1648 Dollar	8 Mrd.	30 Mrd.
Großbritannien	477 £	12 Mrd.	42 Mrd.

12 Die Umrechnung auf Goldlire bzw. Papierlire ist ganz grob, da die Kaufkraft des Sterlings bzw. Dollars zu der Zeit, da die Kredite aufgenommen wurden, sehr verschieden und im allgemeinen stark unter Goldparität war.

Diese Zahlen zeigen, daß die Kriegsausgaben Italiens in sehr weitgehendem Maße von Großbritannien und den Vereinigten Staaten durch Anleihen gedeckt wurden.[12] Der Gegenwert dieser Summen wurde in Form von verschiedenen Waren nach Italien gebracht. Die wichtigsten Posten waren, abgerundet:

	Mio Dollar	Mio £
Lebensmittel (Weizen, Fleisch, Konserven usw.)	480	57
Metalle (Kupfer, Stahl, Stacheldraht usw.)	140	24
Explosivstoffe	47	12
Eisenbahnmaterial	37	—
Brennstoffe	26	39
Chemikalien	25	2
Militärische Rüstungsgegenstände	25	17

Quelle
Nach den Dokumenten der italienischen Regierung zu den Schuldenfundierungsverhandlungen, wiedergegeben bei C. E. McGuire, Italy's International Economic Position, a. a. O., S. 377.

Die ökonomische Wirkung dieser weitgehenden Belieferung Italiens durch die Allierten war, daß Italiens Wirtschaft durch den Krieg bei weitem nicht so deformiert, daß Italien durch den Krieg lange nicht so verarmt ist, als wenn es — auf eigene Kräfte angewiesen — den Krieg hätte durchkämpfen müssen.

Nun müssen freilich diese Schulden im Sinne des Fundierungsabkommens verzinst und getilgt werden. Aber Großbritannien und die Vereinigten Staaten haben Italien bekanntlich ungemein günstige Bedingungen gewährt. Italien zahlt an die Vereinigten Staaten fünf Jahre hindurch bloß 5 Mio Dollar jährlich, weitere zwanzig Jahre hindurch 12 bis 20 Mio Dollar, dann jährlich um rund eine Million Dollar ansteigend bis 79 Mio Dollar in 62 Jahren. An Großbritannien, nach einigen Übergangsjahren, 4,5 Mio £ jährlich. Das heißt: Italien hat für die nächsten zwei bis drei Jahrzehnte nicht mehr als höchstens 200 Mio Goldlire an Verzinsung und Amortisation der interallierten Schulden zu zahlen: ein Drittel des Betrages, den es vor dem Kriege zur Verzinsung seiner Staatsschulden verwendet hatte.

Wir sehen hieraus, daß dem italienischen Staatshaushalt und damit der italienischen Valuta keinerlei Gefahr von dieser Seite droht. Die italienische Valuta kann nur durch eine dauernde Passivität der Zahlungsbilanz gefährdet werden.

Der Außenhandel Italiens

Es ist außerordentlich schwer, sich ein Bild von der Entwicklung des italienischen Außenhandels zu machen, da die Art der Aufnahme und Gruppierung der Statistik einigemal geändert wurde[13], da ferner die Valutaschwankungen ziemlich groß waren.

Am übersichtlichsten ist noch folgende Statistik (vgl. Tabelle 14):

13 1920 wurde die Art der Bewertung der Ware geändert (statt staatlicher Wertbestimmung Deklarationen der Importeure bzw. Exporteure). 1925 wurden an Stelle der üblichen Vierteilung der Waren in Rohstoffe, Lebensmittel, halbfertige und fertige Waren acht Warengruppen gebildet: Lebensmittel und Tabak, Fette und Samen, Textilien, Metalle und Metallwaren, nichtmetallische Mineralien und deren

Tabelle 14
Außenhandel (in Mio Goldmark)

	Einfuhr	Ausfuhr	Einfuhrüberschuß
1913	2953	2034	919
1923	3317	2139	1178
1924	3548	2620	928
1925	4376	3956	1320
1926	4240	3058	1182

Quelle
Statistisches Jahrbuch für das Deutsche Reich. (Für *1926* von uns roh errechnet.)

Der Außenhandel Italiens war immer, auch vor dem Kriege, sehr passiv. Das Defizit betrug in den Jahren 1910 bis 1913 rd. 1—2 Mrd. Lire jährlich. In dieser Beziehung scheint sich nichts geändert zu haben. Der Gesamtwert des Außenhandels hat sich ebenfalls wenig geändert. Wenn man die verringerte Kaufkraft des Goldes in Betracht zieht, entfällt auf den Kopf der Bevölkerung die gleiche Quote wie vor dem Kriege. Der Außenhandel war und ist im Vergleich mit stärker industrialisierten Ländern sehr gering.

Die Gestaltung des Außenhandels gibt eine gewisse Kontrolle, ob unsere Auffassung, daß die im letzten Jahrzehnt vor sich gegangene Industrialisierung den ökonomischen Charakter des Landes nicht wesentlich geändert habe, richtig sei oder nicht. Zu diesem Zwecke geben wir die Prozentzahlen der Warengruppen (vgl. Tabelle 15):

Tabelle 15

	Einfuhr		Ausfuhr	
	1908—1912	1922—1924	1908—1912	1922—1924
Rohstoffe	37,0	39,6	14,3	11,3
Halbfertige Waren	18,6	17,8	27,9	28,2
Fabrikate	24,6	14,5	28,8	35,6

Quelle
Vorkriegszeit: Annuario Statistico 1914, S. 225. Nachkriegszeit: C. E. McGuire, Italy's International Economic Position, a. a. O., S. 482. Leider gibt es für 1925 und 1926 keine Zahlen, da diese Gruppierung, wie oben erwähnt, abgeschafft wurde.

Die Verschiebung in der Gestaltung des Außenhandels in der Richtung der Industrialisierung ist unzweifelhaft und in ihrem Ausmaß größer, als man es nach unseren Ausführungen über den relativ geringen Fortschritt der italienischen Industrie erwarten würde. *Aber man darf nicht vergessen, daß eben die am raschesten fortschreitenden Industrie-*

Produkte, chemische Waren, Holz und Holzwaren, andere Waren. Durch diese neue Einteilung wird der Unterschied zwischen Rohstoffen, Halbfabrikaten und Fertigwaren abgeschafft, damit auch die Möglichkeit einer ökonomischen Einsicht in die Vorgänge im Außenhandel. Siehe auch: Memorandum sur les Balances du Commerce extérieur 1911—1925, S. 195 passim (Materialien des Völkerbundes).

zweige — Kunstseide, Automobile — *ausgesprochene Exportindustrien sind.* Hierüber einige Daten:

Es wurden exportiert (in Tsd. t)

	1913		1925	
Wollstoffe	3	79	12	89
Seidenstoffe	2		3	
Baumwollstoffe	53		68	
Leinen-, Flachs-, Jutegewebe	21		6	
Hüte (Millionen Stück)	22		19	
Kautschukwaren	3		12	
Automobile (1000 Stück)	3		29	

Quelle
Memorandum sur les monnaies, Bd. II, S. 206.

Die Quantität der Textilienausfuhr ist — bei starker Verschiebung innerhalb der einzelnen Gruppen — nur um den siebenten Teil gestiegen: hingegen hat sich *die Ausfuhr von Automobilen fast verzehnfacht*, die der Kautschukwaren (Reifen für Automobile) vervierfacht. Bei dem im allgemeinen geringen Außenhandel Italiens wirken sich auch kleine Verschiebungen prozentual stark aus.

Der Außenhandel betrug pro Kopf der Bevölkerung (in Dollar)

	Einfuhr		Ausfuhr	
	1913	1924	1913	1924
Italien	20,31	21,33	13,99	15,75
Deutschland	39,32	34,72	36,86	24,84
Frankreich	41,46	53,56	33,88	55,29
Großbritannien	69,81	113,21	55,54	78,96

Quelle
Memorandum sur les monnais, Bd. II, S. 111.

Die weltwirtschaftliche Verflechtung Italiens bleibt sehr stark hinter der der anderen westeuropäischen Länder zurück.

Zusammenfassend kann gesagt werden: Der Außenhandel Italiens ist relativ gering, zeigt eine Verschiebung im Sinne der Industrialisierung und schließt nach wie vor mit einer jährlichen Mehreinfuhr von über einer Milliarde Goldlire, ebenso wie vor dem Kriege.

Die Zahlungsbilanz

Die Zahlungsbilanz Italiens ist mit dem Defizit der Handelsbilanz von mehr als einer Milliarde Lire belastet. Ungefähr ein Viertel der Einfuhr wird nicht durch Warenausfuhr gedeckt, sondern muß durch andere Einnahmen gedeckt werden.

Vor dem Kriege wurde das Defizit durch zwei Posten gedeckt: Geldsendungen der Auswanderer und Ausgaben der Touristen; in den Jahren 1911—1914 betrugen diese *Einnahmen außerhalb des Warenverkehrs:*

Auswanderer	Touristen	Schiffahrt	Verschiedene	Zusammen
(Mio Lire)				
450	420	115	200	1190

Quelle
C. E. Mc Guire, Italy's International Economic Position, a. a. O., S. 31.

In den Kriegsjahren 1915 bis 1919 gab es ein sehr starkes Defizit der Zahlungsbilanz: jährlich im Durchschnitt 4,45 Mrd. Goldlire. Dieses Defizit wurde durch die interalliierten Schulden gedeckt.

In den ersten Friedensjahren war die Zahlungsbilanz weiter passiv; erst im Jahre 1924 ergab die Zahlungsbilanz ein kleines Aktivum, vor allem infolge der sehr guten Ernte im Jahre 1923, die die Verminderung der Lebensmitteleinfuhr ermöglichte. Die Zahlungsbilanz gestaltete sich in *Millionen Goldlire* ungefähr wie folgt:

Passiven:	Defizit der Handelsbilanz	1000	
	Zinsen Profite des Auslandskapitals, Kommissionsgebühren	190	1190
Aktiven:	Auswanderersendungen	540	
	Touristen	550	
	Schiffahrt	210	
	Verschiedene	85	1375
Saldo:			195

In den Jahren 1925 und 1926, als die Handelsbilanz ein bedeutend höheres Defizit aufweist, außerdem bereits Zahlungen für die interalliierten Schulden zu leisten sind, ist die Zahlungsbilanz Italiens wahrscheinlich mit einigen hundert Millionen Goldlire passiv.

Indessen muß betont werden, daß alle diese Berechnungen nur einen sehr geringen Grad der Zuverlässigkeit aufweisen. Jedenfalls kann folgendes gesagt werden:

Wenn das Defizit der Handelsbilanz nicht mehr über 1—1,5 Mio Goldlire im Jahr hinausgeht, so reichen die sonstigen Einnahmen Italiens ungefähr aus, um dieses Defizit zu decken. Höchstens besteht die Notwendigkeit, einige hundert Millionen Goldlire durch Kapitalimport zu decken, was bei der Bereitschaft der Vereinigten Staaten, Kapital in Italien anzulegen, auf keine besonderen Schwierigkeiten stößt.

Daher droht der Stabilisierung der Lira weder von seiten des Staatshaushalts noch von seiten der Zahlungsbilanz eine ernste Gefahr. Bei starker Anziehung der Steuerschraube und bei einer vorläufig langsam zunehmenden Verschuldung an das Ausland läßt sich die Stabilisierung der Lira sicher durchführen und aufrechterhalten — von kriegerischen Verwicklungen abgesehen.

Die Wirtschaftspolitik des Faschismus

Die Wirtschaftspolitik des Faschismus läßt sich in folgendem zusammenfassen: *Aufbau der kapitalistischen Wirtschaft auf Kosten aller anderen Klassen, insbesondere durch Anwendung des Terrors gegen die Arbeiterschaft.*

Die Geschichte Italiens in den Jahren 1919—1922 beweist, daß, wenn die Arbeiterklasse Zustände schafft, unter denen die Verwertung des Kapitals unmöglich ist, ohne gleichzeitig die Bourgeoisie *politisch* zu besiegen und die *Diktatur des Proletariats aufzurichten*, die Bourgeoisie durch Anwendung eines ruchlosen Terrors die Arbeiterschaft niederschlägt, um die ökonomische Basis ihres Systems, die Verwertung des Kapitals, zu ermöglichen. Eine bürgerliche Staatsmacht, die dem Kapital den Profit nicht sichert, ist auf die Dauer ein Widerspruch, der entweder durch die Diktatur des Proletariats oder durch den Terror der Bourgeoisie gelöst wird.

Es ist hier nicht der Ort, uns eingehend mit der Entstehung des Faschismus zu beschäftigen. Nur schlagwortartig wollen wir folgendes anführen.

Bis zum Weltkrieg überwog in Italien die Macht der Agrarier, die — mit dem König an ihrer Spitze — die Regierung führten. Nur der gemeinsame Druck der inländischen und der ausländischen Bourgeoisie konnte es erreichen, daß Italien in den Krieg gegen den Dreibund zog. (Mussolini gründete damals mit französischem Gelde die Zeitung „Popolo d'Italia" und gab die Losung aus: „*Krieg oder Republik*"). Der Eintritt in den Krieg bedeutete den Sieg der Bourgeoisie über die Grundeigentümer.

Aus dem Krieg ging Italien zwar politisch als Mitsieger hervor, aber mit einem Heere, das selbst keinen einzigen Sieg errungen hatte. Daher starke Desorganisierung des staatlichen Machtapparates, Unschlüssigkeit und Zerrissenheit der herrschenden Klassen und damit der Klassendisziplin in den Betrieben. Es kamen die Jahre 1919—1920, in denen es keine wirkliche Staatsmacht im Lande gab. Der Staat hatte nicht die reale Macht, die Arbeiter, die die Fabriken besetzt hatten, aus den Fabriken zu verjagen.

Unter diesen Umständen organisierte die Bourgeoisie die faschistischen Stoßtruppen mit der Parole: „*Wiederherstellung der Autorität des Staates*". Während sich der offizielle Staat in den Kämpfen zwischen Arbeitern (Kleinbauern) und Faschisten immer wieder neutral erklärte, unterstützte die Bourgeoisie durch aktive Teilnahme der Bourgeoisjugend und durch Geld die neue Bewegung, ebenso auch die Agrarier, die vom offiziellen Staat ebenfalls keinen Schutz gegen ihre ausgebeuteten Tagelöhner und Halbpächter erhalten konnten (aber der Faschismus war und blieb vor allem eine Angelegenheit der Bourgeoisie).

Nach dem Siege des Faschismus war die Linie der Politik offen darauf gerichtet, die Wirtschaft des Landes voll und ganz den Interessen der Bourgeoisie unterzuordnen. Diesem Ziel war jeder Schritt der Politik Mussolinis gewidmet, trotz mancher „antikapitalistischer" demagogischer Schlagworte.

Die grundlegende Aufgabe war, die Mehrwertproduktion, die in den ersten Nachkriegsjahren infolge des Mangels einer Klassendiszipin in den Betrieben, der Streiks, Versammlungen, Fabrikbesetzung usw. tatsächlich stockte, wieder sicherzustellen.

Diesem Zwecke diente das Zerschlagen der Gewerkschaften, das Streikverbot, die Verlängerung der Arbeitszeit, die Herabsetzung der Löhne, kurz, eine weitgehende Verminderung des Anteils der Arbeiter am Wertprodukt.

Diese Aufgabe hat der Faschismus vollkommen gelöst. Den Rückgang des Anteils der Arbeiter am Wertprodukt, die Erhöhung der Ausbeutung zeigen folgende Zahlen von *Mortara*:

Halbjahr	1913/1914	1922 I.	1923 I.	1924 I.	1925 I.	1926 I.	1926 Dez.
Index der Lebenshaltungskosten	100	503	495	517	594	653	657
Index der Löhne	100	518	480	474	513	559	584

Quelle
G. Mortara, Prospettive Economiche 1927, a. a. O., S. 442.

Der Umschlag mit der Machtergreifung der Faschisten ist ganz klar. Im ersten Halbjahr 1922, vor der Machtergreifung der Faschisten, standen die Löhne etwas höher als die Lebenshaltungskosten; von da an begannen die Löhne ununterbrochen im Verhältnis zu den Lebenshaltungskosten zu sinken. (Als 1927 infolge der „Revalorisierungspolitik" Mussolinis die Preise fielen und der Reallohn zu steigen begann, da wurden von den faschistischen Gewerkschaften „freiwillige" Lohnherabsetzungen durchgeführt, um die Preissenkungsaktion der Regierung zu unterstützen.)

Die Richtigkeit der Daten von Mortara wurden angezweifelt und ihnen von der „Vereinigung der Lombardischen Industriellen", vom Statistischen Amt Mailand und anderen Organisationen Daten gegenübergestellt, nach denen der Reallohn seit der Vorkriegszeit um 12—21% gestiegen wäre[14].

Eine gewisse Kontrolle der Richtigkeit der Berechnungen bieten die folgenden von uns errechneten Zahlen des Konsums pro Kopf der Bevölkerung von einigen wichtigen Verbrauchsartikeln (vgl. Tabelle 16):

Tabelle 16
Konsum (je Kopf in kg)

	1913	1922	1923	1924	1926
Weizen	240,0	201,0	190,0	208,0	175,0
Mais	87,0	62,0	68,0	70,0	73,0
Reis	11,5	9,2	11,1	10,8	12,0
Kartoffeln	46,0	34,0	41,0	45,0	48,0
Zucker	5,8	7,8	9,0	8,3	8,3
Kaffee	0,8	1,2	1,2	1,2	1,1

Quelle
Auf Grund der Angaben des „Annuaire International de Statistique Agricole"; „Annuaire international de statistique"; „Statistique Générale de la France"; „Materialien zur Weltwirtschaftskoferenz" von uns errechnet. (Ernte plus reiner Import. Mehl auf Weizen umgerechnet.)

Diese Berechnungen sind sehr roh; sie ziehen die wechselnde Größe der Übergangsvorräte nicht in Betracht. Trotzdem zeigen sie die Tendenz der Verminderung des Konsums der wichtigsten Lebensmittel ziemlich klar.

Sie können durch andere Zahlen erhärtet werden. McGuire gibt an, daß der Kaloriengehalt der Nahrung, der schon vor dem Kriege unter dem normalen stand, 1924 „bedeu-

14 Vgl. C. E. McGuire, Italy's International Economic Position, a. a. O., S. 533.

tend geringer war als vor dem Kriege ... Die Ration war nicht nur ungenügend in bezug auf den Kaloriengehalt, sondern auch in der Qualität, da eine ungenügende Quantität von Fett und Protein, insbesondere tierischen Ursprungs, darin enthalten ist".[15] In den Großstädten hat der *Fleischkonsum* je Kopf abgenommen. Er betrug in Kilogramm:

1922	1923	1924
46,3	42,3	42,1

Dabei wurde im Konsum der Arbeiter frisches Fleisch weitgehend durch minderwertiges Gefrierfleisch ersetzt.[16]

Einen starken Rückgang zeigt der *Weinkonsum*. In den Jahren 1921—1924 war der Konsum je Kopf um 22% geringer als 1903—1913.[17] Ebenso hat der Tabakkonsum je Kopf der Bevölkerung abgenommen.

Endlich sei noch erwähnt, daß der Konsum an *Baumwollstoffen*, der vor dem Kriege 1909—1913 3,5 kg je Kopf und Jahr betrug, in der faschistischen Periode 1923 bis 1925 auf 2,8 kg gefallen ist, was eine Verschlechterung der Kleidung bedeutet.

Diese Daten beweisen — da der Konsum der Reichen sicher nicht abgenommen hat — eine starke Verschlechterung der Lebenshaltung der arbeitenden Klassen als Ergebnis der faschistischen Wirtschaftspolitik und bestätigen die Richtigkeit der Zahlen von Mortara.

Mit der Herabdrückung der Arbeiterlöhne unter das Vorkriegsniveau war vom Faschismus das Wichtigste für die italienische Bourgeoisie geleistet. Aber auf dem ganzen Gebiete der Wirtschaftspolitik war das Interesse der Bourgeoisie ausschlaggebend[18].

Für die Finanzpolitik war der Ausspruch des ersten faschistischen Finanzministers, de Stefanos, maßgebend.

„Eine Finanzpolitik, die auf die Verfolgung des Kapitals aufgebaut ist, ist eine unsinnige Politik."[19]

Dementsprechend wurde das Gesetz über die Verpflichtung der Anmeldung des Wertpapierbesitzes („Nominalität") abgeschafft, die Einkommenssteuer herabgesetzt, *die Erbschaftssteuer* (mit Ausnahme für Erbschaften von Verwandten *dritten* Grades) *abgeschafft* (!). Hohe Schutzzölle sicherten den Profit der Industrie, Subventionen und Staatshilfe für die Schiffahrt, Schiffbau; hochprofitable staatliche Aufträge für alle mit dem Meereswesen irgendwie zusammenhängenden Industrien: Motorbau, Aeroplan, Automobile, chemische Industrie usw.

Erst in den letzten zwei Jahren hat sich diese einseitig auf das Interesse der Bourgeoisie eingestellte Wirtschaftspolitik einigermaßen modifiziert. So wurde Mitte 1925 der Schutzzoll auf Weizen und andere landwirtschaftliche Produkte ausgedehnt, um die Grundbesitzer und Großbauern ökonomisch zu begünstigen und an das faschistische Regime

15 Ebenda, S. 515.
16 Vgl. ebenda.
17 Vgl. ebenda, S. 516.
18 Siehe L. Gangemi, La politica economica o finanziara del Governo fascista, Bologna 1924.
19 M. Pernot, L'expérience italenne, a. a. O., S. 241.

zu binden[20]. Die Stabilisierung der Lira liegt im Interesse der italienischen Bourgeoisie, nachdem die Preise des Kleinhandels sich denen des Großhandels angepaßt hatten. *Nicht* im Interesse der industriellen Bourgeoisie liegt die vom Faschismus verkündete und teilweise durchgeführte „Revalorisierung", d. h. *Hinauftreiben des Lirakurses*, angeblich bis zur Goldparität. Eine derartige Politik würde die Interessen des industriellen Kapitals zugunsten des Leihkapitals schwer schädigen, die italienische Industrie in eine schwere Absatzkrise stürzen (sie ist zum Teil bereits da) und den Faschismus seiner sozialen Basis berauben. Daher glauben wir, daß Mussolini die Revalorisierung bleiben lassen wird.[21]

Zusammenfassung

Eine unvoreingenommene Untersuchung des — freilich lückenhaften — wirtschaftlichen Materials ergibt folgende Haupttatsachen:

1. Die italienische Wirtschaft hat, ähnlich wie die der anderen imperialistischen Länder, die Erschütterung des Krieges — dessen wirtschaftliche Schäden für Italien geringer waren, da der Krieg außerhalb seines Gebietes stattfand und zu einem bedeutenden Teile durch Auslandskredite finanziert wurde — überwunden und bewegt sich seit Kriegsende auf einer langsam aufsteigenden Linie. Hierbei fand eine gewisse Überfremdung des Kapitals statt, aber in viel geringerem Ausmaße als in Deutschland. Der Stabilisierung der Valuta stehen keine ernsten Hindernisse im Wege.

2. Die in Norditalien vor sich gegangene Industrialisierung ist in ihrem Ausmaß viel geringer, als man es allgemein annimmt, und hat den Charakter des ganzen Landes als Agrargebiet nicht grundlegend geändert.

3. Die Stabilisierung des Kapitalismus wurde durch eine rücksichtslose Unterordnung aller arbeitenden Klassen unter die ökonomischen Interessen der industriellen Bourgeoisie erkauft. Insbesondere wurde der Reallohn des Proletariats unter das Vorkriegsniveau herabgedrückt.

4. Die Armut der breiten Massen der Bevölkerung[22] engt den inneren Markt ein und

20 Die Agrarier haben Gefallen an diesen Vorteilen gefunden. So forderte der „Nationalrat der faschistischen Konföderation der Landwirte" u. a. Steuerherabsetzungen, Zollherabsetzungen für landwirtschaftliche Maschinen, Herabsetzung der Preise der landwirtschaftlichen Maschinen und Herabsetzung der Löhne der landwirtschaftlichen Arbeiter (Times vom 2. Juli 1927).

21 Anfang Juli hat Volpi eine Erklärung abgegeben, wonach der Kurs der Lira auf 90 für 1 £ stabilisiert werden soll. Die Eindämmung der Lirahausse erfolgte auf eine Intervention der Führer der größten kapitalistischen Verbände bei Mussolini, durch Vermittlung des Generalsekretärs der faschistischen Partei, Turati. (Vgl. „Frankfurter Zeitung", „Römische Korrespondenz" vom 2. Juli 1927).

22 Die Gestaltung der Spareinlagen zeigt folgendes Bild:

	Mio	
	Papierlire	Goldlire
1913	4655	4655
1926	21004	4356

Bei einer um ein Sechstel größeren Bevölkerung ist die Summe der Spareinlagen geringer geworden. Daher ist der Zinsfuß des Leihkapitals stets hoch und die Macht der wenigen Großbanken sehr groß.

zwingt die italienische Industrie, Absatz im Auslande zu suchen. Daher die krampfhaften Versuche der „*ökonomischen Durchdringung*" des Balkans (Anleihen an Rumänien, Albanien) und der Eroberung eines Kolonialreiches in Afrika, in Kleinasien, auf dem Balkan, wo immer es Rohstoffe und einen Absatzmarkt gibt, daher das offen verkündete Programm einer „*Neuverteilung der Welt*".

5. Die Klassengegensätze in Italien sind außerordentlich scharf. Die Klassenbasis der Faschistenherrschaft ist sehr eng. Es ist dem Faschismus nicht gelungen, sein Regime zu „*normalisieren*", zur parlamentarischen Form der Diktatur der Bourgeoisie zurückzukehren. Die gewaltsame Zerschlagung der legalen Arbeiterbewegung und der politischen Parteien überhaupt führte zu einer latenten Revolutionierung des Proletariats und der armen Bauern, zu einer Führerrolle der illegalen KP, der einzigen Partei des Proletariats, die dem Terror standgehalten hat. Es ist wahrscheinlich, daß das faschistische Regime die letzte Form der Herrschaft der Bourgeoisie in Italien vor der Diktatur des Proletariats ist.

VI. Der japanische Imperialismus im Mittelpunkt der Weltpolitik*

Die Kommunistische Internationale hat in ihren Beschlüssen — X. und XI. Plenum — nachdrücklichst darauf hingewiesen, daß die Wirtschaftskrise die Gegensätze zwischen der Welt des Kapitalismus und der Welt des Sozialismus sowie auch die Gegensätze zwischen den Imperialisten sprunghaft verschärft.

Die japanischen Imperialisten, die japanischen Militaristen nahmen — obwohl Japan, wie wir später zeigen werden, eines der schwächeren Glieder der imperialistischen Front ist, — die Rolle, den Krieg um die Neuverteilung der Welt zu beginnen, sowie die Rolle des Vorpostens in der Intervention gegen die Sowjetunion auf sich. Sie haben insbesondere die Frage der Verteilung Chinas und die Frage der Vormachtstellung auf dem Stillen Ozean konkret in Form der Besetzung der Mandschurei und Schanghais gestellt. Es ist daher notwendig, eine eingehendere Darstellung des japanischen Imperialismus und der außerordentlich komplizierten imperialistischen Widersprüche auf dem Stillen Ozean zu geben.

Entwicklung und spezielle Züge des japanischen Imperialismus

In bürgerlichen Kreisen ist die Ansicht verbreitet, daß Japan im Jahre 1868 den Übergang vom Feudalismus zum Kapitalismus mit einem Sprung vollzogen habe. Diese Ansicht ist doppelt unrichtig.

1. Wichtige Vorbedingungen der kapitalistischen Entwicklung waren im Schoße des japanischen Feudalismus vor 1868 entwickelt; ohne dieses wäre der Übergang unmöglich gewesen.

2. Nicht nur fand ein voller Übergang zum Kapitalismus im Sinne der Liquidierung des Feudalismus im Jahre 1868 nicht statt, sondern es sind die Überreste des Feudalismus bis heute in Japan stärker als in irgendeinem imperialistischen Land.

Wir wollen auf diese Momente etwas näher eingehen.

Der japanische Feudalismus hatte sich im Laufe des 18. und der ersten Hälfte des 19. Jahrhunderts infolge der Entwicklung der Warenwirtschaft weitgehend zersetzt.[1] Der Zustand Japans in der ersten Hälfte des 19. Jahrhunderts ist — mit den notwendigen Einschränkungen — jenem Frankreichs vor der französischen Revolution analog, mit dem Unterschied, daß die Rolle des Königs in Japan dem größten Feudalherrn, dem Schogun, zufiel. Grund und Boden bildete das feudale Eigentum einer beschränkten Zahl von Aristokraten. Der alte Kriegerstand, die Samurai (analog dem niederen Adel in Europa), hatte jede Funktion verloren und erhielt von den Feudalherrn eine Jahrespension in

1 Eine gute bürgerliche Darstellung dieser Periode ist „The Penetration of Money Economics in Japan" von M. Takizawa. New York 1927, die wir in den folgenden Ausführungen ausnützen.

* Aus: Wirtschaft und Wirtschaftspolitik im I. Vierteljahr 1932, in: Internationale Pressekorrespondenz, Nr. 39 (Sondernummer 3), vom 12. Mai 1932, S. 1185—1216.

Reis. Die Naturalwirtschaft wurde in weitgehendem Maße durch die Warenwirtschaft zersetzt.

Die Einbürgerung der Warenwirtschaft führte einerseits zu einer Verschuldung, Auswucherung und Verelendung der Bauernschaft, zur Bildung eines vom Lande losgelösten Proletariats, das in die Städte strömte; andererseits zur Entwicklung der Manufaktur, die ihrerseits weiter zersetzend auf die bäuerliche Hausindustrie und auf das städtische Handwerk einwirkte. Es waren überwiegend die feudalen Fürsten, die Manufakturen einrichteten, die bereits vor dem Übergang zum Kapitalismus eine kapitalistische Tätigkeit entfalteten. Gleichzeitig hiermit hatte sich in den Städten das Handelskapital entwickelt, in engster Verbindung mit der Geldleihe und dem Wucher, wobei große Teile der Samurai und auch viele Feudalherren in starke Verschuldung gerieten.

Wir sehen also: Die unentbehrlichen Vorbedingungen für die Entwicklung des Kapitalismus: das Vorhandensein eines freien, keinerlei eigene Produktionsmittel besitzenden Proletariats und das Vorhandensein der Anfänge der Kapitalbildung (Handels- und Wucherkapital) sowie eine gewisse Entwicklung der Manufaktur, waren vor 1868 in Japan vorhanden.

Noch weniger ist es richtig, daß der Feudalismus im Jahre 1868 durch den Kapitalismus *abgelöst* worden wäre. Es fand keine bürgerliche Revolution statt, der Boden wurde nicht an die Bauern verteilt. Die Macht blieb in der Hand der gleichen Klasse wie früher, und bis heute besteht trotz der inzwischen vor sich gegangenen starken Entwicklung des Kapitalismus kein bürgerliches, sondern ein monarchisch-bürokratisch-militaristisches Herrschaftssystem, das von den gleichen hochadligen Geschlechtern beherrscht wird wie vor 1868.

Die Überreste des Feudalismus sind in Japan bis heute außerordentlich stark. Die Arbeitsverfassung in der Landwirtschaft ist überwiegend feudalen Charakters. Der größte Teil des Bodens gehört adeligen Großgrundbesitzern, die keine eigene Landwirtschaft betreiben, sondern den Boden in kleinsten Parzellen dem Bauern in Pacht geben, wobei die Pacht in Naturalien, vor allem in Reis, bezahlt wird und 30 bis 54% des Bruttoertrages wegnimmt. Der Übergang des Feudaladels in den Kapitalismus vollzog sich nicht in preußischer Weise, durch Verwandlung des eigenen landwirtschaftlichen Betriebes in eine kapitalistische Unternehmung, sondern in der Form, daß die der Bauernschaft abgepreßte feudale Rente als Kapital in städtischen Industrie-, Handels- und Bankunternehmungen angelegt wurde.

Der Übergang vom feudalen zum kapitalistischen System und die Umstellung von der Abgeschlossenheit des Landes zu der imperialistischen Ausdehnungspolitik vollzogen sich unter dem Druck der weißen Imperialisten. Es war eine USA-Flotte, die im Jahre 1853 in Japan erschien und die Eröffnung des Landes für den Außenhandel erzwang. Die japanische herrschende Klasse mußte, sollte Japan das Schicksal der anderen asiatischen Völker, zu Kolonien der imperialistischen Mächte zu werden, nicht teilen, von der vollkommen veralteten feudalen militaristischen Organisation und Waffentechnik zur kapitalistischen übergehen. Dieses Ziel wurde mit zäher Konsequenz verfolgt, und in kurzer Zeit wurden ein den Gegnern mehr oder weniger ebenbürtiger moderner Militarismus, eine moderne Heeresorganisation und eine moderne Kriegsindustrie aufgebaut.

Der Aufbau der Industrie im Allgemeinen und der Kriegsindustrie im Besonderen stieß auf das Hindernis des Fehlens aller industriellen Rohstoffe in Japan. Außer Kupfer und Seide gibt es keinen einzigen wichtigen Rohstoff, der in Japan in genügender Menge vorhanden wäre. Insbesondere fehlt es an Eisenerzen und an Kohle, also an den Grundlagen der Schwerindustrie, die für die Wehrfähigkeit des Landes entscheidend ist. Die herrschenden Klassen in Japan machten die größten Anstrengungen, um diesen Mangel zu überwinden, eine Schwerindustrie auf Grundlage von importierten Eisenerzen und Kohle zu schaffen. Sie gingen alsbald dazu über, durch militärische Eroberungen auf dem asiatischen Festland zu versuchen, ihre Rohstoffbasis zu erweitern und zugleich Absatzmärkte für ihre Industrie, für die der Inlandsmarkt infolge der äußersten Armut der Bauernschaft zu eng war, zu gewinnen.

Bei Erhaltung von sehr starken Überresten des Feudalismus entwickelte der japanische Kapitalismus in kürzester Zeit die Züge eines höchst entwickelten Imperialismus. Äußerste Konzentration des Kapitals — sieben Konzerne beherrschen fast restlos Industrie, Handel, Verkehr und Bankwesen des Landes —, höchste Entwicklung der Monopolbildung in Form von Kartellen und Trusten, stärkste Entwicklung des Militarismus und ein intensiver Drang nach kolonialer Ausdehnung, der sich in wiederholten Kriegen geltend machte, diese Wesenszüge des japanischen Imperialismus sind es — wie wir später noch näher ausführen —, die auch diesmal dazu führten, daß Japan als erster imperialistischer Staat an die Neuverteilung der Welt schritt, indem es den Krieg erst zur Eroberung der Mandschurei, dann Schanghais begann und damit die Gefahr einer Intervention gegen die Sowjetunion und eines neuen Weltkrieges konkret auf die Tagesordnung stellte.

Die „Übervölkerung“ Japans

Als Beschönigungsgrund für die imperialistische Eroberungspolitik der herrschenden Klassen Japans wird immer wieder auf die Übervölkerung in Japan hingewiesen, auf die Unmöglichkeit, die wachsende Bevölkerungszahl auf dem eigenen Gebiete zu ernähren, auf die Notwendigkeit der Kolonisierung.

Die Theorie der Übervölkerung, die die Japaner allgemein zu verbreiten imstande waren, dient zur Beschönigung ihrer imperialistischen Ausdehnungspolitik, ist aber keinesfalls deren Ursache. Zwar hat sich die Bevölkerung Japans von 1875 bis 1930 sehr rasch vermehrt: von 35 auf 65 Millionen. In dem gleichen Verhältnis ist aber auch die Reisproduktion gestiegen.[2] Aber bis heute sind nur rund 16% der Gesamtfläche bebaut. Wenn auch die Ausdehnung der bebauten Fläche durch den gebirgigen Charakter des Landes erschwert wird, ist eine Ausdehnung keinesfalls unmöglich, ebenso wie die Steigerung der Ernteerträge je Hektar[3].

Wenn nun keine Ausdehnung der bebauten Fläche und keine Besserung der Ernteerträge stattfinden, sondern eher eine gewisse Degradation der Landwirtschaft, so liegt die Ursache nicht in den Naturbedingungen, sondern in den sozialen Verhältnissen; den japanischen Bauern fehlen die Mittel zur Ausdehnung der bebauten Fläche oder zur Verbesserung der

2 Siehe Orchard, — Japan's Economic Position, S. 23.

3 Nach den Berechnungen von F. H. King, wohl des besten Kenners der fernöstlichen Landwirtschaft, könnten durch eine um nicht mehr als 15% steigende Bebauung des Bodens 65% zuschüssiges Kulturland gewonnen werden, die weitere 35 Millionen Menschen ernähren könnten. Bei der gegenwärtigen Zunahme der Bevölkerung in Japan würde die Bevölkerungszahl erst im Jahr 1965 die Hundertmillionenzahl erreichen, die nach King aus dem eigenen Ertrag des Bodens in Japan — freilich auf dem gegenwärtigen Niveau des halben Hungerns für große Teile der Bevölkerung — ernährt werden könnten (F. H. King, Farmers of Forty Centuries, S. 364—365).

Kultur. Das japanische Kapital aber findet in der Ausbeutung der in die Fabriken gedrängten Familienmitglieder der armen Bauern viel höheren Profit, als wenn das Kapital zur Ausdehnung der landwirtschaftlichen Produktion verwendet würde.

Daß die Übervölkerung keinerlei Rolle als Ursache der imperialistischen Raubpolitik Japans bildet, zeigt mit voller Klarheit die Tatsache, daß keinerlei Auswanderung aus Japan stattfand. In den Jahren 1919 bis 1928 gab es nach amtlichen Daten[4]:

Auswanderer	144000
Rückwanderer	157000
Reine Rückwanderung	13000

Die Gesamtzahl der im Ausland wohnenden Japaner beträgt Oktober 1928 709838, hiervon bloß 292306 in Asien, von dem Rest 170000 in Nordamerika, 100000 in Südamerika, 147000 in Ozeanien[5].

Am krassesten zeigt sich die Tatsache, daß die japanischen kolonialen Eroberungen keinesfalls der Unterbringung der überschüssigen Bevölkerung Japans dienen, am Beispiel der Mandschurei. Während die Zahl der chinesischen Einwanderer nach der Mandschurei jährlich eine Million erreicht, siedeln sich japanische Bauern in der Mandschurei überhaupt nicht an. Die 100000 Japaner, die im Jahre 1928 in der Mandschurei wohnhaft waren, rekrutierten sich überwiegend aus japanischen Eisenbahnbeamten, Soldaten und Prostituierten.

Die Tatsache, daß sich Japan die Eroberung Chinas, dessen Bevölkerungsdichte im Jangtse-Tal jene Japans weitaus überschreitet, zum Ziel gesetzt hat, zeigt ebenfalls, daß die angebliche Übervölkerung mit den imperialistischen Raubzügen Japans nicht das geringste zu tun hat.

Die japanische Landwirtschaft und die Lage der Bauernschaft

Trotz der starken Industrialisierung Japans in den letzten Jahrzehnten bildet die Landwirtschaft auch gegenwärtig die Hauptgrundlage der japanischen Wirtschaft. 49% der Familien — ungefähr 50 bis 55% der gesamten Bevölkerung — beschäftigen sich mit der Landwirtschaft. Der Anteil der Landwirtschaft ist ungefähr jenem Italiens gleich und überschreitet bei weitem den der anderen imperialistischen Länder.

Die japanische Landwirtschaft ist durch den sehr geringen Anteil des Ackerlandes an der Gesamtfläche und durch die außerordentliche Zersplitterung der landwirtschaftlichen Betriebe gekennzeichnet. Von der Gesamtfläche sind nur rund 16% Ackerland. Der Ackerboden wird von $5^1/_2$ Millionen Bauernfamilien bebaut.

Die Verteilung des Ackerbodens nach der Größe der Betriebe zeigt Tabelle 1.

Die Daten geben natürlich kein Bild von der Lage der Bauernschaft, da dies eine Betriebsstatistik und nicht eine Statistik des Bodenbesitzes ist und die Eigentümer von den Pächtern nicht scheidet. Der überwiegende Teil der japanischen Bauern ist Pächter oder pachtet Land zu. Vergleichen wir die betreffenden Zahlen für große Zeitabschnitte, so sehen wir, daß trotz der äußersten Zersplitterung der Betriebe eine Konzentration des Bodenbesitzes bzw. eine Verwandlung von Bodenbesitzern in Pächter vor sich geht.

4 The Japan Yearbook 1931, S. 54.
5 Ebenda, S. 56—58.

Tabelle 1

	Zahl der Bauern (in Tsd.)	%
Weniger als $^1/_2$ ha	1951	35
$^1/_2$ bis 1 ha	1885	34
1 bis 2 ha	1190	22
2 bis 3 ha	321	6
3 bis 5 ha	134	2
über 5 ha	72	1

Quelle
The Japan Yearbook 1931, S. 341.

Von 100 Bauern bearbeiteten Anfang dieses Jahrhunderts:[6]

Eigenen Boden	33,3%
Eigenen Boden und Pachtland	46 %
Ausschließlich Pachtland	20,7%

Gegenwärtig ist die Verteilung folgende:[7]

Eigener Boden	31,2%
Eigener Boden und Pachtland	41,1%
Ausschließlich Pachtland	27,7%

Die Prozentzahl der Pächter ist im Laufe von ungefähr 20 Jahren um ein Drittel gestiegen.

Es kommt hinzu, daß der Boden der Qualität nach nicht gleichmäßig verteilt ist. Der beste Boden befindet sich offenbar im Besitz bzw. in Bearbeitung der reichen Bauern.

„Der Verkauf von Land war (nach 1868) nicht länger verboten, und in kurzer Zeit kam der gute landwirtschaftliche Boden in den Besitz der guten Bebauer, und die armen Bauern gravitierten nach dem armen Land[8].“

Es ist selbstverständlich, daß unter diesen Verhältnissen ein außerordentlicher Bodenhunger und sehr hohe Boden- und Pachtpreise vorherrschen. Der Bodenpreis betrug nach der Statistik der Japanischen Hypothekenbank:

	1927	1930
	pro ha	
Für Rieselfelder	5460 Yen	4890 Yen
Trockene Felder	3330 Yen	3000 Yen

6 F. H. King, Farmers of Forty Centuries, S. 366.
7 F. Utley, Lancashire and the Far East, London 1931, S. 114.
8 Orchard, Japan's Economic Position, S. 22.

Die Rente für Rieselfelder betrug in diesen Jahren gleichmäßig rund 18 Reis, für Trockenland 160 und 180 Yen. Da der Durchschnittsertrag der Rieselfelder in den Jahren 1923 bis 1927 33,12 Reis betrug, ergibt sich auf Grundlage dieser japanischen halbamtlichen Zahlen, daß die Pacht der Rieselfelder 54% der Ernte ausmachte. Wenn wir noch in Betracht ziehen, daß der japanische Bauer ständig Düngemittel kaufen muß — man schätzt die Auslagen für gekaufte Düngemittel auf 8% des Wertes der Ernte —, so ergibt sich, daß dem japanischen Pächter für seine Arbeit nicht mehr als 37% der Ernte bleibt. Da die Mehrzahl der japanischen Pächter weniger als 1 ha Boden bebaut, ist es klar, daß er von dem Rest seiner Ernte sich und seine Familie nicht ernähren kann.

Eine Statistik des Einkommens der Bauern, geteilt nach Pächtern und Größe des Betriebes, gibt es nicht. Verschiedene Berechnungen des Durchschnittseinkommens der japanischen Bauern, die natürlich keinen Einblick in die Lage der Pächter und armen Bauern geben, schätzen das Jahreseinkommen im Durchschnitt auf 140 Mark.

Die große Mehrheit der japanischen Bauern kann von dem Ertrag der Landwirtschaft nicht leben. Ungefähr zwei Millionen Bauernfamilien befassen sich neben der Landwirtschaft mit Seidenraupenzucht. Dies bedeutet, daß die ganze Familie bis zu den kleinen Kindern in gewissen Monaten des Jahres Tag und Nacht die Seidenraupen bedienen muß, daß die ganze Lebenszeit der armen Bauern in Arbeitszeit verwandelt wird und daß die Wohnung der Bauern von den Seidenraupen besetzt wird.

Neben der Zucht von Seidenraupen ist die Hausweberei in Japan weit verbreitet. Bei der Armut der Bauern sind sie nicht imstande, selbst das Rohmaterial zu kaufen und das Gewebe zu verkaufen. Es herrscht überwiegend das Verlagssystem, die Lohnweberei. Dem Bauern wird eine gewisse Menge von Garn verabfolgt, aus dem er gegen ein sehr karges Entgelt eine gewisse Menge von Stoff zu weben hat. Die Verfertigung von Matten, Strohhüten, Spielzeug und ähnlichem dient ebenfalls zur Beschäftigung der Greise und Kinder, zur Vermehrung des minimalen Einkommens aus der Landwirtschaft.

Aber selbst die Überarbeit der ganzen Familie der armen Bauern genügt nicht, um sie vor dem Hunger zu schützen. Daher sind die armen Bauern gewöhnlich genötigt, ihre Töchter gegen einen Vorschuß von 50 bis 100 Yen an die Textilfabriken zu verpachten, in denen sie bis zur Abzahlung dieser Summe tatsächlich in Gefangenschaft gehalten werden. Wir kommen später darauf zurück. In sehr vielen Fällen verkaufen die armen Bauern ihre Töchter direkt an die zahlreichen Bordelle, Teehäuser u. a.

Der Überfluß an billigen Arbeitskräften, vor allem an Frauen und Kindern, die die arme japanische Bauernschaft ständig dem japanischen Kapital zur schrankenlosen Ausbeutung überlassen muß, bildet das Fundament der industriellen Entwicklung Japans.

Die Entwicklung der japanischen Industrie

Seit der erzwungenen Aufgabe der Isolierung bemühen sich die herrschenden Klassen Japans um eine rasche Förderung der Industrie, wobei die Hebung der Wehrfähigkeit des Landes eine wichtige Rolle spielt. Es wurde — ähnlich wie in der Periode des aufgeklärten Absolutismus in Europa — ein ganzes System der Industrieförderung ausgebaut. Der Staat führte aus eigenen Mitteln neue Industrien ein; die Fabriken wurden nach einer gewissen Probezeit an das Privatkapital übergeben. Private Unternehmungen erhielten vom Staate Kapital für den Neubau von Fabriken, Subventionen usw.

Die Entwicklung der Industrie stieß auf eine Reihe von Hindernissen.

a) Von 1858 bis 1899 waren Japan von den weißen Imperialisten durch internationale „Verträge" die gleichen niedrigen Zollsätze aufgezwungen, wie sie in China bis 1929 bestanden. Die junge japanische Industrie hätte ohne eine starke staatliche Unterstützung gegen die Konkurrenz der Waren der imperialistischen Mächte nicht aufkommen können.

b) Auf die Armut des Landes, die eine rasche Akkumulation von Kapital — trotz äußerster Ausbeutung der werktätigen Klassen — nicht zuließ.

c) Auf den sehr starken Mangel an industriellen Rohstoffen jeder Art auf dem eigenen Gebiete. Außer Kupfer und Seide fehlt es in Japan an allen industriellen Rohstoffen, vor allem an Kohle und Eisenerzen, an Holz und farbigen Metallen, an allen Rohstoffen der Textilindustrie und an den meisten Rohstoffen der chemischen Industrie (außer Schwefel und Salz aus dem Meere).

Dies bedeutet, daß die japanische Industrie auf der Grundlage von *importierten Rohstoffen* aufgebaut werden mußte, was — alle anderen Umstände gleichgesetzt — eine Erhöhung der Produktionskosten infolge vermehrter Transportkosten gegenüber Ländern mit eigener Rohstoffbasis bedeutet.

Die Notwendigkeit, eine Industrie auf Grundlage importierter Rohstoffe auszubauen, bedeutet für verschiedene Industriezweige — ja nachdem, ein wie großer Teil des Gewichts der verwendeten Rohstoffe nicht in dem Fertigprodukt wiedererscheint bzw. wieviel Brennstoff pro Einheit des Produktes nötig ist — eine verschieden große Benachteiligung. Am größten ist sie bei der Eisen- und Stahlgewinnung und bei der chemischen Industrie, am geringsten bei der Textilindustrie.

Der einzige Vorteil, den Japan gegenüber seinen Konkurrenten innehatte — und bis heute innehat —, ist der Überfluß an unerhört billiger Arbeitskraft, vor allem an Frauen- und Kinderarbeitern, die vom japanischen Dorfe ständig für die Industrie freigesetzt wird. Diese billigen ungelernten Arbeitskräfte eignen sich vor allem zur Ausbeutung in der Textilindustrie und in anderen Zweigen der „leichten" Industrie.

Unter der Einwirkung dieser drei Hauptfaktoren: Mangel an Rohstoffen, Überfluß an billiger Arbeitskraft und der zäh festgehaltenen Linie auf die Entwicklung einer Rüstungsindustrie, erhielt die japanische Industrie eine eigenartige Struktur: eine modern ausgerüstete — zu großen Teilen staatliche oder subventionierte[9] — *Rüstungsindustrie*; eine künstlich hochgezogene, staatliche oder Subventionen beziehende private, die Rohmaterialien für die Rüstungsindustrie liefernde, mit sehr hohen Produktionskosten arbeitende[10] *Schwerindustrie* und eine auf der billigen, schändlich ausgebeuteten Frauen- und Kinderarbeit aufgebaute, auf dem Weltmarkt konkurrenzfähige *Textilindustrie*.

Wenn die japanische Industrie zielbewußt für militärische Zwecke ausgebaut wurde, so dienten andererseits die zahlreichen Kriege Japans gegen China und Rußland vor allem dem Zwecke, der japanischen Industrie die im Lande selbst fehlende Rohstoffbasis (und für die Textilindustrie ein Absatzgebiet) zu erobern[11].

9 Die 1915 in Osaka gegründete chemische Fabrik (Farben) erhielt 1915 bis 1927 7,5 Mio Yen Subventionen vom Staate (Orchard).

10 Bis heute erhalten die privaten japanischen Eisen- und Stahlwerke eine staatliche Subvention von rund 5 Yen je Tonne Produktion.

11 Japan hat durch politische Druckmittel und Kapitalanlagen 90% der chinesischen Eisenerzproduktion an sich gerissen. Dies deckt aber den Bedarf nicht. Selbst die Eroberung der Mandschurei löst das Kohlen- und Eisenerzproblem Japans nicht, da die Eisenerze sehr wenig Eisengehalt, 30 bis 35% haben. Japan bezieht den besten Teil der Eisenerze aus der Nähe von Singapur und hat einen Vertrag

So zeigt der japanische Kapitalismus, kaum geboren, bereits starke Züge des Imperialismus.

Eine Zeit der sprunghaften Entwicklung bedeutete für die japanische Industrie der Weltkrieg. Obwohl Japan vom Beginn des Weltkrieges an ihm teilnahm, spielte es *ökonomisch* in noch viel größerem Maße als die USA die Rolle eines *neutralen* Staates. Seine Teilnahme am Kriege beschränkte sich auf die Eroberung des früher von den Deutschen besetzten chinesischen Gebietes und der deutschen Südsee-Inseln. Die gesamten Kriegskosten Japans werden von Bogart auf 40 Mio Dollar geschätzt, gegen 22597 Mio Dollar Rußlands oder 25813 Mio Dollar Frankreichs. Selbst die Kriegskosten Griechenlands betrugen ein Vielfaches jener Japans.

Japan wurde nicht nur jahrelang von der Konkurrenz ausländischer Industriewaren befreit, sondern wurde selbst Lieferant der Ententeländer. Die industrielle Ausrüstung Japans genügte nicht, um die Nachfrage zu decken. Ganze alte Fabrikanlagen wurden in Amerika aufgekauft und nach Japan überführt.[12] Die Stahlproduktion stieg um 116%, die Eisenproduktion um 143%. Der Eisenpreis stieg von 24 Dollar je Tonne im Jahre 1915 auf 250 Dollar je Tonne im September 1918.[13] Die Profite der Eisenwerke stiegen sprunghaft; manche Werke zahlten im Jahre 1918 bis zu 100% Dividende.[14] So groß waren die Gewinne aus den Kriegslieferungen, daß Japan — ähnlich wie die USA — aus einem Schuldnerstaat zu einem Gläubigerstaat wurde[15] und große Anleihen an die Ententeländer geben konnte.

Aber diese gewaltige Bereicherung der japanischen Kapitalisten löste das Grundproblem des japanischen Kapitalismus, die fehlende Rohstoffbasis und die dadurch erhöhten Produktionskosten der meisten Industrien, nicht[16]. Sofort nach dem Kriegsende setzte die Krise mit außerordentlicher Schärfe ein, und *seitdem befindet sich der japanische Kapitalismus in seiner Gesamtheit in einer mehr oder weniger chronischen Krise*, obwohl die

mit Australien auf Lieferung von Eisenerzen. Beide sind im Falle eines Krieges gefährdet. Die japanische Kohle ist allein nicht verkokbar, sie muß mit chinesischer Kohle besserer Qualität gemischt werden.

12 Orchard, Japan's Economic Position, S. 233.

13 Ebenda.

14 Ebenda, S. 234.

15 Siehe die Daten im letzten Abschnitt.

16 Orchard faßt die Rohstoff-Frage folgendermaßen zusammen:
„Aus der vorhergehenden Untersuchung der lebenswichtigen Rohstoffe für die Industrie ist es klar, daß die Armut an Eisenerzen und verkokbarer Kohle die grundlegendste industrielle Schwäche Japans bildet. Es ist eine Schwäche, die nicht überwunden werden kann, oder zumindest gibt es in der gegenwärtigen Zeit keine Aussicht auf ihre Überwindung.
Die Eisenerzreserven, die im eigentlichen Japan vorhanden sind, sind selbst für eine Industrie von bescheidener Ausdehnung ungenügend, und es gibt praktisch keine verkokbare Kohle. Es besteht wenig Hoffnung auf die Entdeckung neuer Kohlen oder Eisenerze, und obwohl bedeutende Anstrengungen gemacht wurden, um die mageren einheimischen Ressourcen durch die politische oder kommerzielle Kontrolle der Ressourcen der Nachbarländer zu ergänzen, sind die Ergebnisse nicht ermutigend. Diese Länder haben sich entweder als ebenso arm erwiesen wie Japan, oder es hat sich die Notwendigkeit eines langen Transportes erwiesen, der die Kosten der Produktion im Frieden erhöht und Japan im Kriegsfalle der Abschneidung der Lieferungen aussetzt. Die Armut an Eisenerzen hat der japanischen Fabrikindustrie den Stempel aufgedrückt und wird es auch fernerhin tun. Eine starke Entwicklung der Eisengewinnung oder der verarbeitenden Industrie ist unmöglich."

Textilindustrie auf Grund der unmenschlichen Ausbeutung der Arbeiter ständig große Profite realisiert[17].

Trotz des starken Auftriebs, den die japanische Industrie im Weltkrieg erhielt und trotz der fortgesetzten Anstrengungen, die Industrie mit staatlicher Unterstützung zu erhalten und zu entwickeln, ist Japan bis heute kein Industrieland in unserem Sinne. Die Landwirtschaft beschäftigt noch immer mehr als die Hälfte der Bevölkerung gegenüber z. B. 31% in Deutschland oder 42% in Frankreich. Die relative Rückständigkeit Japans in seiner industriellen Entwicklung zeigt der Konsum an Kohle pro Kopf der Bevölkerung (vgl. Tabelle 2).

Tabelle 2
Kohlekonsum (in t je Kopf und Jahr)

	Japan	Vereinigte Staaten	Großbritannien	Deutschland	Frankreich
Reine Kohle	0,5	4,4	4,4	2,2	1,6
Mit Einrechnung der Wasserkraftenergie	0,78	5,8	4,44	2,3	1,94

Die gleiche Rückständigkeit zeigt sich auf dem Gebiete der Eisen- und Stahlproduktion (vgl. Tabelle 3).

17 F. Utley gibt auf S. 105 folgende Tabelle der Profite der japanischen Spinnereien:

Jahr	Zahl der Gesellschaften	Eingezahltes Kapital	Reserven	Reingewinn	Dividende auf das eingezahlte Kapital (%)
		Mio Yen			
1913	25	75,3	31,1	—	—
1916	32	96,8	41,0	35,8	20,4
1917	33	111,6	62,2	72,7	36,4
1918	35	135,6	80,2	99,0	49,0
1919	46	162,9	120,0	149,6	46,6
1920	51	273,2	156,7	141,6	35,8
1921	57	294,9	173,7	92,9	23,9
1922	60	313,8	195,2	100,9	24,3
1923	55	319,1	207,9	60,3	18,6
1924	52	344,6	206,4	69,6	15,9
1925	51	349,1	218,8	63,5	16,6

In zehn Jahren — 1916 bis 1925 — haben die japanischen Spinnereien 287% des eingezahlten Kapitals an Dividenden ausbezahlt und außerdem 50% als offene Reserven angesammelt.

Tabelle 3
Produktion (in % der Weltproduktion 1929)

	Japan	Vereinigte Staaten	Großbritannien	Deutschland	Frankreich
Eisen	1,6	4,4	7,8	13,6	10,6
Stahl	2,0	47,5	8,1	13,5	8,1

Quelle
Memorandum on Production and Trade, Völkerbund, Genf 1931.

Auf den Kopf der Bevölkerung berechnet, ergibt sich für Japan rund ein Sechstel der Produktion der europäischen Industrieländer, ein Fünfzehntel der USA.

Was die Produktion der Produktionsmittel anbelangt, so ist Japan bis heute vom Ausland abhängig. Nicht nur bezieht es die Rohstoffe der Eisen- und Stahlindustrie, sondern auch Eisen und Stahl und rund ein Drittel seines Verbrauches an Maschinen aus dem Ausland.

Einzelne Zweige der Produktion von Produktionsmitteln sind verschieden entwickelt. Schiffbau und Elektroindustrie decken den eigenen Bedarf, Lokomotiven und Automobilindustrie bei weitem nicht.

Nach wie vor überwiegt die Leichtindustrie. Das Überwiegen geht aus allen Statistiken klar hervor. Nach der amtlichen Statistik war die Verteilung der Arbeitskräfte in der Fabrikindustrie — die alle Unternehmungen mit fünf und mehr Arbeitern auch ohne Motorkraft umfaßt — folgende (vgl. Tabelle 4).

Tabelle 4

Industrie	Zahl der Arbeiter (in Tsd.)
Textil	998
Eisen und Stahlwerke	122
Chemie	120
Lebensmittel	168
Maschinen	251
Keramik	68
Holz	57
Druckereien	54
Gas und Elektrizität	9
Verschiedenes	90
Staatliche Werke	136
Insgesamt	1936

Quelle
The Japan Yearbook 1931, S. 385.

Die Eigenart der japanischen Industrie zeigt sich darin, daß mehr als die Hälfte der Arbeiterschaft in der Textilindustrie beschäftigt ist. Die Billigkeit der Arbeitskraft und die geringe Entwicklung des fixen Kapitals zeigt die Tatsache, daß die rund 2 Millionen

Industriearbeiter auf 56000 Fabriken verteilt sind, von denen 9701 keine motorische Kraft besitzen. Noch charakteristischer ist der Umstand, daß weitere rund 3 Millionen Arbeiter in Betrieben mit weniger als 5 Arbeitern arbeiten, also in Handwerksbetrieben. Es ist ferner interessant, daß nach der Berechnung von Orchard in der Periode von 1894 bis 1928 die Fabrikindustrie jährlich bei einer durchschnittlichen Bevölkerungszunahme von 654000 im Durchschnitt bloß 41000 Arbeiter aufgenommen hat.

„Es scheint also, daß die Fabrikindustrie bloß 20 bis 30 Prozent der jährlichen Zunahme der Bevölkerung den Unterhalt gegeben hat." (Utley, S. 184.)

Ähnlich wie die japanische Landwirtschaft ist auch die japanische Industrie in großem Maße durch die gegensätzliche Gestaltung der Betriebs- und Besitzverhältnisse charakterisiert. Die Konzentration der Betriebe ist in der japanischen Industrie (wie die obigen Zahlen zeigen) außerordentlich gering. Im Durchschnitt entfallen auf eine Fabrik nicht mehr als 42 Arbeitskräfte. Es gibt nur drei Industriezweige: Spinnereien, Schiffbau und Metallgewinnung, bei denen 73 bis 93% der Arbeiter in Betrieben mit über 500 Arbeitern arbeiten.

Dieser sehr geringen Konzentration der Betriebe steht eine außerordentlich stark entwickelte Konzentration des Kapitals gegenüber. Es ist allgemein bekannt, daß 7 Bankkonzerne mehr als die Hälfte des ganzen Wirtschaftslebens Japans unmittelbar und fast das ganze Wirtschaftsleben mittelbar kontrollieren. Auch hierin zeigt sich die eigenartige Entwicklung des japanischen Kapitalismus, der von seiner Geburt an sofort einen imperialistischen Charakter annahm.

Die Lage der industriellen Arbeiterschaft

Die Lage der industriellen Arbeiterschaft wird durch die feudale Agrarverfassung, die die armen Bauern zwingt, dem Industriekapital ständig große Massen billigster Arbeitskraft zur Ausbeutung zu überweisen, entscheidend beeinflußt. Die chronische latente oder offene Arbeitslosigkeit in der Landwirtschaft stellt eine gewaltige Reserve an Arbeitern dar, die die Lage der städtischen Arbeiterschaft, insbesondere in der entscheidenden Textilindustrie, aufs ungünstigste beeinflußt.

Die Arbeiter der großen Textilfabriken befinden sich bis heute in der Lage von halben Sklaven. Agenten der Textilfabriken werben die Frauen und Töchter der armen Bauern in den Dörfern an und geben den Bauern einen Vorschuß von 50 bis 100 Yen, der von dem Arbeitslohn in wöchentlichen Raten abgezogen wird. Die Bauernmädchen werden in großen Fabrikskasernen untergebracht und erhalten dort Kost und Verpflegung. Sie dürfen nur mit Erlaubnis der Verwaltung das Territorium der Fabrik verlassen, gewöhnlich nur an den zwei Ruhetagen im Monat. Versuchen sie , ihren Arbeitsplatz zu verlassen, bevor der Vorschuß getilgt ist, werden sie von der Polizei gewaltsam zurückgeholt, obwohl dies „ungesetzlich" ist.[18]

18 „Entgegen dem Gesetz unterstützt die Polizei offen die Arbeitgeber beim Einfangen und Zurückbringen der entlaufenen Mädchen. Man sagte mir im Internationalen Arbeitsamt hier — einer Organisation, die in Japan in sehr guten Beziehungen mit der Regierung und den Arbeitgebern steht —, daß die Polizei die entlaufenen Mädchen ebenso zurückbringt, wie sie den Bordellbesitzern behilflich ist, die Mädchen wieder einzufangen, die entlaufen sind. Es wird behauptet, daß die Polizei dies nicht tun darf, aber, wie ein Japaner naiv sagte: ‚Tatsächlich ist die Macht des Reichtums, des Kapitals, wie sie sagen, stark, und die Polizei macht natürlich das, was die reichen Leute wünschen'." F. Utley, S. 157.

Die Intensität der Arbeit ist sehr groß, die Ausbeutungsrate sehr hoch. Die schlecht bezahlten, schlecht genährten Arbeiterinnen werden an die modernsten Maschinen gestellt, deren Tempo sie auf die Dauer zugrunde richtet. In der Regel bleiben die Arbeiterinnen nur so lange in der Fabrik, bis der Vorschuß abgezahlt ist. Krank, gebrochen kehren sie in die Dörfer zurück oder geraten aus der Fabrik unmittelbar in die Prostitution, in der das gleiche System der Sklaverei vorherrscht. Die Zustände in der britischen Textilindustrie der Mitte des 19. Jahrhunderts, die Marx und Engels beschrieben haben, werden durch die heutigen Zustände in den japanischen Textilfabriken weitaus in den Schatten gestellt.[19]

Noch viel schlechter sind die Zustände in den mit wenigen Webstühlen „patriarchalisch“ betriebenen kleinen Textilbetrieben, in denen die Arbeitszeit praktisch unbegrenzt ist und den ganzen Tag mit Ausnahme der Stunden des Schlafes in Anspruch nimmt.[20]

Etwas besser ist die Lage der männlichen Arbeiterschaft in den höhere Qualifikation erfordernden Industriezweigen. Irgendeine zuverlässige Statistik gibt es nicht. Wir geben einige *amtliche*, daher stark beschönigte Daten:

Die durchschnittliche Arbeitszeit aller Fabrikarbeiter betrug im Jahre 1928 10,21 Stunden täglich, der durchschnittliche Arbeitslohn für Männer pro Tag 2,60 Yen und für Frauen pro Tag 1,00 Yen.

Nach privaten Angaben: Utley, Orchard usw., erhalten Textilarbeiterinnen im Anfang nicht mehr als 50 Pfennig täglich. Die Arbeitszeit für Frauen und Jugendliche betrug bis 1926 12 bis 14 Stunden, seither mit Ausnahme der Textilindustrie und der Seidenindustrie 10 bis 11 Stunden. Textil- und Seidenindustrie genießen bis jetzt das Privileg, Frauen und Kinder 12 Stunden täglich arbeiten lassen zu dürfen[21], wovon eine Stunde Bereitschaft, 11 Stunden tatsächliche Arbeit ist.

Auf die Frage der Leistung der japanischen Arbeiter, d. h. die *Lohnkosten* für das Kapital, erhalten wir in den verschiedenen Quellen stark widersprechende Angaben. Die britische Studienkommission für den Fernen Osten, die unter Führung von E. Thompson im Jahre 1931 Japan studierte, schreibt z. B. folgendes über die Wollindustrie: „Es scheint, daß die Löhne pro Stunde in Yorkshire drei- bis dreieinhalbmal so hoch sind als in Japan. Demgegenüber stehen gewisse Verluste infolge der geringeren Arbeitsleistung in Japan. Während unserer Beobachtung (die notwendigerweise von kurzer Dauer war) sahen wir nichts, was dafür zeugen würde, daß die Arbeitsleistung der japanischen Arbeiter nennenswert niedriger wäre als die unserer Arbeiter . . . Wir meinen, daß, alle Möglichkeiten in Betracht gezogen, die Lohnkosten in Yorkshire pro Einheit des Produkts zumindest zweieinhalbmal oder vielleicht dreimals so hoch sind als in Japan.“[22]

Ähnliches gilt nach ihrer Ansicht in bezug auf die japanische Baumwollindustrie, deren moderne, maschinelle Ausrüstung besonders betont wird.[23] Ganz anders beurteilt die Lohnkosten der japanischen Industrie der Amerikaner Orchard. Nach seiner Beobachtung erhalten die japanischen Arbeiter viereinhalbmal weniger Lohn als die amerikanischen

19 Ende 1928 arbeiteten in den Fabriken (vor allem Textil) nach offiziellen Angaben 204161 Mädchen *unter* 16 Jahren (vgl. The Japan Yearbook 1931, S. 192).

20 Eine gute Darstellung der Lage der japanischen Textilarbeiterschaft befindet sich in dem erwähnten Buche von *Utley*.

21 Orchard, Japan's Economic Position, S. 363.

22 Report of the British Economic Mission to the Far East, S. 41.

23 Es ist hierbei zu berücksichtigen, daß die britische Textilindustrie eine Herabsetzung der Löhne in Großbritannien anstrebt.

Arbeiter. Da aber ihre Arbeitsleistung viel geringer ist, sind die Lohnkosten pro Pfund Garn bei den gröberen Nummern die Hälfte, bei den feineren Nummern ebenso groß oder größer als in Amerika. Die Kosten in der Weberei sind in Amerika niedriger als in Japan.

„Trotz der unglaublich billigen japanischen Arbeitskraft können amerikanische Fabrikanten mit Lohnkosten produzieren, die, pro Pfund Stoff berechnet, um 18 bis 57 Prozent niedriger sind als die japanischen."[24]

Diese Kontroverse zeigt, wie unzuverlässig die bürgerlichen Quellen sind. *Wir* folgern aus den riesigen Gewinnen, die die japanische Textilindustrie seit ihrem Bestehen realisiert, daß die Lohnkosten tatsächlich viel niedriger sein müssen als in den anderen kapitalistischen Ländern. Bei teurer Kohle, importierten Rohstoffen und überwiegend importierter Maschinerie, daher höheren Produktionskosten für die Elemente des konstanten Kapitals, können die Riesengewinne der japanischen Textilindustrie nur aus der äußersten Ausbeutung der Arbeiterschaft stammen . . .

Die Lage der qualifizierten Arbeiter in der Maschinenindustrie, im Schiffbau usw. ist besser als in der Textilindustrie, aber doch bedeutend schlechter als in den europäischen Ländern. Es gibt keinerlei Sozialpolitik: weder Arbeitslosenunterstützung, noch eine geregelte Krankenunterstützung noch eine Invalidenversicherung!

Der Außenhandel Japans

Die eigenartige Struktur der japanischen Wirtschaft — Mangel an Rohstoffen, ungenügende Produktion von Produktionsmitteln — drückt sich in der Struktur des Außenhandels klar aus. Die Angewiesenheit Japans auf den Außenhandel in Prozent des Wertes der Inlandproduktion ist ungefähr ebenso groß wie die der großen europäischen Industrieländer, *sie beträgt in Ausfuhr und Einfuhr rund 22 Prozent*[25] (vgl. Tabelle 5).

Tabelle 5
Verteilung der Einfuhr und Ausfuhr Japans nach Warenklassen 1923/1927 (in %)

	Einfuhr	Ausfuhr
Lebensmittel	14,4	6,7
Rohstoffe	53,6	6,5
Halbfabrikate	16,0	45,7
Fertigfabrikate	18,4	40,0
Anderes	0,6	1,1
	100	100

Quelle
Die wirtschaftlichen Kräfte der Welt, hg. von der Dresdner Bank, Berlin 1930, S. 174.

24 Orchard. Japan's Economic Position. S. 374.

25 Für Deutschland Einfuhr 23% und Ausfuhr 25%, für Frankreich 24% und 24% (Die wirtschaftlichen Kräfte der Welt, hg. von der Dresdner Bank, Berlin 1930, S. 174).

Wenn wir diese Tabelle weiter zerlegen, so finden wir folgendes Bild (vgl. Tabelle 6).

Tabelle 6

Wichtigste Waren der Einfuhr (in % der Gesamteinfuhr 1924/1927)

Baumwolle (roh)	Lebensmittel	Eisen und Stahl	Holz	Petroleum	Maschinen	Chemikalien
30,0	15,1	5,9	4,3	2,6	4,9	5,6

Rohstoffe und Lebensmittel einerseits, Fertigwaren, die im Lande nicht erzeugt werden können, andererseits, bilden die Hauptposten der Einfuhr.

Einige Worte über das Zollsystem Japans. Es ist vollkommen den Interessen der herrschenden Klassen angepaßt. Obwohl das Land auf Lebensmitteleinfuhr angewiesen ist und obwohl die Unmöglichkeit, das Volk aus dem Ertrag der eigenen Landwirtschaft zu ernähren, stets als Grund der kolonialen Ausdehnungspolitik angegeben wird, besteht ein Einfuhrzoll auf Reis (1 Yen für 60 kg, gleich 5 Mark je Doppelzentner) zugunsten der feudalen Grundherren. Andererseits bestehen sehr hohe Zölle auf alle Industriewaren, die in Japan erzeugt werden: auf Baumwollwaren und Kleidung 20 bis 50 % vom Wert, auf Metallwaren und Maschinen jeder Art 15 bis 50 %, auf Tabak, Zigaretten, Zigarren 355 % usw.[26] Zu der Ausbeutung der Bauern durch die Grundherren und Wucherer und zu der unmittelbaren Ausbeutung der Arbeiter in den Fabriken gesellt sich die mittelbare Ausbeutung durch das Monopolkapital im Wege der durch die Zölle überhöhten Inlandspreise.

Die *Ausfuhr* Japans besteht aus zwei Hauptwarengruppen: Rohseide, Seidenwaren und Luxusgegenstände einerseits und sehr billige Baumwollwaren andererseits (vgl. Tabelle 7).

Tabelle 7

Wichtigste Ausfuhrwaren Japans (in %) des Wertes der Gesamtausfuhr

	Rohseide	Seidenwaren	Baumwollwaren	Kleider
1924/1927	39,6	6,8	24,8	3,2

Der Rest der Ausfuhr verteilt sich auf viele Einzelposten unter 3 Prozent.

Die Struktur des Außenhandels bedingt dessen geographische Verteilung, vor allem diejenige der Ausfuhr (vgl. Tabelle 8).

Tabelle 8

Prozentuale Beteiligung der einzelnen Länder an der Ausfuhr Japans 1927

Vereinigte Staaten	China	Indien	Großbritannien	Frankreich	Australien
41,9	16,8	8,4	3,3	2,7	2,5

Quelle

Die wirtschaftlichen Kräfte der Welt, hg. von der Dresdner Bank, Berlin 1930, S. 158/159.

26 Siehe: The Japan Yearbook.

Der Rest verteilt sich auf Länder mit 1,5 und weniger Prozent. Der Anteil Europas ist gering. Die Ausfuhr geht nach den zwei Ufern des Stillen Ozeans. Die Ausfuhr nach den Vereinigten Staaten besteht vor allem (zu 80%) aus Rohseide, außerdem Seidenwaren, Luxuskeramik usw., die Ausfuhr nach China und Indien aus billigen Baumwollwaren und ähnlichen. Die ganze Ausfuhr Japans besteht aus Waren, die entweder der schärfsten Konkurrenz auf dem Weltmarkt unterliegen (Baumwollwaren), oder aus leicht entbehrlichen Luxuswaren: Seide. Die Position Japans als Exporteur ist also eine sehr labile.

Die *Einfuhr* Japans besteht einerseits aus Rohstoffen, andererseits aus Produktionsmitteln. Die Rohstoffe kauft es vor allem in Asien, die Produktionsmittel aus den USA und Europa (vgl. Tabelle 9).

Tabelle 9
Prozentuale Beteiligung einzelner Länder an der Einfuhr Japans 1927

Vereinigte Staaten	Britisch-Indien	China	Deutschland	Großbritannien	Australien	Kanada
30,9	12,4	10,4	7	7,6	5,6	2,6

Quelle
Die wirtschaftlichen Kräfte der Welt, hg. von der Dresdner Bank, Berlin 1930, S. 158/159.

Der Rest verteilt sich auf andere Länder mit unter 1,5 Prozent Beteiligung. Die USA liefern Petroleum, Baumwolle und Maschinen, Britisch-Indien und China Baumwolle und Rohstoffe, Australien Wolle, Deutschland und Großbritannien Produktionsmittel. Die Waren, die Japan *importiert*, sind für den japanischen Kapitalismus unentbehrlich, die es exportiert, für die kaufenden Länder entbehrlich bzw. leicht durch andere Bezugsländer ersetzbar. Die strukturelle Schwäche des japanischen Kapitalismus macht sich in seiner schwachen Position auf dem Weltmarkt geltend.

Das japanische Kolonialreich

Um diese Schwäche seiner Position im Außenhandel zu überwinden, um sich Rohstoffquellen für seine Industrie und Absatzmärkte für seine Waren zu sichern, hat der japanische Imperialismus eine Reihe von Eroberungskriegen gegen China geführt und das zaristische Rußland und den deutschen Imperialismus aus der Mandschurei und Nordchina mit Waffengewalt verjagt. Das Ergebnis dieser Raubzüge ist, daß sich Japan ein Kolonialreich erobert, das mit Einreihung der „unabhängigen" Mandschurei an Territorium ein Vielfaches, an Bevölkerung ungefähr ebensoviel beträgt wie das eigentliche Japan (vgl. Tabelle 10).

Die Mandschurei ist gegenwärtig tatsächlich — trotz ihrer nominellen „Unabhängigkeit" — eine japanische Kolonie, deren Besitz aber für Japan noch keinesfalls sicher ist.

Die japanische Kolonialpolitik zeigt alle Züge der kolonialen Ausbeutung in der brutalsten Weise. Korea wurde vollkommen in eine Rohstoffbasis und einen Absatzmarkt für die japanische Industrie verwandelt, die Entwicklung der Industrie absolut unterdrückt, jede fremde Konkurrenz ausgeschlossen, die Bevölkerung mit dem schärfsten Terror geknechtet. Gegenüber dem Terrorregime der Japaner in Korea verblaßt selbst der britische und französische Kolonialterror.

Tabelle 10
Das japanische Kolonialreich

	Territorium Tsd. km^2	Bevölkerung Mio
Formosa	36	4,59
Korea	220,7	21,05
Süd-Sachalin	36,1	0,30
Kwantung	3,5	1,05
Mandschurei	1000	30
Ozeanische Inseln*		
	1296,3	57

* Territorium und Bevölkerungszahl der früheren deutschen Inseln im Stillen Ozean sind unbedeutend; sie haben aber eine große strategische Bedeutung.

Außer seinen obigen Kolonien hat sich Japan starke Machtpositionen im eigentlichen China erworben, teils durch Kapitalanlagen vor allem große Textilfabriken in Schanghai, teils durch politischen Druck in Form von Konzessionen. Die Eroberung des außerhalb der Fremdenstadt liegenden Teils von Schanghai und dessen Umgebung, die Japan ohne einen neuen Krieg keinesfalls zu räumen geneigt ist, bedeutet eine große neue Stärkung der japanischen Position in China.

Indessen haben all diese kolonialen Raubzüge weder das Rohstoffproblem noch das Absatzproblem Japans gelöst. Die eroberten Gebiete können Japan die nötige Kohle, Eisenerze, Petroleum, Baumwolle usw. nicht liefern. Ebenso wenig können sie den amerikanischen, chinesischen und indischen Absatzmarkt ersetzen. Zwar ist die Mandschurei ein Gebiet mit großen wirtschaftlichen Entwicklungsmöglichkeiten; zu ihrer raschen Aufschließung wäre aber sehr viel Kapital nötig, das Japan nicht zur Verfügung hat. Die japanischen herrschenden Klassen und die mit ihnen aufs engste verwachsenen Militaristen suchen daher die Lösung durch weitere koloniale Ausdehnung, durch weitere Kriege.

Japan in der Weltwirtschaftskrise

Wir haben nicht die Absicht, die Wirkungen der Krise auf Japan in allen Einzelheiten darzustellen, nur soweit dies mit seiner gegenwärtigen Außenpoltik zusammenhängt.

Der Ausgangspunkt hierbei ist die Tatsache, daß die Wirtschaft Japans seit dem Kriegsende eigentlich eine chronische Krise durchmacht. Die Weltwirtschaftskrise führte natürlich eine starke Verschärfung herbei. Diese Verschärfung macht sich in dem starken Rückgang des Außenhandels, in einem starken Preisfall und in einer starken Einschränkung der Produktion geltend, die aber prozentual geringer erscheinen als in anderen Ländern, weil es eben keine nennenswerte Prosperitätsphase vor der Krise gegeben hat.

Kompliziert wird die Lage durch die Valutapolitik Japans. Während langer Jahre von 1923 an bestand in Japan ein Ausfuhrverbot für Gold, und die japanische Valuta ist nach einer starken Entwertung im Jahre 1923 (Erdbeben und Bankenkrach) langsam wieder der Parität angenähert worden.[27]

Die Lage völlig mißverstehend, versuchte Japan zu Beginn der Krise Januar 1930 den Goldstandard wiederherzustellen und die Goldausfuhr freizugeben. Es setzte sofort ein starker Goldabfluß ein. Die Goldreserven der Bank von Japan verminderten sich von 1073 Mio Anfang 1930 bis auf die Hälfte. Obwohl starke Prestigegründe sowie das Interesse einzelner Schichten der Bourgeoisie für die Aufrechterhaltung des Goldstandards sprachen, mußte nach der Aufgabe des Goldstandards in Großbritannien auch Japan von der Goldvaluta abgehen, worauf ein sofortiger starker Sturz der Valuta einsetzte, der zu einem Disagio von 30 bis 35% führte.

In der Unfähigkeit, die Goldvaluta aufrechtzuerhalten, spiegelt sich nicht nur die allgemeine Schwäche der japanischen Wirtschaft wider, sondern auch die starke in der Krise vergrößerte Passivität des Außenhandels, die zu einer Passivität der Zahlungsbilanz führte. Die Handelsbilanz Japans ist ständig passiv. Die Passivität schwankte in den letzten Jahren zwischen 445 Mio im Jahre 1926 und 171 Mio Yen im Jahre 1929[28]. Bereits für 1930 hat die amtliche japanische Statistik ein Passivum der Zahlungsbilanz von 27 Mio Yen errechnet. Für 1931 dürfte diese Summe ein Vielfaches erreichen. Unter diesen Umständen hätte die Goldvaluta nur mit Hilfe ausländischer Anleihen aufrechterhalten werden können, was in der Krise nicht möglich war.

Die starke monopolistische Organisation des japanischen Kapitals ermöglichte es, die Lasten der Krise in starkem Maße auf die werktätige Bevölkerung abzuwälzen. Das Kapital nimmt vor allem eine organisierte Einschränkung der Produktion vor, die z. B. in der Baumwollspinnerei Ende 1931 30,6% betrug, in der Kunstseidenindustrie 30%, Druckpapier 45%[29]. Dagegen trifft die volle Wucht der Krise die japanischen Bauern in Form des scharfen Preisfalls der zwei Hauptprodukte, die sie auf den Markt bringen: Reis und Seide. Die Reispreise sind seit dem Jahre 1926 auf die Hälfte gefallen[30]. Der japanische Bauer bekommt also für den Rest der Reisernte, den er nicht als Pacht abliefern muß, weniger als die Hälfte wie vor einigen Jahren, wobei noch in Betracht zu ziehen ist, daß infolge der Verbindung zwischen Reishandel und Wucher der verschuldete japanische Bauer noch viel niedrigere Preise annehmen muß, als er dem Preisfall in Tokio entsprechen würde.

27 Kursgestaltung des Yen in den letzten Jahren:

Parität 100 Yen ist gleich		49,85 Dollar
Durchschnittskurs	1923	48,82 Dollar
Durchschnittskurs	1924	41,98 Dollar
Durchschnittskurs	1925	41,01 Dollar
Durchschnittskurs	1926	46,86 Dollar
Ende	1929	48,97 Dollar
Ende	1930	49,44 Dollar
Ende	1931	43,46 Dollar
Februar	1932	34,32 Dollar

28 Der Außenhandel Koreas und Formosas mit inbegriffen.

29 Wirtschaftsdienst vom 27. November 1931.

30 Reispreise in Tokio:

Jahresdurchschnitt 1926	Februar 1931	Februar 1932
37,4 Yen	17,7 Yen	22,6 Yen

Dieser Preis ist in Anbetracht der 35prozentigen Inflation noch bedeutend niedriger als der scheinbar niedrigere vorjährige.

Noch katastrophaler sind die Preise für Seidenkokons gefallen. Der gesamte Ausfuhrerlös für Rohseide betrug:

in Mio Yen:		
1929	1930	1931
781	417	355

Der Erlös ist also auf die Hälfte gefallen.

Nicht so das Quantum der Ausfuhr. Es wurde im Monatsdurchschnitt ausgeführt:

Rohseide in t:		
1929	1930	1931
2874	2349	2754

Der Rückgang des Erlöses aus der Ausfuhr ist daher ausschließlich auf den Preisrückgang zurückzuführen. Nun ist es klar, daß bei einem derartigen Preisfall der Erlös, den die Bauern für die Seidenkokons erhalten, noch viel geringer ist, um so mehr, als die großen Seidenexporteure, vor allem das Bankhaus Mitschui, ständig den Seidenexport mit Valutaspekulation verbinden und die Preise im Innern des Landes einmal hochtreiben, ein anderes Mal herabdrücken[31].

Der andere Leidtragende der Krise ist das japanische Proletariat. Die Arbeitslosigkeit ist im Laufe der Krise rapid gestiegen. Der Beschäftigungsgrad, 1926 gleich 100 gesetzt, fiel im Durchschnitt 1930 auf 82, im Jahre 1931 (erste 10 Monate) auf 74,7. Dies bedeutet, daß 25,3% der Arbeiter, außer denen, die bereits 1926 arbeitslos waren, arbeitslos wurden. Das japanische Kapital nützte diese Lage aus, um die ohnehin niedrigen Löhne der japanischen Arbeiter noch weiter zu senken. Mit voller Kraft arbeitete auch während der Krise die Kriegsindustrie. Ja, sie wurde auch während der Krise erweitert.

„Die Produktion der Kunstseidenindustrie ist im Jahre 1931 gestiegen: vom Frühjahr bis zum Herbst sind in jedem Monat neue Anlagen ... in Betrieb genommen worden mit dem Ergebnis, daß die Kunstseidenproduktion im Jahre 1931 21184 Tonnen betrug gegen 16289 Tonnen und 12525 Tonnen in den beiden vorhergehenden Jahren."[32]

31 Utley gibt folgende Daten über die Veränderung der Seidenpreise im Laufe von drei Jahren:

Jahr	Höchster Preis	Niedrigster Preis	Differenz
1919	3280	1800	1980
1920	4360	1100	3260
1921	2020	1390	630

(vgl. F. Utley, Lancashire and the Far East, a. a. O., S. 129).

32 Wirtschaftsdienst vom 12. Februar 1932.

Die sprunghafte Ausdehnung der Kunstseidenindustrie bedeutet zweifellos eine Kriegsvorbereitung, ebenso die in dem letzten Jahr mit staatlicher Unterstützung vorgenommene starke Ausdehnung der chemischen Industrie.

Der japanische Militarismus setzte auch in der Krise den Ausbau der Kriegsindustrie weiter fort.

In diesem Moment befindet sich die Wirtschaft Japans in einer besonders schwierigen Lage. Der Boykott japanischer Waren dauert in China und in jenen Gebieten um den Indischen Ozean, in denen der Handel in den Händen chinesischer Kaufleute liegt, unverändert an. Der Angriff auf Schanghai hat die Boykottbewegung nur gestärkt. Die Ausfuhr Japans nach China ist auf ein Minimum zusammengeschrumpft, wie folgende Zahlen der Tabelle 11 zeigen.

Tabelle 11
Japans Ausfuhr nach dem eigentlichen China und Hongkong 1931 (in Mio Yen)

Juli	August	September	Oktober	November	Dezember
23,7	21,9	17,5	10,6	5,7	5,4

Dabei ist zu bemerken, daß der Export nach den chinesischen Häfen nicht gleichbedeutend ist mit dem Absatz.

„An allen Chinamärkten stauen sich die japanischen Waren, die keinen Käufer finden."[33]

Die Boykottbewegung gegen die japanischen Waren in den Vereinigten Staaten bedroht die Hälfte der japanischen Ausfuhr und würde für den Außenhandel eine Katastrophe bedeuten. Die Lieferungen für den Krieg in der Mandschurei und China waren bisher nicht imstande, die Wirkungen der Krise zu mildern. Die Entwertung der Valuta bringt ein neues wichtiges Element der Zerrüttung in die japanische Wirtschaft.

Die allgemeine Schwäche der ökonomischen Basis des japanischen Imperialismus drängt die herrschenden Klassen zur Eroberung von Kolonien zwecks Sicherung der Rohstoffquellen und des Absatzes für die Industrie, deren Inlandsmarkt infolge der äußersten Armut der Bauernschaft und der unerhört niedrigen Löhne der Arbeiterschaft viel zu eng ist. Aber der Prozeß der kolonialen Ausdehnung führt als Reaktion eine Verminderung des Auslandsabsatzes durch den Boykott in China und die anwachsende Boykottbewegung in Amerika hervor, was die herrschenden Klassen, vor allem den japanischen Militarismus, dazu bringt, die Lösung noch entschiedener auf dem Wege des Krieges zu suchen. Die widerspruchsvolle ökonomische und soziale Struktur des japanischen Imperialismus drängte ihn daher in die Rolle, den Krieg um die Neuverteilung der Welt zu beginnen: einen Krieg, der sowohl den Ausgangspunkt eines Weltkrieges als einer Intervention gegen die Sowjetunion bilden kann.

Japan als Vorposten der Intervention

Vor zehn Jahren stellte in einer seiner letzten Arbeiten Lenin das Problem der Intervention und Kriegsgefahr in folgender Weise dar:

33 Wirtschaftsdienst vom 1. April 1932.

„Können wir uns vor dem kommenden Zusammenstoß mit diesen imperialistischen Staaten retten? Besteht für uns die Hoffnung, daß die inneren Widersprüche und Konflikte zwischen den erfolgreichen imperialistischen Staaten des Westens und den erfolgreichen imperialistischen Staaten des Ostens uns ein zweites Mal eine Atempause gewähren werden, wie sie es das erste Mal getan haben, als der Feldzug der westeuropäischen Konterrevolution, gerichtet auf die Unterstützung der russischen Konterrevolution, infolge der Gegensätze im Lager der Konterrevolutionäre des Westens und des Ostens, im Lager der östlichen und westlichen Ausbeuter, im Lager Japans und Amerikas scheiterte?“[34]

Diese Zeilen Lenins klingen, wie wenn sie heute geschrieben wären. Wiederum droht unmittelbar die Intervention, wiederum haben sich die imperialistischen Gegensätze im allgemeinen, die zwischen Japan und den USA im besonderen, sehr stark zugespitzt. Wieder steht die Frage, ob diese Verschärfung der imperialistischen Gegensätze eine Verschiebung der Intervention oder im dialektischen Umschlag zu einer Beschleunigung der Intervention führen werden?

In den letzten zehn Jahren, seit Lenin obige Zeilen schrieb, haben sich wichtige Veränderungen in der Weltlage vollzogen.

a) *Der „friedliche“ Kampf der zwei Systeme entscheidet sich zugunsten der Sowjetunion:* Das Ziel: *Einholen und Überholen* ist ins Stadium der unmittelbaren Verwirklichung gerückt. Die Sowjetunion nimmt gegenwärtig nach bürgerlicher Berechnung in der industriellen Produktion die zweite Stelle (nach den Vereinigten Staaten) unter allen Ländern der Welt ein.

b) Die Frage: *„Wer wen?“*, ist in der Sowjetunion endgültig zugunsten des Sozialismus entschieden. Die seinerzeit von den Trotzkisten genährten Hoffnungen der Weltbourgeoisie auf eine bürgerliche Entartung der Sowjetherrschaft sind endgültig enttäuscht worden. Die Liquidierung des Kulakentums als Klasse auf der Grundlage der durchgehenden Kollektivierung der Landwirtschaft nimmt der Weltbourgeoisie nicht nur den letzten Massenbundesgenossen innerhalb der Sowjetunion, sondern vernichtet auch endgültig den Boden eines Wiedererstehens von kapitalistischen Wirtschaftsbeziehungen. Die Sowjetunion ist in die Periode des Sozialismus eingetreten!

Diese Entwicklung vervielfacht die revolutionisierende Rolle der Sowjetunion im Kreise der arbeitenden Massen der ganzen bürgerlichen Welt und stellt vor die in ihrer Herrschaft bedrohte Weltbourgeoisie gebieterisch die Aufgabe, den bewaffneten Kampf gegen die Sowjetunion zu versuchen, um zumindest den raschen Aufbau des Sozialismus zu verhindern.

„Die europäischen kapitalistischen Mächte“ schrieb Lenin in dem gleichen Artikel, „taten teils bewußt, teils elementar alles mögliche, um uns zurückzuwerfen, um die Elemente des Bürgerkrieges in Rußland zur möglichst großen Zerstörung des Landes auszunützen . . .

Wenn wir die Revolution in Rußland nicht niederschlagen können, so erschweren wir allenfalls seine Entwicklung zum Sozialismus — so ungefähr dachten diese Mächte, und von ihrem Gesichtspunkte aus konnten sie nicht anders denken. Als Ergebnis erhielten sie eine halbe Lösung ihrer Aufgabe. Sie stürzten das neue, durch die Revolution geschaffene System nicht, aber sie gaben ihm auch nicht die Möglichkeit, sofort einen solchen Schritt vorwärtszumachen, der die Vorhersage der Sozialisten verwirklicht hätte, der ihnen die Möglichkeit gegeben hätte, die Produktivkräfte mit größter Raschheit zu entwickeln, alle Möglichkeiten, die im Sozialismus enthalten sind, zu entfalten.“ (Ebenda.)

34 W. I. Lenin, Lieber weniger, aber besser, in: Werke, Bd. 33, Berlin 1962, S. 487—488.

Diese Verhinderung des vollen Aufbaus des Sozialismus durch die Intervention ist heute, angesichts des rapiden Aufbaus in der Sowjetunion und des katastrophalen Niedergangs bei den Kapitalisten, dringender denn je für die Weltbourgeoisie!

Aber parallel mit der Verschärfung des Kampfes der zwei Systeme haben sich auf der Grundlage der allgemeinen Krise des Kapitalismus und der heutigen Wirtschaftskrise auch die Gegensätze zwischen den Imperialisten aufs Äußerste verschärft. Sie wären schon längst in einem neuen Weltkrieg zum Ausbruch gelangt, wenn nicht die Furcht vor der Sowjetunion, die Furcht vor der kolonialen Revolution und die Furcht vor der proletarischen Revolution die Imperialisten immer wieder von einem Krieg zurückgeschreckt hätten.

Vor fünf Jahren schrieb Genosse Stalin über die Frage der Kriegsgefahr: „Sie, die Imperialisten, wären schon längst einander in die Haare geraten, gäbe es nicht die kommunistischen Parteien, die einen entschiedenen Kampf gegen die imperialistischen Kriege führen; gäbe es nicht die UdSSR, deren Friedenspolitik den Anstiftern eines neuen Krieges im höchsten Maße hinderlich ist, fürchteten die Imperialisten nicht, einander zu schwächen und damit eine neue Durchbrechung der imperialistischen Front zu erleichtern."[35]

Die gegenwärtig unerhört tiefe und schwere Wirtschaftskrise hat die imperialistischen Gegensätze weiter verschärft. Der Krieg der kapitalistischen Staaten gegeneinander ist in Form des Zollkrieges, des Wirtschaftskrieges, bereits in vollem Gange. Die allseitigen Kriegsrüstungen nehmen ein fieberhaftes Tempo an. Die pazifistischen Vertuschungsmanöver werden immer öfter durch zynische Aussprüche einzelner Ideologen des Imperialismus entlarvt, wonach ein kapitalistischer Ausweg aus der Wirtschaftskrise nur durch einen Krieg möglich sei.

Aber jene Momente, die Genosse Stalin vor fünf Jahren als Hindernisse eines neuen imperialistischen Krieges aufzeigte, haben seither an Kraft gewonnen. Die Sowjetunion ist heute ökonomisch, sozial, wirtschaftlich unvergleichlich stärker als vor fünf Jahren. Die gewaltigen Massen Asiens sind — wie Lenin dies vorhersagte — in voller Bewegung; eine neue Bresche ist in Gestalt Sowjetchinas in das bürgerliche System geschlagen. Die revolutionäre Bewegung des Proletariats ist im Aufschwung. Die kommunistischen Parteien haben große Fortschritte in der Bolschewisierung gemacht; einige von ihnen sind zu großen Massenparteien geworden! Ein Krieg zwischen den Imperialisten würde die Gefahr der Verwandlung des imperialistischen Krieges in einen Bürgerkrieg akut machen: eine Gefahr, die durch die gewaltige Entwicklung der Sowjetunion, der Festung der internationalen proletarischen Revolution, in den letzten Jahren außerordentlich gesteigert wird.

Es ergibt sich, daß gerade die äußerste Verschärfung der imperialistischen Gegensätze in die Richtung einer gemeinsamen Intervention gegen die Sowjetunion drängt. Noch schwerer als vor fünf Jahren können sich die imperialistischen Mächte zum Kampf um die Neuverteilung der Welt entscheiden, bevor sie nicht den Versuch gemacht haben, die Sowjetunion durch eine Intervention zumindest zu schwächen! Die äußerste Verschärfung der imperialistischen Gegensätze drängt auf diese Weise dialektisch zu einer zeitweiligen Ein-

35 J. W. Stalin, Notizen über Gegenwartsthemen. I — Über die Kriegsgefahr, in: ders., Werke, Bd. 9, Berlin 1953, S. 279.

heit gegen die Sowjetunion, gegen die Arbeiterklasse der ganzen Welt, gegen die revolutionäre Bewegung der Kolonien.

Als wichtigste konkrete Momente des Heranreifens der Intervention können wir folgende anführen:

Den Sieg der Konservativen in Großbritannien; das relative Erstarken Frankreichs — des Gendarms von Europa —, das die Hegemonie im Interventionskampf anstrebt, und die verstärkte Abhängigkeit der osteuropäischen Vasallenstaaten von Frankreich durch die Krise; den Versuch zur Schaffung eines Donaubundes und zur Einreihung Deutschlands in die Antisowjetfront; *das Erstarken des deutschen Faschismus*, der seine antifranzösische Demagogie konsequent mildert, seinen sowjetfeindlichen Charakter immer schärfer hervorkehrt; *die Eroberung der Mandschurei durch Japan* und deren Verwandlung in ein militärisches Aufmarschgebiet gegen die Sowjetunion und seine ständigen Provokationen.

Die Eroberung der Mandschurei und das Vordringen nach Schanghai bedeuten, daß *Japan in einem sowohl die Intervention gegen die Sowjetunion wie auch den Krieg um die Neuverteilung der Welt* (als unmittelbares Ziel die Verteilung Chinas, wobei Japan der Löwenanteil zufallen sollte) *konkret auf die Tagesordnung stellt.* Der japanische Imperialismus nützte die Lage, daß sich die anderen imperialistischen Räuber aus Furcht vor der kolonialen Revolution, aus Furcht vor der proletarischen Revolution im eigenen Lande, aus Furcht vor der Sowjetunion trotz der äußersten Verschärfung der imperialistischen Gegensätze und des gemeinsamen Gegensatzes gegen die Sowjetunion bisher weder zu einem Krieg untereinander noch zu einer gemeinsamen Intervention gegen die Sowjetunion entschließen konnten, aus, um — im Bündnis mit Frankreich — in der Mandschurei vollzogene Tatsachen zu schaffen und seine besonderen Interessen im eigentlichen China durch den bewaffneten Vorstoß auf Schanghai sicherzustellen, einen Teil seines imperialistischen Eroberungsprogramms durchzuführen . . .

Es wäre ein grober Irrtum, die Tatsache, daß Japan als *erste* imperialistische Macht den Krieg begonnen hat, als Zeichen seiner besonderen ökonomischen, sozialen oder militärischen Stärke zu betrachten! Eher im Gegenteil: Die relative ökonomische, soziale und militärische Schwäche Japans — über die wir später eingehend sprechen — wirkte als ein beschleunigendes Moment seines Vorgehens.

Das Losschlagen Japans stellte seinen Hauptgegner im Kampf um die Herrschaft auf dem Stillen Ozean, die USA, vor das Problem: *entweder den Krieg gegen Japan unter sehr ungünstigen strategischen Vorbedingungen sofort aufzunehmen, womit die Intervention gegen die Sowjetunion bis nach Beendigung der zweiten Tour des imperialistischen Weltkrieges verschoben wäre* (falls der Weltkrieg nicht zum Sturze der Herrschaft der Bourgeoisie in weiteren Ländern führt), *oder aber sich mit den von Japan geschaffenen Tatsachen vorläufig abzufinden, die Abrechnung mit ihm bis nach der Intervention gegen die Sowjetunion zu verschieben* und sich während dieser Zeit gründlich darauf vorzubereiten!

Der japanische Imperialismus rechnete darauf, daß, wenn er die Rolle des Sturmbockes in der Intervention gegen die Sowjetunion auf sich nimmt, die USA ihm während dieses Krieges, der einen ausgesprochenen Klassencharakter trägt, der sich gegen den gemeinsamen Todfeind *aller* kapitalistischen Staaten richtet, nicht in den Rücken fallen werden. Er rechnet sicher auf die aktive Unterstützung der Mehrzahl der europäischen Länder. (Die Frage, ob eine feste, vertraglich festgelegte Vereinbarung über die gemeinsame Intervention besteht, ist nicht von entscheidender Wichtigkeit. Die japanischen Militaristen hoffen mit Recht, daß die europäischen kapitalistischen Mächte sie nicht im Stiche lassen.) Unter diesem Gesichtswinkel wollen wir die Ereignisse im Fernen Osten weiter untersuchen.

Der Kampf um China und die Interventionsgefahr

Mit der Eroberung der Mandschurei und mit dem Vorstoß Japans in Schanghai hat der Kampf um die Aufteilung Chinas und um die Hegemonie am Stillen Ozean einen akuten Charakter erhalten. Die weltpolitischen Gegensätze in dieser Frage erfordern eine eingehende Analyse.

Der grundlegende Gegensatz zwischen der Sowjetunion als Zentrum der Weltrevolution und allen imperialistischen Räubern macht sich in bezug auf China in schärfster Weise geltend. Die Linie der Politik des Proletariats der Sowjetunion, der Komintern, aller kommunistischen Parteien der Welt ist: *Befreiung des chinesischen Volkes von der imperialistischen Unterdrückung*, Sturz der (mit den Imperialisten aufs engste verbundenen) Klassenherrschaft der Feudalen, der Grundbesitzer, der Militaristen und der Großbourgeoisie auf dem Wege der bürgerlich-demokratischen Revolution, mit der Perspektive des Hinüberwachsens in die proletarische Revolution: Aufrichtung eines ganz China umfassenden Sowjetchina!

Dieser Politik der Sowjetunion und der Komintern steht die Politik *aller* Imperialisten gegenüber, die in dieser oder jener Form *China auch weiter als Objekt der imperialistischen Unterdrückung und Ausbeutung behandeln wollen.*

Innerhalb des imperialistischen Lagers lassen sich zwei politische Hauptlinien unterscheiden:

a) *Die gemeinsame Linie der Bourgeoisie jener drei imperialistischen Räuber: Großbritannien, Frankreich und Japan, die fast ganz Asien ihrer kolonialen Unterdrückung unterworfen haben. Sie wollen ihr Werk durch die Verteilung Chinas beenden!* Selbstverständlich besteht die Gemeinsamkeit ihrer politischen Linie nur darin, daß China verteilt werden soll; in der Frage, wie die Beute verteilt werden soll, wer welchen Anteil erhalten soll, bestehen natürlich schwere Gegensätze.

b) *Die Linie der Bourgeoisie des größten imperialistischen Räubers, der Vereinigten Staaten, auf ein territorial unversehrtes, formell politisch unabhängiges, tatsächlich eine Halbkolonie der USA darstellendes bürgerliches China.* Die Bourgeoisie der USA ist bei der Verteilung der Welt zu kurz gekommen. Ihr Kolonialbesitz steht in keinem Verhältnis zu ihrer ökonomischen Machtstellung in der Weltwirtschaft. Bei einer Verteilung Chinas würde in Anbetracht dessen, daß sich Japan, Großbritannien und Frankreich bereits starke Machtpositionen in China und um China gesichert haben, nur ein geringer Teil abfallen. Daher die Linie der USA auf die Erhaltung der territorialen Einheit Chinas (die Mandschurei mit inbegriffen), auf die Brechung der Herrschaft der anderen imperialistischen Räuber über China in der Hoffnung, daß es ihnen (den USA) im „friedlichen" Wettbewerb durch ihr ökonomisches und politisches Übergewicht gelingen werde — ähnlich wie in Südamerika —, die Konkurrenten zu verdrängen und China bei formeller politischer „Unabhängigkeit" in ihre Halbkolonie zu verwandeln.[36]

36 Diese politische Linie der USA ist nicht von heute. Bereits im Jahre 1899 proklamierte Staatssekretär Hay das Prinzip der offenen Tür und der territorialen Einheit Chinas. Während des Weltkrieges zwangen die USA Japan, die wichtigsten von den 21 Forderungen an China, die China tatsächlich in eine japanische Kolonie verwandelt hätten, aufzugeben (Ishi-Lansing-Abkommen von 1917). Auf der Washingtoner Konferenz zwangen die USA Japan in der Verfolgung der gleichen politischen Linie, die Provinz Schantung, die es den Deutschen zu Beginn des Weltkrieges abgejagt hatte, zu räumen. In schärfster Weise wurde diese Politik neuestens in dem bekannten Brief des Staatssekretärs Stimson an den Vorsitzenden der Senatskommission für auswärtige Angelegenheiten, Borah, formuliert. (Siehe weiter unten.)

Jede dieser drei politischen Linien stützt sich in China selbst auf verschiedene Klassen.

1. *Die Politik der Sowjetunion und der Komintern stützt sich auf die gewaltige Mehrheit des chinesischen Volkes, auf alle ausgebeuteten unterdrückten Klassen:* Arbeiter, arme und mittlere Bauern, ärmere Schichten des städtischen Kleinbürgertums, deren Interessen sie vertritt. Arbeiter und werktätige Bauern haben — unter der Führung der heroisch kämpfenden Kommunistischen Partei Chinas — in den Sowjetgebieten die Staatsgewalt bereits an sich gerissen und die Rote Armee organisiert, die — von den breitesten Volksmassen aktiv unterstützt — die zahlenmäßig und in der Bewaffnung weit überlegenen Weißen Armeen der Kuomintang konsequent schlägt.

2. *Die Politik Japans, Großbritanniens und Frankreichs* stützt sich auf jene gegenrevolutionäre Kräfte in China, die den heutigen Zustand der äußersten Ausbeutung der Werktätigen und die Auflösung Chinas in einzelne von verschiedenen Fraktionen beherrschte Gebiete verewigen wollen: feudale Grundbesitzer, Komprador-Bourgeoisie, Militaristen, Räuber. Sie und auch die reichste Schicht der nationalen Bourgeoisie sind mit den Imperialisten auf Leben und Tod verbunden, denn ohne deren Unterstützung würde die Revolution der Arbeiter und Bauern ihrer Herrschaft in kürzester Zeit ein Ende bereiten.[37] Die ununterbrochenen inneren Kämpfe, die die einzelnen Cliquen untereinander auskämpfen, spiegeln die Interessengegensätze unter den Imperialisten wider, werden von diesen geschürt[38], um ihre spezielle Einflußsphäre auf Kosten der anderen auszudehnen, und dienen zugleich den Interessen dieser Imperialisten in ihrer Gesamtheit, indem sie ihnen den Vorwand bieten, die Verteilung Chinas zwecks „Wiederherstellung der Ordnung" als unvermeidlich darzustellen.

3. *Die Politik der USA sollte ihre Stütze* — außer in Teilen der Handelsbourgeoisie — *in der industriellen, nationalen Bourgeoisie haben.* Während aber Arbeiter und Bauern einerseits, Feudale, Militaristen andererseits starke Klassenkräfte darstellen, ist die industrielle Bourgeoisie in China äußerst schwach. Sie ist *ökonomisch und zahlenmäßig schwach,* weil die industrielle Entwicklung Chinas sehr gering ist, weil der überwiegende Teil der chinesischen Industrie das Eigentum von Ausländern bildet. Sie ist *politisch* schwach, weil sie durch ihren Bodenbesitz an der Erhaltung der heutigen Agrarverfassung interessiert und mit der Grundbesitzerklasse eng verflochten, daher zur Durchführung einer Agrarrevolution unfähig ist. Ohne eine Agrarrevolution ist aber die Macht der Grundbesitzer und Militaristen nicht zu beseitigen.

Die Linie der USA auf ein einheitliches bürgerliches China ist historisch überholt. Eine bürgerliche Revolution, eine Lösung der Agrarfrage auf bürgerlicher Grundlage ist in China unmöglich. Auf der Tagesordnung der geschichtlichen Entwicklung steht nicht die bürgerliche Revolution, sondern die bürgerlich-demokratische Revolution, die demokratische Diktatur der Arbeiter und Bauern. Die schwache, schwankende chinesische nationale Bourgeoisie ist angesichts des Aufschwungs der revolutionären Bewegung der Arbeiter und

37 Es „treten bestimmte Schichten der nationalen Bourgeoisie, die reichsten und mächtigsten, hervor und werden verstärkt hervortreten, die eine Revolution im eigenen Lande mehr fürchten als den Imperialismus . . ." (J. W. Stalin, Zu den Ergebnissen der Arbeiten der XIV. Konferenz der KPR (B), in: ders., Werke, Bd. 7, Berlin 1952, S. 92).

38 „Weil der Imperialismus mit seiner gesamten finanziellen und militärischen Macht in China die Kraft ist, die die feudalen Überreste mit ihrem ganzen bürokratisch-militaristischen Überbau stützt, inspiriert, kultiviert und konserviert." (J. W. Stalin, Die Revolution in China und die Aufgaben der Komintern, in: ders., Werke, Bd. 9, a. a. O., S. 248.)

Bauern in das Lager der Gegenrevolution geflüchtet. Sie schwankt immer stärker auf die Seite der Imperialisten zu. Ihre „nationale“ und soziale Demagogie dient zur Stärkung der Gegenrevolution, indem sie bei der Kleinbourgeoisie Illusionen erweckt und ihren Übergang ins Lager der Revolution erschwert.

Die Schwäche der chinesischen nationalen Bourgeoisie bildet zugleich den schwächsten Punkt der Politik der USA in China. Daher sind die USA genötigt, die Nanking-Regierung — obwohl sie nur dem Namen nach eine nationale Zentralregierung ist, obwohl sie nicht minder reaktionär ist als die verschiedenen lokalen Regierungen — zum Stützpunkt ihrer Politik zu machen und zu versuchen, sie zu einem Werkzeug in ihrem Kampf gegen Japan auszugestalten.

Denn für die USA handelt es sich nicht bloß um China, nicht bloß um den chinesischen Markt, sondern um Größeres: um die *Herrschaft auf dem Stillen Ozean*, um ihre weltpolitische Stellung. Die Eroberung der Mandschurei durch Japan als Vorbereitung zur Intervention gegen die Sowjetunion, als Errichtung einer festen militärischen Barriere zwischen den zwei Breschen im bürgerlichen System: zwischen der Sowjetunion und den chinesischen Sowjetgebieten, wurde — zumindest zeitweilig — von den USA tatsächlich, wenn auch unter Protesten, geduldet.

Für die USA schien es vorteilhaft, die unvermeidliche Abrechnung mit Japan einige Zeit zu verschieben, um so mehr als — wie wir später zeigen werden — Japan gegenwärtig auf der asiatischen Seite des Stillen Ozeans eine strategische Überlegenheit über die USA inne hat. Aber der Gegensatz zwischen Japan und den USA spitzte sich sehr stark zu, als sich Japan neue, äußerst wichtige Machtpositionen am Stillen Ozean schuf und die Verteilung Chinas unmittelbar auf die Tagesordnung stellte.

Der Vorstoß Japans in Schanghai bedeutete die unmittelbarste Provozierung der USA. Wollten die USA die Abrechnung mit Japan eventuell bis nach dem Interventionskrieg verschieben, *so stellte Japan* — gestützt auf sein Bündnis mit Frankreich, auf die, wenn auch schwankende Unterstützung Großbritanniens, gestützt auf seine Unentbehrlichkeit in der Intervention gegen die Sowjetunion, — die USA vor die Wahl, *entweder unter äußerst ungünstigen Bedingungen den Krieg gegen Japan zu beginnen oder eine entscheidende Verstärkung der japanischen Position in Schanghai, dem Schlüssel des von 180 Millionen Menschen bewohnten Jangtse-Tals, und damit in China überhaupt, zu tolerieren*, wodurch die Chancen eines *späteren Krieges* der USA gegen Japan noch weiter vermindert werden.[39] Die Rechnung der japanischen Militaristen erwies sich vorläufig als richtig: Die USA gingen über Protestnoten nicht hinaus; sie wichen vorläufig einem offenen Krieg aus.

Der Vorstoß Japans gegen Schanghai hatte zugleich den Zweck, den durch den Feldzug in der Mandschurei ausgelösten, äußerst wirksamen Boykott der japanischen Waren durch die Chinesen in seinem Zentrum zu treffen.

In diesem Punkte erwies sich aber die Rechnung der japanischen Militaristen als unrichtig. Die Besetzung Schanghais und der Vorstoß ins Jangtse-Tal erwiesen sich nicht als eine einfache leichte militärische Operation, wie die Besetzung der Mandschurei, sondern als ein regelrechter Krieg, in dem die japanische Armee auf einen *erbitterten Widerstand des chinesischen Volkes, vor allem des Proletariats von Schanghai, stieß und sich eine schwere moralische Niederlage holte.* Die Tatsache, daß es Japan durch Landung einer mit den

39 Die Besetzung Wusungs durch Japan bedeutet die Kontrolle des Wasserweges von Schanghai nach dem Inneren China und ein neues wichtiges Glied im System der japanischen Flottenbasen, die nunmehr eine geschlossene Kette von Japan bis Formosa bilden.

modernsten Waffen ausgerüsteten Armee von 100000 Mann, durch die „rechtswidrige" Ausnützung des Settlements als militärische Basis, durch Konzentrierung einer gewaltigen Flotte und durch den Verrat der Nankinger Kuomintang-Regierung schließlich gelang, den Widerstand des chinesischen Volkes zu brechen, ändert an dieser Tatsache der moralischen Niederlage sehr wenig.

Tatsächlich waren es das chinesische *Volk*, und vor allem das *Schanghaier Proletariat*, das den Kampf gegen die japanische Invasion führte: Die 19. Kantoner Armee bildete bloß den organisatorischen Kader des Kampfes. Es fällt außerhalb des Rahmens unseres Artikels, eine detaillierte Analyse des Kampfes um Schanghai zu geben. Wir wollen nur die allerwichtigsten politischen Momente hervorheben:

a) *Die Kuomintang-Regierung hat den Kampf von Beginn an verraten.* Sie floh aus Nanking nach Loyang, erließ demagogische Aufrufe, sabotierte aber die Versorgung der Armee mit Geld, Lebensmitteln und Kriegsmaterial, sandte keine Truppen zu Hilfe. Tschiang Kai Schek, der mit seiner Armee in der unmittelbaren Nähe des Kampfplatzes stand, verhielt sich „neutral" und sah mit Freuden, daß die Kantoner Armee, die Armee seiner inneren Gegner, im Kampf geschwächt wurde. Die reaktionären Spitzen der Kuomintang verhandelten während des Kampfes ununterbrochen mit den Japanern zwecks dessen Liquidierung.

b) Die 19. Armee wurde von der viel schlechter bewaffneten chinesischen Roten Armee wiederholt geschlagen. Auch ihre Führer wollten dem Kampf gegen die japanische Armee ausweichen. Sie versuchten, den Zustrom von Arbeitern, deren Teilnahme am Kampf, zu verbieten. Nur umgeben von der entschlossenen Kampfbereitschaft des Schanghaier Proletariats, nur unter seinem Einfluß, mit seiner Unterstützung konnten die Soldatenmassen der 19. Armee — gegen den Willen der Regierung, gegen den Willen der eigenen Generäle — der japanischen Übermacht Widerstand leisten.

c) Der Kampf in Schanghai zeigt dem Proletariat der Welt und den kolonialen Völkern die großen Kampfmöglichkeiten in einem modernen Bürgerkrieg, trotz der überlegenen technischen Ausrüstung der Heere des Klassenfeindes. Auch in dieser Beziehung hat der Kampf um Schanghai eine große internationale Bedeutung.

d) Der Kampf der 19. Armee gegen Japan war objektiv ein Teil des Kampfes der USA gegen Japan. Die geringe Hilfe, die Nanking der kämpfenden Armee leistete, erfolgte auf Druck der USA. Offenbar unterstützte die Bourgeoisie der USA durch Geld, Flugzeuge usw. die chinesische Armee auch unmittelbar.[40]

Der heldenhafte Widerstand der 19. Armee und des Schanghaier Proletariats hatte weitgehende *internationale* Folgen:

Er zwang Japan, den Plan eines sofortigen weiteren Vordringens im Jangtse-Tal zu verschieben.

Er verstärkte zeitweilig das Zusammengehen der drei asiatischen imperialistischen Mächte: Großbritannien, Frankreich und Japan. Eine offene Niederlage Japans vor Schanghai hätte der national-revolutionären Bewegung in Indien und Indochina einen zu starken Auftrieb gegeben.

Großbritannien und Frankreich haben — angesichts des starken Widerstandes der chinesischen Massen — ein Interesse daran, und dieses Interesse geht mit jenem der USA

40 Zeitungsnachrichten teilten mit, daß im Ausland ansässige chinesische Kaufleute in Amerika Flugzeuge kauften, ausrüsteten, Flieger anwarben und der 19. Armee zu Hilfe sandten. Ohne wohlwollende Mitwirkung der amerikanischen Regierungskreise konnte dies nicht geschehen.

parallel, Japan die Möglichkeit zu schaffen, sich mit einem *Teilerfolg aus der Schanghaier Affäre herauszuwickeln, um seine Kräfte für den Interventionskrieg gegen die Sowjetunion frei zu machen.* Daher drängen sie — zusammen mit den Führern der Kuomintang — auf ein Kompromiß und benützen die Maschinerie des Völkerbundes, um neben China auch einen Druck auf Japan auszuüben.

Wir müssen an diesem Punkte die Analyse der Politik der einzelnen imperialistischen Räuber im Fernen Osten weiter konkretisieren.

Eindeutig ist *die Politik des französischen Imperialismus.* Weder machtpolitisch noch handelspolitisch gibt es unmittelbare Gegensätze zwischen Frankreich und Japan. Die französische Bourgeoisie unterstützt voll und ganz die Eroberungspolitik Japans sowohl in der Mandschurei wie auch in China selbst. Als Gendarm Europas bereitet Frankreich fieberhaft den Krieg gegen die Sowjetunion vor; es versucht, in der Donauföderation eine zweite Linie für die Intervention zu organisieren, einen „Kompromiß" mit Deutschland zu finden, um es in die Antisowjetfront einzureihen. Zur Intervention ist die Mithilfe Japans unentbehrlich; dies ist entscheidend für das Verhalten Frankreichs in der gegebenen Lage. Außerdem sucht der französische Imperialismus in dem Bündnis mit Japan einen Stützpunkt für seine Weltpolitik.

Viel komplizierter und widerspruchsvoller ist das Verhältnis zwischen Großbritannien und Japan. Außer dem gemeinsamen Interesse an der Aufrechterhaltung der imperialistischen Herrschaft in Asien drängen noch zwei grundlegend wichtige Haupttatsachen der heutigen Weltpolitik: der Gegensatz zwischen der kapitalistischen Welt und der Sowjetunion und der Gegensatz zwischen den zwei imperialistischen Hauptmächten, den USA und Großbritannien, die britische Bourgeoisie auf die Seite Japans!

Trotzdem unterstützt Großbritannien die japanische Politik nicht voll und nicht offen. Die britische Bourgeoisie befindet sich zwischen zwei Mühlsteinen. Eine offene Niederlage Japans in China könnte für die imperialistische Herrschaft in Asien im allgemeinen, für die Herrschaft Großbritanniens über Indien im besonderen, verhängnisvoll werden. *Ein zu großer Machtzuwachs Japans in Asien und vor allem in China würde aber für die britische Bourgeoisie ebenfalls höchst gefährlich sein.* Der Ausdehnungsdrang der japanischen Imperialisten würde vor dem britischen Besitztum keineswegs haltmachen; geht ja ihr offizielles Programm auf die Beherrschung ganz Asiens.[41]

Die Politik der britischen Bourgeoisie wird ferner besonders erschwert *durch die entschieden japanfeindliche Einstellung der am Stillen Ozean liegenden Dominions*: Australien, Neuseeland, Kanada. Eine offene Untersützung Japans im Kampfe gegen die USA würde unmittelbar die Gefahr einer Sprengung des britischen Weltreichs, einen Übergang Kanadas, Australiens und Neuseelands auf die Seite der USA heraufbeschwören.[42] Gegenwärtig, da die britische Bourgeoisie den Ausweg aus der chronischen Krise des britischen

41 Die japanische Bourgeoisie hat schon öfter Versuche unternommen, die britische Herrschaft in Indien zu untergraben.

42 Im Jahre 1920, als das Bündnis zwischen Großbritannien und Japan noch bestand und die britische Bourgeoisie noch für die Erhaltung ihrer Vormacht zur See mit den USA kämpfte, erklärte der australische Premierminister Hughes: „*Das australische Volk begrüßt jedes Kriegsschiff, dessen Bau in Amerika begonnen wird.*" Anfang Februar 1932 berichtete der „Daily Herald" aus Australien, ein reicher, in Australien wohnender Chinese habe die Absicht, Flugzeuge in Australien aufzukaufen, australische Flieger zu engagieren und die Luftflotte den Chinesen zu Hilfe zu senden. Die australische Regierung hätte gegen diesen Plan keinerlei Einwendungen erhoben.

Kapitalismus in der Zusammenfassung des Britischen Reiches zu einer ökonomischen Einheit sucht, in diesem Moment, unmittelbar vor der Reichskonferenz in Ottawa, die die Grundlagen dieser ökonomischen Zusammenschmiedung legen soll, kann die britische Bourgeoisie — selbst wenn sie wollte — unmöglich offen für Japan gegen die USA Stellung nehmen.

Endlich muß noch das Moment betont werden, daß zwischen Großbritannien und Japan eine scharfe Handelsrivalität besteht. Der gefährlichste entscheidende Konkurrent der britischen Baumwollindustrie auf dem Weltmarkt, nicht nur in China, sondern auch in Indien und Ostafrika, ist Japan.[43] Die Boykottbewegung gegen japanische Waren — die in Indonesien, in Ostafrika usw., wo der Kleinhandel in den Händen chinesischer Händler ist, womöglich noch schärfer gehandhabt wird als in China selbst — ist daher für die daniederliegende britische Textilindustrie ein höchst erwünschtes Ergebnis des japanischen Angriffs auf China und wird von der interessierten britischen Bourgeoisie zweifellos insgeheim geschürt, trotz aller politischen Freundschaft für Japan.

Auch das Verhältnis der USA zu Japan ist keinesfalls eindeutig! Der Warenaustausch zwischen den USA und Japan ist sehr intensiv. Japan steht mit 9,8% an zweiter Stelle (nach Kanada) in der Einfuhr der USA und an fünfter Stelle mit 4,9% (nach Kanada, Großbritannien, Deutschland und Frankreich) in der Ausfuhr der USA. Auf dem Weltmarkt besteht fast keinerlei Konkurrenz zwischen Japan und den USA. Japan führt Konsumtionsmittel aus, die USA führen Produktionsmittel und Rohstoffe aus. In Japan ist viel Kapital aus den USA angelegt. Die USA sind der Hauptlieferant von rollendem Material der Südmandschurischen Eisenbahn usw.

Desto schärfer ist der außenpolitische Gegensatz. Japan ist der Hauptrivale der Vereinigten Staaten auf dem Stillen Ozean. Diese Rivalität wird nur bis zu einem gewissen Grade und nur zeitweilig gemildert durch die Rolle, die Japan als Sturmbock im Angriff gegen die Sowjetunion spielt. Und obwohl der entscheidende imperialistische Gegensatz der Gegensatz zwischen Großbritannien und den Vereinigten Staaten ist und bleibt, ist in dem gegenwärtigen Moment für die Bourgeoisie der USA der Gegensatz zu Japan schärfer und „akuter", da der Vorstoß Japans in Schanghai die USA endgültig von einer entsprechenden Beteiligung an der Ausbeutung Asiens auszuschließen droht!

43 Folgende Daten zeigen das Vordringen der Textilindustrie Japans auf Kosten Großbritanniens in Indien:

Prozentanteil an der Garneinfuhr Indiens

	1913/14	1918/19	1925/26	1929/30
Großbritannien	90	25	31	46
Japan	2	72	65	24
Japanische Fabriken in China	—	—	—	26

Prozentanteil an der Baumwollwareneinfuhr Indiens

Großbritannien	97	90	82	66
Japan	0,3	7	14	30

(F. Utley, Lancashire and the Far East, London 1931, Seiten 251 und 259.)

Es muß hier die Frage untersucht werden: Warum duldet die Bourgeoisie der USA bisher die offene Provokation Japans? Warum antwortet sie nicht mit dem Kriege? Sind doch die USA Japan an Volkszahl, an ökonomischer Macht, an militärischer Kraft zweifellos weitaus überlegen. Warum haben sie bisher nicht einmal zur Waffe des Boykotts japanischer Waren gegriffen[44], der für Japan ein äußerst schwerer Schlag wäre?

Die Erklärung liegt in der gegenwärtigen strategischen Überlegenheit Japans in den asiatischen Meeren! Zwar ist die Schlachtflotte der USA im Verhältnis von 5 zu 3 der japanischen Flotte zahlenmäßig überlegen. Aber es fehlt den USA in den asiatischen Meeren an jeglicher modernen Flottenbasis. Das Washingtoner Abkommen hatte bestimmt, daß die USA westlich von Hawaii keinerlei weitere Befestigungen vornehmen dürfen. Die einzige moderne Flottenbasis, die die USA im Stillen Ozean besitzen, ist Pearl Harbour auf den Hawaii-Inseln. Sie liegt 4770 Seemeilen von den Philippinen, 5000 Seemeilen von Schanghai, 3379 Seemeilen[45] von der Südspitze Japans entfernt. Die Flottenbasen auf Guam und auf den Philippinen befinden sich in dem gleichen halbfertigen Zustand wie 1921; sie kommen als Kampfwerte nicht in Betracht.

Der Aktionsradius einer modernen Schlachtflotte erstreckt sich auf rund 1000 Seemeilen von ihrer Basis. Der Gefechtswert einer Flotte nimmt mit der Überschreitung dieser Entfernung in geometrischer Proportion ab. Eine USA-Flotte, die den Versuch wagen würde, mit Hawaii als Basis den Kampf an der asiatischen Küste gegen die japanische Flotte aufzunehmen, würde eine ebenso vernichtende Niederlage erleiden wie die Zarenflotte im Jahre 1905.[46] (Ebenso natürlich auch eine japanische Flotte, die gegen Hawaii oder gar gegen die amerikanische Westküste vorzustoßen wagen würde.) Die erste Folge eines Krieges zwischen den USA und Japan wäre daher unter den heutigen Verhältnissen die Eroberung der Philippinen und der kleinen Inseln der USA durch Japan, die Reduzierung des Besitzes der USA im Stillen Ozean auf die Hawaii-Inseln.

Diese strategische Überlegenheit Japans in den asiatischen Meeren — trotz der zweifellosen *allgemeinen* ökonomischen und militärischen Überlegenheit der USA — ist die Hauptursache, weshalb die USA im gegebenen Zeitpunkt genötigt sind, zähneknirschend die Provokation Japans, seine Festsetzung in Schanghai zu dulden, warum sie nur auf Umwegen — durch die Unterstützung Chinas — gegen Japan kämpfen[47], warum sie sich hinter den Völkerbund verstecken und sich mit dessen nichtssagenden Beschlüssen in der mandschurischen Frage vorläufig zufrieden geben . . .

Die USA könnten in diesem Moment einen offenen Krieg gegen Japan in den asiatischen Meeren nur im Bündnis mit Großbritannien aufnehmen. Aber alle Versuche der Außenpolitik der USA, Großbritannien zu einem energischeren diplomatischen Auftreten gegen Japan zu bewegen, wurden von Großbritannien höflich, aber entschieden abgelehnt.

44 Die von einer Gruppe von Professoren eingeleitete Boykott-Bewegung wurde von den politischen Führern, zumindest öffentlich, abgelehnt und verurteilt.

45 1 Seemeile: 1,7 km.

46 Über die absolute Überlegenheit der japanischen Flotte in den asiatischen Meeren, in denen sie eine geschlossene Kette von Flottenbasen zur Verfügung hat, besteht unter den Flottenfachleuten keinerlei Meinungsverschiedenheit. Siehe z. B.: Bywater (ein berühmter englischer Sachverständiger) —, The Seapower in the Pacific, London 1922, und K. Sato (japanischer Admiral) —, If Japan and America fight, Tokio 1921.

47 Borah wendete sich eben mit der Motivierung gegen die Boykottbewegung, daß sie die Gefahr eines Krieges gegen Japan hervorrufen würde.

Nicht nur der grundlegende Gegensatz zwischen den zwei größten imperialistischen Weltmächten macht das unmöglich: nicht nur das gemeinsame Interesse der britischen und der japanischen Imperialisten an der *unmittelbaren*, *offenen* kolonialen Underdrückung Asiens, sondern auch das Bündnis zwischen Japan und Frankreich.

Bei der heutigen Entwicklung der Kriegstechnik bildet die *Insellage Großbritanniens* Frankreich gegenüber keinerlei Schutz. Die Luftflotte Frankreichs kann London vernichten. Die zahlreichen Unterseeboote Frankreichs können die britische Schiffahrt lahmlegen. *Ohne eine wohlwollende gesicherte Neutralität Frankreichs ist die britische Bourgeoisie kaum in der Lage, einen großzügigen Krieg außerhalb Europas zu führen!* Selbst wenn sich die britische Bourgeoisie dazu entschließen wollte, die anderen viel wichtigeren Gegensätze: gegen die Sowjetunion, gegen die USA, zurückzustellen, um Japan zusammen mit den USA auf dem asiatischen Festland zurückzudrängen, könnte es *gegen* Frankreich eine solche Politik kaum verwirklichen.

Wir kommen damit zur zweiten wichtigsten Hauptursache, weshalb die USA gegenwärtig den Krieg mit Japan verzögern wollen.

Die zweite Hauptursache ist, daß die USA-Bourgeoisie weiß: Ein Krieg gegen Japan könnte bei der allseitigen Zuspitzung der imperialistischen Gegensätze unmöglich ein isolierter Krieg zwischen den USA und Japan bleiben, sondern würde *in kürzester Zeit in einen Weltkrieg umschlagen.* Insbesondere würde die Gefahr eines Krieges gegen Großbritannien — trotz aller Hemmungen seitens der Dominions — und gegen Frankreich drohen. Ein Weltkrieg zwischen den kapitalistischen Ländern würde aber die Machtstellung der Sowjetunion außerordentlich stärken, die Gefahr der Verwandlung des imperialistischen Krieges in den Bürgerkrieg, die Gefahr einer siegreichen proletarischen Revolution, deren Vorbedingungen in einigen Ländern ohnehin in raschem Heranreifen sind, unmittelbar akut machen.

Die innere Dialektik der Geschichte ergibt also, daß die äußerste Zuspitzung der imperialistischen Gegensätze vorläufig nicht in einem Krieg zwischen den Imperialisten zum Ausbruch kommt, sondern zu einem Interventionskrieg gegen den gemeinsamen Klassenfeind, die Sowjetunion, drängt.

*

All dies bezieht sich nur auf den heutigen Moment. Für die — nicht ferne — Zukunft ist jedoch ein Krieg zwischen Japan und den USA um die Vormachtstellung am Stillen Ozean und um die Ausbeutung Asiens absolut unvermeidlich, falls die proletarische Revolution nicht weiteren imperialistischen Kriegen vorbeugt. Die Bourgeoisie der USA kann sich vom asiatischen Markt, dessen Bedeutung für die USA sprunghaft wächst[48], nicht verdrängen lassen. Sie kann die Vormachtstellung am Stillen Ozean nicht kampflos

48 Vom Außenhandel der USA entfiel auf Asien in Prozenten:

	1913	1927	1928
Import	16,7	30	28,6
Export	6,2	11,5	12,3

Japan überlassen. Daß sie hierzu nicht geneigt ist, zeigt der bekannte Brief Stimsons an Borah[49], der die neue Politik der USA klar und entschieden darstellt.

Der Brief gibt einen Rückblick auf die Politik der USA gegenüber China, die in dem Neunmächtevertrag — abgeschlossen auf der Washingtoner Konferenz — ihre Zusammenfassung fand. Im Neunmächtevertrag verpflichteten sich die Mächte, darunter Japan und Großbritannien: „Die Souveränität, die Unabhängigkeit und die territoriale und administrative Integrität Chinas zu respektieren ... Dem Handel und der Industrie aller Nationen die gleichen Möglichkeiten auf dem Gebiete Chinas zu sichern ... Keine speziellen Rechte oder Privilegien auf dem Gebiete Chinas zu suchen ..."

Der wesentlichste Teil des Briefes Stimsons ist der Ausspruch, wonach alle Verträge der Washingtoner Konferenz eine Einheit bilden:

„Es muß daran erinnert werden, daß dieser Vertrag einen der zahlreichen Verträge und Vereinbarungen bildet, die die verschiedenen interessierten Mächte auf der Washingtoner Konferenz abgeschlossen haben, die alle untereinander verbunden und voneinander abhängig waren.

Keiner dieser Verträge kann außer acht gelassen werden, ohne die allgemeine Verständigung und das Gleichgewicht zu stören, das durch die Gruppe von Vereinbarungen in ihrer Gesamtheit erstrebt und erreicht wurde ... Die Bereitschaft der amerikanischen Regierung, ihre führende Rolle im Bau von Kriegsschiffen aufzugeben und Guam und die Philippinen nicht weiter zu befestigen, war neben anderen Dingen auf jenem Teil des Neunmächtevertrages basiert, der allen Nationen der Welt nicht nur eine gleiche Möglichkeit im östlichen Handel sicherte, sondern auch gegen die militärische Stärkung irgendeiner Macht auf Kosten Chinas gerichtet ist.

Man kann die Möglichkeit der Modifikation oder Abschaffung dieser Bestimmungen des Neunmächtevertrages nicht diskutieren, ohne gleichzeitig die anderen Voraussetzungen, von denen diese real abhängig sind, in Betracht zu ziehen."

Hierdurch wird nicht nur Japan, sondern auch Großbritannien zu wissen gegeben, daß, wenn das Washingtoner Abkommen in bezug auf die territoriale Integrität Chinas durchbrochen wird, die Vereinigten Staaten auch das Flottenabkommen als ungültig betrachten werden. Es ist die offene Drohung eines neuen Wettrüstens zur See.

Der Brief unterstreicht weiter, daß die Vereinigten Staaten nicht geneigt sind, in die Untersuchung der Frage einzugehen, an wem die Schuld im Konflikt zwischen Japan und China liegt, davon ausgehend, daß ein Konflikt überhaupt nicht hätte entstehen können, wenn die Verträge gewissenhaft beachtet worden wären.

Zum Schluß betont Stimson, daß die Vereinigten Staaten keinerlei Abkommen anerkennen werden, das durch Verletzung der Washingtoner Verträge zustande kommen würde, und erinnert Japan daran, daß sein Protest, wie es die Geschichte gezeigt hat, schließlich zu der Rückgabe der China entrissenen Rechte und Rechtstitel führen kann: eine für Japan bittere Mahnung in Anbetracht der Tatsache, daß ihm die Früchte seiner Raubzüge schon zweimal von den anderen Imperialisten nachträglich entrissen wurden.

Dieses Dokument zeigt, daß die Bourgeoisie der Vereinigten Staaten keinesfalls geneigt ist, sich von Japan (Frankreich und Großbritannien) von der Ausbeutung Chinas, die Mandschurei inbegriffen, ausschließen zu lassen. Der Krieg zwischen den USA und Japan

49 Der Brief stellt seinem Wesen nach eine Antwort auf die Note Japans an die USA vom 20. Januar 1932 dar und ist seinem Sinne nach nicht nur an Japan, sondern auch an Großbritannien gerichtet (vgl. Financial and Commercial Chronicle vom 27. Februar 1932, S. 1405).

ist — wenn die kapitalistische Gesellschaftsordnung solange bestehen bleibt — als Teil der zweiten Tour des Weltkrieges unausweichlich. Und wenn die strategische Lage in diesem Moment auch für Japan besonders günstig ist, so kann kein Zweifel darüber bestehen, daß die militärische Kraft der USA auf längere Sicht jene Japans um ein vielfaches überschreitet. Japan ist unter den imperialistischen Großmächten, ungeachtet seiner militärischen Aggressivität, zweifellos am schwächsten.

Die militärische Schwäche Japans und die revolutionäre Bewegung

Im Gegensatz zu den bürgerlichen Verherrlichern der militärischen Erfolge Japans war Lenin der Meinung, daß Japan ein militärisch schwaches Land sei, das ohne einen starken Verbündeten keinen Krieg führen könne.

Dieses Urteil Lenins ist auch heute vollkommen richtig. Obwohl es kein Land der Welt gibt — nicht einmal Frankreich —, in dem die Politik der herrschenden Klassen in einem so hohen Maße auf die Schaffung einer gewaltigen Militärmacht eingestellt wäre; obwohl in keinem Lande wirtschaftliche und kulturelle Interessen so rücksichtslos dem Militarismus geopfert werden; obwohl in keinem Lande die militärischen Spitzen einen so entscheidenden Einfluß auf die Politik besitzen; obwohl kein Land in den letzten Jahrzehnten eine so zähe und konsequente militärische Eroberungspolitik getrieben hat wie Japan; obwohl Japan eine ausgezeichnete Flotte, ein großes Landheer und eine moderne Rüstungsindustrie besitzt: *ist und bleibt Japan ein militärisch schwaches Land.*

Die große politische Bedeutung dieser Feststellung besteht darin, daß eine japanische Intervention gegen die Sowjetunion nicht isoliert, sondern (wenn auch vielleicht zeitlich etwas vorhergehend) als Teil einer allseitigen Intervention erfolgen wird. Dies ist für den Kampf der kommunistischen Parteien gegen die Intervention von großer Wichtigkeit.

Die Politik der Sozialfaschisten ist eben darauf gerichtet, die Aufmerksamkeit des europäischen *Proletariats von den Interventionsvorbereitungen der eigenen Bourgeoisie abzulenken*, indem sie die Interventionsgefahr im Osten als eine fernliegende isolierte Angelegenheit darstellt, indem sie in verbrecherischer Weise einmal von der „Gefahr" eines Krieges zwischen zwei gleicherweise imperialistischen Staaten — Japan und die Sowjetunion — um den Besitz der Mandschurei faselt[50], die Verleumdung verbreitet, daß eine Vereinbarung zwischen der Sowjetunion und Japan bestehe[51], ein anderes Mal die

50 „Die Sowjetunion ist genau so wie Japan gegenüber China eine imperialistische Macht, die auf der Aufrechterhaltung der Vorteile bedacht ist, die ihr aus jenen Zwangsverträgen erwachsen, die sie von der Zarenregierung übernommen hat. Was Japan im September 1931 gegen China in der südlichen Mandschurei angefangen hat, ist nur das Gegenstück zu einer ähnlichen Aktion, die Sowjetrußland vor $2^1/_2$ Jahren in der nördlichen Mandschurei unternahm." (Vorwärts vom 10. Februar 1932.)

51 Als Beispiel von vielen diene der Artikel von Vandervelde in der „Gesellschaft", Februar 1932. Er schreibt:

„Man hat gesagt, Japans Überfall auf Mukden habe in Moskau lebhafte Proteste ausgelöst. Vielleicht in den Kreisen der III. Internationale, die ja nicht anders können, als jeden Imperialismus, ausgenommen natürlich den eigenen, grundsätzlich zu bekämpfen. Ob aber auch in den offiziellen Kreisen und im Kreml, das erscheint schon recht zweifelhaft. Viel wahrscheinlicher denken die russische und japanische Regierung — ähnlich wie seinerzeit Rußland und England in Persien — gar nicht daran, sich ihre Einflußzonen in der Mandschurei streitig zu machen."

Sowjetunion verhöhnt, daß sie sich von Japan alles gefallen lasse[52], indem sie die Aufmerksamkeit des Proletariats bewußt auf die pazifistischen Phrasen des Völkerbundes lenkt und dessen reale Rolle als organisatorisches Zentrum der Interventionsvorbereitungen verhüllt. Ein erfolgreicher Kampf gegen die Interventionsgefahr ist ohne eine klare Aufdeckung aller dieser Manöver der Sozialfaschisten unmöglich[53], ohne klare Erkenntnis der Sachlage, daß nicht eine isolierte japanische Intervention im Osten, sondern eine *allseitige* Intervention droht.

Worin besteht die militärische Schwäche Japans?

Die militärische Macht eines Landes wird durch zwei Hauptfaktoren bestimmt:

a) die ökonomische Stärke des Landes,

b) die Festigkeit seines Gesellschaftssystems.

Wir wollen versuchen, beide, was Japan anbelangt, kurz zu analysieren.

Ökonomisch ist Japan ein armes, schwaches Land. Wir führen hierfür folgende wichtigsten Tatsachen an:

1. Allgemein: Der Wert der Inlandsproduktion je Kopf und Jahr ist außerordentlich niedrig. Dieser Wert betrug in Mark[54]:

USA	Großbritannien	Deutschland	Frankreich	Italien	Rumänien	Lettland	Estland	Japan
3057	1407	1077	930	450	392	396	404	374

Obwohl diese Zahlen nur annähernd sind, zeigen sie doch, daß Japan den ärmsten Ländern Europas nahesteht. Da jeder Krieg Erhöhung des (unproduktiven) Konsums bei gleichzeitiger Verminderung der Produktion bedeutet, ist es klar, daß Japan viel rascher an die ökonomischen Schranken der Kriegsführung stoßen muß als die anderen, die reichen, imperialistischen Länder. Das bedeutet, daß die Einschränkung des Konsums der „Zivilbevölkerung", d. h. der breiten werktätigen Massen, viel früher an die Grenzen stößt, bei denen revolutionäre Ausbrüche unvermeidlich eintreten müssen.

2. Das gleiche Bild erhalten wir, wenn wir das „*Volksvermögen*" betrachten.[55]

52 ... „die Sowjetregierung ist in der Frage des neuen mandschurischen Staates und der Frage der japanischen Truppentransporte auf der ostchinesischen Eisenbahn vor den japanischen Imperialisten auf die Knie gesunken." (Vorwärts vom 29. März 1932.)

53 In der Instruktion an die Haager Delegation hat Lenin nachdrücklich auf die Schwierigkeiten hingewiesen, die Kriegsvorbereitungen angesichts des systematischen pazifistischen Betruges der Bourgeoisie zu enthüllen. Heute sehen wir, daß in China ein blutiger Krieg „ohne Kriegserklärung", ohne den traditionellen „Abbruch der diplomatischen Beziehungen" geführt wird. Es kann als sicher angenommen werden, daß auch die Intervention gegen die Sowjetunion nicht mit einer feierlichen Kriegserklärung, sondern mit Einbrüchen von weißgardistischen, von den Imperialisten ausgerüsteten Truppen, mit Versuchen zur Schaffung „nationaler" Regierungen an der Grenze der Sowjetunion und ähnlichem mehr beginnen wird.

54 Vgl. Die wirtschaftlichen Kräfte der Welt, hg. von der Dresdner Bank, Berlin 1930. Die Daten beziehen sich bei den USA, Großbritannien, Frankreich, Deutschland auf das Jahr 1928, bei Italien auf 1927 und bei Japan auf 1925.

55 Vgl. ebenda, *für Japan*: Berechnungen von Mori, zitiert bei Moulton, Japan, Washington 1931, S. 296.

Volksvermögen in Mrd. Mark:

USA	Großbritannien	Deutschland	Frankreich	Japan
1760	450	390	300	205

Auch diese Daten sind nur ganz rohe Schätzungen, zeigen aber doch die Niveaudifferenzen klar.

3. *Das Finanzsystem Japans ist bereits vollkommen zerrüttet.* Der Goldvorrat ist minimal; er ist von 882 Mio Yen Anfang 1931 auf 522 Mio Anfang 1932 zusammengeschmolzen, obwohl im September ein Goldausfuhrverbot erlassen wurde. Die Valuta ist entwertet; das Disagio beträgt 30 bis 35%.

4. *Japan besitzt keine für die Kriegführung mobilisierbaren ausländischen Kapitalanlagen.* Die Bilanz der internationalen Kapitalanlagen betrug Ende 1929 nach den sehr detaillierten Berechnungen Moultons (vgl. Tabelle 12):

Tabelle 12
Schulden Japans ans Ausland (in Mio Yen)

Anleihen	2304	
Ausländische Kapitalanlagen in Japan	245	2549
Forderungen Japans ans Ausland (in Mio Yen)		
Anleihen an China (gesichert)	94	
Andere Anleihen und Investitionen	1717	1811
Reine Verschuldung ans Ausland (in Mio Yen)		738

Quelle
H. G. Moulton, Japan, Washington 1931, S. 436 bis 541.

Die Anleihen an das Zaren-Rußland (240 Mio Yen) und ungesicherte Anleihen an chinesische Regierungen und Provinzen (271 Mio Yen), deren Zinsen längst nicht bezahlt werden, läßt Moulton mit Recht außer acht. Andere Autoren gelangen für die japanischen Anlagen im Ausland zu höheren Summen. Aber vom Standpunkt der Möglichkeit ihrer Mobilisierung für die Zwecke der Kriegführung ist dies gleichgültig; die japanischen Kapitalanlagen im Ausland bestehen im wesentlichen in der Südmandschurischen Eisenbahn und in den Textilfabriken in Schanghai und sind keinesfalls mobilisierbar.

Wir gehen nunmehr zu den wirtschaftlichen Faktoren der Kriegsführung ihrer Naturalform über:

5. *Lebensmittelversorgung.* Das eigentliche Japan ist bereits im Frieden auf Lebensmitteleinfuhr angewiesen; der *reine Import von Lebensmitteln* (nach Abzug des Exportes) betrug im Jahresdurchschnitt 1923/1929 156 Mio Yen. Eine allgemeine Mobilisierung der männlichen Bevölkerung im Kriege würde — in Anbetracht der entscheidenden Rolle der menschlichen Arbeitskraft in der japanischen Landwirtschaft mit der Zersplitterung der Bodenbearbeitung in $5^1/_2$ Mio Zwergbetriebe — einen sofortigen starken Rückgang

der Lebensmittelproduktion[56] hervorrufen. Gleichzeitig würde der Verbrauch infolge der Notwendigkeit, die Soldaten besser zu ernähren (die Mehrheit der japanischen Bauern und Arbeiter hungert chronisch), sprunghaft ansteigen. Nur durch äußerste Ausraubung der Kolonien — Korea, Mandschurei — könnte Japan aus eigener Kraft zeitweilig das Heer und die Zivilbevölkerung ernähren.

6. Versorgung mit Kriegsmaterial. Japan besitzt eine hochentwickelte eigene Rüstungsindustrie: Schiffswerften, Arsenale. Sie überschreitet an relativer Größe jene der meisten kapitalistischen Länder. Der japanischen Wirtschaft, den japanischen arbeitenden Massen wurden die größten Opfer auferlegt, um diese Kriegsindustrie — die überwiegend im Besitz des Staates selbst ist — künstlich hochzuzüchten.

Aber eine im Frieden noch so gut entwickelte Kriegsindustrie kann den Riesenverbrauch eines modernen Krieges nur zu einem Bruchteil decken. Die ganze metallverarbeitende, insbesondere die ganze Maschinenindustrie muß im Kriegsfall auf Kriegsbedarf umgestellt werden. Hier liegt eine der größten militärischen Schwächen Japans. Seine Maschinenindustrie ist sehr schwach entwickelt. Sie deckt weniger als zwei Drittel des Friedensbedarfes des eigenen Landes, beschäftigte im Jahre 1928 bloß 251000 Arbeitskräfte[57].

Die Schwäche der japanischen Maschinenindustrie zeigt sich im Vergleich mit anderen imperialistischen Ländern noch krasser. Der Wert der Maschinenproduktion Japans betrug in Prozenten von[58]:

USA	Deutschland	Großbritannien	Frankreich
$1^1/_2$	6	8	35

Es ist klar, daß die japanische Maschinen- und Metallindustrie, selbst wenn sie ganz und gar auf die Produktion von Kriegsmaterialien umgestellt wird, den Kriegsbedarf nicht einmal annähernd decken kann. Es fehlt vollkommen die Automobilproduktion, die für einen modernen Krieg höchst wichtig ist.

7. *Versorgung mit Rohstoffen.* Der schwächste Punkt in der militärischen Lage Japans ist der Mangel aller für die Kriegführung unentbehrlichen Rohstoffe (mit der einzigen Ausnahme des Kupfers).

Es fehlen Eisenerze: Die zu militärischen Zwecken errichteten Eisen- und Stahlwerke beziehen die Erze aus dem Ausland, den besten Teil aus Hinterindien und Australien, aus einer Entfernung von Tausenden Seemeilen!

Es fehlt an Stahl und Eisen: Die Produktion betrug im letzten Jahr 1929 (in Tonnen):

1113463	Eisen
2293846	Stahl

Dies genügt nicht einmal für den Friedensbedarf (1929 wurden für 160 Mio Yen Eisen und Stahl importiert). Für den Kriegsbedarf ist es vollkommen ungenügend. Eine bedeutende Erhöhung der Produktion ist wegen Mangel an Hochöfen, an Erzen und an verkokbarer Kohle unmöglich.

56 Bywater schätzt diesen Rückgang auf 20% der Bruttoproduktion.

57 Amtliche „Factory Statistics“, zitiert bei Moulton, Japan, a. a. O., S. 101.

58 Auf Grund der Angaben in: Die wirtschaftlichen Kräfte der Welt, hg. von der Dresdner Bank, a. a. O. von uns berechnet.

Es fehlt an Rohöl: Die Eigenproduktion ist minimal. Die Einfuhr betrug im Frieden 500000 Tonnen jährlich.

Es fehlt an farbigen Metallen, an Rohstoffen für die chemische Industrie, an allen Textilstoffen (außer Seide) usw.

Zusammenfassend: Die allgemeine Armut des Landes, das zerrüttete Finanzsystem, das Fehlen von mobilisierbaren Auslandsanlagen, die geringe Entwicklung der Metallindustrie und das Fehlen fast aller Rohstoffe ergeben, daß die ökonomische Grundlage des japanischen Militarismus relativ schwach ist. Der japanische Militarismus hat ein System von Maßnahmen zur Bekämpfung dieser Mängel entwickelt: starke Entwicklung der eigentlichen Kriegsindustrie, Anhäufung von großen Vorräten an Kriegsmaterialien im Frieden, sorgfältigste geheime Vorbereitung des Krieges und plötzliches überraschendes Losschlagen.

Indem der japanische Militarismus offen und konsequent die Intervention vorbereitet und die Sowjetunion in jeder Weise provoziert, handelt er als Sturmbock des Imperialismus in der sicheren Voraussetzung, daß die wesentlichen Feinde der Sowjetunion — wenn Japan die Intervention einmal begonnen hat — mit ihm gemeinsame Sache machen werden und Japans mangelhafte ökonomische Hilfsquellen ergänzen werden.

Die Rolle des Sturmbocks des Imperialismus, die Japan auf sich genommen hat, ist aber für das herrschende System zweifellos mit großen Gefahren verbunden.

Der unzweifelhafte Verfall der bestehenden Gesellschaftsordnung, die allgemeine Verelendung der werktätigen Klassen, die äußerste Zuspitzung der Klassengegensätze, die zur ständigen Anwendung des schärfsten polizeilichen und militärischen Terrors zwecks Niederhaltung der revolutionären Bewegung zwingen, zeigen die innere Schwäche des herrschenden Systems.

Alle werktätigen Klassen sind gegen die feudal-bourgeoise Klassenherrschaft, gegen das militärisch-bürokratische reaktionäre Regierungssystem mit der Monarchie an der Spitze aufs höchste erbittert. Die Klassengegensätze sind aufs äußerste zugespitzt. Diese Zuspitzung zeigt sich in den sich periodisch wiederholenden Bauernaufständen, in den mit großer Erbitterung geführten Streiks, in dem Masseneinfluß der illegalen Kommunistischen Partei, zu deren Verminderung die herrschenden Klassen genötigt sind, eine legale sozialfaschistische Partei hochzuziehen und zu unterstützen.

Die außerordentliche Zuspitzung der Klassengegensätze und die soziale Schwäche des japanischen Militarismus zeigen die Meutereien in der japanischen Armee und Flotte vor Schanghai. Die Bedeutung dieser Meutereien ist um so größer, als sie zu Anfang des Krieges stattfanden, also nicht elementare Ausbrüche infolge der Kriegsleiden, sondern bewußte revolutionäre Handlungen darstellen, *als Soldaten der unter fortgesetzter Dressur gehaltenen stehenden Armee und Matrosen der Flotte, nicht mobilisierte Reservisten, meuterten* —, als sie zeigen, daß es den herrschenden Klassen trotz der systematischsten Anstrengungen nicht gelungen ist, die in Soldatenuniform gesteckten Arbeiter und Bauern restlos mit der chauvinistisch-militärischen Ideologie zu umstricken.

Es ist klar, daß sich bei allgemeiner Mobilisierung die Klassengegensätze noch in viel stärkerem Maße auf die Armee übertragen werden und diese mit den steigenden Entbehrungen, die der Krieg den Soldaten aus den arbeitenden Klassen in der Armee und ihren Angehörigen im Zivilleben auferlegt, immer unzuverlässiger machen werden. Jene sozialen Schichten, die in den imperialistischen Ländern außer der Bourgeoisie an dem Bestand der kapitalistischen Gesellschaftsordnung interessiert sind, Arbeiteraristokratie und reiche Bauern, die in den unteren Kadern der Armeen der imperialistischen Länder die Träger der chauvinistisch-patriotischen Ideologie bilden, sind in Japan zahlenmäßig äußerst gering. Die japanische Armee ist ein für die herrschenden Klassen höchst unzuverlässiges Instrument, das sich bei richtiger Arbeit der Kommunistischen Partei Japans leicht in ein Instrument zum Sturze der Klassenherrschaft verwandeln kann . . .

Wir wollen zum Schluß noch bemerken, daß auch innerhalb der herrschenden Klassen Anzeichen einer Verfaulung, eines Zerfalles vorhanden sind. Die Zwistigkeiten zwischen den Armeespitzen und der Zivilregierung, die Rivalität zwischen Armee und Flotte, der Streit zwischen den Spitzen des Finanzkapitals um den Anteil am Raube, der (trotz des sehr weit fortgeschrittenen Verwachsens) bestehende Gegensatz zwischen Grundbesitz und Industrie, der sich z. B. in der Frage der Aufrechterhaltung oder Aufgabe des Goldstandards zeigte, all dies hat dazu geführt, daß in den letzten Monaten führende bürgerliche Politiker, die wohl mit den Zielen, aber nicht mit der von der tatsächlich regierenden militärisch-bürokratischen Cique geführten außenpolitischen Taktik einverstanden waren, der Reihe nach niedergeschossen wurden und daß die Gefahr eines „faschistischen" Umsturzes, d. h. der Entfernung auch des bisherigen Scheinparlamentarismus, auf der Tagesordnung stand.[59]

Diese wachsenden inneren Schwierigkeiten, die starke Zuspitzung der Klassengegensätze waren offenbar mit der Grund, weshalb sich der japanische Imperialismus früher als die anderen dazu entschlossen hat, auf dem Wege des Krieges zu versuchen, der inneren Schwierigkeiten Herr zu werden.

Aber durch die Entfaltung des Krieges, der die Leiden und Entbehrungen der japanischen Werktätigen sprunghaft steigern wird, reifen auch die Bedingungen der revolutionären Krise in Japan beschleunigt heran. *Der Krieg wird die Revolution in Japan nicht hinausschieben, sondern beschleunigen.* Die Demonstrationen gegen den Krieg in Japan, die trotz des schärfsten Terrors stattfanden, und die Meutereien in der Armee und in der Flotte zeigen, welche Möglichkeiten für die Kommunistische Partei Japans bestehen, den imperialistischen Krieg in den Bürgerkrieg zu verwandeln, das monarchistisch-militärisch-bürokratische Regierungssystem zu stürzen, die Agrarrevolution zur Liquidierung der starken Überreste des Feudalismus zu führen und über eine siegreiche bürgerlich-demokratische Revolution hindurch zur Diktatur des Proletariats zu gelangen.

59 Ein besonders interessantes Zeichen für die Gärung innerhalb der bürgerlichen Klasse, insbesondere innerhalb der Intelligenz, ist die Tatsache, daß in keinem Lande der Welt soviel marxistisch-leninistische Literatur von *bürgerlichen* Verlegern veröffentlicht wird wie in Japan. Nicht nur die *klassischen* Werke des Marxismus-Leninismus, sondern auch alle wichtigen kommunistischen Neuerscheinungen werden sofort ins Japanische übersetzt. Die Käufer dieser Bücher sind offenbar nur zu einem kleinen Teil Arbeiter (sie haben kein Geld für Bücher), zum größeren Teil die Intelligenz, die mit dem monarchistisch-militärisch-bürokratischem Regierungssystem unzufrieden ist.

Vierter Teil

Die Große Krise und ihre politischen Folgen*

Wirtschaft und Politik 1928—1934

* Aus: E. Varga, Die Große Krise und ihre politischen Folgen. Wirtschaft und Politik 1928 bis 1934, Moskau—Leningrad 1934, Verlagsgenossenschaft ausländischer Arbeiter.

Erstes Kapitel

Die Ökonomischen Grundlagen der Wirtschaftskrisen

Die sechs Jahre zwischen dem VI. und VII. Kongreß der Kommunistischen Internationale erhalten ihr Gepräge vor allem durch die Wirtschaftskrise, die fast die ganze Zeitspanne ausfüllt. Es lassen sich drei *nicht scharf* voneinander trennbare Abschnitte feststellen, deren zeitliche Grenzen von uns mit gewisser Willkür gezogen sind.

a) Mitte 1928 bis Mitte 1929, wo die industrielle Produktion der Welt noch anstieg, aber die produzierten Waren keinen vollen Absatz mehr fanden, die Lager sich füllten und in einigen Ländern die Krise bereits begann.

b) Mitte 1929 bis ungefähr Ende 1933 — die eigentliche Krisenphase im engen Sinne, die ihren Tiefpunkt ungefähr Mitte 1932 erreicht hatte.

c) Von 1934 an — die Phase der „Depression besonderer Art", die sich von der Krise zwar in der Dynamik der industriellen Produktion, der Preisbildung usw. unterscheidet, in ihren sozialen und politischen Wirkungen aber eine Fortsetzung der Krise darstellt und — zumindest vorläufig — keine Basis für eine weitere Prosperitätsphase ergibt.

Wir wollen uns im folgenden nur mit der Krise und der Depression beschäftigen: Der Zeitabschnitt von Mitte 1928 bis Mitte 1929 bedarf keiner besonderen Analyse. Bevor wir aber an die *konkrete* Analyse der Krise herangehen, wollen wir einige theoretische Ausführungen vorausschicken.

Die Apologeten des Kapitalismus leugnen die Unvermeidlichkeit der Krisen

Seit hundert Jahren quält sich die bürgerliche Nationalökonomie erfolglos mit der Frage ab: Warum endet jede Prosperitätsphase in einer Krise? Warum tritt immer gerade dann, wenn das Profitmachen in voller Blüte zu sein scheint, schlagartig eine Überproduktion, eine allgemeine Unverkäuflichkeit aller Waren ein? Die bürgerliche Nationalökonomie stellt die Frage immer wieder in folgender Art: Mit der Produktion jeder Ware wird auch die entsprechende Kaufkraft für den Ankauf dieser Ware produziert. Der Wert des Roh- und Hilfsstoffes wird an deren Produzenten bezahlt. Der durch die Bearbeitung entstandene Wertzuwachs verteilt sich auf den ausgezahlten Arbeitslohn und den Profit der Kapitalisten. Es kann daher kein neuer Wert produziert werden, ohne daß gleichzeitig auch die Kaufkraft für den Absatz desselben geschaffen würde. Anders ausgedrückt: Die Summe der Kaufkraft der Gesellschaft ist gleich der Wertsumme der produzierten Waren. Die Anarchie der kapitalistischen Produktion, ihre Planlosigkeit kann zu Disproportionen führen; es kann von *einer* oder von *mehreren* Warenarten zuviel produziert worden sein. Aber in diesem Falle muß von anderen Warenarten relativ zur Kaufkraft der Gesellschaft *zu wenig* produziert worden sein. Eine Überproduktion gleichzeitig in *allen* Waren sei daher unmöglich. Die Ursachen der Krisen seien die *zufällig* auftretenden, nicht aus dem Wesen der kapitalistischen Gesellschaftsordnung folgenden Disproportionalitäten. Dies ist im Wesen auch die Ansicht von Kautsky, Hilferding[1] usw. Die Folge-

1 Bereits in seinem Werk „Das Finanzkapital" (S. 318) schrieb Hilferding: „... zugleich zeigen diese Schemata von Marx, daß in der kapitalistischen Produktion sowohl Reproduktion auf einfacher als

rung hieraus ist, daß eine kapitalistische „Planwirtschaft", ein „organisierter" Staatskapitalismus nötig sei, um dem Ausbruch von Krisen vorzubeugen.

Nun hat Marx bereits vor mehr als einem halben Jahrhundert die Ursachen der Unvermeidlichkeit der periodischen Wiederkehr der Krisen im Kapitalismus mit vollster Klarheit enthüllt. Aber die Ideologen des Kapitalismus lehnten diese Erklärung ab. Die Bürgerlichen und der revisionistische Flügel der Sozialdemokraten offen; die Zentristen Kautsky, Hilferding, Bauer usw. — von Rosa Luxemburg treffend „Harmonieapostel" benannt — huldigten zwar in Worten Marx, nannten und nennen sich bis heute „Marxisten", verzerrten und verfälschten aber die Lehre von Marx derart, daß von ihrem revolutionären Inhalt nichts übrigblieb.

Der Grund dieser Ablehnung liegt darin, daß die Marxsche Krisenlehre untrennbar verbunden ist mit seiner Lehre von dem historisch vorübergehenden Charakter und dem unvermeidlichen Zusammenbruch des Kapitalismus auf dem Wege der Revolution, durch den Kampf des Proletariats. Die revolutionäre Zusammenbruchstheorie von Marx — nunmehr durch die russische Revolution und den Aufbau des Sozialismus in der Sowjetunion auch durch die Tat als richtig bewiesen — ist aber für alle Arten Verteidiger des Kapitalismus unannehmbar.

„Ich glaube, ich finde mich ... in vollständiger Übereinstimmung mit der Lehre von Karl Marx, *dem man fälschlich immer eine Zusammenbruchstheorie zuschreibt*. Gerade der zweite Band des ‚Kapital' zeigt, wie innerhalb des kapitalistischen Systems die Produktion auf immer *erweiterter Stufenleiter möglich ist*. Ich habe mir oft gedacht, *es ist nicht so schlimm, daß dieser zweite Band so wenig gelesen wird, denn es könnte unter Umständen ein Hochlied des Kapitalismus aus ihm herausgelesen werden*."

So äußerte sich Herr Hilferding in einem intimen, rein bürgerlichen Kreise: auf der Wiener Tagung des „Vereins für Sozialpolitik".[2] Es ist kein Wunder, daß das Protokoll hierzu „lebhafte Heiterkeit und Rufe: sehr richtig" verzeichnet.

Wer aber die Zusammenbruchstheorie von Marx leugnet, muß notwendig auch seine Krisentheorie entweder ablehnen oder opportunistisch verfälschen.

Krisentheorie und revolutionärer Zusammenbruch des Kapitalismus

Marx klärte als erster den Gang des kapitalistischen Reproduktions- und Zirkulationsprozesses auf. Der *Wert* aller kapitalistisch produzierten Waren setzt sich aus drei Teilen zusammen: das *konstante Kapital c* (Maschinerie, Roh- und Hilfsstoffe), das seinen Wert im Produktionsprozeß *nicht vermehrt*, sondern bloß auf die neuproduzierten Waren überträgt (Maschinerie, Gebäude, der „*fixe*" Teil des konstanten Kapitals überträgt im Produktionsprozeß jeweils nur *einen Teil seines Wertes*, entsprechend seiner Abnutzung, auf die mit seiner Hilfe *produzierten Waren*); *das variable, im Arbeitslohn ausgelegte Kapital v*, das sich durch Ausbeutung der Arbeiter im Werte vergrößert; *der Mehrwert m*.

Dem Gebrauchswert nach zerfallen die Waren in zwei große Abteilungen:

Abteilung I. *Produktionsmittel*, die der weiteren Produktion dienen.

auf erweiterter Stufenleiter ungestört vor sich gehen kann, wenn nur diese Proportionen eingehalten werden. Das heißt: ein krisenloser Gang der kapitalistischen Produktion auf erweiterter Stufenleiter wäre möglich, wenn Disproportionen vermieden würden."

2 Verhandlungen des Vereins für Sozialpolitik in Wien 1926, Leipzig 1926, S. 113—114. (Hervorhebung — E. V.)

Abteilung II. *Konsumtionsmittel*, die dem unmittelbaren Konsum der Kapitalisten und Arbeiter dienen.[3]

Die ganze im Laufe eines Zeitabschnittes, sagen wir eines Jahres produzierte Warenmasse der kapitalistischen Gesellschaft läßt sich daher dem Wert und dem Gebrauchswert nach in folgendes Schema ordnen (wobei der im Laufe des Jahres nicht verbrauchte Teil des fixen Kapitals, der im nächsten Jahr weiter der Produktion dient, außer Berechnung gelassen wird):

I 4000 $c1$ + 1000 $v1$ + 1000 $m1$

II 2000 $c2$ + 500 $v2$ + 500 $m2$

Die von Marx angenommenen Zahlen sind (sie können Millionen oder Milliarden Geldeinheiten bedeuten) der absoluten Größe nach *willkürlich gewählt. Die Proportion zwischen ihnen hingegen ist durch die Verwendungsart der Waren fest bedingt*, soll die Produktion im nächsten Zeitabschnitt auf derselben Basis wieder begonnen bzw. fortgesetzt werden können („Einfache Reproduktion").

Dies zeigt folgende Überlegung: v und m, variables Kapital und Mehrwert der Abteilung I werden in der *Naturalform* von Produktionsmitteln produziert: Sie können nicht dem individuellen Konsum dienen, für den sie als Arbeitslohn und Mehrwert *gesellschaftlich* bestimmt sind. Sie müssen gegen Waren der Abteilung II ausgetauscht werden.

$c2$, der konstante Kapitalwert der Abteilung II, wird in der Naturalform von Konsumtionsmitteln produziert, kann daher nicht weiter als Produktionsmittel in der Abteilung II verwendet werden, $v1 + m1$ der Abteilung I muß daher mit $c2$ der Abteilung II den Platz tauschen.

Soll daher die Produktion auf derselben Stufenleiter fortgesetzt werden, so muß die Summe $v1 + m1$ — variables Kapital plus Mehrwert der Abteilung I — gleich sein $c2$, dem konstanten Kapitalteil der Abteilung II. Nur in diesem Falle einer „idealen Normalproduktion", wie Marx sagt, wäre ein krisenloser Gang bei einfacher Reproduktion abstrakt *theoretisch* möglich!

Aber auch *nur* abstrakt theoretisch! In der Wirklichkeit wären Krisen auch bei einfacher Reproduktion unvermeidlich. Aus folgenden Gründen:

a) Das fixe Kapital (Maschinen, Gebäude) kann nicht parallel mit der Abnutzung in jedem einzelnen Betrieb erneuert werden. Es muß stoßweise erneuert werden, nachdem der Wert parallel der Abnutzung in einer längeren Periode eingesammelt wurde, was immer unvermeidlich zur Störung der „idealen Normalproduktion" führen muß. Diese besondere Bewegung des fixen Kapitals bildet — wie Marx sagt — die „materielle Basis" des zyklischen Ganges der kapitalistischen Produktion.

„Dies Beispiel vom fixen Kapital — bei gleichbleibender Stufenleiter der Reproduktion — ist schlagend. Mißverhältnis in der Produktion von fixem und zirkulierendem Kapital ist einer der Lieblingsgründe der Ökonomen, um die Krisen zu erklären. Daß solches Mißverhältnis bei bloßer *Erhaltung* des fixen Kapitals entspringen kann und muß — ist ihnen etwas Neues; *daß sie entspringen kann und muß bei Voraussetzung einer idealen Normalproduktion*, bei einfacher Reproduktion des bereits fungierenden gesellschaftlichen Kapitals."[4]

3 Marx macht auf dieser Stufe der Analyse der vereinfachende Voraussetzung einer „reinen" kapitalistischen Gesellschaft, bloß aus Kapitalisten und Arbeitern bestehend: Er läßt das Vorhandensein vorkapitalistischer Klassen — werktätige Bauern, Handwerker — vorläufig außer Betracht, um die Analyse nicht zu komplizieren.

4 K. Marx, Das Kapital, Zweiter Band, in: MEW, Bd. 24, Berlin 1973, S. 465 (Hervorhebung — E. V.)

b) Obiges Schema enthält nur die *allgemeinste* Bewegung der Waren. Bei Einhaltung der allgemeinsten Proportion $v1 + m1 = c2$ können gewaltige Disproportionen eintreten: Es können z. B. zuviel Schiffe in I oder zuviel Baumwollwaren in II produziert worden sein. Die Überproduktion in einer oder einigen *wichtigen* Produktionszweigen führt zur Unverkäuflichkeit der Waren, zu Preisfall und Massenbankrotten, die — infolge der gegenseitigen Verflochtenheit des Kredits im Kapitalismus — auch die übrigen Produktionszweige in diese Krise hineinreißen.

Indessen, diese Ausführung von Marx über die Möglichkeit und Notwendigkeit der Krisen bei einfacher Reproduktion dient nur dem Zwecke, das Verständnis des kapitalistischen Reproduktionsprozesses durch eine vereinfachende Annahme zu erleichtern. In der Wirklichkeit geht die kapitalistische Produktion auf erweiterter Stufenleiter vor sich.[5] *„Der kapitalistische Produktionsprozeß ist wesentlich zugleich Akkumulationsprozeß“*, sagt Marx. Das heißt: Die Bourgeoisie konsumiert als Klasse niemals den ganzen von ihr angeeigneten Mehrwert, sondern *akkumuliert* einen Teil, verwendet ihn zur Erweiterung der Produktion. Jeder einzelne Kapitalist ist durch die Konkurrenz bei Strafe des Unterganges gezwungen, einen Teil seines Profits zum Kapital zu schlagen, die Produktionsmittel zu verbessern, um die Produktionskosten herabsetzen zu können. Dies bedeutet:

Die Wertsumme des gesellschaftlichen Kapitals wird von Jahr zu Jahr größer.

Die Erhöhung der organischen Zusammensetzung des Kapitals, die Verteilung des Kapitals zwischen konstantem und variablem Kapital (zwischen in Produktionsmitteln und im Arbeitslohn angelegtem Kapital), verschiebt sich zugunsten des ersteren.

Innerhalb des konstanten Kapitals findet eine Verschiebung zugunsten des fixen Kapitals statt: Der in Gebäuden, Maschinen, Werkzeugen, Transportmitteln angelegte Kapitalteil vergrößert sich rascher als der in Rohstoffen angelegte.

Die relative Verminderung sowohl der Profitsumme (tendenzieller Fall der Profitrate) *als auch der Lohnsumme* im Vergleich zum Gesamtwert der jährlich produzierten Waren.

Die *„Konsumtionskraft“* der kapitalistischen Gesellschaft, d. h. die für den Ankauf von Waren der *individuellen Konsumtion* zur Verfügung stehende Summe: $v + (m - a)$ (Lohnsumme plus den nicht akkumulierten, von der Kapitalistenklasse zur Deckung des persönlichen Bedarfs verwendeten Teil des Mehrwerts) wird daher *relativ* mit der Entwicklung der kapitalistischen Produktion immer kleiner.

Die Unterscheidung zwischen *„Kaufkraft“* und *„Konsumtionskraft“* der kapitalistischen Gesellschaft ist für das Verständnis der Krisen von höchster Wichtigkeit. *Die Kaufkraft der Gesellschaft ist* $c + v + m$*; sie ist tendentiell gleich der Summe des Produktenwerts* (ohne den fixen Teil von c, der nicht in einem Jahre verbraucht, sondern auch weiter, wenn auch teilweise abgenutzt und daher mit vermindertem Wert im Produktionsprozeß weiterdient). Auf diese Gleichheit berufen sich immer die bürgerlichen Ökonomen, wenn sie die Möglichkeit einer *allgemeinen* Überproduktion leugnen. Die Konsumtionskraft der kapitalistischen Gesellschaft $v + (m - a)$ ist nur ein kleiner und sich mit dem Fortschritt der Akkumulation relativ vermindernder Teil der Kaufkraft!

Diese mit der Entwicklung des Kapitalismus zwangsläufig verbundene relative Verminderung der Konsumtionskraft der Gesellschaft, die sich auf dem Widerspruch zwischen gesellschaftlicher Produktion und privater Aneignung gründet, *stellt das Marktproblem immer schärfer, macht die Realisierung der Waren immer schwieriger. Denn letzten Endes —*

5 Während der Krise und der Depression gibt es *kurze* Zeitabschnitte der *einfachen* Reproduktion, aber für längere Zeitabschnitte ist erweiterte Reproduktion Gesetz.

wie Lenin sagt — *dienen alle Produktionsmittel zur Produktion von Konsumtionsmitteln.* Von der Größe des Absatzes an Konsumtionsmitteln hängt letzten Endes der Grad der Ausnutzbarkeit der vorhandenen Produktionsanlagen und damit auf längere Sicht auch der Absatz von Produktionsmitteln, der Geschäftsgang in Abteilung I ab.

Marx sagt von der produktiven Konsumtion, daß sie „insofern zunächst unabhängig ist von der individuellen Konsumtion, als sie nie in dieselbe eingeht, aber doch durch sie definitiv begrenzt ist, indem die Produktion von konstantem Kapital nie seiner selbst wegen stattfindet, sondern nur, weil mehr davon gebraucht wird in den Produktionssphären, deren Produkte in die individuelle Konsumtion eingehn“[6].

Die Berufung der bürgerlichen Nationalökonomen auf die Tatsache, daß mit der Produktion einer Ware auch die entsprechende Kaufkraft produziert werde, daß die Summe des Produktenwertes gleich sei der Kaufkraft der Gesellschaft, erweist sich als bedeutungslos: Die Beschränktheit und die fortgesetzte, zwangsläufige relative Verminderung der *Konsumtionskraft* ist für das Schicksal des Kapitalismus entscheidend.

Der Widerspruch zwischen der beschränkten Konsumtionskraft der Gesellschaft und dem schrankenlosen Ausdehnungstrieb des Kapitals, verursacht vor allem durch die proletarische Lage der Massen, muß notwendig zu *periodisch wiederkehrenden Überproduktionskrisen* führen.

„Der letzte Grund aller wirklichen Krisen bleibt immer die Armut und Konsumtionsbeschränkung der Massen gegenüber dem Trieb der kapitalistischen Produktion, die Produktivkräfte so zu entwickeln, als ob nur die absolute Konsumtionsfähigkeit[7] der Gesellschaft ihre Grenze bilde.“[8]

Die — vom zyklischen Gang der Produktion abgesehen — stetige relative Verminderung der Konsumtionskraft im Vergleich zur Entwicklung der Produktivkräfte führt zu einer chronischen Zuspitzung des Widerspruchs zwischen der Produktionskraft und der Konsumtionskraft der kapitalistischen Gesellschaft, da die einzelnen Kapitalisten, getrieben von dem Zwang, im Konkurrenzkampf zu siegen, die Produktivkräfte ohne Rücksicht auf die relative Verminderung der Konsumtionskraft entwickeln. *Dies ist die ökonomische Grundlage der allgemeinen Krise des Kapitalismus,* der chronischen Unausgenütztheit großer Teile des Produktionsapparates, der chronischen Massenarbeitslosigkeit.

Die relative Verminderung der Konsumtionskraft der Gesellschaft trifft Kapitalisten und Arbeiter nicht gleichmäßig. Die Arbeiterklasse verelendet erstens *relativ.* Der Wert der Arbeitskraft sinkt entsprechend der — sich aus der Erhöhung der Produktivität der Arbeit ergebenden — Verminderung des Wertes der für die Erhaltung der Arbeiterklasse nötigen Lebensmittel. Die „notwendige Arbeitszeit“, die Arbeitszeit, während welcher der Arbeiter für sich arbeitet, wird immer kürzer; die Zeit, während welcher er für das Kapital arbeitet, immer länger. Die Ausbeutungsrate erhöht sich mit der Erhöhung der Produktivität der Arbeit. Von dem *Wertprodukt* erhält das Proletariat einen fallenden, das Kapital einen wachsenden Anteil. Das heißt: Von der Konsumtionskraft der kapitalistischen Gesellschaft stellt v einen relativ fallenden, $(m - a)$ einen relativ wachsenden Teil dar. Populär ausgedrückt: Das Proletariat kann — selbst wenn es den Wert seiner

6 K. Marx, Das Kapital, Dritter Band, in: MEW, Bd. 25, a. a. O., S. 317/318.

7 Unter „absoluter Konsumtionsfähigkeit“ versteht Marx die Konsumtionsfähigkeit in einer von den Fesseln des Kapitalismus befreiten sozialistischen Gesellschaft.

8 K. Marx, Das Kapital, Dritter Band, in: MEW, Bd. 25, a. a. O., S. 501.

Arbeitskraft als Lohn erhielte — nur einen sich stetig vermindernden Teil des von ihm produzierten Wertes mit seinem Arbeitslohn kaufen.

Neben dieser im Kapitalismus immer vor sich gehenden relativen Verelendung der Arbeiterklasse tritt in der Periode der allgemeinen Krise des Kapitalismus die *absolute Verelendung der Arbeiterklasse* immer stärker hervor. Erstens ist ein bedeutender Teil der Arbeiter chronisch arbeitslos; zweitens ermöglicht diese ständige Überfüllung des Arbeitsmarktes es dem in monopolistischen Organisationen zusammengeballten, den Staat beherrschenden Kapital, die Löhne des beschäftigten Teils der Arbeiter bei erhöhter Intensität der Arbeit unter den Wert der Arbeitskraft zu drücken. Die relative und absolute Verelendung der breiten Massen der Arbeiterklasse, die verminderte Fähigkeit des Kapitals, eine privilegierte, korrumpierte Arbeiteraristokratie zu unterhalten, — dies zusammen mit dem Massenruin der werktätigen Bauernschaft (über deren Ursachen wir später sprechen) stärkt die subjektiven Kräfte zum Sturze der Herrschaft der Bourgeoisie, zum revolutionären Zusammenbruch des Kapitalismus.

Die marxistisch-leninistische Theorie der periodischen Krisen, der allgemeinen Krise des Kapitalismus und des revolutionären Zusammenbruchs hängen auf diese Weise untrennbar zusammen. Die bürgerlichen und sozialdemokratischen Verteidiger des Kapitalismus müssen die Marxsche Krisentheorie, obwohl ihre Richtigkeit handgreiflich ist, verwerfen oder verfälschen, weil ihre Anerkennung zur Anerkennung der Unvermeidlichkeit des revolutionären Zusammenbruchs nötigt.

Die Akkumulation als Ursache des zyklischen Ganges der kapitalistischen Produktion

Die Anarchie der Produktion, die „Planlosigkeit", ist die ständige *Vorbedingung* der Wirtschaftskrisen. Der Widerspruch zwischen gesellschaftlicher Produktion und privater Aneignung ist die *letzte Ursache* der Krisen. Dieser Widerspruch macht sich geltend im beständigen Zwiespalt zwischen den beschränkten Dimensionen und der stetigen relativen Einschränkung der Konsumtion auf kapitalistischer Basis und einer Produktion, die beständig über diese Schranken hinausdrängt.

Es taucht nunmehr die Frage auf: Warum gibt es im Kapitalismus unter diesen Umständen nicht eine ständige Überproduktion? Warum gibt es — wie Marx sagt — keine „*permanenten*" Krisen? Warum folgten bisher Krise, Depression, Belebung und Prosperitätsphasen regelmäßig aufeinander?

Die Antwort auf diese Frage hat nicht nur ökonomische, sondern auch politische, revolutionäre Bedeutung. Die besondere Tiefe und Schärfe, die ungewöhnliche Länge der Wirtschaftskrise 1929—1933 hat — noch stärker als zur Zeit der ersten Nachkriegskrise — manche Genossen zu der Meinung veranlaßt, daß diese zyklische Krise absolut auswegslos sei. Damals trat Lenin,[9] jetzt tritt Stalin[10] entschieden dieser unvermeidlich zur Theorie eines *automatischen Zusammenbruchs* des Kapitalismus, zu einer opportunistischen Passivität des Proletariats führenden Auffassung entgegen.

9 W. I. Lenin, Der „linke Radikalismus", die Kinderkrankheit im Kommunismus, in: Werke, Bd. 31, Berlin 1959.

10 J. W. Stalin, Rechenschaftsbericht an den XVII. Parteitag über die Arbeit des ZK der KPdSU (B), in: ders., Werke, Bd. 13, Berlin 1955.

Die Ursache des zyklischen Ganges der kapitalistischen Produktion ist die Akkumulation des Kapitals. Die Akkumulation des Kapitals in seiner *realen*[11] Form bedeutet Erweiterung der Kaufkraft der kapitalistischen Gesellschaft, Ausdehnung der Aufnahmefähigkeit des kapitalistischen Marktes. *Sie ist die unmittelbare Ursache der Belebung und der Prosperität, ist aber auch auf einer höheren Stufe die unmittelbare Ursache der Krise.* Hat der Prozeß der realen Akkumulation in der Prosperitätsphase eine gewisse Stufe erreicht, *so schlägt die Quantität in die Qualität um*: Die Rolle der Akkumulation ändert sich jäh. War sie bis dahin der Träger des Aufschwungs, so wird sie nunmehr die unmittelbare Ursache der Krise.

Wir wollen dies nunmehr näher ausführen: Die Konkurrenz zwingt — wie wir bereits oben ausführten — jedes kapitalistische Unternehmen „bei Strafe des Untergangs" zur Herabsetzung der Produktionskosten. Eines der Hauptmittel hierzu ist: *Erhöhung der Produktivität der Arbeit*, die Vergrößerung und Verbesserung der von einem Arbeiter in Bewegung gesetzten Maschinerie, der „technische Fortschritt", d. h. die *reale Akkumulation* von fixem Kapital, jenem Teil des konstanten Kapitals, der seinen Wert sukzessiv in wiederholten Umschlägen des zirkulierenden konstanten Kapitals auf das Produkt überträgt, während es in seiner Naturalform bis zu seinem natürlichen oder *moralischen* Verschleiß fortfährt, im Produktionsprozeß zu fungieren: Gebäude, Maschinen, Apparate, Werkzeuge.

„Durch diesen eine Reihe von Jahren umfassenden Zyklus von zusammenhängenden Umschlägen, in welchen das Kapital durch seinen fixen Bestandteil gebannt ist, ergibt sich eine materielle Grundlage der periodischen *Krisen*, worin das Geschäft aufeinanderfolgende Perioden der Abspannung, mittleren Lebendigkeit, Überstürzung, Krise durchmacht. Es sind zwar die Perioden, worin Kapital angelegt wird, sehr verschiedne und auseinanderfallende. *Indessen bildet die Krise immer den Ausgangspunkt einer großen Neuanlage.* Also auch — die ganze Gesellschaft betrachtet — mehr oder minder eine neue materielle Grundlage für den nächsten Umschlagzyklus."[12]

Nur in seltenen Fällen dienen die Elemente des fixen Kapitals bis zu ihrem *natürlichen* Verschleiß im Produktionsprozeß. Das von der Konkurrenz diktierte Bestreben nach Herabsetzung der Produktionskosten zwingt die Kapitalisten zur Erneuerung des fixen Kapitals, zum Ersatz der alten Maschinerie durch neue, produktivere, obwohl die vorhandene Maschinerie noch funktionsfähig ist. Die Erneuerung des fixen Kapitals wird gewöhnlich in der Phase der Depression *begonnen* („die Krise bildet den Ausgangspunkt einer großen Neuanlage"), in der Phase der Belebung *ausgedehnt*, erreicht ihren *Höhepunkt* in der Prosperität und bricht mit dem Ausbruch der Krise fast vollkommen ab.

Diese eigenartige Bewegung des fixen Kapitals ist die materielle Basis, aber nicht die Ursache des zyklischen Ganges der kapitalistischen Produktion. Nicht der tatsächliche Verschleiß oder die Fortschritte der Technik bestimmen, wann das fixe Kapital massenhaft erneuert wird, sondern der zyklische Gang der Reproduktion entscheidet darüber, wann das vorhandene fixe Kapital als moralisch verschlissen betrachtet und in großem Maßstabe

11 Wir unterscheiden die „*reale*" Akkumulation, d. h. die Vergrößerung des Wertes des gesellschaftlichen, Kapitals in seiner produktiven Gestalt (Gebäude, Maschinen, Rohstoffe, Fertigwaren) *von der Akkumulation in Form von Leihkapital* (Depositen bei Banken, Spareinlagen), die nur formelle, potentielle Akkumulation von Kapital darstellt.

12 K. Marx, Das Kapital, Zweiter Band, in: MEW, Bd. 24, a. a. O., S. 185/186 (Hervorhebung — E. V.).

erneuert wird. Die Ursache des zyklischen Ganges ist die Akkumulation, deren eine Form die Ausdehnung des fixen Kapitals ist.

Die Akkumulation, solange sie in vollem Gange ist, in der Phase der Belebung und der Prosperität, dehnt mit der Produktion der Waren der Abteilung I auch die *Kaufkraft* der kapitalistischen Gesellschaft aus. Die Realisation geht in diesen Phasen glatt vonstatten, da vor allem die Kapitalisten selbst gegenseitig Käufer ihrer Waren sind.

„Daß die Entwicklung der Produktion (und folglich auch des inneren Marktes) hauptsächlich auf Rechnung der Produktionsmittel erfolgt, erscheint paradox und birgt zweifellos einen Widerspruch in sich. Es ist dies eine wirkliche ‚Produktion für die Produktion', eine Erweiterung der Produktion ohne entsprechende Erweiterung der Konsumtion. Aber dies ist nicht der Widerspruch einer Doktrin, sondern ein Widerspruch des wirklichen Lebens, eben ein Widerspruch, der ganz der Natur des Kapitalismus und den sonstigen Widersprüchen dieses Systems gesellschaftlicher Wirtschaft entspricht."[13]

Die Akkumulation, die Erweiterung der Produktion auf Rechnung der Produktionsmittel bedeutet nicht nur eine Erweiterung der Kaufkraft, sondern zieht auch eine gewisse zeitweilige Erweiterung der Konsumtionskraft der Gesellschaft nach sich. Mit der Ausdehnung der Produktion der Abteilung I erhöht sich die Zahl der beschäftigten Arbeiter, vergrößert sich das variable Kapital dieser Abteilung: Die Konsumtionskraft des Proletariats steigt. Mit der Ausdehnung der Zahl der beschäftigten Arbeiter wächst — eine gleichbleibende Ausbeutungsrate vorausgesetzt — die Summe des Mehrwerts und damit die konsumtive Nachfrage der Kapitalisten der Abteilung I. Daher größerer Absatz und erhöhte Produktion in II, Zunahme des variablen Kapitals der Abteilung II, des Mehrwerts der Abteilung II und der Konsumtion von Arbeitern und Kapitalisten der Abteilung II. Zugleich erneuert die Abteilung II in erhöhtem Maße ihr fixes Kapital, gibt Bestellungen an Abteilung I, wodurch deren Produktion weiter erhöht wird. Die Belebung steigert sich zur Prosperität. Die Kapitalisten sehen keinen Grund, warum dies mit einer Krise enden sollte . . .

Aber die Akkumulation ist ein zwiespältiger dialektischer Prozeß. Solange der Prozeß im Gange ist, bewirkt er eine Ausdehnung der Kaufkraft und im Rahmen derselben auch der Konsumtionskraft der kapitalistischen Gesellschaft. Aber zugleich wirkt die Akkumulation im Endergebnis verschärfend auf den Widerspruch zwischen Produktionskraft und Konsumtionskraft der kapitalistischen Gesellschaft, indem sie notwendigerweise die Konsumtionskraft der kapitalistischen Gesellschaft relativ weiter vermindert. Dies folgt aus dem Wesen der Akkumulation. Sie bedeutet Erhöhung der organischen Zusammensetzung des Kapitals, Erhöhung der Produktivität der Arbeit durch Anwendung vergrößerter und verbesserter Maschinerie, Verminderung von v im Verhältnis zu c, tendentielles Sinken der Profitrate, Verminderung der Konsumtionskraft der Gesellschaft $v + (m - a)$ relativ zu der eben infolge der realen Akkumulation rasch anwachsenden Produktionskraft der kapitalistischen Gesellschaft.

So bewirkt die Akkumulation zwei widersprechende Prozesse: einerseits Ausdehnung der Kaufkraft der Gesellschaft und innerhalb derselben auch der Konsumtionskraft ihrer *absoluten Größe* nach; anderseits *relative Verminderung* der Konsumtionskraft der Gesellschaft gegenüber der Produktionskraft.

So bedeutet die Akkumulation, wie Marx sagt, eine fortwährende relative Überproduktion.

13 W. I. Lenin, Die Entwicklung des Kapitalismus in Rußland, in: Werke, Bd. 3, Berlin 1956, S. 44.

„So findet ... in der Agrikultur (wie in allen andren Produktionszweigen, die kapitalistisch betrieben werden) fortwährend jene relative Überproduktion statt, die an sich identisch ist mit der Akkumulation ..."[14]

Oder an anderer Stelle: „Aber der ganze Prozeß der Akkumulation löst sich zunächst in *Surplusproduktion* auf, die ... eine immanente Basis zu den Erscheinungen bildet, die sich in den *Krisen* zeigen."[15]

Dies ist die Ursache, weshalb die durch die reale Akkumulation verursachte Belebung und Prosperität nicht endlos andauern kann. Produktionsmittel dienen im Prozeß der gesellschaftlichen Reproduktion der Produktion von Konsumtionsmitteln. Sie können als *Produktionsmittel* nur diesem Zwecke dienen (für das Kapital, das die Produktionsmittel produziert, ist der Zweck natürlich die Profitaneignung). Daher ist die Produktion von Produktionsmitteln *letzten Endes* durch die Konsumtionskraft der kapitalistischen Gesellschaft begrenzt. Die durch die Akkumulation bewirkte relative Verminderung der Konsumtionskraft muß daher früher oder später der Ausdehnung der Produktion ein Ende bereiten: Die *Prosperitätsphase muß zur Krise führen*, die dem Prozeß der realen Akkumulation zeitweilig ein Ende macht.

Es ist diese die Konsumtionskraft relativ vermindernde Funktion der Akkumulation, derentwegen sie Marx ausdrücklich mit einer „relativen Überproduktion" identifiziert.

Einfacher ausgedrückt: Solange der Prozeß der realen Akkumulation voll im Gange ist, solange neue Fabriken, Hochöfen, Eisenbahnen gebaut, die alten Maschinen durch neue ersetzt werden, dauert auch die Prosperität an. Gelangt dieser Prozeß zu einem gewissen Abschluß, ist eine bedeutende Anzahl neuer Produktionsanlagen fertiggestellt, so nimmt die Nachfrage nach Waren der Abteilung I (Baumaterialien, Maschinen usw.) ab, was auch eine Verminderung der Nachfrage nach Konsumtionsmitteln nach sich zieht, die Arbeiter der Abteilung I beginnen arbeitslos zu werden. Gleichzeitig erhöht sich das Angebot an Waren, weil die neuen und umgebauten Fabriken beginnen, Waren auf den Markt zu werfen. Die Überproduktion ist bereits da, aber der offene Ausbruch der Krise verzögert sich, da die Kapitalisten, die niemals an das Ende einer Prosperitätsphase glauben, die Lager auffüllen. Aber die Produktion übersteigt die Konsumtion immer mehr, bis die Krise offen ausbricht[16] ...

*

Wenn wir auf Grundlage dieser Ausführungen einen Rückblick auf die Gestaltung des industriellen Zyklus in der Nachkriegszeit werfen, so können wir folgendes feststellen:

a) Die erste Nachkriegskrise 1920—1921 war keine „normale" Überproduktionskrise. Während des Weltkrieges war die Konsumtion in Europa infolge des gewaltigen unproduktiven Verbrauchs der Heere und der Verwüstung großer Gebiete größer als die Produktion. Bei einer gewaltigen Akkumulation von fiktivem Kapital (Kriegsanleihen) fand real eine „Desakkumulation" statt: Bei Ende des Krieges waren die Maschinen abgenutzt (mit Ausnahme der während des Krieges neugebauten Betriebe der Rüstungsindustrie); die Vorräte an Waren und Rohstoffen weit über das Normale gesunken; der Boden

14 K. Marx, Das Kapital, Dritter Band, in: MEW, Bd. 25, Berlin 1973, S. 684/685.

15 K. Marx, Theorien über den Mehrwert, Zweiter Teil, in: MEW, Bd. 26.3, Berlin 1974, S. 492.

16 Wir behandeln in diesem Kapitel das Problem der Krisen bewußt stark vereinfacht, lückenhaft. Die Krise bedeutet den Ausbruch und die zeitweilige Lösung *aller* Widersprüche des Kapitalismus. Wir haben nur jene hervorgehoben, die für die *heutige* Lage von besonderer Wichtigkeit sind.

erschöpft, die Häuser nicht repariert usw. Diese Verwüstung der Produktionskräfte führte zu einer allgemeinen Verarmung, zu einer Unterproduktion. „Die jetzige Krise in Europa ist eine Krise der Unterproduktion", sagen die Thesen des III. Kongresses. Die Unterproduktion in den kriegführenden Ländern Europas verflocht sich mit der Überproduktion in den neutralen Ländern und den Überseeländern.

b) Dieser durch den Krieg hervorgebrachte starke Bedarf an Produktionsmitteln in Europa ermöglichte die *rasche* Überwindung der ersten Nachkriegskrise. Es begann ein rascher Neuaufbau der Produktionsanlagen, weitgehend durch amerikanische Kredite finanziert, der die ökonomische Grundlage der Belebung und der Prosperitätsphase bildete. *Aber eben diese massenhafte Erneuerung des fixen Kapitals, verbunden mit einer starken Erhöhung der Intensität der Arbeit („Rationalisierung") führte zu einer besonderen Verschärfung des Widerspruchs zwischen der sprunghaft ausgedehnten Produktionskraft und der infolge der Rationalisierung besonders eingeengten Konsumtionskraft*, anders ausgedrückt: zur besonderen Verschärfung des Marktproblems. Die allgemeine Krise des Kapitalismus vertieft sich. Die Bourgeoisie ist unfähig, die von ihr geschaffenen Produktionskräfte auszunutzen. Daher die wachsende chronische Massenarbeitslosigkeit, die wachsende Unausgenutztheit der Produktionsanlagen und die besondere Tiefe, Schärfe und lange Dauer der industriellen Krise.

c) Der Überfluß an Produktionsanlagen (zusammen mit der chronischen Agrarkrise) bildet die wichtigste ökonomische Grundlage des besonderen Charakters der gegenwärtigen Depression. Die inneren Kräfte des Kapitalismus genügten, um den tiefsten Punkt der Krise zu überwinden und den Übergang in die Phase der Depression zu ermöglichen; aber eine Belebung und eine Prosperitätsphase sind ohne eine großzügige reale Akkumulation, also ohne Erneuerung und Ausweitung des fixen Kapitals, unmöglich. Der bereits vor der Krise vorhandene Überfluß an ungenutzten Produktionsanlagen bildet jedoch ein schweres Hindernis für die Anlage von Kapital in neuen Produktionsmitteln.[17]

So bestimmt der sich zwangsläufig verschärfende Widerspruch zwischen der Gestaltung der Produktionskraft und der Konsumtionskraft der kapitalistischen Gesellschaft in steigendem Maße den Gang des industriellen Zyklus und bildet die ökonomische Basis des beschleunigten Heranreifens der revolutionären Krise.

17 Wir kommen auf den besonderen Charakter der Depression in einem späteren Kapitel ausführlich zurück.

Zweites Kapitel

Die Große Krise 1929—1933

Jede zyklische Krise hat ihre besondere Stelle in der Geschichte des Kapitalismus. Jede Krise hat ihre, von allen vorhergehenden abweichenden Züge.[18] Daher genügt die im vorhergehenden Kapitel gegebene Skizze der *allgemeinen Grundlagen* des zyklischen Ganges des kapitalistischen Produktionsprozesses keinesfalls, um die Große Krise 1929—1933 in ihrer konkreten Vielseitigkeit zu erfassen. *Bei einer konkreten Analyse müssen einige methodologische Vereinfachungen*, die Marx zwecks leichteren Verständnisses der allgemeinen Ursachen der Krisen machte, fallen gelassen, andererseits die durch die Entwicklung des Kapitalismus geschaffenen neuen Momente *eingeschaltet* werden.

a) Marx setzt in der allgemeinen Analyse einen „*reinen*" Kapitalismus voraus, eine Gesellschaft, die nur aus zwei Klassen, Bourgeoisie und Proletariat, besteht. In Wirklichkeit bilden bis heute die Mehrheit der Bevölkerung der Erde „*unabhängige Produzenten*": Bauern und Handwerker. Die Bauernschaft ist einer der wichtigsten Käufer der Waren der kapitalistischen Industrie. Die Produkte der bäuerlichen Landwirtschaft gehen als Rohstoffe in das konstante Kapital ein, dienen zur Ernährung der Arbeiter. Bäuerliche Landwirtschaft und kapitalistische Industrie sind miteinander verflochten. Und wenn auch das Kapital immer mehr in die Landwirtschaft eindringt, sich die Bauernschaft unterwirft und sie in den verschiedensten Formen ausbeutet, so ist doch die Lage der bäuerlichen Landwirtschaft ein wichtiges Moment für den Ablauf der einzelnen zyklischen industriellen Krisen. Eine gute Lage der Landwirtschaft mildert die Krisen; eine Agrarkrise, wie die gegenwärtige, vertieft und verschärft dieselben.

b) *Marx betrachtet die ganze kapitalistische Gesellschaft als „eine Nation", den kapitalistischen Markt als einen einheitlichen „Weltmarkt"*; die Tatsache, daß die kapitalistische Gesellschaft in einzelnen, staatlich voneinander abgegrenzten Gebieten organisiert ist, den Unterschied zwischen „innerem" und „äußerem" Markt läßt er auf dieser Stufe der Analyse außer Betracht. Bei der Analyse der einzelnen Krisen und insbesondere der letzten Krise müssen wir der Zersplitterung der kapitalistischen Gesellschaft in einzelne, sich voneinander immer mehr absperrende Staaten, die zu einem unerhörten Einschrumpfen des internationalen Handels, zu dem Zerfall des „Weltmarktes" im alten Sinne, zu einem besonders scharfen Kampf um jede Absatzmöglichkeit auf dem Weltmarkt, zu einem Zerfall des internationalen Kreditsystems usw. führen, besondere Aufmerksamkeit widmen.

c) Die ökonomische Theorie von Marx im allgemeinen — seine Krisentheorie im besonderen — ist auf den Industriekapitalismus, *auf den Kapitalismus der freien Konkurrenz aufgebaut*. Der gegenwärtige Kapitalismus ist ein *monopolistischer* Kapitalismus, d. h. Imperialismus. Der monopolistische Charakter des Kapitalismus, der sich zwangsläufig aus der freien Konkurrenz — durch Konzentration des Kapitals im Wege der Akkumulation und der Zentralisation — entwickelt, schränkt die Konsumtionskraft der kapita-

18 Marx hat seine Theorie der Krisen auf Grund einer alle Einzelheiten der Krisen 1848 und 1858 umfassenden konkreten Analyse aufgestellt. Dies zeigen seine Anmerkungen in dem Werk „Das Kapital" und in den „Theorien über den Mehrwert", sein Briefwechsel mit Engels und eine riesige Sammlung von Zitaten und Zahlen, die im Marx-Engels-Institut vorliegt.

listischen Gesellschaft und damit die Aufnahmefähigkeit des Marktes überhaupt weiter ein. Das Monopol bedeutet Verkauf der Waren *über* ihren Produktionspreis (Kostenpreis plus Durchschnittsprofit). Zu der durch die Erhöhung der Produktivität der Arbeit bedingten stetigen „normalen" Verschiebung der Verteilung des jährlich *neu* produzierten Wertes zwischen Kapital und Arbeit, zwischen Bourgeoisie und Proletariat, Erhöhung von *m* zu Lasten von *v*, tritt in die Entwicklung des Kapitalismus ein neues Element: der Monopolprofit, die *künstliche* Erhöhung des Anteils des Monopolkapitals am Gesamtprofit zu Lasten des Einkommens der noch wirkenden „unabhängigen Produzenten" und der kleinen Kapitalisten und zugleich innerhalb der Bourgeoisie eine Verschiebung zugunsten des engen Kreises der Finanzoligarchie. Die Konsumtionskraft der kapitalistischen Gesellschaft und damit letzten Endes die Aufnahmefähigkeit des ganzen kapitalistischen Marktes wird durch die Monopolbildung noch weiter eingeschränkt.

Wie wir bereits oben darlegten, ist die Argumentation der bürgerlichen Ökonomie, wonach bloß die absolute Größe des neuproduzierten Wertes die Konsumtionskraft bestimmt, die Verteilung zwischen Bourgeoisie und Proletariat und innerhalb der Bourgeoisie zwischen Finanzoligarchie, Mittel- und Kleinbourgeoisie aber gleichgültig sei, unrichtig. Die Gesamtsumme von *v*, das gesamte Einkommen des Proletariats, wird individuell konsumiert, für Waren der Abteilung II ausgegeben; von der Gesamtsumme von *m*, dem Einkommen der Bourgeoisie, wird bloß ein Teil individuell konsumiert, ein anderer Teil akkumuliert, und ein je größerer Teil von *m*, von dem Gesamteinkommen der Bourgeoisie, auf den engen Kreis der Finanzoligarchie entfällt, ein relativ um so geringerer Teil wird — trotz des wahnsinnigen Luxus dieser größten monopolistischen Ausbeuter — für Waren der Abteilung II ausgegeben.

Das Monopolkapital hat der Arbeiterschaft gegenüber eine besonders starke Position als Arbeitgeber. Dies ermöglicht es ihm, den Arbeitslohn unter den Wert der Arbeitskraft herabzudrücken: unmittelbar durch Lohndruck, mittelbar durch monopolistische Erhöhung der Preise auch jener Waren, die in den Konsum der Arbeiterschaft eingehen.

Der Monopolprofit stammt nicht ausschließlich aus dem *Verkauf* von Waren der Monopole zu höheren als zu den Produktionspreisen, sondern auch aus dem *Einkauf von Rohstoffen und anderen Waren zu Monopolpreisen, die niedriger sind als die Produktionspreise*. Bei Einkäufen landwirtschaftlicher Produkte von der Bauernschaft und industrieller Waren von Handwerkern, Heimindustriellen, Kleinkapitalisten eignet sich das Monopolkapital einen Teil des Wertes an, indem es zu Preisen kauft, die in vielen Fällen den unabhängigen Produzenten nicht einmal das Einkommen eines Lohnarbeiters belassen. Die Konsumtionskraft dieser Schichten wird hierdurch besonders eingeengt.

Die Konsumtionskraft der kapitalistischen Gesellschaft wird mit der Entwicklung ihres monopolistischen Charakters relativ immer geringer, und da *letzten Endes* die Größe der Konsumtionskraft auch die Größe der *Kaufkraft* determiniert, wird der Widerspruch zwischen Produktionsmöglichkeiten und Absatzmöglichkeiten immer größer, das Marktproblem immer unlösbarer.

Aber der Monopolkapitalismus engt die *Kaufkraft* der kapitalistischen Gesellschaft nicht nur auf dem Umwege über die Einengung der Konsumtionskraft ein, sondern auch unmittelbar. Der Verkauf zu Monopolpreisen auf dem Markt ist nur möglich, wenn das Angebot der Monopolware auf dem Markt eingeschränkt wird. Um dies zu sichern, müssen die Entwicklung der Produktion gehemmt und die Entstehung neuer Produktionsanlagen in den monopolistischen Produktionszweigen dem durch die hohen Preise künstlich eingeschränkten Absatz angepaßt werden.

Auf dieser Grundlage entsteht ein neuer Widerspruch im monopolistischen Kapitalismus. Das Bestreben, das Angebot auf dem Markte einzuschränken, um die *Preise hochhalten* zu können, drängt zur Verhinderung der Ausdehnung der Produktion. Andererseits drängt aber das Bestreben, die *Produktionskosten zu senken* (wir dürfen niemals vergessen, daß die Monopole die Konkurrenz nicht beseitigen, daß die Konkurrenz innerhalb eines Produktionszweiges mit den Außenseitern, zwischen den Monopolen, deren Waren sich gegenseitig ersetzen können — Substitute —, und den Monopolen jeder Art um den „Dollar des Konsumenten", d. h. um den Anteil ihrer Ware als Gebrauchswert im Gesamtkonsum der Gesellschaft, scharf wirksam ist), *zur Errichtung neuer technisch vollkommenerer Betriebe, was notwendig mit einer Ausdehnung der Produktionskapazität verbunden ist.*

Das Endergebnis ist, daß die zyklischen Krisen *im monopolistischen Kapitalismus schärfer und tiefer sind als im Kapitalismus der freien Konkurrenz.* Die bereits im „Finanzkapital" aufgestellte These Hilferdings, daß die Krisen in der Periode des Imperialismus milder werden, ist absolut unrichtig. Diese These basiert auf der falschen Grundauffassung Hilferdings, wonach die Krisen ausschließlich aus der Unübersichtlichkeit des Marktes und den daraus folgenden zufälligen Disproportionen entstehen. Er sieht nicht, daß die Grundursache der Krise der Widerspruch zwischen gesellschaftlicher Produktion und privater Aneignung ist, der sich im Widerspruch zwischen Produktionskraft und Konsumtionskraft äußert und *periodisch zu einer Überproduktion in allen Waren führen muß.* Er trennt mechanisch die Konsumtionskraft der Gesellschaft von der Proportionalität der verschiedenen Produktionszweige.

„Die ‚Konsumtionskraft der Gesellschaft'", sagt Lenin, „und die ‚Proportionalität der verschiedenen Produktionszweige' sind keineswegs irgendwelche isolierten, selbständigen, nicht miteinander verbundenen Bedingungen. Im Gegenteil, ein bestimmter Stand der Konsumtion ist eines der Elemente der Proportionalität."[19]

Da Hilferding annimmt, daß mit der Entwicklung des monopolistischen Charakters des Kapitalismus die Konkurrenz abstirbt, der Markt „übersichtlicher" wird, folgert er, daß die Krisen schwächer werden,[20] während sie nach der richtigen marxistisch-leninistischen Theorie im Monopolkapitalismus immer schärfer werden müssen. Die konkrete Analyse der einzelnen Krisen in der Periode des Imperialismus bestätigt dies vollkommen.

b) Die Krisentheorie von Marx ist auf Grundlage eines noch aufsteigenden und sich intensiv und extensiv rasch ausdehnenden Kapitalismus aufgebaut. *Die Große Krise*

19 W. I. Lenin, Notiz zur Frage der Theorie der Märkte, in: Werke, Bd. 4, Berlin 1955, S. 48/49.

20 In seinem programmatischen Artikel „Probleme der Zeit" in Heft 1 der „Gesellschaft" schrieb Hilferding im Jahre 1924: „... Es geht ein Übergang vom Kapitalismus der freien Konkurrenz zum organisierten Kapitalismus vor sich. Damit wächst zugleich die bewußte Ordnung und Leitung der Wirtschaft, die die immanente Anarchie des Kapitalismus der freien Konkurrenz auf kapitalistischer Basis zu überwinden strebt ... Würde diese Tendenz sich ohne Hindernisse durchsetzen können, würden ... die Krisen oder wenigstens deren Rückwirkung auf die Arbeiter gemildert werden ... Das Arbeitsverhältnis erhält einen stetigeren Charakter, die Arbeitslosigkeit wird weniger drohend, ihre Folgen durch Versicherung gemildert ..." Zehn Jahre genügten, um die vollständige Haltlosigkeit dieser angeblich „marxistischen" Analyse schlagend zu beweisen.

1929—1933 spielte sich auf Basis der allgemeinen Krise des Kapitalismus ab und erhielt hierdurch ihr besonderes Gepräge.[21]

Wir können an dieser Stelle keine ausführliche Analyse der allgemeinen Krise geben.[22] Wir müssen uns auf jene Momente beschränken, die für die Gestaltung der industriellen Krise am wichtigsten sind.

a) *Die Erschütterung des kapitalistischen Gesellschaftssystems,* die sich in dem Vorhandensein und Aufblühen der Sowjetunion auf sozialistischer Grundlage, in dem Bestehen Sowjetchinas, in der Ausdehnung und Vertiefung der kolonialen revolutionären antiimperialistischen Bewegung, in dem Heranreifen der revolutionären Krise in den kapitalistischen Ländern usw. geltend macht und dicht an den Beginn des zweiten Turnus der Revolutionen herangeführt hat, erzeugt eine allgemeine Unsicherheit, erschwert die Neuanlage von Kapital und langfristigen Unternehmungen in der ganzen Welt.

b) *Der Widerspruch zwischen Produktionskräften und Produktionsverhältnissen in der kapitalistischen Welt ist ständig scharf.* Dies äußert sich in der chronischen Enge des Absatzmarktes auf kapitalistischer Basis, führt zu einem heftigen Kampf um jede Absatzmöglichkeit und zu einer Verschärfung der imperialistischen Gegensätze, die uns dicht an den zweiten Turnus von Kriegen herangeführt hat. Die Manövrierfähigkeit des Kapitals wird hierdurch sehr eingeengt. Die chronische Enge des Absatzmarktes macht sich ökonomisch in folgendem geltend:

1. *infolge der chronischen Agrarkrise* fortschreitende Einschränkung der Kaufkraft der landwirtschaftlichen Bevölkerung für Industriewaren;

2. *chronischer Überfluß an Kapital,* vor allem an industriellem Kapital (ständige Unausgenütztheit großer Teile des Produktionsapparates),[23] aber auch an Handelskapital („Überbesetzung des Handels") und an Leihkapital (mit Ausnahme der akuten Phase der Kreditkrise);

3. *chronische Massenarbeitslosigkeit,* die im Gegensatz zur industriellen Reservearmee der Epoche des Industriekapitalismus auch in der Prosperitätsphase nicht verschwindet und — von der zyklischen Bewegung abgesehen — immer mehr anwächst.

Dies sind die allerwichtigsten Momente der allgemeinen Krise des Kapitalismus, die die besondere Tiefe, Schärfe und Länge der Großen Krise 1929—1933 bestimmen.

Die Tiefe der Krise

Wir nehmen als Maßstab den Rückgang der industriellen Produktion. Ein Gesamtindex liegt nur für Deutschland vor:[24] (vgl. Tabelle 1).

21 Auch die Krise 1920—1921 spielte sich bereits in der Periode der allgemeinen Krise des Kapitalismus ab; aber sie erhielt ihr Gepräge — wie wir oben bereits ausführten — vor allem durch die Wirkung der Kriegsfolgen.

22 Vgl. Programm der kommunistischen Internationale; J. W. Stalin, Politischer Rechenschaftsbericht des Zentralkomitees an den XVI. Parteitag der KPdSU (B), in: ders., Werke, Bd. 12, Berlin 1954; Sammelband „Obščij Krizis Kapitalizma".

23 Die Produktionskapazität der deutschen Industrie war 1929 zu 67,4% und 1933 bloß zu 35,7% ausgenützt, die 48stündige Arbeitswoche als Grundlage genommen.

24 Errechnet vom „Institut für Konjunkturforschung" Berlin.

a) Die Zahlen beziehen sich auf die Jahre 1898 und 1900. Die Krise hatte in der Abteilung II *früher* begonnen und früher geendet: daher der Umstand, daß der allgemeine Index ein Steigen zeigt, während die beiden Teilindexe, jeder gesondert, ein Fallen zeigen.

Tabelle 1
Die Änderung der industriellen Produktion Deutschlands nach Zyklen

Jahr der Prosperität	Jahr der Krisentiefs	Allgemeiner Index			Produktionsmittel			Konsumtionsmittel		
		Prosperitätsjahr	Krisenjahr	Änderung (in %)	Prosperitätsjahr	Krisenjahr	Änderung (in %)	Prosperitätsjahr	Krisenjahr	Änderung (in %)
1865	1866	15,9	16,0	+ 0,6	12,4	12,4	0,0	26,0	26,3	+ 1,2
1872	1874	22,9	21,5	— 6,1	17,6	16,9	— 4,0	38,0	34,3	— 9,7
1885	1886	32,2	32,7	+ 1,6	27,7	28,3	+ 2,2	45,0	45,1	+ 0,2
1891	1892	41,4	40,0	— 3,4	35,5	33,8	— 4,8	58,0	57,7	— 0,5
(1898)	(1900)									
1900	1901	64,7	64,9	+ 0,3	62,1	61,1	— 1,6	75,0	72,2	— 3,7a)
1906	1908	34,3	78,8	— 6,5	83,0	76,0	— 8,4	89,2	87,0	— 2,5
1922	1923	71,4	46,9	—34,4	70,7	43,4	—38,6	76,3	58,8	—22,9
1929	1932	103,1	61,2	—40,6	103,0	48,4	—53,0	106,2	79,4	—25,3

Diese Tabelle illustriert mit vollster Klarheit unsere vorhergehenden Ausführungen:

a) *In der Epoche des industriellen Kapitalismus*, als der deutsche Kapitalismus einen raschen Aufstieg aufwies, sind die Krisen in der entscheidenden Sphäre der Produktion sehr mild: *Es findet in drei Krisen überhaupt kein Rückgang der industriellen Produktion statt, sondern bloß eine Verlangsamung des Wachstumstempos.*

b) In der Epoche des industriellen Kapitalismus, als die Entwicklung der Produktivkräfte noch durch keine Monopole beschränkt wurde, ist der Rückgang in der Produktion von Produktionsmitteln *nicht* höher, sondern geringer als jener der Produktion von Konsumtionsmitteln.

c) *In der Epoche des Imperialismus* und insbesondere in der Periode der allgemeinen Krise erhöht sich der Rückgang der industriellen Produktion in der Krise sprunghaft. Zugleich verschiebt sich der Schwerpunkt der Krise, infolge der Wirkung der Monopole und des für die allgemeine Krise charakteristischen chronischen Überflusses an Produktionsmitteln auf die Abteilung I.

d) *Die letzte Krise übertrifft an Tiefe weitaus alle vorhergegangenen.* Insbesondere ist die Produktion von Produktionsmitteln auf weniger als die Hälfte gefallen, während die Produktion von Konsumtionsmitteln nur um ein Viertel zurückgegangen ist.

Für die anderen Länder gibt es keine in dieser Weise errechneten allgemeinen Indexe. Wir ersetzen dieselben durch die für lange Zeit vorhandenen Daten der *alten* Industrien. Die folgende Tabelle 2 gibt den *prozentuellen Rückgang*[25] *vom Jahre der Prosperität bis zum tiefsten Krisenjahr.*

Tabelle 2
Vereinigte Staaten von Amerika

	Rückgang der Produktion (in %)			
	Kohle	Eisen	Stahl	Verbrauch von Baumwolle
1857—58	1,7	20,2	—	27,4
1865	+ 0,5 (Erhöhung)	17,9	—	—
1874—75	9,1	27,0	+ 8,5 (Erhöhung)	9,6
1884—85	7,5	12,5	10,7	15,4
1893—94	6,4	27,3	18,4	19,8
1907—08	13,4	38,2	40,0	8,9
1920—21	27,5	54,8	53,0	20,0
1929—33	41,7	79,4	76,3	31,0

Diese Tabelle zeigt im Wesen dieselbe Dynamik, wie jene Deutschlands. Der gewaltige Rückgang in der Produktion von Stahl und Eisen, der typischen Rohstoffe der Produktionsmittel, in der letzten Krise ist besonders bezeichnend. Etwas abweichend ist das Bild in *England* und *Frankreich.* In England war der Rückgang der Produktion in der gegenwärtigen Krise prozentuell geringer als in der ersten Nachkriegskrise. Dies ist darauf zurückzuführen, daß die allgemeine Krise in England besonders ausgeprägt ist; daher gab es dort in den Jahren 1928—1929 keinen wirklichen Aufschwung. In *Frankreich* hingegen war die Krise 1920—1921 relativ mild (Rückgang des allgemeinen Indexes der

25 Errechnet in der Konjunkturabteilung des „Instituts für Weltwirtschaft und Weltpolitik", Moskau.

industriellen Produktion nur 11%, gegenüber 31% in der letzten Krise), weil der Wiederaufbau der verwüsteten Gebiete der Industrie einen starken Sonderabsatz schuf. Aber diese Ungleichmäßigkeit nach einzelnen Ländern ändert nichts an der Tatsache, daß *die Krise 1929—1933 im Weltmaßstab weitaus die tiefste in der Geschichte des Kapitalismus war.*

Die entscheidende Rolle in dieser besonderen Tiefe der letzten Krise spielt der chronische Überfluß an Produktionsmitteln, der die Abteilung I in der großen Krise im *Weltmaßstab* besonders stark zurückgeworfen hat, wie folgende Tabelle 3 zeigt:

Tabelle 3

Index der industriellen Produktion der Welt[26] (1928 = 100)

	1913	1929	1930	1931	1932	1933
Produktionsmittel	69	110	96	82	62	75
Konsumtionsmittel	81	105	98	91	89	96

Im tiefsten Krisenjahr, 1932, *war die Produktion in Abteilung I um rund 10% unter das Niveau von 1913 gefallen,* während die Produktion in Abteilung II um *rund 10% über dem Niveau von 1913 stand.*

Den Rückgang der Produktion in den wichtigsten Ländern — geteilt nach Abteilungen — zeigt im Jahre 1932 folgende Tabelle:

Tabelle 4
Index der industriellen Produktion im Jahre 1932 (1928 = 100)

	USA	Deutschland	England	Polen	Frankreich	Japan
Abteilung I	48,2	50,2	85,3	49,4	80	99,5
Abteilung II	81,3	77,7	90,5	61,6	64	110,3

Diese Zahlen zeigen eine starke Ungleichmäßigkeit zwischen den einzelnen Ländern. Das Darniederliegen der Produktion von Produktionsmitteln ist am stärksten in den Vereinigten Staaten und *Deutschland*, in jenen zwei Ländern, wo der industrielle Produk-

26 Für die Jahre 1932—1933 gibt es diese Statistik der kapitalistischen Welt ohne die Sowjetunion nicht. Für die *früheren* Jahre sind die Zahlen folgende:

	1913	1929	1930	1931
Produktionsmittel	69	109	94	78
Konsumtionsmittel	81	104	93	92

Wie wir bei Vergleich der Daten für 1931 sehen, *verschiebt die Einbeziehung der UdSSR den Weltindex in bedeutendem Maße zugunsten der Abteilung I.* (Zahlen des Instituts für Konjunkturforschung, Sonderheft Nr. 31, S. 67; für die Jahre 1932—1933, Wochenbericht Nr. 27 vom 14. Juli 1934.)

tionsapparat vor der Krise im Zusammenhang mit der Rationalisierung am stärksten ausgedehnt und modernisiert wurde. (Bei Polen spielt der Kapitalmangel, das Aufhören des Kapitalimports eine große Rolle.) *Frankreich* nimmt während der ganzen Dauer der Krise eine Ausnahmestellung ein: Der Rückgang in Abteilung I war immer geringer als in Abteilung II. Die wichtigsten Ursachen hierfür sind: verspäteter Beginn und geringeres Ausmaß der Rationalisierung vor der Krise, große Befestigungs-, Hafen-, Kanalbauten in der Krise, bedeutendes Gewicht der von der Krise besonders stark getroffenen Luxusindustrie in Abteilung II. In *England* ist der Rückgang der Produktion überhaupt geringer, weil die Produktion in dem als Basis genommenen Jahr 1928 bereits sehr niedrig war. In *Japan* war der Tiefpunkt der Krise bereits im Jahre 1931 erreicht.

Von den einzelnen Produktionszweigen haben neben Eisen- und Stahlindustrie die Bauindustrie, der Schiffbau und der Maschinenbau am stärksten unter der Krise gelitten, also jene Industriezweige, die vor allem Waren produzieren, die als *fixes Kapital* dienen sollen. Über die Methode, jede Vergrößerung des fixen Kapitals zu vermeiden, lesen wir folgendes:

„Im letzten halben Jahr wurden in Deutschland Aufträge auf Werkzeugmaschinen nur ganz vereinzelt erteilt. Sie gingen fast ausschließlich von kleinen und mittleren Firmen aus. Die großen Werke und Konzerne dagegen haben, soweit Produktionseinrichtungen in Frage kamen, ihren Einkauf gesperrt. *Dringenden Bedarf decken sie aus den Maschinenparks der weniger beschäftigten Abteilungen der Werke.*“[27]

Unter dem Einfluß des chronischen Überflusses an Produktionskapazität ging in der Krise die *Produktion von Produktionsmitteln in einzelnen Ländern so stark zurück, daß sie nicht einmal den laufenden natürlichen Verschleiß deckte.* Dies wurde von bürgerlichen Autoritäten bereits für das Jahr 1931 anerkannt. So schreibt das „Institut für Konjunkturforschung“:

„*1931 dürfte im Gesamtbereich der deutschen Volkswirtschaft die Minderung der vorhandenen Anlagen durch laufenden Verschleiß und Überalterung größer gewesen sein als die Summe der Ersatzinvestitionen und der vereinzelten Neuinvestitionen.* Mit anderen Worten: Die deutsche Volkswirtschaft hat im Jahre 1931 von der Substanz gezehrt.“[28]

Im Jahresbericht des amerikanischen Stahltrustes (United Steel Corporation) für 1931 heißt es:

„Die Durchschnittsjahresproduktion von Rohstahl in den zehn Jahren von 1922 bis 1931 war 43 Mio t, verglichen mit einer Produktion von 26 Mio t im Jahre 1931. *Die Annahme scheint begründet zu sein*, daß, auf der Basis des Durchschnittsverbrauchs der Vereinigten Staaten an Stahlprodukten während der letzten 10 Jahre, *der Bedarf des Inlands für Aufrechterhaltung der Betriebe und des laufenden Verbrauchs allein — ohne Entwicklung und Ausdehnung — eine bedeutend größere Tonnage erfordern würde als der Konsum im Jahre 1931.*“

Im Jahre 1932 ist aber die Rohstahlproduktion der USA auf nahezu die Hälfte des Jahres 1931 gefallen; es ist daher offenbar, daß die Produktion den laufenden Verschleiß bei weitem nicht gedeckt hat.

27 H. Schoening, Die deutsche Werkzeugmaschinenindustrie, Zeitschrift des Vereins Deutscher Ingenieure vom 4. März 1933.

28 Wochenbericht vom 9. März 1932.

Der Verfall des fixen Kapitals in der Krise läßt sich in einigen Fällen unmittelbar feststellen. Wir wollen zwei Beispiele anführen: *die amerikanischen Eisenbahnen und die Baumwollindustrie* (vgl. Tabelle 5).

Tabelle 5
Zahl der installierten Baumwollspindeln (in Mio)

	1. VIII. 1929	1. II. 1933	Abnahme	%
Kapitalistische Welt	156,7	148,4	8,3	5
Hiervon:				
England	55,9	48,0	7,9	14
USA	34,8	31,0	3,8	11
Deutschland	11,3	9,9	1,4	13

Quelle
International Cotton Statistics, März 1934.

Während in dem Jahrfünft vor der Krise die USA-Eisenbahnen jährlich etwas über zwei Mio t neue Schienen zum Ersatz der abgenutzten auf ihren Linien auswechselten, wurden im Jahre 1932 bloß 500000 t Schienen ausgewechselt.

Ähnlich steht es mit dem rollenden Material der USA-Eisenbahnen.

Es wurden bestellt:

	1929	1931	1932 bis Sept. 1933
Lokomotiven	1212	325	—
Personenwagen	2303	11	—
Güterwagen	111000	11000	2000

Die Reparaturen an Lokomotiven und Waggons wurden derart vernachlässigt, daß der Bestand an arbeitsfähigen Lokomotiven gegenwärtig um viele Tausende kleiner ist als vor der Krise. (Daten aus „Railway Age", verschiedene Nummern.)

Der Abbau der Textilindustrie erfolgte in den führenden kapitalistischen Ländern; dagegen fand in den kolonialen Ländern auch während der Krise eine gewisse Ausdehnung der Textilindustrie statt. Daher ist die Abnahme in der ganzen Welt geringer, als die in den drei führenden kapitalistischen Ländern zusammen.

Ein ähnliches Bild zeigt die Entwicklung der Tonnage der *Seeschiffe*:

Nettotonnage (Mio t — brutto —) Insgesamt		Hiervon	
		Dampfer	Motorschiffe
1929 Juni	68,07	59,78	6,63
1934 Juni	65,58	53,75	10,60
	— 2,39	— 6,03	+ 3,97

Quelle
Bulletin mensuel de statistique, Juli 1934, S. 292.

Diese Zahlen verdecken jedoch die Gegensätzlichkeit und Ungleichmäßigkeit der Entwicklung. Während der Jahre 1929—1933 wurden fast 9 Mio t an *neuen* Schiffen vollendet, so daß die Abwrackung ungefähr 12 Mio t betrug. Dabei waren Mitte 1933 nicht weniger als 11,6 Mio t aufgelegt, aus dem Verkehr gezogen. Aber die internationale Konkurrenz und die Kriegsvorbereitungen drängten zum Bau von neuen, noch rascheren Motorschiffen. Mitte 1934 wurde an 1,2 Mio t Schiffsneubauten gearbeitet.

Nach Ländern verteilt, ergibt sich ein ähnlich ungleichmäßiges Bild wie bei der Baumwollindustrie:

Verlust an Schiffsbestand zwischen Mitte 1929 und 1934

England	USA	Deutschland
2,43	1,48	0,4

Hingegen haben verschiedene kleine Staaten ihre Tonnage vermehrt. Die Tendenz zum Abbau der weltwirtschaftlichen Arbeitsteilung zeigt sich hier ebenso wie in der Baumwollindustrie.

Diese Daten und Tatsachen — die man nach Belieben vermehren könnte — zeigen die besondere, alle vorhergehenden Krisen übertreffende Tiefe der großen Wirtschaftskrise. Die Produktion wäre noch tiefer gefallen, *wären nicht die gewaltigen Kriegsvorbereitungen gewesen*, die einen Teil der Industrie mit Aufträgen versahen. Die Verfaulung des Kapitalismus tritt in diesen Tatsachen klar zutage.

Der allumfassende Charakter der Krise

Die *letzte Krise* unterscheidet sich von allen *vorhergehenden* — wie dies Genosse Stalin in seinem Bericht an den 17. Parteitag betonte — durch ihren *allumfassenden Charakter*. Studieren wir die Geschichte der vorhergehenden Krisen, so finden wir, daß es immer einzelne Länder und einzelne Produktionszweige gegeben hat, die von der Krise verschont blieben.[29] Die gegenwärtige Krise hat, indem sie sich mit der chronischen Agrarkrise verflocht, alle Länder — Industriestaaten und Agrarstaaten, imperialistische Länder und Kolonien, Produktionsmittel und Konsumtionsmittel, Lebensmittel- und Rohstoffproduktion, Innen- und Außenhandel, Börse und Kredit — ohne Ausnahme erfaßt.

Eine Ausnahme bilden nur einige Industriezweige, die *unmittelbar* der Kriegsvorbereitung dienen: Flugzeugbau, Kunstseidenproduktion u. a. In diesen Industriezweigen ist die Produktion auch während der Krise gestiegen, und die Produktionskapazität wurde durch Neubauten vergrößert, obwohl die vorhandenen Anlagen bei weitem nicht voll ausgenutzt sind.

Weltproduktion

	1923	1929	1930	1931	1932	1933
Kunstseide (Tsd. dz)	174	208	200	224	240	302

Quelle
Statistisches Jahrbuch des Völkerbundes 1933—1934.

29 Siehe z. B. Thorp, Business Annals, New York 1926.

Die Entwicklung war sehr ungleichmäßig. In Japan stieg z. B. laut *Schätzung* des Völkerbundes die Produktion von Kunstseide von 7500 dz 1928 auf 44000 dz 1933.

Die lange Dauer der Krise

Die letzte Krise ist zweifellos die längste in der Geschichte des Kapitalismus. Indes lassen sich exakte Vergleichsziffern schwer geben. Aus folgenden Gründen:

a) Der *offene Ausbruch* der Krise läßt sich zeitlich genau feststellen (obwohl die Krise in Form einer Anhäufung von unverkäuflichen Waren längere Zeit hindurch heranreift). Dagegen ist der Übergang von der Krise zur Depressionsphase ein nicht fest umgrenzter, durch Rückfälle unterbrochener Prozeß. Die Bestimmung des Zeitpunktes, wann — nachdem der Tiefpunkt der Krise überschritten war — die Krise in die Depression übergegangen ist, kann immer nur mehr oder weniger willkürlich geschehen. Genau angeben läßt sich nur die Zeitspanne zwischen dem *höchsten Punkt der Produktion und dem Tiefpunkt der Krise*, der aber noch nicht das Ende der Krise bedeutet.

b) Aus technischen Gründen: Für die älteren Zyklen besitzen wir *keine monatlichen* Produktionsdaten, sondern nur Jahresdaten. Wir wollen uns daher auf einige Beispiele aus den USA beschränken (vgl. Tabelle 6).

Tabelle 6
Dauer des Rückganges der Produktion (Monate)

Krise	Eisen	Kohle	Baukontrakte
1907—08	3	6	9
1920—21	16	4	9
1929—32	39	41	57

Die lange Dauer des Rückganges der Produktion bis zum Tiefpunkt der Krise, die zugleich die ungewöhnlich lange Dauer der ganzen Krise bestimmt, folgt aus der allgemeinen Krise des Kapitalismus, der Wirkung der Monopole, die den Preisfall ihrer Waren zu verhindern suchten, und teilweise aus den Versuchen der Bourgeoisie, durch staatliche Maßnahmen die Krise rasch zu überwinden, die im Ergebnis zu einer Verlängerung der Krise führten.

Der Preisfall in der Krise

Der Preisfall in der Krise war — mit Ausnahme der Nachkriegskrise — *unvergleich stärker als in irgendeiner der vorhergehenden Krisen.*[30] Dieser gewaltige Preisfall bildet die Grundlage einer Reihe von wichtigen, qualitativ neuen Krisenmomenten: Entwertung der

30 Der Preisfall in den vorhergehenden Krisen betrug ungefähr 10%. *Die große Preisfallperiode im 19. Jahrhundert, von 1873 bis 1896, trägt keinen zyklischen Charakter.* Der Preisfall war die Folge einerseits der großen Agrarkrise, anderseits der Verminderung des Wertes, der kapitalistisch produzierten Waren infolge des technischen Fortschritts, der Erhöhung der Produktivität der Arbeit, die in dieser Aufstiegsperiode des Kapitalismus sehr groß war.

Valuten, Nichtbezahlung der Auslandsschulden, Aufhören des Kapitalexports.[31] Wir müssen uns daher mit deren Ursachen eingehender beschäftigen.

Die Preisgestaltung in den wichtigsten Ländern während der Krise war folgende (vgl. Tabelle 7):

Tabelle 7
Index der Großhandelspreise (1913 = 100)

Jahresdurchschnitt	Deutschland	Frankreich (in Goldfrancs)	England (Economist)	USA	Japan
1929	137	127	127	137	166
1930	125	113	107	124	137
1931	111	102	89*	105	116
1932	97	87	86	93	122**
1933	93	81	87	94***	136

* Inflation seit September 1931.
** Inflation seit Ende 1931.
*** Inflation seit April 1933.

Quelle
Bulletin mensuel de statistique (Völkerbund), 7/1934.

Diese Zahlen sind untereinander *nicht vergleichbar*, da verschiedene Waren und dieselben Waren mit verschiedenem Gewicht gewertet als Grundlage dienen. Aber die *Bewegung* des Preisniveaus ist (die Inflationswirkung in Betracht gezogen) die gleiche (vgl. Tabelle 8):

Tabelle 8
Preisfall (in %) von 1929 bis 1933 (im Jahresdurchschnitt)

Deutschland	Frankreich	England	USA
32	36	31	31

Ungefähr um die gleiche Prozentzahl sind die Preise in allen Ländern, wo *keine starke Entwertung der Valuta stattfand*, gefallen. Die Ursachen dieses starken Preisfalls liegen nicht bloß in der Schärfe der Krise, sondern auch in folgendem:

Während des Krieges hat die Nachfrage nach Waren das Angebot ständig so stark überschritten, daß die Preise fast aller Waren bedeutend über ihren Wert stiegen. Diese Behauptung scheint einer der Grundthesen des Marxismus, wonach der Preis der Waren durch ihren Wert bestimmt wird, zu widersprechen. Dem ist jedoch nicht so. Unter *außergewöhnlichen* Umständen, wo die Nachfrage das Angebot auf längere Zeit stark übersteigt, können und müssen die Preise über den Wert steigen. Die Preise werden nur im allgemeinen, nur unter „normalen" Verhältnissen durch den Wert bestimmt.

31 *Die Ungleichmäßigkeit des Preisfalls* — die Monopolpreise fielen viel weniger als die freien Preise, die Preise der Industriewaren weniger als die der Agrarprodukte usw. — *bildet einen besonderen Faktor der Verschärfung der Gegensätze in der Krise.* Wir sprechen darüber in diesem Zusammenhang später.

„Soweit Krisen aus *Preisveränderungen* und *Preisrevolutionen* hervorgehen, die *mit den Wertveränderungen der Waren nicht zusammenfallen*, können sie natürlich nicht entwickelt werden bei Betrachtung des Kapitals im allgemeinen, wo mit den *Werten* der Waren *identische* Preise *vorausgesetzt* werden.“[32]

Wir sehen: Marx sieht die Möglichkeit von „Preisrevolutionen“ ohne Änderung des Wertes voraus. Noch mehr: In jedem Zyklus steigen die tatsächlichen Marktpreise in der Hochkonjunktur *über* den Wert, fallen die Marktpreise in der Krise *unter* den Wert. Die Gleichheit der Preissumme und der Wertsumme der Waren gilt für den ganzen Zyklus im Durchschnitt. Marx sagt: „. . . in der Prosperitätsperiode, und namentlich während der Zeit ihrer Schwindelblüte, wo . . . der relative, in Waren ausgedrückte Wert des Geldes fällt (ohne wirkliche sonstige Wertrevolution), *also der Preis der Waren, unabhängig von ihrem eignen Wert, steigt.*“[33]

Die Loslösung der Preise vom Wert infolge des ständigen Überwiegens der Nachfrage über das Angebot während des Weltkrieges steht also in keiner Weise Widerspruch mit den Lehren von Marx. Im Gegenteil, es mußte so sein. (Die künstliche Erhöhung der Preise durch staatliche Maßnahmen — garantierte Mindestpreise in USA und England — spielte ebenfalls eine Rolle.)

Die Preise *in Gold* stiegen bis Ende des Weltkrieges auf mehr als das Doppelte des Jahres 1913. In der Krise 1920—1921 wurde diese Überhöhung der Preise nur zur Hälfte liquidiert, worauf eine Stabilisierung der Preise auf diesem noch immer stark überhöhten Niveau stattfand. Der Preisindex in Gold schwankte in den Jahren 1922—1929 um 150, wenn wir 1913 als 100 setzen. Die Ursache, weshalb die Preise nicht weiter bis ungefähr auf das Vorkriegsniveau fielen, liegt *nicht* in einer Verminderung des Wertes des Goldes gegenüber der Vorkriegszeit, da keinerlei technische Neuerungen, die die in der Gewichtseinheit des Goldes enthaltene Arbeitszeit bedeutend herabgesetzt hätten, stattfanden. Die Ursache liegt unseres Erachtens darin, daß sehr wichtige Elemente der Produktionskosten — Pachten, Renten, Frachten, Beamtengehälter, Steuern usw. — in langfristigen Verträgen oder durch staatliche Verfügungen *gebunden*, in ihrer Höhe fixiert waren. Diese überhöhten Elemente der Produktionskosten hielten die Preise hoch, obwohl Angebot und Nachfrage sich mehr oder weniger deckten. Es bedurfte einer zweiten schweren Krise, um alle diese Bindungen zu zerstören und die Preise den der Vorkriegszeit gegenüber zweifellos (infolge der Erhöhung der Produktivität der Arbeit) gesunkenen Werten der Waren anzupassen. Aber diese Anpassung war ein gewaltsamer Prozeß, der die Krise besonders verschärfte, hierdurch die Überwindung der Krise sehr erschwerte, das ganze internationale Geld- und Kreditsystem zerrüttete und eines der Elemente des besonderen Charakters der gegenwärtigen Depression bildet.

Die Verminderung der Profite

Jede Krise bedeutet eine Verminderung der angeeigneten *Mehrwertsumme*, da die *Zahl der ausgebeuteten Arbeiter stark fällt* und die Herabsetzung der Löhne den Preisfall nicht wettmachen kann. Die Verminderung der Summe des angeeigneten Mehrwerts ist gleichbedeutend mit der Verminderung der Profitsumme.

Aber der starke Preisfall hat zur Folge, *daß der Profit noch stärker fällt als der Mehrwert.* Der Marktpreis der Waren wird nicht vom tatsächlichen Produktionspreis, sondern vom Re-

32 K. Marx, Theorien über den Mehrwert, Zweiter Teil, in: MEW, Bd. 26.2; Berlin 1974, S. 515 (Hervorhebung — E. V.).

33 K. Marx, Das Kapital, Zweiter Band, in: MEW, Bd. 24, a. a. O., S. 409 (Hervorhebung — E. V.).

produktionspreis bestimmt. Wenn die Elemente des konstanten Kapitals — Rohstoffe, Hilfsstoffe usw. — während des Produktionsprozesses im Preise sinken, so gelten im Marktpreis der fertigen Waren nicht die tatsächlichen Auslagen, sondern die Auslagen, die im Zeitpunkt des Verkaufs nötig wären, um die Rohstoffe, Hilfsstoffe usw. zu kaufen. Daher schließt bei scharfem Preisfall jeder Umschlag des Kapitals mit einem Verlust. Die Arbeiter werden ausgebeutet, der Mehrwert angeeignet, aber ein Profit ergibt sich nicht. Je länger die Produktionszeit, desto größer der Verlust.[34] Daneben spielt natürlich die Unausgenutztheit der Produktionsanlagen, die die Produktionskosten positiv erhöht, ebenfalls eine große Rolle.

Tabelle 9

Bilanzstatistik der wichtigsten Industrieländer

	1929	1930	1931	1932
USA (1928 = 100) „Nettoprofite" von 433 Industriegesellschaften der „Standard-Statistik"	113,5	67,6	28,0	7,0
England Gewinne (1924 = 100)	120,1	119,4	92,5	75,8
Deutschland Gewinnsumme (in Mio Mark)	315,0	207,0	116,0 (Verlust)	73,0

Wir betonen: Diese Zahlen beziehen sich nicht auf den Profit in unserem Sinne, sondern auf den *Unternehmergewinn* (Zinsen, Amortisation, Steuern sind abgezogen). Aber ein grob annäherndes Bild ergeben sie doch. Dabei ist es wahrscheinlich, daß *viele* Aktiengesellschaften, deren Kredit bereits gefährdet war, die Bilanzen „frisiert" haben, d. h. Gewinne auswiesen statt wirklich vorhandener Verluste.

Diese zusammenfassenden Zahlen verdecken große Ungleichmäßigkeiten. Je tiefer die Krise in den einzelnen Industriezweigen, je länger der Produktionsprozeß, desto größer der Verlust. Wir geben als Beispiel die USA.

Der Unternehmergewinn (Profit nach Abzug der Zinsen für Leihkapital, Steuern und Amortisation) von wichtigen Zweigen der Industrie in den USA im Jahre 1932 gestaltete sich wie folgt (vgl. Tabelle 10):

Tabelle 10

Monopole gegenüber Käufern und Lieferanten (USA)

	Zahl der Unternehmungen	Kapital (Mio)	Unternehmergewinn (Dollar)	%
Lebensmittelindustrie	41	785	44,1	5,6
Milchwaren	10	321	19,8	6,2
Brotfabriken	21	366	27,9	7,6
Tabak	28	894	110,3	13,4

Quelle

Bulletin der „National City Bank", April 1934.

34 Indem der Preisfall die Elemente des konstanten Kapitals verbilligt, bedeutet er Herabsetzung der organischen Zusammensetzung des Kapitals und damit Erhöhung der Profitrate auf Kosten eines starken Verlustes an Kapital. Aber die Wirkung macht sich erst geltend, wenn der Preisfall beendet ist.

Diese doppelseitigen Monopole, die ihre Rohstoffe von den unorganisierten Farmern zu sehr niedrigen Preisen kaufen und ihre Waren an die letzten Konsumenten absetzen, daher die Preise hochhalten können, bei denen die Produktionszeit sehr kurz ist (bei Bäckereien eigentlich nur ein Tag) und der Absatz relativ nicht stark gesunken ist, haben auch während der Krise schöne Profite eingeheimst.

Dies gilt nicht für alle Unternehmungen der Abteilung II, wie folgende Daten zeigen:

	Verlust (Mio Dollar)
Baumwollindustrie	13,7
Wollindustrie	11,0
Andere Textilien	11,6

Demgegenüber zeigten die Unternehmungen der Schwerindustrie, die ihre Rohstoffe selbst gewinnen oder zu hohen Monopolpreisen von anderen Monopolisten kaufen, bei denen die Produktionszeit länger und der Rückgang der Produktion viel stärker ist, trotz stärkster Monopolstellung große Verluste:

	Zahl der Unternehmungen	Kapital	Verlust
		(Mio Dollar)	
Eisen und Stahl	51	4030	160,9
Maschinenfabriken	73	537	39,0
Automobilfabriken	20	1382	40,5
Baumaterialien	44	601	19,5
Kupfergewinnung	14	450	10,7

Über die Wirkung des Preisfalls der *landwirtschaftlichen Produkte* sprechen wir später besonders.

Die Kreditkrise und ihre Besonderheiten

Jede Krise in der Produktionssphäre hat ihre Auswirkungen in der Kreditsphäre, aber der Beginn der Kreditkrise muß nicht zusammenfallen mit dem Ausbruch der Krise in der Produktionssphäre. Die Besonderheit der gegenwärtigen Krise besteht darin, daß der offene Ausbruch der Kreditkrise mit einer Verspätung von 2 bis 3 Jahren erfolgte. Sie kam in Deutschland im Sommer 1931, in den USA erst im März 1933 zum katastrophalen Durchbruch. Das sehr weit fortgeschrittene Verwachsen des Bankkapitals mit dem Industriekapital zum Finanzkapital *veranlaßte die Großbanken, alle ihre Hilfsmittel anzuspannen, um den offenen Ausbruch der Kreditkrise, die für sie selbst* — wie es der Krach aller deutschen Großbanken bewies — *höchst gefährlich werden konnte, in eigenem Interesse hintanzuhalten.*[35]

35 In den Krisen der Epoche des Industriekapitalismus, als die Banken vor allem *Wechselkredite* gaben und bei jedem Schuldner nur mit einer relativ kleinen Summe interessiert waren, trieben sie ihre Schuldner leichter in den Bankrott, um ihre Forderungen zu retten.

Aber je länger der Ausbruch in einem Lande hinausgeschoben wurde, desto katastrophalere Formen nahm die Kreditkrise an. Am schärfsten war sie in den USA, wo März 1933 bekanntlich alle Geldinstitute geschlossen werden mußten.

Der gewaltsame Ausbruch der Kreditkrise konnte vor allem wegen des gewaltigen Preisfalls nicht verhindert werden, der die reale Last der Verschuldung während der Krise um 30 bis 40 Prozent erhöhte.

Der Preisfall bedeutet eine gewaltige Verschiebung der realen Einkommensverteilung zugunsten der Kreditoren (Rentner) und zu Lasten der Schuldner (Industrielle, Bauern, Hausbesitzer, Handwerker). Anders ausgedrückt: Das Leihkapital in allen seinen Formen sollte aus der durch die Krise ohnehin stark verminderten Gesamtsumme der Profite nach wie vor den gleichen Betrag an Zinsen und Amortisationen erhalten. Dies war auf die Dauer unmöglich. Es ergaben sich drei Auswege:

1. Elementare Annullierung der Schulden durch Bankrotte.

2. Valutaentwertung, wodurch die reale Schuldenlast dem gefallenen Preisniveau angepaßt wurde.

3. Staatlich sanktionierte Nichtbezahlung der Schulden, sowohl der äußeren als auch der inneren.

Dem für den Kapitalismus normalen anarchischen Weg der Annullierung des untragbar gewordenen Teils der Schuldenlast durch Bankrotte konnte in dieser Krise nicht freier Lauf gelassen werden. Die Bankrotte erfaßten solche Kommandohöhen des Finanzkapitals, wie die Darmstädter und Dresdner Bank, die Wiener Creditanstalt, den Kreuger-Konzern in Schweden, den Samuel Insull-Konzern in den USA usw.; die Zahl der Bankrotte drohte infolge der Tiefe der Krise, infolge des gewaltigen Preisfalls so gewaltige Dimensionen anzunehmen, daß der vollkommene Zusammenbruch des Kreditsystems und politisch eine Gefährdung der Hegemonie der Bourgeoisie über die Bauernschaft und das städtische Kleinbürgertum drohte. *Die Welle der Bankrotte mußte eingedämmt werden.* Dies geschah entweder durch Entwertung der Valuta oder durch staatlich verordnete Herabsetzung der Zinsen, Verbot der Versteigerungen usw. im Inland, durch Moratorien gegenüber dem Auslande. So steigerte sich die Kreditkrise zur Bankkrise und zur Krise der Valuten.

Die Entwertung der Valuten

Die Entwertung der Valuten der Mehrzahl der Staaten bildet ein *qualitativ neues Moment*, das es in keiner vorhergehenden Krise gegeben hatte.[36]

Die allgemeine ökonomische Grundlage der Inflationswelle ist die Tatsache, daß die Last der äußeren und inneren Schulden infolge des starken Preisfalls untragbar geworden war. Die *unmittelbare Ursache* war in den einzelnen Ländern verschieden. Bei den an das Ausland verschuldeten Agrarländern: Passivität der Zahlungsbilanz als *Ergebnis des starken Fallens*

36 Frühere Fälle der Entwertung der Goldvaluten — auch die während der Nachkriegskrise — waren fast ausschließlich die Folge von Kriegen, die zu einer echten Inflation, zur Emission von Papiergeld zur Deckung der Kriegskosten geführt hatten. Die gegenwärtige Entwertung der Valuta ist *nirgends die Folge einer „Inflation" in diesem klassischen Sinne des Wortes*, d. h. eine Vermehrung des Papiergeldumlaufes zur Deckung des staatlichen Defizits. In manchen Ländern hat sich zwar die Notenzirkulation während der Krise erhöht — obwohl sie infolge des Preisfalls und der verminderten Produktion fallen sollte — aber die Vermehrung erfolgte nicht unmittelbar zur Deckung des Budgetdefizits, sondern weil wegen der Kreditkrise die Kassenreserven der Banken und anderer Unternehmungen stark vergrößert wurden, wie dies in solchen Zeiten immer der Fall ist.

der Preise der landwirtschaftlichen Produkte, so daß der Exportüberschuß die Zinsen und Amortisation der Außenschuld nicht mehr deckte. Bei England: *momentane* Passivität der Zahlungsbilanz und starker Goldabfluß wegen plötzlicher Zurückziehung großer Teile des in London kurzfristig angelegten ausländischen Kapitals. In den USA wurde die Entwertung der Valuta bei aktiver Zahlungsbilanz durch bewußte staatliche Maßnahmen hervorgerufen, um die Last der Schulden, die das ganze Kredit- und Banksystem dem Zusammenbruch nahe brachte, zu erleichern.

Die Inflation vollzog sich grob gesprochen in drei Wellen. Die *erste Welle* brachte die Inflation in einer Reihe von überseeischen Agrarstaaten. Die zweite, Herbst 1931, den Abgang Englands vom Goldstandard und die Anpassung der Valuten aller englischen Dominions, Indiens und der skandinavischen Länder an das entwertete Pfund. Die *dritte Welle* begann Frühjahr 1933: Abgang der USA vom Goldstandard. Der Prozeß der Inflation ist noch keineswegs abgeschlossen und dauert auch in der Depressionsphase weiter. Das Ergebnis Mitte 1934 ist folgendes:

a) *Es gibt noch 4 Staaten mit wirklichem Goldstandard*, d. h. wo die Banknoten auf Wunsch in Gold zur Parität eingelöst werden und das Gold frei exportiert werden kann: Frankreich, Holland, Schweiz und Belgien.

b) *Es gibt eine Gruppe von Staaten mit formellem Goldstandard.* Die Valuta ist nach *außen* hin, den anderen Ländern gegenüber, auf Goldparität. Aber dies wird erreicht nicht durch freie Goldbewegung, wie bei den Ländern mit wirklichem Goldstandard, sondern durch strengste Regulierung des Außenhandels, des Valutaverkehrs, durch Verbot der Ausfuhr eigener Banknoten. In einigen Ländern kommt noch die *Nichtbezahlung* der äußeren Schulden hinzu, über die wir später sprechen. Zu dieser Gruppe gehören Deutschland (nach der Devalvation), Italien, Polen, Ungarn, Rumänien, Tschechoslowakei, Bulgarien, Lettland, Litauen. In einigen von diesen Ländern, z. B. Deutschland, gibt es faktisch *zwei Valutakurse*: den einen offiziellen, der Goldparität entsprechenden, für staatlich gewährte Valutazuteilung; den zweiten für Markbeträge in Besitz von Ausländern, die nur im Inland verwendbar sind (Registermark u. a.) mit einem Disagio von 20 bis 50%. Marknoten werden im Ausland mit einem Disagio von 20 bis 50% gehandelt.

c) *Alle anderen Staaten haben eine offen entwertete Valuta.* Innerhalb derselben gibt es drei Gruppen:

1. *Der Sterlingblock*: Es ist dies die Gruppe von Ländern, die — wirtschaftlich eng mit England verbunden — *ihre Valuten* an das Pfund Sterling „angehängt" haben, das heißt, der Kurs ihrer Valuta gegenüber dem Gold wird entsprechend der Kursbewegung des Pfund Sterling reguliert. Anders ausgedrückt: Das englische Pfund spielt für sie gewissermaßen die Rolle des Weltgeldes. Zu dieser Gruppe gehören alle englischen Dominions und Kolonien, die skandinavischen Staaten, Portugal, Argentinien und Brasilien.

Die englische Bourgeoisie war durch die momentane Passivität ihrer Zahlungsbilanz, die zu einem starken Goldabfluß geführt hatte, zweifellos *gezwungen, den Goldstandard aufzugeben.* Sie tat es ungern, höchst ungern, in Anbetracht der großen Gewinne, die sie aus ihrer Stellung als Weltbankier zieht: Dies beweist die Tatsache, daß der Versuch gemacht wurde, durch Aufnahme großer Anleihen in den USA und in Frankreich die nötige Valuta zur Aufrechterhaltung des Goldstandards zu beschaffen. Der Zustand der Weltbörsen erlaubte es nicht, die in englischem Besitz befindlichen ausländischen Wertpapiere auf den Markt zu werfen, um sich Valuta zu beschaffen, da dies zu einem katastrophalen Börsenkrach geführt hätte. Als aber die Entwertung sich als unvermeidlich erwies, zog die englische Bourgeoisie den möglichst größten Nutzen daraus, indem sie einerseits die

Entwertung des Pfund Sterling im Kampf um den Absatz auf dem Weltmarkt ausnutzte und anderseits die Rolle des Pfund Sterling als Weltvaluta trotz der Entwertung — der sie durch Wiederherstellung des freien Goldverkehrs rasch feste Grenzen setzte — wiederherstellte. Der Goldschatz der Bank von England ist gegenwärtig größer als je.[37]

2. *Die zweite Gruppe bildet der Dollar-Block:* die USA und einige Mittel- und Südamerikanische Staaten, deren Valuta entsprechend der Entwertung des Dollar reguliert wird.

Die Aufgabe des Goldstandards in den USA war nicht durch *monetären* Zwang, nicht durch einen Goldabfluß, der die Goldreserven wegzuschwemmen begann, bedingt, wie in England oder Japan. (Der Goldabfluß Anfang 1933 mußte zum Stillstand kommen, sobald die relativ unbedeutenden kurzfristigen Guthaben ausländischer Banken abgezogen waren.) Es wurde überhaupt kein Versuch gemacht, die riesigen Goldreserven — mehr als 4 Mrd. *alte* Dollar — zum Schutze der Valuta einzusetzen! Der Abgang vom Goldstandard wurde bewußt zu dem Zwecke vorgenommen, die unhaltbare Lage der Schuldner, die unter der Last der Schulden zusammenbrachen, zu erleichtern: um die Verteilung des Profits zwischen industriellem Kapital und Leihkapital zugunsten des ersteren zu verschieben.

Aber das Aufgeben des Goldstandards allein genügte nicht, um eine Entwertung des Dollars herbeizuführen. Die Handelsbilanz der USA ist — im Gegensatz zu England — stark aktiv. Ebenso die Zahlungsbilanz. Es mußten daher besondere Mittel zur Anwendung gelangen. Die Aktivität der Zahlungsbilanz der USA genügt, um den neu fixierten Goldwert der Banknoten auch ohne ihre Umtauschbarkeit in Gold aufrechtzuerhalten.

Das gegebene Mittel zur Weitertreibung der Entwertung wäre die Emission von ungedecktem Papiergeld zur Deckung des Budgetdefizits gewesen. (Die Vollmacht zur Emission von 3 Mrd. Dollar zuschüssigen Papiergeldes hatte Roosevelt vom Senat erhalten.) Indessen schreckte Roosevelt vor dieser „offenen" Inflation bisher zurück und wählte einen in der Geschichte des Kapitalismus ganz neuen Weg: den Ankauf von Gold zu höheren Preisen, als es dem jeweiligen Kurs des Dollar in Goldfrancs entsprechen würde, den Weg der künstlichen Herabdrückung des Dollar-Kurses. Durch dieses Verfahren ist es bis Ende 1933 gelungen, den Kurs des Dollar um 40% des Goldwertes herabzusetzen, auf welchem Niveau auf Drängen der entscheidenden Teile der Großbourgeoisie eine tatsächliche Stabilisierung erfolgte, ohne den Goldstandard wiederherzustellen.

3. Die dritte Gruppe der Staaten bilden jene, die ihre entwertete Valuta weder an das Pfund noch an den Dollar „angehängt" haben. Die Mehrzahl von ihnen sind *agrarische Schuldnerstaaten*, die infolge des starken Preisfalls der Agrarprodukte, aus ihrem Exporterlös die Valuta zur Bezahlung der Zinsen und Amortisation ihrer Auslandsschulden nicht mehr aufbringen konnten. Sie wurden — nachdem ihr Goldvorrat ausgeschöpft war — zur Inflation und zur Einstellung der Bezahlung der Auslandsschulden gezwungen. Zur Illustrierung diene die Tabelle 11.

Diese Zahlen zeigen, daß der reine Erlös aus dem Export von 199 auf 43 Mio Dollar fiel, während die Zinsen und anderen Verpflichtungen an das Ausland nur von 234 Mio auf 139 Mio zurückgingen. Während der Krise zahlte Argentinien 218 Mio Dollar in Gold aus, machte, solange es möglich war, neue Auslandsschulden zur Bezahlung der Zinsen der alten, bekam aber im Jahre 1930—1931 keine neuen Anleihen mehr. Inflation und teilweise Einstellung der Zinszahlungen an das Ausland wurden unvermeidlich.

37 Über 100 Mio £ Gold wurden aus Indien herausgepumpt.

Tabelle 11
Zahlungsbilanz Argentiniens während der Krise

	Aktivsaldo der Handelsbilanz	Zinsen und Dividenden an das Ausland	Für andere Dienste*	Zusammen	Goldexport	Zunahme der Verschuldung an das Ausland
1927—28	+199	—182	—52	— 35	—146 (Imp.)	131
1928—29	+114	—188	—49	—123	+119	38
1929—30	—103	—158	—38	—299	+ 56	167
1930—31	+ 43	—117	—22	— 96	+123	10

* Schiffsfrachten und ähnliches.

Quelle
Statistisches Jahrbuch des Völkerbundes 1932—1933, S. 173.

So sehen wir, daß obwohl der starke Preisfall die *allgemeine ökonomische Grundlage* der Entwertung der Valuten war, der konkrete ökonomische Mechanismus, der zur Inflation führte, in verschiedenen Ländern (bzw. Ländertypen) verschieden war.

Einige Worte über die Länder mit Goldvaluta.

Es fällt in die Augen, daß alle Staaten, die tatsächlich oder formell an der Goldparität festhalten — mit Ausnahme der typischen Rentnerstaaten Holland und Schweiz — *lauter Staaten sind, die in der Nachkriegszeit bereits einmal eine sehr starke Inflation durchgemacht hatten!* Das zähe Festhalten der deutschen, polnischen, ungarischen usw. Bourgeoisie an der Goldparität bedeutet natürlich keinesfalls, daß die kapitalistische Wirtschaft in diesen Ländern ökonomisch fester fundiert, von der Krise weniger zerrüttet wäre als in den USA oder in England, sondern daß sie eben wegen der Schwäche ihrer Ökonomie fürchtet, der Entwertung der Valuten, wenn sie einmal beginnt, *keine Grenze setzen zu können!* Eine Entwertung wie in der Nachkriegszeit aber würde zu einer gefährlichen Beschleunigung des Heranreifens der revolutionären Krise führen, indem sie die kleinbürgerlichen Sparer vor den Kopf stoßen und die Unzufriedenheit des Proletariats sprunghaft steigern würde . . .

In unserer Literatur wird oft viel zu vereinfacht die Entwertung der Valuta bloß als Mittel des Kampfes um den Außenmarkt, als Mittel der zuschüssigen Exploitation der Arbeiterschaft, als eine Erscheinung, die für die Bourgeoisie *nur* günstige Seiten hat, dargestellt. Dies ist natürlich unrichtig und undialektisch! *Die Entwertung der Valuta ist kein freiwillig angewendetes Heilmittel gegen die Krise, sondern ein Symptom der Krankheit und zugleich ein elementarer Faktor der weiteren Vertiefung der Krise.* Die Entwertung der Valuta gibt jenen Ländern, die *zuerst* zur Inflation gezwungen sind, einen vorübergehenden Vorteil im Kampf um den Absatz auf dem Weltmarkt: Aber dieser Vorteil verschwindet, sobald die Mehrzahl der Valuten entwertet ist. Die niedrigen Preise in Gold, zu denen die Inflationsländer im Ausland ihre Waren absetzen, bedeuten, daß sie *unter dem Wert verkaufen*, bedeuten eine *Verarmung* des Landes bei Bereicherung einzelner Inflationsgewinnler. Einzelne Schichten der Bourgeoisie, vor allem die stark verschuldeten Agrarier, Großbauern und Industrielle, ziehen einen Vorteil aus der Inflation auf Kosten des Leihkapitals, müssen aber das Risiko der Valutaschwankungen, die jede langfristige Kalkulation unmöglich machen, auf sich nehmen. Die Inflation erhöht die Ausbeutung der Arbeiter, bedeutet die Expropriation des Vermögens der „Sparer", d. h. vor allem des Kleinbürgertums zugunsten der Großbourgeoisie; aber dies bedeutet zugleich eine rapide Verschärfung der Klassengegensätze, die Gefahr eines Hinüberschwenkens des Kleinbürgertums auf die Seite des revolutionären Proletariats!

Gegenüber der Auffassung, daß die Inflation ein von der Bourgeoisie freiwillig angewendetes Heilmittel zur Überwindung der Krise wäre, möchten wir betonen:

Ein gesunder, normal funktionierender Kapitalismus erforderte eine stabile Goldvaluta. Die Tatsache, daß die Inflation die überwiegende Mehrzahl der Länder erfaßt hat, daß der Entwertungsprozeß der Valuten auch in der Phase der gegenwärtigen Depression nicht zum Stillstand gekommen ist, beweist die tiefgehende Verwüstung, die die Krise im Weltkapitalismus angerichtet hat. Das Bestehen des Valutachaos ist ein Element des besonderen Charakters der gegenwärtigen Depression.

Der fast allgemeine Abgang vom Goldstandard hat die starken Verschiebungen in der Goldverteilung, die während der Krise stattfanden, nunmehr eingeschränkt. Das Ergebnis des Kampfes um das Gold zeigt folgende Tabelle 12:

Tabelle 12
Goldvorrat der Zentralbanken und Regierungen in Millionen Golddollar

	USA	Europa	Hiervon			Asien	Lateinamerika
			England	Frankreich	Deutschland		
Juli							
1929	3974	4511	688	1462	512	728	801
1933	4009	6922	925	3213	58	481	367

Quelle
Federal Reserve Bulletin.

Die Tabelle zeigt mit voller Klarheit die wichtigsten Vorgänge:

a) Das während der Krise neuproduzierte Gold wurde restlos von Europa aufgenommen.

b) Die Schuldnerstaaten (Lateinamerika, Asien, Deutschland usw.) mußten einen großen Teil ihres Goldvorrats abgeben.

c) Innerhalb Europas war es Frankreich, das einen gewaltigen Teil des Goldvorrats der Welt an sich gerissen hat.

Der Verfall des Kreditsystems und des Kapitalexportes

Die infolge der Krise und des starken Preisfalls untragbar gewordene Last der Schulden führte — neben der Inflation — zu einem Verfall des Kreditsystems. Und zwar in verschiedenen Formen:

In vielen Ländern, insbesondere in jenen, die an der Goldparität der Valuta — formell oder tatsächlich — festhalten, wurde durch staatliche Eingriffe — Verbot der Zwangsverkäufe, Herabsetzung des Zinsfußes — die Last der Schulden vermindert, andererseits tritt an Stelle des privaten kapitalistischen Kredits immer mehr der Staatskredit durch Garantie der Spareinlagen, durch Sanierung der bankrotten Banken und Verwandlung derselben in halbstaatliche Institutionen. Das Ergebnis ist ein gewaltiges Zusammenschrumpfen des Kreditvolumens. Die kurzfristige Verschuldung verringerte sich in der ganzen kapitalistischen Welt von 57 Mrd. Mark im Jahre 1931 auf 25 Mrd. Mark Ende 1933. (Schätzung der Reichskreditgesellschaft.)

Die Bezahlung der *internationalen* Schulden wurde infolge Mangels an Gold oder an einem genügenden Überschuß des Außenhandels unmöglich und mußte weitgehend eingestellt werden. Reparationen und interalliierte Schulden werden nicht mehr bezahlt! Eine lange Reihe von Staaten hat für Staatsanleihen ein vollständiges oder teilweises Moratorium eingeführt.[38] Manche Staaten haben selbst für private Schulden ein Moratorium verkündet: so Deutschland (Stillhalteabkommen für kurzfristige Schulden und Anleihen), Österreich, Ungarn, eine Reihe südamerikanischer Staaten.

Die natürliche Folge dieser allgemeinen Nichtbezahlung der Auslandsschulden ist ein fast vollständiges *Aufhören des Kapitalexportes* auch nach Überwindung der akuten Kreditkrise, als Kapital für Exportzwecke in den imperialistischen Ländern zur Verfügung gestanden hätte.

Die Kapitalemission für das Ausland betrug:

	1928	1929	1930	1931	1932	1933
USA Mio Dollar	1325	763	1020	255	27	1,6
England Mio £	219	159	127	37	29	30
Kolonien						
Ausland	86	54	70	9	0,3	8

Quelle
Statistisches Jahrbuch des Völkerbundes, Jg. 1932—1933 und 1933—1934.

In das Ausland wird Kapital nur mehr exportiert, wenn es die Außenpolitik, die Kriegsvorbereitung erfordert. (Anleihen Englands an die Dominions und Argentinien, Frankreichs an Rumänien zwecks Ausrüstung der Armee, USA an die Regierung Tschiang Kai-scheks). Dieses Aufhören des „normalen“ Kapitalexportes — der eine der Grundlagen des Imperialismus bildet — zeigt die tiefe Zerrüttung des ganzen Kapitalismus in der Krise. *Das Aufhören des Kapitalexportes ist ein wichtiges Moment des besonderen Charakters der gegenwärtigen Depression.* Dies bedeutet aber nicht das Aufhören des Kampfes um die Kapitalanlage, wie dies am besten der Protest Japans gegen eine Kapitalanlage anderer Staaten in China im April 1934 zeigt.

Der Zerfall des Kreditsystems macht sich auch in der eigenartigen Tatsache geltend, daß ein ungeheurer Überfluß an *kurzfristigem Leihkapital* mit einem Mangel an Kapital zwecks *langfristiger Anlage*, mit einer minimalen Emission von Obligationen und Aktien zusam-

38 Fast alle Staaten Mittel- und Südamerikas, die Balkanstaaten und die Staaten Mitteleuropas (Deutschland, Ungarn, Österreich).

menfällt.[39] Die Bank von Frankreich hat bis zu 25 Mrd. Francs *unverzinsliche* Einlagen. Die amerikanische Regierung konnte kurzfristige Schatzanweisungen mit einer Verzinsung von 0,12% pro Jahr unterbringen. Die Sorge um die *Sicherheit* des Kapitals, die Furcht, bei der allgemeinen politischen und ökonomischen Unsicherheit Kapital langfristig zu binden, überwiegt das Interesse an einer besseren Verwertung. Die für den Kapitalismus bezeichnende Eigenschaft des Geldes, potentiell Kapital zu sein, setzt sich immer schwerer durch.

Das Einschrumpfen des Außenhandels

Jede zyklische Krise bringt eine Verminderung des Außenhandels mit sich; in dieser Krise ist sie aber außerordentlich groß. Die Ursachen hierfür sind:

a) *Der Kampf um den Absatz* hat dazu geführt, daß jede Ware, deren Produktion im Lande überhaupt möglich ist, unter dem Schutze von Zöllen und Einfuhrverboten im eigenen Lande produziert wird. Dies sowohl in der Industrie als auch in der Landwirtschaft.[40]

b) *Die Vorbereitung auf den Krieg* wirkt in derselben Richtung.

c) *Der Mangel an ausländischen Zahlungsmitteln* in vielen Ländern *zwingt* zur Verminderung der Einfuhr.

d) *Das fast vollständige Aufhören des Kapitalexportes.*

Tabelle 13
Weltaußenhandel (in Mrd. alten Golddollars)*

	1928	1929	1930	1931	1932	1933
Einfuhr	34,7	35,6	29,8	20,8	14,0	12,5
Ausfuhr	32,8	33,0	26,5	18,9	12,9	11,7

* Die Differenz zwischen Einfuhr und Ausfuhr entfällt auf Frachtkosten. Zinsverlust und Differenz der Preise zwischen Ausfuhr- und Einfuhrländern.

Quelle
Daten der Statistik des Völkerbundes.

39 *Emission von Kapital (ohne Konversionen) in Mio*

	USA Dollar	England £	Frankreich Francs	Deutschland Mark	Italien Lira	Jemen Yen
1929	10183	254	19245	2664	7280	2662
1932	1862	113	14432	972	3647	3818
1933	936	133	10429	—	3344	6617

Der Rückgang ist allgemein und hat sich im Jahre 1933, mit Ausnahme Englands, weiter fortgesetzt. Die Entwicklung ist höchst ungleichmäßig: in den USA Rückgang auf $^1/_{10}$, Frankreich und England bloß auf die Hälfte. In Japan infolge der Kriegskonjunktur verdreifacht. (Daten aus: Statistisches Jahrbuch des Völkerbundes, Jg. 1933—1934, S. 226.)

40 Dies führte zu den verrücktesten Dingen: England subventioniert den Zuckerrübenbau, obwohl in der Welt gewaltige Mengen von Zucker lagern; Deutschland die Produktion von Ölsaaten usw.

Der Weltaußenhandel ist ungefähr auf ein Drittel zusammengeschmolzen, wovon schätzungsweise die Hälfte auf den Preissturz, die Hälfte auf die verminderte Quantität entfällt. Die Verminderung setzte sich dem Werte nach auch in den Jahren 1933 und 1934 fort.

Die Verminderung des Außenhandels vollzieht sich natürlich ungleichmäßig. Einige Länder, z. B. Japan, konnten ihren Anteil am Welthandel während der Krise erhöhen: Der Anteil Deutschlands und der USA ging zurück.

Das Einschrumpfen des Außenhandels war — wie wir oben zeigten — in vielen Fällen die Ursache der Inflation. Umgekehrt führt die Verteidigung der Valuta in den Ländern mit wirklichem oder nominellem Goldstandard zu einer weiteren Schrumpfung des Außenhandels. Der ganze Mechanismus des internationalen Warenhandels wird deformiert. Die Waren werden nicht mehr aus den Ländern, wo sie am billigsten erzeugt werden können, in die Länder ausgeführt, wo ihre Erzeugung am teuersten ist, sondern der Außenhandel wird immer mehr nach dem Prinzip der „*Netto-Balance*" zwischen je zwei Staaten reguliert. Das heißt, jeder Staat kauft von jedem anderen nur soviel, wie ihm dieser abnimmt, damit kein mit Gold oder Valuta auszugleichender Saldo übrigbleibt. Es entwickelt sich eine Art zwischenstaatlicher „Naturalaustausch": Die USA tauschen Weizen gegen Kaffee mit Brasilien; Ungarn Weizen gegen Holz mit Österreich; Japan Baumwollwaren gegen Rohbaumwolle mit Indien usw. Von dem Freihandel, der für die Periode des aufsteigenden Industriekapitalismus charakteristisch war, ist keine Spur mehr geblieben.

Auf dieser Grundlage entwickelt sich die *Ideologie der „Autarkie*". Das Einschrumpfen des Außenhandels, die Tendenz des Abbaus der weltwirtschaftlichen Arbeitsteilung bedeutet Verminderung der Produktivität der Arbeit, ist ein Zeichen der fortschreitenden Fäulnis des Kapitalismus.

Drittes Kapitel
Die Weltagrarkrise

Die industrielle Krise verlief in *Verflechtung* mit der seit Kriegsende andauernden chronischen Agrarkrise. Hierdurch wurde die industrielle Krise vertieft und verlängert, die Agrarkrise verschärft und verallgemeinert. Alle Länder der Welt und alle Zweige der Landwirtschaft — Getreidebau, Viehzucht, Milchwirtschaft, Rohstoffproduktion — wurden in schärfster Form von der Agrarkrise erfaßt. Gewaltig sind die sozialen und politischen Folgen: Die Bauernschaft der ganzen bürgerlichen Welt ist in Bewegung. Die traditionelle, einst selbstverständliche Hegemonie der Bourgeoisie über die breiten Massen der Bauernschaft — mit deren Hilfe sie in der Regel revolutionäre Bewegungen des Proletariats niederschlagen konnte — ist gefährdet. Die Bourgeoisie ist gezwungen, zu komplizierten, gefährlichen Manövern ihre Zuflucht zu nehmen, um die breiten Bauernmassen vom revolutionären Weg zeitweilig abzulenken. Die Agrarkrise öffnete den kommunistischen Parteien den Weg zu den ausgebeuteten Massen auf dem Lande.

Wir wollen in diesem Kapitel die Agrarkrise vor allem ökonomisch analysieren; die sozialen und politischen Folgen behandeln wir an späterer Stelle.

Die Grundursache der Agrarkrise ist dieselbe, wie die der zyklischen industriellen Krisen: der Widerspruch zwischen gesellschaftlicher Produktion und privater Aneignung und die hieraus folgende Armut und Konsumtionsbeschränkung der Massen. In diesem Sinne sind die Agrarkrisen, wie Lenin sagte, „kapitalistische Krisen". Auch die äußere Erscheinungsform ist dieselbe: *Beide sind Überproduktionskrisen,* die einen starken Preisfall und einen Massenbankrott der Produzenten nach sich ziehen.[41]

Es bestehen aber auch wichtige Unterschiede. Während sich die industriellen Krisen im Kapitalismus periodisch in Zwischenräumen von 8—12 Jahren wiederholen, *fehlt bei der Agrarkrise eine derartige Periodizität.* Die Geschichte des Kapitalismus kennt nur zwei allgemeine, langandauernde Agrarkrisen: die *europäische* Agrarkrise 1873—1895 und die

41 *Die Verkaufserlöse der Landwirtschaft betrugen:*

	USA Mio. Dollar	Deutschland Mrd. Mark
1929	11918	10,2
1933	5143	1932—33 6,5

Zahl der Zwangsversteigerungen von Bauernhöfen in Deutschland

1930	1931	1932
4318	5798	6961

Yearbook of Agriculture 1933, Vierteljahrshefte, 9. Jg., Heft 1. A., S. 25.

gegenwärtige *Weltagrarkrise*. (Frühere Agrarkrisen — wie die englische nach den napoleonischen Kriegen — hatten *lokalen* Charakter. Vor dem Ausbau der Eisenbahnen gab es keinen *Weltmarkt* für Agrarprodukte, nur einzelne, durch die Unentwickeltheit der Transportmittel begrenzte Märkte.) Es müssen also folgende Probleme geklärt werden:

a) Warum gibt es in der Landwirtschaft keine regelmäßig wiederkehrenden Krisen, wie in der Industrie?

b) Warum überdauern die Agrarkrisen mehrere industrielle Zyklen?

c) Welcher Zusammenhang besteht zwischen Agrarkrisen und industriellen Krisen?

d) Was ist der Unterschied zwischen der gegenwärtigen Agrarkrise und der des 19. Jahrhunderts?

Wir wollen versuchen, diese Fragen möglichst kurz zu beantworten:

a) In regelmäßigen Perioden wiederkehrende Agrarkrisen gab es deshalb nicht, weil in *der Landwirtschaft die einfache Warenproduktion und die Produktion für den eigenen Bedarf vorherrschte*. Obwohl die kapitalistische Produktionsweise schon seit mehr als einem Jahrhundert die vorherrschende ist, obwohl die bäuerlichen Produzenten dem Kapital unterworfen und in der verschiedensten Art und Weise vom Kapital ausgebeutet wurden, obwohl in den kapitalistisch fortgeschrittensten Ländern (England) die Landwirtschaft schon lange weitgehend von kapitalistischen Pächtern betrieben wurde, wird doch bis heute noch der weitaus überwiegende Teil der auf den Markt gebrachten landwirtschaftlichen Produkte nicht von Kapitalisten, sondern von Bauern produziert. Die bäuerliche Landwirtschaft hat in der Welt bis heute das Übergewicht über die kapitalistisch betriebene.

Hinzu kommt *die Rückständigkeit der Landwirtschaft überhaupt*: die niedrige organische Zusammensetzung des Kapitals und die relativ geringe Rolle, die das fixe Kapital — die „materielle Basis" der Krisen, wie Marx sagt — auch in der kapitalistisch betriebenen Landwirtschaft spielt. Würde die Landwirtschaft in demselben Grade kapitalistisch betrieben, wäre die Rolle des fixen Kapitals in ihr ebenso groß wie die Industrie, gäbe es nicht die retardierende Wirkung der Bodenrente, so würde zweifellos die landwirtschaftliche Produktion denselben zyklischen Gang zeigen wie die Industrie.

h) Die sich über mehrere industrielle Zyklen erstreckende Dauer der Agrarkrise folgt vor allem ebenfalls aus der geringen Entwicklung des Kapitalismus in der Landwirtschaft. Die besonderen Bedingungen der landwirtschaftlichen Produktion bringen es mit sich, daß die Produktion bei Ausbruch der Krise *nicht eingeschränkt wird* wie in der Industrie. Die Krise nimmt nicht die Form des sprunghaften Rückganges der Produktion, sondern der Anhäufung großer unverkäuflicher Vorräte bei unverminderter Produktion an.[42]

42 Der Index der Weltproduktion von Lebensmitteln (Getreide, Fleisch, Wein, Kaffee, Tee, Kakao usw.) des Völkerbundes zeigt folgende Entwicklung (1925—1929 = 100):

1925	1926	1927	1928	1929	1930	1931	1932	1933
98	97	99	103	103	104	102	104	103

Wir sehen: Der gewaltige Preisfall der letzten 4 Jahre hat keine Verminderung des produzierten Lebensmittelquantums der Welt hervorgebracht. Auch die Produktion von Textilfasern und Kautschuk hat sich nicht vermindert. Einzelne Länder, vor allem die europäischen Importländer, haben ihre Agrarproduktion erhöht, die Exportländer (USA, Kanada) ziemlich stark vermindert. Der jeweilige Ausfall der Ernte spielt natürlich auch eine große Rolle.

Die Ursachen dieser Erscheinung sind folgende: Da die Produktionskosten der kapitalistisch betriebenen landwirtschaftlichen Großbetriebe viel niedriger sind, als die der unter gleichen Naturbedingungen produzierenden bäuerlichen Betriebe, so können sie auch in der Krise die Produktion noch lange mit Profit fortsetzen. Was nun die bäuerlichen Produzenten anbelangt, so sind sie *gezwungen*, die Produktion im alten Umfange solange fortzusetzen, bis die Verminderung der Produktion ungewollt durch Degradation der Landwirtschaft eintritt. Die Besonderheiten der landwirtschaftlichen Produktion liegen darin, daß die fixen, nicht mit der Größe der Produktion variierenden Kosten prozentuell viel höher sind als in der Industrie.[43]

Die Grundrente in Form von Bodenpacht und Hypothekenzinsen, Verzinsung und Amortisation der Gebäude und Maschinen, Futter und Abnutzung des Zugviehs, Steuern, Löhne der ständig angestellten Arbeitskräfte, die zusammen zumindest 70% der individuellen Produktionskosten ausmachen, bleiben fast unverändert, wenn die Anbaufläche verkleinert wird. Daher ist eine Einschränkung oder Stillegung des Betriebes in der Landwirtschaft mit noch viel größeren Verlusten verbunden als in der Industrie. Hinzu kommt, daß es dem Bauern sehr schwer ist, für seine und seiner Familie Arbeitskraft außerhalb seines Betriebes Verwendung zu finden, ohne Haus und Hof endgültig aufzugeben. Er setzt daher die Produktion fort, auch dann, wenn er bloß einen minimalen Arbeitslohn herauswirtschaften kann. An diesem Umstande scheiterten bisher alle Versuche, die landwirtschaftlichen Produzenten zu einer freiwilligen Einschränkung der Produktion zu bewegen. Hinzu kommt, daß die Preise der landwirtschaftlichen Produkte je nach dem Ernteausfall schwanken, vorübergehende Preiserhöhungen die Hoffnung auf eine Besserung erwecken und die Produzenten zu einem weiteren Festhalten an dem Betrieb bewegen. Dies sind die wichtigsten Ursachen der langen Dauer der Agrarkrisen.

c) Obwohl Agrarkrisen und Industriekrisen eine verschiedene Dynamik haben, stehen Industrie und Landwirtschaft in ständiger Wechselwirkung. *Jede industrielle Krise* verschlechtert die Lage der Landwirtschaft, indem der Bedarf an industriellen Rohstoffen sinkt, die Nachfrage nach Lebensmitteln, insbesondere solchen besserer Qualität (Fleisch, Milch, Butter, Eier) infolge des Sinkens des Einkommens der Arbeiterklasse geringer ist und die Preise daher fallen; aber dies bedeutet noch keine Agrarkrise. Andererseits verändert sich der Gang der industriellen Zyklen unter dem Einfluß der Agrarkrise, die die Kaufkraft der landwirtschaftlichen Bevölkerung für industrielle Produkte stark einschränkt. Die industriellen Krisen werden unter der Einwirkung der Agrarkrise tiefer und länger, die Prosperitätsphasen kürzer und schwächer.[44]

d) Die ökonomisch und politisch wichtigste Frage ist der Unterschied im Charakter zwischen der gegenwärtigen und der großen Agrarkrise des 19. Jahrhunderts. Bevor wir aber

43 Wie diese fixierten Kosten mit dem Sinken des Einkommens an Gewicht zunehmen, zeigen folgende amtlichen Daten in bezug auf die USA (Mio Dollar):

	Roheinkommen	Zinsen	%	Steuern	%
1929	11913	554	4,7	777	6,5
1932	5143	510	10,0	620	12,0

44 Die unrichtige Kondrat'evsche Theorie der „langen Zyklen", die auch Trockij weitgehend akzeptierte, stützt sich auf die Wirkung, die die große Agrarkrise des 19. Jahrhunderts auf die Industrie ausübte.

diese Frage beantworten, müssen wir die wichtige Rolle, *die die Grundrente in der Agrarkrise spielt*, kurz erörtern. Wir müssen bei dem Leser die Kenntnis der Marxschen Theorie der Grundrente voraussetzen und wollen uns nur auf die Rolle der Grundrente in der Agrarkrise beschränken.

Die Grundrente ist jener abgespaltene Teil des in der Landwirtschaft angeeigneten Mehrwerts, der auf Grund des Privateigentums am Boden nicht in die Bildung der Durchschnittsprofitrate eingeht, sondern von dem Grundeigentümer als Rente abgefangen wird. Die Möglichkeit hierfür liegt in der Tatsache, daß die organische Zusammensetzung des Kapitals in der Landwirtschaft niedriger ist als der Durchschnitt des gesellschaftlichen Gesamtkapitals. Theoretisch wird vorausgesetzt, daß das in der Landwirtschaft angelegte Kapital (das Kapital des kapitalistischen Pächters) die Durchschnittsprofitrate abwirft, daß der Bodenbesitzer nur jenen Teil des vom Pächter angeeigneten Mehrwerts an sich reißt, um den der Profit des Pächters den auf sein Kapital fallenden Durchschnittsprofit überschreitet.

Nun erhält aber der Grundeigentümer nicht die — je nach dem Ausfall der Ernte und der Preisgestaltung wechselnde — ökonomische Rente; *die Höhe der Rente wird nicht nachträglich von Jahr zu Jahr bestimmt*, sondern in Pachtverträgen und beim Bodenkauf,[45] *auf Grund der Ergebnisse der vorhergehenden Jahre für die Zukunft fixiert*. Ist der Pachtvertrag geschlossen oder der Boden auf Kredit gekauft und mit einer entsprechenden Hypothek belastet, so bedeutet die Rente für den Pächter oder Bodeneigentümer fixierte Belastungen für die Zukunft, bildet ein Element nicht der gesellschaftlichen Produktionskosten, wohl aber seiner individuellen Produktionsauslagen. Fallen die Preise der landwirtschaftlichen Produkte bei gleichbleibenden Produktionskosten, so ist der Pächter bzw. der verschuldete Besitzer nicht imstande, die zu hoch angesetzten Pachten oder Hypothekenzinsen zu zahlen; er geht zugrunde, obzwar seine eigentlichen Produktionskosten ihm noch einen Durchschnittsprofit ergeben würden, wenn er keine oder eine nicht zu hoch fixierte Rente in Form von Pacht oder Hypothekenzinsen zu zahlen hätte.

Dies ist die spezielle Rolle, die die Rente in der Agrarkrise spielt. *Es ist nicht das Vorhandensein der Rente (die eine ständige Belastung der Landwirtschaft bildet) überhaupt, sondern die Tatsache ihrer Fixiertheit auf einem zu hohen Niveau*, die die landwirtschaftlichen Produzenten in der Krise am schwersten trifft.

Hieraus folgt die lange Dauer der Agrarkrise, da die Herabsetzung der auf Grund der früheren hohen Preise *fixierten Grundrente* auf das den gefallenen Preisen entsprechende Niveau ein langwieriger und für die landwirtschaftlichen Produzenten mit einem Massenruin verbundener Prozeß ist. (Über die Wucherrente, die die armen Pächter zu zahlen haben, sprechen wir im Kapitel über die sozialen Folgen der Krise.)

Wir kehren nunmehr zum Unterschied der zwei großen Agrarkrisen zurück.

Engels gibt folgende Charakteristik der Agrarkrise des 19. Jahrhunderts: „Aber alles ist vergänglich. Die transozeanischen Dampfschiffe und die nord- und südamerikanischen und indischen Eisenbahnen brachten ganz eigentümliche Landstrecken in die Lage, auf den europäischen Kornmärkten zu konkurrieren. Da waren einerseits die nordamerikanischen Prärien, die argentinischen Pampas, Steppen, von der Natur selbst urbar gemacht für den Pflug, jungfräulicher Boden, der auf Jahre hinaus selbst bei primitiver Kultur und ohne Dünger reichliche Erträge bot. Und da waren die Ländereien der russischen und

45 *Der Bodenpreis* ist — wenn wir von der zur Urbarmachung und Verbesserung des Bodens aufgewendeten Summe absehen — *nichts anderes als die zum jeweiligen Zinsfuß kapitalisierte Grundrente*.

indischen kommunistischen Gemeinwesen, die einen Teil ihres Produkts, und zwar einen stets wachsenden, verkaufen mußten, um Geld zu erhalten für die Steuern, die der erbarmungslose Despotismus des Staats ihnen abzwang — oft genug durch Tortur. Diese Produkte wurden verkauft ohne Rücksicht auf die Produktionskosten, verkauft für den Preis, den der Händler bot, weil der Bauer absolut Geld haben mußte zum Zahlungstermin. Und gegen diese Konkurrenz — des jungfräulichen Steppenbodens und des unter der Steuerschraube erliegenden russischen und indischen Bauern — konnte der europäische Pächter und Bauer bei den alten Renten nicht aufkommen. Ein Teil des Bodens in Europa kam definitiv für den Kornbau außer Konkurrenz, die Renten fielen überall . . . daher der Agrarjammer von Schottland bis Italien und von Südfrankreich bis nach Ostpreußen. Glücklicherweise ist noch lange nicht alles Steppenland in Bebauung genommen; es ist noch übrig genug vorhanden, um den ganzen europäischen großen Grundbesitz zu ruinieren und den kleinen obendrein.“[46]

Wir sehen: Die Agrarkrise des 19. Jahrhunderts war *keine Weltkrise*, wie die gegenwärtige, sondern eine *europäische* Krise. In Nord- und Südamerika, in Australien gab es keine Agrarkrise; in Rußland, Indien usw. eine Krise des Gesellschaftssystems selbst. Es war keine *allumfassende* Krise, wie die gegenwärtige, sondern nur eine Krise der Getreideproduktion.[47] Viehzucht und technische Kulturen wurden von ihr nicht ergriffen. *Es war eine Krise innerhalb des kapitalistischen Systems; die gegenwärtige ist ein Bestandteil der allgemeinen Krise des Kapitalismus selbst.*

Die Hoffnung Engels’, daß noch genug Steppenland vorhanden sei, „um den ganzen europäischen großen Grundbesitz zu ruinieren, und den kleinen obendrein“, hat sich nicht erfüllt. Die Agrarkrise wurde innerhalb des Rahmens des Kapitalismus überwunden. Entscheidend wichtig ist aber, daß die Art und Weise der Überwindung der europäischen Agrarkrise des 19. Jahrhunderts für die gegenwärtige Agrarkrise nicht in Frage kommt.

Wie wurde die frühere Agrarkrise in Europa überwunden?

Wir können folgende Wege unterscheiden:

46 Einschaltung im 43. Kapitel des dritten Bandes des „Kapital“ (MEW, Bd. 25, a. a. O., S. 735/736). Das Vorwort des dritten Bandes ist bekanntlich vom Oktober 1894 datiert.

47 Am besten beweist dies die Preisgestaltung auf dem *englischen* Markte (der für diese Periode mit vollem Recht als Weltmarkt betrachtet werden kann) während der Agrarkrise des 19. Jahrhunderts:

Großhandelspreise in London

	Getreide					Viehzuchtprodukte			
Jahresdurchschnitt	Weizen engl. Gazette 112 lb.		Hafer engl. Gazette 112 lb.		Amerikanischer Mais 480 lb.	Rindfleisch prima 8 lb.		Schweinefleisch average 8 lb.	
	sh	d	sh	d	sh	sh	d	sh	d
1851—1875	12	5	8	8	83	4	3	4	2
1876—1882	10	1	8	5	26	4	11	4	5
1883—1900	7	1	6	6	23	4	8	3	6

Quelle
Daten aus Sering, Internationale Preisbewegung und die Lage der Landwirtschaft in den außertropischen Ländern, Berlin 1929.

a) Das Schwergewicht der Landwirtschaft wurde vom Getreidebau auf die Viehzucht verbunden mit dem Import billiger Futtermittel (Skandinavien, Holland, Belgien, Westdeutschland) und Verwandlung des Ackerbodens in Wiesen und Weide (England) verlegt.

b) Es wurde eine starke Herabsetzung der Produktionskosten durch Rationalisierung erzielt. Ersatz der Schwarzbrachen durch Grünbrachen, Einführung besserer Fruchtfolgen, tieferes Pflügen (Eisenpflug), bessere Maschinen, Verwendung von Kunstdünger, Veredelung des Saatgutes waren die Hauptmittel. Während große Teile des Mittelbauerntums, die die nötigen Mittel zu dieser Rationalisierung nicht besaßen, zugrunde gingen, gelang es den kapitalistischen Großbetrieben und reichen Bauern, *die Produktionskosten bei erhöhtem Ertrag pro ha herabzusetzen* und auf diese Weise über die Periode der niedrigen Getreidepreise hinwegzukommen.

c) Die Produktionskosten verringerten sich infolge der Verbilligung der von der Industrie gelieferten Produktionsmittel: Es war noch die Epoche der freien Konkurrenz, als die Fortschritte in der Produktivität der Arbeit den Konsumenten zugute kamen.[48]

d) Die Getreidepreise in den auf den Import angewiesenen Ländern des kontinentalen Europas — Frankreich, Italien, Deutschland — wurden durch die Einführung von Schutzzöllen künstlich erhöht.

e) Schließlich paßte sich in einem langwierigen Prozeß bei starkem Widerstand der Grundeigentümer die Höhe der Grundrente dem neuen Preisniveau an, und die Agrarkrise wurde überwunden.

Die Methoden und Wege der Überwindung der Agrarkrise des 19. Jahrhunderts sind — mit Ausnahme des letzten — *auf die gegenwärtige Agrarkrise nicht anwendbar, da sie nur bei einem aufsteigenden Kapitalismus wirksam sein können.* Sie hatten zur Voraussetzung eine starke Erhöhung des Konsums an Viehzuchtprodukten auf Grundlage der raschen Vermehrung der industriellen (städtischen) Bevölkerung Europas, der sprunghaften Ausdehnung der kolonialen Ausbeutung, die zur Entstehung einer breiten Rentnerschicht führte, und die es der europäischen Bourgeoisie ermöglichte, eine zahlenmäßig wachsende Arbeiteraristokratie zu unterhalten. Daher konnte die Krise der europäischen Getreidewirtschaft auf einer *aufsteigenden Linie* überwunden werden: durch Erhöhung der Warenproduktion und Spezialisierung der Kulturen, erweiterte Reproduktion, technischen Fortschritt (bessere Produktionsmittel), agronomische Fortschritte (bessere Ausnutzung des Bodens) usw. Am Ende der großen Agrarkrise des 19. Jahrhunderts stand die europäische Landwirtschaft zweifellos auf einem höheren Niveau als zu Beginn derselben. Daß dieser Fortschritt erkauft wurde durch die Proletarisierung von Millionen früher selbständiger Bauern, ist im Kapitalismus selbstverständlich. Aber diese proletarisierten Bauern fanden eine Lebensmöglichkeit zum Teil in der damals stark aufsteigenden Industrie Europas, die Millionen

48 Der englische Sauerbeck-Index zeigt folgende Entwicklung während der Agrarkrise:

	1871—1875	1891—1895
Mineralische Rohstoffe	115	68
Textilien	100	56

Es gab eine Schere nur gegenüber den Ackerbauprodukten, nicht gegenüber den Viehzuchtprodukten.

zuschüssigen Arbeitskräften Beschäftigung gab, zum Teil in den überseeischen Einwanderungsgebieten . . .

Die Möglichkeit, die Agrarkrise auf einer aufsteigenden Linie zu überwinden, besteht heute nicht.

a) Für eine Ausdehnung des Konsums von Viehzuchtprodukten besteht in der Periode der allgemeinen Krise des Kapitalismus keine Möglichkeit. Die chronische Massenarbeitslosigkeit, die Verminderung der Zahl und der Position der Arbeiteraristokratie, die Tendenz zur Verminderung der vom industriellen Kapital beschäftigten Arbeitskräfte in den kapitalistisch fortgeschrittensten Ländern, die rasche Verelendung des städtischen Kleinbürgertums im monopolistischen Kapitalismus, die Expropriation der Rentner durch die Inflation, mit einem Wort, die Tendenz zur Verminderung der Konsumtionskraft der städtischen Massen macht dies unmöglich.

Die rasche Ausdehnung der Industrie hatte im 19. Jahrhundert zu einem stark erhöhten Bedarf an Rohstoffen, zu einem vermehrten Anbau von technischen Kulturen geführt. Gegenwärtig sehen wir einen umgekehrten Prozeß: die katastrophal niedrigen Preise[49] für Rohstoffe haben zu einer raschen Einschränkung der bebauten Fläche geführt (vgl. Tabelle 14):

Tabelle 14

Anbaufläche von technischen Kulturen in der kapitalistischen Welt (in Mio ha)

	1929—1930	1930—1931	1932—1933
Zuckerrüben	2,22	1,96	1,77
Tabak	2,42	2,42	2,07
Baumwolle	33,62	30,88	29,13
Jute	1,39	0,76	0,87
Hanf	0,47	0,35	0,27

Quelle

Jahrbuch des römischen Agrarinstituts 1932—1933.

b) Herabsetzung der Produktionskosten durch *Rationalisierung*, durch Anwendung besserer Produktionsmittel u. a. wäre *technisch* auch jetzt möglich. Aber die unerhört niedrigen Arbeitslöhne der Landarbeiter machen eine derartige Rationalisierung privatwirtschaftlich unprofitabel. Bei der überwiegenden Mehrzahl der landwirtschaftlichen Produzenten man-

49 *Preise wichtiger technischer Rohstoffe in Goldfrancs (pro 100 kg)*

	Baumwolle New Orleans	Jute London	Rubber New York	Rohseide Yokohama	Hanf London	Kopra London	Soja London
Juli							
1929	214	79	243	51	180	60	29
1932	66	27	33	13	74	27	12
1933	87	28	65	16	90	21	11

Einen ähnlichen Preisfall erlitten die Genußmittel — Kaffee, Tee, Kakao.

gelt es an dem nötigen Kapital. Der Zusammenbruch des Kreditsystems macht die leihweise Beschaffung des nötigen Betriebskapitals — zumindest vorläufig — unmöglich. Insofern das in die Landwirtschaft eindringende Kapital durch verbesserte Technik (Traktor, Kombine) die Anbaufläche in den Überseeländern ausdehnt, verschärft es die Krise der Bauernschaft, indem es eine Erhöhung der Produktion herbeiführt und die Liquidierung der riesigen Vorräte,[50] die auf die Preise drücken, noch schwieriger macht.

c) Die Verbilligung der Produktionsmittel der Landwirtschaft stößt auf das Hindernis der Monopole in der Produktion und Zirkulation, die die Preise hochhalten. Die Schere zwischen den Preisen, die die Landwirte für ihre Waren erhalten, und die sie für ihre Produktionsmittel zahlen müssen, ist weit offen.[51]

d) Die Hochhaltung der landwirtschaftlichen Preise durch Zölle usw. in den Importländern stößt auf das Hindernis der beschränkten Konsumtionsfähigkeit der städtischen

50 Die Vorräte an landwirtschaftlichen Produkten sind bis zum Jahre 1933 gewachsen oder fast unvermindert groß geblieben. Erst die katastrophale Mißernte auf der nördlichen Halbkugel im Jahre 1934 wird zu einer Verminderung der Vorräte führen, die aber — wenn sich die Mißernten nicht wiederholen — nur vorübergehenden Charakters sein wird.

Weltvorräte an landwirtschaftlichen Waren (jeweils im April)

	1929	1930	1931	1932	1933	1934
Amerikanische Baumwolle (Tsd. Ballen)	2879	3870	7000	9930	11174	9236
Weizen (Mio Bushel)	497	518	600	584	526	483
Zucker (Tsd. t)	6190	6125	8453	9091	8903	8046
Tee (Mio Pfd.)	260	210	242	213	276	251
Kaffee (Mio Sack)	15,4	37,5	31,1	36,9	26,9	—
Kautschuk (Tsd. t)	245	426	547	646	646	673

(Daten nach: London and Cambridge Economic Service, Vierteljahrsbeilagen.)

51 *Daten über die Gestaltung der Agrar- und Industriepreise:*

	USA (1909—1914 = 100)*			Deutschland (1913 = 100)**		
	Preise der Farmprodukte	Preise für Waren, die Farmer kaufen	Verhältnis	Agrarstoffe	Industrielle Vertigwaren	Verhältnis
1929	138	152	91	—	—	—
1930	117	144	81	—	—	—
1931	80	124	65	111	136	82
1932	57	107	53	97	118	82
1933	63	109	58	93	113	82

* Agricultural Situation, April 1934.

** Vierteljahrshefte, Jg. 9, H. 2, B.

Quelle

In einigen wenigen europäischen Ländern (Frankreich, Schweiz, Schweden) ist es durch hohe Zölle, Einfuhrverbote und staatliche Minimalpreise gelungen, die Entstehung einer Schere zu verhindern. Wenigstens auf dem Papier: denn die armen Bauern bekommen auf dem Lande viel niedrigere Preise als die Börsennotierungen.

Bevölkerung. Unter dem Einfluß der höheren Preise dehnt sich die Produktion (wie dies das Beispiel Deutschlands und Frankreichs im Jahre 1933 klar zeigt) so rasch aus, daß die Inlandsproduktion den Inlandsbedarf deckt, wodurch Zölle und Absperrungsmaßnahmen unwirksam werden.

e) Die Anpassung der Rente an die geänderten Preisverhältnisse geht in anarchischer Weise auch in dieser Krise vor sich, verbunden mit dem Massenruin von Millionen landwirtschaftlicher Produzenten und einer *Degradation der Landwirtschaft*, die es in der früheren Agrarkrise als allgemeine Erscheinung nicht gab.

Der Prozeß der Degradation der Landwirtschaft zeigt sich in den einzelnen Ländern in den verschiedensten Formen: verminderter Verbrauch von Kunstdünger, ungenügender Ersatz von landwirtschaftlichen Maschinen und Werkzeugen, Verminderung des Viehbestandes und Verschlechterung seiner Qualität, schlechtere Bearbeitung des Bodens, verringerte Ernten, Verlotterung und Verfall der bäuerlichen Wirtschaft im allgemeinen.

Der Prozeß der Degradation der Landwirtschaft umschließt zwei ökonomisch und sozial verschiedene Vorgänge:

1. eine mehr oder weniger freiwillige *Extensivierung der kapitalistischen Landwirtschaft*: Anpassung der Produktionsmethoden an die veränderten Preisverhältnisse, z. B. Verwendung von Pferdepflügen an Stelle von Traktoren, da Benzin teuer, Hafer billig und unverkäuflich ist; verminderter Verbrauch von Kunstdünger, da seine Verwendung bei den niedrigen Preisen nicht lohnt; Rückkehr zur Handarbeit anstelle der Verwendung komplizierter Maschinen,[52] da die Arbeitslöhne sehr stark gesunken sind;

52 *Rückgang des Verbrauches von landwirtschaftlichen Maschinen:*

	1928	1929	1930	1931	1932	1933
USA: Wert des Inlandsabsatzes an landwirtschaftlichen Maschinen (Mio Dollar)		458	381	192	65	—
Deutschland: Inlandsverbrauch von landwirtschaftlichen Maschinen (Mio Mark)	245	215	155	100	1. Halbj. 25	—
Polen: Inlandsbestellungen an landwirtschaftlichen Maschinen (1928 = 100)	100	77	25	10	2,2	2,9
Einfuhr von landwirtschaftlichen Maschinen (1928 = 100)	100	70	36	17	4,9	5,2

Ein größerer Teil des Rückganges entfällt natürlich auf den Preisfall. Aber der Rückgang pro Stück ist auch gewaltig.

*Absatz von landwirtschaftlichen Maschinen in den USA (Stück)**

	Traktoren	Kombines	Erntebindemaschinen	Dreschmaschinen
Höchstzahl pro Jahr in der Periode 1921—1929	160637	19666	53219	14662
im Jahre 1931	93632	8172	22675	5280

2. eine erzwungene allgemeine Verschlechterung der bäuerlichen Wirtschaft, da der den Bauern verbleibende Erlös — trotz der größten persönlichen Entbehrungen der bäuerlichen Familie — nicht genügt, um die einfache Reproduktion aufrechterhalten zu können: gefallenes Vieh kann nicht ersetzt, abgenutztes Gerät nicht erneuert werden usw. Abbau der Arbeitsteilung innerhalb der Landwirtschaft: Einschränkung der Produktion für den Markt, Tendenz zur Rückkehr zur Produktion für den eigenen Bedarf des bäuerlichen Haushaltes.

Wir sehen: jene Methoden der Überwindung der Agrarkrise, die im 19. Jahrhundert von Erfolg waren, sind heute unanwendbar! *Die gegenwärtige Agrarkrise ist ein Bestandteil der allgemeinen Krise des Kapitalismus und wird im Rahmen der kapitalistischen Gesellschaftsordnung keine Lösung finden.* (Eine zeitweilige Milderung, wie in den Jahren 1924—1928, ist natürlich möglich, sogar wahrscheinlich.) Die Agrarkrise hat zu einem noch nie dagewesenen Massenruin der werktätigen Bauernschaft, zu einer Verelendung der Dorfarmut und landwirtschaftlichen Arbeiter und zu einer revolutionären Massenbewegung der werktätigen landwirtschaftlichen Bevölkerung geführt.[53]

Daher ist die einzige, im Rahmen des Kapitalismus überhaupt denkbare, zeitweilige Lösung der Agrarkrise — Ruin und Verjagung vom Boden aller „*untüchtigen*“, d. h. armen und mittleren Bauern, Übergang ihres Bodens in den Besitz kapitalkräftiger Elemente, Brachlegung des „überflüssigen“ Bodens und Einschränkung der Produktion in Anpassung an den sich vermindernden „zahlungsfähigen“ Bedarf nach Muster der industriellen Kartelle — aus *politischen Gründen* für die Bourgeoisie ungangbar.[54] In Zeiten der heranreifenden revolutionären Krise, gegenüber dem sich zum Sturm auf den Kapitalismus vorbereitenden Proletariat kann die Bourgeoisie die Lösung der Agrarkrise nicht auf dem Wege der bewußten Beschleunigung des Massenruins der werktätigen Bauern forcieren. Daher das — freilich erfolglose — Suchen nach einer anderen Lösung der Agrarkrise, die Experimente und Manöver der Bourgeoisie.

Neuere Daten gibt es nicht; aber der Rückgang des Beschäftigungsgrades der landwirtschaftlichen Maschinenfabriken von 93 im Jahre 1931 auf 37 im Jahre 1932 und 42 im Jahre 1933 zeigt, daß sich die Verminderung des Absatzes weiter fortgesetzt hat.
Noch schärfer ist der Rückgang des Maschinenabsatzes in den westlichen landwirtschaftlichen Gebieten *Kanadas*: Es wurden verkauft: (Stück)**

	Traktoren	Dreschmaschinen	Kombines
1928	17143	6247	3657
1933	777	182	77

* Farm implement news vom 22. Juni 1933.
** Canadian Farm Implements, Dezember 1933.

53 Über die Versuche der künstlichen Überwindung der Agrarkrise und über ihre sozialen und politischen Folgen sprechen wir in den späteren Kapiteln.

54 Eine derartige Lösung wurde von einigen Ideologen der amerikanischen Bourgeoisie vorgeschlagen. Siehe z. B. E. S. Mead/B. Ostrolenk. Harvey Baum, Philadelphia 1928; oder B. Ostrolenk, The surplus Farmer, New York 1932. Aber Roosevelt versuchte, erschreckt durch die Revolte der Farmer, bekanntlich den entgegengesetzten Weg.

Viertes Kapitel

Die Krise in den Kolonien

Die Krise hat die Kolonien am schärfsten getroffen. Dies folgt aus ihrer *Lage* als Kolonien, als unterworfene Gebiete. „Der europäische Kapitalismus schöpft seine Kraft in der Hauptsache weniger aus den europäischen Industrieländern, als aus seinen Kolonialbesitzungen", sagen die Kolonialthesen des II. Kongresses der Kommunistischen Internationale. Es sind vor allem die Kolonien, auf die das Kapital der imperialistischen Länder einen bedeutenden Teil der Lasten der Krise abwälzt, wo daher die Krise besonders tief und verwüstend ist. Die wichtigsten Momente hierbei sind folgende:

a) Die überwiegende Mehrheit der Kolonien und Halbkolonien sind *Agrarländer*. Die chronische Agrarkrise und ihre infolge der industriellen Krise eingetretene Vertiefung trifft sie daher mit voller Wucht.

b) Der Imperialismus hat die Kolonien weitgehend in Rohstoffanhängsel der Mutterländer verwandelt. Eine ganze Reihe von Kolonien und Halbkolonien sind *Monokulturländer*, deren Wirtschaftsleben auf den Absatz einer (oder einiger) Waren in der kapitalistischen Welt aufgebaut ist: Ägypten — Baumwolle; Australien — Wolle und Weizen; Hinterindien — Kautschuk; Kuba — Zucker; Brasilien — Kaffee usw. Ihre wirtschaftliche Manövrierfähigkeit ist außerordentlich eingeschränkt. Die Überproduktion hat zu einem gewaltigen Preisfall geführt[55], der diese Länder ruiniert. Sie müssen das zwei- bis sechsfache Quantum an ihrer Hauptausfuhrware für dieselbe Summe an die Industrieländer abgeben wie vor der Krise. Infolgedessen genügt der Exportüberschuß nicht mehr, um die Zinsen der Auslandsschulden zu bezahlen: Ihre Zahlungsbilanz wurde passiv, sie waren daher gezwungen, ihren ohnehin geringen Goldvorrat den imperialistischen Wucherern zu

55 Einige Beispiele des Preisfalls typischer Kolonialwaren (*in Goldfranc pro dz.*)

	London Reis (Saigon I.)	New York Rohrzucker (Cuba)	London Tee (lbs) (Ceylon)	New York Kaffee	London Kopra
Dez. 1928	32,7	24,5	3,2	206	65,4
Dez. 1932	12,3	9,5	1,0	95	27,6

	London Soja	Alexandrien Baumwolle	New York Kautschuk	London Jute 1	New York Rohseide
Dez. 1928	31,0	433	206	90	58,9
Dez. 1932	12,4	99	37	25,4	16,6

überlassen,[56] wodurch sie in noch größere Abhängigkeit von ihnen gerieten, sie verfielen der Inflation,[57] wodurch das Gewicht ihrer in ausländischer Valuta kontrahierten Schuld noch größer wurde.

Als Beispiel geben wir *Indien*:

Außenhandel Indiens, Jahr endend am 31. März (Mio Rupien)

	1929	1930	1931	1932	1933
Reiner Überschuß der Warenausfuhr	860	790	620	348	34
Reine Goldeinfuhr	212	134	125	—	—
Reine Goldausfuhr	—	—	—	580	683

Quelle
Amtliche Daten „Statist" vom 11. November 1933, S. 670.

c) Die *Schere*, die die Krise der Agrarländer im allgemeinen verschärft, trifft die Kolonien besonders stark:

Preisindexe (1913 = 100)

	USA	Deutschland	England		Indische Baumwolle London	Koloniale Waren		
	Industrielle Fertigwaren		Roheisen	Kohle		Jute	Tee	Rohrzucker New York
						London		
1929	136	157	132	122	114	102	138	71
1930	127	150	126	120	74	69	112	53
1931	111	186	110	114	59	54	74	48
1932	101	119	109	113	65	52	65	33

Diese Zahlen geben aber bei weitem kein richtiges Bild der Steigerung des nichtäquivalenten Austausches zwischen Kolonien und imperialistischen Ländern in der Krise, denn sie geben die Preisgestaltung an den Börsen, die Preise, die die europäischen

56 Goldvorrat einiger kolonialer und halbkolonialer Länder (in Mio Einheiten)

	Brasilien (Milreis)	Argentinien (Peso)	Mexiko (Peso)	Niederl. Indien
Ende 1928	1242	641	39	170
Ende 1932	129 (1930)	215	10	104

57 In bezug auf den Grad der Entwertung der Valuta stehen die kolonialen und halbkolonialen Länder an erster Stelle: Mitte 1934 betrug die Entwertung gegenüber dem Golde in %: Mexiko 67, Argentinien 66, Kolumbien 65, Uruguay 54, Brasilien 58, Bolivien 58, China 52 (gegenüber Kurs von 1929) usw.

kapitalistischen Aufkäufer kolonialer Waren erhalten. Die Preise, die die Bauern in den Kolonien erhalten, sind noch stärker gefallen. Die großen internationalen Monopole, wie Unilever, bestimmen — bei dem starken Überangebot — einseitig die Preise, die ihre Ankäufer für die Waren in den Kolonien zahlen.

„Es ist dem Kapitalismus gelungen, die Lage der Industrie etwas zu erleichtern ... *auf Kosten der Bauern der Kolonien und der wirtschaftlich schwachen Länder* durch noch größeres Senken der Preise für die Produkte ihrer Arbeit, hauptsächlich für Rohstoffe und dann für Lebensmittel" (Stalin, Bericht an den 17. Parteitag der KPdSU[B]).

d) Die Mehrzahl der kolonialen und halbkolonialen Länder hat entweder eine Silbervaluta, oder das Silber (manchmal, wie in China, auch Kupfer) bildet — bei *formeller* Goldvaluta gegenüber dem Auslande — das Zirkulations- und Zahlungsmittel im Inland. Der gewaltige Preisfall des Silbers während der Krise ermöglichte es den imperialistischen Ländern, die Rohstoffe zu besonders niedrigen Preisen aus diesen Ländern zu beziehen.

Das Ergebnis dieser Faktoren ist eine sprunghafte Verarmung der kolonialen Bauernschaft: Beschleunigter Übergang des Bodens in die Hände der Grundbesitzer,[58] wachsender Bodenhunger, wachsende „Übervölkerung" des Landes, die erhöht wird durch das beschleunigte Zurückströmen der infolge der Entwicklung der kapitalistischen Industrie im Lande selbst und durch die ausländische Konkurrenz ruinierten städtischen Handwerker und der infolge der industriellen Krise freigesetzten Arbeiter in der Landwirtschaft.[59]

Die Verarmung wird gesteigert durch die vielfache Ausbeutung der Bauernschaft: Feudale Grundbesitzer, ländliche Wucherer, inländische und imperialistische Bourgeoisie saugen die koloniale Bauernschaft auf die verschiedenste Weise aus.

„Die Nachteile der kapitalistischen Produktionsweise, mit ihrer Abhängigkeit des Produzenten vom Geldpreis seines Produkts, fallen hier also zusammen mit den Nachteilen, die aus der unvollkommenen Entwicklung der kapitalistischen Produktionsweise hervorgehn."[60]

Diese allgemeine Charakteristik der kolonialen Ökonomie durch Marx gilt für die Periode der Krise in erhöhtem Maße. Chronischer Hunger und periodisch wiederkehrende Hungersnot ist gegenwärtig das Schicksal der Hundertmillionenmassen der kolonialen Bauern. Die Sklaverei dehnt sich aus: Es ist eine alltägliche Erscheinung, daß Eltern ihre Töchter als Sklavinnen verkaufen.[61]

Die Degradation der Landwirtschaft ist in den Kolonien besonders stark. Die vielseitige Ausbeutung der Bauern nimmt ihnen so viel vom Ertrag ihrer schweren Arbeit weg, daß sie nicht einmal imstande sind, die einfache Reproduktion fortzusetzen. Die Bauern sind außerstande, den zur intensiven Bodenkultur in den dichtbevölkerten Gebieten Chinas

58 Als Beispiel diene Korea: Zwischen 1928 und 1932 stieg der Anteil der Grundbesitzer an der bebauten Fläche von 54,1% auf 56,4%. Die Zahl der landlosen Pächter stieg von 1191000 im Jahre 1926 auf 1393424 im Jahre 1931. (Zahlen nach Mif, Die Hegemonie des Proletariats im kolonialen Befreiungskampf.)

59 In Indien, wo es seit Jahrzehnten periodische Volkszählungen gibt, wächst der *Anteil der ländlichen Bevölkerung* im Gegensatz zu den imperialistischen Ländern stetig. Dasselbe ist offenbar in China der Fall, wo es keine Volkszählungen gibt.

60 K. Marx, Das Kapital, Dritter Band, in: MEW, Bd. 25, a. a. O., S. 820.

61 „In den Vorstädten von Sianfu und am Ufer des Sienyang Ho (Provinz Senshi) wurde ein „Menschenmarkt" eingerichtet, wo Mädchen unter 10 Jahren für 2—3 Dollar pro Kopf verkauft werden. Der Preis für Mädchen über 10 Jahren beträgt 5 Dollar." (South China Morning Post vom 22. November 1932.)

unentbehrlichen städtischen Dünger in der nötigen Menge zu beschaffen. Der Viehbestand wird kleiner und seine Beschaffenheit schlechter. In vielen Gebieten Chinas verfällt das Bewässerungssystem, die Grundlage der chinesischen Landwirtschaft. Die Einfuhr von Reis und Weizen steigt, während im Kuomintang-China der Anbau von Mohn zwecks Opiumgewinnung sich ausdehnt. In den Monokulturländern vollzieht sich ein Abbau der Spezialisierung, eine Rückkehr zur Produktion für den eigenen Bedarf.

Diese allgemeine Verarmung der Bevölkerung der Kolonien während der Krise modifiziert den Prozeß der Entwicklung der Konsumtionsmittelindustrien in den Kolonien und Halbkolonien in mehrfacher Weise. Der Prozeß der Ausbreitung der leichten Industrie setzt sich in der Krise zweifellos fort. Die quantitative Einengung der Aufnahmefähigkeit des Marktes wurde für die lokale Industrie kompensiert durch den Umstand, daß die Nachfrage infolge der Verarmung der Bevölkerung die *billigsten Warensorten* von minderer Qualität bevorzugte, wie sie die koloniale (und die japanische) Industrie erzeugt.

Daneben wirkte die stärkere Entwertung der Valuta der kolonialen und halbkolonialen Länder und insbesondere die Entwertung des Silbers als Schutz gegen die Konkurrenz der ausländischen Waren. Bereits im Jahresbericht 1931 der Bank von China heißt es:

„In den letzten drei Jahren zeigt die chinesische Industrie Zeichen der Besserung infolge der dank dem Fallen der Silberpreise billigeren Preise der Waren der inländischen Industrie im Vergleich zu den importierten . . .“[62]

Unter dem Einfluß dieser Momente ist eine Erhöhung der inländischen Produktion und eine starke Verminderung der Einfuhr von Industriewaren in vielen Kolonien und Halbkolonien zu konstatieren. Folgende Daten zeigen dies für China.[63] Die Erhöhung der Zölle spielt hier ebenfalls eine Rolle:

	Baumwollweberei			Zigaretten		Zündhölzer	
	Zahl der Webstühle	Produktion von Geweben (Tsd. Stück)	Einfuhr von Baumwollwaren (Mio Yard)	Produktion (Tsd. Schachteln)	Import (Mio Stück)	Produktion (Tsd. Kisten)	Einfuhr (Tsd. Kisten)
1929	25818	14658	868	750	9547 (mit Mandschurei)	600	8424 (mit Mandschurei)
1933	39564	20122	372	1123	250 (ohne Mandschurei)	800	73 (ohne Mandschurei)

62 Der Index der importierten Industriewaren in Silber betrug in Schanghai (1926 = 100):

1929	1931	1933
110	160	153

63 Die Daten sind einem Artikel des Gen. Gamberg, „Die Lage der chinesischen Industrie während der Krise“, entnommen.

Zahlreiche neue Unternehmungen — Fabriken für Trikotage, Gummiwaren, Seifen, Mützen, Emaillewaren, Papier, Tinte, Bleistifte, aber auch für elektrische Lampen, Radioapparate, einfachste Maschinen, Zement, Ziegel usw. — sind während der Krise vor allem im Rayon von Schanghai und Honkong entstanden. (Die Entwertung des Silbers beengte andererseits den Import ausländischer Maschinen, wodurch die Entwicklung der Industrie — insbesondere, derjenigen in *chinesischem* Besitz — erschwert wurde.)

Ähnliche Erscheinungen können wir in anderen Kolonien und Halbkolonien beobachten. (Zahlreiche neue Textilfabriken im Inneren *Indiens*, Entwicklung der Textil-, Schuh- usw. Industrien in Brasilien, Chile während der Krise.) Es muß aber bei der Beurteilung dieser Entwicklung folgendes betont werden:

1. In den Industriezweigen, die *halbfertige* Waren für den Export herstellen — Rohseide, Tee, Ölmühlen usw. — ist die Krise sehr tief.

2. Die Erhöhung der Produktion in der leichten Industrie und die Vermehrung der Zahl der Unternehmungen erfolgt zu einem bedeutenden Teil durch Errichtung von Fabriken durch das *ausländische* Kapital, wodurch die Abhängigkeit vom Imperialismus noch größer wird.

3. Die (in ihrem Umfang beschränkte) Entwicklung der leichten Industrie wird erreicht im Wege einer starken Erhöhung der Ausbeutungsrate des kolonialen Proletariats: Herabsetzung der Löhne, Verlängerung der Arbeitszeit, Erhöhung der Intensität der Arbeit, die das Kapital — trotz starken Widerstandes seitens der Arbeiter — durchsetzen konnte. Der Ruin des Handwerks und die fortschreitende Verelendung der werktätigen Bauern unter den Schlägen der Agrarkrise, der vielfachen Ausbeutung durch Grundbesitzer, Imperialisten, inländische Bourgeoisie und Wucherer wirft immer neue Arbeitskräfte auf den industriellen Arbeitsmarkt und erschwert den oft heldenhaften Kampf des — überwiegend aus Frauen und Kindern bestehenden, unmittelbar aus dem Dorfe herangezogenen — Proletariats der Kolonien gegen den Angriff des Kapitals.

Fünftes Kapitel
Die erfolglosen Versuche zur künstlichen Überwindung der Krise

In den letzten fünf Jahren machte die Bourgeoisie unzählige Versuche einer künstlichen Überwindung der Krise. Sie blieben erfolglos, was selbstverständlich ist. Sowohl die allgemeine Krise des Kapitalismus wie die zyklischen Überproduktionskrisen sind die Folge der „Naturgesetze" des Kapitalismus, wie es Marx manchmal nennt. Die *allgemeine Krise* des Kapitalismus ist nur der Ausdruck der Tatsache, daß die kapitalistische Gesellschaftsordnung als historisch vorübergehende Gesellschaftsform gegenwärtig die Periode ihres ungleichmäßig vor sich gehenden revolutionären Zusammenbruchs durchmacht. Keinerlei künstliche Maßnahmen können hieran etwas ändern.

Die *zyklischen Überproduktionskrisen* bedeuten den gewaltsamen Ausbruch aller Widersprüche des Kapitalismus, aber in einem auch ihre zeitweilige Lösung. Die Versuche, die Krise zu mildern, oder ihr Ende zu beschleunigen, führten im Endergebnis zu einer Verlängerung der Dauer der Krise.

In welcher Weise wird eine zyklische Überproduktionskrise überwunden?

Die wichtigsten Momente sind folgende:

Die Produktion wird so stark eingeschränkt, daß der Konsum die Produktion überschreitet.[64]

Ein Teil der überproduzierten Waren geht physisch zugrunde.

Der Preisfall reduziert die Preissumme der Waren auf das gesellschaftliche Bedürfnis. Die überproduzierten Warenvorräte werden aufgesaugt. Die Preise fallen nicht weiter. Die Verbilligung der Elemente des konstanten Kapitals erhöht die Verwertung des Gesamtkapitals.

Während der Krise werden die Löhne herabgesetzt, die Intensität der Arbeit erhöht, die Arbeitsbedingungen verschlechtert, wodurch zwar die Konsumtionskraft *momentan* eingeschränkt, aber gleichzeitig eine bessere Verwertung des Kapitals — als Vorbedingung des Wiederbeginns einer Investitionstätigkeit, einer Ausdehnung des Marktes in der Abteilung I — geschaffen wird.

Die Kreditkrise reduziert durch Bankrotte und Sanierungen das gesellschaftliche Kapital, wodurch die Profitrate auf den verbleibenden Teil sich erhöht. Die Vorbedingungen für eine neuerliche Anlage von Kapital in der Produktionssphäre sind gegeben. Zugleich merzt die Kreditkrise die zahlungsunfähigen Schuldner aus — die in der Krise abgerissene Kette des Kredits, das gegenseitige „Vertrauen", wird wiederhergestellt, und Leihkapital wird in großen Summen für den Wiederbeginn der realen Akkumulation frei. Die Krise ist in die Depression übergegangen.

Die Bourgeoisie steht der Überproduktionskrise heute ebenso verständnislos gegenüber

64 Es könnte hier die Frage auftauchen, von wo die Konsumtionskraft herstammt, wenn die Produktion so stark eingeschränkt wird? Die Antwort ist nicht schwer: Die Bourgeoisie, die Rentnerklasse, die Beamten und ein großer Teil der Angestellten setzt ihren Konsum auch in der Krise in fast unge-änderter Höhe fort. Die arbeitslos gewordenen Arbeiter verzehren ihre Sparpfennige und die Arbeitslosenunterstützung.

wie vor hundert Jahren. Hunderte und aber Hunderte bürgerliche Bücher, Hunderttausende Artikel sind in den letzten 5 Jahren über die Krise gedruckt worden, ohne das Verständnis über dieselbe um ein Haar weitergebracht zu haben. Manchmal wird dies von den Ideologen der Bourgeoisie selbst anerkannt. Hier einige Beispiele:

Der Direktor des Deutschen Instituts für Konjunkturforschung, *Wagemann*, schrieb im „Wochenbericht" vom 26. August 1931:

„Der akute Ausbruch der Kreditkrise hat an vielen Stellen an die Fundamente der Wirtschaftsentwicklung gerührt und so den organischen Ablauf der Depression unterbrochen. *Solche von außen her auf die Wirtschaft einwirkenden Ereignisse sind ebenso wenig wie Erdbeben, Brandkatastrophen usw. mit den Methoden der Konjunkturforschung vorauszusehen*; auch ihre Folgen ... entziehen sich jeder quantitativen Voraussicht."

Im „Economist" vom 9. Juli 1933 heißt es:

„Es ist traurig, daran zu denken, daß die Krise 1929—1933 eingetreten und (vielleicht) schon ihrem Ende entgegengeht, dabei aber unser Verständnis des industriellen Zyklus kaum größer ist als früher. Die Krise schuf einen reichen Strom von Büchern, Broschüren und offiziellen Berichten; die Meinung der Nationalökonomen schwankte je nach dem Gange der Ereignisse hin und her, um in der Mehrzahl der Fälle zu einem *verständigen Skeptizismus* zurückzukehren, was einem so komplizierten und verwirrten Problem gegenüber das Beste ist."

„*Bankrott der Nationalökonomie*" — unter diesem Titel schrieb der „Manchester Guardian" vom 1. September 1931:

„Wir wissen mehr über die Bewegungsgeschwindigkeit eines Elektrons als über die Bewegungsgeschwindigkeit des Geldes. Wir wissen mehr über den Kreislauf der Erde um die Sonne und der Sonne um das Universum, als wir über die Industriezyklen wissen. Wir können die Bewegungen von unsichtbaren und unbegreiflich entfernten Himmelskörpern mit unvergleich größerer Genauigkeit voraussagen, als wir das Ende der Depression („trade slump") voraussagen können."

Gegenüber diesem vollständigen Wirrwarr in den Köpfen der Nationalökonomen verfolgte jede einzelne Schicht der herrschenden Klasse bewußt das Ziel, ihre eigenen Interessen in der Wirtschaftspolitik durchzusetzen. Im Kampf dieser widerstreitenden Interessen siegte letzten Endes — verhüllt durch die vielfältigsten Manöver — die Finanzoligarchie, das Monopolkapital.

Die Bourgeoisie sieht in der Krise vor allem *die Unverkäuflichkeit der Waren zu profitbringenden Preisen*: Alle Maßnahmen, die zur Überwindung der Krise vorgeschlagen wurden, bewegten sich in diesem Kreis.

„*Unsere Waren finden wegen der übermächtigen ausländischen Konkurrenz keinen Absatz*", erklärt das Kapital, das für den inneren Markt produziert. Daher: Zollerhöhungen, Kontingente, Einfuhrverbote zur Überwindung der Krise.

„*Wir können im Ausland unsere Waren nicht absetzen*", erklären die Exporteure. Daher: staatliche Subventionen, Frachtbegünstigungen, staatliche Organisation des Dumpings.

„*Unsere Valuta ist zu hoch bewertet*", schreien die Exporteure aller Länder und fordern Inflation bzw. Weitertreiben derselben, wo sie schon besteht.

„*Unsere Valuta ist zu niedrig bewertet*", schreien die Importeure ausländischer Rohstoffe, die Kreditoren, die Rentnerklasse. „Nur ein Festhalten an der Goldvaluta sichert die Stabilität der Wirtschaft, den Kredit, den Ausweg aus der Krise."

„*Unsere Produktionskosten sind zu hoch*", schreit das industrielle Kapital. Daher: Herabsetzung der Löhne, Verlängerung der Arbeitszeit, Intensivierung der Arbeit, Versuch der Überwindung der Krise auf Kosten der Arbeiter, wodurch die Aufnahmefähigkeit des inneren Marktes noch mehr eingeschränkt wird.

„*Unsere Verkaufspreise sind wegen der zügellosen Konkurrenz zu niedrig*", sagen die Monopolkapitalisten. Daher: staatliche Unterstützung der Monopolbildung (England). Zwangskartelle, Verbot der Gründung von neuen Unternehmungen (Deutschland), staatliche Sanktionen für Kartellpreise, staatliche Minimalpreise. Diese künstliche Hochhaltung der Monopolpreise[65] erhöht zwar den Profit des Monopolkapitals, verlangsamt aber die Liquidierung der überproduzierten Vorräte, verlängert die Krise.

„*Die Konsumtionskraft muß erhöht werden*", fordern die Gewerkschaftsführer und die sozialdemokratischen Volkswirtschaftler. „*Die Krise beruht auf der Unterkonsumtion*". Die Kapitalisten sollen die Löhne erhöhen, der Staat soll Geld unter die Leute bringen, soll öffentliche Arbeiten durchführen, dann wird die Aufnahmefähigkeit des inneren Marktes größer und die Krise überwunden. Die Agitation scheitert an dem Widerstand des Kapitals, das nicht geneigt ist, auf den Unsinn einzugehen, höhere Löhne aus den eigenen Taschen zu zahlen, um mehr Waren absetzen zu können. Aus demagogischen Gründen manövriert Roosevelt mit diesem Schlagwort:

„*Die Krise beruht auf dem ungenügenden Kredit*". Der Staat soll für die Ausdehnung des Kredits sorgen. Die Versuche hierzu (Hoovers Reconstruction Finance Corporation) scheiterten. Die „kreditwürdigen" Kapitalisten brauchen bei dem in der Krise eingeengten Geschäftsgang kein zuschüssiges Leihkapital; die das Geld zur Bezahlung der alten Schulden brauchen, sind nicht „kreditwürdig".

„*Die Last der Schulden richtet uns zugrunde*", rufen die Schuldner. Daher: Sanierung — natürlich nur der mächtigsten Unternehmungen — durch Staatszuschüsse, staatliche Aktienkäufe, Herabsetzung des Zinsfußes und Erleichterung der Schuldenlast durch Inflation.

„*Die Krise kann nur durch Wiederherstellung des freien Warenverkehrs auf dem Weltmarkt überwunden werden*". Die Zölle sollen abgebaut, die Kontingente, Einfuhr- und Ausfuhrverbote abgeschafft, der internationale Kredit und der Kapitalexport soll wieder-

65 In einigen Staaten werden die „freien" und die „gebundenen", d. h. die Kartellpreise, durch die staatlichen Konjunkturinstitute in Indexe zusammengefaßt. Die Hochhaltung der Monopolpreise zeigt sich hier klar:

	Deutschland 1928 = 100		Österreich 1923—1931 = 100		Polen 1928 = 100	
	Kartellpreise	Freie Preise	Kartellpreise	Freie Preise	Kartellpreise	Freie Preise
1928	102	107	—	—	—	—
1929	105	97	99	100	108	94
1932	84	48	93	73	105	53
1933*	84	48	94	73	93	49

* 10 Monate.

Quelle

Der Unterschied in der Preisbildung ist gewaltig. In Wirklichkeit dürfte der Unterschied geringer sein, da die amtlichen Kartellpreise insgeheim von der einzelnen Teilnerhmern in den verschiedensten Formen umgangen und unterboten werden.

hergestellt werden.[66] Diese Politik befürwortete im *Anfang der Krise* die englische Bourgeoisie. Sie scheiterte daran, daß die Bourgeoisie jedes Landes (auch die englische immer entschiedener) vor allem den inneren Markt für sich zu monopolisieren trachtete, und zwar mit dem Erfolg, daß der „Weltmarkt" im alten Sinne zerschlagen wurde, daß es keine „Weltmarktpreise" im alten Sinne mehr gibt, daß die internationale Arbeitsteilung immer mehr eingeschränkt wird und der Außenhandel zusammenschrumpft. Der ideologische Ausdruck hierfür ist das sinnlose Schlagwort der „*Autarkie*".

Wir wollen den Leser durch weitere Ausdehnung dieser Liste nicht ermüden. Die widersprechenden Interessen der einzelnen Schichten der herrschenden Klassen führten zu einem ständigen Kampfe um die Wirtschaftspolitik des Staates, zu einem ununterbrochenen parlamentarischen „Kuhhandel", zu immer häufigeren Ministerkrisen, zu einer linienlosen Zick-Zack-Politik, die eine der Grundlagen der Faschisierung des Staates bildet.

Den großzügigsten Versuch einer Überwindung der Krise durch staatliche Maßnahmen stellt die „New Deal", die „neue Politik" Roosevelts dar. Ihr Wesen war:

a) Rettung des Kreditsystems durch staatliche Garantie der Einlagen vor dem vollkommenen Zusammenbruch.

b) Reduzierung der Last der Schulden um 10 Prozent durch Entwertung des Dollars.

c) Künstliche Erhöhung der Preise der Agrarprodukte durch staatlich subventionierte und verordnete Einschränkung der Produktion.

d) Förderung der Monopolbildung durch die Code's, die in manchen Fällen Zwangskartelle darstellen.

e) Kampf gegen die Arbeitslosigkeit durch große öffentliche Arbeiten und Reduzierung der wöchentlichen Arbeitszeit.

f) Lohnregulierung: Bestimmung von Minimallöhnen in den Code's, die praktisch zu Maximallöhnen wurden.

Der Versuch führte bekanntlich zu einem sehr steilen Aufstieg der industriellen Produktion im Sommer 1933 (Auffüllung der Lager und beschleunigte Einkäufe der reicheren Schichten in Erwartung des inflationistischen Preisaufstiegs), zu einem starken Rückschlag Herbst 1933; zu einer langsamen neuen Besserung in der ersten Hälfte 1934 und zu einem neuen Rückschlag seit Juli. Da die Erneuerung und Vergrößerung des fixen Kapitals wie auch der Wohnungsbau sich bis heute in minimalen Grenzen halten; da die Konsumtionskraft der Arbeiterschaft nicht gestiegen ist, stieß jede künstlich herbeigeführte Steigerung der Produktion bereits nach einigen Monaten an die Schranken des Marktes und brach zusammen. Im Endergebnis bleibt die Erhöhung der Produktion in denselben Grenzen, die die inneren Kräfte des Kapitalismus vollbracht hätten; nur vollzog sie sich nicht mehr oder weniger stetig, sondern in fieberhaftem Zick-Zack.

Alle Versuche der künstlichen Überwindung der Krise blieben letzten Endes erfolglos. Daß die akute Phase der Krise zu Ende ging und in die Depression besonderer Art überging, ist nicht das Ergebnis der Manöver der Bourgeoisie, sondern der Wirksamkeit der inneren, an der Überwindung der zyklischen Krise tätigen Kräfte des Kapitalismus, die

66 Die Wiederherstellung des „Freihandels" in dem Maße, wie er vor der Krise bestand, würde für die stärksten imperialistischen Industrieländer ein Vorteil, für die schwächeren Länder ein Nachteil sein. Sie würde keine Lösung der Krise bringen, da die Kaufkraft der kapitalistischen Welt als ganzes hierdurch nicht die geringste Erhöhung erfahren würde.

verstärkt wurde durch die erhöhten Kriegsrüstungen und in einigen Ländern zeitweilig durch die Inflation.

*

Einige Worte über die Versuche der künstlichen Überwindung der Agrarkrise. Ihr Zweck war vor allem die *Erhöhung der Preise*. Die versuchten Methoden waren in den Importländern andere als in den Exportländern.

In den *Importländern* wurde durch Zollerhöhungen, Kontingentierung oder Verbot der Einfuhr u. a. versucht, die Preise auf dem inneren Markt von der Bewegung der Weltmarktpreise unabhängig zu machen. Diese Politik befolgten vor allem die westeuropäischen Länder Deutschland, Frankreich, Italien usw. Diese Politik hatte bis zum Jahre 1933 den Erfolg, daß die Inlandspreise das Doppelte bis Dreifache der Weltmarktpreise betrugen.[67] Diese Preisentwicklung führte aber zu einer Ausdehnung der bebauten Fläche, die erhöhte Ernte deckte alsbald den in der Krise verminderten Inlandsbedarf[68], und der Protektionismus wurde unwirksam. Dem neuen Preisfall konnte nur durch Einführung von staatlichen Festpreisen (Frankreich, Deutschland, Tschechoslowakei), durch Organisierung einer staatlichen Bewirtschaftung des Getreides Einhalt geboten werden.

In den *Exportländern* wurde der Versuch unternommen, den *Weltmarktpreis* durch Aufkauf und Zurückhaltung des überschüssigen Quantums vom Markte zu heben: Kanadischer Weizenpool, Federal Farm Board in den USA, Kaffee-Valorisation in Brasilien usw. Alle diese Versuche endigten mit einem Mißerfolg, indem die Produktion sich weiter erhöhte, die Vorräte weiter anschwollen, die Organisationen der Belastung nicht standhielten und entweder bankrott wurden (Kanadischer Weizenpool) oder die Bourgeoisie die Verluste nicht länger tragen wollte (Farm Board in den USA). Die Preise fielen von neuem scharf.

Diese Erfahrungen zeigen, *daß ohne eine Einschränkung der Produktion die Hochhaltung der Preise unmöglich ist*. Es begann eine Propaganda für die freiwillige Einschränkung der bebauten Fläche (insbesondere in den USA), Bezahlung von Prämien für die Verminderung der bebauten Fläche; Versuche zu internationalen Vereinbarungen über die Einschränkung der Produktion bzw. der Ausfuhr verschiedener landwirtschaftlicher

67 *Preise in Goldfrancs Juli 1932*

	Berlin	Paris	London	Chikago	Buenos Aires
Weizen (pro dz)	29,6	32,6	11,8	10,3	8,9
Schweinefleisch (pro dz Lebendgewicht)	105	146	—	52	—

Quelle
Jahrbuch des Römischen Agrarinstituts 1932—1933.

68 Als Beispiel diene Deutschland. Die mit Weizen bebaute Fläche wurde von 1,6 Mio ha im Jahre 1929 auf 2,3 Mio im Jahre 1933 ausgedehnt. Die *Inlandsproduktion deckte den Inlandsbedarf* (in %):

	1926	1929	1932
Weizen	48	72	97
Fleisch	91	94	99
Butter	70	71	85

Waren. Auch diese blieben im ganzen erfolglos, wenn auch die Preise für einzelne Waren, die überwiegend in kapitalistischen Plantagen erzeugt werden (Kautschuk, Zucker, Tee) infolge der Einschränkung beträchtlich stiegen. Das riesige Gewicht der fixen Kosten (wir schrieben darüber im Kapitel III) erschwert die Einschränkung der Produktion in der Landwirtschaft sehr stark: Eine effektive Kontrolle ist infolge der Zersplitterung in Millionen Kleinbetriebe kaum möglich. Es erwies sich als unmöglich, die Produktion planmäßig einzuschränken, wie wir es im Kapitel über die Agrarkrise zeigten.

Schon vor zwei Jahren wurde daher eine Mißernte als Glücksfall erwartet. Die „Tribune" von Mineapolis, USA, schrieb:

„Wir, die wir gelernt haben, für unser täglich Brot zu beten, beten nunmehr, daß es uns weggenommen werde; eine ebenso eigenartige Abweichung auf dem Gebiete der Theologie wie auf dem Gebiete der Ökonomie."

Ein ebensolcher Widerspruch besteht zwischen der ganzen Ideologie des landwirtschaftlichen Unterrichtswesens, das darauf eingestellt ist, zu lehren, wie man die höchsten Erträge erzielt, zwischen dem traditionellen System der staatlichen Prämiierung der Landwirte mit den höchsten Ernten und der Agitation und Gesetzgebung für Verminderung der bebauten Fläche und der Erträge durch Verbot einer Mehrverwendung von Kunstdünger (Amerikanisches Baumwollgebiet) usw.

Schließlich blieb nichts anderes übrig, als zur systematischen, massenhaften *Vernichtung von landwirtschaftlichen Produkten jeder Art* überzugehen. In den USA wurden 1933 10 Mio ha (ungefähr ein Viertel der gesamten Fläche) Baumwolle unter die Erde gepflügt. In Brasilien werden jährlich 10 Mio Sack Kaffee (fast der jährliche Weltbedarf) verbrannt, ins Meer geworfen, zum Straßenbau verwendet. Tee wird nicht abgeerntet. Kautschukbäume werden nicht angebohrt. Ganze Schiffsladungen Orangen wurden in London ins Meer geworfen, 5 Mio Schweine wurden von der Regierung der USA im Herbst 1933 aufgekauft und vernichtet. In Dänemark wurden wöchentlich 1500 Kühe geschlachtet und ihr Fleisch zu Kunstdünger verarbeitet. In Argentinien wurden Hunderttausende ältere Schafe einfach niedergestochen, um der jüngeren Generation Platz zu machen; der Transport in die Schlachthäuser hätte mehr gekostet als der Erlös. Und so weiter! All dies zu einer Zeit, wo Millionen und aber Millionen Arbeitslose und ihre Familien hungern und in Fetzen gekleidet sind! *Niemals in der Geschichte der Menschheit hat es derartiges gegeben!* Die Verwesung des Kapitalismus, der Widerspruch zwischen den Produktionskräften und den Produktionsverhältnissen ist handgreiflich, für jeden Bauern und Arbeiter faßbar!

Der langwierige Prozeß der Degradation der Landwirtschaft und die Mißernte 1934 werden endlich die so heiß ersehnte Verminderung der Vorräte schaffen und die Preise etwas in die Höhe treiben.[69] Dies wird aber nur ein kurzes Zwischenspiel sein. In ein bis zwei Jahren wird — angeregt durch die höheren Preise — die Überproduktion noch größer sein als gegenwärtig. Eine Lösung der Agrarkrise im Rahmen der kapitalistischen Gesellschaftsordnung ist nirgends sichtbar; es kann höchstens eine zeitweilige Milderung eintreten.

*

Das Hauptergebnis der Versuche zur künstlichen Überwindung der Krise bzw. der ganzen kapitalistischen Wirtschaftspolitik während der Krise ist eine bis ins einzelne gehende Einmischung des Staates in die Wirtschaft zugunsten der herrschenden Klassen

69 Über die Wirkung der Mißernte auf die Lage der werktätigen Bauern schreiben wir später.

im allgemeinen, des Monopolkapitals und der Großagrarier im besonderen. Das Monopolkapital nutzt seine Herrschaft über den Staatsapparat aus, um die Verteilung des Nationaleinkommens systematisch zu seinen Gunsten zu verschieben, die Staatskasse unter den verschiedensten Formen und Vorwänden zu berauben. Die „staatskapitalistischen" Tendenzen erfuhren eine starke Entwicklung: Es findet in gewissem Sinne ein Übergang vom Monopolkapitalismus zu einem „staatlichen Kriegs-Monopolkapitalismus" statt, wie Lenin den Kapitalismus in der Periode des Weltkrieges nannte.

Die heutige Lage des Kapitalismus ist tatsächlich viel Ähnlichkeit mit jener während des Weltkrieges. *Erstens, weil die Vorbereitung des nächsten Weltkrieges die Wirtschaftspolitik aller Staaten immer entscheidender beherrscht.* Die Wirtschaft der meisten kapitalistischen Länder, vor allem Japans und Deutschlands, zeigt gegenwärtig bereits starke Züge der Kriegswirtschaft, was unvermeidlich die Erstarkung der Rolle des Staates in der Wirtschaft nach sich zieht.

Zweitens: Das rasche Heranreifen der revolutionären Krise, die Gefährdung der Herrschaft der Bourgeoisie zwingt dieselbe zur Stärkung der Staatsmacht zwecks besserer Abwehr. Die hierdurch bedingte Faschisierung des Staatsapparates ist verbunden mit der Stärkung der staatskapitalistischen Tendenzen.

Wir wollen versuchen, die wichtigste Linie der Erstarkung der staatskapitalistischen Tendenzen aufzuzeigen:

a) *Die sprunghaft gesteigerte Rolle des Staatshaushaltes.* Während das Wertprodukt der Gesellschaft oder nach bürgerlicher Ausdrucksweise — das Nationaleinkommen — infolge Einschränkung der Produktion und Preisfalls sehr stark gefallen ist, wurde ein unverändert großer Teil durch den Staat eingezogen und neu verteilt.[70] Dies bedeutet, daß der Prozentanteil des vom Staate erfaßten Teils des Nationaleinkommens gestiegen ist.

b) *Der Außenhandel ist im wesentlichen eine Angelegenheit des Staates geworden.* Die zahllosen Beschränkungen des Außenhandels (Zölle, Kontingente, Verbote, Valutazuteilung, zwischenstaatlicher Naturalaustausch usw.) haben in vielen Ländern (Deutschland,

70 Die Entwicklung des Staatshaushaltes der wichtigsten Länder während der Krise (in Mio Geldeinheiten):

	USA		Japan		England		Deutschland		Frankreich	
	1929	1934	1929	1934	1929	1934	1929	1934	1929	1934
Staatsausgaben	3848	7105	1815	2309	818	830	8002	6647	45,5*	50,5*
Nationaleinkommen	80,5*	39,8*	—	—	3849	3381	75,4*	46,5*	245*	206*
Staatsausgaben in % des Nationaleinkommens	4,8	17,8	—	—	24,3	24,6	10,5	14,3	18,4	24,5

* Mrd.

Quelle

Wir nehmen immer das Nationaleinkommen des *vorhergehenden* Jahres als Vergleich.

baltische Länder, Japan) einen Zustand geschaffen, der einem staatlichen Handelsmonopol für die Einfuhr bereits sehr ähnlich ist.

c) *Der Kredit ist* in der Mehrzahl der Staaten (vor allem Deutschland und USA) *tatsächlich zu einem Staatskredit geworden*: Die Banken sind staatlich oder halbstaatlich und in jeder Beziehung vom Staate abhängig.

d) *Der Staat hat eine wachsende Verfügungsgewalt über die Verteilung der Arbeitskraft gewonnen*: „Freiwilliger" Arbeitsdienst in den USA, Deutschland usw.; staatliche Arbeitsbeschaffungsmaßnahmen usw.

e) *Die Preise vieler Waren werden vom Staate bestimmt.* Unmittelbar durch die Festsetzung staatlicher Festpreise (alle Preise für Agrarwaren in Deutschland) mittelbar durch Organisierung von Zwangskartellen, durch die Außenhandels- und Valutapolitik.

Diese und andere Arten der staatlichen Einmischung führen dazu, daß der Profit jeder Unternehmung, ja sogar einzelner geschäftlicher Transaktionen von den rasch wachsenden Maßregeln des Staates abhängt. *Im allgemeinen* wirken alle staatlichen Maßnahmen zum Vorteil des Monopolkapitals, aber im einzelnen hängt sehr viel von der an Zahl sprunghaft wachsenden, die Gesetze und Verordnungen „auslegenden" und durchführenden Bürokraten ab. Ihre Bedeutung (und ihre Korruption) ist stark gestiegen.

Fünfter Teil

Neue Erscheinungen während der Weltwirtschaftskrise*

* Aus: E. S. Varga, Novye javlenija v mirovom ėkonomičeskom krizise, Moskva 1934.

Vorbemerkung

Die kapitalistische Produktionsweise ist seit ihrer vollen Herausbildung durch eine zyklische Bewegung gekennzeichnet. Jeder Aufschwung endet damit, daß alle Widersprüche der kapitalistischen Produktionsweise in der zyklischen Überproduktionskrise ausbrechen und somit eine zeitweilige gewaltsame Lösung erfahren. So folgt ein Zyklus dem anderen, eine Krise der anderen.

Aber diese Abfolge von Zyklen und Krisen stellt keine mechanische Wiederholung qualitativ gleichartiger Erscheinungen dar. Jeder Zyklus und jede Krise weisen ihre konkreten historischen Besonderheiten auf. Jeder Zyklus und jede Krise nimmt in der Entwicklung des Kapitalismus einen spezifischen historischen Platz ein. In dieser zyklischen Bewegung vollzieht sich auch die Ablösung der einzelnen Etappen in der Entwicklung der kapitalistischen Produktionsweise, nämlich der Übergang vom Kapitalismus der freien Konkurrenz zum Imperialismus und zur Epoche der allgemeinen Krise des Kapitalismus.

Welchen historischen Platz nimmt nun die Krise ein, die 1929 einsetzte?

Diese Krise war die erste weltweite Krise nach dem Krieg und in der Periode der allgemeinen Krise des Kapitalismus. Dieser historische Platz der Krise bestimmt auch ihre konkreten Besonderheiten. Obwohl sie ohne Zweifel eine zyklische Überproduktionskrise darstellt, ist sie keineswegs eine „normale" Krise, eine einfache „Wiederholung" früherer Krisen. Erheblich modifiziert wurden die Bewegungsformen der Krise durch den Einfluß der allgemeinen Krise des Kapitalismus, auf deren Boden sie sich vollzieht, durch die Verflechtung mit der Agrarkrise, durch den außerordentlich starken Preisfall, zum Teil durch die Liquidierung der noch aus der Zeit des Weltkrieges herrührenden Preiserhöhungen, durch die Maßnahmen des Monopolkapitals und seines Staates zur künstlichen Überwindung der Krise, die dazu führten, daß der Ausbruch der Kreditkrise lange hinausgezögert und die Krise letztlich vertieft und verlängert wurde.

Dadurch war die erste weltweite Krise in der Periode der allgemeinen Krise des Kapitalismus tiefer und länger und wirkte sich in jeder Beziehung verheerender als jede frühere zyklische Krise aus. In der Krise zeigten sich auch einige qualitativ neue Aspekte, wie sie bei keiner vorangegangenen Krise aufgetaucht waren: die Währungsabwertung, die fast alle kapitalistische Länder erfaßte, die fast völlige Zahlungseinstellung für Auslandsschulden und die Tatsache, daß der Kapitalexport fast gänzlich zum Erliegen kam.

Während diese weltweite Krise den Kapitalismus auf den Stand vor dem Kriege zurückwarf, gingen die Entwicklung der Produktivkräfte und der Aufbau des Sozialismus in der Sowjetunion in raschem Tempo weiter. Die Wirtschaftskrise demonstrierte den Werktätigen in der ganzen Welt, welche Vorzüge das sowjetische Wirtschaftssystem gegenüber dem Kapitalismus aufweist.

Durch die Krise verschlechterte sich die Lage der Arbeiterklasse und der werktätigen Bauern in der ganzen Welt, und die Klassenwidersprüche spitzten sich außerordentlich zu. Der Einfluß des Sozialreformismus, dieser Hauptstütze der Bourgeoisie, ging dadurch erheblich zurück (mit wenigen Ausnahmen, wie in Norwegen und in der Schweiz). Die wichtigsten sozialreformistischen Parteien, wie die deutsche, die französische und die britische spalteten sich, und die II. Internationale zerfiel. Die Bourgeoisie mußte den für sie zum Hemmnis gewordenen Parlamentarismus und überhaupt die bürgerliche Demokratie immer mehr fallen lassen und angesichts der rasch heranreifenden revolutionären Krise ihre Rettung in der offenen terroristischen Diktatur des Faschismus suchen.

Die Wirtschaftskrise von 1929 führte zum Wirtschaftskrieg aller kapitalistischen Länder gegeneinander, einer Art Vorstufe zum Krieg. Sie verursachte bewaffnete Auseinandersetzungen um die Neuaufteilung der Welt im Fernen Osten, „kleine" Kriege in Südamerika und leitete eine Wirtschaftspolitik ein, die bewußt auf einen künftigen Krieg und die Intervention gegen die UdSSR gerichtet ist.

Die Krise bedeutete ein rascheres Ende der zeitweiligen Stabilisierung des Kapitalismus, sie erschütterte das gesamte kapitalistische System, leitete einen neuen Abschnitt in der allgemeinen Krise des Kapitalismus ein und trug dazu bei, daß die objektiven Voraussetzungen für eine revolutionäre Situation heranreiften.

„Die außerordentliche Spannung sowohl der inneren Klassengegensätze in den kapitalistischen Ländern als auch der internationalen Gegensätze zeugen von einer solchen Reife der objektiven Voraussetzungen der revolutionären Krise, daß gegenwärtig die Welt dicht an einen neuen Turnus von Revolutionen und Kriegen herangetreten ist."[1]

Das Besondere an der gegenwärtigen Lage besteht darin, daß die zyklische Überproduktionskrise die relative Stabilisierung beendete und einen neuen Abschnitt der allgemeinen Krise einleitete, die Krise selbst (durch ihre inneren Entwicklungsgesetze, die auch in der Epoche der allgemeinen Krise wirken) aber offensichtlich ihren Höhepunkt bereits etwa Mitte 1932 überschritten hat und gegenwärtig in die Phase der Depression übergeht, wobei diese Depression durch die allgemeine Krise des Kapitalismus und die Beendigung der Stabilisierung gekennzeichnet ist. Wie die Krise, so unterscheidet sich auch die Depression qualitativ von allen früheren Depressionsphasen.

Um diese neuen Erscheinungsformen deutlicher herauszuarbeiten, werden nachstehend die einzelnen Hauptaspekte der Krise zusammengefaßt sowie deren Entwicklung in den letzten zwei Jahren dargestellt.

1 Der Faschismus, die Kriegsgefahr und die Aufgaben der Kommunistischen Parteien (Thesen, angenommen vom XIII. Plenum des Exekutivkomitees der Kommunistischen Internationale. Dezember 1933), in: Die Kommunistische Internationale (Auswahl von Dokumenten und Reden vom VI. Weltkongreß bis zur Auflösung der Kommunistischen Internationale, 1928—1943), Berlin 1956, S. 266.

I. Das allgemeine Bild der Krise

Die Tiefe der industriellen Krise in der kapitalistischen Welt und das Wachstum der Industrie in der Sowjetunion

Die Tiefe der industriellen Krise zeigen folgende Indexberechnungen des deutschen Instituts für Konjunkturforschung (1923 = 100)[2]:

Jahr	Industrieproduktion der kapitalistischen Welt	Industrieproduktion der Sowjetunion
1913	73,0	70,0
1929	107,0	124,0
1930	90,5	159,5
1931	77,9	193,6
1932	66,1	206,5
1933 (10 Monate)	74,9	217,0

Aus diesen Zahlen lassen sich folgende Schlußfolgerungen ziehen:

a) Die Industrieproduktion der kapitalistischen Welt lag 1932 um etwa 10% unter der von 1913, während die der Sowjetunion um 200% darüber lag.[3]

b) Während der Krise von 1929 bis 1933 war die Industrieproduktion der kapitalistischen Welt um 40% gesunken, während diejenige der Sowjetunion im gleichen Zeitraum um etwa 67% gestiegen war.[4]

Alle diese Angaben sind Berechnungen des deutschen Instituts für Konjunkturforschung entnommen, die bereits in der Zeit des Faschismus angestellt wurden.

Zu diesen Zahlen muß gesagt werden, daß die Angaben über die Produktion in der kapitalistischen Welt natürlich nur eine grobe Schätzung darstellen, während der Index für die Sowjetunion vom Institut für Konjunkturforschung aufgrund der von uns veröffentlichten Angaben über die Produktion in den einzelnen Industriezweigen berechnet wurde.

Der außerordentlich starke Rückgang der Industrieproduktion während der gegenwärtigen Krise erklärt sich daraus, daß anders als bei früheren Krisen alle kapitalistischen Länder und alle Industriezweige (mit Ausnahme der Rüstungsindustrie in den Jahren 1932/33) von der Krise erfaßt wurden.

2 Die Angaben für 1913 und 1929 wurden dem Sonderheft 31 der „Vierteljahreshefte zur Konjunkturforschung", hg. v. Institut für Konjunkturforschung, Berlin-Hamburg, S. 67, entnommen.
Die Angaben für die übrigen Jahre stammen aus „Vierteljahreshefte zur Konjunkturforschung, hg. v. Institut für Konjunkturforschung", a. a. O. Jg. 8, 1933, H. 3, Teil B.

3 Nach Berechnungen der Staatlichen Plankommission lag die Produktion in der UdSSR im Jahre 1932 um 262,8% über der von 1913.

4 Nach Berechnungen der Staatlichen Plankommission belief sich das Wachstum der Produktion in der UdSSR von 1929 bis 1932 auf 102%.

Die Industrieproduktion in der kapitalistischen Welt 1929 und in der Sowjetunion 1933

Tabelle 1 ermöglicht einen Vergleich zwischen der Produktion einiger wichtiger Waren in den kapitalistischen Hauptländern im Jahre 1929, also in einem Jahr mit Hochkonjunktur, und der Produktion der Sowjetunion im Jahre 1933.

Tabelle 1
Produktion wichtiger Waren

	Kapitalistische Länder 1929				Sowjetunion 1933 (Angaben der Staatlichen Plankommission)
	USA	Großbritannien	Frankreich	Deutschland	
Kohle* (in Mio t)	552	262,0	54,0	163,0	76,70
Erdöl* (in Mio t)	138	—	—	—	23,00
Roheisen* (in Mio t)	43	7,7	10,3	13,2	7,25
Stahl* (in Mio t)	57	9,8	9,7	16,0	6,90
Traktoren** (in Tsd. Stück)	197	—	—	—	75,00
Mähdrescher** (in Tsd. Stück)	37	—	—	—	10,60
Kraftfahrzeuge* (in Tsd. Stück)	5358	239,0	254,0	101,0	49,50
Verbrauch von Baumwolle*** (in Tsd. t)	1597	626,0	272,0	296,0	424,0

* Statistical Yearbook of the League of Nations, 1932/33.
** Statistical Abstract of the United States, 1932.
*** International Cotton Statistics, 1932.

Nachstehend bringen wir wertmäßige Angaben über die industrielle Bruttoproduktion und die Produktion von Maschinen, da ein mengenmäßiger Vergleich durch die Unterschiedlichkeit der Erzeugnisse nicht möglich ist (vgl. Tabelle 2).

Tabelle 2
Bruttowert der gesamten Industrieproduktion (in Mrd. Goldrubel)

Kapitalistische Länder, 1929* (zu Preisen von 1929)				Sowjetunion, 1933** (nach Angaben der Staatlichen Plankommission)
USA	Großbritannien	Deutschland	Frankreich	
139	39	39	29	32—33

* Diese Zahlen wurden aufgrund folgender Quellen berechnet (unter Berücksichtigung der Preisveränderungen): für die USA aufgrund der Erhebung von 1929; für Großbritannien aufgrund der Erhebung von 1930 und des Index der Industrieproduktion in der Zeitschrift „London and Cambridge Economic Service" für 1929; für Deutschland aufgrund der Angaben des Instituts für Konjunkturforschung für 1928; für Frankreich aufgrund der Angaben des Instituts für Konjunkturforschung für 1932, wobei die Berechnung nach dem Anteil Frankreichs an der Weltindustrieproduktion erfolgte.
Am genauesten sind die Angaben für die USA, am wenigsten genau diejenigen für Frankreich.
** Zahlen der Staatlichen Plankommission über die Bruttoproduktion der Großindustrie (ohne Holzgewinnung und Fischereiindustrie).

Zwar beruhen diese Angaben auf einer annähernden Schätzung, doch zeigen sie, daß die Industrieproduktion der UdSSR gegenwärtig etwa den Stand der Industrieproduktion der drei größten europäischen Länder, nämlich Frankreichs, Großbritanniens und Deutschlands erreicht hat, wenn man den Rubel auf Preisbasis 1926/27 dem Goldrubel gleichstellt.[5]

Infolge der unterschiedlichen Wirtschaftssysteme können die Zahlen für die UdSSR nur annähernd mit den Zahlen der kapitalistischen Länder verglichen werden. In den kapitalistischen Ländern enthält die Bruttoproduktion sehr viele Doppelrechnungen, da die Produktion auf viele einzelne Betriebe zersplittert ist und beim Übergang der Halbfabrikate von einem Betrieb in einen anderen jedesmal der gesamte Bruttowert als neue Produktion ausgewiesen wird. In der UdSSR ist das weit weniger der Fall. Hier sind wiederum die Produktionskosten im allgemeinen höher. Diese beiden einander entgegengesetzten Faktoren gleichen sich offenbar mehr oder weniger aus (für solche Berechnungen fehlen leider die notwendigen Angaben).

Unsere Berechnungen lassen sich anhand der Schätzungen des deutschen Instituts für Konjunkturforschung überprüfen, das den Anteil des Bruttowerts der einzelnen Länder an der Weltproduktion in den Nachkriegsjahren (vor der Krise) wie folgt ausweist:

USA	Deutschland	Großbritannien	Frankreich	UdSSR
45,0	11,5	9,3	7,0	4,7

Die Aufwärtsentwicklung in der UdSSR hat die Lage erheblich verändert.

Nehmen wir die Angaben über den Wert der Produktion von Maschinen in den kapitalistischen Ländern im Jahre 1929 und in der UdSSR im Jahre 1933 (ohne die Hauptverwaltung für Transportmaschinenbau) zu Preisen von 1926/27 (in Mio Goldrubel)[6]:

USA	Großbritannien	Deutschland	Frankreich	UdSSR
10000	1700	2100	345	8460

Nach diesen Zahlen hat die UdSSR 1933 die großen europäischen Industrieländer in bezug auf deren Maschinenproduktion im Jahre 1929 erheblich übertroffen.

Das gleiche zeigen die Angaben für den Bruttoproduktionswert bei Landmaschinen (in Mio Goldrubel).

5 Selbst wenn man annimmt, daß 1926/27 ein Rubel etwa 80 Kopeken entsprach, so erreicht die industrielle Bruttoproduktion der UdSSR auch dann annähernd diejenige der drei größten Industrieländer Europas.

6 Diese Angaben wurden auf folgender Basis berechnet:
Für die USA nach dem Zensus von 1929, wobei die Transportmittelindustrie abgerechnet wurde; für Deutschland nach dem Statistischen Jahrbuch des Deutschen Maschinenbaues für 1920, S. 59; für Großbritannien und Frankreich nach Angaben des gleichen Jahrbuches, für 1929 umgerechnet entsprechend dem Produktionsindex und den Preisveränderungen.

USA	UdSSR
1929*	1933**
335	420

* Nach Angaben der Erhebung, umgerechnet in Goldrubel.
** Schätzung nach Angaben der Staatlichen Zentralverwaltung für Statistik der UdSSR.

Bei der Produktion von landwirtschaftlichen Maschinen haben wir das erste kapitalistische Land der Welt, nämlich die USA, im Jahre ihrer Hochkonjunktur überholt.

Aus den nachstehenden Angaben geht hervor, bis zu welchem Jahr die Produktion von Stahl und Roheisen in den größten kapitalistischen Ländern 1932 zurückgeworfen war:

	USA	Deutschland
Roheisen	1896	1889
Stahl	1901	1896

Die Produktion von Roheisen und Stahl, auf der die moderne Industrie basiert, war 1932 in diesen beiden größten kapitalistischen Ländern um eine ganze Generation zurückgeworfen worden. Demgegenüber lag die Produktion in der UdSSR im Jahre 1932 um 50% höher als jemals zuvor in der Geschichte des zaristischen Rußlands.

Der Schwerpunkt der Krise liegt in der Gruppe „A".

Die einzelnen Produktionszweige sind von der Krise natürlich ungleichmäßig betroffen. Unterteilt man die Angaben über die Industrieproduktion nach solchen für die Produktion von Produktionsmitteln und für die Produktion von Konsumtionsmitteln (bei Marx Abteilung I und II), so ergibt sich das in Tabelle 3 dargestellte Bild.

Tabelle 3
Index der kapitalistischen Weltindustrieproduktion (1929 = 100)

Jahr	Produktionsmittel	Konsumtionsmittel	Jahr	Produktionsmittel	Konsumtionsmittel
1913	69,0	81,0	1932	62,8	89,4
1929	110,0	105,0	1933 (erste		
1930	96,0	98,0	6 Monate)	68,3	94,9
1931	82,0	91,0			

Quelle
„Vierteljahreshefte zur Konjunkturforschung", hg. v. Institut für Konjunkturforschung, Sonderheft Nr. 31, Berlin—Hamburg; ebenda, 8. Jg., H. 2, S. 103.

Zu diesen Zahlen ist folgendes zu sagen:

a) die Angaben für das ganze Jahr 1933 werden vermutlich etwas niedriger als für die ersten 6 Monate sein, jedoch über denen für 1932 liegen;

b) diese Angaben umfassen auch die Produktion in der UdSSR in den Jahren 1932 und 1933, wodurch die Ergebnisse bei der Weltproduktion erstens günstiger sind und sich zweitens das Verhältnis zwischen den Gruppen „A“ und „B“ zugunsten der ersten verändert. Trotzdem sind diese Angaben außerordentlich aussagekräftig.

Sie zeigen deutlich, daß der Schwerpunkt der Krise in der Gruppe „A“ liegt. Während die Produktion in der Gruppe „B“ nach überschlägigen Berechnungen innerhalb von $3^1/_2$ Jahren um 10% unter den Stand von 1929 abgesunken ist, beläuft sich der Rückgang in der Gruppe „A“ in diesen $3^1/_2$ Jahren auf durchschnittlich 34% gegenüber 1929.

Tabelle 4 zeigt den Rückgang der Industrieproduktion im Jahre 1932 in den kapitalistischen Hauptländern.

Tabelle 4
Index der Industrieproduktion 1932 (1928 = 100)

	USA	Deutschland	Großbritannien	Polen	Frankreich	Japan
Gruppe „A“	48,2	50,2	85,3	49,4	80,0	99,5
Gruppe „B“	81,3	77,7	90,5	61,6	64,0	119,3

Die Produktion von Produktionsmitteln ist in den USA und in Deutschland am stärksten zurückgegangen, also in den Ländern, in denen der Produktionsapparat der Industrie vor der Krise durch die Rationalisierung außerordentlich erweitert und modernisiert wurde (bei Polen spielen der Kapitalmangel und die Einstellung des Kapitalimports eine große Rolle). Frankreich nimmt während der gesamten Krise eine Sonderstellung ein: Hier war der Rückgang in der Gruppe „A“ die ganze Zeit über geringer als in der Gruppe „B“. Die Hauptgründe dafür sind folgende: Die Rationalisierung setzte vor der Krise später ein und hatte einen geringeren Umfang; während der Krise wurden große Befestigungsanlagen sowie Häfen und Kanäle errichtet; einen beträchtlichen Anteil hat in der Gruppe „B“ die Produktion von Luxusgütern, die unter der Krise besonders stark litt. In Großbritannien war der Produktionsrückgang allgemein geringer, da sich die Produktion bereits 1928, wenn man dieses Jahr als Basis nimmt, auf einem sehr niedrigen Stand befand. Auf Japan wird noch gesondert eingegangen werden.

Durch diesen starken Produktionsrückgang war der Produktionsapparat in den kapitalistischen Ländern zu einem ganz erheblichen Teil nicht ausgelastet, was schon vor der Krise längst nicht der Fall war. Es liegen keine zusammenfassenden Berechnungen für die gesamte kapitalistische Welt vor. Nehmen wir deshalb einzelne charakteristische Beispiele.

Deutschland. Das Institut für Konjunkturforschung berechnet den monatlichen Prozentsatz der tatsächlich geleisteten Arbeitsstunden im Vergleich zur vollen Auslastung der Anlagen; unter voller Auslastung versteht man die Auslastung aller Arbeitsplätze bei 48-stündiger wöchentlicher einschichtiger Arbeitszeit.

Bei voller Auslastung der vorhandenen Anlagen könnte die britische Textilindustrie Baumwollerzeugnisse herstellen, die um das 1,5fache über dem gegenwärtigen Weltbedarf liegen.

Angesichts der ohnehin geringen Ausnutzung des vorhandenen Produktionsapparates erfolgte deshalb während der Krise, sobald die Ausstattung der neuen Industriebetriebe abgeschlossen war, mit deren Errichtung noch in der Hochkonjunktur begonnen worden war, in den kapitalistischen Hauptländern keine Erweiterung des fixen Kapitals mehr, und die Produktion von Produktionsmitteln deckte nicht einmal den laufenden natürlichen Verschleiß. Das wurde für das Jahr 1931 selbst von bürgerlichen Autoritäten festgestellt. So schreibt das Institut für Konjunkturforschung in seinem Wochenbericht vom 19. März 1932:

„1931 vollends dürfte im Gesamtbereich der deutschen Volkswirtschaft die Minderung der vorhandenen Anlagen durch laufenden Verschleiß und Überalterung größer gewesen sein als die Summe der Ersatzinvestitionen und der vereinzelten Neuinvestitionen. Mit anderen Worten: die deutsche Volkswirtschaft hat im Jahre 1931 von der Substanz gezehrt.“[7]

Prozentuale Auslastung der Produktionskapazität der Industrie in Deutschland[8]

1929	1930	1931	1932
67,4	56,2	44,5	35,7

Stahlgießereien in den USA*

	Mio t pro Jahr	in % zur Produktionskapazität
Produktionskapazität*	67,12	—
Produktion 1929	55,19	82
Produktion 1932	13,31	20

* Survey of Current Business 1932, Anhang, S. 298. Im Jahre 1931 stieg die Produktionskapazität durch die Fertigstellung einiger Hochöfen noch weiter und erreichte wahrscheinlich 70 Mio t.

Baumwollindustrie in Großbritannien 1932

Anzahl der vorhandenen Spindeln (in Mio)	51,9
Anzahl der in Betrieb befindlichen Spindeln (in Mio)	39,9
Dauer einer durchschnittlichen Arbeitswoche (maximal) (in Stunden)	35
Anzahl der Spindel-Stunden pro Woche (in Mio)	1400
bei zweischichtiger Auslastung alle Kapazitäten (in Mio)	4992
prozentuale Kapazitätsauslastung	28

USA. Im Jahresbericht des amerikanischen Stahltrusts „United States Steel Corporation“ heißt es für 1931:

„Die durchschnittliche Jahresproduktion von Stahl belief sich innerhalb von zehn Jahren, nämlich von 1922 bis 1931 auf 43 Mio t gegenüber 26 Mio t im Jahre 1931. Geht man vom durchschnittlichen Verbrauch an Stahlerzeugnissen in den Vereinigten Staaten in den letzten zehn Jahren aus, so kann man mit Recht feststellen, daß die Be-

7 Wochenbericht des Instituts für Konjunkturforschung, Berlin, vom 9. März 1932, S. 196.

8 Vierteljahreshefte zur Konjunkturforschung, hg. v. Institut für Konjunkturforschung, a. a. O., 7. Jg., 1932, H. 2, Teil B, S. 119.

friedigung der Inlandsnachfrage, nämlich die Deckung des Bedarfs der Betriebe und allein schon der laufende Verschleiß, ganz abgesehen von Erweiterungsinvestitionen, eine wesentlich größere Stahlmenge erfordert hätte, als 1931 verbraucht wurde."

Im Jahre 1932 ging die Stahlproduktion in den USA fast auf die Hälfte des Standes von 1931 zurück; mithin deckte die Produktion längst nicht den laufenden Verschleiß.

Durch die Krise wurde ein erheblicher Teil der Ausrüstungen in den imperialistischen Ländern, vor allem in den „alten" Industriezweigen, brachgelegt (vgl. Tabelle 5).

Tabelle 5
Anzahl der vorhandenen Spindeln (in Mio St.)

	am 31. Juli 1929	am 31. Januar 1933	Abnahme (—), Zuwachs (+)
Kapitalistische Welt	156,7	149,2	—7,5
darunter:			
Großbritannien	55,9	50,2	—5,7
USA	34,8	31,3	—3,5
Deutschland	11,2	9,8	—1,4

Vergleichsweise sei bemerkt, daß in diesem Zeitraum die Anzahl der in Betrieb befindlichen Spindeln in der UdSSR von 7,5 Mio auf 9,2 Mio stieg.

Eine Erhöhung der Anzahl der Spindeln konnte während der Krise auch in Japan, China, Indien und einigen anderen Ländern beobachtet werden. Die Verlagerung der Baumwollindustrie aus den alten Industrieländern in die Verbrauchsländer geht weiter. Vielfach wurden in Großbritannien ganze Fabriken demontiert und nach Ägypten oder China umgesetzt. Es gibt in Großbritannien einen Plan zur „Gesundung" der Textilindustrie, wonach 10 Mio Spindeln stillgelegt werden sollen. Die restlichen Fabriken mußten entsprechend der Anzahl ihrer Spindeln einen bestimmten Betrag als Ausgleich für die außer Betrieb gesetzten Spindeln zahlen.

Die Produktion der Maschinenbauindustrie war unter diesen Bedingungen natürlich sehr gering (vgl. Tabelle 6).

Tabelle 6
Index des Maschinenbaus (1928 = 100)

Jahr	Deutschland	Frankreich	Großbritannien	Jahr	Deutschland	Frankreich	Großbritannien
1929	100,9	113,8	107,0	1932	38,4	69,6	78,3
1930	83,1	113,8	103,1	1933	38,2	78,1	82,5
1931	59,1	98,6	83,9	(erste 6—8 Monate)			

Quelle
Bulletin Mensuel de Statistique, Septembre 1933, S. 346.

Anmerkung
Für die USA liegen keine Angaben über einen Gesamtindex des Maschinenbaus vor.

Die Zeitschrift des Verbandes Deutscher Ingenieure bemerkte am 4. März 1933: „Im letzten halben Jahre wurden in Deutschland Aufträge auf Werkzeugmaschinen nur ganz vereinzelt erteilt. Sie gingen fast ausschließlich von kleineren und mittleren Firmen aus ... Die großen Werke und Konzerne dagegen haben, soweit Produktionseinrichtungen in Frage kommen, ihren Einkauf gesperrt. Dringenden Bedarf deckten sie aus den Maschinenparks der weniger beschäftigten Abteilungen oder Werke."[9]

Durch die Krise ging der Bau neuer Fabriken (mit Ausnahme in der Rüstungsindustrie) erheblich zurück. Als Beispiel bringen wir Angaben über den Bau von Fabriken in den USA (Monatsdurchschnitt in Mio Dollar)[10]:

1928	1929	1930	1931	1932
42,4	45,5	21,4	9,7	3,6

Daraus ist ersichtlich, daß in den USA 1932 nur 8% der entsprechenden Summen von 1929 für die Errichtung neuer Fabriken aufgewendet wurden. Ähnlich verhält es sich auch in anderen kapitalistischen Ländern.

Auch die Bauwirtschaft hat während der Krise einen außerordentlichen Rückgang zu verzeichnen (vgl. Tabelle 7).

Tabelle 7
Bauwirtschaft

	1929	1930	1931	1932	1933 (erste 8—10 Monate)
*Großbritannien** (1924 = 100)					
Baugenehmigungen (in 1000 m³)					
Wohnungsbau	117,5	124,1	107,5	124,4	166,0
Industriebauten	140,5	135,7	109,8	94,4	107,0
*USA*** (Monatsdurchschnitt)					
Bauverträge (Mio Dollar)	479,5	376,9	259,2	112,6	83,0
*Deutschland**** (Monatsdurchschnitt)⁺ Baugenehmigungen (in 1000 m³)					
Wohnungsbau	12121,0	10483,0	4819,0	3300,0	3413,0
Industriebauten	783,5	983,0	487,0	272,0	273,0

* Vierteljahreshefte zur Konjunkturforschung, hg. v. Institut für Konjunkturforschung, a. a. O., 8. Jg., H. 2 (für 1930, 1931, 1932 und 1933); ebenda, 7. Jg. S. 52 (für 1929).

** Für 1929, 1930 und 1931 nach Survey of Current Business, Anhang, August 1932; 1931: S. 30—31, für 1932: Federal Reserve Bulletin, August 1932, S. 528; für 1933: Survey of Current Business, 1933.

*** Von 85 deutschen Städten für 1929 und von 96 Städten für 1930/31.

⁺ Die Angaben für Deutschland haben sich mehrmals geändert und sind nicht sehr zuverlässig.

9 H. Schoening, Die deutsche Werkzeugmaschinenindustrie in Gegenwart und Zukunft, in: Zeitschrift des Vereins Deutscher Ingenieure, Berlin, Bd. 77, Nr. 9, vom 4. März 1933, S. 209.

10 Survey of Current Business, 1932, Anhang, S. 31. Die Angaben enthalten den Wert der Bauvorhaben ohne maschinelle Ausrüstungen.

Der erhebliche Rückgang der Profite während der Krise und das mangelnde Vertrauen in zukünftige Profite läßt sich auch in dem starken Rückgang der Aktienkurse erkennen (vgl. Tabelle 8).

Tabelle 8
Kursindex von Industrieaktien

Jahr	USA	Groß-britannien	Frankreich	Deutschland	Polen	Japan
1929	189	139	525	126	66,2	—
1930	141	112	444	101	47	75
1931	87	87	305	76	27	76
1932	43	84	247	51	19	104
1933 (erste 9 bis 11 Monate)	72*	99	238	65	20	170*

* Inflationistische Kurserhöhung.

Quelle
Monthly Bulletin of Statistics, 10/1933, S. 429.

Die Angaben von Tabelle 8 sind nicht vergleichbar, da die Bezugsbasis unterschiedlich ist. Bei jedem Land (mit Ausnahme Japans) wird ein Rückgang zwischen 40 und 70% sichtbar.

Durch die Kreditkrise, die sinkenden Profite und den Fall der Aktienkurse verminderte sich (mit Ausnahme Japans) die Kapitalemission erheblich, wie Tabelle 9 ausweist.

Tabelle 9
Kapitalemission (ohne Konversionen) Monatsdurchschnitte (in Mio)

Jahr	USA (in Dollar)	Groß-britannien (in £)	Frankreich (in Franc)	Deutschland (in Reichsmark)	Polen (in Zloty)	Japan (in Yen)
1929	849	21	1259	80	21	222
1930	585	20	1823	47	19	205
1931	260	7	1362	65	7	261
1932	99	9	511	12	12	318
1933 (erste 9–11 Monate)	57	11	312	9	2	544

Quelle
Monthly Bulletin of Statistics, 12/1933, S. 526.

Die Vorratslage während der Krise

Eine brauchbare Statistik über die Bestände an Fertigerzeugnissen gibt es in keinem Land, mit Ausnahme der USA (Index der Bestände an Fertigerzeugnissen in den USA, 1923 bis 1925 = 100)[11]:

11 Offizielle Angaben aus dem „Survey of Current Business“.

	1929	1930	1931	1932	1933
Dezember	119	120	108	96	108 (August)

Die Bestände an Fertigerzeugnissen haben sich also 1931/1932 erheblich verringert und sind unter den Stand von 1923 bis 1925 gefallen. Dies war ein Grund für den stürmischen Produktionsanstieg von April bis Juli 1933, als die Vorräte neu aufgefüllt wurden. Nach Zeitungsmeldungen sind die Bestände an Fertigerzeugnissen im Groß- und Einzelhandel sowie bei den Fabriken während der Krise auch in anderen Ländern erheblich zurückgegangen. Das konnte auch nicht anders sein. Bei dem starken Preissturz versucht jeder Kapitalist, seine Bestände möglichst gering zu halten, damit die Verluste bei einem Preissturz nicht so groß sind.

Anders verhält es sich mit den Beständen von landwirtschaftlichen und mineralischen Rohstoffen. Seit Krisenbeginn ist hier nahezu kein Rückgang eingetreten.

In Tabelle 10 wurde ein zusammenfassender Überblick über die kapitalistischen Weltvorräte nach Angaben von „London and Cambridge Economic Service“ gegeben, einer Quelle, die in der bürgerlichen Wissenschaft große Autorität genießt.

Tabelle 10
Bestände an Rohstoffen und landwirtschaftlichen Massengütern (Oktober jedes Jahres)

	1929*	1930**	1931***	1932***	1933***
Amerikanische Baumwolle (in 1000 Ballen)	3688,0	5697,0	9165,0	11738,0	10145,0
Weizen (in Mio Bushel)	462,0	544,0	486,0	455,0	430,0
Zucker (in 1000 t)	2530,0	3165,0	6811,0	7318,0	6971,0
Tee (in Mio Pfund)	202,0	222,0	195,0	219,0	235,0
Kaffee (in Mio Sack)	21,1	29,3	34,0	31,5	22,3
Kautschuk (in 1000 t)	391,0	483,0	570,0	622,0	620,0
Zinn (in 1000 t)	31,6	47,5	61,9	58,6	34,5
Blei, USA (in 1000 t)	57,8	65,8	119,0	153,0	143,0
Zink (in 1000 t)	51,0	131,0	138,0	127,0	94,0
Erdöl (in Mio Barrel)	628,0	613,0	557,0	549,0	550,0

* London and Cambridge Economic Service, Quarterly Supplement, Januar 1931.
** Ebenda, Quarterly Supplement, Oktober 1931.
*** Ebenda, Quarterly Supplement, Dezember 1929, Juli 1932, September 1933, Oktober 1933.

Wir sehen, daß die Bestände in den letzten Jahren insgesamt nicht gestiegen sind. Sie sind aber noch sehr groß und drücken auf die Preise (bei Kaffee wurden die Vorräte durch die ständige massenweise Vernichtung gesenkt).

Der Preissturz während der Krise

Während der Krise ist ein wesentlich stärkerer Preisfall als bei allen vorangegangenen Krisen erfolgt (eine Ausnahme bildet die Krise von 1920/21). Neben dem Ausmaß der Krise liegt die Ursache dieses starken Preisrückganges in folgenden Umständen.

Während des Krieges übertraf die Nachfrage nach Waren das Angebot ständig in einem solchen Umfang, daß bei fast allen Waren die Preise erheblich über deren Wert lagen. Die in Gold ausgedrückten Preise stiegen um mehr als das Doppelte gegenüber 1913. Nach der Krise von 1920/21 sanken die aufgeblähten Preise um etwa die Hälfte und stabilisierten sich dann auf diesem noch immer sehr hohen Niveau. Der Preisindex in Gold schwankte zwischen 1922 und 1929 bei 150, wenn man 1913 gleich 100 setzt. Die Ursache, daß die Preise nicht unter den Vorkriegsstand zurückgingen, liegt nicht darin, daß der Wert des Goldes sank, denn es gab keinerlei technische Neuerungen, die die in einer Gewichtseinheit Gold verkörperte Arbeitszeit beträchtlich vermindert hätten. Die Ursache besteht unserer Auffassung nach vielmehr darin, daß sehr wichtige Elemente der Produktionskosten, wie Mieten, Renten, Frachten, Gehälter der Angestellten, Steuern usw. durch langfristige Verträge oder staatliche Anordnungen auf einem bestimmten Niveau festgelegt waren.

Es war eine weitere schwere Krise notwendig, um diese Situation zu durchbrechen und die Preise dem Wert der Waren anzugleichen, der gegenüber der Vorkriegszeit zweifellos gesunken war (infolge erhöhter Arbeitsproduktivität).

Tabelle 11
Index der Großhandelspreise (Jahresdurchschnitt) (1913 = 100)

Jahr	Deutschland	Frankreich (in Goldfranc)	Großbritannien (Index des „Economist“)	USA	Japan
1929	137	127	127	137	166
1930	125	113	107	124	137
1931	111	102	89*	105	116
1932	97	87	86	93	122***
1933 (erste 9 Monate)	92	81	87	92**	136

* Inflation setzte 1931 ein.
** Inflation setzte März 1933 ein.
*** Inflation setzte Ende 1931 ein.

Quelle
Monthly Bulletin oft Statistics, 10/1933.

Die Indexzahlen von Tabelle 11 sind nicht vergleichbar, da sie auf verschiedenen Waren beruhen. Dennoch machen sie im wesentlichen die Preisbewegung deutlich (mit Ausnahme Japans, wo eine starke inflationistische Preiserhöhung vorhanden ist). Den Preisrückgang von 1929 bis 1933 zeigen folgende Angaben (in %):

Deutschland	Frankreich	Großbritannien	USA
33	36	31	33

Ähnlich fielen die Preise in allen Ländern, in denen es keine erhebliche Währungsabwertung gab. Der Preissturz zwischen dem höchsten und dem tiefsten Punkt ist noch größer; diese Angaben werden später genannt, wenn die Entwicklung der Krise analysiert wird.

Diese Durchschnittszahlen verschleiern jedoch die Tatsache, daß der Preissturz bei den einzelnen Waren außerordentlich ungleichmäßig war. Angaben über die Preis„schere" werden später gebracht.

Monopolpreise und „freie" Preise

Die großen Monopole konnten für ihre Waren weiterhin relativ hohe Verkaufspreise erlösen, während sie demgegenüber die Einkaufspreise für solche Waren drückten, die sie von nicht monopolistisch organisierten kleinen Produzenten (Bauern, Handwerkern, kleinen Industriellen) kauften. In einigen Ländern wurde ein Index der Kartellpreise und ein solcher der „freien" Preise berechnet. Es zeigt sich folgendes Bild (vgl. Tabelle 12).

Tabelle 12
Kartellpreise und „freie" Preise

Jahr	Deutschland* (1926 = 100)		Österreich** (1923—1931 = 100)		Polen*** (1928 = 100)	
	Kartellpreise	„freie" Preise	Kartellpreise	„freie" Preise	Kartellpreise	„freie" Preise
1928	102,1	106,8	—	—	—	—
1929	105,0	97,4	99	100	107,7	93,6
1930	103,1	79,7	96	87	108,9	80,9
1931	93,6	60,8	91	76	107,8	63,8
1932	83,9	47,5	93	73	106,1	52,5
1933+	83,9	48,3	94	73	94,8	48,8

* Konjunkturstatistisches Handbuch 1933, S. 121, Ergänzung zu 1933.
** Monatsberichte des Österreichischen Konjunkturinstituts.
*** Statistische Monatstabellen des Polnischen Wirtschaftsinstituts für 1933.
\+ 10 Monate bei Deutschland, 12 Monate bei Österreich und 11 Monate bei Polen.

Tabelle 13
Preisindex für Erzeugnisse der Kolonien und für Waren der imperialistischen Länder (1913 = 100)

Jahr	USA	Deutschland	Großbritannien	USA	Großbritannien	Erzeugnisse der Kolonien		
	Fertigerzeugnisse		Roheisen		Kohle	indische Baumwolle	Jute (London)	Rohrzucker (New York)
1929	136	157	132	125	122	114	102	71
1930	127	150	126	123	120	74	69	53
1931	111	186	110	113	114	59	54	48
1932	101	119	109	102	113	65	52	33
1933 (August)	106	113	117	112	113	67	52	54

Im allgemeinen gelang es den Monopolen, den Preissturz bei ihren Waren abzufangen. Es zeigte sich aber eine große Ungleichmäßigkeit. Das internationale Kupferkartell mußte die Preise von 24 amerikanischen Cent je Pfund auf 8 senken und zerfiel dann völlig. Jetzt kostet Kupfer höchstens 4—5 Goldcent je Pfund. Die Monopole der Schwerindustrie in den USA sowie in Deutschland und Frankreich senkten dagegen die Binnenmarktpreise kaum (allerdings muß bemerkt werden, daß einzelne Kartellmitglieder ihre Erzeugnisse sehr oft heimlich unter den offiziellen Preisen verkaufen). Tabelle 13 zeigt, daß das Monopolkapital seine Überlegenheit gegenüber den Kolonialländern während der Krise weitgehend dazu ausnutzte, um den nichtäquivalenten Austausch zu verstärken.

Der Preissturz für Erzeugnisse der Kolonien verminderte die Kaufkraft der Kolonien für Industrieerzeugnisse erheblich. Dieser Umstand mußte sich zusammen mit der Agrarkrise auf die industrielle Krise auswirken und diese vertiefen.

Die Kreditkrise

Durch den starken Preissturz und den unzureichenden Absatzmarkt für Waren kam es wie bei jeder Krise zu einer Kreditkrise und zu massenweisen Firmenzusammenbrüchen (vgl. Tabellen 14 und 15).

Tabelle 14
Firmenzusammenbrüche

	1929	1930	1931	1932	1933+
*Vereinigte Staaten***					
Anzahl der Aktiengesellschaften	22209	26355	29288	31822	17732
deren Passiva (in Mio Dollar)	483,3	668,3	736,7	928,4	429,7
Anzahl der Banken	642	1345	2288	1453	—
deren Passiva (in Mio Dollar)	234,5	864,7	1691,5	715,6	—
*England und Wales****					
Zahl der Firmenzusammenbrüche	5900+	6287	6818	7321	4927
Mio £	—	15,1	16,5	16,4	—
*Deutschland**					
Anzahl der gemeldeten Firmenzusammenbrüche	9846	15486	19254	13966	3718
*Frankreich**					
Anzahl der gemeldeten Firmenzusammenbrüche	6092	6249	7220	9014	8362
*Polen**					
Anzahl der gemeldeten Firmenzusammenbrüche	516	815	738	545	259
Anzahl der zu Protest gegangenen Wechsel	1255	1366	1366	838	352

* Für das Jahr 1933 bei USA 9 Monate, bei Großbritannien 9 Monate, bei Deutschland 11 Monate, bei Frankreich 11 Monate, bei Polen 10 Monate.
** Materialien des Internationalen Instituts für den Handel, 20. Oktober 1933, S. 1177—1179.
*** Statistischer Bericht der englischen Banken, Oktober 1933, S. 119.

Die Besonderheiten der gegenwärtigen Krise bestehen in folgendem:

1. Die seit Beginn der industriellen Krise bereits latent vorhandene Kreditkrise entlud sich mit einer Verspätung von 2 bis 3 Jahren, nämlich in Deutschland im Sommer 1931 und in den USA erst im März 1933, wo sie sich katastrophal auswirkte. Die starke Verschmelzung von Bank- und Industriekapital sowie auch die hohe Entwicklungsstufe des Finanzkapitals zwangen die Großbanken, alle ihnen zur Verfügung stehenden Mittel einzusetzen, um im eigenen Interesse den offenen Ausbruch der Kreditkrise zu verhindern, denn diese konnte ihnen selbst sehr gefährlich werden, wie der Zusammenbruch nahezu aller deutschen Großbanken zeigte. Je länger sich aber der Ausbruch der Kreditkrise hinauszögerte, desto katastrophaler waren die Formen, in denen sie sich entlud. Bekanntlich mußten in den USA im März 1933 alle Kreditinstitutionen geschlossen werden.

2. Eine entscheidende Rolle spielte der gewaltige Preissturz, wodurch die Realverschuldung während der Krise um 35 bis 40% stieg.

Der Preisrückgang bewirkt gewaltige Veränderungen bei der Umverteilung der Einkommen, und zwar zugunsten der Kreditgeber (der Rentiers) und zum Nachteil der Schuldner (der Industriellen, Bauern, Hausbesitzer und Handwerker).

Das Leihkapital, gleichgültig, in welchen Formen es auftrat, hatte also von der durch die Krise ohnehin stark geschrumpften Gesamtprofitmasse den gleichen Betrag an Zinsen und Schuldentilgung zu erhalten wie früher. Diese Situation konnte nicht lange währen.

Es gab drei Auswege:

1. spontane Annullierung der Schulden durch Bankrott;
2. Währungsabwertung, wodurch die reale Schuldenlast dem gesunkenen Preisniveau angeglichen würde;
3. vom Staat sanktionierte Zahlungseinstellung bei Inlands- und Auslandsschulden.

Die oben angeführte Statistik vermittelt aber keinesfalls eine richtige Vorstellung von den Firmenzusammenbrüchen; angesichts des drohenden Ausbruchs der Kreditkrise wurden zehntausende von Betrieben mit Hilfe der Großbanken und des Staates „saniert“, wodurch ein offener Zusammenbruch abgewendet wurde.

Das Ausmaß der Kreditkrise drückt sich auch darin aus, daß zahlreiche Kommandohöhen des Finanzkapitals zusammenbrachen (wie Darmstädter Bank und Dresdner Bank in Deutschland, Kredit-Anstalt in Österreich, der Kreuger Konzern, der Insull-Konzern in den USA usw.).

Die Abwertung der Währungen

Die normale Entwicklung des Kapitalismus macht eine stabile Goldwährung erforderlich. Das durch die Krise verursachte Währungschaos ist ein Beweis für die außerordentliche Tiefe und Schärfe der Krise.

Der Kampf ums Gold

Der Kampf ums Gold geht unvermindert weiter. Tabelle 16 zeigt die wichtigsten Veränderungen in den Goldbeständen während der Krise.

Die Tabelle verdeutlicht folgende Hauptaspekte:

a) das während der Krise geförderte Gold ist vollständig in Europa konzentriert;

Tabelle 15
Staatsbankrotte 1931 bis 1933
1931

	März	April	Mai	Juni	Juli	August	September	Oktober	November	Dezember
1. Zahlungseinstellungen (oder Moratorien) bei staatlichen Auslandsschulden	Neu-Süd-wales,* Mexiko	Australien**				Chile	Brasilien	Bolivien		Ungarn, Uruguay
2. Zahlungseinstellungen (oder Moratorien) bei kommerziellen Auslandsschulden				Ungarn	Deutschland	Uruguay				Ungarn
3. Sonstige Ereignisse von internationaler Bedeutung, die im Zusammenhang mit (1) und (2) stehen				20. Juli: Hoover-Moratorium***						Baseler Sachverständigenausschuß
4. Devisenbewirtschaftung							Dänemark, Griechenland, Ungarn, Iran	Argentinien, Österreich, Brasilien, Bulgarien, Tschechoslowakei, Finnland, Türkei, Jugoslawien	Bulgarien, Tschechoslowakei, Südafrikanische Union, Dänemark	

Tabelle 15 (Fortsetzung)
1932

	Januar	Februar	März	April	Mai
1. Zahlungseinstellungen (oder Moratorien) bei staatlichen Auslandsschulden			Chile, Salvador	Griechenland, Bulgarien	
2. Zahlungseinstellungen (oder Moratorien) bei kommerziellen Auslandsschulden		Deutschland	Chile, Salvador, Jugoslawien		
3. Sonstige Ereignisse von internationaler Bedeutung, die im Zusammenhang mit (1) und (2) stehen					
4. Devisenbewirtschaftung	Tschechoslowakei, Nikaragua, Südafrikanische Union, Türkei, Jugoslawien	Dänemark, Nikaragua, Rumänien, Spanien, Uruguay	Österreich, Bulgarien, Jugoslawien	Argentinien, Bulgarien, Chile, Tschechoslowakei, Ekuador	Rumänien

Juni	Juli	August	September	Oktober	November	Dezember
Deutschland, Österreich			Griechenland, Panama	Bolivien	Bulgarien, Jugoslawien	Frankreich Polen, Belgien, Ungarn, Kostarika
Österreich	Uruguay			Bolivien, Brasilien		
Abkommen von Lausanne		Abschluß der Konferenz von Ottawa				
Brasilien, Chile	Polen, Japan	Von August 1932 bis Juli 1933 haben die Bewirtschaftung ausländischer Devisen eingeführt oder die Ausfuhr von Devisen und die Bezahlung mit ausländischen Wechseln untersagt: Österreich, Bulgarien, Deutschland, Ungarn, Griechenland, Rumänien, Jugoslawien, Angola Argentinien, Brasilien, Chile, Kostarika, Kolumbien, Nikaragua, Türkei, Tschechoslowakei, Island, Iran, Venezuela.				

Tabelle 15 (Fortsetzung)
1933

	Januar	Februar	März	April	Mai	Juni	Juli
1. Zahlungseinstellungen (oder Moratorien) bei staatlichen Auslandsschulden	Jugoslawien, Österreich, Rumänien	Ungarn	Kuba	Bulgarien	Griechenland	Großbritannien, Paraguay	Deutschland, Ungarn
2. Zahlungseinstellungen (oder Moratorien) bei kommerziellen Auslandsschulden		Ungarn, Deutschland					
3. Sonstige Ereignisse von internationaler Bedeutung, die im Zusammenhang mit (1) und (2) stehen					Konferenz zu Fragen des deutschen Transfers		Wirtschaftskonferenz in London
4. Devisenbewirtschaftung			USA (vorübergehend)				

Die gesamte Auslandsverschuldung aufgrund aller festverzinslichen Papiere schätzt Condliffe Ende 1932 auf 35 Mrd. Golddollar, wobei sich die Gläubiger wie folgt verteilen (in %):

Großbritannien	25	Schweiz	5
USA	22	Niederlande	5
Frankreich	10		
Deutschland, Kanada, Belgien, Japan	39	Schweden, Tschechoslowakei, Spanien	39

Hierin sind nicht die „kommerziellen" Schulden in Höhe von 9 Mrd. Golddollar enthalten.
Die jährlichen Zahlungen an Zinsen und Tilgungen betragen etwa 2 bis 2,5 Mrd. Golddollar. Um nachzuweisen, daß es nicht möglich ist, diesen Zahlungsverpflichtungen nachzukommen, verweist Condliff darauf, daß dieser Betrag etwa 20% der gesamten Goldvorräte in der Welt ausmacht und damit höher liegt, als die gesamten Goldvorräte der Schuldnerländer. Quellen: Economist, 1931, Condliffe, Economic Survey, 1931/32, S. 76, 319—322; 1932/33, S. 328, 271—278. Toynbee, Survey of International Affairs, 1931.

* Abgedeckt durch die Bundesregierung Australiens.
** Zahlungsaufschub bei den Staatsschulden an Großbritannien für zwei Jahre.
*** Einstellung aller internationalen Schuldzahlungen für die Dauer eines Jahres durch Großbritannien, Frankreich, Belgien, Italien, Griechenland, Deutschland, Portugal, Rumänien, ferner durch die britischen Dominien u. a. seit Juli 1931.

b) die Schuldnerstaaten (die lateinamerikanischen Länder, die asiatischen Staaten und Deutschland) mußten einen erheblichen Teil ihres Goldbestandes abgeben;
c) Frankreich erhielt einen erheblichen Teil der Goldbestände.

Tabelle 16
Goldbestand der Zentralbanken und Regierungen (in Mio Golddollar)

Jahr (Juli)	USA	Europa	Groß-britannien	Frankreich	Deutsch-land	Asien	Latein-amerika
1929	3974	4511	688	1462	512	728	801
1930	4160	5009	741	1775	624	755	634
1931	4587	5353	643	2290	325	416	416
1932	3522	6871	670	3221	183	524	348
1933	4009	6932	925	3213	58	481	367

Quelle
Federal Reserve Bulletin.

Zahlungseinstellung für Auslandsanleihen

Ein qualitativ neuer Aspekt der Krise besteht darin, daß Auslands- und zum Teil auch Inlandsschulden nicht bezahlt werden. Tabelle 15 weist aus, in welchem Umfange Auslandsanleihen nicht zurückgezahlt werden.

Man kann hier folgende Hauptaspekte feststellen:

1. die Agrarländer sind zahlungsunfähig, da ihr Exportüberschuß nicht einmal die Zinsen deckt; durch den starken Preissturz für landwirtschaftliche Erzeugnisse sind ihre Goldbestände ziemlich erschöpft, und es fließt kein Auslandskapital mehr in ihre Länder.

Als Beispiel können Indien und Argentinien (vgl. Tabellen 17 und 18) genannt werden.

Tabelle 17
Außenhandel Indiens (das Jahr endet am 31. März) in Mio Rupien

	1929	1930	1931	1932	1933
Nettoüberschuß des Warenexports	860	790	690	348	34
Nettoimport an Gold	212	142	125	—	—
Nettoexport an Gold	—	—	—	580	683

Quelle
Statist vom 11. November 1933.

Tabelle 18
Außenhandel Argentiniens (in Mio Golddollar)

	1928	1929	1930	1931	1932
Exportüberschuß an Waren	—	87	114	79	115
Goldbestand am Jahresende	607	434	412	253	249

Quelle
Statistical Yearbook of the League of Nations, 1932/33, S. 168.

Indien konnte seine Verpflichtungen dadurch erfüllen, daß es einen Teil des Goldes, der die Rolle einer privaten Schatzbildung spielte, mobilisierte; das Gold wurde nach England geschafft und erhöhte den Goldbestand der Bank von England. Als Argentinien über die Hälfte seines Goldbestandes eingebüßt hatte, mußte es die Zahlungen für Auslandsanleihen einstellen und vom Goldstandard abgehen. Ähnlich verhielt es sich bei Australien und anderen Ländern.

2. Deutschland stellte die Zahlungen für Auslandsanleihen völlig ein, und zwar sowohl für die Reparationen als auch für kurzfristige Schulden (Zahlungsmoratorium) und kürzte die Zinszahlungen für langfristige Anleihen um 70%, wobei der Goldstandard formal beibehalten wurde. Eine ähnliche Situation gibt es auch in anderen Ländern.

3. Auch bei den interalliierten Schulden erfolgten Zahlungseinstellungen; Frankreich, Belgien und andere Länder stellten die Zahlungen völlig ein, während Großbritannien nur symbolische Zahlungen leistete. Alle Reparationszahlungen und die interalliierten Schulden, also feierlich eingegangene Verpflichtungen mit einer Laufzeit von 62 Jahren, wurden von der Krise unwiderruflich hinweggefegt. Der Youngplan, der jährliche Zahlungen von über 2 Mrd. Mark im Verlauf mehrerer Jahrzehnte vorsah, wurde durch das Lausanner Abkommen abgelöst, das eine einmalige Zahlung von 3 Mrd. Mark vorsieht, wobei klar ist, daß auch diese Summe niemals gezahlt wird.

Einstellung des Kapitalexports

Durch die Krise kam der Kapitalexport fast völlig zum Erliegen. Die Auslandsemission der beiden wichtigsten Kapitalexportländer, nämlich der USA und Großbritannien, zeigt folgende Entwicklung (vgl. Tabelle 19).

Tabelle 19
Kapitalexport ins Ausland (im Monatsdurchschnitt)

	1928	1929	1930	1931	1932	1933 (erste 10 Monate)
USA (in Mio Dollar)	110,0	64,0	85,0	21,0	2,0	0,12
Großbritannien (in Mio £)	11,9	7,9	9,1	3,8	2,4	2,7

Quelle
Monthly Bulletin of Statistics, 10/1933, S. 382.

Frankreich, die Niederlande und die Schweiz haben gleichfalls den Kapitalexport ins Ausland nahezu eingestellt.

Die Währungsspekulation mit der zukünftigen Kursentwicklung führte dazu, daß Milliardenbeträge, die aus ihrer normalen Bindung an die kapitalistischen Produktionsverhältnisse herausgelöst sind, in Form von kurzfristigen, oft nicht einmal zinstragendem Leihkapital von Land zu Land vagabundieren, so von Großbritannien nach Frankreich, von Frankreich nach den USA, von den USA zurück nach Großbritannien, und zwar je nachdem, wie sich die Währungskrise im jeweiligen Augenblick entwickelt.

Der Rückgang des Außenhandels während der Krise

Während der Krise ging der Außenhandel der kapitalistischen Welt erheblich zurück (vgl. Tabelle 20).

Tabelle 20
Welthandel ohne UdSSR (Monatsdurchschnitt) in Mio Golddollar
Import

	1929	1930	1931	1932	1933*
Kapitalistische Welt	2678	2105	1540	1032	877
Index: 1928 = 100	102,3	82,7	58,8	39,4	33**

Export

	1929	1930	1931	1932	1933
Kapitalistische Welt	2406	1912	1354	921	840
Index: 1928 = 100	98,5	78,3	55,4	37,7	30***

* erste 9 Monate.
** Berechnung des Verfassers.

Quelle
Monthly Bulletin of Statistics, Nr. 3, 10, 11/1933.

Der Rückgang des Außenhandels ist zu 35 bis 40% auf den Preissturz und im übrigen auf die mengenmäßige Verringerung des Außenhandelsvolumens zurückzuführen (vgl. Tabellen 21 und 22).

Der Kampf um die Außenmärkte

Im Rahmen des allgemeinen Rückgangs des Außenhandels ergaben sich zwischen den einzelnen Ländern erhebliche Verschiebungen (vgl. Tabelle 21).

Im Kampf um die Außenmärkte verdrängte Deutschland 1931 und 1932 Großbritannien auf den dritten Platz; 1933 überholte Großbritannien nicht nur Deutschland, sondern kam

Tabelle 21
Exporte der kapitalistischen Hauptländer (Monatsdurchschnitt) in Mio Golddollar

Land	1929	1930	1931	1932	1933 (Januar—September)
USA	430	315	198	131	102
Großbritannien	295	231	147	107	100
Frankreich	163	140	90	64	53
Deutschland	252	225	181	112	90
Japan	81	59	46	30	30
Polen	26	23	18	10	18,4

dicht an die USA heran. Beim Export von industriellen Fertigwaren behauptet Großbritannien wieder fest den ersten Platz.

Tabelle 22 zeigt den Anteil der wichtigsten Industrieländer am gesamten Weltexport und die während der Krise eingetretenen Verschiebungen.

Tabelle 22

Anteil einzelner Länder am Weltexport (in %)

Land	1929	1930	1931	1932	1933 (Januar—August)
Großbritannien	10,47	10,48	9,36	10,06	11,59
Vereinigte Staaten	15,61	14,27	12,57	12,39	11,78
Deutschland	9,71	10,82	12,08	10,70	10,93
Frankreich	5,95	6,34	6,30	6,08	6,78
Japan	2,96	2,67	2,89	3,05	3,37*
Polen	0,96	1,03	1,12	0,95	0,95
Sonstige kapitalistische Länder	54,09	54,39	55,18	56,77	54,60

* Januar—Juli.

Quellen

Für 1929—1932: Statistical Yearbook of the League of Nations, 1932/33, S. 16; für 1933: Monthly Bulletin of Statistics.

Da die Aufnahmefähigkeit der Märkte begrenzt ist, verschärfte sich der Kampf um die Absatzmöglichkeiten in noch nicht erlebtem Umfang, und es setzte ein ununterbrochener, von allen Seiten geführter Handelskrieg ein. Dieser verläuft in folgenden zwei Hauptrichtungen.

1. Bei allen Waren, die innerhalb des Landes hergestellt werden können, wird der Import so weit wie möglich eingeschränkt. Das erfolgt durch Zölle, Importkontingente, Importverbote, währungspolitische Maßnahmen und Währungsabwertung.

2. Der Export wird weitgehendst gefördert, z. B. durch Dumping und alle möglichen staatlichen Exportvergünstigungen.

Vorher galt der Zolltarif wie vor dem Kriege fast unverändert etwa zehn Jahre lang, während gegenwärtig die Zölle und anderen handelspolitischen Maßnahmen mehrmals innerhalb eines Jahres geändert werden. Dadurch gibt es keinen „freien Weltmarkt" im alten Sinne des Wortes mehr. Der Welthandel zerfällt immer stärker in einzelne, von den Regierungen sanktionierte Geschäftsabschlüsse zwischen zwei Ländern und verwandelt sich damit in eine Art „zwischenstaatlicher Tauschhandel". Unter diesen Bedingungen üben die imperialistischen Großmächte natürlich einen starken Druck auf die schwächeren Staaten und als Käufer landwirtschaftlicher Erzeugnisse auf die Agrarländer aus. Der Außenhandel ist der Politik untergeordnet.

Das Scheitern der bürgerlichen Versuche zur künstlichen Überwindung der Krise

Die Krise hat in den vier Jahren die Profite der Bourgeoisie erheblich beschnitten, wobei einige Monopolunternehmen und die Rüstungsindustrie eine Ausnahme machen. Auch der angeeignete Mehrwert ist erheblich zurückgegangen, denn es wird eine wesentlich geringere Anzahl von Arbeitern ausgebeutet, und die Steigerung der Ausbeutungsrate konnte nicht den Rückgang der Anzahl der Ausgebeuteten kompensieren. Aber die in Geldform realisierte Profitsumme ist noch stärker als die Summe des angeeigneten Mehrwerts zurückgegangen, da der ständige Preissturz bei jedem Kapitalumschlag zu Verlusten führte. Der Kapitalismus konnte den gesamten angeeigneten Mehrwert nicht in Geldform realisieren, obwohl die Arbeiter und Bauern, die werktätigen Massen, zweifellos die Hauptlast der Krise zu tragen hatten. Obwohl es keine Statistik der Profite im marxistischen Sinne gibt, geht dennoch aus der Einkommensstatistik der Aktiengesellschaften hervor, wie negativ sich die Krise auf die Profite der Bourgeoisie auswirkte (vgl. Tabelle 23).

Tabelle 23
Bilanzstatistik wichtiger Industrieländer

Jahr	USA (1928 = 100)	Großbritannien (1924 = 100)	Deutschland
	Nettoprofite von 433 Industriegesellschaften	Profite, Kettenindex*	Profite, Mio Mark
1929	113,5	120,1	315
1930	67,6	119,4	207
1931	28,0	92,5	—116 (Verlust!)
1932	7,0	75,8	73

* Jede Zahl weist das Verhältnis zum Vorjahr aus, nicht aber gegenüber 1924, so daß der tatsächliche Rückgang der Profite noch größer ist.

Quelle
Vierteljahreshefte für Konjunkturforschung, hg. v. Institut für Konjunkturforschung, a. a. O. 8. Jg. 1933, H. 2, Teil A, S. 98.

Es sei darauf aufmerksam gemacht, daß die genannten Zahlen nicht den Profit, sondern den Unternehmergewinn (nach Abzug der Zinsen, der Abschreibungen und Steuern) ausweisen. Dennoch vermitteln sie ein annäherndes Bild. Aller Wahrscheinlichkeit nach haben viele Aktiengesellschaften, deren Kreditfähigkeit bereits erschüttert ist, ihre Bilanzen „frisiert", d. h. einen Gewinn anstelle tatsächlich vorhandener Verluste ausgewiesen.

Die bürgerliche Wirtschaftspolitik will vor allem die „normale" Selbstverwertung des Kapitals wieder sichern. Aber die einzelnen Schichten der herrschenden Klassen, die die Profite in Form der Rente, des Unternehmergewinns und der Zinsen für Leihkapitel unter sich aufteilen und zwischen denen noch weitere Widersprüche bestehen (zwischen den Monopolen und der „freien" Industrie, zwischen der extraktiven und der verarbeitenden Industrie, zwischen Ex- und Importeuren usw.), konnten sich nicht über die Mittel einigen, um dieses Ziel zu erreichen.

Natürlich spielen die Interessen des Finanzkapitals die entscheidende Rolle. Aber auch die Finanzoligarchie vermochte niemals eine konsequente Wirtschaftspolitik zu verfolgen. Die Wirtschaftspolitik hing immer davon ab, welche Gruppe der Finanzoligarchie oder welche Schichten der herrschenden Klassen im jeweiligen Augenblick das Übergewicht hatten. In diesem Durcheinander lassen sich folgende Hauptlinien unterscheiden:

1. Maßnahmen zur Erhöhung der Preise. Entsprechend der in der bürgerlichen Wissenschaft vorherrschenden „Quantitätstheorie" des Geldes wurden solche Versuche von

der Geldseite her unternommen, und zwar anfangs durch Erweiterung des Kreditvolumens. Dieser Versuch mißglückte, da die „kreditfähigen" Betriebe während der Krise keine neuen Kredite beanspruchten; wer aber an Krediten interessiert war, konnte keine Sicherheit bieten. Eine freiwillige oder erzwungene Inflation bewirkte die erwünschten Preiserhöhungen nur scheinbar, denn der Goldpreis fiel in den Inflationsländern weiter.

Beruhten Preiserhöhungen auf einer Beseitigung der Auslandskonkurrenz, so hatten sie bei strikt kartellgebundenen Waren einigen Erfolg, wurden jedoch durch die niedrige Kaufkraft der Bevölkerung im Inland kaum wirksam.

2. Maßnahmen, um den Absatz innerhalb des Landes künstlich zu beleben. Dazu gehören staatliche und kommunale Bauten, Aufträge der Eisenbahn usw. Da die hierzu erforderlichen Mittel aus Steuereinnahmen kommen, änderte sich nichts an der Aufnahmefähigkeit des Binnenmarktes. Stammten die Mittel aus erhöhter Schuldenaufnahme, so wirkte sich dies inflationistisch aus. Die mit großem Agitationsaufwand betriebene Kampagne „Kauft jetzt"[12] hatte keinen Erfolg, da keine freie Kaufkraft vorhanden war (ausgenommen bei der Bourgeoisie).

3. Die eingeleiteten Maßnahmen zur Steigerung des Auslandsabsatzes hatten kaum Erfolg, da alle Länder eine restriktive Politik betrieben.

4. Erhöhung der Ausbeutungsrate der Arbeiter, Kürzung der Sozialleistungen usw. Hier gab es unter allen Schichten der herrschenden Klasse volle Übereinstimmung. Aber diese Maßnahmen, die unmittelbar auf die Profitsteigerung des Kapitals gerichtet sind, lassen den Binnenmarkt noch mehr schrumpfen, und bis sich die Profitaussichten bessern und eine Erneuerung und Erweiterung des fixen Kapitals einsetzt, wirken sie sich krisenverschärfend aus.

Zusammenfassend kann man sagen, daß die Versuche der Bourgeoisie, die Krise durch wirtschaftspolitische Maßnahmen künstlich zu überwinden, keinen Erfolg hatten. Bereits seit Mitte 1932 begann sich die Krise abzuschwächen, und in einzelnen Ländern zeichnete sich eine gewisse Verbesserung ab, was aber keinesfalls auf einen Erfolg der bürgerlichen Experimente zurückzuführen ist. Vielmehr bewirkten diese in einigen Ländern, wie in den USA, daß die Tendenz zur Verbesserung, die sich aufgrund der dem Kapitalismus innewohnenden Bewegungsgesetze abzuzeichnen begann, wesentlich schwächer wurde.

Mit den Versuchen der Bourgeoisie, die Krise künstlich zu überwinden, verstärkte sich die Rolle des Staates im Wirtschaftsleben der kapitalistischen Länder beträchtlich. Erstens nahm mit dem starken Rückgang des Nationaleinkommens das Gewicht des Staatshaushalts während der Krise relativ zu. Ein bedeutend größerer Teil des Nationaleinkommens wird jetzt in Form von Steuern erhoben und über den Haushalt umverteilt.[13]

12 Das völlige Unverständnis für die Gesetze des Kapitalismus zeigt sich z. B. darin, daß bei der in den USA durchgeführten Kampagne „Kaufe jetzt" wie folgt argumentiert wurde: Wenn jeder Werktätige jeden Tag 50 Cents mehr ausgibt, wird damit der Krise eine Ende gesetzt. Doch stellte niemand die Frage, woher die Arbeiter und Angestellten diese 15 Dollar im Monat nehmen sollten.

13 Folgende Angaben vermitteln eine ungefähre Vorstellung vom wachsenden Anteil des Staatshaushalts am Nationaleinkommen (in %):

	USA	Großbritannien	Frankreich	Deutschland
1929	5	21	19	11
1933	10	25	27	13

Zweitens mischt sich der Staat immer aktiver in die kapitalistische Wirtschaft ein: So reguliert er die Währungspolitik, setzt Mindest- und Höchstpreise fest, fördert den Kauf einheimischer Erzeugnisse, übt starken Einfluß auf die Banken aus, regelt den Außenhandel bis ins kleinste, zwingt „Outsider“ zum Anschluß an Kartelle, legt Lohntarife fest usw.

Der Kampf der einzelnen Schichten der herrschenden Klasse um die Umverteilung der zusammengeschrumpften Mehrwertsumme verlagert sich vom Parlament in den Staatsapparat und unmittelbar in die Bürokratie. Der Profit jedes einzelnen Betriebes und teilweise sogar eines einzelnen Geschäftsabschlusses hängt von der staatlichen Bürokratie ab.

Obwohl das Finanzkapital den Staat und den Staatsapparat beherrscht und im allgemeinen die Wirtschaftspolitik bestimmt, wächst dennoch die Macht der staatlichen Bürokratie, da die gesetzlichen Bestimmungen immer komplizierter werden und sich rasch verändern. Damit sind einer riesigen Bestechlichkeit und Korruption Tür und Tor geöffnet.

II. Die Agrarkrise

Die Weltagrarkrise hat bis auf den heutigen Tag nicht an Schärfe eingebüßt; und es sind keine Anzeichen zu erkennen, daß sich eine Lösung oder auch nur eine Abschwächung abzeichnet. Erfaßte die Agrarkrise 1930 erst den Ackerbau, so hat die Krise seitdem auch die gesamte Viehwirtschaft betroffen.

Hier stellt sich die Frage nach dem Unterschied zur großen Agrarkrise im 19. Jahrhundert. Diese betraf nur den Getreidebau in Europa und hatte ihre Ursache im Ausbau des Eisenbahnnetzes in den überseeischen Ländern, wodurch billiges Getreide aus den neu erschlossenen Gebieten Nordamerikas auf den europäischen Markt geworfen werden konnte. Eine weitere Ursache lag in dem „um den Preis des Hungers" betriebenen Export aus solchen Ländern wie Rußland, Indien usw., mit denen die durch hohe Renten belastete kapitalistische Landwirtschaft Europas nicht konkurrieren konnte. Aber in der überseeischen Getreidewirtschaft und in der europäischen Viehwirtschaft herrschte keine Krise. Die Entwicklung des noch im Aufstieg befindlichen Kapitalismus und die starke Bevölkerungszunahme in den Industriestädten mit dem damit verbundenen Mehrverbrauch an Fleisch, Milch und Gemüse ermöglichten es der europäischen Landwirtschaft, die Krise zu überwinden, da sie zu intensiveren Anbaumethoden überging und die Rente senkte. Die in der Landwirtschaft freigesetzten Arbeitskräfte fanden in der Industrie Beschäftigung.

Die Agrarkrise Ende vergangenen Jahrhunderts war ein spezifischer kapitalistischer Weg, um den Widerspruch zwischen den Produktivkräften in der kapitalistischen Landwirtschaft und den auf der Rente beruhenden Produktionsverhältnissen zu lösen, die die Entwicklung der Produktivkräfte hemmten.

Die gegenwärtige Agrarkrise erfaßt alle Bereiche der Landwirtschaft und ausnahmslos alle Länder. Um diese Krise zu überwinden, sind die im 19. Jahrhundert beschrittenen Wege untauglich. Durch die chronische Massenarbeitslosigkeit geht der Verbrauch des Proletariats an Lebensmitteln zurück. Die Bevölkerungsbewegung änderte sich in den letzten Jahren, denn die Arbeitslosen kehren aufs Land zurück, um in der Stadt nicht Hungers zu sterben.[14]

Der Versuch, die Krise zu überwinden, indem die Produktion planmäßig verringert wird, ist völlig fehlgeschlagen. Die kopflos gewordene Bourgeoisie erprobt die verschiedensten Maßnahmen, während die große Masse der werktätigen Bauern immer stärker ruiniert wird.

14 Das zeigt anschaulich das Beispiel der USA.
Die landwirtschaftliche Bevölkerung betrug nach Angaben der Volkszählung (Mio Personen):

1920	1925	1930
31,6	29,0	30,4

In den Jahren 1931/32 setzte sich die Flucht aufs Land fort. Nach Angaben des Staatssekretariats für Landwirtschaft siedelten 533000 Menschen mehr von der Stadt aufs Land um, als in umgekehrter Richtung (Monatsbulletin des Internationalen Agrarinstituts in Rom, September 1933, S. 270).

Die landwirtschaftliche Produktion während der Krise

Die landwirtschaftliche Krise weist im Gegensatz zur industriellen Krise die Besonderheit auf, daß die produzierte Nahrungsmittelmenge während der Krise insgesamt nicht zurückgeht.[15]

1929	1930	1931	1932
103	103	102	103

Es wurde weder die Aussaatfläche verringert, noch ging der Ernteertrag insgesamt zurück. Als Beispiel seien Angaben über die Weizenproduktion gebracht (vgl. Tabelle 24).

Tabelle 24
Weltweizenproduktion (ohne Sowjetunion)

	1929	1930	1931	1932
Aussaatfläche (in Mio ha)	101,0	105,0	102,0	103,0
Ernteertrag (in Mio t)	98,0	105,0	104,0	103,0
Ernteertrag (pro ha)	9,7	10,0	10,2	10,0

Quellen
International Yearbook of Agricultural Statistics, 1931/32, S. 165. Für 1932: Statistical Yearbook of the League of Nations.

Für 1933 liegen noch keine endgültigen Zahlen vor, doch erreicht die Welternte vermutlich nicht ganz das Ernteergebnis von 1932. Bei den übrigen Nahrungsmitteln verhält es sich ähnlich (vgl. Tabelle 25).

Tabelle 25
Weltproduktion (ohne UdSSR) in Mio t

	1929	1930	1931	1932
Roggen	25	26	21	26
Gerste	37	36	31	35
Hafer	53	52	48	54
Mais	93	78	95	106

Alle diese Angaben stellen Schätzungen dar, die sehr ungenau sind und auf Informationen landwirtschaftlicher Korrespondenten beruhen, die als Landwirte an hohen Preisen für landwirtschaftliche Erzeugnisse sehr interessiert sind und deshalb die Ernteergebnisse oft etwas niedriger angeben, als sie in Wirklichkeit sind.

15 World Production and Prices 1925—1932, League of Nations, S. 21.

Geographische Veränderungen in der Aussaatfläche

Da die Produktion während der Krise weltweit auf dem gleichen Niveau verharrt, werden natürlich geographische Veränderungen, die in erheblichem Umfang vor sich gingen, verschleiert. Um dies deutlich zu machen, wählen wir die Aussaatfläche für Weizen, nicht dagegen die Ernteerträge, denn diese werden in den einzelnen Jahren durch die Wetterbedingungen erheblich beeinflußt (vgl. Tabelle 26).

Tabelle 26

Erntefläche von Weizen (in Mio ha)

	1923—1927	1928	1929	1930	1931	1932	1933
Europa (ohne UdSSR)	27,9	28,8	28,4	29,8	30,7	30,8	31,4
USA	22,6	23,6	25,4	24,7	22,4	22,3	18,1*
Kanada	8,9	9,7	10,2	10,1	10,6	11,0	10,5
Argentinien**	7,3	9,1	6,4	7,9	6,5	8,0	7,4
Australien	4,4	6,0	6,1	7,4	6,0	6,1	5,9

* Rückgang der Anbaufläche durch Mißernte.

** Große Schwankungen infolge häufiger Dürren.

Quellen

Statistisches Jahrbuch des Internationalen Agrarinstituts in Rom, 1931/32, S. 62; Monatsbulletin des Internationalen Agrarinstituts in Rom, für Dezember 1932, S. 849 und für September 1933, S. 625. Die im Bulletin nicht aufgeführten Länder wurden vom Verfasser ergänzt.

Von den großen Weizenexportländern ist die Weizenanbaufläche nur in den USA während der Krise ständig zurückgegangen. In Kanada hat die Anbaufläche zugenommen; in Argentinien und Australien ist die Anbaufläche trotz großer Schwankungen gleichgeblieben. Die europäischen Länder, die Weizen importierten, haben die Anbaufläche durchweg erweitert (vgl. Tabelle 27).

Tabelle 27

Weizenanbaufläche in den Weizenimportländern Europas (in 1000 ha)

Land	1929	1930	1931	1932	1933
Deutschland	1600	1781	2167	2280	2318
Frankreich	5897	5374	5396	5434	5406
Italien	4773	4823	4809	4952	5066
Großbritannien	560	568	506	521	706

Quellen

Statistisches Jahrbuch des Internationalen Agrarinstituts in Rom, 1931/32, S. 162; Monatsbulletin des Internationalen Agrarinstituts in Rom, Dezember 1932, S. 849, September 1933, S. 625. Die im Bulletin nicht aufgeführten Länder wurden vom Verfasser ergänzt.

Was sind die Ergebnisse dieser Veränderungen?

1. Der Importbedarf Europas an Weizen nimmt ständig ab, wodurch auch der internationale Weizenhandel insgesamt zurückgeht.

Nettoimport (ohne UdSSR) nach Jahren (in Mio t)[16]

1928/29	1929/30	1930/31	1931/32	1932/33	1933/34
15,9	11,1	11,4	12,1	12,2	10,2 (vorläufige Schätzung)

Im Landwirtschaftsjahr 1933/34 werden Deutschland und Frankreich durch die gute Ernte kaum Weizen einführen.

2. Es haben sich gigantische Vorräte an Weizen und anderen landwirtschaftlichen Erzeugnissen angehäuft, die nicht abgesetzt werden können.

3. Die Getreidepreise fallen auf dem Weltmarkt noch immer ununterbrochen.

4. Es gibt keinen „freien Weltmarkt" für Getreide im bisherigen Sinne des Wortes mehr, nachdem auch Großbritannien als wichtiges Nahrungsmittel-Importland und ehemalige Hochburg des Freihandels ein Quotensystem einführte.

Aus diesem Grunde und infolge des Währungschaos ist es sehr schwer, einen internationalen Maßstab zu finden, um die Getreidepreise vergleichbar zu machen, denn die Preise werden überall durch Zolltarife, Kontigente, Quoten, staatlich garantierte Preise, Exportprämien usw. künstlich beeinflußt.

Tabelle 28
Börsenpreise für Weizen (Durchschnittspreis für Juli) in Goldfranken je 100 kg

	1929	1930	1931	1932	1933* (Juni/Oktober)	
Exportmärkte						
Winnipeg (Manitoba Nr. 1)	30,3	18,3	10,8	9,1	9,4	7,7
Chicago (Winterweizen Nr. 2)	25,5	17,0	10,0	9,5	12,2	10,7
Buenos-Aires (Barletta)	23,2	18,6	9,4	8,9	7,7	—
Importmärkte (geschützte)						
Berlin (inländischer)	30,7	35,5	29,7	29,6	23,6	23,4
Paris (inländischer)	32,3	31,6	34,3	32,6	19,5	24,6

* Vom Verfasser berechnet.

Quelle
Jahrbuch und Monatsbulletin des Internationalen Agrarinstituts in Rom.

Tabelle 28 zeigt deutlich folgendes:

1. In den Krisenjahren 1930 und 1931 fielen die Preise auf den Exportmärkten katastrophal bis auf 35 bis 40% des Standes von 1929 (in Kanada bestand 1929 noch ein Weizenpool, der 1931 zerbrach, weshalb der Preissturz dort noch größer ist). Im Herbst 1933 setzte ein weiterer Preissturz ein.

2. In den europäischen Getreideimportländern konnten die Preise mit Hilfe von Zolltarifen und Einfuhrverboten bis 1933 auf einem hohen Stand gehalten werden. Da 1933 die erhöhte Produktion bei gesunkenem Verbrauch jedoch den Inlandsverbrauch deckte,

16 Monatsbulletin des Internationalen Agrarinstituts in Rom, 1932 und 1933.

verloren die Zollbarrieren ihre Bedeutung, und die Preise begannen rasch zu fallen; die deutsche und französische Regierung mußten staatlich garantierte Mindestpreise einführen.

Die Preise für die anderen Getreidearten entwickeln sich etwa parallel zu den Weizenpreisen (in Goldfranken je 100 kg):

	Juni	
	1929	1933
Südamerikanischer Roggen in Hamburg	23,2	7,2
Donaugerste in Antwerpen	21,0	7,5
Hafer in Chikago	16,6	9,3
Mais in Braila	24,2	4,7

Warum ging die Anbaufläche bei dem katastrophalen Preissturz nicht zurück? Die meisten landwirtschaftlichen Produzenten sind Bauern, die auf eigenem oder auf Pachtland wirtschaften und ihre eigene Arbeitskraft einsetzen. Diejenigen Elemente der Produktionskosten, die nicht vom Umfang der tatsächlich bewirtschafteten Fläche abhängen (wie Pacht, Zinsen, Steuern, Abschreibungen für Ausrüstungen, Futtermittel für Zugvieh usw.) machen nach amerikanischen Schätzungen etwa 70% aller Produktionskosten aus. Daher müssen die Bauern bei niedrigen Preisen mehr Waren verkaufen, um die Zinsen und Steuern zu bezahlen, so daß sie die Anbaufläche nicht verringern können, und schließlich finden der Bauer und seine Familie infolge der Krise in der Industrie keine Nebenbeschäftigung, so daß ihm nichts anderes übrigbleibt, als die gesamte Fläche anzubauen, solange er über Zugvieh zur Bodenbearbeitung und Saatgut für die Aussaat verfügt. Jeder Versuch, eine Verringerung der bäuerlichen Produktion in der Landwirtschaft zu erreichen, scheitert am Widerstand der Bauern.[17] Erst wenn der völlige Ruin eingetreten ist, wenn die Einnahmen nicht mehr ausreichen, um die Produktion auf dem bisherigen Niveau fortzusetzen, kann im Zuge des Verfalls der Landwirtschaft ein spontaner Produktionsrückgang einsetzen.

Die kapitalistischen Großproduzenten von Getreide produzieren durch die Anwendung von Traktoren und Kombines wesentlich billiger als die Bauern. Während der Krise haben sie den Lohn der Landarbeiter stark herabgesetzt. Sie werden weitgehend vom Staat unterstützt. Deshalb brauchen sie die Produktion nicht so schnell einzuschränken.

Statt die Produktion planmäßig zu verringern, wie dies in der monopolistisch organisierten Industrie der Fall ist, werden Fertigwaren vernichtet.

Die Krise in der Viehzucht

Durch die großen Futtermittelvorräte und die niedrigen Preise erhöhten sich natürlich Viehbestand und Mast erheblich, und die Fleisch- und Fettproduktion stieg (vgl. Tabelle 29).

Der Bestand an Zugvieh nahm während der Krise in den meisten Ländern zu.

In Ländern mit umfangreicher Schweinezucht wuchs die Zahl der Schweine in den ersten zwei Krisenjahren beträchtlich. Jedoch setzte 1933 in vielen Ländern eine rückläufige Entwicklung ein, da die Preise katastrophal fielen (vgl. Tabellen 30 und 31).

17 Nur in den USA, wo die Regierung hohe Geldprämien für jeden nicht bebauten acre zahlt, verringerte sich die Fläche des mit Weizen, Baumwolle usw. bebauten Landes.

Tabelle 29
Rinderbestand in den wichtigsten Ländern (in Mio St.)

Jahr	USA	Großbritannien	Deutschland	Dänemark	Polen
1929	59,7	6,0	18,0	3,0	9,1
1931	62,7	6,1	19,1	3,2	9,8
1932	65,1	6,4	19,1	—	9,5
1933	—	6,6	—	—	9,0

Quellen
Jahrbuch des Internationalen Agrarinstituts in Rom, 1931/32, S. 262; für 1932 und 1933: Monatsbulletin des Instituts.

Tabelle 30
Schweinebestand in den wichtigsten Ländern (in Mio St.)

Jahr	USA	Deutschland	Dänemark	Frankreich	Polen	Jugo-slawien	Rumänien
1929	55,3	19,9	3,6	6,1	4,8	2,7	2,4
1931	59,5	23,8	5,4	6,4	7,3	3,1	3,2
1932	60,7	22,9	4,9	6,5	5,8	2,9	—
1933	—	21,1*	3,7**	—	5,7	—	—

* Juni.
** Dezember.

Quellen
Jahrbuch und Monatsbulletin des Internationalen Agrarinstituts in Rom.

Tabelle 31
Preise für Erzeugnisse der Viehzucht (in Goldfranken je 100 kg)

Jahr (Juli)	Rindfleisch				Hammelfleisch	Schweinefleisch		Bacon	Butter	
	Buenos Aires	London	Berlin	Paris	London (tiefgefrorenes neuseeländisches)	Dänemark	Berlin	London (dänischer)	London (dänische)	Hamburg
1929	52,4	210	151	183	181	240	213	349	442	410
1932	15,3	143	95	145	78	73	146	133	206	266
1933	—	115	83	109	—	97	81	—	165	279

Dem wachsenden Angebot an Fleisch, Fetten und Milcherzeugnissen stand die während der Krise erheblich geschrumpfte Kaufkraft des städtischen Proletariats und der Kleinbourgeoisie gegenüber. So sank z. B. der Fleischverbrauch in Deutschland pro Kopf der Bevölkerung nach offiziellen Angaben von 52 kg im Jahre 1928 auf 11,3 kg im 2. Quartal 1933 (das entspricht einem Jahresverbrauch von 45 kg).

Deshalb begannen die Preise auch bei den Erzeugnissen der Viehwirtschaft katastrophal zu fallen.

Die Krise bei den technischen Kulturen

Die technischen Kulturen, die die Rohstoffe für die Industrie liefern, waren von der Krise verständlicherweise am stärksten betroffen. Das zeigt sich vor allem am Preisrückgang (vgl. Tabelle 32).

Tabelle 32
Preise wichtiger Rohstoffe (in Goldfranken je 100 kg)

Jahr (Juli)	Baumwolle	Jute	Kautschuk	Rohseide	Hanf	Kopra	Soja
	New Orleans	London	New York	Yokohama	London	London	London
1929	214	65	243	51	148	60	29
1932	66	27	33	13	70	27	12
1933	87	28	—	—	90	21	11

Quellen
Jahrbuch des Internationalen Agrarinstituts in Rom, 1931/32, S. 650; für 1933: Monatsbulletin des Instituts und eigene Berechnung aufgrund des Kurses.

Einen ähnlichen Preisrückgang erlebten auch die Genußmittel (Kaffee und Kakao).

Technische Kulturen sind vor allem in den Monokulturländern angesiedelt, wodurch diese Länder sehr stark unter der Krise litten. Da der Export bei den Monokulturländern vorwiegend auf ein oder zwei Waren beruht (bei der Mandschurei auf Sojabohnen, bei Japan auf Seide, bei Niederländisch-Indien auf Kautschuk, bei Brasilien auf Kaffee und bei Ägypten auf Baumwolle), verschlechterte sich deren Lage außerordentlich.

Durch den Preisfall bei allen landwirtschaftlichen Erzeugnissen ging sowohl die Kaufkraft der Agrarländer für Industrieerzeugnisse als auch die der Bauern in allen übrigen Ländern zurück. So vertieft die Agrarkrise wiederum die industrielle Krise und erweist sich für den Kapitalismus als großes Hemmnis, um einen Ausweg aus der Krise zu finden.

Die Degradation der Landwirtschaft während der Krise

Die Degradation der Landwirtschaft tritt in den einzelnen Ländern in den verschiedensten Formen auf: verminderter Verbrauch von Kunstdünger (vgl. Tabelle 33), ungenügender Ersatz von landwirtschaftlichen Maschinen und Werkzeugen, Verminderung des Vieh-

Tabelle 33
Rückgang des Verbrauchs an Kunstdünger während der Krise (in 1000 t)

Land	Stickstoff		Phosphorsäure		Kali	
	1928	1932	1928	1932	1928	1932
Deutschland	430	345	553	420	783	600
Frankreich	—	—	2510	1567	187	177
Italien	453	319	1605	932	59	29
USA	—	—	—	—	390	180

Quelle
Angaben aus der deutschen Zeitschrift „Die Chemische Industrie", 56. Jg., 1933, S. 72ff., 395, 628/29.

bestandes und Verschlechterung seiner Qualität, schlechtere Bearbeitung des Bodens, verringerte Ernten, Verlotterung und Verfall der bäuerlichen Wirtschaft im allgemeinen.

Der Degradationsprozeß der Landwirtschaft umschließt zwei ökonomisch und sozial verschiedene Vorgänge:

Eine verständliche Tendenz in der technischen Entwicklung der kapitalistischen Landwirtschaft, nämlich die Anpassung der Produktionsmethoden an das veränderte Preisniveau, so z. B. die Verwendung von Pferdepflügen anstelle von Traktoren, da Benzin teurer, der Hafer dagegen billiger wurde und keinen Absatz findet; geringerer Einsatz von Kunstdünger, da dessen Anwendung bei den niedrigen Preisen nicht lohnt; Rückkehr zur Handarbeit und Verzicht auf den Einsatz komplizierter Maschinen, da die Löhne sehr stark gefallen sind.

Eine erzwungene allgemeine Verschlechterung der bäuerlichen Wirtschaft, da der dem Bauern verbleibende Erlös trotz der sehr großen Entbehrungen in den Bauernfamilien nicht ausreichte, um die einfache Reproduktion zu sichern: Gefallenes Vieh kann nicht ersetzt, abgenütztes Gerät nicht erneuert werden.

Die vorhandenen statistischen Angaben beweisen anschaulich die Degradation der kapitalistischen Landwirtschaft. Leider gibt es für die Länder, in denen der Prozeß der Degradation der bäuerlichen Wirtschaft besonders deutlich zum Ausdruck kommt, d. h. für China, Indien, für die Monokulturländer und für Osteuropa, nahezu keine statistischen Angaben.

Rückgang des Verbrauchs von landwirtschaftlichen Maschinen

Für den geringeren Verbrauch von landwirtschaftlichen Maschinen liegen uns folgende Angaben vor, die den Inlandsabsatz an landwirtschaftlichen Maschinen in den USA betreffen (in Mio Dollar)[18]:

18 Farm Implements News vom 22. Juni 1933. Im Jahre 1932 machten die Lieferungen an die Farmen nach einer Schätzung des Landwirtschaftsdepartment 87 Mio Dollar zu Einzelhandelspreisen aus, das sind etwa 65 Mio Dollar zu Großhandelspreisen ab Fabrik.

1929	1930	1931	1932
458	381	192	65

Tabelle 34
Anzahl der in den USA von 1920 bis 1932 verkauften Maschinen

	1920	Höchstzahl 1921 bis 1929	1930	1931*
Gespannpflüge	57903	24728	10987	4218
Mehrscharpflüge	40074	24345	5509	2525
Traktorenpflüge	122028	90931	83983	44774
Scheibeneggen	151198	85155	53736	29934
Riemenscheiben für Traktoren	59715	45037	46472	26841
Drillmaschinen für Mais (Zweireihig)	66475	48407	46734	30337
Getreide-Drillmaschinen (einreihig)	107182	48382	27885	10682
Drillmaschinen für Traktorenzug	3168	15829	9431	3138
Getreidereinigungsmaschinen (ausgenommen Handbetrieb)	21091	21412	22042	11527
Kultivatoren	152646	136195	88330	44681
Kultivatoren (zweireihig)	90427	54829	33271	13380
Messereggen	21091	19189	15208	7222
Mähmaschinen	172654	114639	95039	49012
Pferderechen	77622	47282	38224	20306
Heurechen	16658	24852	14814	2113
Schobersetzer	32399	26340	24109	9922
Mähbinder für Getreide	99546	53219	31151	21675
Mähhäcksler für Mais	32559	25028	12616	keine Angaben
Mähdrescher	2717	19666	17021	8172
Dreschmaschinen	20753	14662	8661	5280
Kartoffelroder	17244	19318	8054	7084
Schrotmühlen (mechanische)	52314	49486	35259	31117
Silohäcksler	23896	13850	6098	3718
Graupenmühlen („Holländer"), mechanische	6506	5538	2643	2291
Heupressen	7046	4078	2089	1640
Düngerstreumaschinen	104444	71002	43442	16079
Elevatoren	10333	11257	5822	1806
Antriebsmaschinen	215144	147768	72432	39946
Milchzentrifugen	169057	189252	94282	71635
Traktoren	162988	160637	132749	93632

* Farm Implements News vom 22. Juni 1933, S. 17. Die Zahlen für 1931 umfassen Maschinen aus Inlandsproduktion und Importen, da die offiziellen Angaben keine Unterteilung enthalten. Der Anteil der ausländischen Maschinen liegt im Durchschnitt bei 10% der Gesamtzahl. Für alle übrigen Jahre sind nur die Inlandskäufe ausgewiesen. Für 1932 gibt es keine offiziellen Angaben.

Der Absatz von landwirtschaftlichen Maschinen ist während der Krise auf ein Siebentel zurückgegangen! Zu einem Teil ist dieser Rückgang natürlich dem Preissturz zuzuschreiben. Tabelle 34 zeigt den mengenmäßigen Rückgang beim Absatz von Maschinen und vermittelt dazu einige Beispiele.

Bei den Zahlen für 1931 macht der Exportanteil etwa 10% aus, während bei den früheren Jahren keine Exporte enthalten sind. Damit ist der Rückgang größer, als es diese Zahlen ausweisen!

Für 1932 und 1933 liegen keine Angaben vor. Daß der Rückgang anhielt, geht aus dem Beschäftigungsgrad der Arbeiter in den Fabriken für landwirtschaftliche Maschinen in den USA hervor (1923—1925 = 100)[19]:

1929	1930	1931	1932	1933 (erste 8 Monate)
159,2	121,3	92,8	37,1	37,3

Ein ähnlicher Rückgang beim Absatz landwirtschaftlicher Maschinen ist auch in Deutschland zu verzeichnen. Der Inlandsverbrauch von landwirtschaftlichen Maschinen entwickelte sich in Deutschland wie folgt (in Mio Mark):

1928	1929	1930	1931	1932 (erstes Halbjahr)
245	215	155	100	25

Auftragsindex für landwirtschaftliche Maschinen in Deutschland (1928 = 100)[20]

1931 (erste 9 Monate)	1932	1933
41	16,9	25,8

Besonders stark, bis fast auf den Nullpunkt, ging der Einsatz landwirtscheftlicher Maschinen in Polen zurück.[21]

Index (1928 = 100)

	1929	1930	1931	1932	1933 (erste 8 Monate)
Inlandsbestellungen	77,1	25,4	9,9	2,2	2,3
Einfuhr	69,8	36,2	17,3	4,9	4,4

19 Federal Reserve Bulletin.

20 Vierteljahreshefte zur Konjunkturforschung, hg. vom Institut für Konjunkturforschung, a. a. O., 7 Jg., 1932, Heft 3, Teil B, S. 160.

21 Polish Institute of Economic Research, Monatsbulletins.

Es läßt sich bis jetzt statistisch nicht belegen, daß eine allgemeine Verringerung des Viehbestandes ein Merkmal der Degradation der Landwirtschaft darstellt. Obwohl die oben genannten Zahlen bereits einen gewissen Rückgang des Viehbestandes in den einzelnen Ländern ausweisen, ist es noch zu früh, um daraus weiterreichende Schlußfolgerungen zu ziehen, denn diese Erscheinung ist erst in der jüngsten Vergangenheit aufgetreten. Über eine Verschlechterung in der Qualität des Viehbestandes lassen sich kaum statistische Angaben finden, denn gerade in den Agrarländern und den Kolonien ist die Statistik sehr unvollständig.

Der Rückgang der Ernteerträge

Die Ernteerträge je acre lagen in den USA 1933 bei allen Kulturen um 4,8% unter denen von 1932 bzw. um 8,5% unter denen von 1931 und waren 6,2% niedriger als die durchschnittlichen Ernteerträge je acre in den letzten 10 Jahren (vgl. Tabelle 35).

Tabelle 35
Ernteerträge landwirtschaftlicher Kulturen je acre
(in Bushel)

Kultur	1932	1933	Durchschnitt 1921–1930
Mais	26,7	22,2	26,1
Hafer	30,1	18,9	29,6
Leinsaat	5,7	4,2	7,5
Gerste	22,7	15,2	22,8
Weizen	13,2	11,5	14,1
Roggen	12,1	8,5	12,6
Kartoffeln	106,1	95,4	110,8

Am deutlichsten zeigt sich die Degradation der Landwirtschaft in dem Produktionsrückgang bei den technischen Kulturen. Die Bauern, die bei den niedrigen Preisen für technische Kulturen keineswegs existieren können, gehen wieder dazu über, Nahrungsmittel für den eigenen Bedarf zu produzieren, um nicht zu verhungern. (Anbaufläche für Zuckerrüben, in 1000 ha)[22]:

	Italien	Polen	Tschechoslowakei	Jugoslawien
Durchschnitt der Jahre 1927–1931	108	202	241	50
1932	84	116	146	35
1933	85	104	145	21

In einigen Monokulturländern ging die Anbaufläche für Exportkulturen erheblich zurück (Anbaufläche für Baumwolle in Ägypten in 1000 ha):

22 Monatsbulletin des Internationalen Agrarinstituts in Rom, September 1933.

1929	1930	1931	1932	1933
774	875	717	459	785

Die erneute Erweiterung der Anbaufläche für Baumwolle im Jahre 1933 geht auf besondere Maßnahmen der britischen Regierung zurück.

Massenweise Vernichtung landwirtschaftlicher Erzeugnisse

Während hunderte Millionen Arbeitslose und Arme hungern und in Lumpen herumlaufen, nimmt die organisierte Vernichtung landwirtschaftlicher Erzeugnisse immer größere Ausmaße an. Es gibt kaum eine landwirtschaftliche Ware, die nicht in irgendeinem Land vernichtet wird. So werden Weizen und Mais in den USA verheizt. Abgeschlachtete Kühe werden in den Niederlanden und Dänemark zu Düngemitteln verarbeitet. In den USA werden 6 Mio Schweine aufgekauft, um sie anschließend zu vernichten. In London wurden 1,5 Mio Apfelsinen ins Meer geschüttet, in Brasilien wurden 10 Mio Sack Kaffee verbrannt usw. usf. Das alles ist ein schreiender Beweis für die Fäulnis des Kapitalismus.

Wir bringen hier eine keineswegs vollständige Chronik über die Vernichtung von Waren im letzten Jahr.

Getreide (USA). Infolge der niedrigen Preise für Getreide (Weizen) wurde angeordnet, in den Schulen der Grafschaft Colfax im Staat Nebraska das Getreide als Heizmaterial zu verwenden. Das überschüssige Getreide der Grafschaft wurde von den örtlichen Schulbehörden zu diesem Zweck aufgekauft.

(Montreal Gazette vom 12. September 1932)

Der Professor für Landwirtschaftstechnik an der Universität Süddakota, Petty, hat errechnet, daß es bei den gegenwärtigen Getreidepreisen vorteilhafter ist, dieses anstelle von Briketts in Haushalten und Behörden als Heizmaterial zu verwenden. Die Schulen verwenden das Getreide in diesem Staat bereits als Heizmaterial.

(New York Times vom 4. Dezember 1932)

Fische (Frankreich). Im Hafen von Douarnenez wurde der Fangertrag wieder ins Meer geschüttet, da die Käufer nicht einmal den schon geringen Preis von 20 Franc für 100 kg Fische zahlen wollten.

(L'Humanité vom 5. Mai 1933)

Im Hafen von Croix-de-Vie wurden 50000 Sardinen wegen der niedrigen Marktpreise ins Meer geschüttet.

(Dépêche vom 24. Mai 1933)

Gemüse (Niederlande). 120 Waggons mit Blumenkohl, Spinat, Zwiebeln und Kohl wurden von den Bauern in den Niederlanden vernichtet, da sich keine Käufer fanden.

(Daily Worker vom 2. Juni 1933)

Baumwolle (USA). Von 40 Mio acre Land, auf denen man 1933 Baumwolle anbaute, wurden nach Angaben des Landwirtschaftsministeriums 10403000 acre Anbaufläche vernichtet.

(Pravda vom 14. September 1933, aufgrund von Angaben des Korrespondenten Charles Pecket von der „New York Times").

Kaffee (Brasilien). Brasilien hat über 22 Mill. Sack Kaffee vernichtet und plant, von der voraussichtlichen Rekordernte 1933/34 von 30 Mill. Sack nochmals 20 Mill. zu zerstören.

(Deutsche Allgemeine Zeitung vom 27. September 1933)

Perlen (Japan). Der Perlengroßhändler Mikomoto hat öffentlich 720000 Perlen schlechterer Qualität im Wert von 50000 Yen verbrannt, um den Perlenpreis anzuheben.

(Times vom 12. Oktober 1933)

Apfelsinen (Großbritannien). Im August 1933 wurden in Großbritannien etwa 1,5 Mio spanischer Apfelsinen ins Meer geschüttet.

(El Sol vom 1. August 1933,
Mundo Obrero vom 3. August 1933)

Hopfen (Tschechoslowakei). Im Bezirk Saaz haben die im Hopfenhandel tätigen Syndikate 70000 Zentner Hopfen vernichtet.

(Der Sozialdemokrat vom 12. September 1933)

Vieh (Dänemark). Bis zum 1. Oktober 1933 wurden in Dänemark nach Angaben des dänischen Landwirtschaftsministeriums 117000 Stück Vieh abgeschlachtet. Die Beseitigung des Viehs erfolgte mit direkter Unterstützung durch die Regierung.

Tabak (USA). Das Regierungsprogramm zur Förderung der Kaufkraft der Farmer sieht eine Verringerung der Tabakanbaufläche auf die Hälfte vor. Ist bereits Tabak angebaut, wird empfohlen, den Tabak nicht ausreifen zu lassen.

(Journal of Commerce vom 26. Juni 1933)

Schafe (Chile). In Chile wurden 225000 Schafe abgeschlachtet; statt als Hammelfleisch exportiert zu werden, wurden diese Schafe zur Herstellung von Schmieröl, Stearin und für andere industrielle Zwecke verwendet.

(Daily Worker vom 28. Juni 1933)

Schafe (Argentinien). . . . Da der Erlös von Haut und Talg allein nicht den Transport der Schafe zum Schlachthaus lohnt, sind Hunderttausende älterer Schafe auf dem Kamp getötet worden, nur um dem jüngeren Nachwuchs Platz zu schaffen.

(Wirtschaftsdienst, Heft 27, vom 7. Juli 1933, S. 933)

Schweine (USA). Das Regierungsprogramm sieht die Beseitigung von 5 Mio Schweinen und eine Kontrolle über die Aufzucht neuer Schweine vor. Mit der Vernichtung der Schweine wurde bereits begonnen.

(New York Herald Tribune vom 24. August 1933)

Baumwolle (USA). Das Agrarprogramm der amerikanischen Regierung sieht eine Verringerung der Baumwollanbaufläche um 40% im Jahre 1934 und um 25% im Jahre 1935 vor.

(Semi Weekly Farm News vom 8. November 1933,
Current History, Oktober 1933).

Getreide (Bulgarien). 6000 t Brotgetreide, das von einer Exportgesellschaft „Chranioiz-nosa“ aufgekauft wurde, ist in den Lägern verfault.

(Echo vom 9. November 1933).

Die Landwirtschaft in der kapitalistischen Welt und in der UdSSR

Den Niedergang der Landwirtschaft in den kapitalistischen Ländern zeigt Tabelle 36.

Tabelle 36
Rückgang der Kunstdüngerproduktion in den kapitalistischen Ländern (in Tsd. t)

Jahr	Salpeter	Naturphosphat	Thomasmehl	Superphosphat	Kali
1929	4062	10520	6020	15300	2400
1931	2242	7900	4000	10600	1350*

* 1932.

Quelle
Statistical Yearbook of the League of Nations (1929/32, S. 134—143, Chile, Deutschland, Kongo).

Im Jahre 1932 ist die Produktion noch weiter gesunken. Ein Großteil der Produktion konnte nicht verkauft werden. Nach einer Grobschätzung ist der Verbrauch an Kunstdünger gegenwärtig auf die Hälfte gegenüber der Zeit vor der Krise zurückgegangen!

Demgegenüber hat sich die Kunstdüngerproduktion in der UdSSR in den letzten Jahren rasch entwickelt. Ihre Zuwachsrate lag zwischen 50 und 100%!

Anwendung von Maschinen in der Landwirtschaft

Während der Krise geht der Einsatz landwirtschaftlicher Maschinen in den kapitalistischen Ländern zurück, denn selbst ein wohlhabender Bauer verfügt nicht über die Mittel, um seine alten Maschinen durch neue zu ersetzen. Oft werden Traktoren durch Pferde ersetzt, weil die Futtermittel billig sind und nicht abgesetzt werden können, während für den Kauf des teuren Benzins kein Geld vorhanden ist.

Diese Entwicklung zeigt sich darin, daß erheblich weniger landwirtschaftliche Maschinen eingesetzt werden, wie oben bereits dargelegt. Da es keinen Index über die Entwicklung in der ganzen Welt gibt, legen wir den Wert der in den USA gekauften landwirtschaftlichen Maschinen zugrunde, denn die USA sind auf diesem Gebiet das größte Verbrauchsland in der Welt.

Die Amerikaner wendeten für landwirtschaftliche Maschinen (ohne Kraftfahrzeuge) in Mio Dollar auf[23]:

1929	1930	1931	1932
578	480	277	110

23 Jahrbuch der Landwirtschaft 1933, S. 703. Diese Zahlen sind höher als die weiter oben angeführten, da sie einer privaten statistischen Quelle entnommen wurden.

Die Aufwendungen gingen bis unter 20% zurück. Damit kann natürlich nicht einmal der laufende Verschleiß gedeckt werden!

Dieser Entwicklung steht der rasche Anstieg der Produktion landwirtschaftlicher Maschinen in der UdSSR gegenüber.

Die Einschränkung der Produktion ist gegenwärtig das Hauptproblem in der Agrarpolitik der meisten kapitalistischen Länder (vgl. Tabelle 37). In den USA werden Prämien für

Tabelle 37
Anbaufläche industriell genutzter Intensivkulturen (in Mio ha)

Kultur	kapitalistische Länder*		Sowjetunion**	
	1929/30	1931/32	1929	1932
Zuckerrüben	2,22	1,95	0,77	1,63
Tabak	2,48	2,38	0,05	0,10
Hanf	0,48	0,34	0,87	0,94
Baumwolle	34,61	31,37	1,06	2,17
Jute	1,39	0,76	—	—

* Jahrbuch des Internationalen Agrarinstituts in Rom und Statistical Yearbook of the League of Nations.
** Nach Angaben der Staatlichen Plankommission.

jeden nichtbebauten Hektar gezahlt. Internationale Abkommen (wie das Londoner Weizenabkommen) beinhalten eine zwangsweise Einschränkung der Produktion. Mißernten gelten als Glück. Bereits vor zwei Jahren schrieb eine amerikanische Provinzzeitung („Tribune“, Minneapolis):

„Wir haben gelernt, um unser täglich Brot zu beten, aber jetzt flehen wir, daß man uns davon befreit: Eine solche Entwicklung ist, egal ob in der Theologie oder in der Wirtschaft, gleichermaßen verwunderlich.“

Ein ähnlicher Widerspruch besteht darin, daß einerseits das gesamte herkömmliche System der Landwirtschaftslehre darauf orientiert, hohe Ernteerträge zu erzielen, und der Staat traditionell den Bauern Prämien für hohe Ernteerträge zahlt, während andererseits Agitation und Gesetzgebung darauf gerichtet sind, die Anbaufläche einzuschränken und einen vermehrten Einsatz von Kunstdünger zu unterbinden (so in den amerikanischen Baumwollgebieten).

Im Gegensatz zu diesen offensichtlichen Widersprüchen verfolgt die UdSSR nach wie vor eine Politik, die auf die konsequente Erhöhung der Ernteerträge gerichtet ist.

III. Die Entwicklung der Krise

In den meisten Ländern erreichte die Industrieproduktion ihren tiefsten Stand im Juli/August 1932.

Es taucht die Frage auf, ob die industrielle Krise ihren Höhepunkt überschritten hat? Ist die Phase der Depression angebrochen? Wie ist die in einigen Ländern sich abzeichnende Verbesserung der Situation zu bewerten?

Die Beantwortung dieser Fragen ist gegenwärtig vielleicht das schwierigste Problem. Dazu werden wir zuerst die wichtigsten Daten der industriellen Krise in ihrer Entwicklung analysieren. Die industrielle Weltproduktion (ohne UdSSR) betrug, unterteilt nach Vierteljahren (1928 = 100)[24]:

1931				1933		
I.	II.	III.	IV.	I.	II.	III.
69,4	64,2	63,3	67,4	66,5	75,8	82,7

Für das vierte Quartal 1933 liegen noch keine Angaben vor; in den USA ist während der Herbstmonate ein starker Rückgang der Industrieproduktion zu verzeichnen, aber dennoch ist die Weltproduktion Ende 1933 zweifellos höher als Ende 1932!

Die gleiche Quelle weist folgende Steigerung der Industrieproduktion in den Hauptländern aus, und zwar zwischen dem tiefsten Stand Mitte 1932 und Herbst 1933 (in %):

Großbritannien	Italien	Frankreich	Deutschland	Polen	Kanada	Japan	USA
9,9	13,5	21,7	22,4	22,6	35,6	47,4	53,3

Tabelle 38 enthält den Produktionsindex der kapitalistischen Hauptländer aufgrund von Angaben des Völkerbundes.

Tabelle 38 zeigt weiter, daß im Falle Großbritanniens, Japans und Polens die in der letzten Zeile ausgewiesenen Daten die höchsten der betreffenden Jahre sind; bei Deutschland und Frankreich erfolgt ein unbedeutender Rückgang, in den USA war der Rückgang dagegen beträchtlich.

Für die Erhöhung der Industrieproduktion lassen sich folgende Ursachen nennen:

1. Die überschüssigen Vorräte an Fertigerzeugnissen von Waren der Gruppe B wurden im Einzel- und Großhandel und in den Betrieben während der Krise aufgebraucht und sanken unter „Normal“ (Angaben liegen nur für die USA vor, aber Zeitungsmeldungen bestätigen diese Tendenz auch in den anderen Ländern). Das ist bei jeder industriellen

24 Wochenbericht zur Konjunkturforschung, 23. November 1933, S. 143.

Tabelle 38
Index der Industrieproduktion (1928 = 100)

Jahr	USA	Groß-britannien	Deutsch-land	Frankreich	Japan	Polen
1929	107,2	106,0	300,4	109,4	111,4	99,7
1930	86,2	97,9	90,1	110,2	105,6	81,8
1931	73,0	88,8	73,6	97,6	100,7	69,3
1932, I. Quartal	62,5	90,1	62,0	79,5	101,0	52,2
II. Quartal	54,7	89,4	61,3	74,0	104,8	54,0
III. Quartal	55,0	82,8	59,6	73,2	107,2	54,0
IV. Quartal	59,5	90,0	61,8	76,1	118,7	54,0
1933, I. Quartal	56,5	89,9	63,9	80,0	120,7	48,2
II. Quartal	70,9	90,9	68,5	85,8	126,0	55,2
III. Quartal	82,0	91,7	70,8	87,4	128,6*	58,0
Tiefster Stand	Juli	III. Quartal	August	Juli	Mai**	Mai
1932	52,3	82,8	58,5	72,4	91,4	46,5
Höchster Stand						
1933	90,1	91,7	72,0	88,2	130,4	59,4
Letzte verfügbare Zahlen	November	III. Quartal	November	November	August	Oktober
	69,4	91,7	71,2	85,0	130,6	59,4

* Angaben für Juni/Juli 1933.
** In Japan war der Tiefststand im Mai 1931.

Quellen
Monthly Bulletin of Statistics, verschiedene Ausgaben.

Krise der Fall. Der ununterbrochene starke Preisfall während der gegenwärtigen Krise veranlaßte alle Groß- und Einzelhändler, ihre Bestände auf ein Mindestmaß zu reduzieren. Auch die wohlhabenden Verbraucher haben Käufe von langlebigen Verbrauchsgütern (wie Schuhe, Kleidung, Möbel, Kraftfahrzeuge) nach Möglichkeit aufgeschoben, da sie auf einen weiteren Rückgang der Preise hoffen. In dem Augenblick aber, da die Preise sich stabilisieren und sogar Preiserhöhungen in Aussicht sind, macht sich einerseits der Umstand bemerkbar, daß sich die private Nachfrage bis jetzt zurückgehalten hat, während Händler und Fabrikanten andererseits ihre Bestände möglichst rasch aufzufüllen versuchen (vor allem in Ländern mit starker Inflation).

2. Die Produktion von Produktionsmitteln lag 1931 und 1932 in vielen Ländern offensichtlich unter dem Verschleiß. Auch hier ergaben sich während der Krise Lücken, die jetzt ausgefüllt werden müssen. Dadurch steigt der Absatz von Eisen und Stahl und, wenn auch in geringer Menge, die Produktion von Maschinen (vgl. Tabelle 39).

3. Die Produktion industrieller Rohstoffe hatte während der Krise in einem Ausmaß stagniert, daß die Bestände in der letzten Zeit nicht mehr zunahmen und in einigen Zweigen im letzten Jahr sogar ein leichtes Absinken der Vorräte festzustellen war (vgl. Tabelle 40).

Eine leichte Zunahme zeigte sich im letzten Jahr nur bei der Blei- und Kautschukerzeugung, während die Produktion aller übrigen Rohstoffe stagnierte oder zurückging. Deshalb sind

Tabelle 39
Index des Maschinenbaus (1928 = 100)

Jahr	Quartale	Deutschland	Großbritannien	Frankreich
1932	III	39,3	75,1	67,8
	IV	38,2	78,0	68,3
1933	I	33,5	82,2	73,0
	II	43,7	82,9	80,2
	III	47,5	83,3	82,2

Quelle
Monthly Bulletin of Statistics, Elektro- und Transportmittelindustrie (Kraftfahrzeuge, Waggons) sind nicht enthalten, aber vermutlich ein Teil der Rüstungsindustrie. Für die USA gibt es keinen Gesamtindex des Maschinenbaus).

Tabelle 40
Weltvorräte an industriellen Rohstoffen (Ende Juli) in Tsd. t

Jahr	Stein-kohle	Erdöl (in Mio hl)	Benzin (in Mio hl)	Zinn	Zink	Blei	Kau-tschuk	Seide	Baumwolle
1932	21109	496	61,9	60,8	287	181	581	14,5	1767
1933	21016	482*	48,6	45,1	227	183	595	13,1*	1749

* Juni.

Quelle
Wirtschaft und Statistik, 13. Jg., 18/1933, vom 30. September 1933, S. 579.

Tabelle 41
Produktion (in Tsd. t)

	Zink		Kupfer		Erdöl		
	USA	Groß-britannien	Kanada	Kongo	Chile	USA	Venezuela
Niedrigster Stand der Produktion*	12029	1583	7298	4243	6370	8044	8767
1933	31928	9774	12067	9022	10874	85239	10194

* Monatsangaben.

im zweiten Halbjahr 1933 beträchtliche Produktionserhöhungen bei Zink, Zinn und Kupfer in den wichtigsten Ländern zu verzeichnen (vgl. Tabelle 41).

4. Der Einfluß der wachsenden Kriegsvorbereitung macht sich deutlich in dem Mißverhältnis zwischen der erhöhten Stahlproduktion und dem relativ geringen Anstieg im Maschinenbau sowie zwischen der erhöhten Zementproduktion und der Stagnation in der

Bauindustrie bemerkbar. Die Stahlproduktion stieg vom dritten Quartal 1932 bis zum dritten Quartal 1933 in Deutschland um mehr als die Hälfte, in Frankreich um ein Fünftel und in Großbritannien um fast die Hälfte, während die Wachstumsrate im Maschinenbau in der gleichen Zeit nur bei 10 bis 20% lag (von dem hergestellten Stahl und dem Roheisen wurde ein Teil sicherlich zur Ergänzung der Vorräte verwendet).

5. Um die wirtschaftliche Lage zu verbessern und den Arbeitslosen Arbeit zu verschaffen, erfolgten öffentliche Arbeiten des Staates, der Städte und Gemeinden, wie der Bau von Straßen, Kanälen, Häfen, Wasserleitungen, ferner Meliorationsarbeiten u. a. Mit Ausnahme von Deutschland, wo diese Arbeiten der Kriegsvorbereitung dienen, kommt ihnen aber nur eine relativ geringe Bedeutung zu.

Es ist sehr schwierig festzustellen, inwieweit die Produktionssteigerung auf die Inflation zurückgeht, auf der Kriegsvorbereitung beruht oder ein Ergebnis der dem Kapitalismus immanenten Tendenz zur Überwindung der Überproduktionskrise ist. Diese Fragen lassen sich nur aufgrund einer konkreten Analyse beantworten, die jetzt erfolgen soll.

Zur Inflation ist zu bemerken, daß in den Ländern, in denen die Währung absolut stabil ist (wie in Frankreich), oder in Ländern, in denen die Währung im letzten Jahr praktisch stabilisiert wurde (wie in Großbritannien), eine Steigerung der Industrieproduktion zu vermerken ist; andererseits ist in Großbritannien im September 1931 und im ersten Halbjahr

Tabelle 42
Gesamtindex der Großhandelspreise (1913 = 100)

Jahr	Großbritannien	USA	Deutschland	Frankreich*	Japan
1929	136,5	136,5	137,2	127,3	166,1
1930	119,5	123,8	124,6	112,5	136,8
1931	104,2	104,6	110,9	101,9	115,6
1932, I. Quartal	105,2	95,3	99,9	90,9	120,8
1932, II. Quartal	100,4	92,5	97,3	88,1	113,5
1932, III. Quartal	99,8	93,1	95,5	84,8	118,6
1932, IV. Quartal	101,1	90,2	93,5	83,8	113,9
1933, I. Quartal	98,9	86,4	91,1	81,6	136,5
1933, II. Quartal	99,4	89,8	91,8	79,5	134,1
1933, III. Quartal	102,6	99,9	94,3	80,9	137,1
	April 1933	Februar 1933	April 1933	Mai 1933	Juni 1932
Niedrigster Stand	97,2	85,7	90,7	77,8	110,6
	Oktober 1933	Oktober 1933	Oktober 1933	Oktober 1933	Oktober 1933
Letzter verfügbarer Monat	102,6	102,7	96,0	80,6	137,8

* Goldindex.

Quellen
Monthly Bulletin of Statistics, 1/1933, S. 24; 11/1933, S. 455.

1932, als die Pfundabwertung erfolgte, keine Steigerung, sondern ein Rückgang der Produktion eingetreten.

Das läßt folgende Schlußfolgerungen zu.

Als 1931 die Pfundabwertung einsetzte, gab es in Großbritannien keine anderweitigen Voraussetzungen für eine Inflationskonjunktur, denn die Lagerbestände stiegen und die Weltmarktpreise fielen noch so stark, daß sie einer inflationistischen Preissteigerung in Großbritannien entgegenwirkten; deshalb gab es keine „Flucht in die Sachwerte" und keine Inflationskonjunktur.

Als 1933 die Dollarabwertung in den USA einsetzte, bestanden dort noch andere Voraussetzungen für eine Inflationskonjunktur: Die Läger waren geräumt, es wurden große Käufe getätigt, die während der Krise aufgeschoben worden waren, und neben der Dollarabwertung wirkten noch andere Maßnahmen, wie die Preiserhöhungen für landwirtschaftliche Erzeugnisse und die Preiserhöhungen allgemein.

Tabelle 42 zeigt die Preisveränderungen in den Hauptländern.

Diese Zahlen sind nur hinsichtlich der Zeiträume, aber nicht direkt miteinander vergleichbar, denn bei jedem Land liegen andere Waren mit unterschiedlicher Gewichtung zugrunde. Man kann aber folgende Schlußfolgerungen ziehen:

a) In Frankreich und Deutschland, deren Währung bis jetzt auf der Goldparität beruht, gingen die Preise im April/Mai 1933 auf ihren niedrigsten Stand zurück;

b) in Großbritannien traten nach der Pfundabwertung keine Preissteigerungen auf, da der Preisrückgang auf dem Weltmarkt größer war als die Auswirkungen der Pfundabwertung (dabei ist zu bemerken, daß der britische Preisindex weitgehend auf Importrohstoffen beruht; industrielle Fertigwaren spielen fast keine Rolle);

c) anders in den USA: Hier setzte nach der Dollarabwertung sofort ein starker Preisauftrieb ein: von Februar bis Oktober stiegen die Preise um 20%;

d) in Japan zeigt die Preisentwicklung deutlich einen inflationistischen Charakter.

Hieraus kann man die Schlußfolgerung ziehen, daß die Konjunktur in Japan und den USA in gewisser Hinsicht inflationistisch bedingt ist; das ist dagegen in Frankreich und Deutschland nicht der Fall (wie in anderen Ländern, in denen die Währung auf der Goldparität beruht); in Großbritannien und den Ländern des Sterlingblocks ist eine begrenzte Inflationskonjunktur zu beobachten.

Wesentlich schwieriger läßt sich der Einfluß der verstärkten Kriegsvorbereitung auf die Produktion beurteilen. Die Methode, als Ausgangsbasis die Erhöhung der Produktion oder des Imports einzelner für die Aufrüstung wichtiger Waren zugrunde zu legen, halten wir für falsch, denn fast alle Waren dienen gegenwärtig direkt oder indirekt der Rüstung. Deshalb gehen wir methodisch so vor, daß wir das relative Gewicht der Rüstungsausgaben wertmäßig zu ermitteln suchen.

Anteil der Rüstungsausgaben an der Industrieproduktion

Die beschleunigte Kriegsvorbereitung ist zweifellos ein sehr wichtiger Aspekt, der 1932/33 auf die Erhöhung der Industrieproduktion einwirkte. Wir wollen jetzt versuchen, uns mit allen notwendigen Vorbehalten eine zumindest annähernde Vorstellung von der quantitativen Bedeutung dieses Faktors zu verschaffen, d. h. das relative Gewicht des industriellen Rüstungsaufwandes in der gesamten Industrieproduktion festzustellen. Der Bruttowert der Industrieproduktion belief sich 1929 (in Mio Goldrubel)[25]:

25 Ebenda, Nr. 32, vom 8. November 1933, S. 135.

Frankreich	Großbritannien	USA	Deutschland
29000	39000	139000	39000

Der wertmäßige Rückgang der Industrieproduktion 1932 im Vergleich zu 1929 soll auf folgender Grundlage berechnet werden (in %)[26]:

	Frankreich	Großbritannien	USA	Deutschland
Rückgang des Index der Industrieproduktion von 1929—1932	30	17	46	39
Rückgang des Preisindex für Industriewaren von 1929—1932	26*	26*	27	25

* Schätzung des Verfassers.

Auf dieser Grundlage läßt sich der Wert der Industrieproduktion im Jahre 1932 ermitteln (in Mio Goldrubel):

Frankreich	Großbritannien	USA	Deutschland
15000	25000	55000	18000

Die offiziellen Rüstungsausgaben dieser Länder (ohne Pensionen und Zinsen für Kriegsschulden) betrugen 1931/32[27]:

Frankreich	Großbritannien	USA	Deutschland
17,7 Mrd. Goldfranken	127 Mio £	825 Mio Dollar	1,1 Mrd. Mark

Das macht in Mio Goldrubel entsprechend der Parität etwa aus:

Frankreich	Großbritannien	USA	Deutschland
1300	1270	1650	500

26 Angaben des Völkerbundes, Bulletin von November 1933.

27 Diese Angaben liegen etwas höher als die Angaben im Annuaire Militaire des Völkerbundes, da sie einen Teil der Rüstungsausgaben enthalten, die im Haushalt unter anderen Positionen ausgewiesen sind.

Von diesen Ausgaben entfallen höchstens 60% auf die Anschaffung von Industriewaren aller Art, wie Waffen, Kleidung usw.; mindestens 40% kommen auf Besoldung und Verpflegung von Offizieren und Soldaten.

Auf die Industrieproduktion entfallende Rüstungsausgaben (in Mio Goldrubel)

Frankreich	Großbritannien	USA	Deutschland
780	762	990	300

Außerdem sind eine Reihe Ausgaben für die Rüstungsindustrie verschleiert und nicht im Haushalt ausgewiesen. Um sie einzubeziehen, rechnen wir den oben genannten Zahlen bei Frankreich 50%, bei Deutschland 100% sowie bei den USA und Großbritannien 25% hinzu. Das ist eher zu hoch als zu niedrig angesetzt (eine Ausnahme bildet vielleicht Deutschland).

Dann ergeben sich für die gesamten, auf die Industrie entfallenden Rüstungsausgaben, und zwar sowohl für die offen im Haushalt ausgewiesenen als auch für die verschleierten Aufwendungen folgende Beträge für 1931 bis 1932 (in Mio Goldrubel):

Frankreich	Großbritannien	USA	Deutschland
1170	950	1237	600

Das ergibt folgenden prozentualen Anteil an der Industrieproduktion:

Frankreich	Großbritannien	USA	Deutschland
8	4	2,2	3,3

Auch wenn es sich bei diesen Zahlen nur um Annäherungswerte handelt und durch die komplizierte Berechnung viele Fehlerquellen gegeben sind, so bieten die Angaben doch eine gewisse Grundlage, um die Bedeutung der Rüstungsausgaben für die Industrie eines Landes zu beurteilen.[28]

Übrigens entsprechen diese Zahlen etwa den Berechnungen des Instiuts für Konjunkturforschung, das die Rüstungsausgaben auf 5% der Weltproduktion schätzt.[29]

Was beinhalten nun diese Zahlen im Hinblick auf die Erhöhung der Industrieproduktion für 1933?

Wenn wir davon ausgehen, daß diese Staaten ihre Rüstungsausgaben im Jahre 1933 im Vergleich zu 1931/32 verdoppelt haben (was mit Ausnahme von Deutschland zweifellos

28 Der unterschiedliche Prozentsatz entspricht übrigens dem Charakter der Armee in diesen vier Ländern. In Deutschland war der Prozentsatz niedrig, weil schwere Artillerie, Panzer, Linienschiffe und der Festungsbau verboten sind; in England liegt er niedriger als in Frankreich, weil es dort keine so große ständige Armee und keine Grenzbefestigungen gibt. In den USA ist der Prozentsatz deshalb sehr niedrig, weil die Armee relativ klein und die Industrieproduktion sehr groß ist.

29 Wochenbericht zur Konjunkturforschung, Nr. 32, vom 8. November 1932, S. 135.

zu hoch angesetzt ist), so würde das den Index der Industrieproduktion folgendermaßen erhöhen (in %):

bei Frankreich	etwa um 10
bei Großbritannien	etwa um 4,5
bei den USA	etwa um 4
bei Deutschland	etwa um 8,2

Natürlich ist der indirekte Einfluß noch größer, da sowohl die Produktion von Halbfabrikaten als auch die Produktion in der Gruppe „B" durch die erhöhte Beschäftigtenzahl gleichfalls eine gewisse Belebung durchmacht. Aber es gibt keine Angaben, um den indirekten Einfluß zu beurteilen. Er wird weitgehend dadurch kompensiert, daß die geschätzte Verdoppelung der Rüstungsausgaben im Jahre 1932/33 im Vergleich zu 1931/32 zu hoch angesetzt wurde. Hinsichtlich des indirekten Einflusses der Rüstungsausgaben können wir deshalb zu folgenden Schlußfolgerungen kommen, wobei wir die überhöhte Annahme, d. h. die Verdoppelung der Rüstungsausgaben im Jahre 1933, berücksichtigen müssen.

Bei den USA hat die Erhöhung der Rüstungsausgaben kaum Auswirkungen auf die Steigerung der Industrieproduktion. Bei Deutschland macht die Steigerung etwa 40%, bei Frankreich mehr als 50% und bei Großbritannien 40% aus.

Wir sind der Auffassung, daß die hier berechneten Ergebnisse bei Deutschland zu niedrig und bei Goßbritannien zu hoch liegen.

Der Einfluß der verstärkten Kriegsvorbereitungen beschränkt sich natürlich nicht auf die Staatsaufträge. Wenn Privatkapitalisten in der Hoffnung auf einen bevorstehenden Krieg Buntmetall horten oder Betriebe zur Kunstseidenherstellung erweitern, so folgt auch diese Steigerung der Industrieproduktion aus einer verstärkten Kriegsvorbereitung. Doch ist dieser Aspekt nicht quantifizierbar.

Deshalb ist die Erhöhung der Industrieproduktion zwischen 1932 und Herbst 1933 (mit Ausnahme Japans) nicht nur auf die verstärkte Kriegsvorbereitung und die Inflation zurückzuführen. Zweifellos ist ein Teil auf den dem Kapitalismus immanenten inneren Mechanismus der Überwindung jeder zyklischen Krise zurückzuführen. Was bedeutet das für die Beurteilung der gegenwärtigen Lage?

Bei allen Vorbehalten, die man bei der Einschätzung dieser neuen und komplizierten Situation des Weltkapitalismus machen muß, möchten wir folgendes feststellen.

1. Der stärkste Rückgang der Industrieproduktion (und des Außenhandels) sowie der Preisfall ist im Weltmaßstab überwunden. Angesichts der rasch wachsenden Aufrüstung ist nicht anzunehmen, daß die Weltindustrieproduktion in diesem Zyklus unter den Stand von Mitte 1932 zurückgeht (in einzelnen Ländern ist dies jedoch möglich und sogar wahrscheinlich).

2. Der industrielle Zyklus befindet sich Ende 1933 in einer Phase, die wir als „Fortsetzung der industriellen Krise in abgeschwächter Form" oder richtiger — mit allen notwendigen Vorbehalten — als „Depression auf der Grundlage der allgemeinen Krise des Kapitalismus und des Endes der Stabilisierung" definieren könnten.

Diese Definition beinhaltet folgendes:

Es handelt sich nicht um eine normale Depression, sondern um eine Depression besonderer Art auf der Grundlage der allgemeinen Krise des Kapitalismus. Der Hauptunterschied zwischen der gegenwärtigen Depression und der Depression in der Vorkriegszeit liegt darin, daß die gegenwärtige Depression keine sichere Grundlage für den Übergang in die Belebung und Prosperität gibt. Bereits im vorangegangenen Zyklus wiesen einige Länder und Industriezweige keine Aufschwungsphase auf. Im kommenden Zyklus, der wahrscheinlich durch einen neuen Weltkrieg unterbrochen wird, wird dies noch viel weniger der Fall sein. Der hemmende Einfluß der allgemeinen Krise des Kapitalismus, nämlich der chronische Überschuß an fixem Kapital, der dessen umfassende Erneuerung und Erweiterung besonders erschwert, läßt keine wirkliche Belebung und keine Prosperität zu; die chronische Agrarkrise, die gewaltige chronische Arbeitslosigkeit, die daraus resultierende Schrumpfung des inneren Marktes usw. sind in diesem Zyklus wesentlich stärker wirksam als im vorangegangenen, denn die Wirtschaftskrise hat die allgemeine Krise des kapitalistischen Systems vertieft und verschärft.

Es handelt sich um eine „Depression" unter den Bedingungen des Endes der kapitalistischen Stabilisierung: Das bedeutet eine Verschärfung der inneren und äußeren Widersprüche, die einerseits durch die allgemeine Unsicherheit jede neue Investitionstätigkeit lähmt (insbesondere jeden Kapitalexport), wobei die eigentliche Rüstungsindustrie eine Ausnahme bildet; während andererseits die wachsende Kriegsvorbereitung zu erhöhten Aufträgen in der Rüstungsindustrie führt.

Die Aussichten auf einen baldigen Krieg hemmen vor allem den Ersatz des veralteten fixen Kapitals. Die Kapitalisten haben es mit der Erneuerung ihrer alten Fabriken nicht eilig, denn sie gehen davon aus, daß die veralteten Betriebe im Falle eines Krieges noch hohe Profite abwerfen.

Durch die tiefgreifende Zerrüttung des Kreditsystems, die starken Währungsschwankungen und die fieberhaften Bemühungen der einzelnen Regierungen, künstlich eine neue Belebung auszulösen, ist die Depression sehr labil und weist steile Auf- und Abwärtsbewegungen im Gegensatz zu dem relativ gleichmäßigen Verlauf einer normalen Depression auf.

Auch die zunehmende Monopolbildung während der Krise wirkt sich negativ auf die Überwindung der Depression aus. Zwar gibt es bei den internationalen Kartellen durch den während der Krise außerordentlich scharfen Kampf um die Absatzmärkte die Tendenz zum Auseinanderfallen (das Kupferkartell und der Zündholztrust haben sich aufgelöst. während der europäische Stahltrust nur noch auf dem Papier existiert), doch hat die Zentralisation und die Bildung neuer Monopole in den einzelnen Ländern während der Krise stark zugenommen. Die faschistischen Regierungen Italiens und Deutschlands haben vielfach Outsider durch besondere Anordnungen gezwungen, sich Kartellen anzuschließen. Die Rooseveltsche Gesetzgebung hat nicht nur alle juristischen Hindernisse für die Bildung von Kartellen und Trusts aufgehoben, sondern fördert auch deren Bildung. In Großbritannien setzte unter dem Schutz des Protektionismus eine verstärkte Monopolbildung ein. Diese zunehmende Monopolisierung läßt den inneren Markt noch mehr schrumpfen und erweist sich als ein Hindernis zur Ankurbelung der Konjunktur.

Schließlich ist noch auf den besonderen Charakter der Rationalisierung während der Krise hinzuweisen. Das Ziel der Rationalisierung besteht in der Senkung der Selbstkosten. Die Enge des Absatzmarktes zwingt das Kapital, Methoden zur Selbstkostensenkung anzuwenden, die nicht mit einer Vergrößerung der Produktionskapazität verbunden sind, wie das früher der Fall war, als man mit der Möglichkeit rechnete, den Markt durch Verbilligung der Ware zu erweitern. Das gelang weitgehend dadurch, daß die Arbeitsintensität gesteigert, Männerarbeit durch Frauen- und Kinderarbeit ersetzt und der Lohn je Erzeugniseinheit gesenkt wurde. Diese Rationalisierungsmethoden verschärfen das Absatzproblem natürlich noch mehr. Deshalb geht der Kampf um den Absatz mit unverminderter Schärfe weiter. Diese Besonderheiten, die bei der Rationalisierung während der Krise auftraten, führten auch dazu, daß sich die Erhöhung der Industrieproduktion seit Mitte 1932 nur geringfügig auf die Lage der Arbeiterklasse auswirkte und die scharfen Widersprüche zwischen Bourgeoisie und Proletariat nicht abschwächte. Das war um so weniger der Fall, weil das Kapital, das 1931/32 Verluste erlitten hatte, infolge dieser Besonderheiten der Rationalisierung offensichtlich erneut Profite erzielte, während das Elend des Proletariats unverändert andauerte.

Daraus ergibt sich, daß die gegenwärtige „Depression" keine Depression im üblichen Sinne darstellt. Dennoch sind wir der Auffassung, daß es zweckmäßig ist, zwischen der gegenwärtigen Phase des industriellen Zyklus und der Phase vor Mitte 1932 zu unterscheiden, als sich die Krise im Weltmaßstab noch vertiefte.

Um unsere Feststellungen zu belegen, geben wir einen kurzen Überblick über den Krisenverlauf in den kapitalistischen Hauptländern.

Der Krisenverlauf in Großbritannien

Geht man nur von den äußeren Symptomen aus, so zeigt die britische Wirtschaft im Jahre 1933 die typischen Züge einer Depression. Die wichtigsten davon sind folgende:

1. Die Industrieproduktion zeigt seit 1931 eine ständige Aufwärtsentwicklung. Der Index entwickelte sich folgendermaßen (1928 = 100[30]:

1931	1932	1933
77,1	82,2	87—88

2. Großbritannien ist das einzige kapitalistische Land, das eine gewisse Belebung im Wohnungsbau aufweist, was ein typisches Zeichen der Depressionsphase ist.

3. Auf dem Geldmarkt herrscht ein großes Angebot an freien Geldmitteln, und das Kreditsystem funktioniert normal. Nachdem Großbritannien im Herbst 1931 vom Goldstandard abgegangen ist, was mit dem Höhepunkt der Krise im Lande zusammenfiel, ist die Währung (bei geringen Schwankungen) bereits seit einem Jahr stabil. Der Haushalt ist ausgeglichen und weist im laufenden Jahr einen geringen Überschuß aus (als einziges Land unter den großen kapitalistischen Ländern). Die Konversion der umfangreichen Staatsschulden wurde erfolgreich abgeschlossen. Bei der Kapitalemission ist eine geringfügige Belebung zu beobachten (Neuemission von Kapital, Monatsdurchschnitte, in Mio £):

1931	1932	1933 (erste 10 Monate)
7,4	9,4	11,5

30 Sofern keine andere Quelle genannt ist, wurden alle Angaben dem „Monthly Bulletin of Statistics of the League of Nations", 11/1933, entnommen.

4. Es gibt erste Anzeichen für eine Erneuerung des fixen Kapitals. Ein bis zwei neue Stahlwerke und einige Großbetriebe zur Benzingewinnung aus Kohle befinden sich im Bau; in den letzten Wochen wurden neue Aufträge auf 12 bis 15 große Schiffe erteilt. Der letzte Index des Maschinenbaus liegt bei 82,9 (1928 = 100).

5. Der Außenhandel entwickelt sich nicht mehr rückläufig: Der Export nimmt in den letzten Monaten, wenn auch langsam, zu. Die Monatsdurchschnitte dafür sind (in Mio £):

Import		Export	
1932	54,3	1932	30,4
1933	52,2	1933	30,6

6. Bei den Kursen der Industrieaktien ist 1933 ein ständiges Ansteigen festzustellen (Index 1924 = 100):

1932	1933	1933			
	(Erstes Halbjahr)	Juli	August	September	Oktober
84,0	95,9	108	106	110	115

Dadurch verbreitete sich in Großbritannien unter der Bourgeoisie wieder Optimismus. Die Monatsbulletins der Banken und die Erklärungen der Staatsmänner — sowohl der Regierungspartei als auch der Opposition — gehen davon aus, daß der Höhepunkt der Krise in Großbritannien überwunden ist.

„Zweifellos zeigt die Lage des Landes ein viel günstigeres Bild gegenwärtig als vor einem Jahre", äußert Schatzkanzler Chamberlain.[31]

„Großbritannien ist offenbar auf dem Wege zu einer wirtschaftlichen Erholung. Es hat wirkliche und endgültige Fortschritte erzielt", sagt Lloyd George.[32]

Man muß anerkennen, daß die britische Bourgeoisie, die die älteste und erfahrenste unter den gegenwärtig in der Welt herrschenden Klassen ist, während der Krise erfolgreicher als die Bourgeoisie aller anderen Länder manövriert hat. Die Hauptsache besteht dabei nach unserer Auffassung in folgendem:

1. Die Rolle des Pfund Sterling als Weltwährung wurde trotz Abgehen vom Goldstandard gewahrt. Als der Goldstandard durch den starken Goldabfluß im Herbst 1931 aufgegeben werden mußte, nutzte die britische Bourgeoisie dies einerseits dazu aus, um den Import zu begrenzen und den Export auszudehnen; zum anderen ergriff sie unverzüglich alle Maßnahmen, um die Währungsentwertung in Grenzen zu halten. Es wurde eine weitgespannte und erfolgreiche Kampagne geführt, um Gold an die Notenbank abzuliefern; aus Indien wurden 1 Mrd. Goldrupien nach Großbritannien gepumpt. Der Goldbestand der Bank von England beträgt jetzt 192 Mio £, das ist mehr als jemals zuvor. Außerdem wirkte sich aus, daß Großbritannien seine Dominien, Indien und die ökonomisch von ihm abhängigen Länder, wie Dänemark, Schweden, Norwegen, Portugal, Argen-

31 Times vom 4. Oktober 1933.
32 Pester Lloyd vom 22. Oktober 1933.

tinien, Brasilien usw. zwang, ihre Währung an das Pfund Sterling zu binden (d. h. den Kurs ihrer Währungen gegenüber dem £ stabil zu halten, und zwar unabhängig davon, wie das £ gegenüber dem Gold schwankt). Dadurch ist das Pfund Sterling gegenwärtig die „offizielle" Weltwährung für einen Teil der Welt mit einer Bevölkerung von etwa 600 Mio Menschen. Das verschafft England große Vorteile im Welthandel.

2. Ohne großes Aufheben übte Großbritannien ökonomischen Druck auf die schwächeren Länder aus. Die Tatsache, daß Großbritannien gegenwärtig die einzige Großmacht ist, die Nahrungsmittel importiert, nutzte es schonungslos dazu aus, um mit den von der Agrarkrise betroffenen Ländern neue Handelsverträge zu schließen und härteste Bedingungen zu diktieren. So wurde z. B. Dänemark gezwungen, in Großbritannien 80% seines Bedarfs an Kohle, Eisen und Stahl zu kaufen, so daß es praktisch in den britischen Binnenmarkt einbezogen wurde.[33] Ähnlich erniedrigende Bedingungen wurden auch anderen Agrarländern aufgezwungen.

3. Zum Schutz der Industrie wurden rigoros protektionistische Maßnahmen angewendet. Durch Zölle und Kontingente konnte Großbritannien den Import an Industriewaren innerhalb von zwei Jahren um die Hälfte senken.

Der Import von Industriewaren betrug (in Mio £)[34]:

	1. Quartal	2. Quartal	3. Quartal
1931	62,2	62,1	63,4
1933	34,8	36,2	38,1

Berücksichtigt man die Abwertung des Pfund Sterling, so war der Import mengenmäßig fast um die Hälfte zurückgegangen.

Es gibt aber auch eine Kehrseite der Medaille. Die wirtschaftlichen Maßnahmen Großbritanniens bezweckten ihrem Wesen nach, seine Stellung auf dem Weltmarkt auf Kosten seiner Konkurrenten zu verbessern. Da Großbritannien eine mächtige Kolonialmacht ist und über große Reserven verfügt, gelang dies der britischen Bourgeoisie in gewissem Maße.

Hier liegt aber auch die Schwäche der britischen Situation. Die Verbesserung beruht zu einem kleinen Teil auf einer „normalen" Entwicklung des Zyklus. Die Eisen- und Stahlproduktion steigt vor allem deshalb, weil Zölle die Einfuhren erschweren. Dadurch konnten neue Stahlwerke errichtet werden. Die Schutzzölle für optische Erzeugnisse, Spielsachen usw. veranlaßten deutsche Betriebe, sich in Großbritannien niederzulassen. Der Export von Erzeugnissen der Schwerindustrie wird gefördert, indem Konkurrenten, wie Deutschland, Polen usw. durch Handelsverträge ausgeschaltet werden. Natürlich kann ein solcher Aufschwung nicht von langer Dauer sein, sobald die Lage der anderen kapitalistischen Länder besser geworden ist.

Allerdings beruhte die Steigerung der Industrieproduktion in Großbritannien in den letzten $1^1/_2$ Jahren auf einem wesentlich niedrigeren Ausgangsniveau als bei den anderen Ländern. Der gegenwärtige Stand der Industrieproduktion liegt in Großbritannien im all-

33 Das geht bis zu Kleinigkeiten: so muß Bacon, der aus Dänemark nach England importiert wird, in Jutesäcken aus englischer Produktion verpackt sein!

34 Economist vom 21. Oktober 1933.

gemeinen um 17% unter dem Stand von 1913.[35] Der Aufschwung setzt in Großbritannien auf einem außergewöhnlich niedrigen, von der allgemeinen Krise des Kapitalismus bestimmten Ausgangspunkt ein.

Der Krisenverlauf in Deutschland

Der Krisenverlauf zeigt in Deutschland folgende wichtige Besonderheiten.

1. Die Krise wirkte in Deutschland besonders stark, denn hier machte sich der innere Widerspruch zwischen dem hochentwickelten monopolistischen Charakter des deutschen Kapitalismus einerseits und den fehlenden Kolonien sowie der großen Auslandsverschuldung und den Reparationsverpflichtungen andererseits bemerkbar. Die deutsche Bourgeoisie kann nicht einen Teil der schweren Krise auf die Kolonien und abhängigen Länder abwälzen, wie dies die englische und französische Bourgeoisie tut.

2. In Deutschland setzte die industrielle Krise früh ein (die Industrieproduktion ging bereits 1930 auf durchschnittlich 90% zurück, 1928 = 100) und erreichte ein beträchtliches Ausmaß (der stärkste Rückgang lag im August 1932 bei 58,5%).

3. Der Produktionsrückgang war in der Gruppe „A" besonders fühlbar (der Index der Gruppe A lag zum Zeitpunkt des stärksten Rückgangs bei 47,5, derjenige der Gruppe B bei 74,9). Das ergab sich aus dem besonders starken Zuwachs an fixem Kapital während der Rationalisierungsperiode vor der Krise und der völligen Einstellung aller neuen Kapitalinvestitionen während der Krise.

4. Die Kreditkrise wirkte sich in Deutschland sehr stark aus. Die umfangreichen Investitionen während der Rationalisierungsperiode waren zu einem erheblichen Teil durch kurzfristige Auslandskredite der Großbanken finanziert worden. Während der Krise — von Mitte 1930 bis Mitte 1931 — wurde ein beträchtlicher Teil dieser Auslandskredite abgezogen, was im Sommer 1931 zum Zusammenbruch der Banken führte; von den vier deutschen D-Banken hatten zwei, die Darmstädter und die Dresdner Bank, bankrott gemacht, auch die dritte Bank, nämlich die Deutsche Bank, mußte gestützt werden. Alle Kreditinstitute Deutschlands existieren seit dieser Zeit nur mit staatlicher Unterstützung. Die Zahlungen für die kurzfristigen Auslandsschulden erfolgten zum Teil in Gold. Dadurch verlor Deutschland fast seinen gesamten Goldbestand: von 2,729 Mrd. Mark im Jahre 1928 blieben noch nicht 400 Mio Mark übrig. Die Golddeckung der Banknoten beträgt etwa 10%.

5. Die Folgen aus dem Zusammenbruch der Banken lasten bis jetzt über der deutschen Wirtschaft. Der Geldmarkt ist sehr schwach: Der Zinssatz liegt um das Vierfache über dem in Frankreich oder Großbritannien. Die Banken sind mit ungedeckten Wechseln überhäuft, die ständig prolongiert werden müssen. Der Kapitalmarkt liegt völlig am Boden. Die Neuemission von Kapital machte 1932 nur 12 Mio Mark im Monat aus; 1933 (erste 8 Monate) lag die Emission im Monatsdurchschnitt bei 9 Mio Mark, d. h. praktisch bei Null. In den Jahren 1927/28 betrug die Kapitalemission im Inland mehr als 100 Mio Mark im Monat, nicht gerechnet den Kapitalzufluß aus dem Ausland.

6. Die deutsche Bourgeoisie wälzte die schweren Auswirkungen der Kreditkrise zum Teil auf die ausländischen Gläubiger ab: In dem Vertrag über den Zahlungsaufschub wurde ein Moratorium für kurzfristige Auslandsanleihen vereinbart, während bei langfristigen Anleihen nur die Hälfte der jährlich fälligen Zahlungen geleistet wird. Die Reparations-

35 Vierteljahreshefte zur Konjunkturforschung, hg. Institut für Konjunkturforschung, Sonderheft 31, Berlin 1933, S. 64.

zahlungen wurden praktisch endgültig annulliert. Der Preis hierfür bestand jedoch darin, daß Deutschland aus dem internationalen Kreditsystem fast völlig ausgeschlossen wurde und die Mark sich praktisch in eine „Binnenwährung" verwandelte.

7. Trotz des Zerfalls des Kreditsystems hält die deutsche Bourgeoisie bis jetzt an der Goldparität der Mark fest, und zwar durch eine umfassende Lenkung des Außenhandels, der Ausfuhr von Devisen und Reichsmark usw. Man befürchtet nämlich, daß eine neue Markabwertung soziale Auswirkungen haben würde. Bei der allgemeinen Zerrüttung der deutschen Wirtschaft könnte eine einmal vorgenommene Abwertung rasch katastrophale Folgen haben. Aber diese künstlich aufrechterhaltene Goldparität hat nichts mit einem echten Goldstandard gemein.

8. Seit Mitte 1932 ist eine Erhöhung der Industrieproduktion und ein Ansteigen der Zahl der beschäftigten Arbeiter zu beobachten. Nach offiziellen Angaben erhöhte sich der Index der Industrieproduktion von seinem tiefsten Punkt im Juli 1932 mit 58,5 auf 72 im September 1933 (1928 = 100). Das ergibt eine Steigerung von 23%, die sich gleichermaßen auf die Gruppen A und B verteilt. Die Produktionserhöhung in der Abteilung I steht in scharfem Widerspruch zur völligen Stagnation der Aktienemission.

Eine entscheidende Rolle bei der Zunahme der Produktion von Produktionsmitteln spielen die offene und verborgene Kriegsvorbereitung, die staatlichen Maßnahmen zur Arbeitsbeschaffung, der Straßenbau, die Meliorationsarbeiten (in Wirklichkeit vorwiegend Festungsbauarbeiten), Großaufträge für Transportmaterial für die Reichsbahn, das nur im Kriegsfall verwendet werden kann, die Steuerbefreiung für neue Ausrüstungen und Kraftfahrzeuge (Vorbereitung auf die Motorisierung der Armee), staatliche Unterstützungen für Hausreparaturen und Neubauten usw.

9. Die Agrarkrise hat sich in den letzten Jahren sprunghaft verschärft. Der Agrarpreisindex fiel von 105 im Juli 1931 auf 81 im Januar 1933. Zu diesem erheblichen Preissturz kam es, weil die wachsende Inlandsproduktion von Getreide, Vieh und Milcherzeugnissen höher lag als der sinkende Verbrauch. Als die langerwartete Selbstversorgung mit Getreide und Fleisch erreicht war, brach das gesamte bisherige System geschützter Preise (durch Zölle, Importrestriktionen), das bis jetzt seinen Zweck erfüllt hatte, zusammen. Die Hitlerregierung mußte neue Maßnahmen ergreifen und staatliche Monopolpreise für Weizen und Roggen einführen, ein staatliches Einfuhrmonopol für Mais, Futtermittel und Fette verordnen, Getreide zu Dumpingpreisen exportieren usw. Dadurch zogen die Preise für landwirtschaftliche Erzeugnisse von 81 auf 94 Anfang November an. Es besteht die Absicht, die Preise für Fette noch stärker zu erhöhen, damit der Anbau von Ölfrüchten, wie Raps und Ölsaaten in Deutschland erneut rentabel wird, um so die Inlandsversorgung mit Fetten während des Krieges weitestgehend zu sichern.

Der Krisenverlauf in Frankreich

Der Krisenverlauf weist in Frankreich folgende Besonderheiten auf:

1. Der Produktionsrückgang trat in Frankreich später ein: 1930 lag die Produktion noch etwas über der von 1929.

2. Der Produktionsrückgang erstreckte sich über eine relativ kurze Zeit, nämlich über noch nicht zwei Jahre. Bereits Mitte 1932 stieg die Produktion erneut an. Nachstehend der Index der Industrieproduktion (1928 = 100):

1929	1930	Niedrigster Stand Juli 1932	Höchststand Juli 1933	Zahlen für den letzten Monat: Oktober 1933
109,4	110,2	72,4	88,2	85,0

Das gegenwärtige Produktionsniveau liegt um etwa 10% über dem von 1913 (bei dem jetzigen Territorium), d. h., es ist etwas günstiger als in Großbritannien.

3. Der Produktionsrückgang ist in der Gruppe B im Gegensatz zu allen anderen Ländern stärker als in der Gruppe A. Das ist schwer zu erklären. Offensichtlich wirkten folgende Aspekte ein:

a) Die „Rationalisierung" spielte vor der Krise in Frankreich keine so große Rolle, so daß es in keinem großen Umfange überschüssige Produktionsausrüstungen gab. Deshalb ging der Index des Maschinenbaus in Frankreich während der Krise niemals unter 67% zurück;

b) es folgten gewaltige Hafenbauarbeiten,[36] es wurden Kanäle gebaut, Befestigungsanlagen an der Ostgrenze errichtet und verstärkte Anstrengungen in der Rüstungsindustrie nicht nur für den inneren Bedarf, sondern auch für den Export unternommen;

c) besonders bei Luxusgütern setzte während der Krise ein starker Produktionsrückgang ein.

Man muß allerdings vermerken, daß die französische Statistik nicht sehr zuverlässig ist und sich ein Teil der Abweichungen wahrscheinlich einfach aus diesem Umstand erklärt.

4. Frankreich war während der gesamten Krise das einzige große Industrieland, das den Goldstandard beibehielt. Im Lande hatte sich ein gewaltiger Goldbestand angesammelt, weil das in kurzfristigen Auslandsanleihen angelegte Kapital zurückgerufen wurde und aus Furcht vor einer Währungsabwertung erhebliches Auslandskapital nach Frankreich floß. Der Banknotenumlauf war zu 100% durch Gold gedeckt (obwohl er während der Krise um 25% gestiegen war). Deshalb gab es ständig erhebliche „freie Gelder" auf dem Markt und Kapital lag in beträchtlichem Umfange brach (die Bank von Frankreich hat Einlagen in Höhe von 25 Mrd. Franc, für die sie keine Zinsen zahlt!). Die Kreditkrise war nicht allzu stark; von den Großbetrieben gingen nur einige Spekulationsunternehmen bankrott. Trotz des Kapitalüberschusses auf dem Geldmarkt blieb die Kapitalemission gering und weist 1933 sogar einen Rückgang gegenüber 1932 auf. Die Kurse der Industrieaktien ziehen 1933 nicht an; legt man die Zeitungsberichte zugrunde, so gibt es keine Anzeichen für eine beginnende Erneuerung des fixen Kapitals.

Frankreich hat ständig mit Haushaltsproblemen zu kämpfen, da die herrschenden Klassen systematisch Steuern hinterziehen. Berücksichtigt man, daß ein Teil der Staatseinnahmen für die Amortisationskasse[37] abgezweigt wird und zur Tilgung der Staatsschuld

36 Die großen Seehäfen Frankreichs, wie Marseille, Le Havre, Dünkirchen und Bordeaux, wurden in den letzten Jahren grundlegend rekonstruiert und erweitert.

37 Staatshaushalt 1931/32 (in Mrd. Franc):

Einnahmen	47
Ausgaben	53,3
Defizit	5,6

Die Amortisationskasse zahlte Staatsschulden für 7,8 zurück. Saldo des Haushalts: 2,2.

dient, so ist das Defizit aber nicht so hoch, wie man nach den Parlamentsdebatten annehmen könnte.[38]

Schließlich sei daran erinnert, daß trotz der Beibehaltung der Goldstandards Frankreichs Anteil am Weltexport während der Krise nicht zurückgegangen, sondern gestiegen ist; dabei dürften die französischen Kolonien eine entscheidende Rolle spielen.[39]

Fassen wir zusammen.

Die Krise verlief in Frankreich insgesamt schwächer als in anderen großen Industrieländern. Einige Zweige, wie der Tourismus, der Weinbau und die Produktion von hochwertigen Textilien litten stark unter der Krise, aber insgesamt hatte sie dennoch eine geringere zerstörende Kraft als in den anderen großen Industrieländern. Es ist aber durchaus möglich, daß sich die Krise in Frankreich weiter vertieft.

Der Krisenverlauf in den USA und das „große Experiment“ Roosevelts

1. Die nahezu pausenlosen Versuche des Staates, die Krise durch Einmischung von außen rasch zu überwinden, stellen eine typische Besonderheit für den Krisenverlauf in den USA dar (vgl. Tabelle 43). Naturgemäß endeten alle diese Versuche mit einem Mißerfolg. Es kam zu einem völligen Durcheinander in der Wirtschaftspolitik, die in den USA Ende 1933 betrieben wurde.

Tabelle 43
Kapitalemission

Monatsdurchschnitt (in Mio Dollar)	1929	1930	1931	1932	1933 (erste 9 Monate)
Neuemission von Kapital	849	585	260	99	56
darunter					
für Auslandsanlagen	64	85	21	2	—

2. Auf den Rückgang der Industrieproduktion wirkte sich die industrielle Krise in den USA stärker als in allen großen kapitalistischen Ländern aus: Von 107 im Jahresdurchschnitt 1929 ging der Index bis Juli 1932 auf 52,3, d. h. um mehr als die Hälfte zurück.

3. Das Ausmaß der Krise wurde wie in Deutschland durch den starken Produktionsrückgang in der Gruppe A bestimmt. Die Produktion des fixen Kapitals sicherte nicht den faktischen Verschleiß. Demgegenüber verharrte die Gruppe B während der gesamten Krise auf einem relativ hohen Niveau (vgl. Tabelle 44).

4. Die Kreditkrise hatte sich in den USA sehr eigenartig entwickelt. Einerseits war bei sehr niedrigen Zinssätzen für kurzfristiges Leihkapital[40] eine große Menge „freies Geld“ auf dem Markt vorhanden, während andererseits der Kapitalmarkt völlig zusammenbrach.

38 Die französische Finanzstatistik ist nicht sehr aussagekräftig. Nach offiziellen Angaben stieg die Staatsschuld während der Krise nur um 11 Mrd. France, d. h. um 800 Mio Goldrubel.

39 Der Anteil der Kolonien am Export Frankreichs belief sich 1929 auf 18% und 1933 (8 Monate) auf 32,3%.

40 Die amerikanische Regierung konnte 1932 kurzfristig Schatzwechsel mit einem Jahreszinssatz von 0,19% unterbringen!

Tabelle 44
Produktionsindex nach „Annalist" („Normal" = 100)

	Gruppe A			Gruppe B		
	Roheisen	Stahl	Zement	Schuhe	Verbrauch an Baumwolle	Verbrauch an Seide
1929	126	127	117	111	112	111
1932	25	29	49	96	78	84

5. Das Bankkapital wollte in Amerika auf jede Weise eine offene Kreditkrise vermeiden, denn es hoffte, daß die Industriekrise rasch vorübergeht. Das Bankkapital glaubte damit seine Existenz zu sichern, da der offene Ausbruch der Kreditkrise zwangsläufig zum Zusammenbruch des gesamten Banksystems geführt hätte. Dieser Versuch mißlang, und im März 1933 stellten fast alle Kreditinstitute ihre Zahlungen ein, sämtliche Banken schlossen, und sozusagen als Ausweg aus der Kreditkrise entwickelte sich schließlich die Inflation.

6. Aus folgenden Gründen mußte es unvermeidlich zu einem offenen Ausbruch der Kreditkrise kommen:

Die Verschuldung hatte während des Aufschwungs gewaltige Ausmaße erreicht: Nach verschiedenen Berechnungen schwankte sie zwischen 135 und 150 Mrd. Dollar. Die Krise erschütterte die Grundfesten des Kreditsystems erheblich. Die Kurse der Industrieaktien (1926 = 100) fielen von 189 im Jahresdurchschnitt 1929 auf 42 im März 1932. Der Preis für den Grund und Boden in der Landwirtschaft, der 1929 mit fast 10 Mrd. Dollar Schulden belastet war,[41] fiel durch die Agrarkrise, und die Farmer konnten nicht die Schulden und Zinsen bezahlen. Der Wert der städtischen Wohnhäuser und des Baulandes, belastet mit Schulden von vielen Milliarden, ging durch die Krise auf dem Wohnungsmarkt auf einen ganz geringfügigen Wert zurück. Die kommerziellen Schulden waren durch den Preissturz von 137 im Jahresdurchschnitt 1929 (1913 = 100) auf 86 im März 1933 weitgehend unreal geworden usw. Die Kreditkrise mußte zwangsläufig eintreten, denn die industrielle Krise hatte, grob gesagt, alle „Werte", die die Grundlage des gewaltigen Kreditgebäudes bildeten, im Durchschnitt um die Hälfte verringert.[42] Unter diesen Umständen begann die Öffentlichkeit Anfang 1933 das Vertrauen zu den Banken und den Banknoten zu verlieren, zog ihre Einlagen ab und tauschte die Banknoten gegen Gold um. Der Zusammenbruch war unvermeidlich geworden.

7. Die Lage wurde noch durch das Defizit des Staatshaushalts verschlechtert, das selbst für ein so reiches Land wie Amerika gewaltige Ausmaße angenommen hatte. Das Defizit der USA betrug in den einzelnen Haushaltsjahren (die am 30. Juni enden) in Mio Dollar:[43]

41 Jahrbuch der amerikanischen Landwirtschaft für 1933, S. 5.

42 Die Gesamtverschuldung der USA beträgt rund 135 Mrd. Dollar (vgl. E. Clark, The International Debts of the USA, S. 10).

43 Nach Berechnungen von „National Industrial Conference Board" (vgl. Times vom 28. November 1933).

1931	1932	1933	1933 Juni—Oktober	Insgesamt in 40 Monaten
903	3153	3069	464	7589

Innerhalb von 40 Monaten hatte das Defizit einen gewaltigen Betrag erreicht. In seiner Botschaft sieht Roosevelt ein Haushaltsdefizit von 7 Mrd. Dollar vor (dennoch blieb der Staatskredit bis in die jüngste Zeit unerschüttert: das Defizit konnte durch die Ausgabe von Schatzanweisungen zu sehr niedrigen Zinssätzen völlig gedeckt werden).

Als Roosevelt am 4. März 1933 die Regierung übernahm, sah die Situation so aus: Der Zusammenbruch des Bankwesens drohte eine Geldkrise nach sich zu ziehen (immer mehr Menschen wollten Banknoten gegen Gold eintauschen), die Industrieproduktion war fast zum Erliegen gekommen; die Farmer waren empört über den starken Preissturz für landwirtschaftliche Erzeugnisse und das weite Auseinanderklaffen der „Schere"; im Lande gab es 14 Millionen Arbeitslose. Unter diesen Bedingungen begann das „große Experiment" Roosevelts, das zu einer in der Geschichte des Kapitalismus nicht gekannten sprunghaften Steigerung der Industrieproduktion von 54,1 im März (1928 = 100) auf 90,1 im Juli, d. h. um 66% führte, wobei dann allerdings ein rascher Abschwung einsetzte, der aber nicht sehr stark war.

Die Hauptursache für diesen Aufschwung war das Programm Roosevelts, mit dem er das Ziel verfolgte, mit Hilfe der Inflation den Preissturz abzufangen und die Preise auf den Stand von 1926 zu bringen.

Die ökonomische Grundlage für diesen Aufschwung lag darin, daß die Krise und der starke Preissturz zur Ansammlung von Beständen von Industrieerzeugnissen im Einzel- und Großhandel sowie bei den Fabriken geführt hatte. Der Index der Fertigwarenbestände hatte sich wie folgt entwickelt (1923 = 100)[44]:

1929	Dezember 1930	1931	1932
119	120	108	97

Die Bestände an Fertigwaren fielen bis „unter normal". Hinzu kam, daß die begüterten Schichten durch die fallende Preistendenz ihre Käufe an Kraftfahrzeugen, Möbel usw. weitgehend aufgeschoben hatten. Als sich nun eine allgemeine Preiserhöhung abzeichnete, versuchten die wohlhabenderen Konsumenten, ihre zeitweilig zurückgehaltene Nachfrage rasch zu befriedigen,[45] die Einzel- und Großhändler füllten ihre Läger auf, und die Fabrikanten deckten sich mit Rohstoffen und Halbfabrikaten für die nächste Zeit ein, solange die Preise noch nicht stiegen. Das Problem, wie man die Krise künstlich überwindet, schien gelöst. Innerhalb von fünf Monaten war Roosevelt der populärste Mann in Amerika.

Die Hauptursache für den anschließenden Rückgang lag darin, daß die Erneuerung und Erweiterung des fixen Kapitals stagnierte, die Gruppe A nicht zum weiteren Produktions-

44 Survey of Current Business.

45 Die Produktion von Kraftfahrzeugen lag 1932 im Monatsdurchschnitt bei 120000 Stück und stieg im Juni 1933 auf 261000 Stück.

anstieg beitrug (die stark gestiegene Roheisen- und Stahlproduktion diente der Produktion von Konsumtionsmitteln wie: Kraftfahrzeuge, Kühlschränke, für die Spirituosenindustrie und für Lagerbestände. Der Einfluß der allgemeinen Krise des Kapitalismus verhinderte einen weiteren Anstieg in der Abteilung I. Das folgende Zitat aus der großbürgerlichen Zeitung der USA, der „New York Times" vom 13. August, zeigt das deutlich: „Aber die Aufstellung zusätzlicher Ausrüstungen, um die Produktion aufrechtzuerhalten oder in kurzer Zeit zu steigern, ist etwas anderes. Dadurch erhöhen sich in vielen Industriezweigen die ohnehin ziemlich großen überschüssigen Produktionskapazitäten, was nur eine weitere Grundlage für eine potentielle Überproduktion darstellt.

Wetteifern die Betriebe um die Erhöhung ihrer Produktionsmöglichkeiten, so führt das zu Überproduktion und Demoralisierung der Märkte. Die Schaffung übermäßiger Produktionskapazitäten ist gegenwärtig offenbar ein unüberlegter Schritt. Die Bankiers, die den Ankauf der Produktionsausrüstungen finanzieren, müssen prüfen, ob diese für den notwendigen Ersatz oder ausschließlich zur Erhöhung der Produktionskapazität des Betriebes erforderlich sind."

Die Roosevelt-Administration unternahm alles, um die Investitionen anzukurbeln. Sie zwang den Banken staatliche Kapitalmittel auf, um sie zu einer „liberalen" Kreditpolitik zu veranlassen. Sie setzte die Bewilligung von 3,3 Mrd. Dollar für staatliche Investitionen durch usw. Doch blieb alles ohne Erfolg, da die überschüssigen Produktionskapazitäten das Grundübel waren. Der Kapitalmarkt lag, wie wir gesehen haben, am Boden. Die Bautätigkeit wurde erst im Herbst etwas lebhafter. Der Index der Bautätigkeit entwickelte sich nach Angaben des „Federal Reserve Bulletin" wie folgt:

	1930	1931	1932	1933
August	81	59	30	23
Januar—August	—	60	28	18
September	—	—	—	30

Die Eisenbahnen erteilten keine Aufträge. Unter diesen Umständen mußte sich der Aufschwung abschwächen und in einen erneuten Rückgang verfallen, sobald die aufgestaute Nachfrage befriedigt und die Läger aufgefüllt waren. Bereits im August 1933 stieg der Index der Fertigwarenbestände erneut auf 108 (das Minimum war 95 im April 1933).

Hinzu kommen weitere wichtige Aspekte.

Roosevelt hatte sich das Ziel gestellt, nicht nur die Preise auf den Stand von 1926 zu bringen, sondern auch die „Schere" zu vermindern, um damit die Unruhe unter den Farmern zu beseitigen.[46]

Vor Beginn des „Experiments" im Februar 1933 zeigten die Großhandelspreise nach dem Index des Labor-Departements folgendes Bild (1926 = 100):

Gesamtindex	Erzeugnisse der Farmer	alle sonstigen Waren	Preis„schere"
59,8	40,9	66	61%

46 Die Unzufriedenheit unter den Farmern ist für die Bourgeoisie gefährlich und hat außerdem große parteipolitische Bedeutung. Im Senat, dem entscheidenden politischen Organ, ist jeder Staat durch zwei Senatoren vertreten. Die Senatoren aus den schwach bevölkerten Farmerstaaten haben deshalb

Roosevelt ließ sich auf sehr riskante Maßnahmen ein, um die Preis„schere“ zu verringern. So führte er eine 30%ige Steuer auf Mehl und Baumwollgarne ein, deren Ertrag den Farmern aber nur dann zugute kommt, wenn sie die Anbaufläche für Getreide und Baumwolle verringern. Weiter wurden 6 Mio Schweine aufgekauft und vernichtet, um die Preise zu erhöhen usw. Doch das Ergebnis war sehr unbefriedigend. Die Preissituation war nach sechs Monaten, im August 1933, folgende:

Gesamtindex	Erzeugnisse der Farmer	alle sonstigen Waren	Preis„schere“
69,5	57,6	74,1	28%

Wir sehen, daß bis zum Preisniveau des Jahres 1926 und der Beseitigung der „Schere“ noch ein weiter Weg zurückzulegen ist.

Unter diesen Umständen blieb Roosevelt nur noch ein Ausweg, nämlich die Entwertung des Dollars voranzutreiben, damit die Preise weiter anziehen.

Die USA befinden sich aber in der eigenartigen Lage, daß ihre internationalen Positionen eine Dollarabwertung erschweren. Handels- und Zahlungsbilanz waren aktiv. Kurzfristiges Auslandskapital, dessen Abzug den Dollarkurs sinken lassen könnte, war im Lande kaum vorhanden. Alle äußeren Faktoren sprechen gegen eine Dollarabwertung. Das Abgehen der USA vom Goldstandard stand nicht mit dem Gold im Zusammenhang, wie dies in Japan oder Großbritannien der Fall war. Die gewaltigen Goldreserven — mehr als 4 Mrd. Dollar — wurden nicht zur Kursstützung des Dollars eingesetzt. Als geeignetes Mittel, um die Abwertung voranzubringen und so das Haushaltsdefizit zu beseitigen, erwies sich die Emission von ungedecktem Papiergeld. Roosevelt wurde vom Senat bevollmächtigt, zusätzlich 3 Mrd. Papiergeld auszugeben und den Dollar bis zu 50% abzuwerten. Roosevelt hatte bisher diese „offene“ Inflation gescheut und einen in der Geschichte des Kapitalismus gänzlich neuen Weg beschritten: Er kaufte Gold zu höheren Preisen auf, als dies dem Dollarkurs in Goldfranken zu dem betreffenden Zeitpunkt entsprach, d. h. er setzte den Dollarkurs künstlich herab. Dieser Prozeß dauert Ende 1933 noch an.

Doch wächst die Opposition einflußreicher Schichten der Bourgeoisie gegen die weitere Inflation zunehmend. „Internationale“ Bankiers mit Morgan an der Spitze, die Direktoren

ein größeres Gewicht, als dies der Einwohnerzahl oder der wirtschaftlichen Bedeutung der von ihnen vertretenen Staaten entspricht. Im Repräsentantenhaus ist die Vertretung proportional zur Einwohnerzahl. Zum Beispiel:

	New York	Pennsylvania	Arizona	Nevada	Delaware
Vertretung im Senat	2	2	2	2	2
Vertretung im Repräsentantenhaus	43	36	1	1	1

Im Vergleich zu einer proportionalen Vertretung sind die schwachbevölkerten Farmerstaaten im Senat um fast das 43fache stärker vertreten. Natürlich bleibt die Großbourgeoisie trotzdem die herrschende Klasse, aber die parteipolitischen Manöver werden durch dieses System der Vertretung im Senat bestimmt.

des Federal Reserve Systems, die Handelskammern und die größten Organe des Finanzkapitals, wie „Wall Street Journal“, „Annalist“, „Financial and Commercial Chronicle“ wenden sich immer entschiedener gegen die Fortsetzung der Inflation und verlangen eine Stabilisierung des Dollars, um der „Unsicherheit“ und dem „Experiment“ ein Ende zu machen. Die in den Wahlen zerstrittene Republikanische Partei, die noch vor kurzem die Politik Roosevelts nicht kritisierte, veröffentlichte in Massenauflage eine scharfe Broschüre gegen Roosevelt. Opposition regte sich sogar in der Demokratischen Partei: A. Smith, der bekannte demokratische Kandidat für die letzten Präsidentschaftswahlen, nahm entschieden gegen die Inflationspolitik Roosevelts Stellung. Mitarbeiter Roosevelts, wie Professor Sprague, Finanzminister Woodin, u. a. traten demonstrativ in den Ruhestand. Auch die amerikanischen Gewerkschaften verlangen eine Stabilisierung. Der „Goldblock“ und Großbritannien fordern das gleiche. Nur die stark verschuldeten Schichten der Bourgeoisie und besonders die Farmer verlangen die Fortsetzung der Inflationspolitik.

Roosevelt wird natürlich dem Druck der Großbourgeoisie nachgeben und den Dollar mit einem Kursverlust von 40 bis 50% stabilisieren. Eine solche Abwertung wird ausreichen, um die Schuldenlast für die Großbourgeoisie tragbarer zu machen; aber die Farmer werden weiter enttäuscht sein.

Resümiert man das „große Experiment“ Roosevelts, so läßt sich folgendes feststellen: Die Dollarabwertung um 40 bis 50% führte zu entsprechenden Veränderungen in der Umverteilung der Einkommen, und zwar zugunsten des Industriekapitals und zu Lasten des Leihkapitals (der Rentiers). Was spontan durch Massenbankrotte und den Zusammenbruch des Kreditsystems erfolgt wäre, ging mit Hilfe der Inflation gleichmäßiger und glatter.

Die Ursache für den im Sommer erfolgten Aufschwung der Industrieproduktion lag darin, daß jene Prozesse fieberhaft beschleunigt wurden, die sich auch ohne inflationistischen Anstoß langsam, aber vernünftiger entwickelt hätten. Das erklärt auch den Rückgang der Industrieproduktion im Herbst 1933. Genau genommen hätte die Industrieproduktion den Stand von Ende 1933 auch ohne das Experiment Roosevelts erreicht, wie das in anderen Ländern bei einem noch niedrigeren Ausgangsniveau ebenfalls der Fall war.

Tabelle 45, die der Oktobernummer des Bulletins der „National City Bank“ entnommen wurde, zeigt anschaulich und konkret, welche verheerenden Auswirkungen die Wirtschaftskrise in den USA hatte.

Bei der Konsumtion ist ein Rückgang bei allen hochwertigen Nahrungsmitteln zu verzeichnen: Anstelle von Geflügel, Schweine- und Rindfleisch ging man zu Hammelfleisch über, und anstelle von Butter stieg der Verbrauch von Käse.

So lauten die Zahlen für die gesamte amerikanische Bevölkerung, wobei der Verbrauch des Proletariats natürlich darunter liegt. Bei den Produktionsmitteln sprechen die Zahlen für sich.

Der Krisenverlauf in Japan

Der Krisenverlauf unterschied sich in Japan in seinen Formen von denen anderer kapitalistischer Länder: Frühzeitige Inflation, Krieg in der Mandschurei und die fieberhaften Kriegsvorbereitungen prägten entscheidend das Bild der Krise.

Auf Japan trifft voll und ganz die These von einer Kriegs- und Inflationskonjunktur zu.

Tabelle 45

Entwicklung bei Konsumtionsmitteln und Produktionsmitteln in den USA, 1932 gegenüber 1929

Konsumtionsmittel	Prozentuale Veränderung
Schaf- und Hammelschlachtungen	+17,3
Verbrauch von Käse	+15,5
Teeimport der USA	+ 6,0
Kaffeeimport der USA	+ 1,2
Milchanlieferung nach New York	0,0
Benzinverbrauch	— 0,2
Kakaoimport der USA	— 5,4
Geflügellieferungen auf die 5 wichtigsten Märkte	— 6,1
Tabaklieferungen ab Lager	— 6,5
Verbrauch von Weizenmehl	— 7,8
Reisanlieferung bei den Reisverarbeitungsbetrieben	— 8,0
Butterverbrauch	— 8,8
Anlieferung von Rohseide bei den Fabriken	—10,6
Eieranlieferungen auf 5 Märkten	—12,3
Rinder- und Kälberschlachtungen	—12,8
Zigarettenlieferungen ab Lager	—13,0
Schuhproduktion	—13,2
Schweineschlachtungen	—14,7
Eisenbahnanlieferungen von Apfelsinen und Zitronen	—15,5
Fischanlandungen in den wichtigsten Häfen	—19,2
Eisenbahnanlieferungen von Äpfeln	—20,8
Eisenbahnanlieferungen von Kartoffeln	—22,5
Raffinierung von Zucker in 8 Häfen	—23,0
Eisenbahnanlieferungen von Zwiebeln	—24,6
Verbrauch von Zeitungspapier	—25,7
Verbrauch von Rohbaumwolle	—28,8
Zigarrenlieferungen ab Lager	—32,2
Verbrauch von Rohwolle	—34,2
Verkauf von Konfekt ab Fabrik (in Dollar)	—39,9
Auslieferung von Reifen	—40,5
Auslieferung von Möbeln	—64,0
Auslieferung von Haushaltsstaubsaugern	—64,3
Produktion von Personenkraftwagen	—75,2

Produktionsmittel	Prozentuale Veränderung
Anzahl der fertiggestellten Handelsschiffe	+32,5
Niederbringen von Erdölbohrungen	—32,5
Dachziegelproduktion	—42,8
Errichtung von Wirtschaftsbetrieben (in Dollar)	—45,0
Anlieferung von Zement	—52,6
Verkauf von Farben und Lacken (in Dollar)	—53,0
Produktion von Schwefelsäure	—57,9

Tabelle 45 (Fortsetzung)

Produktionsmittel	Prozentuale Veränderung
Bleilieferungen	—59,5
Lieferungen von Hartholz	—61,7
Produktion von Bauglas	—62,2
Lieferungen von Installationsmaterial und Kanalisationsanlagen	—64,5
Lieferungen von Radiatoren für Dampfheizung	—64,5
Lieferung von Douglas-Kiefern	—65,8
Produktion von Lastkraftwagen	—69,5
Lieferungen von Pumpen (in Dollar)	—72,8
Lieferungen von Baustahl	—73,8
Lieferungen von Stahlträgern	—74,4
Gießereiausrüstungen (Auftragseingänge)	—75,9
Lieferung von Elektromotoren	—76,0
Bestellung von Stahlkesseln	—80,7
Wohnungsbau (Fläche)	—81,0
Verbrauch an Eisenerz	—83,9
Ziegelproduktion	—85,0
Produktion von Stahlschienen	—85,2
Öffentliche Bauten (in Dollar)	—85,6
Lieferung von Werkzeugmaschinen	—86,7
Bau von Handelsgebäuden (in Dollar)	—86,6
Produktion von Stahlblöcken	—87,0
Aufträge auf Elektroöfen	—87,1
Bau von Fabriken und Werken (in Dollar)	—92,1
Bau von Lokomotiven	—95,4
Lieferungen von Elektrowinden (in Dollar)	—95,9
Bau von Güterwagen	—99,3

1. Japan hatte den niedrigsten Stand der Industrieproduktion bereits 1931 zu verzeichnen (Index der Industrieproduktion, 1928 = 100)[47]:

1929	1930	1931	1932	1933 (erste 8 Monate)
111,4	105,6	100,7	107,9	124,5

2. Von den großen Industrieländern war Japan das erste, das bereits 1931 vom Goldstandard ab- und zur Inflation übergehen mußte. Die Abwertung des Yen betrug im Dezember (in %):

1931	1932	1933 (10. November)
12,8	58,4	61,8

47 Statistical Yearbook of the League of Nations.

3. Die Inlandpreise stiegen in Japan erst sehr spät nach der Yenabwertung, wie folgende Zahlen zeigen (Großhandelspreisindex im Dezember 1931, 1928 = 100):

1931	1932	1933 (September)
114,7	139,5	137,8

4. Die relative Stabilisierung der Inlandspreise in Yen bedeutet eine gewaltige Senkung der Preise in Gold; dadurch konnten die japanischen Kapitalisten die Welt mit billigen Waren überschwemmen und jeden beliebigen Konkurrenten schlagen.

Die niedrigen Preise der japanischen Waren, insbesondere bei Textilien, und deren schlechte Qualität entsprachen der gesunkenen Kaufkraft der bäuerlichen Massen in den kolonialen Ländern Asiens, Afrikas und Südamerikas (vgl. Tabelle 46).

Tabelle 46
Export Japans (Monatsdurchschnitt)

	1929	1930	1931	1932	1933 (erste 10 Monate)
Mio Yen	175	119	93	113	150
Mio Golddollar	81	59	46	80	30 (erste 9 Monate)
in % zum Weltexport	2,96	2,67	2,89	3,05	3,37

Quelle
Monthly Bulletin of the League of Nations.

Obwohl der Export Japans seit 1930, in Gold ausgedrückt, sich um die Hälfte verringerte, konnte das Land seinen relativen Anteil am Weltexport trotz des allgemeinen Exportrückgangs um fast $^1/_4$ erhöhen. Das erklärt die überall in der Welt auftauchenden Klagen über die mörderische Konkurrenz japanischer Textilerzeugnisse und anderer Konsumgüter sowie die zunehmenden Schutzmaßnahmen, vor allem von Großbritannien, Indien und anderen Ländern, die sich trotz der politischen Übereinstimmung zu einem Handelskrieg auszuweiten drohen.

5. Neben dem durch die Inflation geförderten Export waren der Krieg und die Kriegsvorbereitungen die Hauptursachen für das Ansteigen der Industrieproduktion in Japan. Anhand der japanischen Statistik läßt sich das nicht im einzelnen nachweisen. Die im Haushaltsplan ausgewiesenen Rüstungsausgaben stiegen von 495 Mio Yen im Jahre 1929 auf 988 Mio Yen im Jahre 1934, also von 28,5% auf 42,5% des Haushalts. Natürlich sind die geheimen Rüstungsaufwendungen sehr hoch, und ein nicht geringer Teil der Mittel wird aus der Mandschurei herausgepreßt.

6. Die Zunahme des Exports und die gewaltige Aufrüstung wurden mit Einschränkungen auf dem inneren Markt erkauft. Die Einnahmen der Bauern gingen erheblich zurück, da die Preise für Reis und Seide fielen. Diese kosten nach der Währungsabwertung weniger als noch vor einigen Jahren in vollwertigen Yen; die Einnahmen der Arbeiterklasse sind noch mehr gesunken, da der Lohn in abgewerteten Yen niedriger ist als vor einigen Jahren in vollwertigen Yen. Die scheinbar gute Lage der japanischen Wirtschaft beruht also auf erheblichen wirtschaftlichen und sozialen Spannungen.

IV. Die Lage der Arbeiterklasse und der Bauernschaft

Die Verschlechterung der Lage der Arbeiterklasse während der Krise

Es gibt keine zuverlässigen statistischen Angaben über die Lage des Proletariats. Die bürgerliche Statistik stellt die Lage der Arbeiter stets günstiger dar, als sie in Wirklichkeit ist. Manchmal lassen sich die Fälschungen sogar anhand der bürgerlichen Statistik nachweisen. Das macht allerdings meist komplizierte Berechnungen erforderlich. Dennoch ist die Verschlechterung der Lage der Arbeiterklasse trotz aller Beschönigungsversuche aber auch anhand der bürgerlichen Statistik nachweisbar.

Die Verschlechterung vollzieht sich in folgenden Hauptformen: a) Zunahme der Zahl der Arbeitslosen (und der Kurzarbeiter); b) Herabsetzung des Reallohns der beschäftigten Arbeiter; c) Erhöhung der Arbeitsintensität; d) Senkung der Sozialleistungen.

Die Massenarbeitslosigkeit während der Krise

Es gibt keine zuverlässige Statistik über die Arbeitslosigkeit in der ganzen Welt. Die Arbeitslosigkeit der landwirtschaftlichen Arbeiter und der Halbproletarier wird nirgends erfaßt. Wir können uns nur auf offizielle statistische Angaben stützen und deren Fälschung an einigen Beispielen zeigen (vgl. Tabelle 47).

Tabelle 47
Prozentsatz der vollarbeitslosen Industriearbeiter (Jahresdurchschnitt)

	1929	1930	1931	1932	1933 (erste 8—9 Monate)
Deutschland (Gewerkschaftsmitglieder)	13,2	22,2	34,3	43,8	44,7*
Österreich (Unterstützungsempfänger)	—	—	20,2	24,8	26,8
Belgien (Unterstützungsempfänger)	1,3	3,6	10,6	19,0	17,4
Kanada (Unterstützungsempfänger)	5,7	11,1	16,8	22,0	23,3
Dänemark (Unterstützungsempfänger)	15,5	13,7	17,9	31,7	29,0
USA (Gewerkschaftsmitglieder)**	12,0	21,0	26,0	32,0	25,0
Norwegen	15,4	16,6	22,3	30,8	33,2
Niederlande	7,5	9,7	18,2	29,9	30,5
Großbritannien	8,2	11,8	16,7	17,6	16,5

* Angaben für Mai 1933.

** Nach Angaben der Gewerkschaften. In den USA sind die einzelnen Schichten hochqualifizierter Industriearbeiter Mitglieder der Gewerkschaften; der prozentuale Anteil aller Arbeitslosen ist zweifelsohne wesentlich höher.

Diese Zahlen sind sehr unzuverlässig; die Angaben für die einzelnen Länder sind nicht untereinander vergleichbar. Trotzdem zeigen sie folgendes: 1. Der Prozentsatz der Arbeitslosen stieg von Jahr zu Jahr; 2. der Produktionsanstieg von 1933 brachte keine Verminderung der Vollarbeitslosigkeit (der jährliche Durchschnittsprozentsatz der Arbeitslosigkeit ist natürlich in allen Ländern höher als die angegebenen Durchschnittszahlen für die ersten 8 bis 10 Monate, und zwar aus Saisonursachen und aus Gründen der Konjunkturverschlechterung).

Die Tatsache, daß der beträchtliche Anstieg der Industrieproduktion in den USA im Jahre 1933 die Arbeitslosigkeit nicht verminderte, erscheint so unwahrscheinlich, daß man dies mit anderen statistischen Angaben vergleichen muß (vgl. Tabelle 48).

Tabelle 48
Offizielle Statistik der amerikanischen Fabrikindustrie (1923 bis 1925 = 100)

	Produktion der Fabrikindustrie	Anzahl der beschäftigten Arbeiter	Gezahlte Lohnsumme
Mai 1932	61	61	46
Mai 1933	80	60	42

Quelle
Federal Reserve Bulletin, Oktober 1933, S. 629.

Die Produktionssteigerung um etwa 32% innerhalb eines Jahres wurde erreicht, obwohl die Anzahl der Arbeiter abgenommen hatte und die Lohnsumme um 10% gesunken war. In den folgenden Monaten verbesserte sich das Verhältnis etwas, denn durch den „Roosevelt-Kodex" wurde die Arbeitszeit verkürzt, und durch die Dollarabwertung ergab sich eine Lohnerhöhung.

Eine ähnliche Entwicklung kann man auch nach der offiziellen deutschen Statistik feststellen (vgl. Tabelle 49).

Tabelle 49
Offizielle Statistik der deutschen Fabrikindustrie

	Anzahl der beschäftigten Arbeiter (Mio)	Index der Industrieproduktion	Durchschnittliche Anzahl der Arbeitsstunden pro Tag in der Industrie
Mai 1932	12,76	58,5	6,87
Mai 1933	13,72	71,6	7,16
Zunahme	0,96	13,1	0,29
Zunahme in %	7,5	22,4	—

Man sieht hier die gewaltige Steigerung der Arbeitsleistung (vgl. Tabelle 50), die durch die auch während der Krise konsequent weitergeführte Rationalisierung erzielt wurde. Aber diese Rationalisierung trug einen besonderen Charakter, der sich aus der Enge des Marktes ergab. Das Kapital hatte sich in gewissem Maße der sehr beschränkten Kapazitätsausnutzung des Produktionsapparates angeglichen und rationalisiert, ohne die Pro-

Tabelle 50
Kohleförderung pro Schicht und Arbeiter an der Ruhr* (in kg)

Jahr	Untertagearbeiter	Sämtliche Arbeiter
1929	1558	1271
1930	1678	1352
1931	1891	1490
1932	2093	1628
1933 (1, Juni)	2177	1684
Zunahme in %	40	33

* Glückauf 1931 bis 1933.

duktionskapazität zu erhöhen. Die Leistungssteigerung wurde also nicht durch Erhöhung der Arbeitsproduktivität und nicht durch große technische Neuerungen (die fast immer zu einer Steigerung der Produktionskapazität führen) erreicht, sondern vor allem durch eine höhere Arbeitsintensität. Die gewaltige Massenarbeitslosigkeit macht die Arbeiter gegenüber den Forderungen des Kapitals nachgiebiger. Wenn die Arbeiter in der Woche verkürzt arbeiten, kann man ihre Arbeitsenergie in kürzerer Zeit aussaugen (was Überstunden nicht ausschließt).

In einigen Fällen ist die Erhöhung der Arbeitsleistung zahlenmäßig direkt nachweisbar. Oft wird in den Fabriken nur die neueste Ausrüstung verwendet. In anderen Betrieben kehrt das Kapital zur primitiven Technik zurück.

Für die gesamte Industrie weist das Institut für Konjunkturforschung folgende Erhöhung der Produktionsleistung je Arbeitsstunde und Beschäftigten aus[48]:

1928	1929	1930	1931	1932
100	106,6	115,6	121	124,4

Für Japan zeigen folgende Zahlen, die sich auf die Baumwollindustrie beziehen, den beträchtlichen Leistungsanstieg je Arbeiter[49]:

Jahr	Baumwollgarnproduktion in Ballen je Beschäftigten und Monat	Anzahl der beschäftigten Arbeiter je 1000 Spindeln
1927	1,23	35,3
1929	1,46	27,5
1930	1,51	23,5
1931	1,75	20,6
1932	1,85	20,1

48 Wochenbericht zur Konjunkturforschung vom 5. Juli 1933, S. 63.

49 Nach offiziellen Angaben des japanischen Baumwollkartells. (Erste Beilage zu „Japan Advertiser", 1932/33, S. 58.)

Die gleiche Quelle gibt Angaben über die Anzahl der Arbeiter je 1000 Webstühle:

Jahr	Männer	Frauen	Insgesamt
1927	132	660	792
1929	122	494	616
1930	113	430	553
1931	90	357	447
1932	79	368	447

Die Erfolge der in den Krisenjahren durchgeführten Rationalisierung wirkten sich 1933 voll aus, als eine erhebliche Produktionszunahme erreicht wurde, ohne daß die Zahl der beschäftigten Arbeiter erhöht wurde bzw. nur eine unwesentliche Erhöhung erfolgte.

Diese Situation hat nach unserer Auffassung sehr große Bedeutung für die Klassenauseinandersetzung. Die Berichte der großen Aktiengesellschaften für 1932 enthalten alle den gleichen Gedanken: „Wir konnten die Selbstkosten so stark senken, daß eine geringe Produktionssteigerung, eine 50%ige Auslastung der Produktionskapazität den Betrieb wieder rentabel macht!" Das war 1933 bei vielen Großbetrieben wirklich der Fall. Also sind trotz Massenarbeitslosigkeit durch die Rationalisierung während der Krise und die Senkung des Lohnes die Aussichten des Kapitals auf einen „normalen" Gewinn erheblich gestiegen!

Die wachsende Verwertung des Kapitals[50] bei fast nahezu unveränderter Massenarbeitslosigkeit und geringerem Reallohn ist das Ergebnis der während der Krise vorgenommenen Rationalisierung und der Tatsache, daß sich das Kapital dem begrenzten Absatzmarkt angeglichen hat.

Nehmen wir z. B. die USA. Im Juli 1933 erreichte die (saisonbereinigte) Industrieproduktion einen Index von 100, d. h. den durchschnittlichen Stand von 1923 bis 1925. Aber von den 14 Millionen Arbeitslosen erhielten nach einer sehr optimistischen Schätzung 4 Millionen Arbeit, nach einer Schätzung der „American Federation of Labor" waren es 3,6 Millionen und nach einer Schätzung von Hopkins, dem Administrator für öffentliche Unterstützung, 1,6 Millionen.[51] Selbst bei der optimistischsten Schätzung blieben noch 10 Millionen ohne Arbeit!

In Großbritannien erklärte der konservative Abgeordnete MacMillan, eine große Autorität auf diesem Gebiet: „Wahrheit ist, daß die kurzfristige Krise überwunden, die langfristige Krise, die Hauptkrise, aber geblieben ist. Die Arbeitsbeschaffung für 700000 Menschen war eine gewaltige Leistung, aber noch immer gibt es 2,250 Mio Arbeitslose.

50 Nachstehend einige Beispiele für die Steigerung der Profite der Unternehmen (in Mio Dollar):

	1932	1933
„General Motors"	+ 5,9	+ 93,0 (9 Monate)
„International Telegraph" (2. Quartal)	— 0,9	+ 0,2
„Du Pont" (3. Quartal)	+ 5,5	+ 11,2

51 New Republic vom 18. Oktober 1933, S. 262.

Wir haben heute solche technischen Errungenschaften, daß wir mit einer geringeren Zahl von Arbeitern das gleiche wirtschaftliche Ergebnis wie 1929 erzielen können."[52]

Die absoluten Arbeitslosenzahlen sind so unglaubhaft und so gefälscht, daß es keinen Sinn hat, sie anzuführen. So werden als höchste Arbeitslosenzahl für Frankreich 331100 im Februar 1933 ausgewiesen.

Wie weit die Arbeitslosenzahl in Deutschland gefälscht ist, zeigt die folgende Gegenüberstellung (offizielle Angaben in Mio Menschen):

	August 1929	August 1933
Gesamtbeschäftigte nach der Krankenkassenstatistik	18,77	12,72
Arbeitslose	1,27	4,12
Insgesamt	20,04	16,84

Innerhalb von vier Jahren sind 3,2 Mio Arbeiter einfach aus der deutschen Statistik verschwunden: Sie haben keine Arbeit, doch offiziell sind sie nicht arbeitslos. Hinzu kommen noch einige Hunderttausend, und zwar die Differenz zwischen der Anzahl der heranwachsenden jungen Arbeiter und jenen Arbeitern, die durch Tod oder Invalidität aus dem Arbeitsprozeß ausscheiden. Schließlich gibt es Hunderttausende von Kleinbauern, Handwerkern und kleinen Händlern, die durch die Krise ihre „selbständige" Existenz verloren haben und in das Arbeitslosenheer eingegliedert wurden.

Herabsetzung des Reallohns

Die bürgerliche Lohnstatistik ist so gefälscht und unglaubwürdig, daß man selbst bei den vollbeschäftigten Arbeitern keine Vorstellung von der Senkung des Reallohnes erhält. Das zeigt die Lohnstatistik in Deutschland. Der Verdienst der vollbeschäftigten Arbeiter wurde auf drei Wegen vermindert:

a) Abbau der „übertariflichen" Löhne;[53]

b) Herabsetzung der Tariflöhne;

c) Erhöhung der Steuern und Abzüge.

Wir bringen in Tabelle 51 Angaben über das Baugewerbe aufgrund der offiziellen Lohnstatistik.

Von August 1932 bis August 1933, also bereits unter dem faschistischen Regime, wurden die Tariflöhne der Bauarbeiter erneut um rund 5% gesenkt.

Bei den anderen Kategorien von Arbeitern wurden die Tarifsätze nicht so stark gesenkt. Von Oktober 1929 bis Februar 1933 erfolgte bei qualifizierten Arbeitern der Metallindustrie eine Kürzung von 18,1%, in der chemischen Industrie lag sie zwischen 18,7 und 18,9% und in der Textilindustrie zwischen 13,9 und 15,5%. Hinzu kommt noch ein Abbau „übertariflicher" Verdienste von 5 bis 8%.

52 Times vom 28. November 1933.

53 Unter „übertariflichen Löhnen" versteht die deutsche Statistik jene Zuschläge, die die Arbeiter im Stück- oder Akkordlohn über den tariflich festgesetzten Stundenlohn erhalten.

Tabelle 51
Rückgang der durchschnittlichen Verdienste im Baugewerbe
(August 1932 gegenüber August 1929)
in Großstädten insgesamt (mit mehr als 100000 Einwohnern)

Arbeitergruppe	Rückgang des Bruttotagesverdienstes (in %)
Maurer	41,8
Zimmerer	34,9
Bauhilfsarbeiter	33,5
Tiefbauarbeiter	33,9

Quelle
Wirtschaft und Statistik, 13. Jg. 17/1933, S. 545.

Die den Arbeitern ausgezahlte Summe wird aber in der Krise weiter durch zahlreiche Steuern und Abgaben vermindert.

1. Erhöhung der Sozialabgaben. Erhöhung der Beiträge zur Arbeitslosenversicherung um 1,5% des Lohnes.[54]

2. Neueinführung einer „Krisensteuer" von 1% auf den 100 Mark übersteigenden Monatsverdienst.

3. „Ehestandshilfe": Alle unverheirateten Arbeiter zahlen 2% bei einem Monatsverdienst von 75 bis 150 Mark und 3% bei einem Monatsverdienst zwischen 150 und 300 Mark (mehr als die Hälfte der Industriearbeiter ist unverheiratet).

4. „Hilfsspenden für Arbeitsbeschaffung": „freiwilliger" Betrag zwischen 1 und 2% der Lohnsumme.

5. „Winterhilfsspenden": etwa ein Stundenlohn im Monat.

6. Zahllose einzelne „Sammlungen": zwangsweise Abonnierung der faschistischen Presse usw.

7. „Bürgersteuer": 6 Mark im Jahr.

Alle diese Steuern und Abgaben machen mindestens 5% des Lohnes aus.

Bei den vollbeschäftigten Arbeitern sinkt dadurch der Lohn je nach dem Produktionszweig zwischen 25 und 50%: die Lohnsenkung macht bei den besser bezahlten Kategorien mehr aus als bei den niedriger bezahlten.

Zum Vergleich wird der offizielle Lebenshaltungsindex in Tabelle 52 angegeben.

Tabelle 52
Preisindex für die Lebenshaltung (1925 bis 1929 = 100)

	Dezember 1929	Oktober 1933	Rückgang (in %)
Insgesamt	104	81,6	21
Wohnung	116	110,6	5
Ernährung	101	74,8	26

Quelle
Wirtschaft und Statistik, 13. Jg., 21/1933, S. 670.

54 Ende November wurde der Beitrag nochmals um 1 5% erhöht.

Nach den offiziellen Zahlen sind die Lebenshaltungskosten zweifellos niedriger als in Wirklichkeit.[55] Aber selbst wenn wir die offiziellen Zahlen als richtig unterstellen, ergibt sich eine Senkung des Reallohnes bei vollbeschäftigten Arbeitern zwischen 5 und 32%.

Die vollbeschäftigten Arbeiter stellen jedoch den kleineren Teil der deutschen Arbeiterklasse dar. Nach den Statistiken der Gewerkschaften waren 1932 im Durchschnitt:

Vollbeschäftigt	Kurzarbeiter	Vollarbeitslose
33,6 Prozent	22,6 Prozent	43,8 Prozent

Der Lebensstandard der gesamten deutschen Arbeiterklasse ist während der Krise in ungeheurem Maße gesunken, um so mehr als die Arbeitslosenunterstützung in rapidem Tempo abgebaut und die Last des Unterhalts der Arbeitslosen immer mehr auf die Arbeitenden abgewälzt wurde. Das Gesamteinkommen der Arbeiter, Angestellten und Beamten beträgt (in Mrd. Mark)[56]:

1929	1930	1931	1932	1933 (1. Halbjahr)
44,5	41,0	33,5	25,7	12,5

Der Rückgang liegt von 1929 bis 1933 bei 42,2%. Hinzu kommt die Erhöhung der Steuern und Abgaben um mindestens 5%, so daß sich eine Senkung von 47,2% ergibt. Für die Arbeiter allein wäre der Rückgang noch größer, da es unter den Beamten weniger Arbeitslose gibt und ihre Gehälter weniger abgebaut wurden.

Es versteht sich, daß die angegebenen Zahlen im Vergleich zur wirklichen Situation eher zu hoch gegriffen sind: selbst wenn sie richtig wären, selbst wenn der offiziell ausgewiesene Rückgang der Lebenshaltungskosten von 21% richtig wäre, ergibt sich eine Reallohnsenkung für alle Arbeiter, Angestellten und Beamten im Durchschnitt von 26%. Die tatsächliche Reallohnsenkung für die Arbeiter allein beträgt sicherlich noch einige Prozent mehr.

Die Verschlechterung der Lage der Arbeitslosen

Die Kürzung der Arbeitslosenunterstützung erfolgt in Deutschland auf zweierlei Weise:
a) die Unterstützungsempfänger werden in eine niedrigere Kategorie eingestuft;
b) die Höhe der Unterstützung wird bei einzelnen Kategorien herabgesetzt.

Prozentualer Anteil der registrierten Arbeitslosen an den einzelnen Unterstützungsarten[57]:

55 Besonders unzureichend ist der Anteil der Mietausgaben, die relativ gleich geblieben sind.

56 Konjunkturstatistisches Handbuch 1933, hg. vom Institut für Konjunkturforschung, Berlin 1933; Wochenbericht des Instituts für Konjunkturforschung vom 6. September 1933, S. 97.

57 Die offiziellen absoluten Ziffern wurden vom Verfasser in Prozente umgerechnet.

Jahr	Arbeitslosen-unterstützung	Krisen-unterstützung	Wohlfahrts-unterstützung	Keine Unterstützung
1929 (Januar)	78,8	5,1	—	—
1933 (August)	8,7	28,3	38,9	24,1

In Wirklichkeit liegt der Anteil der Nichtunterstützten bei rund 50 Prozent, da, wie wir oben nachwiesen, wenigstens 3,2 Mio Arbeitslose nicht einmal registriert sind und jede Hoffnung auf Arbeit oder Unterstützung verloren haben.

Die Arbeitslosenunterstützungen wurden (nach der letzten nicht so starken Kürzung) durch die Verfügung Papens vom 16. Juni 1932 („2. Notverordnung") erheblich gekürzt. Die Sätze wurden folgendermaßen reduziert: Nach der Größe der Gemeinden wurden die Sätze in drei Gruppen unterteilt, und die Unterstützung wurde einmal bei den in Kleinstädten wohnenden Arbeitern und zum anderen bei den besser bezahlten Arbeitern erheblich gekürzt.

Die Kürzung der Unterstützung beträgt (in %)[58]:

in Lohnklasse I	von 15 bis 20
in Lohnklasse V	von 22 bis 44
in Lohnklasse XI	von 45 bis 62

Die Sätze der Wohlfahrtsunterstützung sind nicht genau festgelegt. Die städtischen Beamten entscheiden darüber in jedem Einzelfall nach eigenem Ermessen. Wir können deshalb nur folgende Angaben bringen:

1932: die Gesamtausgaben der Stadtverwaltungen für Wohlfahrtsunterstützung machen (mit den staatlichen Zuwendungen in Höhe von 672 Mio) 1,680 Mrd. Mark, also 140 Mio Mark im Monat aus!

1933: durch Gesetz vom 22. September 1933 werden die Ausgaben der Stadtverwaltungen (einschließlich der verringerten staatlichen Zuwendungen) auf 86,66 Mio Mark im Monat festgelegt, d. h. um 38% herabgesetzt.

Da viele Stadtverwaltungen pleite gingen, zahlen sie überhaupt keine Wohlfahrtsunterstützung.

Alle sonstigen Arten der Sozialfürsorge, wie Krankengeld, Invalidenunterstützung, Schulessen usw. wurden während der Krise erheblich reduziert.

Es würde sehr viel Zeit und Platz erfordern, um ähnliche Berechnungen für die anderen kapitalistischen Staaten anzustellen. Im Grunde bietet sich überall das gleiche Bild. Weniger hat sich während der Krise offensichtlich die Lage der Arbeiter in Großbritannien verschlechtert, wo der Lohn im Verhältnis weniger gekürzt wurde,[59] während die Hauptmasse der Arbeitslosen nach wie vor ihre regelmäßige Unterstützung erhält (auch hier erfolgen gegenwärtig Kürzungen). In den USA ging die von der Fabrikindustrie gezahlte Lohnsumme (1923/1925 = 100) von 106 im Jahre 1929 auf 40,5 im ersten Halbjahr 1933,

58 Reichsarbeitsblatt, **18**/1932, S. I/100, I/101.

59 Der Index der Tarifsätze (1924 = 100) sank von 100 im Jahre 1929 auf 94,5 im Jahre 1933, d. h. um 5,5%. Das offizielle Existenzminimum sank von 164 im Jahre 1929 auf 143 im Oktober 1933, d. h. um 13%. Berücksichtigt man die Fälschungen, so hat sich die Lage der vollbeschäftigten Arbeiter nur wenig verschlechtert. Aber es gibt sehr viele Kurzarbeiter.

d. h. um 62% zurück.[60] In den anderen Zweigen (Handel, Landwirtschaft) war der Rückgang nicht geringer. Gleichzeitig fiel der Index des Existenzminimums von 100 auf 72,5%.[61] Die offiziellen Angaben weisen somit eine Senkung des Realeinkommens der amerikanischen Arbeiterklasse von 1929 bis 1933 um 34,5% aus (dieser Rückgang würde zweifellos einige Prozent höher liegen, wenn man die offiziellen Angaben kritisch überprüft). Die verzweifelte Lage der amerikanischen Arbeitslosen, die kein Recht auf eine ständige Unterstützung haben und von städtischer und privater Wohltätigkeit abhängen, illustrieren einige weiter unten genannte Beispiele und die Schilderungen der in den USA herumvagabundierenden Jugendlichen. Am meisten verschlechterte sich die Lage der beschäftigten Arbeiter in Japan, wo die Löhne während der Krise trotz der Yenabwertung noch weiter abgebaut wurden.

Selbst nach bürgerlichen Quellen war in Japan ein erheblicher Lohnabbau erfolgt, wie nachstehende Angaben über die Lohnentwicklung in Japan zeigen (1920 = 100)[62]:

im Jahresdurchschnitt	1929	1930	1931	1932	1933 (Juli)
Nominallohn	98,6	96,2	91,3	88,1	85,1
Faktischer Verdienst	103,9	98,7	90,7	88,1	88,4

Der Lebenshaltungskostenindex wies jedoch eine Zunahme aus und belief sich im Vergleich zum Juli 1914 (diesen gleich 100 gesetzt) wie folgt:

1931	135,5
1932	134,8
1933	149,5 (Durchschnitt der ersten 10 Monate).

Die Arbeitszeit

Aus Furcht vor den Millionen Arbeitslosen haben die bürgerlichen Regierungen und die reformistischen Gewerkschaften in vielen Ländern eine obligatorische Verkürzung der Arbeitszeit, eine „planmäßige Verteilung der Arbeit", natürlich mit entsprechender Verminderung des Verdienstes, propagiert. In breitem Umfang wurde dies nur im „Kodex Roosevelt" verwirklicht, der aber im ganzen nur den bestehenden Zustand sanktionierte. Die durchschnittliche Arbeitswoche lag 1933 in der Industrie der USA bei 34,8 Std.[63] Hinter diesem Durchschnitt verbirgt sich jedoch eine ziemlich große Ungleichheit. So arbeiteten 1932 in der Wollindustrie 9 Fabriken 60 Stunden pro Woche in der Nachtschicht, 2 Fabriken 65 Stunden und eine Fabrik 67,5 Stunden (ebenfalls in der Nachtschicht); in der Baumwollindustrie arbeiteten 39 Fabriken 11 Stunden täglich in der Nachtschicht und 10 Fabriken 12 Stunden.[64]

Die vollständige Gleichgültigkeit des Kapitals gegenüber dem Schicksal der Arbeiter (und die Ungleichmäßigkeit im Beschäftigungsgrad der Betriebe) zeigt die Tatsache, daß

60 Federal Reserve Bulletin, Oktober 1933, S. 629.
61 Survey of Current Business, 1932, Beilage, Oktober 1933.
62 Monatsbulletin des Wirtschaftsbüros Mitsubishi.
63 Survey of Current Business, Januar 1933, S. 28.
64 American Federationist, Februar 1933, S. 184.

in England bei Vorhandensein von Hunderttausenden Arbeitsloser in demselben Produktionszweig nicht nur verkürzt gearbeitet wird, sondern auch Überstunden gemacht werden (vgl. Tabelle 53).

Tabelle 53
Beschäftigungsgrad der Arbeiter im September 1933

Industriezweig	Überstunden		Kurzarbeit	
	% der Arbeiter	Anzahl der Überstunden pro Woche	% der Arbeiter	weniger gearbeitete Stunden pro Woche
Kammgarnindustrie	26,5	6	12	11
Wollindustrie	23,0	7	16	10
Schuhindustrie	16,0	$7^1/_4$	37	$9^1/_2$

Quelle
Labour Gazette vom Oktober 1933.

Sicherlich ist ähnliches auch in anderen Staaten der Fall, die keine so detaillierten Statistiken veröffentlichen.

Zwangsarbeit

Als neue Erscheinung ist zu vermerken, daß die „freiwillige" Zwangsarbeit, der die Jugend in einer steigenden Zahl von Ländern in den unterschiedlichsten Formen unterworfen wird, immer weiter um sich greift. Am weitesten ist sie in Deutschland und in den USA entwickelt. Die Jugend wird in Lagern kaserniert, für verschiedene unqualifizierte Arbeiten eingesetzt (Straßenbau, Trockenlegung von Sümpfen, Bau von Kanälen und Festungsanlagen usw.) und zugleich militärisch ausgebildet. Eine andere Form der Zwangsarbeit ist die Zuweisung von arbeitslosen Arbeitern an reiche Bauern, wo sie für Kost und ein minimales Taschengeld den Sommer über arbeiten müssen. Weigern sie sich, so verlieren sie die Arbeitslosen- oder Wohlfahrtsunterstützung. Das System der Zwangsarbeit, das in den Kolonien von jeher existiert, findet in den höchstentwickelten kapitalistischen Ländern in den verschiedensten Formen immer weitere Ausbreitung. Um die Lage der amerikanischen Arbeitslosen zu verdeutlichen, werden einige Auszüge aus bürgerlichen Quellen angeführt.

Das Schicksal amerikanischer Arbeitsloser nach ihren eigenen Schilderungen[65]

Pat Dougherty, Los Angeles, California:

„1931 habe ich im ganzen fünf Tage Arbeit gehabt. Endlich sah ich einmal eine Annonce für verheiratete Leute, die ihre Namen angeben sollten, um in den Ölgebieten Arbeit zu finden. Das sah ich Montag morgen. Um 8.30 war ich schon da, mittags um 2.30 kam ich endlich ran. Sie fragten mich alle möglichen Fragen und sagten schließlich, daß sie

65 Zitiert aus dem Buch des bürgerlichen Schriftstellers Alfred Ernst Johann, Amerika, Untergang am Überfluß, Berlin 1932, S. 164—173.

mich in drei Wochen benachrichtigen würden. Die drei Wochen sind inzwischen schon sechs Monate lang geworden. Ich bin bloß deswegen noch nicht verhungert, weil meine Frau noch Arbeit hat. Wenn sie arbeitet, bekommt sie 21 Dollar in der Woche. Diese Woche ist gerade ihre Schicht daran, zu Hause zu bleiben. Nächste Woche wird sie wieder eine Woche Arbeit haben."

McCormick, San Francisco, California:
„Ich bin älter als die meisten, die keine Arbeit haben und hier rumlungern. Jetzt bin ich ein Landstreicher. Ein alter Mann, der längst die Hoffnung aufgegeben hat, noch einmal Arbeit zu finden. Ich bemühe mich nicht mehr um Arbeit, weil ich schon über das Alter hinaus bin, wo ich überhaupt noch dafür in Frage komme. Wie viele Jahre ich eigentlich schon auf der Arbeitsjagd bin, weiß ich gar nicht mehr genau. Doch habe ich seitdem immer gearbeitet, wenn ich nur irgend was kriegen konnte. In den Bergwerken, beim Straßenbau und im Walde. Jetzt stehe ich natürlich, alter Kerl wie ich bin, in der Suppenschlange. Ich bin das, was die jungen Kerls, die immer noch denken, sie werden eines schönen Tages reich werden, auch in absehbarer Zeit sein werden: alt, verhungert, zerlumpt und lausig. Aber das kann ich dir sagen: Ich bin in den letzten zwei Wochen von San Francisco nach San José und nach Point Reyes durch das ganze Land gewesen und habe überall junge, starke, arbeitswillige Kerls gefunden, die ebenso verkommen waren wie ich ... Ich kann immer noch arbeiten. Vor drei Wochen erst hatte ich einen Platz, wo ich um 5 Uhr morgens aufstehen mußte und bis 6 Uhr nachts arbeiten mußte. Und ich habe das durchgehalten, meistens 12 Stunden am Tag, für 1 Dollar."

Tom Moody, Seattle, Washington:
„Ich bin ungefähr ein Jahr arbeitslos. Ich bin Bergwerksarbeiter, aber die Bergwerke sind alle geschlossen. Neulich war ich wieder einmal in Grass Valley, um nach Arbeit in dem Bergwerk zu fragen ... Ich fuhr nach Salt-Lake-City, um von dort nach Paule-City zu gehen ... Dann bin ich im ganzen Westen herum gewesen, nirgendwo Arbeit, kam schließlich hierher. Ich gebe mir jetzt keine Mühe mehr, will bloß noch einen Platz zum Schlafen. Doch das ist ja heute auch schon ein Vorrecht von den Reichen, ich komme nicht mehr viel zum Schlafen. Natürlich bin ich auch in der Suppenschlange, aber bestimmt nicht, weil es mir Spaß macht. Manchmal spreche ich mit den Jungens da; manche denken, daß die Stadt doch eigentlich verdammt viel tut, wenn sie ihnen Suppe zu essen gibt. Aber das ist Blödsinn; manchmal habe ich schon drei Stunden lang gestanden, dann war die Suppe gerade ausgegangen, und ich bekam nichts mehr. Und in den städtischen Schlafhäusern habe ich überhaupt noch nie einen Platz gefunden. Wenn man drei Stunden auf die Suppe hat warten müssen, dann haben die anderen vor den Schlafhäusern schon drei Stunden lang angestanden, und wenn man dann von der Suppe zum Schlafsaal kommt, ist er längst überfüllt."

Charles Doyle, Phoenix, Arizona:
„Ich bin Stahlarbeiter. In den letzten dreißig Jahren habe ich in den Stahlfabriken gearbeitet; vor drei Jahren haben sie mich rausgeschmissen, und seitdem habe ich keine Arbeit mehr gefunden. Das Geld, das ich mir gespart hatte, habe ich längst aufgegessen. Gestern schlief ich in einem Werftschuppen. Natürlich bin ich in der Suppenschlange, in „Hoovers Café", wie die Jungens das nennen. Sehr zufrieden bin ich damit nicht. Wenn wir das selber in die Hand nehmen würden, würden wir besser was zu essen kriegen. Nach Arbeit sehe ich mich nicht mehr um. Ich bin zu dem Beschluß gekommen, daß die Welt zu

Ende ist und die Arbeit getan. Das ist alles, wäs ich zu sagen habe. Meine Frau ist wenigstens gestorben, und meine zwei Söhne sind auch schon arbeitslos, so bin ich bloß noch allein."

John Bonavito, Los Angeles, California:
„. . . Bis 1928 habe ich so Kohlen gegraben. Dann wurde ich entlassen. Eine ganze Weile hielten mich meine Ersparnisse über Wasser, dann nahmen sich meine alten Freunde meiner an, und so kam meine Familie und ich eine ganz schöne Zeit noch hin. Dann dachte ich mir: Du fährst einmal nach der Westküste, vielleicht kannst du da wieder ständige Arbeit finden. Ich nahm den Weg über Detroit, Rackwood — in einem halben Jahr habe ich ganze 13 Tage Arbeit gehabt. An manchen Stellen habe ich 24 Stunden angestanden, um eine Arbeit zu finden. Von 5 Uhr morgens bis 5 Uhr am nächsten Morgen, aber keine Arbeit, keine Picke, keine Schaufel. Ich kam nach Colorado, schmutzig, hungrig, kein Geld in der Tasche. Das war 1930 . . . Die Polizisten meinten, ich hätte böse Sachen vor, und legten mich für fünf Tage ins Loch. Dann wurde ich vor einen Richter geführt, der verdonnerte mich zu einem Jahr Gefängnis. Warum eigentlich, weiß ich heute noch nicht. Vom Gefängnis aus mußte ich dann neun Stunden am Tag arbeiten. Für einen Teller Grütze und einen Teller Kartoffeln am Tag. Drei Monate habe ich z. B. in Cannon City gearbeitet, dann kam ich auf eine große Farm, wo ich zehn bis zwölf Stunden am Tag arbeiten mußte. Als der ganze Schwindel vorüber war, gaben sie mir den Anzug, den ich anhabe, 5 Dollar obendrein, und als die 5 Dollar ausgegeben waren, war ich geradeso bankrott, wie ich es vorher gewesen war. Schließlich kam ich zu Fuß nach San Francisco, jeden Tag auf der Arbeitssuche — keine Arbeit. Ich bin hungrig. Läuse habe ich auch schon. Ich schlafe immer draußen, ganz gleich, was für Wetter ist. Ich bin längst amerikanischer Bürger, voll von Läusen, hungrig. Bis auf die beiden Mäntel bin ich ein anständiger Bürger gewesen, soviel ich weiß."

Harry Logan, Tucson, Arizona:
„Ich bin verheiratet. Zwei Jahre habe ich schon keine Arbeit mehr. Ausgenommen im Frühling 1931, wo ich in den Baumwollfeldern gearbeitet habe. Meine Frau und meine zwei Kinder sind jetzt nach Los Angeles gezogen, weil eins von den Kindern da 12 Dollar in der Woche verdienen kann. Davon leben sie. Ich bin längst in der Suppenschlange. Manchmal schlafe ich in Güterwagen, manchmal in einem leeren Haus. Eine Weile habe ich in der Müllabfuhr für die Stadt gearbeitet. Jeden Tag wühlten da fünfzig oder mehr Menschen in dem Müll herum, um alles auszugraben, was sich noch essen ließ. Alte Brotstücke, Kohlblätter, Fleischabfälle, und was man sonst noch Eßbares finden konnte. Aber das Beste nahmen sich ja die Müllarbeiter noch vorher raus, um es zu verkaufen. Und ich kann dir sagen, daß in vielen Städten viele, viele Familien sich bloß davon ernähren, was sie auf den Müllabladestellen finden."

Junge Vagabunden in Amerika

„Die Wirtschaftskrise in den USA und die damit zusammenhängende Arbeitslosigkeit, die im Dezember 1932 (nach offiziellen Angaben) 12 Millionen erreichte, hat eine endlose Zahl von Kindern oder, genauer gesagt, Jugendlichen aus dem Elternhaus vertrieben, die nun über die Landstraßen streifen . . . Die Zahl der vagabundierenden Jugendlichen beträgt 200000, während eine andere Statistik 600000 nennt, und Newton D. Becker, der ehemalige Minister und Vorsitzende der Wohlfahrtshilfe, erklärte: ‚Ich bin überzeugt, daß die Zahl der jugendlichen Vagabunden alle offiziellen Schätzungen übertrifft.‘“[66]

„Der Ausländer erhält einen traurigen Eindruck, wenn er in einigen Städten der USA junge Menschen in zerlumpter und schmutziger Kleidung antrifft, die Gesichter von Hunger und Schlaflosigkeit erschöpft, in öffentlichen Parkanlagen oder am Rande der Vororte lagernd. Während meines sechsmonatigen Aufenthalts in den USA, als ich das ganze Land von West nach Ost bereiste, traf ich oft auf diese unglücklichen jungen Menschen. Zuerst sah ich sie in New York, diesem Mekka aller Vagabunden, wo sie im Central Park ihr Lager aufgeschlagen haben oder in U-Bahn-Wagen oder Wartesälen nächtigen. In Chikago war ihre Zahl noch größer. Doch am meisten trifft man sie im Süden oder Südosten, mit magischer Kraft angezogen durch das warme Klima oder die Hoffnung auf Arbeit in den großen Hafenstädten. In New Orleans oder in Los Angeles vergeht kein Tag, an dem man ihnen nicht zu Dutzenden begegnet.

Woher kommen alle diese vagabundierenden Jugendlichen? Meistens sind es junge Menschen im Alter zwischen 18 und 21 Jahren, die das Elternhaus verlassen haben, weil dort Not und Elend herrschen. Da sie in ihrer Heimat keine Arbeit finden können, verlassen sie sie, um nicht die Zahl der unnötigen Esser zu vergrößern. Oft geben selbst die Eltern ihnen den Rat, ihr Glück woanders zu suchen. Diese jungen Leute sind durchaus nicht die Unfähigsten und Kulturlosesten. Statistische Angaben, die vom Amt für öffentliche Fürsorge in Washington herausgegeben wurden, zeigen, daß von 7512 vagabundierenden Jugendlichen, die 1932 drei Monate lang staatliche Unterstützung erhielten, 1966 eine Volksschule, 2000 die Mittelschule und 258 Hochschulen besucht haben. Ihr größter Feind ist der Hunger. Sie fahren am liebsten nachts und schlafen am Tage. Viele von ihnen haben sehr große Entbehrungen ertragen, viele sind zum Teil sehr leicht gekleidet und erkranken häufig. Aber die Krankenhäuser können sie wegen Überbelegung nicht aufnehmen, eine Ausnahme wird nur bei schweren Fällen gemacht. Auf den Straßen des Nordens kann man oft die Leichen von Unglücklichen sehen, die vor Hunger gestorben sind. Die Jugendlichen ziehen von einer Großstadt zur anderen; sie werden aber ständig verjagt, weil diese Städte selbst für die eigenen Arbeitslosen keine Arbeit haben. Da sie das Stadtgebiet innerhalb von 24 Stunden verlassen müssen, ziehen sie resigniert weiter. Längs der Eisenbahnlinie errichten sie Lager, die im Jargon der Vagabunden ‚Dschungel‘ genannt werden oder sie suchen unter den großen Brücken Zuflucht und führen dort ein strenges Lagerleben.

Fast alle diese jugendlichen Vagabunden vermeiden Kontakt mit Wohltätigkeitsorganisationen, die übrigens den an sie gestellten Forderungen schon lange nicht mehr nachkommen können.

Die jungen Vagabunden fühlen sich immer mehr als Flüchtlinge und glauben nicht daran, daß ihnen jemand helfen wird, seßhaft zu werden. Allmählich gewöhnen sie sich an diese Freiheit, an diese regellose Ungebundenheit, sie vertragen keine Predigten und keine Disziplin. Zwingt sie äußerste Not, klopfen sie gelegentlich an die Tür irgendeiner Wohltätigkeitsorganisation, die sie aber zuerst bitten, nicht an ihre Angehörigen zu schreiben. ‚Das führt zu nichts‘, sagen sie. In Wirklichkeit schämen sie sich, daß sie versagt haben. Sie leben sehr schlecht. Wie sie wirklich leben, kann niemand genau sagen, weil sie verschlossen sind, wenn man sie fragt. Sie schämen sich ihres Elends. Obwohl

66 Vgl. Neue Freie Presse vom 14. November 1933 (Anm. d. Übers.: Rückübersetzung aus dem Russischen).

sie es sehr rasch aufgeben, Arbeit zu suchen, werden nur sehr wenige von diesen Jugendlichen zu wirklichen Verbrechern. Gelegentlich ergaunern sie sich einiges, weil sie hungrig und zerlumpt sind, aber nur selten wenden sie Gewalt an. Sie vagabundieren unaufhörlich über die großen Straßen und haben alle Hoffnung verloren. Viele von ihnen sind kreuz und quer durch die USA gezogen. Dabei muß man bedenken, daß eine Fahrt von New York nach San Franzisko auf dem kürzesten Wege drei Tage und vier Nächte dauert.

Die Zahl der jungen Vagabunden wächst von Tag zu Tag. Unterwegs in den Dörfern vergrößert sich ihre Anzahl. Es scheint, daß sie vor allem die Zeit totschlagen wollen.

Die von der Polizei unbarmherzig verhängten Strafen haben diese Jugendlichen nur noch verschlossener und widerspenstiger gemacht und sie gezwungen, sich in Gruppen zu organisieren oder Waffen zu tragen. Die Armee der Vagabunden wächst von Monat zu Monat."[67]

Die Lage der Bauern während der Krise

Über die Verschlechterung der Lage der Bauernschaft, besonders ihrer einzelnen Schichten während der Krise ist die bürgerliche Statistik in quantitativer Hinsicht noch weniger aussagekräftig.

Wir müssen uns deshalb darauf beschränken, die ökonomischen Wurzeln für die Verschlechterung der Lage der Werktätigen darzulegen und einzelne konkrete Beispiele über das Elend der Bauern zu bringen.

Der gewaltige Preissturz ist zweifellos die entscheidende Ursache für den Ruin der „selbständigen" Bauern, die ihre Wirtschaft auf eigene Rechnung führen.

Durch den Preisfall hat sich der Anteil der finanziellen Verpflichtungen der Bauern, nämlich der Grundrente (der Pacht) sowie der Zinsen und Steuern, sprunghaft erhöht. Das zeigen Angaben über die Landwirtschaft der USA (in Mio Dollar)[68]:

Jahr	Bruttoeinkommen	Steuern	Zinsen für Hypothekenschulden	Löhne
1929	11918	777	554	1194
1930	9414	738	540	1011
1931	6911	620	520	734
1932	5143	—	510	475

Diese Zahlen sind natürlich weitgehend angenähert. Trotzdem kann man daraus folgende Schlußfolgerungen ziehen:

a) die Steuern, die 1929 bei 6,5% des Bruttoeinkommens lagen, erhöhten sich 1931 auf 9% (in den folgenden Jahren lagen sie noch darüber);

b) die Last der Zinsen für Hypothekenschulden wuchs von 4,7% im Jahre 1929 auf 10% im Jahre 1932;[69]

67 Vgl. ebenda.

68 Yearbook of Agriculture, 1933, S. 703.

69 Die Gesamtzinsenlast ist zweifellos noch weiter gestiegen, da sich die Farmer während der Krise gegenüber den Lieferanten und Wucherern noch stärker verschuldet haben.

c) die Löhne gingen von 10% im Jahre 1929 auf 9,2% im Jahre 1932 zurück. Mithin konnten die reichen Bauern die Lohnkosten stärker senken, als ihr Bruttoeinkommen zurückging.

Bei der Grundrente weist die gleiche Quelle[70] für 1929 folgende Zahlen aus (Ausgaben je acre Weizen, in Dollar):

Insgesamt	davon Grundrente	%
17,87	5,44	30,4

Die Rentenlast erwies sich bei dem gewaltigen Preisrückgang für Weizen während der Krise als völlig untragbar. Die Agrarkrise führt natürlich auch automatisch zum Sinken der Grundrente, da der Bodenpreis und die Pacht fallen. Aber bis dieser Prozeß einsetzt, gehen Millionen von Farmern zugrunde; die Farmer, die die Zinsen, Steuern und Pachtzahlungen nicht leisten können, geben ihre Farmen teilweise ganz auf und gehen als Arbeitslose in die Städte, oder ihr Grund und Boden geht in das Eigentum der Gläubiger (der Versicherungsgesellschaften, der Banken und Wucherer) über, und sie bearbeiten ihr ehemaliges Land als Pächter.

Die Anzahl der amerikanischen Farmer, die ausschließlich Pachtland bewirtschaften, stieg von 38,1% im Jahre 1920 auf 42,4% im Jahre 1930 (Angaben nach den Zensus-Daten) und liegt gegenwärtig vermutlich bei etwa 50%. Der Kapitalismus raubt den Bauern durch die Agrarkrise zunehmend ihr Eigentum an Grund und Boden. In anderen kapitalistischen Ländern ist die Lage nicht anders als in den USA.

Zur „Schere". Der Preisfall ruiniert die Bauern nicht nur deshalb, weil Zinsen, Steuern und Pachtzahlungen sich nicht den sinkenden Preisen angleichen oder erheblich hinter ihnen zurückbleiben, sondern auch deshalb, weil die Preise für landwirtschaftliche Erzeugnisse erheblich stärker zurückgegangen sind als die Preise für Industriewaren, denn die Monopole haben die Preise auf einem relativ hohen Stand gehalten.

Diese Angaben zeigen, wie die „Preisschere" während der Krise zuungunsten der Bauern auseinanderklafft.

Die „Preisschere" in den USA (Preisindex 1926 = 100)

	1929	1930	1931	1932	1933 (September)
Landwirtschaftliche Erzeugnisse	104,9	88,3	64,8	48,2	57,0
Alle sonstigen Waren	91,6	85,2	75,0	70,0	76,1
„Preisschere" zugunsten der Landwirtschaft (+) oder zum Nachteil der Landwirtschaft (—) in %	+12,6	—	—	—	—33,5

70 Yearbook of Agriculture, 1931.

Die „Preisschere" in Deutschland (Preisindex 1913 = 100)

	1929	1930	1931	1932	1933 (Oktober)
Agrarerzeugnisse	130,2	113,1	103,8	91,3	92,7
Industrieerzeugnisse	117,4	50,1	136,2	117,9	113,8
„Preisschere" in %	12,1	—	—	—	22,7

Man muß aber ganz entschieden darauf hinweisen, daß die wirkliche Differenz erheblich größer ist, als es die offiziellen Angaben ausweisen. Der Index der Agrarpreise beruht auf den Börsenkursen. Die Preise, die ein Farmer oder Bauer in der Provinz vom Getreide- oder Viehhändler erhält, dessen Schuldner er ist, sind noch stärker als die Börsenpreise gefallen, da mehr Agrarprodukte angeboten werden, als Nachfrage vorhanden ist, und der Bauer vom Käufer finanziell abhängig ist. Die Differenz zwischen den Preisen, die die Bauern erhalten, und den von den Verbrauchern in der Stadt für die gleiche Ware bezahlten Preisen ist gewaltig: So erhalten die milchproduzierenden Farmer in der Gegend von Rochester (USA) für 1 l Milch 1,5 Cent, während der Einzelhandelspreis in Rochester bei 10 Cent liegt. Die streikenden Farmer verlangen 4,5 Cent.[71]

Die Ausbeutung der Farmer und der Verbraucher durch die dazwischengeschalteten großen Monopole spiegelt sich in klassischer Weise in der Profitstatistik der amerikanischen Aktiengesellschaften während der Krise wider. Das Nettoeinkommen der Aktiengesellschaften betrug 1932 (in Mio Dollar)[72]:

Nahrungsmittelindustrie	(42 Aktiengesellschaften)	44,0
Milch	(20 Aktiengesellschaften)	19,8
Brotfabriken	(25 Aktiengesellschaften)	27,9
Tabak	(28 Aktiengesellschaften)	100,3

Im gleichen Jahr 1932 wiesen 51 Betriebe der Hüttenindustrie in den USA einen Verlust von 160,9 Mio Dollar, 20 Automobilfabriken einen solchen von 40 Mio Dollar und 78 Maschinenfabriken einen von 39 Mio Dollar aus.

Die Aufkaufmonopole beuten die Bauern in den Kolonien hemmungslos aus (denn hier zwingen keine politischen Motive zur Nachsicht gegenüber den Bauern, wie das in einigen kapitalistischen Ländern der Fall ist). Als zwei Weltunternehmen der Margarine- und Seifenindustrie, nämlich die niederländische „Union" und die britische „Lever-Brothers" fusionierten, fiel der Koprapreis innerhalb weniger Wochen um 25%.

Was bisher angeführt wurde, betrifft vor allem die „selbständigen" kleinen und mittleren Bauern. Die Lage der Dorfarmut, die nicht ohne Nebenbeschäftigung in anderen Gewerben existieren kann, ist verzweifelt. Durch die fast völlige Einstellung der Bauarbeiten, die Massenarbeitslosigkeit in der Industrie, die Rückkehr der arbeitslosen Industriearbeiter aus der Industrie zu ihren Verwandten aufs Land und die zwangsweise Vermittlung von Arbeitslosen als „Ungelernte" bei Großbauern (wie in Deutschland) können die armen Bauern im Dorf keinen zusätzlichen Verdienst als Lohnarbeiter finden. Der Hunger wurde

71 New York Times vom 30. Juni 1933.

72 Statistik der National City Bank.

zu einer alltäglichen Erscheinung. Besonders unerträglich ist die Lage der Bauern in Japan, Indien und China. Dazu ein Beispiel von vielen.

Die „South China Morning Post“ schreibt über den Hunger in der Provinz Schenshi:

„In den Vorstädten von Sian-fu und am Ufer des Sienjang-Ho (Provinz Schenshi) wurde ein „Menschenmarkt“ eingerichtet, wo Mädchen unter 10 Jahren für 2 bis 3 Dollar pro Kopf verkauft werden. Der Preis für Mädchen über 10 Jahre beträgt 5 Dollar.“[73]

Die Lage der europäischen Kleinbauern verdeutlicht folgendes Beispiel:

In Ungarn wurde im Spätherbst ein Pferd eingefangen, an dessen Hals ein Fetzen befestigt war, der den Paß des Pferdes und einen Brief enthielt, der folgendermaßen lautete:

„Ich habe mit diesem Pferd die Herbstarbeiten beendet. Ich habe kein Futter, um es über den Winter zu erhalten. Verkaufen kann ich es nicht, weil niemand es kaufen will. Es zu erschlagen, tut mir leid. Ich gebe das Pferd frei; vielleicht findet sich jemand, der es füttert.“

Das Bild des Pferdes und der Text der Karte wurden in einer bekannten ungarischen Zeitschrift veröffentlicht.

Über den unerhörten kulturellen Mangel, den die Bauern durch die Agrarkrise verspüren, lesen wir im „Pester Lloyd“ vom 19. November 1933 einen Bericht von Ludwig Leopold, in dem er von einem deutschen Dorf in Ungarn mit 2000 Einwohnern berichtet[74]:

„In das ganze Dorf kommt eine einzige Zeitung. Der Verbrauch an Bleistiften im ganzen Jahr mit der Schule zusammen beträgt 120 Stück. Der Barbier erzählt: ‚Geld gibt es im Dorf überhaupt keines mehr. Die Bauern haben keinen roten Heller und lassen sich bloß noch für große Feiertage rasieren ... Geld haben die Leute hier nicht. Kaum einige Pengö im ganzen Dorf. Allmählich hat man es sich abgewöhnt, in Geld zu rechnen. Seitdem selbst der Dorfkrämer kein Bargeld mehr hat, ... wird vom Geldpreis gar nicht mehr geredet.“

Dieses Beispiel ist typisch für die Länder Osteuropas.

*

Durch die schlechte Lage der Bauern kam es zu einer breiten Bauernbewegung in allen Ländern. Der politische Kampf griff auf die Bauern über. Da die Bourgeoisie im Kampf gegen die revolutionären Arbeiter und gegen die revolutionäre proletarische Bewegung die Unterstützung der Mittelschichten zu erhalten sucht, greift sie zu den verschiedensten Maßnahmen und Manövern, um zumindest die Großbauern und die oberen Schichten der Mittelbauern zufriedenzustellen.[75] (Durch staatliche Schuldenmoratorien, Zinssenkungen, feste Mindestpreise für verschiedene Waren usw.). Aber alle Versuche und Manöver, die Bauern zu gewinnen, blieben durch das Ausmaß der Agrarkrise bis jetzt ohne Erfolg. Unruhen unter den Bauern sind eine schwere Gefahr für die Herrschaft der Bourgeoisie.

73 South China Morning Post vom 22. November 1932.

74 Pester Lloyd vom 19. November 1933.

75 Das Hitlerregime beweist mit seinem Gesetz über die Schaffung von 500000 „Erbhöfen“, die mit zahlreichen Privilegien ausgestattet sind und nicht verkauft werden dürfen, daß es nicht alle Bauern vor dem Ruin bewahren kann. Deshalb opfert es die Kleinbauern, um die reichen Schichten zu binden!

Schlußbemerkung

Obwohl der Kapitalismus große Schwierigkeiten haben wird, um einen „normalen" friedlichen Ausweg aus der Krise zu finden, und man mit Sicherheit annehmen kann, daß der weitere Verlauf des industriellen Zyklus in Zukunft durch einen neuen Turnus von Revolutionen und Kriegen unterbrochen wird, so zeigen doch die dargelegten Fakten, daß wir uns in einem Übergang zur Depression befinden oder diese bereits eingetreten ist.[76]

Man kann ganz allgemein folgende Hauptaspekte hervorheben:

1. Die Depression wird keinesfalls stetig in einen Aufschwung übergehen, sondern nach Ländern höchst ungleichmäßig verlaufen und von starken Rückfällen begleitet sein. Es ist keinesfalls ausgeschlossen, daß die industrielle Produktion einzelner Länder zeitweilig sogar noch unter den Tiefpunkt im Jahre 1932 zurückfallen kann oder daß die Entwertung der Valuten sich noch weiter ausdehnen wird. Es wäre der größte Fehler, auf Grundlage der allgemeinen Krise des Kapitalismus und des Endes der Stabilisierung die Depression einer „normalen" Depression gleichzusetzen!

2. Die Überwindung der akuten Krisenphase, der Übergang zur Depression bedeutet keinesfalls eine neue Stabilisierung des Kapitalismus! Obwohl die zyklische industrielle Krise das Ende der zeitweiligen Stabilisierung des Kapitalismus ausgelöst und beschleunigt hat, waren die Grundlagen hierfür in den inneren Widersprüchen der Stabilisierung des Kapitalismus selbst gegeben.

3. Die industrielle Krise hat zu einer weiteren starken Vertiefung der allgemeinen Krise des Kapitalismus geführt. Die weitgehende Zerrüttung der weltwirtschaftlichen Zusammenhänge (Valutachaos, Verfall des internationalen Kreditsystems, gegenseitige Absperrung des inneren Marktes), der in der Krise stark gesteigerte monopolistische Charakter des Kapitalismus, das Andauern der Agrarkrise in verschärfter Form, die Zuspitzung der imperialistischen Gegensätze bis zu einem Grade, bei dem in jedem Moment irgendein unbedeutender Zwischenfall den Weltkrieg auslösen kann, sind die charakteristischen Momente der gegenwärtigen Weltlage.

4. Diese Vertiefung der allgemeinen Krise des Kapitalismus sichert auch das weitere Heranreifen der revolutionären Krise. Die Hoffnungen der Kapitalisten auf einen neuen allgemeinen Aufschwung entbehren der Grundlage, selbst für den Fall, daß der neue Turnus der Revolutionen und Kriege den „normalen" Gang des Zyklus nicht unterbrechen würde.

76 Während der Übergang von der Phase des Aufschwungs zur Krise immer ein zwangsläufiger Vorgang ist und deshalb leicht exakt bestimmt werden kann, so ist der Übergang von der Krisenphase zur Depression ein langwieriger Prozeß mit vielen Abweichungen; deshalb kann der Augenblick, in dem sich diese Phase des Zyklus verändert, nur historisch retrospektiv genau bestimmt werden.

Sechster Teil

Die kapitalistische Welt vor einer neuen Krise*

* Aus: E. S. Varga. Kapitalističeskij mir na poroge novogo krizisa, Moskva 1938, Gospolitizdat.

Die kapitalistische Welt vor einer neuen Krise

Anfang 1938 stand die kapitalistische Welt vor einer neuen Wirtschaftskrise. Im reichsten und mächtigsten kapitalistischen Land, den USA, war die Krise bereits ausgebrochen, und zwar ungewöhnlich stark, während sie in anderen Ländern erst heranreifte.

Uns kommt diese neue Wirtschaftskrise nicht unerwartet. Die Geschichte der letzten hundert Jahre beweist, daß sich Überproduktionskrisen im Kapitalismus innerhalb bestimmter Zeiträume regelmäßig wiederholen. Die ersten Krisen brachen in dem damals einzigen voll entwickelten kapitalistischen Land, nämlich in England, aus. Das waren die Krisen von 1825 und 1836. Und erst seit 1847 kann man von Weltwirtschaftskrisen sprechen. Weltwirtschaftskrisen[1] gab es in folgenden Jahren: 1847, 1857, 1866, 1873, 1882, 1890, 1900, 1907, 1920, 1929. Die Weltwirtschaftskrisen wiederholen sich also alle 7—10 Jahre; nur zwischen den Krisen von 1907 und 1920 lag eine Zeitspanne von 13 Jahren, denn der Weltkrieg hatte den zyklischen Verlauf der kapitalistischen Reproduktion unterbrochen.

Im Jahre 1914 war die nahende Krise bereits zu spüren. Doch sie brach damals nicht aus. Der durch den Weltkrieg ausgelöste gewaltige zusätzliche Bedarf an verschiedenen Waren und die durch die Einberufung von Millionen Arbeitern gesunkene Produktion ließ keine Überproduktionskrise entstehen, sondern verursachte sogar einen Warenmangel. Erst nach Kriegsende setzte der zyklische Verlauf der kapitalistischen Produktionsweise erneut ein. Und da mit der Entwicklung des Kapitalismus die Dauer des Zyklus, d. h. die Zeitspanne zwischen zwei Weltwirtschaftskrisen, in der Tendenz immer kürzer wird (auf die Ursachen dieser Erscheinung werden wir später zurückkommen), so ließ sich der Ausbruch einer neuen Krise vorhersehen.

Die periodisch wiederkehrenden Wirtschaftskrisen sind für die Werktätigen in den kapitalistischen Ländern eine schreckliche Geißel. Dutzende Millionen Arbeiter und Angestellte bleiben ohne ein Stück Brot. Millionen Kleinbauern, Handwerker und Kleinhändler, ganze Schichten kleiner und mittlerer Kapitalisten werden ruiniert. Nur ein einziges Land, nämlich unsere Heimat, die Sowjetunion, kennt keine Krisen. Die krisenlose Entwicklung ist der deutlichste Ausdruck für die Überlegenheit des Sozialismus über den Kapitalismus. Auch in den kapitalistischen Ländern gibt es Jahre, in denen die Produktion um 10—15% steigt. Aber das dauert nicht sehr lange. Die unvermeidlich eintretende Krise wirft die Produktion um viele Jahre zurück. In der Sowjetunion steigt die Produktion ständig. Gerade dieser ununterbrochene Aufstieg, und nicht allein das hohe Entwicklungstempo, machen den entscheidenden Unterschied zwischen der Sowjetwirtschaft und der kapitalistischen Wirtschaft aus.

Es verwundert nicht, daß die bürgerliche „Wissenschaft" versucht, diese Überlegenheit des Sozialismus über den Kapitalismus vor den werktätigen Massen zu verschleiern.

1 Unter einer Weltwirtschaftskrise verstehen wir das zeitliche Zusammenfallen von Überproduktionskrisen in den zu dieser Zeit entscheidenden kapitalistischen Ländern. Da die Krisen niemals gleichzeitig in den einzelnen Ländern ausbrechen, ist die Bestimmung der konkreten Jahre für den Ausbruch der Weltwirtschaftskrisen in bestimmtem Maße willkürlich.

Für sie liegt die Ursache, daß es in der Sowjetunion keine Krisen gibt, nicht im Wesen und der Überlegenheit des neuen Systems des Sozialismus, sondern nur in dem planmäßigen Charakter der Wirtschaft. Auch im Kapitalismus, so sagen die bürgerlichen Wissenschaftler, lassen sich Krisen vermeiden, wenn man nur die Planwirtschaft einführt. Hier liegt eine Ursache für die in den letzten zehn Jahren so umfangreich gewordene bürgerliche Literatur über die Wirtschaftsplanung und die Ausarbeitung zahlreicher „Wirtschaftspläne".

Bevor wir über die neue Krise sprechen, soll deshalb dargelegt werden, warum im Kapitalismus Krisen unvermeidlich sind und alle Experimente auf dem Gebiet der Wirtschaftsplanung nichts daran ändern können. Bei dem begrenzten Umfang dieser Arbeit kann natürlich nur auf die Hauptaspekte eingegangen werden.

I. Warum sind periodische Krisen im Kapitalismus unvermeidlich?

Um diese Frage zu beantworten, müssen wir die wichtigsten Besonderheiten der kapitalistischen Gesellschaftsordnung untersuchen, die diese sowohl von der vorangehenden Produktionsweise als auch vom Sozialismus unterscheiden.

Eine Besonderheit der kapitalistischen Gesellschaftsordnung liegt in dem Elend, das dem Warenüberfluß entspringt. Das Elend, das die vorangehenden Gesellschaftsformationen kannten, rührte aus einem Mangel an Gütern her. Naturkatastrophen, wie Dürren, Heuschreckeninvasionen und Überschwemmungen, verursachten Hunger und Massensterblichkeit. *Aber bis zum Beginn des Kapitalismus war ein Überfluß an Gütern niemals ein Unglück für die Menschheit. Das kann es auch im Sozialismus niemals sein.*

Die wichtigsten Besonderheiten der kapitalistischen Produktionsweise, die Überproduktionskrisen möglich und unvermeidlich werden lassen, bestehen in folgendem.

1. Wie alle vorangegangenen Gesellschaftsformationen, ausgenommen die Urgemeinschaft, ist der Kapitalismus eine auf Ausbeutung beruhende Klassengesellschaft. Die Produktionsmittel sind im Kapitalismus Privateigentum der Bourgeoisie, Kapital. Die gewaltige Masse der unmittelbaren Produzenten, der Proletarier, ist zwar frei, besitzt aber kein Eigentum und kann nur durch den Verkauf ihrer Arbeitskraft existieren. Der Kapitalismus unterscheidet sich von der Sklavenhalterwirtschaft, in der die Produktionsmittel und die Arbeitskräfte Eigentum der Sklavenhalter sind; er unterscheidet sich vom Feudalismus, in dem die Hauptproduktivkraft, nämlich die Leibeigenen, zwar an das Land gebunden sind, aber mit Hilfe eigener Produktionsmittel arbeiten und einen Teil der Produkte ihrer Arbeit (in Naturalform) an den Feudalherren abgeben.

2. Im Kapitalismus nehmen alle Güter und sogar die Wirtschaftsbeziehungen zwischen den Menschen Warenform an. Alles wird für den Markt produziert. Alle Produkte müssen auf dem Markt verkauft (realisiert) werden. Alle Produkte haben auf dem Markt den Prozeß der Umwandlung aus der Warenform in die Geldform zu durchlaufen. Die Arbeitskraft des Menschen, der Arbeiter selbst, wird zur Ware; wie Marx sagt, unterscheidet er sich dadurch von allen übrigen Waren, daß er seine Haut selbst zu Markte tragen muß.

3. Das Ziel der kapitalistischen Produktion besteht im Gegensatz zur Produktion im Sozialismus nicht darin, die Bedürfnisse der Menschen möglichst vollständig zu befriedigen, sondern das Kapital zu verwerten, Mehrwert, Profit, anzueignen. Mag der Bedarf an Erzeugnissen auch noch so groß sein, der Kapitalist stellt die Produktion ein, wenn sie

ihm keinen Profit abwirft. Darin unterscheidet sich die kapitalistische Produktionsweise von allen anderen vorangegangenen Klassengesellschaften, in denen die Produktion in erster Linie das Ziel verfolgte, die Bedürfnisse der herrschenden Klassen zu befriedigen.[2]

Diese Besonderheiten der kapitalistischen Gesellschaftsordnung sind untrennbar miteinander verbunden. Analysiert man sie, so stellt sich heraus, daß die kapitalistische Gesellschaftsordnung zahllose innere Widersprüche enthält. Der Grundwiderspruch des Kapitalismus, aus dem sich alle übrigen ableiten, ist der Widerspruch zwischen dem gesellschaftlichen Charakter der Produktion und der privatkapitalistischen Aneignung. Im Kapitalismus trägt die Produktion gesellschaftlichen Charakter.

„Aber die Bourgeoisie", so stellte Engels fest, „konnte jene beschränkten Produktionsmittel nicht in gewaltige Produktivkräfte verwandeln, ohne sie aus Produktionsmitteln des einzelnen in *gesellschaftliche*, nur von einer *Gesamtheit von Menschen* anwendbare Produktionsmittel zu verwandeln. An die Stelle des Spinnrads, des Handwebstuhls, des Schmiedehammers trat die Spinnmaschine, der mechanische Webstuhl, der Dampfhammer; an die Stelle der Einzelwerkstatt, die das Zusammenwirken von Hunderten und Tausenden gebietende Fabrik. Und wie die Produktionsmittel, so verwandelte sich die Produktion selbst aus einer Reihe von Einzelhandlungen in eine Reihe gesellschaftlicher Akte und die Produkte aus Produkten einzelner in gesellschaftliche Produkte. Das Garn, das Gewebe, die Metallwaren, die jetzt aus der Fabrik kamen, waren das gemeinsame Produkt vieler Arbeiter, durch deren Hände sie der Reihe nach gehn mußten, ehe sie fertig wurden. Kein einzelner kann von ihnen sagen: Das habe ich gemacht, das ist *mein* Produkt."[3]

Doch werden die Erzeugnisse nicht für die Gesellschaft produziert: denn das unmittelbare Ziel der Produktion besteht nicht darin, die Bedürfnisse der Gesellschaft zu befriedigen, sondern der Profitaneignung zu dienen. Der Grundwiderspruch des Kapitalismus, nämlich der Widerspruch zwischen dem gesellschaftlichen Charakter der Produktion und der privatkapitalistischen Aneignung, bildet den Ausgangspunkt und die Hauptursache für die Unvermeidlichkeit der periodischen Überproduktionskrisen.

Aber dieser Widerspruch bildet nur die allgemeine grundlegende Ursache aller Krisen, nicht aber die unmittelbare, konkrete Ursache der einzelnen Krisen. Der Grundwiderspruch zwischen der gesellschaftlichen Produktion und der privatkapitalistischen Aneignung ist ein permanenter Widerspruch, der ständig wirkt: Wäre er die unmittelbare Krisenursache, so würde auch die Krise permanent sein. Permanente Krisen gibt es aber nicht; das hat bereits Marx festgestellt. Die kapitalistische Produktion entwickelt sich zyklisch, und jeder Zyklus umfaßt mehrere Phasen. Nach der Krise, diesem scharfen Ausbruch aller Widersprüche des Kapitalismus, folgt „ein Zustand der Abspannung nach der überstandenen Krise", wie Marx feststellt, oder die Phase der *Depression*; dann kommt die *Belebung*, der *Aufschwung* und schließlich die *Prosperität*, die zwangsläufig eine neue Krise nach sich

2 Eine gewisse begrenzte Warenzirkulation gibt es auch in den vorkapitalistischen Gesellschaftsformationen. Auch dort besteht ein Markt, auf dem überschüssige Erzeugnisse, die den Eigenbedarf ihres Produzenten übersteigen, gegen andere Erzeugnisse ausgetauscht werden. Aber erst im Kapitalismus nehmen alle Arbeitsprodukte und die Arbeitskraft als solche Warenform an. Erst im Kapitalismus reguliert der Markt das Wirtschaftsleben, ihn müssen alle Produkte durchlaufen, bevor sie zu den Verbrauchern gelangen.

3 F. Engels, Herrn Eugen Dührings Umwälzung der Wissenschaft (Anti-Dühring), in: MEW, Bd. 20, Berlin 1962, S. 250/251.

zieht. Um die Unvermeidlichkeit der Krisen zu zeigen, muß man erklären, warum die Phasen des Aufschwungs nicht ständig andauern können, warum sie zwangsläufig zum Ausbruch einer neuen Krise führen. Das läßt sich auf verschiedene Weise erläutern, am einfachsten ist es aber, von einer Analyse des kapitalistischen Marktes auszugehen. Diesen Weg weist uns Marx. Er schreibt: „Die Tatsache, daß die Warenproduktion die allgemeine Form der kapitalistischen Produktion ist, ... erzeugt gewisse, dieser Produktionsweise eigentümliche Bedingungen des normalen Umsatzes, also des normalen Verlaufs der Reproduktion, sei es auf einfacher, sei es auf erweiterter Stufenleiter, die in ebenso viele Bedingungen des anormalen Verlaufs, Möglichkeiten von Krisen umschlagen, da das Gleichgewicht — bei der naturwüchsigen Gestaltung dieser Produktion — selbst ein Zufall ist."[4]

II. Der kapitalistische Markt und die Krisen

Die bürgerlichen Ökonomen stehen dem Krisenproblem verständnislos gegenüber. Der „Markt" ist für sie eine geheimnisvolle und launische Erscheinung. Manchmal ist er überhäuft mit Waren und kann nicht genug davon aufnehmen, dann ist er plötzlich ohne jeden Grund widerspenstig und lehnt alle Waren ab, die er gestern noch gierig aufsaugte. Die Waren finden plötzlich keinen Absatz mehr, und die Krise bricht aus. Es ist klar, daß das Marktproblem und das Krisenproblem ihrem Wesen nach identisch sind.

Der kapitalistische Markt bleibt solange „geheimnisvoll", wie wir ihn isoliert von der kapitalistischen Produktion betrachten und alle Waren ohne Unterschied in einen Topf werfen. Geht man aber so vor, wie dies erstmalig Marx getan hat, und unterscheidet man die Waren nach ihrer Bedeutung im Produktionsprozeß sowie im Verwertungsprozeß und verdeutlicht man sich, daß ihre angeblich sinnlos erscheinende Bewegung auf dem Markt von Klassenbeziehungen[5] bestimmt wird, so wird der zyklische Verlauf der kapitalistischen Produktion verständlich. Hier soll versucht werden, diesen Mechanismus möglichst einfach darzustellen. Wir lassen uns dabei von dem Beispiel von Marx leiten und setzen voraus, daß

a) der Markt rein kapitalistisch ist, d. h. die Gesellschaft nur aus zwei Klassen, nämlich Bourgeoisie und Proletariat besteht; nichtkapitalistische Elemente (Bauern und Handwerker) lassen wir in diesem Falle außer acht;

b) ein einheitlicher kapitalistischer Weltmarkt besteht; wir abstrahieren also von der Aufteilung der Welt in einzelne Staaten und einzelne nationale Märkte sowie von dem Unterschied zwischen innerem und äußerem Markt.

Wenden wir uns jetzt der gesamten Warenmasse zu, die auf dem Markt realisiert, d. h. zu Preisen verkauft werden muß, die mindestens den Durchschnittsprofit decken, und zerlegen wir diese in ihre einzelnen Teile.

Nach ihrem Gebrauchswert werden die Waren in Produktionsmittel unterteilt, die der Fortführung der Produktion dienen, wie Maschinen, Rohstoffe usw., und in Konsumtionsmittel, die für den unmittelbaren Verbrauch der Gesellschaft bestimmt sind,

4 K. Marx, Das Kapital, Zweiter Band, in: MEW, Bd. 24, Berlin 1970, S. 465.

5 Den ersten und allerdings sehr primitiven Versuch, die Bewegung der in einem Jahr produzierten Warenmasse nach der klassenmäßigen Einteilung der Gesellschaft zu erklären, machte im 18. Jahrhundert der von Marx hochgeschätzte Physiokrat Quesnay in seinem „Tableau économique".

wie Nahrungsmittel, Kleidung, Möbel usw.[6] Ohne diese Einteilung in Produktions- und Konsumtionsmittel kann man nicht den zyklischen Verlauf der kapitalistischen Produktion begreifen. (Unter den Konsumtionsmitteln gibt es Waren, die nur von den Kapitalisten gekauft werden, wie z. B. alle Luxusgüter, und andere Waren, die auch das Proletariat konsumiert. Doch lassen wir diesen Unterschied in diesem Falle außer acht).

Hieraus folgt, daß die verschiedenen Waren von Menschen unterschiedlicher Klassen gekauft werden. Die Produktionsmittel werden nur von den Kapitalisten, die Güter für den Lebensunterhalt aber von Kapitalisten und Arbeitern gekauft.

Jetzt taucht die für das Krisenproblem entscheidende Frage auf: Wieviel Waren jeder Art nimmt der Markt auf? Oder konkreter: Wieviele Produktionsmittel kaufen die Kapitalisten, und wieviele Konsumtionsgüter kaufen Kapitalisten und Arbeiter zusammen?

Diese Frage kann man natürlich nicht in Form konkreter Zahlen beantworten, sondern nur, indem man die sich aus der Produktion ergebende Einkommensverteilung der kapitalistischen Gesellschaft analysiert.

Dabei ist davon auszugehen, daß alle Produktionsmittel Eigentum der Bourgeoisie sind, denn das Proletariat besitzt kein Eigentum und verfügt über keine eigenen Einkommensquellen. Die Arbeiter verkaufen ihre Arbeitskraft und erhalten ihr Einkommen ausschließlich von der Bourgeoisie in Form von Arbeitslohn; dabei müssen die Arbeiter außer dem Wert ihrer Arbeitskraft (diesen Wert setzen wir hier ihrem Arbeitslohn gleich) noch den Mehrwert produzieren. Sonst würde ihnen das Kapital niemals Arbeit geben. Den Mehrwert, den die Arbeiter produzieren und die Kapitalisten sich aneignen, bezeichnen wir wie bei Marx mit dem Buchstaben „m".

Der Teil des Kapitals, der für den Kauf der Arbeitskraft aufgewendet wird, heißt variables Kapital und wird in der marxistischen Politökonomie bekanntlich mit dem Buchstaben „v" bezeichnet. Das gesamte übrige Kapital, das aus Produktionsmitteln, Rohstoffen, Fertigerzeugnissen usw. besteht, wird konstantes Kapital genannt und mit dem Buchstaben „c" bezeichnet. Das konstante Kapital unterteilt sich wiederum in fixes und zirkulierendes Kapital. Maschinen, Ausrüstungen, Werkzeuge und Gebäude bilden das fixe Kapital; es fungiert im Produktionsprozeß im Verlaufe mehrerer Umschläge und überträgt seinen Wert auf die mit seiner Hilfe produzierten Waren nur entsprechend seinem Verschleiß. Roh- und Brennstoffe usw. stellen das zirkulierende Kapital dar; es geht in die neue Ware ein, wie z. B. die Baumwolle beim Spinnen, oder verschwindet überhaupt, wie die Kohle. In beiden Fällen überträgt das zirkulierende Kapital seinen gesamten Wert auf die neu hergestellte Ware.

Entsprechend der Unterscheidung in Produktionsmittel und Konsumtionsmittel gliedert sich die Produktion in zwei große Abteilungen: in die Abteilung I, die Produktion von Produktionsmitteln, und in die Abteilung II, die Produktion von Konsumtionsmitteln. Dies sind unverrückbare Grundsätze der marxistischen Politökonomie, die man unbedingt kennen muß, um den kapitalistischen Reproduktionsprozeß zu verstehen und eine Vorstellung von der Aufnahmefähigkeit des kapitalistischen Marktes zu gewinnen.

Zu Beginn der Produktionsperiode, z. B. eines Jahres, haben wir es mit folgender Situation zu tun; sowohl die Kapitalisten der Abteilung I als auch die Kapitalisten der Abteilung II (beide zusammen verkörpern das gesellschaftliche Gesamtkapital) haben einen Teil ihres

6 Einige Waren können als Produktionsmittel und Konsumtionsmittel dienen: So ist der Ochse ein Produktionsmittel, solange er landwirtschaftliche Arbeiten ausführt. Wird er aber geschlachtet, dient sein Fleisch zu Konsumtionszwecken. Solche Fälle ändern aber nichts an der genannten Einteilung.

Kapitals in Fabrikgebäuden und Maschinen angelegt, für einen Teil ihres Kapitals kaufen sie Roh- und Hilfsstoffe und für einen weiteren Teil die Arbeitskraft. Dann beginnt der Produktionsprozeß. Läßt man den Wert des fixen Kapitals außer Betracht, soweit er auch in der folgenden Zeit vorhanden ist, so ergibt sich der Wert der Waren, die im Verlaufe eines Jahres von jeder Abteilung produziert werden, wie folgt:

Abteilung I: c_1 (d. h. der verbrauchte Teil) $+ v_1 + m_1$

Abteilung II: c_2 (d. h. der verbrauchte Teil) $+ v_2 + m_2$

Beide Formeln verkörpern jeweils bestimmte absolute Summen, die in diesem Falle ohne Belang sind. Wesentlich aber ist, daß alle diese Waren, die das Eigentum einzelner Kapitalisten sind und „planlos", anarchisch produziert wurden, auf dem Markt ihre Käufer finden müssen. Nur wenn alle Waren verkauft werden, ist das Ziel der kapitalistischen Produktion, nämlich die Realisierung des im Produktionsprozeß geschaffenen Mehrwerts in Geldform erreicht. Wir wissen bereits, daß dies nicht immer der Fall ist. In Perioden der Prosperität verlangt der Markt eine größere Warenmenge, als produziert werden kann. Während einer Krise können die Waren dagegen plötzlich nicht mehr abgesetzt werden.

Wo liegt die Ursache für den zyklischen Verlauf der kapitalistischen Produktion? Warum entstehen Krisen?

Die bürgerliche Politökonomie sucht bereits seit hundert Jahren vergeblich nach einer Antwort auf diese Frage. Die bürgerlichen Ökonomen argumentieren meistens wie folgt. Wird eine Ware produziert, so wird gleichzeitig auch die Kaufkraft und das Einkommen produziert, das erforderlich ist, um diese Ware zu kaufen. Nach Auffassung dieser Ökonomen setzt sich der Preis der Waren aus dem Preis für die Rohstoffe, dem Verschleiß der Maschinen, dem Lohn und dem Profit der Kapitalisten zusammen. Die Rohstoffe bezahlt der Kapitalist. Der dafür gezahlte Betrag stellt das Einkommen anderer Personen dar. Der von ihm gezahlte Lohn bildet die Kaufkraft (das Einkommen) der Arbeiter und Angestellten. Der Profit ist das eigene Einkommen der Kapitalisten (der Wert des Verschleißes der Maschinen kommt in ihrer Amortisation zum Ausdruck). Somit muß die Kaufkraft der kapitalistischen Gesellschaft dem gesamten Preis der während eines Jahres hergestellten neuen Waren entsprechen. Deshalb könne es nicht vorkommen, daß die Waren keine Käufer finden. Eine allgemeine Überproduktion ist nicht möglich. Die Ursache für die Krisen liege nicht im Wesen des Kapitalismus, sondern in „zufälligen" Umständen: Von einigen Waren wird zu viel, von anderen zu wenig produziert, es gab hemmungslose Spekulationen usw. Durch eine kapitalistische Planwirtschaft lassen sich aber die Krisen vermeiden ...

Worin liegt die Unsinnigkeit solcher Auffassungen? Die bürgerlichen Ökonomen gehen nur vom Wert der erzeugten Waren, dagegen nicht von deren Naturalform aus, sie berücksichtigen nur den Gesamtbetrag der Kaufkraft, aber nicht die von den Klassenverhältnissen bedingte Verteilung. Die Kaufkraft der kapitalistischen Gesellschaft entspricht tatsächlich $c + v + m$, sie ist gleich der Summe des Wertes der in einem Jahr hergestellten Waren. Doch nutzt diese allgemeine Wahrheit wenig, um das Marktproblem zu lösen. Entscheidend ist nicht die Kaufkraft der Gesellschaft, sondern deren Konsumtionskraft.

Unter der Konsumtionskraft der Gesellschaft versteht Marx jenen Teil der Kaufkraft, den Arbeiter und Kapitalisten für Konsumtionsmittel, für Waren der Abteilung II, aufwenden können. Das bestimmt letztlich die Aufnahmefähigkeit des Marktes für alle Arten von Waren, denn die Produktionsmittel werden von den Kapitalisten nur deshalb erworben, um damit Konsumtionsmittel herzustellen.[7] Kein Kapitalist wird einen Hochofen errichten, um sich an dem Anblick des daraus fließenden Roheisens zu ergötzen, so wie er Brillanten kauft, um sich an deren Glanz zu erfreuen. Deshalb ist der Absatz von Produktionsmitteln letztlich durch den Absatz von Konsumtionsmitteln begrenzt. Finden sich für die Konsumtionsmittel keine Käufer, so wird kein Kapitalist Produktionsmittel kaufen, um neue Konsumgüter zu produzieren.

Wie groß ist die Konsumtionskraft der kapitalistischen Gesellschaft?

Die Konsumtionskraft wird vom Einkommen der Arbeiter und Kapitalisten bestimmt: Sie entspricht der gesamten Lohnsumme v und der gesamten Mehrwertmasse m. Die kapitalistische Gesellschaft könnte also jährlich $v + m$ für den Erwerb von Konsumtionsmitteln ausgeben.

In Wirklichkeit kann sie das jedoch nicht. Die Kapitalisten können nicht den gesamten von ihnen angeeigneten Mehrwert verbrauchen. Einen Teil davon müssen sie für die Akkumulation aufwenden. Die Konkurrenz unter den Kapitalisten zwingt diese, einen Teil ihres Profits zur Verbesserung der Produktionsmethoden, für Anlagen in das fixe Kapital und zur Anschaffung neuer Ausrüstungen aufzuwenden. Wer das nicht tut, hat höhere Produktionskosten als der Durchschnitt und bleibt auf der Strecke. Die Konsumtionskraft der Gesellschaft entspricht also der Formel: $v + (m - a)$, d. h. der Lohnsumme plus der Mehrwertsumme nach Abzug der Akkumulation. Durch die Kapitalakkumulation wird zwangsläufig die Konsumtionskraft der Gesellschaft relativ — im Vergleich zum Gesamtwert der hergestellten Waren — verringert. Je größer der Teil des Kapitals ist, der für die Akkumulation aufgewendet wird, je mehr Maschinen eingesetzt werden und je vollkommener diese Maschinen sind, desto weniger Arbeitszeit ist für die Herstellung einer Wareneinheit erforderlich, und desto größer wird — relativ gesehen — das konstante und desto geringer das variable Kapital. Vom Standpunkt der Klassenbeziehungen bedeutet dies, daß der Anteil der Arbeiterklasse an dem von der kapitalistischen Gesellschaft produzierten Neuwert immer mehr zurückgeht und das Proletariat zunehmend verelendet. Dadurch nimmt die Konsumtionskraft der Gesellschaft im Vergleich zur wachsenden Produktion ständig ab. Da aber letztlich die gesamte Kaufkraft von der Konsumtionskraft, d. h. vom Absatz der Konsumtionsmittel, bestimmt wird, so ergibt sich daraus, daß der Markt nicht endlos die hergestellten Waren aufnehmen kann, ohne daß Schwierigkeiten auftreten.

Die Konsumtionskraft der Gesellschaft „ist ... bestimmt weder durch die absolute Produktionskraft noch durch die absolute Konsumtionskraft“, schreibt Marx, „sondern durch die Konsumtionskraft auf Basis antagonistischer Distributionsverhältnisse, welche die Konsumtion der großen Masse der Gesellschaft auf ein nur innerhalb mehr oder minder enger Grenzen veränderliches Minimum reduziert. Sie ist ferner beschränkt durch den Akkumulationstrieb, den Trieb nach Vergrößerung des Kapitals und nach Produktion von Mehrwert auf erweiterter Stufenleiter. Dies ist Gesetz für die kapitalistische Pro-

7 Marx erklärt das so: „Außerdem findet ... eine beständige Zirkulation statt zwischen konstantem Kapital und konstantem Kapital (auch abgesehn von der beschleunigten Akkumulation), die insofern zunächst unabhängig ist von der individuellen Konsumtion, als sie nie in dieselbe eingeht, die aber doch durch sie definitiv begrenzt ist, indem die Produktion von konstantem Kapital nie seiner selbst wegen stattfindet, sondern nur, weil mehr davon gebraucht wird in den Produktionssphären, deren Produkte in die individuelle Konsumtion eingehn.“ (Karl Marx, Das Kapital, Dritter Band, in: MEW, Bd. 25, Berlin 1969, S. 316/317).

duktion, gegeben durch die beständigen Revolutionen in den Produktionsmethoden selbst, die damit beständig verknüpfte Entwertung von vorhandenem Kapital, den allgemeinen Konkurrenzkampf und die Notwendigkeit, die Produktion zu verbessern und ihre Stufenleiter auszudehnen, bloß als Erhaltungsmittel und bei Strafe des Untergangs. Der Markt muß daher beständig ausgedehnt werden, so daß seine Zusammenhänge und die sie regelnden Bedingungen immer mehr die Gestalt eines von den Produzenten unabhängigen Naturgesetzes annehmen, immer unkontrollierbarer werden."[8]

Sowohl durch die Verelendung der Arbeiterklasse, die proletarische Lage der Massen als auch durch die Verwendung eines Teils des von den Kapitalisten angeeigneten Mehrwerts für die Akkumulation schrumpft die Konsumtionskraft der kapitalistischen Gesellschaft im Vergleich zu ihrer Produktionskraft immer mehr, und von Zeit zu Zeit tritt zwangsläufig eine Übersättigung des Marktes mit Waren, d. h. eine Überproduktionskrise, auf.

Der Widerspruch zwischen der begrenzten Konsumtionskraft der Gesellschaft und dem Streben des Kapitals nach unbegrenzter Ausdehnung — ein Widerspruch, der sich vor allem aus der proletarischen Lage der Massen ergibt — muß unausweichlich zu periodisch wiederkehrenden Überproduktionskrisen führen.

„Der letzte Grund aller wirklichen Krisen bleibt immer die Armut und Konsumtionsbeschränkung der Massen gegenüber dem Trieb der kapitalistischen Produktion, die Produktivkräfte so zu entwickeln, als ob nur die absolute Konsumtionsfähigkeit der Gesellschaft ihre Grenze bilde."[9]

Deshalb können weder die Planwirtschaft noch staatliche Maßnahmen die periodischen Überproduktionskrisen im Kapitalismus verhindern.

Diese Gesetzmäßigkeiten, die der kapitalistischen Gesellschaft innewohnen und die unvermeidlich dazu führen, daß alle Widersprüche regelmäßig in Form der Überproduktionskrisen zum Ausdruck kommen, bestimmen auch den unvermeidlichen Untergang der kapitalistischen Gesellschaftsordnung, deren Sturz durch die proletarische Revolution. Gerade deshalb stimmt die bürgerliche Politökonomie, darunter auch solche reformistischen Theoretiker wie Karl Kautsky, Rudolf Hilferding und Otto Bauer[10], nicht der Marxschen Krisentheorie zu. Denn das würde bedeuten, den Kapitalismus nicht als ewige, sondern historisch als eine vorübergehende Gesellschaftsformation zu betrachten. Dem wollen aber die Apologeten des Kapitalismus nicht zustimmen, auch wenn bereits seit vielen Jahren auf einem Sechstel des Erdballs ein sozialistisches Wirtschaftssystem, nämlich die Union der Sozialistischen Sowjetrepubliken, besteht.

III. Warum Zyklen und keine permanente Krise?

Wir haben gesehen, warum Krisen von Zeit zu Zeit unvermeidlich sind und der Markt periodisch mit Waren übersättigt wird. Aber wie wird die Krise überwunden? Warum folgen jeder Krise wieder Depression, Belebung und Aufschwung?

8 Ebenda, S. 254/255.

9 Ebenda, S. 501. Unter „absoluter Konsumtionsfähigkeit" versteht Marx die Konsumtionsfähigkeit in der vom Joch des Kapitalismus befreiten sozialistischen Gesellschaft.

10 Kautsky, Hilferding und Bauer verfälschen die Lehre von Marx, wenn sie behaupten, daß eine krisenfreie kapitalistische Reproduktion möglich wäre. Voraussetzung sei nur, daß alle Waren in dem für den Markt erforderlichen Verhältnis produziert werden. Sie verfälschen wissentlich die Lehre von Marx, wonach die proletarische Lage der Massen und die Kapitalakkumulation unvermeidlich Disproportionen verursachen und zur Krise führen.

Die Überwindung der Krise geschieht in folgender Weise:

a) die Preise aller Waren fallen rasch, wodurch man für das gleiche Geld schon eine wesentlich größere Warenmenge kaufen kann;

b) ein Teil der überschüssigen Waren verdirbt oder wird vernichtet;

c) die Produktion wird in der Abteilung II so stark gedrosselt, daß die Preissumme der hergestellten Waren niedriger ist als die Konsumtionskraft der Gesellschaft, die ebenfalls stark zurückgegangen ist.

Hier entsteht die Frage, woher die Konsumtionskraft, die Einkünfte kommen, wenn nicht produziert wird?

Das Einkommen der Kapitalisten geht während der Krise zwar stark zurück, und sie können kein neues Kapital akkumulieren, sie sind im allgemeinen aber trotzdem noch reich genug, um ihren persönlichen Verbrauch im bisherigen Umfang aufrechtzuerhalten. Das gleiche trifft auf die Mittelschichten zu, die feste Gehälter haben, wie Staats- und Kommunalbeamte, hochbezahlte Angestellte usw., denn sie behalten ebenfalls ihre Einkünfte; das trifft auch auf den weiterbeschäftigten Teil der Arbeiter und unteren Angestellten zu. Die Arbeitslosen verzehren ihre geringen Ersparnisse, verkaufen häusliche Einrichtungsgegenstände und machen Schulden bei Ladenbesitzern, Bäckern und Wucherern. Obwohl der Verbrauch der kapitalistischen Gesellschaft stark abnimmt, so liegt er trotzdem über der noch stärker gesunkenen Produktion. Dadurch nehmen die Bestände, die sich vor der Krise und in der ersten Zeit nach Krisenausbruch angehäuft haben, allmählich ab. Der Preisfall hört auf. Geschäftszusammenbrüche nehmen ein Ende. Es tritt ein „Zustand der Abspannung nach überstandener Krise“ ein. Die Krise wird von der Depression abgelöst.

Welche Triebkraft bewirkt, daß nach der Depression die Belebung und der Aufschwung folgen?

Diese Triebkraft ist die Kapitalakkumulation!

Die einzelnen Kapitalisten, die die inneren Gesetzmäßigkeiten des Kapitalismus nicht kennen und den Markt nur oberflächlich betrachten, stellen fest, daß sie mehr Waren absetzen würden, wenn sie diese billiger produzieren könnten. Deshalb gehen viele Kapitalisten dazu über, das solange in Geldform akkumulierte Kapital, das durch den während der Krise zurückgegangenen Warenumsatz brachliegt, *in produktives Kapital* zu verwandeln. Es setzt eine Erneuerung und Erweiterung des fixen Kapitals ein: Neue Betriebe werden gebaut und alte Maschinen durch neuere und produktivere ersetzt. Die Erneuerung und Erweiterung des fixen Kapitals, also die Akkumulation produktiven Kapitals, ist die Triebkraft, die der Belebung und dem Aufschwung zugrunde liegt. Von diesem Augenblick an beginnt auch eine echte Kapitalerhöhung, denn das bis jetzt akkumulierte Kapital existiert nur in Geldform und ist vom Standpunkt der Produktion lediglich potentielles Kapital. Erst wenn dieses Geld in konstantem und vor allem in fixem Kapital angelegt ist, kann es als produktives Kapital, als Mittel zur Aneignung von Mehrwert fungieren.

Mit steigenden Kapitalanlagen in der Produktion und einer massenweisen Erneuerung des fixen Kapitals dehnt sich der Warenmarkt in der Abteilung I aus. Die Kapitalisten kaufen sich gegenseitig Produktionsmittel ab. Lenin sagt darüber:

„Daß die Entwicklung der Produktion (und folglich auch des inneren Marktes) hauptsächlich auf der Linie der Produktionsmittel erfolgt, erscheint paradox und stellt zweifelsohne einen Widerspruch dar. Es ist tatsächlich ‚eine Produktion für die Produktion‘, eine

Erweiterung der Produktion ohne entsprechende Erweiterung der Konsumtion. Aber dies ist ein Widerspruch nicht der Doktrin, sondern des wirklichen Lebens; es ist eben ein solcher Widerspruch, der dem ganzen Wesen des Kapitalismus und den sonstigen Widersprüchen dieses Wirtschaftssystems entspricht."[11]

Die Akkumulation, die Erweiterung der Produktion mit Hilfe von Produktionsmitteln, vergrößert nicht nur die Kaufkraft, sondern in gewissem Maße vorübergehend auch die Konsumtionskraft der Gesellschaft. Mit steigender Produktion in der Abteilung I nimmt die Zahl der beschäftigten Arbeiter zu, es vergrößert sich das variable Kapital in dieser Abteilung: Dadurch wächst die Konsumtionskraft des Proletariats. Mit zunehmender Zahl der beschäftigten Arbeiter erhöht sich — bei gleichbleibender Ausbeutungsrate — die Mehrwertsumme und damit auch die Verbrauchernachfrage der Kapitalisten der Abteilung I. Dadurch steigt der Absatz und die Produktion in der Abteilung II, es erhöhen sich das variable Kapital und der Mehrwert in der Abteilung II und damit auch der Verbrauch der Arbeiter und Kapitalisten in dieser Abteilung. Gleichzeitig erneuert die Abteilung II in verstärktem Umfang ihr fixes Kapital und erteilt Aufträge an die Abteilung I, wodurch wieder die Produktion steigt. Die Belebung nimmt zu und geht in die Prosperität über. Die Kapitalisten begreifen nicht, warum alles wieder mit einer Krise enden muß.

Die Akkumulation ist aber ein widersprüchlicher Prozeß. Solange er andauert, bewirkt er eine Erweiterung der Kaufkraft, und in diesem Rahmen nimmt auch die Konsumtionskraft der kapitalistischen Gesellschaft zu. Zugleich verschärft die Akkumulation letztlich aber den Widerspruch zwischen der der Produktion innewohnenden Tendenz zur schrankenlosen Ausdehnung und der begrenzten Konsumtionskraft der kapitalistischen Gesellschaft, indem sie (d. h. die Akkumulation) notwendigerweise die Konsumtionskraft der kapitalistischen Gesellschaft relativ weiter vermindert. Das liegt im Wesen der Akkumulation. Sie bedeutet Erhöhung der organischen Zusammensetzung des Kapitals, Steigerung der Arbeitsproduktivität durch Anwendung vergrößerter und vor allem verbesserter Maschinerie, Verminderung von v im Verhältnis zu c, tendenzielles Sinken der Profitrate, Verminderung der Konsumtionskraft der Gesellschaft im Verhältnis zu der eben infolge der realen Akkumulation rasch anwachsenden Produktionskraft der kapitalistischen Gesellschaft.

So bewirkt die Akkumulation zwei widersprechende Prozesse: einerseits Ausdehnung der Kaufkraft der Gesellschaft und innerhalb derselben auch der Konsumtionskraft ihrer absoluten Größe nach; andererseits relative Verminderung der Konsumtionskraft der Gesellschaft gegenüber der Produktionskraft.

So bedeutet die Akkumulation, wie Marx sagt, eine fortwährende relative Überproduktion:

„... So findet in der Agrikultur (wie in allen anderen Produktionszweigen, die kapitalistisch betrieben werden) fortwährend jene relative Überproduktion statt, die an sich identisch ist mit der Akkumulation ..."[12]

Und an anderer Stelle heißt es: „Aber der ganze Prozeß der Akkumulation löst sich zunächst in *Surplusproduktion* auf, die ... eine immanente Basis zu den Erscheinungen bildet, die sich in den *Krisen* zeigen."[13]

11 W. I. Lenin, Die Entwicklung des Kapitalismus in Rußland, in: Werke Bd. 3, Berlin 1956, S. 44.
12 K. Marx, Das Kapital, Dritter Band, in: MEW, Bd. 25, a. a. O., S. 684/685.
13 K. Marx, Theorien über den Mehrwert, Zweiter Teil, in: MEW, Bd. 26.2, Berlin 1967, S. 492.

Es ist diese die Konsumtionskraft relativ vermindernde Funktion der Akkumulation, derentwegen sie Marx ausdrücklich mit einer „relativen Überproduktion“ identifiziert.

Einfacher ausgedrückt: Solange der Prozeß der realen Akkumulation voll im Gange ist, solange neue Fabriken, Hochöfen, Eisenbahnen gebaut, die alten Maschinen durch neue ersetzt werden, dauert auch die Prosperität an. Gelangt dieser Prozeß zu einem gewissen Abschluß, ist eine bedeutende Anzahl neuer Produktionsanlagen fertiggestellt, so nimmt die Nachfrage nach Waren der Abteilung I (Baumaterialien, Maschinen usw.) ab, was auch eine Verminderung der Nachfrage nach Konsumtionsmitteln nach sich zieht, die Arbeiter der Abteilung I beginnen arbeitslos zu werden. Gleichzeitig erhöht sich das Angebot an Waren, weil die neuen und umgebauten Fabriken beginnen, Waren auf den Markt zu werfen. Die Überproduktion ist bereits da, aber der offene Ausbruch der Krise verzögert sich, da die Kapitalisten, die niemals an das Ende einer Prosperitätsphase glauben, die Lager auffüllen. Aber die Produktion übersteigt die Konsumtion immer mehr, bis die Krise offen ausbricht.

Das ist kurz gesagt der Mechanismus, der einerseits verhindert, daß sich die Krise ständig endlos fortsetzt und der andererseits jede Prosperitätsphase rasch beendet und durch eine neue Krise ablöst.

IV. Warum wurden die Krisen tiefer und länger?

Untersucht man die Krisen der letzten hundert Jahre, so wird sofort deutlich, daß sie tiefer geworden sind und länger andauern. Um das zu verstehen, müssen wir von unserer bisherigen Annahme abgehen — die wir nur gemacht haben, um die inneren Gesetzmäßigkeiten des Kapitalismus leichter zu verstehen —, daß es einen „reinen“ Kapitalismus gibt. Eine Gesellschaft, die nur aus Kapitalisten und Arbeitern besteht, hat es niemals gegeben. In Wirklichkeit machen die unabhängigen Produzenten — die Bauern und Handwerker — bis jetzt die Mehrheit der Bevölkerung unseres Erdballs aus. Hier lagen die Voraussetzungen, um den kapitalistischen Markt zu erweitern, denn die Bauern wurden allmählich in Elemente der kapitalistischen Gesellschaft verwandelt (es erfolgte ein Differenzierungsprozeß). Für Lenin war dieser Prozeß überhaupt die Grundlage für die Entwicklung des kapitalistischen Marktes.

In seiner Arbeit „Die Entwicklung des Kapitalismus in Rußland“ schreibt Lenin: „. . . Der grundlegende Prozeß bei der Bildung des inneren Marktes (d. h. der Entwicklung der Warenproduktion und des Kapitalismus) ist die gesellschaftliche Arbeitsteilung. Sie besteht darin, daß sich nacheinander die verschiedenen Arten der Rohstoffverarbeitung (und die verschiedenen zu dieser Verarbeitung notwendigen Operationen) von der Landwirtschaft loslösen und sich selbständige Industriezweige bilden, die ihre Produkte (jetzt bereits *Waren*) gegen Produkte der Landwirtschaft austauschen. Damit wird die Landwirtschaft selbst zu einer Industrie (d. h. zu Warenproduktion), und es vollzieht sich in ihr derselbe Spezialisierungsprozeß.“[14]

Mit der Erweiterung der Warenproduktion erfolgt innerhalb der Bauernschaft ein Differenzierungs- und Zerfallsprozeß. Einerseits entstand die Dorfbourgeoisie und andererseits das landwirtschaftliche Proletariat. Dadurch erweitert sich der kapitalistische Markt, obwohl große Teile der bäuerlichen Bevölkerung ruiniert werden.

14 W. I. Lenin, Die Entwicklung des Kapitalismus in Rußland, in: Werke, Bd. 3, Berlin 1956, S. 56.

„Folglich schafft die Verwandlung der Bauernschaft in Landproletariat in der Hauptsache einen Markt für Konsumtionsmittel, die Verwandlung der Bauernschaft in Dorfbourgeoisie in der Hauptsache einen Markt für Produktionsmittel. Mit anderen Worten, in den unteren Gruppen der ‚Bauernschaft' beobachten wir die Verwandlung der Arbeitskraft in Ware, in den oberen die Verwandlung der Produktionsmittel in Kapital."[15]

Dieser Prozeß der „Entbauerung" der Bauernschaft, wie es Lenin bezeichnete, führt — vom Standpunkt des „reinen" Kapitalismus betrachtet — zu einer Erweiterung des kapitalistischen Absatzmarktes (die gleiche Auswirkung hat die Verdrängung der handwerklichen Erzeugnisse durch die billigeren Waren der Fabrikindustrie). Dieser Prozeß der Verwandlung der Bauern in ein Element der kapitalistischen Gesellschaft trug zweifellos wesentlich dazu bei, daß sich das Absatzproblem in früheren Entwicklungsetappen des Kapitalismus abschwächte (und damit auch die Krisen nicht so stark waren). Die Eroberung und Ausbeutung der Kolonien hat ökonomisch die gleichen Auswirkungen. Ein ähnlicher Faktor war die Entwicklung der Eisenbahnen in den kapitalistischen Ländern.

Durch den Bau der Eisenbahnen dehnt sich der Absatzmarkt für Waren der Abteilung I aus. Aber die Eisenbahnen unterscheiden sich von anderen Waren der Abteilung I dadurch, daß sie nur dem Transport von Waren, nicht aber deren Produktion dienen. Sie vergrößern also nicht die hergestellte Warenmasse, wie dies bei neuen Produktionsmitteln im engeren Sinne des Wortes der Fall ist. Deshalb sind sie keine Quelle für eine Überproduktion.

Bei der Ausdehnung des kapitalistischen Marktes spielte in der zweiten Hälfte des 19. Jahrhunderts und insbesondere in der Epoche des Imperialismus (vor 1913) der Kapitalexport eine bedeutende Rolle. Der Kapitalexport bedeutet einen zusätzlichen Warenexport aus den entwickelten kapitalistischen Ländern, der ohne Kapitalausfuhr unmöglich wäre. Während also das exportierende Land seine Waren und in erster Linie Waren der Abteilung I absetzt, führt es selbst nicht die entsprechende Menge von Waren ein. Dadurch wird die Aufnahmefähigkeit des kapitalistischen Marktes für einige Zeit „künstlich" erweitert.

In der Periode des Monopolkapitalismus werden die Krisen bereits schärfer und länger. In wichtigen kapitalistischen Ländern, wie Großbritannien und den USA, ist die Umwandlung der Bauernschaft in ein Element der kapitalistischen Gesellschaft bereits abgeschlossen. Der amerikanische Farmer ist ein kleiner kapitalistischer Warenproduzent: Er produziert ein oder zwei Arten von Waren für den Markt, während die für den Markt hergestellten Waren in seiner eigenen Wirtschaft kaum eine Rolle spielen. Damit entfällt in diesen Ländern ein sehr wichtiger Faktor für die Erweiterung des kapitalistischen Marktes.

Welchen Einfluß üben die Monopole auf die Krise aus? Sie tragen dazu bei, daß die Krisen länger und tiefer sind. Monopole geben dem Kapital die Möglichkeit, die Löhne zu drücken und sie unter den Wert der Arbeitskraft zu senken, wodurch die Konsumtionskraft der Gesellschaft noch weiter eingeschränkt wird. Die Monopole halten die Warenpreise künstlich hoch, was den Abbau der überschüssigen Warenvorräte während der Krise hemmt. Sie behindern die Erneuerung und Erweiterung des fixen Kapitals und erschweren dadurch den Übergang von der Depression zur Belebung.

In der Periode der allgemeinen Krise des Kapitalismus wird das Marktproblem für das Kapital noch schwerer lösbar. Die Konsumtionskraft der Gesellschaft bleibt fast überall

15 Ebenda, S. 160.

hinter dem Angebot zurück. Deshalb ist die Bourgeoisie jetzt nicht mehr in der Lage, die von ihr geschaffenen Produktivkräfte auszunutzen. Ein erheblicher Teil der Produktionsgebäude und -anlagen, d. h. des fixen Kapitals, bleibt auch in der Prosperitätsphase ständig unausgelastet.[16] Schließlich kann ein beträchtlicher und von Zyklus zu Zyklus rasch wachsender Teil der Arbeiter keine Arbeit finden,[17] die Arbeitslosigkeit wird zu einer chronischen Erscheinung.

Das bereits vorhandene, nicht ausgenutzte fixe Kapital wird zu einem Hemmnis für die Erweiterung des fixen Kapitals. Dieser Umstand deformiert den Verlauf des Zyklus in der Periode der allgemeinen Krise des Kapitalismus noch mehr: Die Phasen der Krise und der Depression dauern länger und sind tiefer, während die Phasen der Belebung und des Aufschwungs kürzer und weniger umfassend sind.[18] Im letzten Zyklus (1929 bis 1937) gab es überhaupt keine echte Phase eines allgemeinen Aufschwungs.

16 Nach Berechnungen amerikanischer Wissenschaftler wurde in den fünf besten Konjunkturjahren während des letzten Zyklus (1925 bis 1929) der Produktionsapparat der amerikanischen Industrie zu 80% ausgelastet, wobei unter „voller" Auslastung eine 48stündige Arbeitszeit des Betriebes in der Woche verstanden wird. Führt man diese Berechnung bis 1934 fort und erfaßt man damit den gesamten Zyklus, so ergibt sich, daß die Produktionskapazitäten zu insgesamt 57% ausgelastet waren.

17 Als Beispiel kann die Entwicklung der Arbeitslosigkeit in Großbritannien dienen:
Entwicklung der Arbeitslosigkeit in Großbritannien (in %)

Jahre	Niedrigster Stand vor der Krise	Höchster Stand während der Krise
1890—1893	2,1	7,5
1899—1904	2,0	6,0
1906—1908	3,6	7,8
1919—1922	2,4	15,2
1929—1932	10,4	22,2

18 Im 19. Jahrhundert waren die Krise und die Depression von relativ kurzer Dauer, während der größere Teil des Zyklus auf die Phasen der Belebung, des Aufschwungs und der Prosperität entfiel. Der Produktionsrückgang erstreckte sich meistens nur auf wenige Monate, und nach ein bis zwei Jahren war erneut das frühere bzw. ein höheres Produktionsniveau erreicht. Das zeigen Angaben über die Produktion von Roheisen und über Bauverträge in den USA.
Zeitdauer, in der der Höchststand erreicht wurde (in Monaten)

Höchststand während der vorangegangenen Krise	Produktion von Roheisen	Bauverträge
Jahre		
1893	20	—
1903	19	24
1907	27	24

Quelle:
Weltwirtschaftskrisen, Teil I, S. 98.

In der Epoche des aufsteigenden Kapitalismus lag das Produktionsniveau in jedem Zyklus weit über dem höchsten Stand, der während des vorangegangenen Zyklus erreicht worden war. Deshalb schrieb Marx über den Charakter der Zyklen im 19. Jahrhundert in Großbritannien: „Für die Akkumulation des

Da sich das Tempo[19] der Erneuerung und Erweiterung des fixen Kapitals während der allgemeinen Krise des Kapitalismus verlangsamt, nehmen die Beschäftigungsmöglichkeiten ab, und ein erheblicher Teil der während der Krise auf die Straße gesetzten Arbeiter bleibt chronisch arbeitslos.

Die chronische Massenarbeitslosigkeit und die dadurch rascher fortschreitende Verelendung der Arbeiterklasse lassen die Konsumtionskraft der Gesellschaft noch weiter schrumpfen und beschleunigen die Herausbildung der Krise. In gleicher Richtung wirkt die chronische Agrarkrise, die ein Bestandteil der allgemeinen Krise des Kapitalismus ist. Die Agrarkrise verschärft die im Kapitalismus fortschreitende Differenzierung der Bauernschaft bis zum massenweisen Ruin der werktätigen Bauern und schränkt die Konsumtionskraft der Bauernschaft beträchtlich ein.

Das sind die wichtigsten Faktoren der allgemeinen Krise des Kapitalismus, die den Krisenzyklus stark deformieren, insbesondere den letzten Zyklus, der mit dem Ausbruch der Krise in den USA endete.

V. Die Krise von 1937 in den USA

Der Ausbruch der Wirtschaftskrise in den USA im Herbst 1937 bedeutet das Ende des Zyklus, der mit der Krise von 1929 begonnen hatte.

Zwar ist die neue Wirtschaftskrise auch eine zyklische Überproduktionskrise, doch unterscheidet sie sich wesentlich von der Krise des Jahres 1929. Jene Krise begann noch in der Periode der relativen, jedoch bereits stark erschütterten Stabilisierung des Kapitalismus. Die bürgerliche Welt hatte damals noch nicht den zeitweiligen Charakter der Stabilisierung erkannt. Sie betrachtete die weitere Entwicklung des Kapitalismus sehr optimistisch. Besonders in den USA herrschte die weitverbreitete Ansicht, daß ein Zeitalter beständigen Aufschwungs („ewiger Prosperität") bevorstünde. Innerhalb eines Jahrzehnts (von 1920 bis 1929) war die Industrieproduktion in den USA erheblich gestiegen. Der Index der Industrieproduktion (1923/25 = 100) stieg von 87 auf 119.[20] Die Zwischenkrisen von 1924 und 1927 änderten die allgemeine Linie des Aufschwungs nicht. Außerordentlich intensiv war die Erweiterung des fixen Kapitals, und auch die Bautätigkeit erfuhr eine rasche Belebung.[21] Der Export amerikanischer Waren stieg stark an, was zum Teil auf einem

wirklichen, d. h. produktiven und Warenkapitals gibt einen Maßstab die Statistik der Ausfuhr und Einfuhr. Und da zeigt sich stets, daß für die in zehnjährigen Zyklen sich bewegende Entwicklungsperiode der englischen Industrie (1815 bis 1870) jedesmal das Maximum der letzten Prosperitätszeit *vor* der Krise als Minimum der nächstfolgenden Prosperitätszeit wieder erscheint, um dann zu einem weit höheren neuen Maximum zu steigen." (Karl Marx, Das Kapital, Dritter Band, in: MEW, Bd. 25, a. a. O., S. 517.)

19 Man kann nicht von einem „Stillstand" bei der Erweiterung des fixen Kapitals, von einer Stagnation in der Entwicklung der Produktivkräfte sprechen, wie dies die Trotzkisten tun. Die gewaltige Entwicklung der Militärtechnik wäre absolut unmöglich, wenn sich nicht die Technik und die Produktivkräfte überhaupt entwickeln würden. Die Periode der allgemeinen Krise ist nicht von einer „Stagnation" gekennzeichnet, sondern von der Unfähigkeit, die sich — wenn auch langsamer — entwickelnden Produktivkräfte auszunutzen.

20 Federal Reserve Bulletin, November 1937, S. 1148.

21 Der Index der Bautätigkeit (1923 bis 1925 = 100) stieg von 56 im Jahre 1921 auf 135 im Jahre 1928.

erheblichen Kapitalexport in andere Länder, vor allem nach Deutschland, beruhte. Die durch den Weltkrieg ausgelöste Neuaufteilung der Welt schien überdies damals noch relativ fest; obwohl die imperialistischen Widersprüche die Tendenz zur Verschärfung aufwiesen, führten sie nicht zu militärischen Aktionen.

Das alles löste jenen großen Optimismus aus, der 1928/29 in den USA herrschte. Die führenden Persönlichkeiten der amerikanischen Wirtschaft glaubten fest daran, daß die wirtschaftliche Blütezeit fortdauern werde, und hielten eine Krise für unmöglich. Doch die Krise hatte in Wirklichkeit schon eingesetzt.

Die gleichen Ursachen, die zu der starken Erweiterung des fixen Kapitals, zu dem ungewöhnlichen Anstieg der Baukonjunktur und zu den noch nicht dagewesenen Spekulationen an den Börsen in den USA führten, bewirkten auch den außerordentlich einschneidenden, tiefen und langandauernden Charakter der Krise von 1929.

Damit kommen wir zum Wesen des Zyklus, der 1929 einsetzte und nun zu Ende geht. Dieser Zyklus ist durch die Einwirkung der allgemeinen Krise des Kapitalismus außerordentlich deformiert. In großen Zügen lassen sich diese acht Jahre wie folgt gliedern: vier Krisenjahre von Herbst 1929 bis Mitte 1933), zwei Jahre Depression (von Mitte 1933 bis Mitte 1935) und zwei Jahre Belebung (in einigen Ländern auch Aufschwung), und zwar bis Herbst 1937.

Diese Abgrenzung der einzelnen Phasen des Zyklus ist natürlich in bestimmtem Maße willkürlich, da die zyklische Entwicklung in den einzelnen Ländern sehr ungleichmäßig verlief. Überhaupt vollzieht sich der Übergang von einer Phase des Zyklus zur anderen immer allmählich, wobei die Krise allerdings eine Ausnahme macht, denn sie bedeutet stets einen abrupten Ausbruch aller Widersprüche des Kapitalismus.

Im abgelaufenen Zyklus lag die Industrieproduktion der kapitalistischen Welt lediglich im letzten Jahr vor Ausbruch der neuen Wirtschaftskrise etwas über dem Durchschnitt von 1929, erreichte aber nicht den Höchststand dieses Jahres (vgl. Tabelle 1).

Tabelle 1
Umfang der Industrieproduktion (1929 = 100)

Jahr	Kapitalistische Welt	USA
1929	100,0	100,0
1930	85,8	80,7
1931	74,3	68,1
1932	62,6	53,8
1933	71,1	63,9
1934	77,0	66,4
1935	85,9	75,6
1936	96,2	88,1
1937 Durchschnitt der ersten 10 Monate	104,6	96,0

Wie man sieht, lag die Weltindustrieproduktion vor Ausbruch der neuen Krise nur wenig über dem Stand von 1929, in den USA war dieser Stand noch nicht einmal erreicht. Geht man davon aus, daß die Bevölkerung der kapitalistischen Welt in diesen acht Jahren erheblich zugenommen hat und 1937 ein unvergleichlich höherer Teil der Industrieproduktion als 1929 der Rüstung diente, so wird deutlich, daß 1937 in der kapitalistischen Welt im Durchschnitt bedeutend weniger Industriewaren auf den Kopf der Bevölkerung entfielen als 1929.

Dieser Zyklus endete also, bevor der Aufschwung die gesamte kapitalistische Welt erfaßt hatte. Keineswegs kann man von einer Prosperität sprechen, bei der die Industrieproduktion weit über dem Höchststand des vorangegangenen Zyklus liegen müßte.

Zwar gab es in diesem Zyklus keine allgemeine Prosperität, doch lag die Industrieproduktion in einzelnen Ländern erheblich über dem Höchststand des vorangegangenen Zyklus. Gleichzeitig hatten einige Länder bei Ausbruch der neuen Krise noch nicht die Krise von 1929 überwunden. Das bewirkte die ungleichmäßige Entwicklung der kapitalistischen Wirtschaft.

Diese ungleichmäßige Entwicklung der kapitalistischen Weltwirtschaft zeigt deutlich Tabelle 2.

Tabelle 2
Index der Industrieproduktion (1929 = 100)

Land	1936	1937	Land	1936	1937
Japan	151,1	168,0	Deutschland	106,3	116,0
Griechenland	139,2	145,7	Kanada	89,8	99,6
Finnland	133,3	146,8	USA	88,1	85,1
Rumänien	130,0	125,5	Italien	87,5	98,5
Dänemark	130,0	134,0	Belgien	87,1	87,8
Schweden	129,0	148,8	Österreich	81,0	104,3
Ungarn	128,5	138,1	Tschechoslowakei	80,2	96,6
Chile	127,7	130,0			
Großbritannien	116,2	123,7	Polen	72,2	85,0
Norwegen	115,2	128,0	Niederlande	71,9	91,4
Bulgarien	114,2	126,6	Frankreich	70,3	72,1

Quelle
Monthly Bulletin of Statistics, 1/1938. Für 1937 vorläufige Angaben.

Diese Tabelle sagt folgendes aus:

1. Von einer beachtlichen Steigerung der Industrieproduktion kann man nur in den Ländern sprechen, die einen Industrialisierungsprozeß durchmachen. Außer Japan sind dies die kleinen Staaten Skandinaviens, des Balkans usw. Bei den alten Industrieländern lag die Industrieproduktion nur in Großbritannien wesentlich über dem Stand von 1929. Das war aber dadurch begründet, daß Großbritannien während des vorangegangenen Zyklus nur eine geringe Produktionssteigerung aufzuweisen hatte. Alte Industrieländer, wie die USA, Deutschland, Frankreich, Italien, Belgien, die Niederlande, die Tschechoslowakei usw. erreichten gerade den Stand von 1929 oder blieben sogar noch dahinter zurück.

2. Einige Länder erreichten den Stand von 1929 erst 1937, also unmittelbar vor dem Ausbruch der neuen Krise.

3. Nicht nur in den USA, sondern auch in einigen anderen Ländern setzte der Rückgang der Industrieproduktion bereits 1937 ein.

4. Man kann einen gewissen Zusammenhang zwischen dem Tempo der Aufrüstung und der Entwicklung der Industrieproduktion feststellen. Ohne die gewaltige Rüstungsproduk-

tion wäre die Industrieproduktion in Japan, Großbritannien und Deutschland zweifellos niedriger.

Im Verlauf des Jahres 1937 zeigten sich die Symptome einer neuen Krise im Weltmaßstab, denn die Preise an den Warenbörsen und die Aktienkurse fielen erheblich. In der Produktion ist die Krise aber nur in den USA zum Ausbruch gelangt.

Die Kurse für Industrieaktien sind in den USA stärker als je gefallen. Setzt man den Kurs von 1929 gleich 100, so lag der monatliche Durchschnittskurs im März 1937 bei 80,3 und fiel im November bereits auf 50,7 %.[22]

Nachstehend bringen wir die Aktienkurse einiger bekannter amerikanischer Monopole, da deren Kursentwicklung noch aussagekräftiger ist. Nehmen wir den amerikanischen Stahltrust „U.S.-Steel“: Der höchste Stand lag 1937 bei 126 Dollar je Aktie, während er am 30. Dezember bei 54 Dollar stand, das ist weniger als die Hälfte. „General Motors“ (Automobilgesellschaft): höchster Stand 1937 = 70,5 Dollar je Aktie, am 30. Dezember gleich 30 Dollar. „General Electric“ (Weltfirma der Elektroindustrie): höchster Stand 65 Dollar, am 30. Dezember 41 Dollar. Schließlich noch das größte Unternehmen der Kupferförderung und -verarbeitung, die „Anaconda Copper“: höchster Stand 1937 = 69 Dollar, am 30. Dezember = 29,5 Dollar. Dieser gewaltige Kurssturz bei den Aktien von sehr bekannten und großen Unternehmen zeigt auch, daß die Kapitalisten fühlen, daß die guten Zeiten der letzten zwei Jahre zu Ende gehen.

Die Sachwalter der Großbourgeoisie versuchen, diesen starken Kursrückgang nicht auf den Ausbruch einer Industriekrise, sondern auf die „für das Kapital schädlichen“ Maßnahmen Roosevelts zurückzuführen. So erklärte W. W. Oldrich, der Vorsitzende der Chase-Bank, am 14. Oktober 1937, daß der Zusammenbruch des Aktienmarktes nicht auf Veränderungen der Geschäftskonjunktur beruhe.

Oldrich versicherte, daß die Ursachen für den Kurssturz der Aktien in den Maßnahmen der Roosevelt-Regierung zu suchen seien, so in der Besteuerung der Profite aus Börsengeschäften, der Besteuerung von Rücklagen, d. h. der nicht in Form von Dividenden zur Verteilung gelangenden Profite der Aktiengesellschaften, in der Regulierung der Börsenoperationen usw.

Alle „Autoritäten“ sind einhellig der Auffassung, daß die Wirtschaftslage in den USA trotz der stark gefallenen Aktienkurse und Warenpreise (sowie der im Oktober und November zu verzeichnenden Abnahme der Industrieproduktion) gesund ist und solche Merkmale einer „großen“ Krise wie 1929 fehlen. Der Leiter der „Reconstruction Finance Corporation“, J. Jones, erklärte noch am 3. November 1937: „Es gibt keine Wolken am Horizont, die dem durchschnittlichen amerikanischen Bürger Schaden bringen könnten“, und „es wurde in den letzten Wochen den Bewegungen des Aktienmarktes viel zu viel Aufmerksamkeit gewidmet.“[23]

Der Finanzminister der USA, Morgenthau, versicherte, daß „die Bedingungen für eine stetige Erhöhung des Niveaus der geschäftlichen Aktivität günstig sind“.[24]

Die gleiche Sprache sprechen alle „Sachverständigen“. So erklärte das dem Wirtschaftsministerium der USA angeschlossene Bureau of Agricultural Economics Mitte November: „Das Büro glaubt, daß es sich bei der gegenwärtigen Konjunkturpause nur um eine vorübergehende Unterbrechung des wirtschaftlichen Aufstiegs handelt, ist aber der Meinung,

22 Monthly Bulletin of Statistics, 12/1937.
23 Economist vom 27. November 1937.
24 Ebenda.

daß die Abschwächung so weit in das nächste Jahr hineinreichen wird, daß der Jahresdurchschnitt der industriellen Erzeugung von 1938 hinter dem Durchschnitt des laufenden Jahres zurückbleiben wird."

Die Untersuchungen des Büros weisen darauf hin, daß die meisten Begleiterscheinungen, die in der Vergangenheit den Beginn einer andauernden Depression charakterisiert haben, jetzt fehlen. „Die Schulden der Wirtschaft sind niedrig, Kredit ist billig und reichlich, die Reserven des Banksystems sind nicht angespannt, die Bauwirtschaft hat noch keinen Boom entwickelt, und spekulative Übertreibungen, wie sie gewöhnlich dem Ende eines Konjunkturaufschwungs vorausgegangen sind, haben sich bisher nicht gezeigt."[25]

Ähnliche Auffassungen vertreten auch private Wirtschaftsexperten. Elf Wirtschaftsberater führender Industrieunternehmen versicherten, daß die Industrieproduktion im Jahre 1938 nur unwesentlich zurückgehen und keinesfalls hinter dem Durchschnitt des laufenden Jahres zurückbleiben würde.[26]

Die Botschaft Roosevelts anläßlich der Eröffnung der Sitzungsperiode des Kongresses ist gleichfalls in einem optimistischen Ton abgefaßt. Dort wird etwa folgendes gesagt:

Der Kongreß möge die gegenwärtige vorübergehende Stockung nicht mit der Wirtschaftskrise von 1929 vergleichen, denn auch wenn entsprechende Maßnahmen ergriffen werden, gebe es doch keine Ursachen für einen langandauernden Rückgang. Die gegenwärtige Wirtschaftslage sei im allgemeinen, abgesehen von einigen wenigen, rasch in den Griff zu bekommenden Ausnahmen, nicht ungünstig. Die Lage der Banken sei gesund, der Zinssatz niedrig, und die Investitionen seien nicht bedroht. Wenn die private Wirtschaft in dieser Situation nichts gegen die Arbeitslosigkeit unternehme, werde die Regierung gezwungen sein, sich in diese Sache einzumischen.

Auch außerhalb der USA überwiegen optimistische Auffassungen. Ernst Wagemann, der Leiter des deutschen Instituts für Konjunkturforschung, erklärte am 23. November, „daß ... besonders in den Vereinigten Staaten von Amerika die Lage besonders kritisch sei und daß man hier mit einem scharfen Rückschlag, zumindest bis Anfang nächsten Jahres, aber vielleicht auch länger, rechnen müsse. Eine schwerere Krise sei jedoch bis jetzt kaum zu befürchten; vor allem seien die Konjunkturbedingungen sowohl in den Vereinigten Staaten als auch in der übrigen Welt erheblich günstiger als 1929."[27]

Im „Annalist" sind die Argumente für eine optimistische Beurteilung der Wirtschaftslage in den USA am systematischsten zusammengefaßt. Diese sind: a) Es gibt keine Anspannung des Geldmarktes, die Zinsen sind sehr niedrig; b) es gibt keinen Mangel an Kapital; c) es gibt keine großen aufgehäuften Warenvorräte; d) die Produktion pro Kopf der Bevölkerung ist bedeutend niedriger als auf dem Höchstpunkt von 1929.[28]

Keines dieser Argumente ist stichhaltig. Ihr grundlegender Fehler ist — vom bürgerlichen Standpunkt durchaus begreiflich —, daß sie die Deformation des industriellen Zyklus durch die allgemeine Krise des kapitalistischen Systems außer acht lassen. Der Überfluß an Leihkapital jeder Art ist bloß die Widerspiegelung der Tatsache, daß es einen chronischen Überfluß an fixem Kapital gibt. Die Bourgeoisie ist außerstande, die vorhandenen Produktionsanlagen auch nur annähernd voll auszulasten. Selbst in der Zeit des besten Geschäftsganges bleibt ein großer Teil der Kapazität — 15 bis 20% — unaus-

25 Neue Zürcher Zeitung vom 11. November 1937.

26 Ebenda, vom 8. November 1937.

27 Berliner Börsen-Zeitung vom 24. November 1937.

28 Annalist vom 23. Oktober 1937, S. 658.

genützt. Es ist selbstverständlich, daß unter solchen Verhältnissen die Bourgeoisie im allgemeinen und die großen Monopole im besonderen nur zögernd an die Erweiterung oder den Neubau von Industrieanlagen, an die Ausweitung des fixen Kapitals herangehen.

Dies bedeutet natürlich nicht, daß der technische Fortschritt während des letzten Zyklus irgendwie stillgestanden hätte. Der Kampf um den Absatz und die Anforderungen der Rüstungsindustrie lassen dies keineswegs zu. Zweifellos fand während des letzten Zyklus eine Modernisierung der Produktionsmittel, so wie in allen anderen kapitalistischen Ländern, auch in den USA statt.

Aber an den statistischen Daten läßt sich klar ablesen, daß diese Modernisierung in den USA in erster Linie durch Erneuerung der Maschinerie in den bestehenden Fabriken und nicht durch Fabrikneubauten erzielt wurde. Dies zeigt uns die in Tabelle 3 enthaltene Gegenüberstellung der Entwicklung der Geschäftsbauten und des Maschinenbaus in den USA.

Tabelle 3
Index der Industrie- und Geschäftsbauten

Jahr	Wert	Fläche	Maschinenbau (Bestellungen)
1929	100,0	100,0	100,0
1930	59,2	54,2	45,5
1931	29,0	26,3	26,3
1932	11,3	12,3	12,6
1933	15,4	15,6	17,4
1934	18,1	17,2	29,7
1935	18,5	21,0	55,2
1936	30,3	36,5	87,7
1937 (erste 9 Monate)	45,5	51,2	130,0

Quelle
Monthly Bulletin of Statistics, 12/1937.

Diese Zahlenreihen zeigen, daß, während die industrielle Bautätigkeit im Jahre 1937 nicht einmal die Hälfte jener des Jahres 1929 erreicht hatte, die Produktion von Maschinen im Jahre 1937 den Höhepunkt des Jahres 1929 stark überschritt. Das heißt: Die neuen Maschinen wurden in den alten Fabriken, offenbar anstelle von alten Maschinen, aufgestellt. Im übrigen war der Höhepunkt der Maschinenbestellungen bereits im April 1937 mit einem Index von 181,3 erreicht. Seitdem sind die Bestellungen rasch zurückgegangen; der Index belief sich im August auf 115.

Die Zahlen für die industriellen Bauten und die der Maschinenbestellungen für den ganzen Zyklus zeigen klar, daß von einer nennenswerten Ausdehnung des fixen Kapitals in den USA in diesem Zyklus keine Rede sein kann. In manchen Jahren war der Maschinenverschleiß während des letzten Zyklus offenbar größer als der Zufluß von neu produzierten Maschinen. Das Unterbleiben der Ausweitung des fixen Kapitals — die die Hauptgrundlage der zyklischen Erhöhung der Produktion in der Abteilung I ist und damit auch der Ausdehnung der Absatzmöglichkeiten für Waren der Abteilung II — ist eine der Hauptursachen, warum es in den USA zu keiner Prosperitätsphase kam und die neue Krise ausbrach, bevor der Höchstpunkt des vorhergehenden Zyklus erreicht wurde.

Tabelle 4
Neuemission von Kapital der Aktiengesellschaften

Jahr	Aktien und Obligationen, Mio Dollar	Jahr	Aktien und Obligationen, Mio Dollar
1928	5346	1933	161
1929	8002	1934	178
1930	4483	1935	404
1931	1551	1936	1192
1932	325	1937 (10 Monate)	1097

Quelle
Federal Reserve Bulletin, Dezember 1937, S. 1181.

Aus Tabelle 4 geht hervor, daß in den letzten sieben Jahren insgesamt etwa ebenso viele Aktien und Obligationen emittiert wurden, wie im Jahre 1930 und nur etwas mehr, als in sechs Monaten des Jahres 1929. Insofern eine Erneuerung des fixen Kapitals stattfand, erfolgte sie also aus den Profiten der Monopole — die in den letzten Jahren sehr hoch waren —[29] ohne Beanspruchung des Kapitalmarktes.

Der chronische Überfluß an fixem Kapital, die Geringfügigkeit der Neuanlage von produktivem Kapital widerspiegeln sich in dem für den ganzen Zyklus in den USA charakteristischen Überfluß an Leihkapital sowohl auf dem Geldmarkt als auch auf dem Kapitalmarkt.[30] Es wurde im Lande mehr in Geldform neu akkumuliert, als Möglichkeiten für eine produktive Neuanlage bestanden. Dies erklärt die Flüssigkeit des Geld- und Kapitalmarktes, was aber in keiner Weise den Ausbruch einer echten Krise verhindern kann. Nur die bürgerlichen „Wirtschaftstheoretiker", die die Zirkulationssphäre als das Primäre betrachten und aus Oberflächenbewegungen des Kapitalmarktes die zyklische Bewegung der kapitalistischen Reproduktion ableiten wollen, können sich dem Wahn hingeben, daß die Flüssigkeit des Geld- und Kapitalmarktes ein Hindernis für den Krisenausbruch wäre.

Was die Behauptung anbelangt, daß das Fehlen überschüssiger Warenvorräte gegen den Ausbruch einer Krise spreche, so möchten wir dazu folgendes feststellen: Bereits Marx hob ausdrücklich hervor, daß auch dann, wenn die kapitalistischen Produzenten, die industriellen Kapitalisten keine Absatzschwierigkeiten haben und sich keine Waren anhäufen, dies kein Beweis dafür ist, daß die Waren letztlich an den Verbraucher abgesetzt werden. Diese Waren können sich in der Zirkulationssphäre, im Groß- und Einzelhandel anhäufen. Marx schrieb: „Innerhalb gewisser Grenzen kann der Reproduktionsprozeß auf derselben oder erweiterten Stufe vorgehen, obgleich die aus ihm ausgestoßnen Waren nicht wirklich

29 Die Nettoprofite von 40 führenden Industriemonopolen (in Mio Dollar):

1935	1936	1937 (9 Monate)
321	506	400

30 Der Geldmarkt ist durch kurzfristige Geldgeschäfte (Darlehen usw.) und der Kapitalmarkt durch langfristige Transaktionen (Emission von Obligationen usw.) gekennzeichnet.

in die individuelle oder produktive Konsumtion eingegangen sind. Die Konsumtion der Waren ist nicht eingeschlossen in den Kreislauf des Kapitals, aus dem sie hervorgegangen sind. Sobald das Garn z. B. verkauft ist, kann der Kreislauf des im Garn dargestellten Kapitalwerts von neuem beginnen, was auch immer zunächst aus dem verkauften Garn wird. Solange das Produkt verkauft wird, geht vom Standpunkt des kapitalistischen Produzenten alles seinen regelmäßigen Gang. Der Kreislauf des Kapitalwerts, den er repräsentiert, wird nicht unterbrochen. Und ist dieser Prozeß erweitert — was erweiterte produktive Konsumtion der Produktionsmittel einschließt —, so kann diese Reproduktion des Kapitals von erweiterter individueller Konsumtion (also Nachfrage) der Arbeiter begleitet sein, da er durch produktive Konsumtion eingeleitet und vermittelt ist. Es kann so die Produktion von Mehrwert und mit ihr auch die individuelle Konsumtion des Kapitalisten wachsen, der ganze Reproduktionsprozeß sich im blühendsten Zustand befinden und dennoch ein großer Teil der Waren nur scheinbar in die Konsumtion eingegangen sein, in Wirklichkeit aber unverkauft in den Händen von Wiederverkäufern lagern, tatsächlich sich also noch auf dem Markt befinden."[31]

Infolge der unzureichenden statistischen Angaben läßt sich schwer einschätzen, ob sich in den USA gegenwärtig ein solcher Prozeß vollzieht. Die Vorratsstatistik erfaßt nur einen Teil der tatsächlichen Vorräte und wird außerdem immer mit großer Verspätung veröffentlicht. Den letzten zusammenfassenden Zahlen ist die Tendenz zu entnehmen, daß die Vorräte in den letzten Monaten angewachsen sind. Insgesamt sind sie größer als im Vorjahr, allerdings noch geringer als 1929 vor dem Ausbruch der Krise (vgl. Tabelle 5).

Tabelle 5
Index der Warenvorräte (1923 bis 1925 = 100)

	1937 (Mai)	1937 (September)	1936 (September)
Insgesamt	99	130	122
Industriewaren	107	108	103
Rohstoffe	93	145	136
Metalle	70	111	96
Chemische Erzeugnisse	144	144	125

Quelle
Survey of Current Business, November 1937.

Die Warenvorräte sind also von Mai bis September gestiegen und haben ein wesentlich größeres Ausmaß als vor einem Jahr angenommen.[32] Daß die Warenvorräte vor Ausbruch der Krise noch nicht so hoch waren, erklärt sich daraus, daß die amerikanische Bourgeoisie seit den schweren Erschütterungen der Krise von 1929 in dieser Beziehung etwas vorsichtiger geworden ist.

31 K. Marx, Das Kapital, Zweiter Band, in: MEW, Bd. 24, Berlin 1970, S. 80/81.

32 Nach Zeitungsberichten nahmen die Warenvorräte im September und Oktober rasch weiter zu. So wuchsen z. B. die Kupfervorräte von September bis Oktober von 144000 t auf 182000 t, während der Kupferverbrauch von 66000 t auf 45000 t zurückging (Times vom 16. November 1937). Die Bleivorräte stiegen im Oktober um 500000 t, während der Verbrauch von 54000 t im September auf 39000 t im Oktober zurückging (Berliner Börsen-Zeitung vom 26. November 1937).
Das gleiche ist in vielen anderen Zweigen zu beobachten.

In diesem Zusammenhang ist noch ein weiterer Umstand hervorzuheben. Auf der Suche nach Absatzmöglichkeiten für ihre Waren ging die amerikanische Bourgeoisie bereits 1936 wesentlich stärker als 1929 zum Verkauf auf Ratenzahlungen über.

Wurden 1929 in den USA Waren (ohne Häuser) für 5 Mrd. Dollar auf Raten verkauft, so waren es 1932 2,5 Mrd. Dollar und 1936 über 9 Mrd. Dollar.[33]

Worin besteht die ökonomische Bedeutung der Ratenverkäufe von Waren (wie Möbel, Kücheneinrichtungen, Kraftfahrzeuge, Kleidung usw.) in dieser Höhe von 9 Mrd. Dollar? Das bedeutet, daß für diese Waren keine zahlungsfähige Nachfrage vorhanden war. Wenn die Bourgeoisie diese Waren auf Kredit an die Verbraucher abgibt, so belegt sie damit bereits künftiges Einkommen der Käufer mit Beschlag. Die Waren sind zwar verkauft, aber noch nicht bezahlt. Wäre den Verbrauchern kein Kredit eingeräumt worden, würden diese Waren auf Lager liegen. Hinsichtlich des Entstehens der Voraussetzungen für eine Krise üben die auf Ratenzahlung verkauften Waren die gleiche Wirkung aus, wie angehäufte Vorräte. Die Kredite der Händler veranlassen die Käufer, ihr künftiges Einkommen für den Kauf bestimmter Waren zu verausgaben. Hat der Verbraucher die Waren auf Ratenzahlung erworben, so kann er aber später entsprechend weniger Waren aus seinen laufenden Einkünften kaufen, solange er seinen Zahlungsverpflichtungen nachzukommen hat. Rechnet man die auf Kredit verkauften Konsumtionsmittel zu den Warenvorräten hinzu, so ergibt sich, daß diese bereits zu Beginn der Krise beachtlich angewachsen waren.

Völlig unhaltbar ist die Behauptung, daß eine echte Krise nicht eintreten könne, weil die industrielle Produktion der USA pro Kopf der Bevölkerung niedriger sei als im Jahre 1929. In der Epoche des aufsteigenden Kapitalismus könnte ein solches Argument als historische Analogie mit einem gewissen Recht angeführt werden. In der Periode der allgemeinen Krise des Kapitalismus gelten derartige Analogien nicht.

Hinter diesen Behauptungen steht die theoretisch ganz unrichtige Voraussetzung, als ob der Zweck der kapitalistischen Produktion die möglichst gute Versorgung der Bevölkerung mit Konsumtionsmitteln wäre und als ob die absoluten Bedürfnisse der Bevölkerung und nicht die Möglichkeit der Verwertung des Kapitals die Schranken der Ausdehnung der kapitalistischen Produktion bilden würden.

Diesen Unsinn hat bereits Marx widerlegt: „Es werden nicht zuviel Lebensmittel produziert im Verhältnis zur vorhandenen Bevölkerung. Umgekehrt. Es werden zuwenig produziert, um der Masse der Bevölkerung anständig und menschlich zu genügen ...

Aber es werden periodisch zuviel Arbeitsmittel und Lebensmittel produziert, um sie als Exploitationsmittel der Arbeiter zu einer gewissen Rate des Profits fungieren zu lassen. Es werden zuviel Waren produziert, um den in ihnen enthaltnen Wert und darin eingeschloßnen Mehrwert unter den durch die kapitalistische Produktion gegebnen Verteilungsbedingungen und Konsumtionsverhältnissen realisieren und in neues Kapital rückverwandeln zu können, d. h. um diesen Prozeß ohne beständig wiederkehrende Explosionen auszuführen.

Es wird nicht zuviel Reichtum produziert. Aber es wird periodisch zuviel Reichtum in seinen kapitalistischen, gegensätzlichen Formen produziert."[34]

33 Nach Berechnungen des Monatsbulletins der New York Trust Corporation „The Index" vom April 1937.

34 K. Marx, Das Kapital, Dritter Band, in MEW, Bd. 25, a. a. O., S. 268.

Die Daten der amerikanischen Statistik zeigen trotz ihrer Unvollkommenheit, daß wir es gegenwärtig mit dem Ausbruch einer echten Überproduktionskrise in ihrer klassischen Form zu tun haben. Die Krise begann mit einem Rückgang der Produktion von Konsumtionsmitteln, der einige Monate anhielt und dann auf die Produktion von Produktionsmitteln übergriff, wobei er, wie dies meistens der Fall ist, sich hier wesentlich stärker als in der Abteilung II auswirkte.

Die Industrieproduktion nahm 1937 in den USA folgenden Verlauf (1929 = 100)[35]:

	März	Juni	Juli	August	September	Oktober	November
Produktionsmittel	93,8	92,6	100,6	104,1	94,4	83,5	62,4
Konsumtionsmittel	102,6	98,7	92,9	94,7	91,6	86,0	82,8

Die Produktion von Konsumtionsmitteln erreichte ihren höchsten Stand im März. Dann begann sie bei geringen Schwankungen zu fallen und ging bis November um 20% zurück. Die Produktion von Produktionsmitteln stieg noch während des ganzen ersten Halbjahres und erreichte ihren höchsten Stand im August, um dann bis November schlagartig um 38% zurückzugehen.

Die Konsumtionskraft der amerikanischen Gesellschaft hatte also ihre Grenze erreicht, wobei diese unter dem Höchststand von 1929 lag. Hier zeigt sich die Auswirkung der allgemeinen Krise des Kapitalismus. Wir wollen jedoch konkret feststellen, welches die wichtigsten Ursachen, waren, daß die Konsumtionskraft der USA-Bevölkerung weiter relativ zurückging.

Eine entscheidende Ursache liegt in der chronischen Massenarbeitslosigkeit (vgl. Tabelle 6).

Tabelle 6

Anzahl der Arbeitslosen (in Tsd. Personen)

Nach Berechnung der American Federation of Labor*	614 (September 1929)	8552 (August 1937)
Nach Berechnungen des National Bureau of Industrial Advisers**	1954 (März 1929)	7529 (März 1937)

* American Federationist, Oktober 1937. Die Angaben für 1929 sind vermutlich zu niedrig.

** Conference Board Bulletin vom 24. Mai 1937.

Obwohl diese Zahlen nicht ganz exakt sind (es gibt in den USA keine offizielle Arbeitslosenstatistik), zeigen sie doch den gewaltigen Unterschied zwischen 1929 und 1937.

Im Jahre 1929 war die Arbeiterklasse der USA so weit beschäftigt, wie es unter den Bedingungen der allgemeinen Krise des Kapitalismus überhaupt möglich ist (im Kapitalismus gibt es immer eine industrielle Reservearmee und in der allgemeinen Krise eine chronische Arbeitslosigkeit, mögen sich die Kapitalisten noch so sehr über einen Arbeits-

35 Monthly Bulletin of Statistics, 1/1933.

kräftemangel beklagen). Obwohl die Produktion 1937 etwa den Stand von 1929 erreichte, gab es (nach verschiedenen Berechnungen) etwa 10 Mio Arbeitslose (ein Teil von ihnen wurde bei den Notstandsarbeiten der Regierung und der Städte beschäftigt).

Infolge des Fortschritts der Technik und der Erhöhung der Intensität der Arbeit konnte das gleiche Volumen an Waren im Jahre 1937 trotz verkürzter Arbeitszeit von einer geringeren Zahl von Arbeitskräften bewältigt werden als im Jahre 1929. Wenn wir den vom Federal Reserve Board errechneten Index des Beschäftigungsgrades (1929 = 100) nehmen, so ergibt sich für die ersten acht Monate 1937 ein Index von 96,2, d. h., 1937 waren rund 4% weniger Arbeitskräfte beschäftigt als 1929. Nehmen wir hierzu den durch die natürliche Bevölkerungszunahme hervorgerufenen Zuwachs an Arbeitsuchenden im Verlaufe von acht Jahren und ferner die Vermehrung der auf Lohnarbeit Angewiesenen durch die große Zahl der während der Krise zugrunde gegangenen Farmer, Handwerker, Kleinhändler usw., so ist das Bestehen dieser Riesenarmee von Arbeitslosen verständlich. Da das reale Einkommen der Arbeiterklasse der USA infolge der chronischen Massenarbeitslosigkeit und der hierdurch verschlechterten Arbeitsbedingungen im Jahre 1937 offenbar geringer ist als im Jahre 1929, ist es klar, daß der Absatz von Waren der Abteilung II an die Schranken des geringen Einkommens der proletarischen Massen gestoßen ist, noch bevor die industrielle Produktion der USA pro Kopf das Niveau von 1929 erreicht hatte.

Auch das stark verminderte Einkommen der amerikanischen Farmer schränkte den Absatz von Industriewaren beträchtlich ein, wie Tabelle 7 zeigt.

Tabelle 7

Jahr	Geldeinkommen der Farmer (in Mio Dollar)	Index der von den Farmern bezahlten Preise*
1929	10479	153
1930	8451	145
1931	5899	124
1932	4328	107
1933	5117	109
1934	6348	123
1935	7090	125
1936	7865	124
1937 (erste 11 Monate)	7862	

* Farm Implements News vom 26. August 1937, S. 32 (August 1909—Juli 1914 = 100).

Quelle

„The Agricultural Situation", März 1937, S. 22 (einschließlich der von der Regierung gezahlten Ausgleichsbeträge für die Einschränkung der Anbaufläche). Für 1937 aus „Annalist" vom 31. Dezember 1937.

Diese Tabelle weist nach, daß die Kaufkraft des Geldeinkommens der Farmer, den Preisfall der von ihnen gekauften Waren in Betracht gezogen, in den letzten sieben Jahren ständig um 1 bis 2 Mrd. Dollar kleiner war als im Jahre 1929. Das heißt, sie konnten der Industrie jährlich um soviel Mrd. Dollar weniger Waren abnehmen als im Jahre 1929. Im ersten Halbjahr 1937 hatte sich infolge der Preiserhöhung für Getreide und einige andere landwirtschaftliche Produkte die Lage der Farmer gebessert, aber die Besserung wurde durch den rapiden Preissturz der Baumwolle und anderer landwirtschaftlicher Waren im Herbst 1937 offenbar weitgehend vernichtet.

Alle diese Faktoren: Der sehr geringe Grad der Erneuerung und Ausdehnung des fixen Kapitals, die chronische Massenarbeitslosigkeit und das durch die Agrarkrise verminderte Einkommen der Farmer waren entscheidend für die Tatsache, daß die neue Wirtschaftskrise zum Ausbruch kam, bevor das Höchstniveau des Jahres 1929 erreicht wurde.

Die ungenügende Konsumtionskraft der Werktätigen kam besonders klar zum Ausdruck in der geringen Wohnbautätigkeit während der ganzen Dauer des Zyklus. Nach dem Index des Federal Reserve Board (1923 bis 1925 = 100) wurde der Höchstpunkt der Wohnbautätigkeit im vorhergehenden Zyklus mit 126 im Jahre 1928 erreicht. Hingegen betrug der Index während des jetzt zu Ende gegangenen Zyklus:

1930	1931	1932	1933	1934	1935	1936	1937 (9 Monate)
50	37	13	11	12	21	37	45

Wie wir sehen, betrug die Bautätigkeit im Durchschnitt des ganzen Zyklus weniger als ein Drittel der Jahre 1923 bis 1925 und bloß ungefähr ein Fünftel des ganzen vorhergehenden Zyklus. Dies obwohl in der Fachpresse der USA zahllose Berechnungen darüber angestellt wurden, daß zur Befriedigung des Wohnungsbedarfs der Neuverheirateten, als Ersatz der baufällig gewordenen Wohnhäuser und zur Unterbringung der in Elendswohnungen lebenden armen Leute ein Wohnungsbedarf von mehreren Millionen Wohnungen vorhanden war bzw. vorhanden ist. Die Bautätigkeit lag während der ganzen Zeit darnieder, obwohl eine der Hauptbedingungen der Ausdehnung des Wohnungsbaus: Überfluß an Leihkapital und niedrige Zinsen, vorhanden war. Die amerikanische Presse schiebt die Schuld auf die angeblich hohen Löhne der Bauarbeiter und auf die durch die Monopole hochgehaltenen Preise der Baumaterialien. Das letztere dürfte eine gewisse Rolle spielen, entscheidend ist aber, daß infolge der chronischen Massenarbeitslosigkeit und infolge des niedrigen Einkommens der großen Massen der Werktätigen kein zahlungsfähiger Wohnungsbedarf vorliegt. Der errechnete große Bedarf an Wohnungen bleibt daher ökonomisch wirkungslos.

Auch der starke Kurssturz für Wertpapiere schränkt die Absatzmöglichkeiten für Industriewaren ein. Der Kurswert der an der New Yorker Börse registrierten Aktien fiel von seinem Höchststand Ende Februar 1937 bis Ende November um 36%, was etwa einem Nominalverlust von 23 Mrd. Dollar entspricht.

Natürlich ist dieser Verlust nur fiktiv. Das Realvermögen des Landes wurde durch den Börsenkrach nicht im geringsten berührt.

Das bedeutet allerdings nicht, daß ein Börsenkrach von solcher Stärke keine Auswirkungen auf die Konjunktur hätte. Die Aktieninhaber gehen davon aus — was von ihrem individuellen Standpunkt durchaus richtig ist —, daß sie durch den Kurssturz der Aktien ärmer werden und schränken deshalb ihre Ausgaben ein (ausgenommen vielleicht die eigentliche Finanzaristokratie). Denn sie wissen aus Erfahrung, daß nach einem solchen Kurssturz der Aktien ihre Dividendeneinnahmen in den kommenden Jahren erheblich niedriger sein werden. Verringert aber die herrschende Klasse ihre Ausgaben für Waren der Abteilung II, besonders für Luxusgüter, so trägt auch das dazu bei, daß der kapitalistische Absatzmarkt schrumpft.

Noch wichtiger ist aber, daß der Börsenkrach das ohnehin minimale Interesse der Kapitalisten, ihr Kapital in produktiver Form, also in Investitionen und neuen Betrieben anzulegen, noch mehr zurückgehen ließ. Ein Börsenkrach „lähmt die Unternehmerinitiative", wie die Bourgeoisie sagt, d. h. er bremst die Nachfrage nach Waren der Abteilung I und beschleunigt somit den Ausbruch der Überproduktionskrise.

Eine gewisse Rolle spielt auch der Exportrückgang. Von 1927 bis 1929 betrug der Export der USA monatlich mehr als 400 Mio Dollar, während er 1936 ganze 201 Mio Dollar erreichte. Das ist ein gewaltiger Rückgang, selbst wenn man den Preisfall berücksichtigt (etwa 15% gegenüber 1929)! Im Frühjahr und Sommer 1937 stieg der Export stark an: das ist meistens dann der Fall, wenn die Überproduktionskrise in dem einen Land früher als in den übrigen kapitalistischen Ländern heranreift. In diesem Fall haben sich auf dem inneren Markt bereits unverkäufliche Warenvorräte angesammelt, die jetzt verstärkt auf den Weltmarkt geworfen werden, der sie noch aufnehmen kann.

Eine Ursache für den Rückgang des amerikanischen Exports ist in den für alle kapitalistischen Länder zutreffenden Autarkiebestrebungen und protektionistischen Tendenzen, sowie in der nahezu völligen Einstellung des Kapitalexports zu suchen. Nimmt man die in den USA für Auslandsanlagen emittierten Wertpapiere, so wird der Unterschied zwischen dem jetzigen und dem vorangegangenen Zyklus besonders deutlich. Von 1927 bis 1929 legten die USA für Auslandsanlagen Wertpapiere in Höhe von 6,2 Mrd. Dollar auf, in den sechs Jahren von 1932 bis 1937 waren es insgesamt 112 Mio und in den ersten neun Monaten 1937 insgesamt 3 Mio Dollar. Damit ist natürlich nicht gesagt, daß es überhaupt keinen Kapitalexport gab. In einzelnen Fällen investierten amerikanische Kapitalisten ihr Kapital im Ausland, ohne den Wertpapiermarkt in Anspruch zu nehmen. Andererseits legten auch Kapitalisten anderer Länder in erheblichem Umfange Kapital in den USA an, indem sie amerikanische Wertpapiere kauften.[36] Wenn auch die USA Kapital ohne Inanspruchnahme des Wertpapiermarktes exportierten, so glich der Zustrom von Kapital aus anderen Ländern nach den USA diesen Export nicht nur aus, sondern übertraf ihn sogar, was der starke Goldzustrom ins Land beweist.[37] Der faktische Stillstand im Kapitalexport (im Vergleich zu dem riesigen Kapitalexport in den Jahren vor der letzten Krise) bedeutet, daß die amerikanische Bourgeoisie ihren Warenexport nicht durch entsprechende Kapitalausfuhr stützen kann, was zum Teil auch den beachtlichen Rückgang des Warenexports erklärt.

Analysiert man die Entwicklung der amerikanischen Wirtschaft im einzelnen, so ergibt sich, daß in den USA alle Voraussetzungen für eine echte Überproduktionskrise vorhanden sind. Die Hoffnungen der amerikanischen Ökonomen, daß es sich hier nur um einen kurzfristigen Rückschlag wie 1924 und 1927 handelt oder daß wir es nach dem von Engels geprägten Begriff mit einer Zwischenkrise im Gegensatz zur großen Krise zu tun haben, sind nicht berechtigt.

36 Nach offiziellen Angaben gab es in den USA Ende 1935 langfristige Auslandsinvestitionen in Höhe von 5,015 Mrd. Dollar und kurzfristige in Höhe von 1,220 Mrd. Dollar. In den $1^1/_2$ Jahren von Ende 1935 bis einschließlich Juni 1937 wurden in den USA weitere 2,140 Mrd. Dollar an ausländischen Investitionen in Form von Bankeinlagen und Wertpapierkäufen angelegt (Federal Reserve Bulletin, Oktober 1937, S. 998—1000).

37 Der Goldvorrat stieg in den USA von 8,2 Mrd. Dollar Ende 1934 auf 12,7 Mrd. im September 1937. In den ersten neun Monaten 1937 belief sich der Goldzufluß auf nahezu 1,5 Mrd. Dollar.

Das zeigt auch der ungewöhnliche Rückgang der Industrieproduktion, vor allem in der Abteilung I.

Dafür werden in Tabelle 8 einige charakteristische Zahlen angeführt.

Tabelle 8
Wochenindex

1937	Index der Geschäftstätigkeit (nach „New York Times")	Auslastung der Produktionskapazität in der Stahlindustrie (in %)	Zahl der beladenen Frachtwaggons
4. September	109,3	71,6	805
2. Oktober	103,5	66,1	847
6. November	93,5	41,0	732
13. November	90,5	36,4	690
20. November	89,5	31,0	647
27. November	85,3	29,6	558
4. Dezember	84,8	27,5	623
11. Dezember	85,0	27,5	622
18. Dezember	85,0	23,5	603
25. Dezember	84,3	19,5	460
1. Januar 1938	78,3	—	—

Diese Zahlen zeigen einen stetigen Konjunkturrückgang um 15% innerhalb von zehn Wochen. Die Güterbeförderung bei den Eisenbahnen ging innerhalb von drei Monaten um 20% zurück, und die Auslastung der Produktionskapazitäten in der Stahlindustrie sank innerhalb von elf Wochen um mehr als die Hälfte. Der Rückgang erfolgte, vor allem in der Stahlindustrie, rascher als im Herbst 1929.

Für die Zweige der Abteilung II liegen keine Wochenzahlen vor und die Monatszahlen sind im Augenblick auch nur bis einschließlich November verfügbar (vgl. Tabelle 9).

Aus der Tabelle geht hervor, daß in der Abteilung II ebenfalls ein sehr großer Produktionsrückgang zu verzeichnen ist.[38] Zweifellos ist die Industrieproduktion bis Dezember bereits mit einem solchen Tempo abgesunken, wie es auch bei dem tiefsten Stand während der Krisen des 19. Jahrhunderts nicht zu beobachten war.

Das außerordentlich starke Tempo des Produktionsrückgangs während der gegenwärtigen Krise zeigt sich in folgenden Angaben (vgl. Tabelle 10).

Seit August hat ein gewaltiger Rückgang eingesetzt: Innerhalb von vier Monaten machte er (saisonbereinigt) mehr als 20% aus. Ende des Jahres wird er vermutlich bei 25% liegen. Besonders stark ist der Rückgang bei der Stahlproduktion. Ende 1929 war die Stahlindustrie immerhin noch zu 59% ausgelastet; Ende 1937 waren es noch 19,5%!

Aber dieser rasche und starke Produktionsrückgang in der Abteilung I ist nicht nur ökonomisch begründet: eine große Rolle spielen auch politische Momente, wie die Sabotage durch den reaktionärsten Teil der amerikanischen Großbourgeoisie. Die Ver-

38 Nach Angaben der Assoziation der Kunstseidenweber ging die Produktion einzelner Erzeugnisse aus Kunstseide vom Höchststand um 49 bis 93% im Jahre 1937 zurück (Journal of Commerce vom 8. November 1937).

Tabelle 9
USA-Produktion in der Abteilung II

	Höchststand 1937	Letzte Angaben 1937	Rückgang in %
Verbrauch von Baumwolle (in 1000 Ballen)	779 (März)	485 (November)	—37,7
Auslastung der Baumwollindustrie (in %)	148 (März)	111 (November)	—25,0
Produktion von Schuhen (in 1000 Paar)	45946 (März)	33617 (September)	—26,8
Index (1923 bis 1925 = 100)			
Verbrauch von Wolle	139 (März)	96 (September)	—30,9
Produktion von Nahrungsmitteln	99 (Dezember 1936)	81 (Juli)	—18,2
Produktion von Leder und Ledererzeugnissen	136 (Januar)	100 (September)	—26,5
Tabakindustrie	183 (Dezember 1936)	162 (September)	—11,5

Quellen
Survey of Current Business, Dezember 1937; Federal Reserve Bulletin, Dezember 1937.

Tabelle 10
Index des Federal Reserve Board, 1937 (1923—1925 = 100)

	April	August	September	Oktober	November
saisonbereinigt	118	118	110	101	unter 95 (vorläufige Schätzung)
nicht saisonbereinigt	125	114	106	99	unter 95 (vorläufige Schätzung)

Quelle
Federal Reserve Bulletin, Dezember 1937, S. 1250.

einigung der Arbeiter der amerikanischen Schwerindustrie (der Metallurgie, der Autoindustrie usw.) in dem CIO (Committee for Industrial Organisation) zwang die Könige der Schwerindustrie erstmals in der Geschichte Amerikas, die Gewerkschaften anzuerkennen und mit ihnen Kollektivverträge abzuschließen. Dazu trug die im Gegensatz zu den Präsidenten Coolidge und Hoover wohlwollende Haltung der Roosevelt-Administration gegenüber den Gewerkschaften bei. Aber die Unternehmer schlossen die Kollektivverträge nur für sehr kurze Zeit, meistens für ein Jahr. Jetzt nutzten die Kapitalisten die Krise, um die Arbeiter auf die Straße zu setzen. Sie drosseln die Produktion stärker, als dies ökonomisch notwendig ist, schließen Betriebe vorzeitig und wollen auf dem Arbeitsmarkt eine solche Lage schaffen, daß sie die Kollektivverträge annullieren und vielleicht sogar die neuen Industriegewerkschaften zerschlagen können. Zugleich versuchen sie, die Verantwortung für die Krise der Roosevelt-Administration anzulasten, die das Kapital angeblich mit so hohen Steuern belegt, daß eine profitable Produktion unmöglich werde.

Vielfach wird über diese Sabotage des Großkapitals offen gesprochen. Der Finanzredakteur der Zeitung „New York World Telegram" R. M. Hendershot, schrieb am 17. September 1937: „Der Große (‚the big fellow') ist in Streik getreten. Er ist nicht gezwungen, sein Geschäft in Gang zu halten, um leben zu können. Er kann die Krise ohne große Schwierigkeiten überstehen, daher ist er in der Lage zu warten, bis die Steuern seinem Wunsch gemäß modifiziert werden."[39]

Die von der Finanzoligarchie betriebene Politik verschärft die Krise in den USA. Sie bewirkt, daß vor allem die Produktion von Produktionsmitteln außerordentlich rasch zurückgeht.

Es taucht die Frage auf, wie sich die Krise in den USA weiter entwickeln und welche Auswirkungen sie auf andere kapitalistische Länder haben wird.

Wenn die gegenwärtigen Kriege im Laufe des Jahres 1938 nicht in einen allgemeinen Weltkrieg der imperialistischen Hauptländer übergehen, wird sich in den USA die Krise in der Produktion zweifellos weiter entwickeln.

VI. Symptome der beginnenden Krise in anderen Ländern

Die Entwicklung der kapitalistischen Wirtschaft im Jahre 1937 zeigt deutlich, daß es neben den USA auch in anderen kapitalistischen Ländern Krisensymptome gibt, obwohl hier die Krise in der Produktionssphäre noch nicht offen zum Ausbruch gelangt ist.

Als ein wichtiges Zeichen kann man die Tatsache werten, daß die Preise aller an den Börsen gehandelten Waren in den letzten neun Monaten stark gefallen sind. Wir bringen hier die Preise der an den britischen Börsen gehandelten Waren, denn diese Preise sind immerhin für die kapitalistische Welt maßgebend (vgl. Tabelle 11).

Wie wir sehen, sind die Preise bei einigen Waren um die Hälfte gefallen. Das zeigt schon die nahende Krise. Andererseits ist der Preissturz als solcher wiederum ein Faktor, der zur Lösung der Krise beiträgt.

Tabelle 11
Börsenpreise wichtiger Waren in London*

	Liverpool		London			
	Baumwolle p je lb.	Wolle (Index)	Kupfer £ je t	Zinn £ je t	Kautschuk p je lb.	Kakao sh je quarter
Höchster Preis im Jahre 1937	8,19	40	77	306	13,5	53
Preis Anfang November 1937	4,50	32	42	201	7,5	27
Preis Anfang Dezember 1937	4,62	29	39	191	7,3	26,5

* Da es sich nur um die Preisbewegung handelt, geben wir nur die Preise der gleichen Quantität bei gleicher Qualität an.

39 Zitiert in: Daily Worker vom 18. November 1937.

Der Preissturz ist so groß, daß allein schon dadurch der Reproduktionsprozeß stark deformiert werden muß. In diesem Zusammenhang schrieb Marx: „Es kommt hinzu, daß bestimmte, vorausgesetzte Preisverhältnisse den Reproduktionsprozeß bedingen, dieser daher durch den allgemeinen Preisfall in Stockung und Verwirrung gerät. Diese Störung und Stockung paralysiert die mit der Entwicklung des Kapitals gleichzeitig gegebene, auf jenen vorausgesetzten Preisverhältnissen beruhende Funktion des Geldes als Zahlungsmittel, unterbricht an hundert Stellen die Kette der Zahlungsobligationen an bestimmten Terminen, wird noch verschärft durch das gegebne Zusammenbrechen des gleichzeitig mit dem Kapital entwickelten Kreditsystems und führt so zu heftigen akuten Krisen, plötzlichen gewaltsamen Entwertungen und wirklicher Stockung und Störung des Reproduktionsprozesses, und damit zu wirklicher Abnahme der Reproduktion."[40]

Ein wesentliches Merkmal der herannahenden Krise ist auch der starke Kurssturz bei den Aktien und eine Kette von Börsenpaniken nicht nur in den USA, sondern auch in anderen Ländern, wo es einen freien Börsenverkehr gibt (vgl. Tabelle 12).

Tabelle 12
Index der Kurse der Industrieaktien (1929 = 100)

Land	Höchster monatlicher Durchschnittskurs 1937	Letzter Monat
Großbritannien	121,6 (Januar)	99 (November)
Frankreich	52 (Januar)	40,0 (November)
Schweden	84,8 (März)	69,7 (November)
Niederlande	73,2 (August)	61,3 (November)

Dieser starke Rückgang der Aktienkurse zeigt, daß auch in den europäischen Ländern die Bourgeoisie die nahende Krise fühlt und damit rechnet, daß die Dividenden der Aktien sinken.

Zur Produktion ist folgendes festzustellen: Während des Jahres 1937 kam der Produktionsanstieg in einigen Ländern zum Stehen, während in anderen Ländern ein Produktionsrückgang einsetzte. Doch gegenwärtig läßt sich noch nicht absehen, ob dies den Beginn der Krise bedeutet oder ob wir es hier mit einem zeitweiligen Rückgang zu tun haben.

In den europäischen Ländern ist der Aufschwung bis jetzt nur zum Stillstand gekommen, aber noch keine Krise ausgebrochen. Die Krise in den USA beschleunigt natürlich den Ausbruch der Krise in anderen kapitalistischen Ländern, soweit die Voraussetzungen dort schon mehr oder weniger herangereift sind. Der Einfluß der amerikanischen Krise wird sich um so rascher auswirken, je enger ein Land ökonomisch mit den USA verbunden ist.

In Großbritannien hat die Krise bereits begonnen. Im dritten Quartal (in Großbritannien gibt es nur einen Quartalsindex der Produktion) lag der Index um 2,5% unter dem des zweiten Quartals. Die amerikanische Krise wirkt sich auf den Roheisen- und Stahlmarkt aus. In den letzten Monaten begann die Zahl der Arbeitslosen zu steigen, und zwar relativ rasch: So stieg die Zahl der Arbeitslosen im September um 30000, im Oktober um 51000, im November um 109000 und im Dezember um 135000. Das sind die

40 K. Marx, Das Kapital, Dritter Band, in: MEW, Bd. 25, a. a. O., S. 264/265.

ersten Krisensymptome in Großbritannien. Die wachsende Konkurrenz amerikanischer Waren auf dem Weltmarkt, der Verlust des chinesischen und vor allem des japanischen Marktes für Großbritannien und der Rückgang des Wohnungsbaues (er ist fast ein ganzes Jahr nicht angestiegen) weist daraufhin, daß sich Großbritannien der Krise nähert.[41] Die zögernde Entwicklung der Krise erklärt sich vor allem durch die gewaltigen Rüstungsaufträge.

Die Krise geht auch nicht an den faschistischen Ländern vorbei, deren Wirtschaft außerordentlich angespannt ist. Die Besonderheit der Wirtschaft besteht in den Ländern unter faschistischer Diktatur darin, daß sie bereits durch die Rüstungswirtschaft deformiert ist. Sie erinnert an die Wirtschaft jedes beliebigen anderen kapitalistischen Landes, das sich im Kriegszustand befindet. Was ist aber für die Wirtschaft solcher kapitalistischer Länder, die sich im Kriegszustand befinden, charakteristisch?

Die kapitalistische Wirtschaft ist im Zeitalter des Imperialismus und besonders während der allgemeinen Krise des Kapitalismus in der Regel dadurch gekennzeichnet, daß das Warenangebot die Nachfrage übersteigt. Wir meinen damit natürlich die zahlungsfähige Nachfrage, nicht eine Nachfrage schlechthin. Wie verhält es sich aber mit diesem grundlegenden Widerspruch, wenn sich ein kapitalistisches Land in einem größeren Krieg befindet? Die gewaltige Nachfrage der modernen Armeen vergrößert den Markt in einem Umfange, daß die Nachfrage das Angebot übersteigt. Das ist nicht nur deshalb der Fall, weil durch die Kriegsführung als solche eine zusätzliche Nachfrage entsteht, sondern auch, weil ein großer Teil der Arbeitskräfte aus der Produktion abgezogen und an die Front geschickt wird und die Produktion wegen fehlender Arbeitskräfte zurückgeht. Während des ersten Weltkrieges hatte die kapitalistische Wirtschaft in allen Ländern das Problem zu lösen, woher Rohstoffe und Waren zu beschaffen sind. Der Verbrauch mußte bei allen Produkten eingeschränkt werden, damit die Produktion den militärischen Bedarf decken konnte.

Die Wirtschaft der faschistischen Länder unterscheidet sich von der Wirtschaft der meisten bürgerlich-demokratischen Staaten vor allem dadurch, daß erstere bereits jetzt eine gewaltige militärische Nachfrage, eine Nachfrage nach Rüstungsgütern haben.

Nehmen wir das faschistische Deutschland. Es beteiligt sich bisher nur an der Intervention in Spanien. Dennoch sind die Rüstungsaufwendungen des faschistischen Deutschlands gewaltig. Seine gesamte Wirtschaft ist der forcierten Kriegsvorbereitung untergeordnet. Worin zeigt sich das?

Nach den dort bestehenden Gesetzen sind alle landwirtschaftlichen Waren nur an den Staat abzuliefern. Der deutsche Bauer kann die Produkte seiner Arbeit nicht frei verkaufen. Selbst solche landwirtschaftlichen Erzeugnisse wie Eier und Milch darf der Bauer nicht auf dem Markt verkaufen.

Alle industriellen Rohstoffe werden von Trusts und kapitalistischen Organisationen unter Aufsicht des Generalstabes verteilt und für Rüstungszwecke eingesetzt. Es gibt eine lange Liste verschiedener Industriewaren, für deren Herstellung kein Eisen, Stahl und Kupfer verwendet werden darf. Außenhandel und Devisenwirtschaft werden unmittelbar vom Staat

41 Der Index des „Economist" für Dezember 1937 lag bei 110,5 gegenüber 113 im September. Ende Januar stellte die Textilindustrie von Lancashire teilweise (5 Mio Spindeln) die Arbeit für zwei Wochen wegen Überproduktion von Waren ein (Times vom 1. Februar 1937).

kontrolliert. Ein deutscher Kapitalist darf seine Ware nicht ohne Genehmigung ins Ausland verkaufen oder dort eine Ware ohne Zustimmung der entsprechenden staatlichen Organe kaufen.

Woher nimmt das faschistische Deutschland die gewaltigen Mittel, die in den letzten vier bis fünf Jahren zur Aufrüstung und Schaffung einer neuen Massenarmee aufgewendet wurden? In Deutschland sind gegenüber 1932 gegenwärtig etwa 4 Mio Arbeiter mehr beschäftigt. Damals waren diese Menschen arbeitslos. Aber das Realeinkommen der gesamten Arbeiterklasse — sowohl der in Arbeit stehenden als auch der Arbeitslosen — ist 1937 nicht größer als 1932. In der Produktion sind 4 Mio Menschen mehr beschäftigt, aber für den Aufwand dieser zusätzlichen Arbeit zahlt die deutsche Bourgeoisie praktisch nichts. Schätzt man den von einem deutschen Arbeiter im Jahr geschaffenen Wert — natürlich nur angenähert — auf etwa 2000 Mark, so ergibt sich durch die Arbeit dieser 4 Mio Arbeiter ein Betrag von 8 Mrd. Mark. Und hier liegt die wirtschaftliche Quelle für die Aufrüstung des faschistischen Deutschland. Hinzuzurechnen sind jene Einnahmen, die der Faschismus aus der Ausplünderung der Bauern zieht.

Kein Staat hat einen Krieg wegen Mangel an Geld verloren. Stets konnte man Geld drucken und Anleihen auflegen. Finanzmanipulationen lassen sich immer vornehmen, wenn die entsprechende ökonomische Grundlage vorhanden ist. Bei der deutschen Wirtschaft geht es also um folgendes: Wie lange kann die deutsche Wirtschaft eine solche widernatürliche Lage durchhalten, bei der der größte Teil der Produktion in Rüstungsgüter verwandelt wird?

Deshalb ist in Deutschland keine gewöhnliche Überproduktionskrise zu erwarten. Das bedeutet aber nicht, daß die in den USA ausgebrochene Krise nicht die Wirtschaft des faschistischen Deutschland berührt. Die heraufziehende Krise wird ihren Einfluß vermutlich vor allem auf den Außenhandel Deutschlands ausüben.

Etwas anders verhält es sich mit dem faschistischen Italien. Dieses Land befindet sich bereits seit zwei bis drei Jahren im Kriegszustand. Der Krieg in Abessinien ist formal beendet, doch in Wirklichkeit befindet sich dort noch eine große Besatzungsarmee. Dabei ist zu berücksichtigen, daß Italien relativ weniger Naturreichtümer als Deutschland besitzt.

In Italien gibt es weder Eisen noch Kohle noch andere Bodenschätze. Alles muß aus dem Ausland importiert werden. Die Industrie des faschistischen Italien verfügt also über keine eigene Basis. Sie importiert z. B. Eisen, verarbeitet es zu Stahl, erzeugt Automobile, Elektroausrüstungen und anderes und exportiert diese Waren. Mit der einsetzenden Krise verschärft sich aber die Konkurrenz auf dem Weltmarkt gerade bei jenen Waren, die die Grundlage des italienischen Exports bilden. Das kompliziert die zweifellos ohnehin sehr angespannte Finanzlage Italiens noch mehr.

Auch das militaristische Japan verfügt außer Seide über keine Rohstoffquellen. Japan importiert Textilrohstoffe, Eisen, Buntmetalle, Erdöl und zum Teil Holz. In diesem Land prallen die schärfsten Klassenwidersprüche in der Welt aufeinander. Fast 30% der landwirtschaftlichen Bevölkerung Japans besitzt überhaupt kein Land.

Ein großer Teil des Bodens befindet sich in Händen von Gutsbesitzern. Die Fabriken und Werke gehören einer kleinen Gruppe von Kapitalisten. Einige große Konzerne beherrschen das gesamte Wirtschaftsleben des Landes.

Japan führt bereits seit einigen Jahren Krieg. Nach einer kurzen Ruhepause entfaltete es die Kriegshandlungen in China in großem Ausmaß. Dies ist noch nicht der „große Krieg", von dem die reaktionären Vertreter des imperialistischen Japans so viel sprachen. Ein „großer Krieg" bedeutet die allgemeine Mobilisierung der gesamten männlichen Bevölkerung. Bekanntlich waren im Weltkrieg 10% der Bevölkerung mobilisiert, in einzelnen Ländern auch mehr. Das ist bei Japan noch nicht der Fall.

Bereits jetzt schränkt Japan den Import von Waren erheblich ein. Importiert wird nur, was unmittelbar für den Krieg benötigt wird. Der gegenwärtige Krieg in China schwächt die wirtschaftliche Position Japans ohne Zweifel sehr und verschärft den Klassenkampf im Lande bedeutend. Der Verbrauch der Arbeiter und Bauern, deren Lage bereits vor dem Krieg schwer war, ist gegenwärtig stark zurückgegangen.

Japan ist mit dem faschistischen Deutschland und Italien verbündet. Aber können diese Verbündeten Japan ökonomisch unterstützen? Italien verfügt über keinerlei Ressourcen. Es ist selbst arm. Deutschland könnte theoretisch natürlich Eisen und Stahl an Japan liefern, aber sein eigener Bedarf ist durch das Wettrüsten so groß und seine Abhängigkeit von Eisenerzimporten aus Schweden, Frankreich und Spanisch-Marokko so stark, daß es Japan keine bedeutende Unterstützung geben kann.

Wenn die Produktion Japans bis jetzt noch nicht zurückgegangen ist, so bedeutet das keineswegs, daß es nicht auch von der Krise erfaßt werden kann. Die japanische Produktion dient gegenwärtig vor allem militärischen Bedürfnissen. Der chinesische Markt ist den japanischen Waren zur Zeit verschlossen. Durch den Ausbruch der Krise in den USA und den dadurch verursachten Rückgang der zahlungsfähigen Nachfrage ist auch der amerikanische Markt den japanischen Waren nicht zugänglich, was vor allem den japanischen Seidenexport berührt. Bekanntlich wird das Hauptexporterzeugnis der japanischen Industrie, nämlich Seide, zu 90% in die USA exportiert. Durch den Exportrückgang wird die Zahlungsbilanz Japans passiv.

Deshalb wird sich also die wirtschaftliche Situation in absehbarer Zeit sowohl in Japan als auch vor allem in Deutschland und Italien verschärfen.

Sehr kompliziert wird sich die Lage für die Agrarländer, insbesondere die kolonialen Länder, gestalten. Die Erzeugnisse dieser Länder, wie Baumwolle, Wolle, Kautschuk, Kakao, Zinn usw., sind im Preis stark gefallen; gleichzeitig geht die Produktion zurück. Die internationalen Monopole kolonialer Waren versuchen, den Preissturz durch Restriktionen, d. h. Produktionseinschränkungen, aufzuhalten. Dafür ein Beispiel: Das internationale Zinnkartell setzte die Kontingente Anfang Dezember plötzlich von 110 auf 70% herab. Die Kontingente für Kautschuk wurden ebenfalls von 90 auf 70% gesenkt. Andererseits versuchen die großen Monopole, die gegenwärtigen Warenpreise zu halten. Das europäische Stahlkartell beschloß am 24. November 1937, die bisherigen Preise auch 1938 beizubehalten. Das heißt natürlich nicht, daß die Monopole — sollte sich die Krise in Europa rasch entwickeln — die Preise halten können, aber in jedem Fall wird die Tendenz sichtbar, nämlich die kolonialen Länder auszuplündern und die Preise für Rohstoffe aus den Kolonien zu senken, dagegen die Preise der Monopole in den imperialistischen Staaten auf einem hohen Stand zu halten.

Kommen wir zu den Ergebnissen.

Obwohl man Anfang 1938 in keinem Land, außer den USA, den Ausbruch einer Krise in der Produktionssphäre exakt feststellen kann, obwohl gewaltige Rüstungen in einigen Ländern der Industrie einen zusätzlichen Markt schaffen und damit den Ausbruch einer Krise hinausschieben, sprechen doch alle Anzeichen dafür, daß die amerikanische Krise sich im Verlauf des Jahres 1938 zu einer Weltkrise ausweitet.

Siebenter Teil

Die Wirtschaft des Kapitalismus im zweiten Weltkrieg*

* Es handelt sich um die gekürzten Kapitel II, III, V und XII aus dem Buch von Eugen Varga: Izmenenija v ėkonomike kapitalizma v itoge vtoroj mirovoj vojny, Moskva 1946, Gospolitizdat.

I. Wirtschaftsregulierung und Planlosigkeit in den kapitalistischen Ländern während des Krieges

Während des ersten Weltkrieges lobten die deutschen Reformisten die Kriegswirtschaft jener Zeit auf jede Weise, denn sie schaffe eine „gleichmäßige" Verteilung der Nahrungsmittel; sie sahen in dieser Kriegswirtschaft einen großen „sozialen Fortschritt" und nannten sie „Kriegssozialismus". Lenin entlarvte diese Demagogie und zerstörte die Legende vom „Kriegssozialismus". Im zweiten Weltkrieg wurde der Begriff „Kriegssozialismus" kaum noch verwendet. Die großen wirtschaftlichen Erfolge der Sowjetunion vor dem Kriege verschafften der „Planwirtschaft" große Popularität. Da man die Erfolge der Sowjetwirtschaft nicht mehr einfach leugnen konnte, versuchten die reaktionären Kreise hartnäckig, diese Erfolge lediglich als Ergebnisse der Planwirtschaft auszugeben, die unabhängig vom sozialistischen Charakter unserer Wirtschaft erzielt wurden. In fast allen Ländern wurden „Vierjahrpläne", „Fünfjahrpläne" und „Zehnjahrpläne" aufgestellt, die entweder überhaupt nicht verwirklicht wurden oder — wie dies mit dem Vierjahrplan in Deutschland der Fall war — ausschließlich der Umstellung der Wirtschaft auf die Rüstung dienten.[1]

Im Kriege zeigte sich deutlich die Überlegenheit der Wirtschaft in der Sowjetunion. Dadurch wurde die Planwirtschaft unter den werktätigen Massen noch populärer, Daraus erklären sich auch die Bemühungen einiger Ökonomen im Ausland, die Lenkung der Wirtschaft im Krieg als „geplante Wirtschaft" zu bezeichnen, was natürlich falsch ist.

In der kapitalistischen Kriegswirtschaft mußten die Bedürfnisse der Armee (der Flotte und der Luftwaffe) für einen kürzeren oder längeren Zeitraum im voraus geplant werden. Da der Krieg aber über die Hälfte der laufenden Produktion verschlang, mußte für einen erheblichen Teil der künftigen Produktion im voraus eine Lenkung erfolgen, denn nur so konnten die Bedürfnisse der Armee vorrangig befriedigt werden. Stünden alle Produktionsfaktoren — Produktionsmittel, Rohstoffe, Arbeitskräfte sowie Transportmittel in allen notwendigen Varianten — unbegrenzt zur Verfügung, so brauchte sich die Tätigkeit des kapitalistischen Staates während des Krieges nur darauf zu beschränken, den privaten Betrieben entsprechende Aufträge zu geben. Es war aber nicht an dem. Deshalb mußte sich der Staat einen großen Teil der Produktionsfaktoren für die Rüstungsproduktion vorbehalten, die Produktion unzureichend vorhandener Waren erhöhen und deren Verbrauch einschränken; das betraf vor allem den Verbrauch der Zivilbevölkerung, aber auch (soweit es sich um Produktionsmittel handelt) den Bedarf der Industriebetriebe, die Waren für den zivilen Bedarf herstellten. Dem gleichen Ziel diente der staatlich gelenkte Einsatz der Arbeitskräfte und der Transportmittel.

Inwieweit sich der kapitalistische Staat „planmäßig" in die Wirtschaft einmischt, hängt in erster Linie von dem Verhältnis ab, das in jedem kriegführenden Land zwischen den Ressourcen und den Kriegsbedürfnissen besteht, aber auch von historischen Bedingungen. Den höchsten Grad der „Regulierung der Kriegswirtschaft" wies Deutschland auf, denn hier

1 Eingehender vgl. Eugen Varga, Planwirtschaft bei uns, „planmäßige" Demagogie bei ihnen, Moskau 1935.

waren große Teile des Rüstungspotentials im Vergleich zu den militärischen Bedürfnissen sehr unzureichend, wobei hinzukam, daß sich der Staat — historisch gesehen — weitgehend in die Wirtschaft einzumischen pflegte.

Durch die gewaltigen Kriegsbedürfnisse und die begrenzten Ressourcen entstanden in den kriegführenden Ländern für eine gewisse Zeit eigene Systeme von Regulierungs- und Planungsmaßnahmen.

Diese Systeme unterscheiden sich aber grundsätzlich von unserer Planwirtschaft. Der grundlegende Unterschied besteht in folgendem:

1. In den kapitalistischen Ländern kann es keine „Planwirtschaft" geben, denn sie ist nicht mit den Produktionsverhältnissen zu vereinbaren, deren Grundlage das Privateigentum an den Produktionsmitteln ist. Planungsmaßnahmen laufen in diesen Ländern auf nichts anderes hinaus als auf ein durch den Krieg bedingtes System des äußeren Zwangs.

Unsere Planwirtschaft stimmt voll mit den Produktionsverhältnissen überein, deren Grundlage das gesellschaftliche Eigentum an den Produktionsmitteln ist. Hier gibt es keinen äußeren Zwang, sondern ein inneres regulierendes Prinzip unserer Wirtschaft, und zwar sowohl im Krieg wie im Frieden.

2. Die im Krieg praktizierte „Regulierung" ist in den kapitalistischen Ländern eine Erscheinung, die ausschließlich durch den Krieg bedingt und nur während der Kriegszeit wirksam ist.

Bei uns ist die Planwirtschaft ein ständiger, unserem sozialen System immanenter Bestandteil. Unsere Planwirtschaft ist während des Krieges die gleiche wie im Frieden und nur die Arten der hergestellten Waren, ihre Verteilung usw. wurden den Kriegsbedürfnissen angeglichen.

3. Im Kapitalismus werden im Krieg nur jene Teile der Wirtschaft reguliert, die unmittelbar den Bedürfnissen der Armee dienen; auf anderen Gebieten herrscht auch in der Wirtschaft weiterhin Planlosigkeit.

Unsere Planung umfaßt alle Gebiete des Sowjetlebens, nicht nur die gesamte Wirtschaft, sondern auch die Kaderausbildung, die Arbeit der kulturellen Einrichtungen usw.

4. In den kapitalistischen Ländern wurden die Regulierungsorgane des Staates während des Krieges geschaffen und hatten nur zeitweiligen Charakter (eine Ausnahme bildet Deutschland, das seine Wirtschaft bereits lange vor Ausbruch der Aggression auf militärische Bedürfnisse umgestellt hatte).

Wir haben bereits seit Jahrzehnten eine funktionsfähige, zentral und örtlich organisierte Planwirtschaft, die unser ganzes Riesenland umfaßt. Diese Organisation hat auch während des Krieges ständig ihre Aufgaben erfüllt.

In den kapitalistischen Ländern setzen sich die Organe, die mit der Planung der Kriegswirtschaft befaßt sind, — entsprechend der Gesellschaftsordnung dieser Länder — aus den dafür zuständigen Beamten sowie aus Vertretern von Organisationen verschiedener gesellschaftlicher Schichten zusammen, wie Unternehmern, in erster Linie Vertretern der großen Monopole, „Verbrauchern" und Arbeitern (in Deutschland gab es in diesen Organen keine echten Vertreter der Arbeiter und Verbraucher). Alle Widersprüche, die in der Gesellschaft zwischen den verschiedenen Klassen und Schichten, zwischen Monopolen und Außenseitern, zwischen Unternehmern und Arbeitern sowie zwischen Unternehmern und Verbrauchern bestehen, spiegeln sich in diesen „Planungs"organen wider, erschweren deren Arbeit außerordentlich und führen zu widersprüchlichen Entscheidungen.

Durch die Existenz von zwei befreundeten Klassen ist es aber in der Sowjetunion möglich, daß die Planungsorgane unserer Wirtschaft auch im Krieg ohne solche Reibungen funktionieren.

Aus dem Dargelegten ergeben sich auch alle Mängel der „Planung“ in der Kriegswirtschaft der kapitalistischen Länder.

Die Produktionsmittel bleiben dort auch während des Krieges Privateigentum. Auch im Krieg produzieren die kapitalistischen Betriebe ihre Waren, um Profite zu machen; die in den USA und Großbritannien während des Krieges neu errichteten Fabriken, die staatliches Eigentum darstellen, wurden Privatunternehmern zur Nutzung überlassen.

Das Interesse der Kapitalisten an hohen Profiten, dem die Produktion untergeordnet ist, steht auch während des Krieges ständig im Widerspruch zu den Bemühungen des Staates, Produktion und Verbrauch soweit wie möglich auf den Krieg auszurichten. Die großen Monopole behielten auch während des Krieges den entscheidenden Einfluß auf die Wirtschaftspolitik des Staates und insbesondere auf die Tätigkeit der rüstungswirtschaftlichen Organe, an deren Leitung sie entscheidend beteiligt waren und die praktisch von ihnen gelenkt wurden. Das gemeinsame Interesse bestand darin, daß ihr Land siegreich aus dem Krieg hervorging; ihre privaten Interessen zwangen sie aber, aus dem Krieg möglichst hohe Profite für ihr Unternehmen herauszupressen. Unter solchen Umständen ist eine echte Leitung der gesamten Wirtschaft unmöglich.

Die Widersprüche zwischen dem Bemühen des Staates, alle Ressourcen für den Krieg zu mobilisieren, und dem Streben der großen Monopole nach möglichst hohen Profiten, zeigt sich deutlich in den USA. Im Unterschied zu den faschistischen Ländern wurde dieser Widerspruch hier sogar während des Krieges öffentlich in der Presse diskutiert.

Trotz der Aussichten, aus den Kriegslieferungen hohe Profite zu erzielen, weigerten sich die amerikanischen Kapitalisten, ihr Kapital in die Errichtung von Betrieben und in Produktionszweige zu investieren, die große militärische Bedeutung haben, wie die Produktion von Flugzeugen, Panzern, Kautschuk, Handelsschiffen und Aluminium. Sie befürchteten, daß sich diese Investitionen trotz hoher Rüstungsprofite nicht amortisieren, wenn der Krieg nicht lange genug dauert. Sie sahen voraus, daß diese Fabriken nach Kriegsende nicht für die Friedensproduktion benötigt werden und überflüssig sind, denn auch vor dem Krieg war das fixe Kapital in der amerikanischen Industrie nur zum Teil ausgelastet. Die Unternehmer veranlaßten den Staat, während des Krieges 16 Mrd. Dollar in den Bau von Betrieben zu investieren, wobei die meisten Betriebe von den Kapitalisten mit staatlichen Mitteln errichtet und ihnen dann zur Nutzung übergeben wurden.

Wie planlos die Produktionskapazitäten in den USA während des Krieges genutzt wurden, geht z. B. daraus hervor, daß man die alten Automobilwerke seinerzeit stillegte und aus staatlichen Mitteln neue Werke für die großen Automobilgesellschaften errichtete.

Der Widerspruch zwischen den privaten Interessen der Großunternehmer und den Interessen des Staates zeigt sich deutlich am Beispiel von Ford: „Obwohl die Regierung 66 Mio Dollar für den Bau des Werkes Willow Run und dessen hochspezialisierte Ausrüstung aufwandte, konnte Ford völlig nach eigenem Ermessen verfahren. ‚Nach eigenem Ermessen‘ bedeutete u. a., daß die Fabrikgebäude 30 Meilen vom Wohnort der Arbeitskräfte, nämlich von Detroit, entfernt waren; zur Arbeit wurden meistens männliche weiße Arbeitskräfte angeworben, die der Mobilisierung unterlagen; die elementarste Pflicht, die Arbeiter mit Wohnraum zu versorgen, wurde völlig vernachlässigt und allen Versuchen der Regierung, dieses Problem zu lösen, Widerstand geleistet; schließlich wurden veraltete Produktionsmethoden angewandt; das hemmte die Produktion und erschwerte oft notwendige kleine Veränderungen an den Konstruktionen der Maschinen, wie sie der moderne Krieg verlangt. Die Ford-Gesellschaft errichtete eine moderne Fabrik zur Herstellung von Flugzeugen für zivilen Gütertransport, wie sie nach dem Krieg gebraucht werden. ‚Wenn der Krieg beendet ist', sagte Henry Ford im September 1941 zu einer Gruppe von Reportern, ‚werden wir das von uns errichtete Gebäude nutzen und Flugzeuge in Massenfertigung herstellen.'"[2]

Das gleiche ist bei Chrysler zu beobachten. Chrysler hat sich noch stärker als die meisten anderen Automobilfirmen bemüht, die militärische Produktion auf die von der Regierung errichteten neuen Fabriken zu beschränken und solche Maschinen herzustellen, die möglichst geringe Unterschiede zur Friedensproduktion aufweisen.

„Während viele Quadratmeter Fabrikfläche in den Betrieben von Chrysler ungenutzt sind, baut die Regierung in Chikago für ein Tochterunternehmen von Chrysler eine der größten Fabriken in der Welt, um Flugzeuge herzustellen ... ‚Was wird nach dem Krieg aus dieser gewaltigen Fabrik?', fragte ich einen Vertreter von Chrysler. Der zuckte die Schultern. ‚Für die Automobilindustrie wird das kaum zu nutzen sein', sagte er ...

Dem relativ starken Widerstand, den Chrysler der Umstellung seiner Betriebe auf Kriegsbedürfnisse entgegensetzt, liegen offensichtlich ökonomische Überlegungen zugrunde. Chrysler ist mehr als ‚General Motors' oder ‚Ford' auf seine Konkurrenzfähigkeit nach dem Kriege bedacht. Da Chrysler nicht über so gewaltige finanzielle Reserven wie seine beiden Hauptrivalen verfügt und den dritten Platz in der Automobilherstellung einnimmt (im Produktionsumfang bleibt er nur wenig hinter Ford zurück), versuchte er seine Rüstungsproduktion so zu organisieren, daß er nach dem Krieg rascher zur Automobilherstellung übergehen und sie obendrein billiger produzieren kann als einer seiner Konkurrenten."[3]

Ähnliche Beispiele sind in jedem Produktionszweig zu finden. Ein Gesellschaftssystem, das auf dem Privateigentum an den Produktionsmitteln beruht, kann unmöglich eine wirkliche Planwirtschaft schaffen.

Besonders schwierig ist die Einbeziehung der Landwirtschaft in das Regulierungssystem, denn jedes Land verfügt über einige Millionen „selbständiger" Landwirtschaftsbetriebe. Durch die Zersplitterung des bäuerlichen Grundbesitzes wird die Sache noch komplizierter.[4]

Mit gleichen Schwierigkeitgn war die Einbeziehung der kleinen Handwerksbetriebe in die „geplante" Kriegswirtschaft verknüpft. Sie wurden abhängig von Großfirmen, denen sie Einzelteile lieferten, oder sie wurden wirtschaftlich überhaupt liquidiert (besonders in Deutschland).

2 A. B. Magil. Detroit's Big Three; New Masses vom 25. Mai 1943, S. 15/16.

3 Ebenda.

4 Eine deutsche Zeitschrift schrieb: „Wenn ein Besitz mit einer Größe von vier Morgen sich in 72 Zwergparzellen teilt oder wenn bei einem Besitz von 30 Hektar die Zersplitterung so weit geht, daß man 206 km laufen muß, um 162 kleine Schläge zu begehen und jeden nur einmal im Jahr aufsucht, so kann ein solcher Grundbesitz kaum erfolgreich höhere Ernteerträge bringen. Hemmt derartig zerstreut liegendes Ackerland schon in Friedenszeiten den Fortschritt und die Modernisierung der Landwirtschaft stark, so muß sich das im Krieg katastrophal auswirken. Die Zersplitterung der landwirtschaftlichen Schläge entspricht nicht den Forderungen nach rationeller Ausnutzung der Arbeitskräfte, des Zugviehs, der Düngemittel und des Inventars.

Wie kann man ausländische Arbeiter auf einem Schlag einsetzen, für den man kaum eine Wache zur Verfügung stellen kann und wie soll hier die notwendige Aufsicht ausgeübt werden!"

Da die planmäßige Regulierung in den kapitalistischen Ländern zufälligen Charakter trägt und nur für den Kriegsfall vorgesehen war, verfügten diese Länder zu Kriegsbeginn über keinen fertigen Apparat, um die Kriegswirtschaft zu planen (lediglich Deutschland hatte noch vor Ausbruch des Krieges die Grundlagen für eine organisierte Rüstungswirtschaft gelegt). Die erforderlichen Organe mußten erst während des Krieges geschaffen werden, was immer dann geschah, wenn sich einzelne Mängel bei der Befriedigung der Bedürfnisse der Armee abzeichneten. Die Aufgaben dieser Organe überschnitten sich: Es mußten immer neue übergeordnete Organe geschaffen werden, um die Arbeit zu koordinieren und die zwischen ihnen ausgebrochenen Kompetenzstreitigkeiten beizulegen. Aber auch bei den übergeordneten Organen überschnitten sich die Aufgaben oft, und anstelle eines richtig organisierten Systems kam es zu einem totalen Durcheinander.

Als Beispiel kann Deutschland, das vielgerühmte Land einer „musterhaften" Organisation, genannt werden.

Die „Regulierung" der deutschen Wirtschaft zum Zwecke ihrer Umstellung auf den Krieg setzte bald nach der Machtübernahme Hitlers ein. Im Jahre 1934 wurde die „Regulierung" dem Wirtschaftsministerium unter Schacht übertragen. Im Jahre 1936 wurde Göring zum Leiter der Dienststelle für die Durchführung des „Vierjahrplanes" berufen, der der Kriegsvorbereitung diente. Das Wirtschaftsministerium wurde diesem Organ unterstellt. In der Praxis arbeiteten beide Organe parallel, was ein Vergleich der von ihnen herausgegebenen Anordnungen zeigt. Eine dritte Organisation zur „Regulierung" des gesamten Wirtschaftslebens des Landes wurde 1940 geschaffen, nämlich das Ministerium für Bewaffnung und Munition. Mit der Zuspitzung der militärischen und wirtschaftlichen Lage gewann dieses Organ immer entscheidendere Bedeutung: Im Herbst 1943 wurde dem Ministerium für Bewaffnung und Munition, an dessen Spitze Speer stand, die Koordinierung der Tätigkeit aller rüstungswirtschaftlichen Einrichtungen übertragen. Die Aufgabe des Wirtschaftsministeriums beschränkte sich auf die Versorgung der Zivilbevölkerung mit Industriewaren. Da aber dieses Ministerium nur über das verfügen konnte, was die Armee nicht benötigte, so war seine Rolle unbedeutend. Speer war formell Göring unterstellt. Eine vierte militärische Organisation befaßte sich mit der Ausplünderung der besetzten Länder.

Außerdem bestanden Organe, deren Tätigkeit einzelne Industriezweige umfaßte und die für diese sozusagen Kartelle darstellten, die mit staatlichen Zwangsmitteln ausgestattet waren. Zu diesen Organen gehörten die Reichsvereinigung für Kohle, die Reichsvereinigung für Eisen und Stahl usw. Sie hatten das Recht, einzelne Betriebe zu schließen, und konnten die hergestellten Erzeugnisse selbständig verteilen. So gewannen die größten Monopole der einzelnen Industriezweige völligen Einfluß auf die Industrie.

Neben diesen Organen einzelner Industriezweige gab es Organe, die sich mit verschiedenen allgemeinen Fragen befaßten, die alle Zweige im Reichsmaßstab betrafen, wie z. B. das Büro für Preisbildung und Preiskontrolle, die Rohstoff- und Energieverwaltung, das Reichsarbeitsamt usw. Die Zuständigkeiten dieser verschiedenen Organe waren nicht streng abgegrenzt und überschnitten sich vielfach.

Mit echt deutscher Gründlichkeit wurde alles restlos erfaßt, organisiert und ausgerichtet. Über jeden Betrieb ergoß sich eine Flut von vielen Tausenden oft widersprechender Anordnungen. Selbst die faschistische Presse wandte sich gegen eine solche „Überorganisation"; allerdings blieben diese Hinweise ohne Ergebnis.

Am 2. Juli 1944 brachte z. B. die „Deutsche Allgemeine Zeitung" einen Artikel von V. Muthesius, in dem der Verfasser schrieb: „Es gibt heute nichts, was nicht gelenkt würde: Lenkung der Arbeitskräfte und der Rohstoffe, Kapitallenkung und Fremdenverkehrslenkung, Lenkung des Verbrauchs und überhaupt jeder menschlichen Tätigkeit ... Es ist oft genug von kompetenten Leuten gesagt worden, daß der ganze Formularwust und Papierkrieg, das babylonische Gewirr von Verordnungen, Kontingenten, Genehmigungsverfahren, Verbotslisten und dergleichen mehr nicht unsere wirtschaftliche Weltanschauung darstelle und für uns nicht das Ideal sei, sondern daß es sich dabei um kriegsbedingte Maßnahmen handelt, die sobald wie möglich, je eher desto besser, wieder abgebaut werden müssen."

Die Zeitschrift „Das Reich" veröffentlichte am 6. August 1944 einen Artikel von Hans Schwarz van Berk. In diesem Artikel heißt es: „... Bei uns in Deutschland aber ist die Lust zu organisieren ein wahres Nationallaster. Wir haben zwei Redensarten, die das vollendet ausdrücken. Die eine heißt: ‚Restlos erfassen!', die andere: ‚Einheitlich ausrichten!' Dahinter steckt der Machtanspruch von Kartothekgenerälen und Beitragsfürsten, die Beschränktheit von Köpfen, die glauben, das Leben zu meistern, wenn sie den letzten Sportangler in einer Liste führen und ihm die Länge der Angelwürmer vorgeschrieben haben. Es steckt noch etwas mehr dahinter, wenn große wirtschaftliche Umsätze am Schreibtisch oder Telefon bearbeitet werden: eine risikofreie Art des bequemen Erwerbs, gleichzeitig aber, was in einem Kriege höchste Gefahr bedeutet, eine Verzögerung und Hemmung der Auftragsabwicklung. Zwischen jeden Block Stahl, der die Hütte verläßt, und jeden Schuß aus einer Pak in der Normandie schiebt sich raschelnd ein Berg von Papier ... Aber auch der staatliche Apparat und die Selbstverwaltung sind an vielen Stellen überbesetzt, doppelt und dreifach geschaltet ..."

Die außerordentliche Vielzahl der Regulierungsorgane und die widersprüchlichen privaten Interessen der großen Monopole, deren Vertreter diese Organe leiten, erschwerten die Versorgung der Armee selbst in einem so reichen Land wie den USA stark. Die von Senator Kilgore geleitete Kommission stellte 1943 fest: „Unsere verschiedenen Rüstungsprogramme sind alle wichtig, aber nicht untereinander abgestimmt und erreichen meistens nicht das gestellte Ziel. Unsere Stahlproduktion reicht nicht aus, weil ein Programm auf Kosten des anderen geopfert wird. Unserer Auffassung nach wurde die Produktionskapazität in einigen Zweigen zu stark erhöht, während kleine Fabriken, die man nutzen könnte, geschlossen wurden."[5]

Die in den kriegführenden kapitalistischen Ländern eingeführten Lenkungsmaßnahmen sicherten zwar mehr oder weniger ständig die Versorgung der Armee mit allem Notwendigen, bewirkten aber, daß zu den bisherigen Disproportionen in der Wirtschaft während des Krieges neue hinzukamen. Die wesentlichste Disproportion besteht darin, daß das fixe Kapital und die Produktionskapazität in der Abteilung I (einschließlich der Rüstungsindustrie) sehr stark anstieg, während die Produktionskapazität in der Abteilung II nur gering oder gar nicht zunahm. Durch diese Disproportion werden nach dem Krieg die Betriebe in der Abteilung I überall lange Zeit unausgelastet sein, wobei allerdings die Länder, die durch den Krieg Zerstörungen erlitten, eine Ausnahme bilden. So errichtete z. B. der Staat in den USA Aluminiumwerke mit einer vorgesehenen Produktionskapazität von etwa 500000 t; doch schon 1943 stellte sich heraus, daß im Lande zuviel Aluminium produziert wird, und es wurden 17 Aluminiumfirmen geschlossen.

In den USA wurde die Werkzeugmaschinenproduktion während des Krieges unwahrscheinlich gesteigert. Im Verlauf des Krieges produzierten die USA etwa 1 Million neue

5 New York Times vom 13. Mai 1943.

Werkzeugmaschinen. Es entstand eine Überproduktion: bereits 1943 mußte die Produktion auf ein Drittel der Produktionskapazität gesenkt werden. Der Leiter des Ausschusses für den Arbeitskräfteeinsatz in den USA (War Manpower Commission) wies mit Recht darauf hin, daß die übermäßige Versorgung der Industrie mit Werkzeugmaschinen eine Verschwendung darstellt, da gleichzeitig eine Vielzahl von Betrieben der Rüstungsindustrie nur einschichtig arbeitet. Würde zwei- und dreischichtig gearbeitet oder würden, anders ausgedrückt, die schon vorhandenen Werkzeugmaschinen intensiver genutzt, so wäre der größere Teil der neu produzierten Werkzeugmaschinen überflüssig.

In den USA und Großbritannien herrschte 1940—1942 von allen Produktionsfaktoren bei der Schiffstonnage zweifellos der größte Mangel. Man hätte deshalb annehmen können, daß die vorhandene Tonnage vollständig erfaßt und planmäßig für die Bedürfnisse der Kriegführung eingesetzt worden wäre. Einzelne Fälle, die bekannt wurden, beweisen jedoch, daß es sich längst nicht so verhielt.

Im Jahre 1940, als der größte Mangel an Tonnage herrschte, berichtete ein britisches Parlamentsmitglied, daß ein nach Suez bestimmtes britisches Schiff, das ganz Afrika umrundete, nur zur Hälfte ausgelastet ist; die Rückreise nach Großbritannien erfolgte ohne jede Ladung. Als Ballast hatte das Schiff 1000 Sandsäcke an Bord; dieser Sand machte fast eine Reise um die Welt.

Die „New York Times" bringt folgende Geschichte von sechs in Murmansk vergessenen amerikanischen Schiffen: „Washington, 9. September. Von der Marineverwaltung erfuhr man heute die Geschichte eines ‚vergessenen Geleitzuges', der acht Monate in der Arktis im hohen Norden Rußlands zubrachte. Im Januar 1943 stachen sechs Schiffe mit Nahrungsmitteln und Kriegsmaterial von New York in See. Sie hatten die Aufgabe, sich 18 anderen alliierten Transportschiffen anzuschließen, die nach Murmansk unterwegs waren. Nach zweimonatiger Fahrt, während der Geleitzug gefährlichen Stürmen und (an den norwegischen Küsten) deutschen Luftangriffen ausgesetzt war, erreichte er seinen Bestimmungsort. Die Schiffe warteten hier auf die Bildung eines neuen Geleitzuges zur Rückfahrt. Es vergingen aber acht volle Monate, bis die vergessenen Schiffe einem Geleitzug zur Rückkehr nach Großbritannien angeschlossen wurden."[6]

Als eine sehr schwache Seite der Regulierungsmaßnahmen erwies sich während des Krieges der Arbeitskräfteeinsatz. Nicht nur, daß hier schwere Irrtümer unterliefen, sondern seltsamerweise wiederholten sich auch die Fehler, die bereits im ersten Weltkrieg auftraten.

Sowohl in Deutschland als auch in Großbritannien berücksichtigte man bei der allgemeinen Mobilisierung den lebenswichtigen Bedarf der Kohleindustrie an Arbeitskräften ungenügend. Bald stellte sich heraus, daß durch den Mangel an Bergarbeitern und besonders an qualifizierten Hauern, die Kohleförderung zurückging. In Deutschland, aber auch in Großbritannien mußte ein Teil der Bergarbeiter demobilisiert werden. Ferner wurde dem Nachwuchs, also der Frage, wer die durch Tod oder Krankheit ausscheidenden Arbeiter ersetzt, kaum Beachtung geschenkt. Bei dem überall vorhandenen starken Mangel an Arbeitern fand man nicht genügend Schulabgänger, die bereit waren, den gefährlichen Beruf eines Hauers zu ergreifen. Um die erforderliche Zahl von Jugendlichen für den Bergbau zu gewinnen, mußten deshalb die Behörden in Großbritannien Zwangsmaßnahmen anwenden. In Deutschland versuchten die Nazis, zwangsweise aus der Ukraine und anderen zeitweilig besetzten Ländern vertriebene Bergarbeiter in den

6 Ebenda vom 10. September 1944.

Kohlegruben von Westdeutschland, Belgien und Luxemburg einzusetzen. Verständlicherweise zeitigte diese Zwangsarbeit nur geringe Ergebnisse.

Über die Schwierigkeiten beim zweckmäßigen Einsatz der Arbeiter in den USA berichtete 1942 der Vorsitzende des Ausschusses für den Arbeitskräfteinsatz (War Manpower Commission). Er behauptete u. a. folgendes: „6 Millionen schwarze Arbeiter werden nicht entsprechend ihrer Qualifikation eingesetzt. Die Diskriminierung verhindert den Einsatz von Hunderttausenden schwarzer Arbeiter. Statt die örtlich vorhandenen schwarzen Arbeiter zu beschäftigen, haben die Betriebe weiße Arbeiter aus weit entfernten Gebieten angeworben. In neun Rüstungsbetrieben einer Stadt im Osten des Landes stieg die Zahl der Arbeiter von 52494 im Januar 1941 auf 71169 im September. Während dieser Zeit konnten 10000 örtlich ansässige schwarze Arbeiter keine Beschäftigung finden. Dadurch stiegen die Wohnungsmieten stark an. Das Verkehrswesen war überlastet. Die zugezogenen weißen Arbeiter hatten keine Wohnungen und wurden ausgebeutet (von den Hausbesitzern, E. V.), deshalb verließen sie ihren Arbeitsplatz und gingen in eine andere Gegend.“[7]

Weiter werden andere ähnliche Schwierigkeiten genannt, die einen vollen Einsatz der vorhandenen Arbeitskräfte verhindern: so weigern sich Unternehmen, Frauen, Körperbeschädigte oder ältere Arbeiter einzustellen.

Die Anarchie auf dem Arbeitskräftemarkt kam teuer zu stehen. So wurden in Kalifornien täglich Zuckerrübenbestände von 4 Mio. britischen Pfund vernichtet. In Arizona wurde die Hälfte der Melonen nicht geerntet usw.

Die beträchtlichen Unterschiede zwischen den Lohntarifen in den einzelnen Produktionszweigen wurden durch die Anarchie auf dem Arbeitskräftemarkt noch größer. Der Wochenlohn eines Arbeiters machte 1942 in der Flugzeugindustrie 46 Dollar, im Schiffbau 53, dagegen im Bergbau nur 37 Dollar aus. Deshalb strebten die Arbeiter aus dem Bergbau in Zweige mit höheren Löhnen. Doch die Kohleförderung war für die Rüstungsindustrie lebenswichtig. Die Kupfergruben der „Anaconda“ verloren in den ersten fünf Kriegsmonaten Tausende von Arbeitern, während sie in dieser Zeit nur 400 neu einstellen konnten. Im Juni 1942 ging die Kupferförderung um 50% zurück,[8] und der Staat mußte teures Kupfer in Südamerika kaufen.

Der Widerspruch zwischen den Gesamtinteressen des Staates und den privaten Interessen der Unternehmer kam besonders bei der Regulierung der Preise zum Ausdruck.

In den großen kriegführenden Ländern stiegen die Preise für die staatlich bewirtschafteten Waren nicht so stark wie im ersten Weltkrieg. Doch wurden die offiziellen Festpreise oft umgangen. Mit zunehmendem Warenmangel wichen die Preise der staatlich bewirtschafteten und verteilten Waren immer stärker von den für diese Waren auf dem freien oder schwarzen Markt gezahlten Preisen ab.

Für einige Waren, deren Qualität nicht exakt bestimmt ist, konnte der Staat keine Festpreise ansetzen. Zu solchen Waren gehörten Grundstücke, Häuser, Werke der Kunst, Antiquitäten, Sammlungen usw. Das in der Rüstungswirtschaft nicht benötigte Geld-

7 New York Times Magazine vom 13. September 1942. Eine britische Zeitschrift brachte eine ähnliche Meldung (Economist vom 5. September 1942). Die Zeitschrift berichtet aus Detroit, daß Hunderttausende von Negern und Weißen aus den Südstaaten nach dort abgewandert sind. Dadurch spitzte sich die Wohnungsfrage außerordentlich zu, weil Weiße nicht mit Negern unter einem Dach wohnen wollten usw.

8 Economist vom 5. September 1942.

kapital wurde für den Kauf solcher Waren aufgewendet, besonders dann, wenn eine Geldentwertung drohte.[9] So ergaben sich für alle Waren starke Preissteigerungen.

Da Festpreise nur für neue Waren eingeführt wurden, erfolgte keine Preisregelung für bereits im Handel befindliche Waren, wodurch oft eine paradoxe Situation entstand: Die gestützten Waren wurden teurer verkauft als früher die entsprechenden neuen Waren. Alte Kraftfahrzeuge, die neuwertig 1000 Dollar kosteten, wurden nach zwei Jahren, also 1944, von den Händlern für 1200—1400 Dollar verkauft; die Firmen verdienten also ohne Schwierigkeiten jeweils 200 Dollar.[10] Ebenso kosteten alte Kühlschränke in den USA während des Krieges mehr als früher neue.

Wie planlos die Preispolitik in den USA betrieben wurde, verdeutlicht der im Winter 1944 in New York ausgebrochene „Eierkrieg". Der Staat hatte Höchstpreise für Eier festgesetzt. Es gab in jenem Jahr sehr viele Eier, und in New York hatten sich große Bestände angesammelt. Trotzdem forderten die Händler die hohen Preise. So wandte sich der Oberbürgermeister von New York, La Guardia, mit einem Aufruf an die Bevölkerung der Stadt, solange keine Eier zu kaufen, bis die Händler die Preise gesenkt haben.[11]

Diese und ähnliche Beispiele zeigen, daß die Preisbildung während des Krieges trotz der staatlichen Einmischung weiterhin anarchisch erfolgte.

Die Tatsache, daß außer in den USA, Großbritannien und den mit ihnen einen Währungsblock bildenden Ländern überall während des Krieges oder unmittelbar danach die Inflation ausbrach, zeigt am besten, wie kläglich es um die Regulierung der Preise und des Geldumlaufs bestellt war.

Die staatliche Preisregulierung und die hohen Einkommenssteuern sollten den Anstieg der Rüstungsprofite bremsen. Wie aber die Berichte der unter Vorsitz von Harry Truman stehenden Senatskommission erkennen lassen, konnte dieses Ziel nicht erreicht werden. Erst nach Verhandlungen mit großen Rüstungslieferanten im Rahmen der Commission of Renegotiation kassierte der Staat Milliarden von Rüstungsprofiten.[12] Allein ein Unternehmen, die United Aircraft Corporation, zahlte von 1941 bis 1943 dem Staat „freiwillig" 286 Mio Dollar an Mehrerlösen zurück.

Deshalb versuchten die Unternehmensleitungen, durch die verschiedensten Methoden einen Teil der Profite der Besteuerung zu entziehen und ihn für persönliche Zwecke zu verwenden. In einer amerikanischen Zeitschrift, die keineswegs als radikal bezeichnet werden kann, ist zu lesen: „Oft kann man von luxuriösen Banketten hören, die in unseren besten Hotels veranstaltet werden und bei denen erstaunliche Mittel für Essen, Getränke, Ausgestaltung der Räume und Auftritte von Künstlern aufgewendet werden. Bei einem dieser Banketts wurde jeder eingeladenen Dame eine rote Orchidee im Wert von 10 Dollar oder eine weiße im Wert von 25 Dollar überreicht, bei einem anderen Bankett wurden allein den nach dem Abendessen auftretenden Künstlern 700 Dollar gezahlt. Ein angesehener Gastronom in einer unserer Großstädte berichtete mir, daß die für alkoholische Getränke in seinem Hotel aufgewandten Summen alles übersteigen, was sich die lebhafteste Phan-

9 In Deutschland wollten alle Aktien von Industriebetrieben kaufen, während keiner verkaufen wollte. Deshalb stiegen die Aktienkurse in einem Maße, daß der Staat Festkurse einführte, was praktisch das Ende der Börsentätigkeit bedeutete.

10 Economist vom 22. April 1944.

11 New York Times vom 4. Januar 1944.

12 Additional Report of the Special Committee Investigating the National Defense Program, Washington 1944, S. 46.

tasie noch vor einigen Jahren hätte vorstellen können. ‚Es gibt hier keine Grenze', sagte er, ‚die Quelle aller dieser Gelder ist offensichtlich: Sie kommen von den Gesellschaften oder aber der Staat bezahlt.' Man erzählt von Gesellschaften, die sich Hotels und Pulman-Züge kaufen und die ihre führenden Leute benutzen, wenn es ihnen beliebt; die gesamte übrige Zeit bleiben diese Hotels und Züge unbenutzt. Bei der gegenwärtigen Steuersituation bezahlt alles der Staat.

Man berichtet, daß eine Gesellschaft, die keine Beziehungen zur Spirituosenindustrie hat, stets über einen Vorrat von einigen hundert Kisten alkoholischer Getränke für den Fall verfügt, daß sie Bankette und Empfänge veranstaltet. Keiner kann genau sagen, wieviel Geld gegenwärtig an unsere Hotels und Nachtbars, in die Kurorte von Florida und in die Kassen zahlloser Unternehmeragenturen aus Fonds fließen, die den Gesellschaften für Vergnügungen zur Verfügung stehen, doch man kann annehmen, daß diese Quellen sehr umfangreich sind."[13]

Sind die Produktionsmittel Eigentum von Privatpersonen, werden die staatlichen Lenkungsmaßnahmen immer auf gesetzwidrige Art umgangen.

Im faschistischen Deutschland versuchte der Staat zwar, die gesamte Wirtschaft staatlich zu lenken, doch wurde diese Regulierung den ganzen Krieg über ständig umgangen. Täglich berichteten die deutschen Zeitungen, daß Personen verurteilt wurden, die der staatlichen Bewirtschaftung Waren entzogen hatten. Obwohl bereits 1940 für illegale Viehschlachtungen und Fleischverkäufe auf dem Schwarzmarkt, für gesetzwidrige Fleischentnahme aus Betriebsküchen usw. Todesurteile verhängt wurden, so kam es bis zum Ende des Krieges immer wieder zu Verletzungen der staatlichen Regulierungsmaßnahmen.

Aber auch in den bürgerlich-demokratischen Ländern wurden die Regulierungsmaßnahmen auf Schritt und Tritt umgangen. Dafür sollen einige Beispiele genannt werden.

„Es wird kaum jemanden in Großbritannien geben, der nicht gesehen oder davon gehört hätte, daß mit Kraftfahrzeugen, die mit ‚CD' (Diplomatisches Corps) oder mit dem Arztzeichen gekennzeichnet waren, vollkommen unnötige Fahrten unternommen wurden, daß man massenweise in die Umgebung der Stadt oder zur ‚Wochenenderholung' fuhr, daß an öffentlichen Feiertagen ganze Corsos von Dienstwagen in London unterwegs sind, Benzin für Jagdausflüge zugeteilt wird usw."[14]

Der USA-Landwirtschaftsminister schätzte die illegal, über die staatlichen Normen hinaus auf den Markt gekommene Fleischmenge auf mehr als 20%.[15] Allein in Chikago wurden wöchentlich eine Mio Dollar für Fleischkäufe auf dem schwarzen Markt ausgegeben. Nach der Einführung von Fleischkarten gingen die Viehanlieferungen bei den legalen Schlachthöfen zurück, und zwar bei Schweinen um 80%, bei Kälbern um 26% und bei Rindern um 12%.[16]

Die Lage wurde im Verlauf des Krieges nicht besser. Senator E. Thomas, Vorsitzender einer Senatskommission, erklärte am 10. April 1945, daß er nicht wisse, wie den Fleischverkäufen auf dem schwarzen Markt beizukommen sei, „denn man könne nicht die gesamte Bevölkerung der USA verfolgen ... Wir erziehen in der Nation zu Gesetzlosigkeit ... Die Stadt New York ist ein einziger großer Schwarzmarkt." Er berichtete, daß 90% des Fleisches auf dem schwarzen Markt verkauft werden.

13 Harper's Magazine, Juni 1944.
14 Economist vom 31. Oktober 1942.
15 American Mercury, Juni 1944, S. 721.
16 Ebenda.

Der Kongreßabgeordnete Barry behauptete, daß in Washington wöchentlich 60 t Fleisch zu Preisen verkauft werden, die doppelt so hoch wie die staatlichen sind.[17]

Das folgende Beispiel betrifft den Handel mit Devisen: „Charles Lennard aus Heathview, Hampstead wurde gestern vom Richter McKenna (Polizeigericht in der Bow Street) zu einer Strafe von 40000 Pfund Sterling und zur Zahlung der Gerichtskosten von 50 Pfund Sterling verurteilt, weil durch sein Verschulden ein Valutabetrag von 112387 Dollar (27818 Pfund Sterling) nicht der staatlichen Behörde zum Ankauf angeboten wurde. Der Angeklagte bekannte sich schuldig. Der Richter wies darauf hin, daß man gegen den Angeklagten die Höchststrafe, d. h. 83454 Pfund Sterling, hätte verhängen können."[18]

Die staatliche Lenkung griff weitgehend in die Interessen der einzelnen Betriebe ein, wodurch unter den gegebenen Umständen die Korruption innerhalb der „Planwirtschaft" zwangsläufig zunahm. Das zeigte sich vor allem im faschistischen Deutschland. Hier ein Beispiel aus dem Jahre 1944.

Direktor Kapp, 40 Jahre, Mitglied eines Ausschusses für Rüstungsproduktion, nahm in seiner Funktion an Beratungen über die Schließung von nicht kriegswichtigen Betrieben teil. Dieser Kapp gab die Informationen, die er dienstlich erhielt und bei denen er zur Verschwiegenheit verpflichtet war, weiter. So wandte er sich an einen zur Schließung vorgesehenen Betrieb und gab an, die Schließung zu verhindern; als Gegenleistung verlangte er, daß er eine bestimmte Zahl von Aktien des Unternehmens erhält.[19]

Es wurden noch einige ähnliche Fälle bekannt, doch die meisten blieben anonym und wurden mit Schweigen übergangen.

Es zeigt sich also, daß Anarchie der Produktion und Planlosigkeit trotz staatlicher Wirtschaftsregulierung auch im Krieg für den Kapitalismus charakteristisch sind.

*

In den USA und Großbritannien wurden während des Krieges wissenschaftliche Gesellschaften zur „Planung" im Kapitalismus gegründet, und es erschien eine Vielzahl von Büchern und Broschüren zu diesem Thema.[20]

Nach dem Krieg tritt das Problem der „Planung" in den Hintergrund, da die staatlichen Regulierungsmaßnahmen nachlassen. Aber es wird wieder aktuell werden, sobald die nächste Überproduktionskrise heraufzieht.

17 Times vom 11. April 1945.

18 Ebenda, vom 20. Dezember 1941.

19 Vgl. Preußische Zeitung vom 12. Oktober 1944 (Anm. d. Übers.: Rückübersetzung aus dem Russischen).

20 Die amerikanische Planungsgesellschaft (National Planning Association), zu deren Mitgliedern so bekannte Personen wie Professor A. Hansen, Beardsley Ruml, Isador Lubin u. a. gehörten, gab bis Kriegsende über 40 Broschüren heraus. Es wurden genaue Pläne ausgearbeitet; so z. B. in der Broschüre „National Budget for Full Employment" ein Plan zur wirtschaftlichen Entwicklung der USA nach dem Krieg. Doch fehlt in diesen Plänen jeder Hinweis darauf, wie sie zu verwirklichen sind.

II. Konzentration und Zentralisation der Produktion und des Kapitals während des Krieges

Die Konzentration der Produktion und des Kapitals ist ein allgemeiner Bestandteil der kapitalistischen Produktionsweise. Der Krieg beschleunigt diesen Prozeß. Konzentration und Zentralisation des Kapitals entwickelten sich im zweiten Weltkrieg besonders stark. Die Folgen dieser Entwicklung werden noch lange nach Kriegsende spürbar sein.

Die Konzentration der Industrieproduktion wurde im Krieg in erster Linie durch die staatliche Tätigkeit gefördert. Im modernen Krieg müssen alle kriegführenden Staaten ihre gesamte Wirtschaftskraft im Interesse der Rüstungsproduktion voll anspannen. Je härter der Krieg wird und je mehr er sich in die Länge zieht, um so stärker spüren die kapitalistischen Länder einen Mangel an den wichtigsten Produktionsfaktoren: an Arbeitskräften, Arbeitsmitteln und Rohstoffen. Deshalb ist man bestrebt, die Arbeitskräfte so weit wie möglich in modernen Industriebetrieben zu konzentrieren, die mit den besten Maschinen ausgestattet sind und die Rohstoffe möglichst rationell ausnutzen, d. h. in solchen Betrieben, in denen die Arbeitsproduktivität möglichst hoch und bei sonst gleichen Bedingungen eine sehr große Leistung erbracht wird. Das ist meistens nur in Großbetrieben der Fall. Deshalb wurden zahlreiche Klein- und Mittelbetriebe durch Regierungsverordnungen geschlossen.

Am stärksten zeigten sich diese Erscheinungen im faschistischen Deutschland. Noch bevor Hitler die Welt in den Krieg stürzte, ging hier ein sehr rascher Konzentrationsprozeß vor sich, denn bereits damals wurde die gesamte Wirtschaftstätigkeit Deutschlands von Kriegsvorbereitungen bestimmt.

Im Verlauf des Krieges und besonders nach der „totalen Mobilmachung" wurden die Klein- und Mittelbetriebe mit der den Hitler-Faschisten eigenen Brutalität geschlossen. Es wurden einige hunderttausend Betriebe stillgelegt: ganze Industriezweige, die Konsumgüter für die Zivilbevölkerung produzierten, stellten die Arbeit ein (vgl. Tabelle 1). Die Faschisten verschonten nur solche kleinen Industriebetriebe und größeren Handwerksbetriebe, die ausschließlich Zubehörteile für die Rüstungsindustrie anfertigten.[21]

Tabelle 1 zeigt, daß 1943 fast die Hälfte des Aktienkapitals auf 108 große Aktiengesellschaften mit einem Kapital von jeweils mehr als 50 Mio Mark entfielen. Ein Teil der kleinen Aktiengesellschaften wurde unter der faschistischen Herrschaft in Gesellschaften mit beschränkter Haftung umgewandelt. Während des Krieges wurden viele kleine Aktiengesellschaften, insbesondere private Firmen geschlossen.

Wir verfügen über keine genauen Zahlen, wie viele Kleinbetriebe geschlossen wurden und wie viele früher „selbständige" Unternehmer gezwungen wurden, als Lohnarbeiter in Großbetrieben der Rüstungsindustrie tätig zu sein, doch sind es ohne Zweifel mehrere hunderttausend.

21 Ab 1943 gab es in Deutschland gewisse Veränderungen im Verhältnis zu den kleinen Industrie- und größeren Handwerksbetrieben, soweit sie außerhalb der Städte gelegen waren. Durch die Bombenangriffe auf die deutschen Großstädte und Industriezentren erkannte man die Vorteile von Kleinbetrieben auf dem Lande und in Kleinstädten, da sie bei Luftangriffen weniger gefährdet waren.

Tabelle 1
Zentralisation des Kapitals in Deutschland

Kapital der Aktiengesellschaften in Tsd. Mark	Zahl der Aktiengesellschaften				Kapital in Mio RM
	Ende			am 1. 11. 1943	am 1. 11. 1943
	1927	1931	1942		
bis 5	604	342	19	19	0,1
5–50	1635	1126	127	117	2,8
50–100	1367	1252	182	173	10,2
100–500	3802	3340	1515	1463	344,3
500–1000	1482	1352	841	859	556,5
1000–5000	2378	2255	1843	1840	3970,1
5000–20000	540	578	617	632	5736,7
20000–50000	98	121	153	156	4476,7
50000 und mehr	60	71	107	108	14639,5
zusammen	11966	10437	5404	5367	29735,9

Quelle
Deutsche Allgemeine Zeitung vom 28. November 1944.

In Großbritannien vollzog sich die Konzentration der Produktion vor allem in Form von Vereinbarungen innerhalb der einzelnen Industriezweige.[22] Bis Ende 1942 wurden in den verschiedenen Zweigen 2700 Industriebetriebe geschlossen, wodurch 250000 Arbeiter für eine Tätigkeit in Rüstungsbetrieben freigesetzt wurden. In diesen Industriezweigen durften 5000 Betriebe weiterarbeiten. Im Gegensatz zu Deutschland war die Einstellung der Produktion in Großbritannien nicht mit einer endgültigen Schließung des Betriebes selbst verbunden. Die Betriebe, die ihre Produktion einstellten, existierten als Handelsbetriebe weiter. Sie verkauften nicht mehr ihre eigenen Erzeugnisse, sondern erhielten entsprechend ihrem früheren Produktionsvolumen einen Teil der Erzeugnisse von den Betrieben zum Verkauf, die ihre Produktion fortsetzten.

In den USA war die zwangsweise Konzentration bedeutend geringer als in Deutschland oder Großbritannien. Da zu Beginn des Krieges gewaltige Reserven an allen Produktionsfaktoren vorhanden waren, also bei Arbeitskräften, Produktionsmitteln und Rohstoffen, konnten die USA ihre Industrieproduktion im Verlauf des Krieges verdoppeln, ohne solche Maßnahmen zu ergreifen. Außerdem hatten die USA bekanntlich bis Mitte 1944 einen im Verhältnis zum Umfang der Armee relativ geringen Bedarf an Kriegsmaterial. Deshalb war das Wirtschaftspotential hier nicht so stark angespannt, daß eine größere Zahl von Betrieben hätte geschlossen werden müssen.

Trotzdem gab es auch in den USA bei der Produktion von landwirtschaftlichen Maschinen, von Schreibmaschinen, in der Fahrradindustrie[23] und in anderen Zweigen

22 Zu Beginn des Krieges war die Konzentration der Produktion in Großbritannien bedeutend geringer als in den USA oder Deutschland; so gab es hier z. B. 9000 Kohlengruben und 82000 Baubetriebe mit weniger als 20 Arbeitern.

23 So wurden von 12 Fahrradfabriken 10 geschlossen.

Stillegungen von einigen Betrieben, wobei die Produktion auf die verbleibenden Betriebe konzentriert wurde.

Die Hauptmethode für die Konzentration der Produktion bestand in den USA darin, die staatlichen Aufträge an die größten Monopole zu geben.

Von Juni 1940 bis einschließlich November 1942 erteilte der Staat Aufträge in Höhe von 60 Mrd. Dollar.[24] 70,1% dieser Aufträge wurden an 100 Firmen vergeben, während fünf Unternehmen $^1/_3$ der Aufträge (20 Mrd. Dollar) erhielten. Die Aufträge gingen an[25] (in Mrd. Dollar):

General Motors	7,25
Curtiss-Wright	4,61
Bethlehem Steel Corporation	2,95
Douglas Aircraft	2,37
United Aircraft	2,34

Natürlich realisierten diese Firmen nur einen Teil der Aufträge in eigenen Betrieben, während der Großteil der Produktion auf einige zehntausend Nachauftragnehmer entfiel.

Welche gewaltige Bedeutung die Großaufträge hatten, die diese fünf Firmen in Höhe von 20 Mrd. Dollar in noch nicht zwei Jahren erhielten, geht aus folgenden Angaben hervor:

Nach der Industriestatistik der USA schwankte der Bruttowert der Gesamtproduktion bei der amerikanischen verarbeitenden Industrie von 1929 bis 1933 zwischen 70 und 31,4 Mrd. Dollar.[26]

Andererseits entsprechen 20 Mrd. Dollar etwa dem gesamten durchschnittlichen Nationaleinkommen Großbritanniens in einem Vorkriegsjahr.[27]

In Großbritannien wurde der Großteil der staatlichen Aufträge ebenfalls an eine begrenzte Zahl von Betrieben vergeben. Nach offiziellen Angaben erteilte das Luftfahrtministerium 80% aller seiner Aufträge an 50 Firmen. Die dafür benötigten Zubehörteile wurden jedoch von 15000 Firmen hergestellt.

Für Deutschland liegen keine Angaben vor, doch erhielt auch hier eine kleine Zahl von großen Monopolen den Großteil der Rüstungsaufträge.

Mit dieser Erscheinung hängt eine besondere Form der Konzentration der Produktion ganz eng zusammen, daß nämlich kleine und sogar mittlere kapitalistische Betriebe sowie größere Handwerksbetriebe für bestimmte Großbetriebe Zubehörteile herstellten und als Zulieferer fungierten.[28] Diese besondere Form der Konzentration der Produktion hatte in allen kriegführenden kapitalistischen Ländern großen Umfang angenommen. Formell

24 Ohne Kleinaufträge unter 50000 Dollar.

25 Economist vom 25. September 1943, S. 427.

26 Statistical Abstract of the USA, 1938, S. 749.

27 C. Clark, National Income and Outlay, London 1937, S. 89.

28 Der bekannte große Automobilkonzern „Chrysler“, der im Krieg Panzer und Flugzeuge anstelle von Kraftfahrzeugen herstellte, gab 58,2% seiner Aufträge an andere Firmen weiter. Als Zulieferer hatte er 8079 Firmen in 856 Städten, die sich in 39 verschiedenen Staaten befanden. Von den 4500 Einzelteilen für Panzer wurden 3000 von diesen Nachauftragnehmern hergestellt. Von 11542 Zubehörteilen für das Bombenflugzeug „Martin B-26“ stellten diese Firmen 5881 Teile her. Im Vergleich zur Friedenszeit war die Zahl der für Chrysler arbeitenden Zulieferer um das 5fache gestiegen. Erfüllte einer der Lieferanten seine Verpflichtungen nicht genau termingerecht, so desorganisierte dies die Arbeit eines gesamten Großbetriebes (Iron Age vom 11. März 1943. Die Zahlen entnahm die Zeitschrift dem Bericht des Generaldirektors der Gesellschaft Walker).

blieben alle diese Betriebe völlig unabhängig und selbständig, wirtschaftlich hingen sie jedoch von dem Großbetrieb ab, für den sie Jahr für Jahr bestimmte Zulieferungen ausführten. Während des Krieges konnten solche Beziehungen für eine kleine Firma ziemlich nützlich sein. Nach dem Krieg konnten sich jedoch viele dieser Unternehmen, die inzwischen zu Zulieferbetrieben geworden waren, nur sehr schwer oder überhaupt nicht aus ihrer abhängigen Lage befreien und erneut mit ihren Erzeugnissen selbständig auf den Markt kommen, um so ihre alte Stellung wiederzugewinnen.

Es gab noch einen weiteren wichtigen Faktor, der die Konzentration der Produktion während des Krieges beschleunigte. Bei den im Verlauf des Krieges neu errichteten Betrieben handelte es sich nämlich meistens um Betriebe von Riesenausmaßen. Das betraf sowohl die in den USA errichteten neuen Flugzeugfabriken, Automobilwerke, Werften und Aluminiumfabriken, aber auch die britischen und deutschen Werke in diesen Zweigen.

Durch alle diese Veränderungen war während des Krieges bei den Großbetrieben zweifellos ein größerer Teil der Industrieproduktion konzentriert als vor dem Krieg. Bis jetzt wurden nirgends statistische Angaben veröffentlicht, die die Industrie aller kriegführender Länder insgesamt umfassen.

Die Größenordnung der während des Krieges in den USA errichteten Betriebe verdeutlicht das Beispiel des Unternehmens „General Motors". Im Geschäftsbericht für 1943 heißt es: „Der ‚General Motors Co.' unterstehen in den USA 99 eigene Fabriken und 16 Fabriken, die der Regierung gehören. In diesen Werken befinden sich etwa 130000 Werkzeugmaschinen, die Rüstungsgüter und sonstige zur Produktion zugelassene Erzeugnisse herstellen, von denen 69000 Maschinen der ‚General Motors Co.' gehören. Außerdem befinden sich 17000 Werkzeugmaschinen, für die während des Krieges bisher keine Einsatzmöglichkeit besteht, auf Lager. Etwa 3100 Werkzeugmaschinen wurden verkauft.

Die Gesamtlohnsumme belief sich 1943 auf 1321999829 Dollar, die durchschnittliche monatliche Beschäftigtenzahl auf 448848 Personen. Ende 1943 betrug die Zahl der Beschäftigten etwa 500000 Personen."[29]

Vergleichsweise sei angeführt, daß die Anzahl der Arbeiter etwa derjenigen in einem Industrieland wie Belgien entspricht. Die 500000 Arbeiter und Angestellte waren unmittelbar bei „General Motors" beschäftigt. Eine nicht geringere Zahl arbeitete außerdem in den Zulieferbetrieben von „General Motors".

Neben „General Motors" existierten 1943 in den USA noch neun Trusts mit jeweils mehr als 100000 Arbeitern (nach den Geschäftsberichten). Die Zahl der beschäftigten Arbeiter betrug (in Tausend):[30]

Steel Corporation	340
Bethlehem Steel	289
Ford	193
General Electric	175
Curtiss-Wright	140
Du Pont	115
Westinghouse Electric	115
Chrysler	109
Goodyear	102

29 Commercial and Financial Chronicle vom 27. März 1944, S. 1251.
30 Economic Outlook, September 1944.

Die gewaltige Kapitalkonzentration in den USA ist aus den Geschäftsberichten für 1943 ersichtlich. Danach gab es dort acht Aktiengesellschaften mit Aktiva von mehr als einer Milliarde.

Aktiva im Jahre 1943 (in Mio Dollar)	
Standard Oil of New Jersey	2328
General Motors	2265
Steel Corporation	2106
Curtiss-Wright	1295
Du Pont	1115
Betlehem Steel	1045
Socony Vacuum (Erdölgesellschaft)	1030
Ford	1009

Ähnliche Giganten entwickelten sich auch in anderen kriegführenden Ländern, obwohl sie den absoluten Zahlen nach natürlich nicht ein solches Ausmaß erreichten. Eine solche Entwicklung war z. B. in Deutschland und in Japan zu verzeichnen.

In Deutschland stellte der „IG-Farben"-Konzern eine gewaltige Konzentration ökonomischer Macht dar. Nach einem Bericht von General Eisenhower konzentrierte der Konzern folgende Produktionsanteile (in %) auf sich:

Synthetischer Kautschuk	100
Schmierstoffe	100
Impfstoffe	100
Giftstoffe	95
Nickel	95
Kunststoffe	90
Magnesit	88
Sprengstoffe	84
Stickstoff	75

Die „IG-Farbenindustrie" hatte während des Krieges mehr als 400000 Beschäftigte. Ihr Vermögen wurde auf 6 Mrd. Dollar geschätzt.[31]

Mit der beschleunigten Konzentration der Produktion geht auch eine rasche Kapitalkonzentration einher. Sie erfolgt entweder durch Akkumulation oder durch Zentralisation.[32]

Die führende Rolle spielt die durch die Akkumulation erfolgende Kapitalkonzentration;

31 Metal Bulletin vom 26. Oktober 1945.

32 Einige unterscheiden fälschlicherweise nur die Konzentration der Produktion einereits und die Zentralisation des Kapitals andererseits. Marx unterscheidet jedoch zwei Arten der Konzentration des Kapitals: Konzentration durch Akkumulation und Konzentration durch Zentralisation. Im ersten Fall vermehrt sich das Betriebskapital in der Weise, daß ein Teil des angeeigneten Mehrwerts nicht ausgegeben, sondern dem Betriebskapital hinzugefügt wird. Im zweiten Fall wird ein bereits vorhandenes Kapital mit einem anderen Betrieb vereinigt. Marx unterscheidet „diese (d. h. die erste — E. V.) Art Konzentration, welche unmittelbar auf der Akkumulation beruht oder vielmehr mit ihr identisch ist". (Karl Marx, Das Kapital, Erster Band, in: MEW, Bd. 23, Berlin 1969, S. 653.)
Andererseits schreibt Marx über die Zentralisation des Kapitals: „Es ist die Konzentration bereits

nur weil einige Betriebe höhere Profite haben und mehr akkumulieren, während andere auf dem alten Stand verharren, entstehen die Voraussetzungen zur Zentralisation des Kapitals, zur Übernahme der schwachen Betriebe durch die starken.

Die Konzentration des Kapitals durch Akkumulation erfolgt während des Krieges rascher als in Friedenszeiten, weil die Profite während des Krieges höher sind.

In einer vollständig herausgebildeten Kriegswirtschaft bestehen keine Absatzprobleme, vielmehr geht es darum, wie man die notwendigen Produktionsfaktoren sichern kann, d. h. wie Rohstoffe, Maschinen und Arbeitskräfte beschafft werden können. In der Kriegswirtschaft gibt es eine massenweise und unbegrenzt zahlungsfähige Nachfrage nach Rüstungsgütern. Dieser Riesenbedarf an gleichartigen Erzeugnissen ermöglicht es, die Produktion weitgehend zu spezialisieren, dadurch die Selbstkosten zu senken und so den Reallohn der Arbeiter herabzudrücken.[33] Dazu kommt die staatliche Unterstützung, wenn den großen Monopolen komplette, vom Staat errichtete Fabriken, ferner Maschinen, Kredite usw. zur Verfügung gestellt werden. Die Industrie erzielt deshalb während des Krieges höhere Profite als in Friedenszeiten. Zugleich wächst die Ungleichmäßigkeit: In der Rüstungsindustrie sind die Profite sehr hoch, während sie in solchen Zweigen, die überwiegend für den zivilen Bedarf produzieren, wesentlich niedriger sind.

Als Beispiel für die großen Kriegsprofite können die offiziellen Zahlen der amerikanischen Börsenkommission („Securities and Exchange Commission") dienen (vgl. Tabelle 2).

Die großen Aktiengesellschaften haben ihre Bilanztechnik allerdings so „vervollkommnet", daß die Bilanzen nur einen Teil des erzielten Profits ausweisen. Der andere, größere Teil wird als „stille Reserven" für den „Notfall" zurückgelegt. Ein nicht geringer Teil des in der Bilanz ausgewiesenen Profits ist an den Staat in Form von Steuern abzuführen. Als Beispiel bringen wir die Profite der amerikanischen Aktiengesellschaften (vgl. Tabelle 3).

Der in der Bilanz ausgewiesene Nettoprofit stieg lange nicht so stark, wie der vor dem Steuerabzug ausgewiesene Profit. Wie aber bereits gesagt, verbleibt ein erheblicher Teil der Profite in den Betrieben in Form „stiller", nicht in der Bilanz ausgewiesener Reserven. Auf diese Weise erfolgt eine starke Konzentration des Kapitals durch Akkumulation.[34]

gebildeter Kapitale, Aufhebung ihrer individuellen Selbständigkeit, Expropriation von Kapitalist durch Kapitalist, Verwandlung vieler kleinerer in weniger größere Kapitale. Dieser Prozeß unterscheidet sich von dem ersten dadurch, daß er nur veränderte Verteilung der bereits vorhandnen und funktionierenden Kapitale voraussetzt, sein Spielraum also durch das absolute Wachstum des gesellschaftlichen Reichtums oder die absoluten Grenzen der Akkumulation nicht beschränkt ist (ebenda, S. 654).

33 In den kriegführenden kapitalistischen Ländern ging der reale Stundenlohn zurück, während die Mehrwertrate stieg. Nach der offiziellen Statistik ist der jährliche Reallohn eines Arbeiters durch die Vollbeschäftigung und den längeren Arbeitstag in den meisten Ländern angeblich gestiegen. Die Arbeiter konnten aber den in Geldform erhaltenen Lohn nicht realisieren, da es an Konsumgütern mangelte. Trotz der von ihnen verausgabten größeren Menge an Arbeit lebten sie unter den Bedingungen der Kriegswirtschaft schlechter als im Frieden. Das Ausmaß dieser Verschlechterung war in den einzelnen Ländern unterschiedlich. Eine Ausnahme bildeten die USA.

34 Allerdings wird auf diese Weise sehr oft nicht reales, sondern fiktives Kapital akkumuliert. Bei den Aktiengesellschaften, ausgenommen die Rüstungsbetriebe im engeren Sinne, wird jener Teil des Kapitals, der aus realen Werten (Gebäuden, Maschinen, Rohstoffen, Fertigerzeugnissen) besteht, von Jahr zu Jahr geringer, während der aus Rüstungsanleihen, Bankeinlagen und Bargeld bestehende Teil ständig zunimmt. Diese Verschiebung zeigt, daß die Kriegsausgaben eines Landes nur teilweise aus der laufenden Produktion gedeckt werden, während der größere Teil den Nationalreichtum des Landes vermindert.

Tabelle 2
Prozentuales Verhältnis der Profite zum investierten Kapital 1942

Aktiengesellschaften	Vor Abführung der Steuern	Nach Abführung der Steuern
Jacobs Aircraft Engine Company	679,2	175,2
Beech Aircraft Corporation	563,1	153,0
Bellanca Aircraft Corporation	200,8	143,7
Parker Alliance Company	255,5	121,8
Consolidated Aircraft Corporation	578,3	117,0
Elastic Stop Nut Corporation of America	515,6	133,3

Quelle
Harpers Magazine, Juli 1944.

Tabelle 3
Profite amerikanischer Aktiengesellschaften (in Mrd. Dollar)

Profit	1939	1940	1941	1942	1943	1944
Vor Abzug der Steuern	5,3	7,4	14,4	19,0	22,8	—
Nach Abzug der Steuern	4,1	4,8	7,3	7,4	8,2	9,9

Quelle
Survey of Current Business, Januar 1944, Juli 1945.

Eine gewaltige Quelle für die Konzentration des Kapitals sind die staatlichen Subventionen. Sie weisen in den einzelnen Ländern unterschiedliche Formen auf. In den Vereinigten Staaten, wo es vor dem Krieg sehr viel überschüssiges fixes Kapital gab,[35] entschieden sich die Unternehmer, wie wir oben nachgewiesen haben, keine neuen Rüstungsbetriebe zu bauen. Sie befürchteten, die neuen Betriebe würden sich bei einem raschen Kriegsende nicht mehr amortisieren. Würden diese Fabriken nach dem Krieg auf Friedensproduktion umgestellt, so würde das die vorhandenen überschüssigen Produktionskapazitäten noch erhöhen und damit den Absatz weiter erschweren.[36] Deshalb wurde in den USA eine sehr große Zahl von Fabriken aller Art aus staatlichen Mitteln errichtet.

35 Nach unseren Berechnungen war das fixe Kapital der USA in den zehn Jahren von 1925 bis 1934 nur zu 67,5% ausgelastet. Als volle Auslastung der Produktionskapazität wurde dabei eine einschichtige Arbeit an 300 Tagen des Jahres zugrunde gelegt (E. Varga, Zwanzig Jahre Kapitalismus und Sozialismus, Kapitel IV).

36 Diese Befürchtungen herrschten während des ganzen Krieges. Ende August 1943 bildete die Handelskammer der USA eine große Kommission aus Fabrikanten. In einer Mitteilung der Kammer heißt es dazu: „Wenn sich der Krieg seinem Ende nähert, wird das Problem der Verwendung des überschüssigen Eigentums immer mehr an Bedeutung gewinnen. Bei Kriegsende stehen wir vor der Frage, wie man die in der verarbeitenden Industrie für besondere Zwecke errichteten gewaltigen Werke vernünftig und nutzbringend verwenden kann." (New York Times vom 29. August 1943.)

Interessante Angaben zur Tätigkeit des Staates auf dem Gebiet des Industriebaues bringt die amerikanische Zeitschrift „Steel".[37] Die „Reconstruction Finance Corporation" kontrolliert den halben Produktionsapparat der Werkzeugmaschinenindustrie des Landes. In ihrem Auftrag wurden 521 Fabriken zur Flugzeugproduktion errichtet, die ihr Eigentum sind. Diese Flugzeugfabriken haben einen Wert von 2,7 Mrd. Dollar, mithin das 10fache des Wertes der privaten Luftfahrtindustrie.

Die „Defence Plan Corporation", eine Vereinigung von Fabriken der Rüstungsindustrie, wandte etwa 1 Mrd. Dollar für den Bau von Stahlwerken auf. Im Auftrage dieser Vereinigung wurden 92% (der Produktionskapazität) der Fabriken zur Gewinnung von Magnesium errichtet, die auch ihr Eigentum sind. Diese Fabriken haben einen Wert von 430 Mio Dollar. Für die Herstellung von Aluminium wurden 9 Fabriken mit einer Jahreskapazität von 600000 t errichtet, das übersteigt die Kapazität aller privaten Fabriken in diesem Zweig. Außerdem baute man aufgrund von Regierungsaufträgen 45 Fabriken zur Weiterverarbeitung von Aluminium im Wert von 760 Mio Dollar. Aus staatlichen Mitteln wurden Werke zur Erzeugung von 800000 t synthetischem Kautschuk im Jahr geschaffen, das übersteigt den Verbrauch in Friedenszeiten um ein Drittel. Außerdem nahm die Regierung große Investitionen in Fabriken vor, die Benzin mit hohen Oktanzahlen produzieren, sowie bei Erdölleitungen. Nach Kriegsende wurde bekannt, daß die USA-Regierung 2 Mrd. Dollar aufgewendet hatte, um Werke zur Herstellung von Atombomben zu errichten.

Aber diese von der amerikanischen Regierung errichteten Betriebe wurden nicht von der Regierung selbst geleitet, sondern für die Dauer des Krieges den kapitalistischen Monopolen übergeben, damit diese die Produktion organisierten. Die Regierung verpachtete entweder diese Betriebe an die Kapitalisten, oder die gesamte Produktion ging auf Rechnung der Regierung, die den Kapitalisten für die Leitung der Betriebe eine entsprechende Vergütung zahlte. Selbst die Fabriken zur Herstellung der Atombomben wurden dem Konzern „Du Pont" übergeben. Der Kapitalist war berechtigt (aber nicht verpflichtet), die Fabrik nach Kriegsende von der Regierung zu kaufen, wobei er die Baukosten abzüglich des Verschleißes zu bezahlen hatte.

Auch in Großbritannien und Deutschland wurden — allerdings in geringerem Umfang als in den USA — aus staatlichen Mitteln Fabriken errichtet und Maschinen für Rüstungsbetriebe angeschafft, wobei diese dann an die großen kapitalistischen Konzerne verpachtet oder ihnen zur Nutzung überlassen wurden.[38] Die großen japanischen Konzerne erhielten bedeutende Zuwendungen vom Staat. Dadurch erfolgte bei diesen Betrieben eine starke Kapitalkonzentration.

*

Unter den Bedingungen der Kriegswirtschaft geht die Zentralisation des Kapitals bedeutend rascher als in Friedenszeiten vonstatten. Mehrere zehntausend Klein- und Mittelbetriebe

37 Steel vom 11. Oktober 1943, S. 141.

38 In Deutschland wurde 1943 eine Verordnung erlassen, auf Grund derer die Kapitalisten die ihnen vom Staat zur Verfügung gestellten Maschinen zu kaufen und zu bezahlen hatten. Das fiel ihnen leicht, denn sie hatten bereits erhebliche Summen auf den Bankkonten angesammelt und konnten diese nicht wieder in produktives Kapital verwandeln.

werden geschlossen. Die Eigentümer schließen die Betriebe entweder selbst, da sie die für die Fortsetzung der Produktion notwendigen Rohstoffe und Arbeitskräfte nicht auftreiben können, oder der Staat zwingt sie dazu, worauf wir oben hingewiesen haben. Das Kapital der geschlossenen Betriebe geht früher oder später, mit oder ohne Zustimmung der Kapitalisten, in die Verfügungsgewalt der Großunternehmer über, die die Produktion fortsetzen. In den bürgerlich-demokratischen Ländern erfolgt dies meist in Form freiwilliger Abkommen, während in den faschistischen Ländern der Staat brutalen Zwang ausübt.

Die zwangsweise Zentralisation des Kapitals offenbarte den besonderen Charakter des deutschen Imperialismus, das unersättliche Streben des deutschen Finanzkapitals, sich um jeden Preis zu bereichern. Die zwangsweise Zentralisation ging in drei Hauptformen vonstatten.

Das Kapital der deutschen Juden, das auf 6 bis 8 Mrd. Mark geschätzt wird, war den Eigentümern (meist schon vor dem Krieg) geraubt und bis auf wenige Ausnahmen vom Großkapital „arisiert" worden. Einen Teil des jüdischen Kapitals eignete sich die Oberschicht der faschistischen Partei an.

In allen eroberten Ländern wurden Industriebetriebe und Banken beschlagnahmt und vom deutschen Finanzkapital geschluckt bzw. ihm zumindest unterstellt. Im Westen und im Osten wendete man dabei unterschiedliche Methoden an. Im Osten wurde auf keine Formalitäten Rücksicht genommen, auch nicht auf die in kapitalistischen Ländern sonst üblichen: So wurden die großen Industriebetriebe in Oberschlesien und in Polen einfach ihren Besitzern geraubt und unter die deutschen Monopole, wie den Göring-Konzern, die Schwerindustrie und die Großbanken aufgeteilt. Für das geraubte Eigentum wurde keine Entschädigung gezahlt. In Österreich, der Tschechoslowakei und einigen westlichen Ländern wurden nach außen hin einige Formalitäten eingehalten. Die deutschen Großbanken „übernahmen" vor allem sämtliche Beteiligungen von britischem, amerikanischem und französischem Kapital an den Banken dieser Länder. Reichte dies nicht aus, um die Banken voll zu kontrollieren, so kauften die Faschisten Aktien dieser Banken auf dem freien Markt, oder sie zwangen die Banken, neue Aktien auszugeben, um sich diese dann anzueignen. Die großen Industriekonzerne „übernahmen" die Leitung der entsprechenden Betriebe in den besetzten Ländern oder in den Satellitenstaaten und machten sich zu deren „Teilhabern". In Österreich und der Tschechoslowakei raubte der Göring-Konzern sämtliche Rüstungsbetriebe.

In den okkupierten Ländern Westeuropas verfuhr man wie folgt. Den Eigentümern solcher Betriebe, die für die deutschen Monopole „interessant" waren, wurde „erläutert", daß sie ihr Aktienkapital verdoppeln und die neuen Aktien zu einem niedrigen Kurs an die entsprechenden deutschen Monopolunternehmen abgeben müssen. Versuchten die Leiter dieser Betriebe, den Übergang ihrer Firma in deutsche Hände zu verhindern, so teilten die deutschen Besatzungsbehörden ihnen keine Rohstoffe und Transportmittel mehr zu, entzogen ihnen alle Aufträge und übten solange Druck aus, bis sie sich unterwarfen. Die Aktien wurden aus „Besatzungskosten" bezahlt; diese wurden so hoch festgelegt, daß die Deutschen sie auch dann nicht voll ausschöpfen konnten, wenn sie Waren in den entsprechenden Ländern kauften. Der Aktienerwerb war also nur formell eine Investition von deutschem Kapital, denn in Wirklichkeit floß nicht ein Pfennig deutschen Kapitals in diese Länder; alle „Kapitalinvestitionen" wurden aus den von der Bevölkerung herausgepreßten Besatzungskosten bezahlt.

Der Göring-Konzern stand an der Spitze, wenn es um die räuberische Aneignung fremden Eigentums ging. Dieser Konzern erhöhte sein Kapital auf 4 Mrd. Mark und entwickelte sich zum größten Unternehmen in Europa.[39] In Österreich verleibte sich der Göring-Konzern mehrere neue Konzerne ein, während er in der Tschechoslowakei die Škoda-Werke, die Brünner Aktiengesellschaft für Waffenproduktion sowie einige Kohlengruben und Stahlwerke raubte; in Polen bemächtigte er sich des Löwenanteils an der oberschlesischen Bergbaugesellschaft; in Rumänien kontrollierte er $^4/_5$ des Bergbaus und der Stahlindustrie; in Norwegen, Schweden, Frankreich und Belgien brachte er zahllose Betriebe an sich, in erster Linie Erzgruben, Stahlwerke und andere für die deutsche Rüstungswirtschaft wichtige Betriebe. Der Göring-Konzern wollte sich auch der Schwerindustrie der Ukraine bemächtigen. Als die Nazis die Ukraine okkupiert hatten, „verwaltete" der Göring-Konzern die Erzgruben und Hüttenwerke von Kriwoi Rog und die Manganerzgruben von Nikopol.

Die Schwerindustrie von Elsaß-Lothringen wurde den Konzernen der deutschen Schwerindustrie einverleibt, die Röchling, Otto-Wolff und dem Göring-Konzern (der bereits das Thyssenvermögen geschluckt hatte), die dann die Produktion unter sich aufteilten usw.

Neben dem Göring-Konzern entwickelte die „IG-Farbenindustrie" die größte Aktivität beim „Erwerb" ähnlich gelagerter Betriebe in den besetzten und „verbündeten" Ländern und eignete sich solche großen Chemiebetriebe an wie Kühlman in Frankreich.

Nach der Niederlage Hitler-Deutschlands wurde das gesamte vom deutschen Finanzkapital in den besetzten Ländern geraubte Vermögen natürlich den entsprechenden Ländern wieder zurückgegeben.

Die dritte Form der zwangsweisen Zentralisation des Kapitals bestand in Deutschland darin, daß schon vor dem Krieg ganze Industriezweige gewaltsam kartelliert und damit den Monopolen völlig einverleibt wurden.

Die Zentralisation verstärkte sich vor allem durch die Schließung einiger hunderttausend Kleinbetriebe während des Krieges (ihren Höhepunkt erreichte die Liquidierung der Kleinbetriebe nach der „totalen Mobilmachung"). Die Großbetriebe, die die Produktion fortführten, eigneten sich das Vermögen der geschlossenen Betriebe, also deren Rohstoffe, Maschinen, Büroeinrichtungen und Lagerräume an.

In Großbritannien bestand bereits vor dem Krieg eine sehr starke Kapitalkonzentration. Nach Berechnungen von Campion in seinem Buch „Öffentliches und privates Eigentum in Großbritannien"[40] verfügten 1936 etwa 6,8 bis 7,4% der Bevölkerung mit einem Vermögen von mehr als 1000 Pfund Sterling über 83,3 bis 85,8% des gesamten Privatkapitals in Großbritannien.

Nach Berechnungen von Beveridge gehören 84,5% des Nationalreichtums Großbritanniens 7,1% der erwachsenen Bevölkerung des Landes.[41]

In den USA war bereits vor dem Krieg bekanntermaßen eine starke Kapitalkonzentration zu verzeichnen. In anderen kapitalistischen Ländern beschleunigte sich der Konzentrationsprozeß des Kapitals während des Krieges ebenfalls. Genaue Angaben über den Umfang liegen noch nicht vor.

In der Landwirtschaft ging die Konzentration und Zentralisation während des Krieges offenbar nicht über das normale Maß hinaus. Der erhebliche Mangel an landwirtschaft-

39 Das Material über die deutschen Konzerne wurde der vom Königlichen Institut für Internationale Beziehungen herausgegebenen Broschüre „Occupied Europe" (London 1944, S. 41) entnommen.

40 H. Campion, Public and Private Property in Great Britain, London, 1939.

41 Economist vom 25. Dezember 1943.

lichen Arbeitern ermöglichte es den Mittel- und Kleinbauern, die über Arbeitskräfte aus der eigenen Familie verfügten, ihre Selbständigkeit mehr oder weniger zu erhalten.

*

Die wachsende Konzentration der Produktion sowie die beschleunigte Konzentration und Zentralisation des Kapitals gehören zu jenen Folgen des Weltkrieges, die keinen zeitweiligen, sondern ständigen Charakter tragen (ausgenommen die zwangsweise Aneignung von Betrieben Kontinentaleuropas durch das räuberische deutsche Finanzkapital). Genaue zahlenmäßige Angaben über den Umfang dieser beschleunigten Konzentration und Zentralisation werden erst einige Jahre nach dem Krieg bekannt werden, wenn in den einzelnen Ländern die entsprechenden statistischen Erhebungen durchgeführt sind. Das soziale Ergebnis dieses Prozesses ist aber auch so zu erkennen: eine Schwächung der kleinbürgerlichen städtischen Mittelschichten und eine noch stärkere Polarisierung der Gesellschaft in zwei Hauptgruppen, nämlich Arbeiter und Angestellte einerseits und Großbourgeoisie andererseits, sowie ein rasch wachsender Einfluß der großen Monopole.

Um dies zu verdeutlichen, seien einige Zahlen aus den Jahresberichten des amerikanischen Unternehmens „Douglas Aircraft" genannt.

Als der Krieg begann, zählte das Unternehmen 8500 Beschäftigte, Anfang 1945 waren es 187000 Beschäftigte. Im Jahre 1935 lag der Warenumsatz bei 11 Mio Dollar, 1943 lieferte die Gesellschaft der amerikanischen Armee Flugzeuge in Höhe von 1 Mrd. Dollar. Die für die Herstellung eines Flugzeuges aufgewendete Arbeitszeit ging um 50% zurück, während der von den Rüstungsbehörden gezahlte Preis 22% niedriger lag. Die Gesellschaft zahlte mehr als 50 Mio Dollar an Steuern. Sie produzierte 16% aller von der amerikanischen Armee gekauften Flugzeuge. Anfang 1943 belief sich der Auftragsbestand der Gesellschaft auf 3 Mrd. Dollar, das ist mehr als seit dem gesamten bisherigen Bestehen der Firma. Nach der Auftragssumme stand „Douglas Aircraft" an vierter Stelle von allen Betrieben der USA. Die drei größten Fabriken der Gesellschaft arbeiteten das gesamte Jahr 1943 mit voller Kapazität, die beiden neuen Werke in Oklahoma und die für 33 Mio errichtete Fabrik in Chikago erreichten erst Mitte 1944 ihre volle Produktionskapazität.

Diese wenigen Zahlen vermitteln eine Vorstellung von einem Großbetrieb, wie man ihn sich vor einigen Jahrzehnten kaum vorstellen konnte.

Durch die starke Konzentration der Produktion und des Kapitals auf eine relativ kleine Zahl von Großbetrieben wird es nach dem Krieg vorübergehend zu einem noch engeren Zusammenschluß in gewaltigen Kartellen kommen, als dies vor dem Krieg der Fall war. Sobald aber der erste Nachholebedarf in der Nachkriegszeit befriedigt ist, wird der Absatzmarkt erheblich schrumpfen, wodurch der Konkurrenzkampf zwischen den während des Krieges entstandenen Großunternehmen nach einiger Zeit noch stärker als früher entbrennen wird.

III. Rüstungswirtschaft und Technik

Eine Gegentendenz, die der Tendenz einer Verarmung entgegenwirkt, ist unter den Bedingungen der Kriegswirtschaft der *technische Fortschritt*. Er macht es möglich, den Bedarf der Armee mit einem geringeren Aufwand an Arbeitszeit und Material zu sichern, teure Materialien durch billigere zu ersetzen usw. Durch den Weltkrieg wurden alle bisherigen Gewohnheiten weitgehend in Frage gestellt, eingewurzelte technische Vorurteile beseitigt und viele Betriebe liquidiert, was den Weg zur Einführung neuer technischer Methoden ebnete.

Die Triebkraft für den technischen Fortschritt im Kapitalismus ist das Bestreben, die Produktionskosten je Einheit des Erzeugnisses zu senken, um den Profit zu erhöhen. Durch die zur Senkung der Selbstkosten angewandten technischen Methoden nimmt meistens die Menge der hergestellten Waren zu. In jener Periode der Entwicklung des Kapitalismus, als sich der kapitalistische Markt rasch ausdehnte und die früher nichtkapitalistischen Elemente im eigenen Land sowie neue Länder in die kapitalistische Warenzirkulation einbezogen wurden, hing der allgemeine Anstieg der Produktion unvermeidlich mit dem technischen Fortschritt zusammen, denn es gab von dieser Seite keine Hemmnisse bei der Einführung neuer technischer Methoden. Das war die Zeit der freien Konkurrenz, als die Kapitalisten nach der Losung handelten: „Billige Ware guter Qualität wird immer ihren Käufer finden". Damals konnte es sogar vorkommen, daß gerade der dringende Bedarf an einer größeren Warenmenge die Hauptursache für technische Vervollkommnungen war.[42]

Mit dem Übergang zum monopolistischen Stadium des Kapitalismus und den ständig wachsenden Absatzschwierigkeiten in der allgemeinen Krise des Kapitalismus tritt neben den Bemühungen, die Selbstkosten zu senken, immer stärker das Problem auf, die Menge der mit Hilfe der neuen Technik hergestellten Waren zu erhöhen. Die Beibehaltung hoher Preise durch die Monopolisierung des Marktes hemmt aber technische Verbesserungen, die erforderlich sind, um die Produktion zu erhöhen. Deshalb nehmen die Monopole möglichst solche technischen Verbesserungen vor, durch die die Selbstkosten sinken, während die Menge der hergestellten Waren nicht oder nur geringfügig steigt.

In der Periode der allgemeinen Krise des Kapitalismus, vor allem zwischen den beiden Weltkriegen, als die Absatzsituation immer schwieriger wurde und beträchtliche Teile des

42 Marx spricht von der Notwendigkeit, neue mechanische Webstühle zu erfinden, mit denen Fasern in solchen Mengen weiterverarbeitet werden könnten, wie sie die Spinnmaschinen herstellten.
„Die Umwälzung der Produktionsweise in einer Sphäre der Industrie bedingt ihre Umwälzung in der andren. Es gilt dies zunächst für solche Industriezweige, welche zwar durch die gesellschaftliche Teilung der Arbeit isoliert sind, so daß jeder derselben eine selbständige Ware produziert, sich aber dennoch als Phasen eines Gesamtprozesses verschlingen. So machte die Maschinenspinnerei Maschinenweberei nötig und beide zusammen die mechanisch-chemische Revolution in der Bleicherei, Druckerei und Färberei. So rief andrerseits die Revolution in der Baumwollspinnerei die Erfindung des gin zur Trennung der Baumwollfaser vom Samen hervor, womit erst die Baumwollproduktion auf dem nun erheischten großen Maßstab möglich ward." (Karl Marx, Das Kapital, Erster Band, in: MEW, Bd. 23, Berlin 1969, S. 404.)

vorhandenen Produktionsapparates ständig unausgelastet blieben, wirkten sich die Befürchtungen der Kapitalisten, daß die größere Warenmasse nicht absetzbar sei, hemmend auf den technischen Fortschritt aus. Das Kapital senkte die Produktionskosten vor allem durch eine entsprechende Arbeitsorganisation und erhöhte Arbeitsintensität, während Neuinvestitionen kaum erfolgten und die Warenproduktion möglichst nicht erhöht wurde.

Als großes Hemmnis für den technischen Fortschritt erwies sich außerdem, daß das fixe Kapital ständig zugenommen hatte, aber bei Einführung einer neuen Technik sofort moralisch veraltete.

Der technische Fortschritt wurde bekanntlich vor allem von den Monopolen gehemmt, die zahlreiche Patente nur deshalb erwarben und auf Eis legten, damit sie niemand nutzt.

Die Bedingungen des technischen Fortschritts unterscheiden sich in der Kriegswirtschaft von denjenigen in Friedenszeiten. Das trifft auf solche Wirtschaftszweige zu, die gänzlich oder überwiegend Waren für Kriegszwecke herstellen. Bei entwickelter Kriegswirtschaft gibt es für diese Zweige kein Marktproblem. Hauptkäufer der Waren ist der Staat, Nachfrage und Kaufkraft kennen praktisch keine Grenzen. Deshalb war im Krieg das Streben nach niedrigen Produktionskosten nicht der entscheidende Anstoß für den technischen Fortschritt. Erforderten es die militärischen Interessen, so wurden technische Verbesserungen auch dann eingeführt, wenn sie nicht mit einer Senkung der Produktionskosten verbunden waren. Auch das Absatzproblem fällt fort; das Hauptmotiv für die Einführung einer neuen Technik ist oftmals die Notwendigkeit, die Menge der produzierten Waren zu erhöhen, auch wenn dies mit wachsenden Produktionskosten verbunden ist.

Um die Bedürfnisse der Streitkräfte zu befriedigen, mußte die Technik nicht nur rasch große Mengen von Kriegsmaterial produzieren, sondern sich auch schnell den qualitativ neuen Forderungen anpassen, da im Krieg bei allen Waffenarten sehr häufig Veränderungen notwendig sind.

So wurden während des Krieges viele technische Neuerungen in die Produktion überführt, deren Anwendung von den interessierten Monopolen früher unterbunden worden wäre.[43] Das schließt natürlich nicht aus, daß während des Krieges auch veraltete Produktionsmittel eingesetzt wurden, zum Teil sogar in den USA.

Vor dem Kriege verzögerten die amerikanischen Monopole z. B. bewußt die Anwendung harter Legierungen im Werkzeugmaschinenbau oder die Entwicklung von Schweißautomaten, von hochproduktiven kontinuierlich arbeitenden Walzstraßen, von Glasverpackungsmaschinen, von Methoden, um Spiritus aus Holz zu gewinnen usw.[44]

Aber auch während des Krieges verzögerten die Monopole die Nutzung einiger technischer Neuerungen. Die amerikanische Zeitschrift „Fortune" nennt folgende Beispiele für eine solche Haltung der Monopole:

a) die Herstellung von Asbestzementrohren für Erdölleitungen wurde unterbunden, weil die Eigentümer der Stahlrohrfabriken Widerstand leisteten;

b) die Gewinnung von Aluminium aus Ton wurde nicht weiterentwickelt, da sich der Aluminiumtrust dem widersetzte;

43 Auf einer Tagung der amerikanischen Chemikergesellschaft (September 1942) erklärte der Leiter der Forschungsabteilung im „Du Pont"-Konzern, daß in den USA innerhalb weniger Kriegsmonate so viele chemische Erfindungen verwirklicht worden seien, daß man für deren Einführung in Friedenszeiten ein halbes Jahrhundert benötigt hätte.

44 G. Reimann, Patents for Hitler, 1942; New York Times vom 27. März 1942.

c) die Anwendung komprimierter Luft für örtliche Kühlanlagen in landwirtschaftlichen Gebieten scheiterte am Widerstand der Besitzer der Konservenfabriken;

d) die Herstellung von Mehl unter Beimischung von Weizenkeimen, die mit Vitaminen angereichert waren, wurde von den Eigentümern der großen Mühlen verhindert;

e) auch die Umwandlung von Benzin in einen festen Zustand, um den Transport des Brennstoffes zu erleichtern, wurde nicht angewendet.[45]

Auch ein anderer Faktor, der den technischen Fortschritt hemmt, nämlich die Furcht vor dem moralischen Verschleiß des fixen Kapitals, wirkt sich in der Rüstungsindustrie nicht aus.

Die vielen neuen Werke der Rüstungsindustrie befriedigen vor allem einen neuen, in Friedenszeiten nicht vorhandenen Bedarf; sie können nach dem letzten Stand der Technik ausgerüstet werden, ohne zu befürchten, daß die schon vorhandene Ausrüstung moralisch verschleißt (die Umstellung eines Teils der Rüstungsfabriken nach Kriegsende auf Friedensproduktion übt praktisch einen ähnlichen Einfluß aus). Deshalb konnte sich der technische Fortschritt im Krieg tatsächlich rascher entwickeln als zuvor.[46]

Während des Krieges wirkt als Triebkraft des technischen Fortschritts außerdem noch der Zeitfaktor, d. h. die Möglichkeit, die für die Kriegführung erforderlichen Erzeugnisse möglichst rasch herzustellen. Vielfach entscheidet dieser Faktor, nicht aber die Höhe der Produktionskosten, über die Einführung technischer Verbesserungen. Besondere Bedeutung kommt den Schnellbaumethoden zu. In den USA wurden im letzten Krieg die Fabriken für synthetischen Kautschuk innerhalb von zwölf Monaten und die Aluminiumfabriken innerhalb von sechs Monaten errichtet. Eine Fabrik wurde in vier Monaten und acht Tagen gebaut.[47]

Ein weiterer wichtiger Faktor, der die technische Entwicklung vorantreibt (und besonders in der chemischen Industrie wirksam ist) besteht darin, daß durch die Aufspaltung des Weltmarktes während des Krieges viele Rohstoffe fehlen. Da zahlreiche für den Krieg notwendige Naturrohstoffe nicht vorhanden sind (wie Kautschuk, Erdöl, Baumwolle, Wolle, Seide), entwickelten sich verschiedene Zweige der Kunststoffindustrie intensiv, in der Metallurgie wurden Produktionsprozesse verändert, neue Legierungen eingeführt usw.

Zu den neuen Motiven, die den technischen Fortschritt in der Kriegswirtschaft stimulieren, sind auch noch andere Faktoren zu rechnen, die ebenfalls die technische Entwicklung beeinflussen. Der Krieg verlangt große Mengen in Qualität und Abmessung gleichartiger Erzeugnisse, die oft aus vielen tausend Einzelteilen bestehen (beim deutschen Panzerspähwagen gab es z. B. 25000 Einzelteile).[48] Dadurch kann man die Produktion weitgehend in einzelne Prozesse aufgliedern, d. h. eine große Zahl von Einzelteilen in speziellen Fabriken oder Werksabteilungen herstellen. Andererseits stellt der militärische Bedarf bei Rüstungsgütern sehr hohe Ansprüche in bezug auf Qualität, Genauigkeit der

45 Fortune, Mai 1943, S. 84.

46 Auch die Erfindungen konzentrieren sich auf kriegswichtige Bereiche und die Ergebnisse werden nicht durch Patente gesichert, sondern geheimgehalten.

47 Metal Bulletin vom 13. September 1942.

48 Die deutsche Volkswirtschaft, 1943, 1. Maiheft.

Abmessungen und die chemische Zusammensetzung jedes Teils.[49] Dadurch wird es möglich, die Fertigung der Einzelteile weitgehend zu standardisieren und so den Produktionsprozeß zunehmend zu automatisieren.

Durch die Aufgliederung des Produktionsprozesses in die Fertigung einer großen Zahl von Einzelteilen konnte man, wie wir oben gesehen haben, diese Zubehörteile (für Schiffe, Flugzeuge, Panzer, Waffen usw.) in vielen Fabriken produzieren. Angesichts der Gefahr von Luftangriffen wurde das in Europa weitgehend genutzt, um die Rüstungsproduktion zu dezentralisieren und auf einzelne kleine und mittlere Fabriken zu verlagern. Jetzt wurden in der Rüstungsindustrie keine neuen Großbetriebe mehr errichtet, sondern statt dessen eine große Zahl mittlerer und kleiner Fabriken gebaut.[50]

Während des Krieges wurden nicht nur sehr viele Einzelteile für die Rüstungsindustrie standardisiert, sondern auch viele Massenbedarfsgüter typisiert. Dafür einige Beispiele.

Vor dem Krieg produzierten die USA 2500 Stahlsorten; durch Standardisierung war deren Zahl 1942 auf 103 zurückgegangen. Vor dem Krieg stellte man in den USA etwa 27000 verschiedene Arten von Elektroleuchten her; im Jahre 1943 waren es noch 2000.[51]

Besonders stark wurde während des Krieges in Deutschland typisiert, und zwar bei allen nur möglichen Erzeugnissen. Anstelle von 200 verschiedenen Marmeladengläsern wurden z. B. nur noch Gläser eines Typs in neun verschiedenen Größen hergestellt usw.[52]

In der modernen Kriegswirtschaft herrscht allgemein ein Mangel an Arbeitskräften und insbesondere an Facharbeitern. Deshalb hatte sich die Technik während des zweiten Weltkrieges bei der Errichtung neuer Fabriken vor allem an diesem Umstand zu orientieren.[53]

Eine sehr wichtige ökonomische Forderung an die neuen Industriebetriebe besteht darin, die Arbeitsproduktivität maximal zu steigern, obwohl keine qualifizierten Arbeitskräfte eingesetzt werden können. Demnach muß das Produktionsprofil eines neuen Betriebes folgenden Kriterien entsprechen:

a) Massen- (oder Großserien-)produktion;

49 Edward Stettinius schreibt in seinem bekannten Buch über die Leih- und Pachtabkommen: „Einige Wochen später (Sommer 1940), wurde mir erzählt, erschien ein hoher englischer Beamter in Halifax, Neu-Schottland, mit einer großen Aktentasche, um die Merlin-Pläne (für Flugzeugmotoren), die mit einem Schlachtschiff geschickt worden waren, abzuholen. Als er an Bord kam, aß er mit dem Kommandanten zu Mittag und erklärte dann, daß er bereit sei, seine Pläne mitzunehmen.

‚Wie wollen Sie sie befördern?‘ fragte der Kommandant. Der Besucher wies auf seine Aktentasche.

‚Vielleicht kommen Sie besser erst einmal mit mir herunter und sehen Sie sich an‘, sagte der Kommandant. Sie stiegen hinab in den Raum, in dem die Pläne verstaut lagen.

‚Wo sind sie?‘ fragte der Beamte und ließ seinen Blick suchend über eine Anzahl großer Kisten schweifen.

‚In jenen großen Kisten‘, sagte der Kommandant. ‚Es sind etwa zwei Tonnen.‘“ (Edward R. Stettinius Jun., Welt in Abwehr, Leipzig/München 1946, S. 63/64.)

50 In den Vereinigten Staaten und Kanada brauchte die Produktion nicht vor Luftangriffen geschützt zu werden. Trotzdem wurden auch hier viele Werke mittlerer Größe an neuen Orten errichtet; vor allem, um die örtlich vorhandenen Arbeitskräfte zu nutzen, denn die Umsiedlung der Arbeiter in die alten Industriezentren wurde durch den fehlenden Wohnraum und die mangelnden Autotransportmöglichkeit sehr erschwert.

51 Die Deutsche Volkswirtschaft, 3. Novemberheft 1943.

52 Ebenda, 1. Februarheft 1943.

53 Mirvoe chozjajstvo i mirovaja politika, 5—6/1943, S. 39.

b) Anwendung des Fließbandsystems (in der chemischen Produktion der kontinuierlichen Fertigung) im technologischen Prozeß und dessen weitestgehende Anpassung an die Fließbandfertigung bei größtmöglicher Anwendung von Montagebändern;

c) maximale Verkürzung des technologischen Zyklus mit Hilfe einer umfassenden Arbeitsorganisation, Beschränkung der „toten Zeit“ zwischen den Arbeitsgängen auf ein Minimum usw.;

d) Anwendung von möglichst produktiven Maschinen und Apparaturen;

e) weitgehende Automatisierung der technologischen Prozesse, des innerbetrieblichen Transports und der technischen Kontrolle;

f) umfassende Elektrifizierung der Produktionsprozesse;

g) Verbesserung der technischen Arbeitsbedingungen (Beleuchtung, Ventilation usw.).

Man könnte noch hinzufügen, daß die Kontrolle über die Qualität der Produktion stärker automatisiert wird (System des sogenannten elektronischen Auges).

Durch die allgemeine Mobilmachung wurde ein großer Teil der qualifizierten männlichen Arbeiter zur Armee einberufen, während gleichzeitig sehr viele ungelernte Arbeitskräfte in die Industriebetriebe kamen, wie landwirtschaftliche Arbeiter, Hausfrauen und Jugendliche. In Ländern mit chronischer Massenarbeitslosigkeit kehrten qualifizierte Arbeiter in den Produktionsprozeß zurück, wobei deren Qualifikation durch das lange Ausscheiden aus dem Arbeitsprozeß niedriger war. Die Technik mußte auch diesem Umstand Rechnung tragen. Sehr deutlich zeigt sich dies am Beispiel der Werkzeugmaschine, die das wichtigste Produktionsmittel in der metallverarbeitenden Industrie ist. Damit ungelernte Arbeitskräfte an einer Werkzeugmaschine arbeiten können, führte man in den Rüstungsfabriken sehr vereinfachte Drehbänke ein, die so konstruiert waren, daß sie ständig den gleichen Arbeitsgang verrichteten. In Großbritannien nannte man sie „Frauen“werkzeugmaschinen. Um die Facharbeiter so gut wie möglich einzusetzen und weitestgehend Arbeitsaufwand einzusparen, wurden sehr komplizierte neue Drehbänke mit 32 Drehstählen eingeführt, von denen 24 gleichzeitig arbeiten konnten.[54]

Die Bedienung der Werkzeugmaschinen wird auch durch deren umfassende Automatisierung erreicht, vor allem durch eine Steuerung mit individuellen Elektromotoren, die die einzelnen Teile der Maschine in Bewegung setzen. Dadurch ist die Knopfsteuerung einer komplizierten Werkzeugmaschine von einem zentralen Pult aus möglich. Die Vorzüge elektrifizierter Werkzeugmaschinen liegen in der einfachen Einrichtung, dem Wegfall zahlreicher Antriebe und der einfacheren Unterweisung des Arbeiters.

Welche bedeutende Einsparung an Arbeit durch die Anwendung solcher komplizierten Werkzeugmaschinen erreicht wird, verdeutlichen folgende Beispiele. Durch den Einsatz einer Mehrspindelwerkzeugmaschine wurde die Bearbeitungszeit der Teile von 35 auf 3 Minuten gesenkt.[55] Ein automatisches Aggregat (eine Gruppe von Werkzeugmaschinen) zur Bearbeitung von Elektrogeräten, das 77 Arbeitsgänge ausführt, ersetzt einige Dutzend Arbeiter und wird nur von zwei Arbeitern bedient.[56] Eine Werkzeugmaschine, die gleichzeitig mehrere Maschinengewehrläufe bearbeitet, benötigt zur Bearbeitung jedes Laufes nur 60 Sekunden gegenüber 55 Minuten zuvor.[57]

54 Die konkreten Beispiele über die Veränderungen in der mechanischen Technologie wurden meistens den Arbeiten von S. Višnev entnommen.

55 Maschinery, August 1943, S. 69.

56 Ebenda, Juli 1942, S. 75.

57 Iron Age vom 1. Juli 1943, S. 150.

Technische Verbesserungen bei der Metallbearbeitung bringen vielfach eine sehr große Einsparung von Arbeitszeit. In einer deutschen Zeitung heißt es: „Welche Leistungssteigerung durch den Einsatz neuzeitlicher Maschinen erreicht worden ist, zeigt die Fertigung einer bestimmten Granate, die durch Bearbeitung genaues Kaliber, genaue Länge und vorgeschriebenes Gewicht erhält. Zu diesem Zweck muß zunächst durch Schruppen das überflüssige Material weggenommen werden. Während des ersten Weltkrieges erfolgte das Schruppen auf einer normalen Drehbank und erforderte einen gelernten Dreher oder eine sehr gut eingearbeitete Kraft, die dafür 16 Minuten brauchte. Nachdem man an der Drehbank den Schnelldrehstahl durch Hartmetall ersetzt hatte, sank die Schruppzeit auf etwa 7,5 Minuten. Dieser Stand war vor Ausbruch des jetzigen Krieges erreicht worden. Heute werden derartige Granaten auf Maschinen geschruppt, die automatisch arbeiten, so daß die Bedienung das Werkstück lediglich ein- und auszuspannen und die Maschine durch den Druck auf einen Knopf in Gang zu setzen braucht. Das automatische Schruppen dauert nur 1,5 Minuten. Gegenüber dem technischen Stand im ersten Weltkrieg hat sich also die Produktionsleistung mehr als verzehnfacht."[58]

Das folgende Beispiel zeigt, wie die Leistung eines Arbeiters durch die Anwendung neuer, miteinander gekoppelter automatischer Werkzeugmaschinen bei der Produktion von Zylindern für Motore steigt:[59]

	Vor dem Krieg	Bei Kriegsende
Anzahl der Werkzeugmaschinen	96	5
Anzahl der Arbeitsgänge	33	7
Anzahl der beschäftigten Arbeiter	265	15
Aufwand an Arbeitszeit in Stunden	2035	47

Besonders intensiv betrieben die Deutschen die Automatisierung des Arbeitsprozesses; sie brauchten das, um die ungelernten Arbeiter so schnell wie möglich einzusetzen und die Sabotage der nach Deutschland zwangsverschleppten Arbeiter zu vermeiden. In Deutschland wurden häufig sehr komplizierte Spezialmaschinen eingesetzt, die automatisch arbeiteten. Die obengenannte Zeitung schreibt: „Sondermaschinen ersparen Facharbeiter. Je größer die Serie ist, um so mehr Möglichkeiten bestehen für die Verwendung automatischer Maschinen, die nur bestimmte Arbeiten verrichten. Diese Sondermaschinen . . . stellen die vollendetste Form der automatisch arbeitenden Maschinen dar, die sehr kompliziert gebaut, aber einfach zu bedienen sind. Mit diesen Maschinen werden unter Umständen zahlreiche Operationen in einem Arbeitsgang ausgeführt. So hat man z. B. eine Sondermaschine entwickelt, die 130 Bohrspindeln besitzt, also gleichzeitig 130 Löcher in einen Motorblock bohrt. Solche Sondermaschinen lassen sich so miteinander verbinden, daß die Werkstücke durch ein Band von Maschine zu Maschine getragen werden, also eine ‚Straße' entsteht. Die Maschinen nehmen ihre Arbeit selbsttätig auf, beenden sie auch selbsttätig. Eine solche vollautomatisch arbeitende Straße ist sehr einfach zu

58 Deutsche Allgemeine Zeitung vom 9. September 1943.

59 Wall Street Journal vom 10. Juli 1944, S. 5; M. Bokšickij, Vtoraja mirovaja vojna i izmenenija v promyšlennosti SŠA, in: Mirovoe chozjajstvo i mirovaja politika, 4/1945.

bedienen, denn der Arbeiter kann sich darauf beschränken, sie in Gang zu setzen und abzustellen."

Technische Neuerungen werden oft nur deshalb eingeführt, um hochqualifizierte Arbeiter durch angelernte zu ersetzen, obwohl hierbei keine absolute Zeiteinsparung eintritt. So stellte ein hochqualifizierter Arbeiter im Werk „Willis Overland" ein Einzelteil für ein Maschinengewehr innerhalb von 30 Stunden manuell her. Die Bearbeitung dieses Teiles wurde in 30 einzelne Arbeitsgänge aufgeteilt, für die 30 Arbeiter jeweils eine Stunde benötigen. Der Aufwand an Arbeitszeit ist der gleiche, aber man kann Arbeiter mit niedrigerer Qualifikation einsetzen.[60]

Trotzdem bleibt die Einsparung von Facharbeitern und ungelernten Arbeitskräften auch während des Krieges ein Hauptgrund für die Einführung von technischen Neuerungen. „Die Montage von Folienscheiben in Kapseln, die manuell erfolgte, verlangte einen hohen Arbeitsaufwand. Mit einem speziell konstruierten Preßluftautomaten wurde die Arbeit völlig mechanisiert, und es wurden 75 Arbeiter eingespart. Auch der Ausschuß ging zurück."[61]

„Will man die Bearbeitung beschleunigen, so ergibt sich, daß das Ein- und Ausspannen der Einzelteile auf der Werkzeugmaschine einen relativ hohen Zeitaufwand erfordert, insbesondere, wenn es sich um kleinere Teile handelt. Haben sie große Abmessungen, so verlangt die Montage der Teile großen physischen Aufwand. Im Krieg wurden mechanische Hebevorrichtungen für schwere Teile sowie pneumatisch, hydraulisch und elektrisch betriebene Vorrichtungen entwickelt. Diese Vorrichtungen können Frauen, Jugendliche und Invaliden bedienen und bringen zugleich eine erhebliche Einsparung an Arbeitszeit."[62]

Die Veränderungen in der Metallbearbeitung beschränken sich nicht nur auf Neuerungen bei Werkzeugmaschinen. Um Arbeitszeit einzusparen, wurden die Teile nicht mehr ausschließlich auf Werkzeugmaschinen bearbeitet, sondern zunehmend gestanzt. Das Stanzen wurde dabei mehr als früher dem jeweiligen Verwendungszweck angeglichen. Das Gießen unter Druck oder das Schmelzen mittels Zerstäubung fanden große Verbreitung. Das trifft auch auf die Methode zu, auf die Oberfläche eines Teiles kleinste Teilchen eines Materials aufzutragen, anstelle dies mechanisch aufzubringen.

Durch die Entwicklung der mechanisierten Be- und Entladung von Massengütern im Transportwesen konnten ungelernte Arbeitskräfte eingespart werden. Die Zahl und die Kapazität der Krananlagen in den Häfen und bei der Eisenbahn nahm zu. Um den Bedarf an Arbeitskräften im innerbetrieblichen Transport zu senken, wurden weitgehend elektrifizierte Transportmittel eingeführt: gewaltige Förderbänder zur Montage von Panzern, elektrifizierte Werkeisenbahnen usw.

Durch die Spaltung des Weltmarktes mußten, wie wir bereits erwähnt haben, Naturrohstoffe in großem Umfang durch synthetische ersetzt werden. Hieraus erklärt sich der gewaltige Fortschritt bei der Produktion von synthetischem Kautschuk, Benzin und Textilien; da solche Gegenstände dringend für die Kriegführung benötigt wurden, traten die Produktionskosten dabei in den Hintergrund. Die Qualität des synthetischen Kautschuks kann je nach dem Verwendungszweck weitgehend variiert werden. Bei der Produktion von Kunstfasern wurden bedeutende technische Fortschritte erreicht. So heißt es im Jahres-

60 Machinery, VII/1942, S. 17.
61 Army Ordnance, Mai/Juni 1943, S. 504.
62 Machinery vom 6. August 1942, S. 147.

bericht der „Britisch Celanese Co." für 1943, daß „Strong yarn" eine Faser ist, die drei- bis viermal fester als Naturseide und fast doppelt so fest wie Nylon ist. Ihre Stärke braucht nur ein Zehntel und weniger (bis zu 1/100) der Naturseidefaser zu betragen.[63] Im Bericht wird hervorgehoben, daß die britische Gesellschaft diesen Erfolg völlig selbständig, ohne ausländische Hilfe und ohne internationale Zusammenarbeit hergestellt hat.

Die Spaltung der Weltwirtschaft veranlaßte einzelne Länder, zahlreiche technische Neuerungen auf dem Gebiet der Metallgewinnung und der Metallegierungen einzuführen.

Durch den Mangel an Zinn ging man in den USA dazu über, Erze mit sehr geringem Zinngehalt zu nutzen. Angesichts des Mangels an Kupfer, Nickel, Zinn und Chrom entwickelte man in Deutschland neue Legierungen, bei denen die fehlenden Metalle nur in sehr geringem Umfang vertreten waren; vor allem Zink und Aluminium ersetzten diese Metalle. Der überwiegende Teil der während des Krieges gemachten technischen Erfindungen wurde natürlich streng geheim gehalten.

Der fehlende Schiffsraum bewirkte in der Konservenindustrie eine ganze technische Revolution. Eine Reihe von Nahrungsmitteln, die früher fast ausschließlich in Naturalform in den Handel kamen, wie Milch, Eier und Möhren, wurden jetzt getrocknet und als Pulver übers Meer gebracht. Andere Erzeugnisse, die früher meist mit Saft konserviert und in Gläsern, Blechdosen oder anderer Verpackung transportiert wurden (Fleisch, Früchte), wurden im Krieg zuvor entsaftet, wobei man besonders darauf achtete, daß die in diesen Produkten enthaltenen Vitamine erhalten blieben.

Durch das Trocknen der Nahrungsmittel ergaben sich gewaltige Gewichtseinsparungen. So sank das Gewicht bei Milch um das 11fache, bei Eiern auf ein Drittel, bei Fleisch auf ein Viertel, bei Mören um das 11fache und bei Apfelsinen um das 25fache. Der notwendige Frachtraum schrumpfte erheblich zusammen: bei Schiffstransporten ging er auf 20% und bei Eisenbahntransporten auf 10% zurück.[64]

Der Materialmangel und die Erschwernisse im Transportwesen führten während des Krieges zu verschiedenen Neuerungen in der Verpackungswirtschaft. Durch den Mangel an Zinn wurde Weißblech durch überlackiertes Schwarzblech, durch Aluminiumverpackung, Holzverpackung, Kartonagen oder verschiedene kombinierte Verpackungsarten ersetzt, z. B. durch Kartons, bei denen Boden und Deckel aus Blech waren usw.

Der Krieg brachte auch der Landwirtschaft einen großen Arbeitskräftemangel. Deshalb wurden die bereits vorhandenen Maschinen stärker eingesetzt[65] und während des Krieges neue landwirtschaftliche Maschinen hergestellt, die eine hohe Einsparung an Arbeit ergaben; doch hatten diese Maschinen noch einen sehr begrenzten Anwendungsbereich.

In Schweden gelangte eine Maschine zur Zuckerrübenernte in den Verkauf. Diese Maschine schneidet die Rübenblätter ab und wirft die Rüben anschließend aus dem Boden. Als Handarbeit bleibt nur noch das Einsammeln der Rüben.[66]

Der weltbekannte amerikanische Landmaschinenbetrieb „International Harvester Co." teilt in seinem Jahresbericht für 1943 mit, daß er um die Genehmigung zur Herstellung von

63 Statist vom 25. Dezember 1943.

64 Economist vom 14. November 1942, S. 603. Mitte 1942 gab es in den USA 320 Betriebe, die Milchpulver fertigten und 85 Betriebe, die Eipulver herstellten. Darüber hinaus wurden viele weitere Fabriken errichtet.

65 In Großbritannien wurden die dem Staat gehörenden Traktoren ständig von Farm zu Farm umgesetzt und arbeiteten Tag und Nacht hindurch (E. R. Stettinius, ebenda, S. 320).

66 Die Deutsche Volkswirtschaft, 3. Septemberheft 1943, S. 849.

„Cotton Pickers“ (mechanische Baumwollpflückmaschine) nachgesucht hat. Durch die fehlenden Arbeiter und die hohen Kosten der manuellen Baumwollernte entstand schon lange das Bedürfnis nach einer solchen Maschine.

Im Jahre 1943 stellte diese Gesellschaft etwa ein Dutzend große „Cotton Pickers“ her, die einigen großen Baumwollfarmen zur Prüfung und Verwendung überlassen wurden.

Der „Cotton Pickers“ besteht aus kleinen Spindeln, die auf eine rotierende Trommel montiert sind; diese wird auf einem Traktor mit hohen Vorderrädern verankert, der über die Reihen der Baumwollpflanzen geleitet wird. Hierbei pflücken die Spindeln die Baumwollfaser und lassen die Fruchtschalen unberührt. Die Kosten der Maschine dürften sich nach Einführung der Großproduktion auf höchstens 2500 Dollar belaufen, wovon etwa 1000 Dollar auf den Traktor entfallen.

Durch die Verwendung der mechanischen „Cotton Pickers“ können bedeutende Lohnersparnisse erzielt werden, da die Selbstkosten für Baumwolle erheblich abnehmen dürften. Vorläufige Schätzungen sprechen davon, daß die Kostensenkung bei mechanischer Ernte zwischen 3 und 4 Cents für 1 englisches Pfund Baumwolle liegen könne (bei einem normalen Vorkriegsmarktpreis für Baumwolle von 10 bis 13 Cents je Pfund). Doch pflücken die mechanischen „Cotton Pickers“ neben den Baumwollfasern gelegentlich Blätter und sonstige Abfälle mit, so daß die Durchschnittsqualität der mechanisch gepflückten Baumwolle etwas schlechter als die handgepflückte Baumwolle ist.[67]

*

Wir hatten uns in diesem Kapitel natürlich nicht die Aufgabe gestellt, die Entwicklung der Technik während des Krieges darzustellen. Dazu wäre ein ganzes Buch erforderlich, das ein Spezialist für technische Fragen schreiben müßte. Uns ging es darum, die Hauptrichtungen der technischen Veränderungen aufzuzeigen, wie sie durch die besonderen Bedürfnisse der Kriegswirtschaft entstanden sind, und das mit einigen Beispielen zu illustrieren.

Wie oben dargelegt, beruhten viele technische Neuerungen auf den besonderen Erfordernissen der Kriegswirtschaft und erhöhten zwangsläufig die Produktionskosten. Zu diesen technischen Neuerungen sind auch jene zu rechnen, die durch die zeitweilige Spaltung des Weltmarktes und den Mangel an Transportmitteln hervorgerufen wurden. Solche Neuerungen setzten sich nach dem Krieg natürlich nicht weiter durch. Dagegen werden Neuerungen, die mit einer Einsparung an Arbeit verbunden sind und fast immer zur Senkung der Selbstkosten führten, auch nach dem Krieg beibehalten. Diese Neuerungen werden dazu beitragen, daß die chronische Massenarbeitslosigkeit weiter zunimmt.

Das technische Denken war während des Krieges vor allem darauf konzentriert, alle Arten der Militärtechnik zu entwickeln. Für den Krieg wurden alle Errungenschaften von Wissenschaft und Technik mobilisiert. Alle Forschungsinstitute, die Laboratorien in der Industrie und bei den Universitäten sowie die Konstruktionsbüros waren fast vollzählig umgestellt worden, um die Militärtechnik weiterzuentwickeln und neue Waffenarten zu schaffen. Tausende von Patenten und Erfindungen, die seinerzeit „in der Schublade lagen“ und von den kapitalistischen Monopolen bewußt zurückgehalten waren, wurden aus den Archiven hervorgeholt und eiligst überarbeitet.

Besonders rasch entwickelte sich während des Krieges die Luftfahrt, die Herstellung von Panzern, von Artillerie, Unterseebooten und funktechnischen Anlagen.

67 Neue Zürcher Zeitung vom 29. Juni 1944.

Auf dem Gebiet der Militärtechnik sind vor allem folgende Entdeckungen zu nennen, die in der Zukunft große wirtschaftliche Bedeutung erlangen können:

1. die Entwicklung der Funkortung (Radar), die eine große Rolle bei der Bekämpfung der deutschen Flugzeuge spielte und nach dem Krieg große Einsatzmöglichkeiten im Luftverkehr und bei anderen Verkehrsmitteln eröffnet;
2. die Entwicklung von Raketengeschossen verschiedener Art und von Flugzeugen mit Raketenantrieb, deren Geschwindigkeit derjenigen des Schalls nahekommt (d. h. mehr als 1000 km pro Stunde);
3. die Atombomben, die erstmals der praktischen Anwendung der gewaltigen atomaren Energievorräte den Weg bahnten.

Die wirtschaftliche Anwendung dieser Erfindungen wird vermutlich noch viel Zeit erfordern und mit einigen technischen Schwierigkeiten verbunden sein, die sich aus den sozialökonomischen Hemmnissen des gegenwärtigen Kapitalismus ergeben. Trotzdem werden sie aber sehr große Bedeutung gewinnen. Die Nutzung der Atomenergie kann den Beginn einer technischen Revolution in der Energetik, der chemischen Industrie und im Verkehrswesen bedeuten.

IV. Die Inflation als Folge des Krieges

Eine sehr wichtige Folge des Krieges besteht darin, daß die Währungen aller am Krieg beteiligten sowie einiger neutraler Länder gegenüber dem Dollar abgewertet wurden. Da man den Dollar dem Gold gleichstellen kann,[68] so bedeutet dies, daß die Währungen der am Krieg beteiligten Länder inflationistisch abgewertet wurden. Für Papiergeld kann man also eine geringere Menge an Waren einer bestimmten Qualität kaufen als für Gold, das dieses Papiergeld in der Zirkulation entsprechend seinem symbolischen Goldgehalt vertreten soll.[69]

Die Abwertung der Währungen gegenüber dem Gold oder dem Dollar wird in vielen Ländern durch einen festen Kurs verschleiert, den der Staat festlegte und durch strenge Regulierung des Außenhandels und der Zahlungsbilanz gewährleistet. So verhielt es sich z. B. in Deutschland. Aber im illegalen Außen- und Binnenhandel zeigte sich die Abwertung der Mark ganz deutlich. Nach dem offiziellen Kurs lag z. B. die Parität von 100 Reichsmark bei 172 Schweizer Franken während man Mitte 1943 in der Schweiz für 100 Mark 16 Schweizer Franken, dagegen ein Jahr später nur noch 8 Schweizer Franken zahlte.[70] Anfang 1945 schrieb die Zeitschrift „Zürcher Volksrecht", daß in Deutschland auf dem Schwarzen Markt 1 kg Kaffee 2000 Mark und 1 Zigarette 2,50 Mark kostete.

Die Tendenz zur Entwertung des Geldes ergibt sich aus dem Wesen der kapitalistischen Rüstungswirtschaft.

Die kapitalistische Rüstungswirtschaft läuft in ihrer Tendenz auf eine Verarmung hinaus, da während des Krieges der Verbrauch an Waren (einschließlich der zur Zerstörung bestimmten) trotz des erheblich zurückgegangenen zivilen Verbrauchs über dem der laufenden Produktion liegt. Ein Teil der Kriegskosten wird aus dem Nationalreichtum des Landes gedeckt. Die Verarmung wird dann besonders spürbar, wenn das Land selbst zum Kriegsgebiet wird. Eine Ausnahme bilden die USA, die während des Krieges ihre gewaltigen im Frieden nicht ausgeschöpften Ressourcen mobilisierten und den Krieg nicht im eigenen Lande führten. Dadurch konnten die USA die Kaufkraft des Dollars fast auf dem Vorkriegsstand halten, und der Staat hatte es nicht nötig, sich so stark wie in anderen Ländern einzumischen.

Theoretisch braucht kein Zusammenhang zwischen Verarmung und Inflation zu bestehen. Gehen wir von der, allerdings unrealen, Voraussetzung aus, daß der kapitalistische Staat die Kriegskosten ausschließlich durch Steuern deckt: und zwar durch Vermögens-

68 Seit 1933 waren die Bundesreservebanken nicht verpflichtet, ihre Banknoten in Gold einzuwechseln. In den USA ist kein Goldgeld in Umlauf. Für den Verkehr mit dem Ausland wird Gold jedoch in jeder erforderlichen Menge bereitgestellt. Folglich kann man den Dollar dem Gold gleichstellen.

69 Ein unmittelbarer Vergleich zwischen Gold- und Papiergeld ist gegenwärtig nicht möglich, da es weder einen „Goldmarkt" noch einen Umlauf an Goldmünzen gibt. Die USA kaufen das Gold für 35 Dollar je Unze. In den anderen kapitalistischen Ländern wird meistens illegal ge- und verkauft. In Bombay (Indien) zahlt man z. B. auf dem freien Markt für Gold die doppelte Menge an Rupien, wie man sie für Papierdollar oder Pfund gibt, die die gleiche Gewichtseinheit an Gold verkörpern (Economist vom 28. November 1942).

70 Nach Mitteilung von Radio London vom 11. Juli 1944.

steuern, deren Höhe der Abnahme des Reichtums des Landes entspricht, und durch Einkommenssteuern, nach deren Entrichtung alle Bürger des Staates über ein Einkommen verfügen, das der Summe der Vorkriegspreise der gesamten, für den zivilen Verbrauch verbleibenden Warenmasse entspricht. In diesem Fall würde keine inflationistische Preissteigerung eintreten (Preissteigerungen bei einzelnen Waren würden Preissenkungen bei anderen zur Folge haben), und das Papiergeld würde in der Zirkulation vollwertiges Gold verkörpern, wenn dies auch vor dem Krieg der Fall war. Die innere Entwicklung würde keine Inflation oder Geldentwertung hervorrufen, und die Waren würden nicht teurer werden, obwohl der Umfang der realen Kriegskosten unverändert bliebe (die Möglichkeit einer Geldentwertung durch eine passive Zahlungsbilanz lassen wir in diesem Fall außer acht).

Aber die Militärausgaben wurden in den kapitalistischen Ländern nicht auf diese Weise gedeckt. Nur ein Teil der staatlichen Ausgaben wurde aus Steuergeldern bestritten (vgl. Tabelle 4).

Tabelle 4

Haushaltsdefizite, gedeckt durch Anleihen und Ausgaben von Banknoten im Haushaltsjahr 1944 (in Einzelfällen 1943/1944—1944/1945)

Land	Haushaltsplan, in Mrd. Einheiten nationaler Währung*	Ausgabendeckung %
USA	57	58
Großbritannien	2,8	47**
Deutschland***	80—90	60—70
Frankreich	234	66

* Statistische Beilage zur Zeitschrift „Mirovoje chozjajstvo i mirovaja politika", Januar 1945.
** Ohne Leih- und Pachtlieferungen.
*** Schätzung anhand der Zunahme der Staatsschulden; seit 1943 wurde kein Haushaltsplan veröffentlicht.

Eine ähnliche Lage herrscht auch in den anderen Ländern, die tatsächlich und nicht nur formal am Krieg teilgenommen haben.[71]

Das Defizit wurde überwiegend durch Anleihen und nur in einem geringen Umfang durch die Ausgabe von Banknoten gedeckt. Beide Finanzierungsarten waren ihrem Wesen nach ähnlich, denn den Bürgern der kriegführenden Staaten wurden für ihre für militärische Zwecke in Anspruch genommenen Vermögenswerte oder für die nicht verausgabten Einkommen vom Staat Papiere zur Verfügung gestellt, die dazu berechtigen, reale Werte zu erhalten, und zwar entweder sofort in Form von Papiergeld oder später nach Einlösung der Staatspapiere.

„Diese Schuldscheine (des Staates, E. V.), die für das ursprünglich geliehene und längst verausgabte Kapital ausgestellt sind, diese papiernen Duplikate von vernichtetem Kapital fungieren für ihre Besitzer . . . als Kapital . . ."[72]

71 Eine Ausnahme bildet offenbar Japan, wo das Defizit 1944/45 nur 14% betragen haben soll, doch sind die Angaben sehr unzuverlässig, und der Staatshaushalt ist anders strukturiert als in den übrigen Ländern (Oriental Economist, Dezember 1944, S. 55).

72 K. Marx, Das Kapital, Dritter Band, in: MEW, Bd. 25, Berlin 1969, S. 494.

Diese Kluft zwischen der tatsächlichen Verarmung des Landes und dem wachsenden Volkseinkommen in Geldform ist die Grundlage für die inflationistische Entwicklung: Der Staat muß im Krieg eine inflationistische Politik betreiben, denn sonst kann er nicht die zur Ausstattung der Armee erforderlichen Waren kaufen. So verhält es sich, wenn Privateigentum an den Produktionsmitteln herrscht.

Der Staat nimmt die Anleihen meistens nicht direkt bei den Bürgern, sondern bei verschiedenen Kreditinstitutionen auf. Das verausgabte Kapital (und der akkumulierte Profit) nehmen erneut die Geldform als Bankeinlagen an (vgl. Tabelle 5).

Das nichtverausgabte Einkommen verwandelt sich in Spareinlagen (vgl. Tabelle 6).[73]

Tabelle 5

Bankeinlagen (in Mrd. Einheiten nationaler Währung)

Land	Ende		Zunahme in %
	1939	1944	
USA	47,8	116,0	142
Kanada	2,8	5,2	86
Großbritannien	2,4	4,5	87
Frankreich	42,1	129,0	207
Indien	2,4	8,2	242

Tabelle 6

Einlagen bei den Sparkassen der jeweiligen Länder (in Mrd. nationaler Währung)

Land	Ende		Zunahme in %
	1939	1944	
USA (einschl. Zertifikaten der Sparkassen)	14	56,1	300
Großbritannien	1,4	4,4	214
Frankreich	67	168	136
Deutschland*	20	81	305

* Die Angaben über Deutschland wurden vom Präsidenten des Sparkassenverbandes, Heintze, veröffentlicht („Neue Zürcher Zeitung" vom 21. Januar 1945).

Die Banken, Sparkassen und Versichungsunternehmen legten die ihnen anvertrauten Gelder in zunehmendem Umfang in Staatspapieren an. Ende Dezember 1943 machten Staatspapiere 71% der Aktiva (earning assets) aller Handelsbanken der USA aus (vgl. Tabelle 7).

73 Spareinlagen wurden überall von den Regierungen gefördert. In Großbritannien besaßen Ende 1944 17,5 Mio Personen Spareinlagen.

Tabelle 7
Analyse der Bilanzen von Großbanken in den USA Ende 1945 (in Mio Dollar)

Banken	Kapital (einschließlich Reserven)	Aktiva gesamt	davon Staatspapiere	Einlagen
National City Bank	249	5434	2773	5143
Chase National Bank	300	6092	3078	5742
Morgan Guaranty Trust Co.	313	3813	2059	3309
Bankers Trust Company	143	1922	895	1750
Manufacturers Trust Company	113	2693	1508	2556
Philadelphia National Bank	44	869	524	807
Bank of America San Francisco	230	5626	3136	5339

Quelle
·Statist vom 18. Dezember 1943.

Tabelle 7 wurde anhand der Bilanzen zusammengestellt und zeigt, daß die staatlichen Schuldtitel selbst bei den größten Banken der USA den entscheidenden Posten unter den Aktiva einnehmen.

Mehr als die Hälfte der Einlagen wurde in Staatspapieren angelegt. Das ist aber noch nicht alles. Ein Teil der Einlagen beruht selbst auf staatlichen Wertpapieren, die von den Bankkunden deponiert wurden. Das ist in der Bilanz der „National City Bank" und der „Philadelphia National Bank" ausgewiesen. Die Bilanz der letzteren nennt auch die Summe: Die staatlichen Schuldtitel machen ein Fünftel der Einlagen (168 von 807 Mio Dollar) und 80% aller Aktiva (692 von 869 Mio Dollar) aus.

Die wachsenden Depositen und Guthaben bei den Sparkassen sind ein Merkmal der Kriegswirtschaft, denn diese Erscheinung tritt in den neutralen Ländern längst nicht so stark auf (vgl. Tabelle 8).

Tabelle 8
Erhöhung der Depositen und Einlagen bei den Sparkassen, Jahresende
(in Mrd. Einheiten nationaler Währung)

Land	Depositen		Einlagen bei Sparkassen	
	1939	1944	1939	1944
Schweden	4,4	6,4	3,7	5,1
Schweiz	3,0	3,8	2,8	3,3

Sparkasseneinlagen, die um das Doppelte bis Vierfache höher liegen als vor dem Krieg, stellen bereits eine potentielle Inflationsgefahr dar. Fordern die Einleger ihre Guthaben in größerem Umfang zurück, so bleibt den Kreditinstitutionen nur eine Möglichkeit, um die zur Auszahlung notwendigen zusätzlichen Gelder zu beschaffen, nämlich der Weg zur Notenbank. Gibt die Notenbank zusätzliche Banknoten aus, um den Bedarf dieser Institutionen zu decken, so entsteht damit unmittelbar die Gefahr der Inflation. Befriedigt die Notenbank diese Forderungen nicht, so muß der Staat die Pflicht der Kreditinstitutionen zur Auszahlung der Einlagen aufheben (wie dies in den USA 1933 erfolgte) oder viele Geldinstitutionen müssen bankrott anmelden (wie in Deutschland 1931). Beide Fälle bedeuten einen Vertrauensverlust für das Geld- und Kreditsystem des Landes und führen gleichfalls zur Abwertung des Geldes.

Der in der Kriegswirtschaft vorhandene Geldüberfluß und die wachsenden Bankeinlagen entstehen deshalb, weil das Kapital nicht völlig aus seiner Geldform in produktives Kapital verwandelt werden kann, denn die hierzu erforderlichen Rohstoffe, Maschinen und Arbeitskräfte sind nur unzureichend vorhanden. Die Ursache liegt darin, daß die Banken den Kredit an die Kapitalisten einschränken und ihn dem Staat gegenüber sprunghaft erweitern. Das Eigentum der einzelnen Bürger und ihr Vermögen in Geldform, das sie den Kreditinstitutionen anvertraut haben, wird vom Staat für den Ankauf von Rüstungsgütern verwendet, die im Verlauf des Krieges zerstört werden. Ein immer größerer Teil des Vermögens der Bürger wird auf diesem Umweg in fiktives Kapital verwandelt (vgl. Tabelle 9).

Tabelle 9
Staatsschulden und Nationalvermögen (in Mrd. Einheiten nationaler Währung)

	USA	Großbritannien	Deutschland	Frankreich	Japan
Staatsschulden					
Ende 1938	37,1	8,15	19,2	421	13,3
Mitte 1945	259	22	346*	1600	57**
Nationalvermögen					
vor dem Krieg	388***	30⁺	350⁺⁺	—	—

* Ende 1944.
** Ende 1943.
*** R. H. Deane, The Anatomy of American Wealth, 1940.
⁺ J. Stamp, The National Capital, 1937. Wir wählten den Bruttowert aus der Schätzung von Stamp, da die Verschuldung der einzelnen Eigentümer untereinander ohne Bedeutung ist. Die Schätzung von Stamp ist zweifellos zu hoch.
⁺⁺ Die Schätzung für Deutschland wurde von uns aufgrund der Vermögensstatistik von 1935 berechnet; Fortschreibung bis 1939 ebenfalls nach unserer Schätzung.

Es sei betont, daß das Nationalvermögen hier nur sehr angenähert geschätzt ist (die Abweichungen von der Wirklichkeit können bis zu 20% nach oben und unten differieren). Wie ungenau aber auch das Nationalvermögen geschätzt sein mag, so zeigen die Zahlen doch deutlich, daß die Staatsschuld der USA mehr als die Hälfte des Nationalvermögens ausmacht, in Großbritannien liegt sie bei etwa $^3/_4$, und in Deutschland entspricht sie etwa dem Nationalreichtum.

Eine so hohe Staatsschuld ändert jedoch nicht das geringste an dem im Lande real vorhandenen Vermögen als Summe vergegenständlichter Arbeitszeit. Mag die vorhandene Staatsschuld auch noch so groß sein, sie ist niemals die unmittelbare Ursache der Inflation. Indirekt macht sie sich aber auf folgende Weise bemerkbar:

1. Für die Staatsschuld sind Zinsen zu zahlen. Allerdings sind die Zinsen für die vom Staat während des zweiten Weltkrieges aufgelegten Anleihen erheblich niedriger als im er-

sten Weltkrieg[74] (die Ursachen liegen im überschüssigen Geldkapital und der fallenden Profitrate[75], was für die allgemeine Krise des Kapitalismus charakteristisch ist sowie in der beschleunigten Umwandlung von Realkapital in Geldkapital während des Krieges). Durch die Zahlung von Zinsen für eine stark wachsende Staatsschuld verfügt die Bevölkerung eines Landes aber jährlich über bedeutende Einnahmen, die nicht unmittelbar dem neuproduzierten Wert entsprechen. Um diesen Betrag liegen die Einnahmen, die „Kaufkraft" der Bevölkerung, über dem Wert der produzierten Waren. Das braucht noch keine Inflation einzuleiten, birgt in sich jedoch die Möglichkeit dazu. Nur wenn der Staat durch entsprechend hohe Steuern die Einnahmen der Bevölkerung mit dem im Lande produzierten Neuwert in Übereinstimmung bringt, läßt sich eine Inflation vermeiden.

2. Eine hohe Staatsschuld ist noch in anderer Hinsicht eine potentielle Inflationsquelle.

Würde man den Verkauf von Staatspapieren verbieten, könnten diese keine Inflationsgefahr darstellen. Doch sie werden frei verkauft. Wollen die Besitzer von Staatspapieren Waren kaufen und benötigen sie dazu Geld, so bieten sie ihre Staatspapiere auf dem Markt an. Findet sich ein Käufer, der zu dem angebotenen Preis kauft, so ändert sich nichts: Das Eigentum an Wertpapieren geht in andere Hände über. Werden aber erheblich mehr Staatspapiere zum Kauf angeboten, als Käufer vorhanden sind. so erfolgt ein starker Kursrückgang. Der Staat oder die Banken müssen „eingreifen", oder anders ausgedrückt, sie müssen die überschüssigen Staatspapiere gegen Bargeld einwechseln, denn andernfalls wird der Staatskredit untergraben, was eine Geldentwertung bedeutet. Kauft der Staat selbst seine Papiere, so bedeutet dies, daß ein Teil der Staatsschuld durch Erhöhung des Geldumlaufs in Form von Banknoten oder Papiergeld abgedeckt wird. Erfolgt die Zahlung also nicht aus den Überschüssen des Staatshaushalts, was noch niemals während eines Krieges oder einige Zeit danach der Fall war, so ist damit eine unmittelbare Voraussetzung für die Inflation gegeben.

3. In den meisten Ländern haben die Banken und Sparkassen Staatspapiere zu einem relativ hohen Teil ihres Nennwerts zu beleihen; in diesem Fall können die Staatspapiere eine direkte inflationistische Wirkung haben, auch wenn sie später nicht verkauft werden, denn die Menge des umlaufenden Papiergeldes erhöht sich, weil die Banken, sofern ihre Kassenbestände nicht ausreichen, sich die dazu erforderlichen Mittel von der Notenbank verschaffen.

4. In einigen Ländern (wie z. B. in den USA) dienen kurzfristige Schatzwechsel (Treasury bills and certificates) bei größeren Geschäften vielfach als Zahlungsmittel, wobei sie in diesem Falle Geldfunktion ausüben und damit unmittelbar zur Inflation beitragen.

Banknotenumlauf und Inflation

Der Umfang der ausgegebenen Banknoten ist während des Krieges in allen Ländern — sowohl in den kriegführenden wie in den neutralen — bedeutend angestiegen.

74 In Großbritannien lag z. B. der durchschnittliche Prozentsatz, zu dem Dreimonatswechsel diskontiert wurden, von 1915 bis 1918 bei 4,3%, dagegen von 1939 bis 1943 bei 1% (Economic Journal, 215/1944, S. 340).

75 „. . . ihre Kursnotierung an der Börse . . . hat mit dem Fallen des Zinsfußes, soweit dies, unabhängig von den eigentümlichen Bewegungen des Geldkapitals, einfache Folge des tendenziellen Falles der Profitrate ist, notwendig die Tendenz zu steigen . . ." (Karl Marx, Das Kapital, Dritter Band, in: MEW, Bd. 25, Berlin 1969, S. 494).

Das Papiergeld, das nach dem ersten Weltkrieg zirkulierte, hatte in allen Ländern formell den Charakter von Banknoten. Aber eben nur äußerlich, in Wirklichkeit war es überwiegend Papiergeld des Staates. Der Unterschied besteht bekanntlich in folgendem:

Die echten Banknoten basieren auf dem kommerziellen Kredit. Sie stellen eine Phase des noch nicht beendeten Zirkulationsprozesses dar. Die Ware wurde hergestellt, aber noch nicht vom Endverbraucher gekauft. Sie ging noch nicht in die Konsumtion ein. Sie verweilt noch in der Zirkulationssphäre: entweder in Warenlagern, um in Fabriken weiterverarbeitet zu werden, oder bei Groß- bzw. Einzelhändlern. Bis zum endgültigen Abschluß dieses Vorganges reichen die Banken Kredite aufgrund von Wechseln der an diesen Geschäften Beteiligten aus. Die Wechsel werden von der zentralen Notenbank diskontiert, und auf ihrer Grundlage werden Banknoten ausgegeben. Gelangt die Ware zu ihrem Endverbraucher, so wird sie gegen Bargeld verkauft, was vom Einzel- zum Großhändler, von diesem zum Fabrikanten und schließlich zur Bank gelangt, um dort den Handelswechsel zurückzukaufen. Die Bank gibt das Bargeld dann an die Notenbank zurück. Echte Banknoten kehren aus dem Zirkulationsprozeß wieder zur Notenbank zurück, sobald sie im Zirkulationsprozeß nicht mehr benötigt werden. Eine Ausnahme bilden Krisenzeiten, in denen die nichtverkäuflichen Waren sich bei den Fabriken oder in der Zirkulationssphäre anhäufen.

Die während des Krieges zirkulierenden Geldscheine sind meistens keine echten Banknoten in ökonomischem Sinne. Sie wurden nicht aufgrund von Handelskrediten ausgegeben, sondern meist als „Vorschuß", als Anleihe an die Regierung des Landes oder durch die Beleihung von Staatspapieren. Die Banknoten der Bank von England waren z. B. in Höhe von 1,250 Mrd. Pfund Sterling durch britische Staatspapiere (fiduciary issues) in gleicher Höhe gesetzlich gedeckt. Der Goldbestand der Bank von England wurde der Regierung zur Verfügung gestellt und im Ausland für Kriegszwecke verausgabt. Der französische Staat war Ende 1944 an die Bank von Frankreich mit 496 Mrd. Franc verschuldet, die er während des Krieges von der Bank in Form neu ausgegebener Banknoten erhalten hatte; zu diesem Zeitpunkt belief sich der Geldumlauf auf 565 Mrd. Franc. Auch die Bundesreservebanken der USA besaßen am 1. Februar 1945 Staatspapiere in Höhe von 19 Mrd. Dollar, während sich der Geldumlauf auf 21,748 Mrd. Dollar belief.

Da der größere Teil der umlaufenden Banknoten keine echten Banknoten, sondern ökonomisch gesehen staatliches Papiergeld war, das nur äußerlich die Form von Banknoten aufwies, konnte sich die Zirkulation nicht dem geringeren Warenumlauf anpassen und automatisch diejenigen Banknoten an die Notenbank zurückgeben, die für den Zirkulationsprozeß nicht benötigt wurden. Die dem Staat als Vorschuß ausgereichten und von ihm in Umlauf gesetzten Banknoten bleiben auch dann in der Zirkulationssphäre, wenn der Warenumsatz zurückgeht. Deshalb besteht ständig die Gefahr, daß solche Banknoten entwerten.

In diesem veränderten Charakter der zirkulierenden Banknoten ist weitgehend die inflationistische Wirkung der Kriegsfinanzierung zu suchen, nicht aber darin, daß die Summe der umlaufenden Banknoten zunimmt, wie dies die „Quantitätstheorie" behauptet. Nicht die erhöhte Zirkulation von Banknoten schlechthin, sondern nur ihre Zunahme bei gleichzeitig zurückgehendem Warenumsatz schafft die Voraussetzung für eine Entwertung.

Bekanntlich hat Marx, als er die Geldmenge bestimmte, die in der einfachen Warenproduktion als Zirkulationsmittel fungiert, sie nicht einfach der Preissumme aller Waren gegenübergestellt, sondern die Preissumme durch die durchschnittliche Umlaufsanzahl gleichnamiger Geldstücke geteilt. Je rascher das Geld zirkuliert, desto weniger wird davon für die Warenzirkulation benötigt und umgekehrt. Deshalb bewirkt eine erhöhte Zirkulation von Geldzeichen bei gleichbleibender Wertsumme der Waren keine Inflation, wenn die Zirkulation von Banknoten gleichzeitig verlangsamt wird. In der kapitalistischen Kreditwirtschaft gibt es neben den Banknoten Schecks und andere Mittel zur bargeldlosen Verrechnung im Zirkulationsprozeß. Die für den Zirkulationsprozeß erforderliche Geldsumme verringert sich um den Betrag, der insgesamt auf die „bargeldlosen Verrechnungsformen" (wie Banküberweisungen, Schecks usw.) entfällt.

Untersucht man die Wechselbeziehung zwischen der erhöhten Geldzirkulation und der Verteuerung in den einzelnen Ländern, so stellt sich heraus, daß die Verteuerung prozentual nicht so stark anwächst wie der Geldumlauf (vgl. Tabelle 10).

Tabelle 10
Geldumlauf (in Mio Einheiten nationaler Währung)

Land	1939*	1944*	Zunahme in %	Index der Großhandelspreise (Ende 1944)	Zunahme in % (erstes Halbjehr 1939 = 100)
USA	7598	25335	233	137	37
Großbritannien	555	1239	123	172	72
Deutschland	12755	51000	300	111	11
Japan	3818	16540	333	165	65

* Jahresende.

Quelle
Monthly Bulletin of Statistics, Februar 1945.

Die große Differenz zwischen der Zunahme des Geldumlaufs und der Erhöhung der Großhandelspreise ist auf mehrere Ursachen zurückzuführen.

Offiziell führt man dies auf die staatliche Preisregulierung zurück, bei der die Preise künstlich niedrig gehalten werden. Doch diese Erklärung trifft nicht das ökonomische Wesen des Problems: Wie ist es möglich, daß die in der Zirkulation befindliche Geldmenge stark anwächst, die Preise aber nicht entsprechend steigen?

Die Antwort ist folgende:

1. Die staatliche Regulierung umfaßt nicht alle Waren. Die Preise vieler, von der Lenkung nicht betroffener Waren, wie Häuser, Grundstücke, Kunstwerke[76], Wertsachen und Samm-

76 „In der Anlagesphäre wird die Flucht aus dem Franc immer panischer. Auf 20 Auktionen, die insgesamt mehr als eine Million Francs einbrachten, wurden vor allem Schmuck und Juwelen versteigert. Den Rekord dieses Jahres erzielte eine Brosche mit 30 Brillanten von 52,63 Karat, für die 2,72 Mio Francs gezahlt wurden. ... Auf dem Kunstmarkt änderte sich die Zusammensetzung der Käufer. Die Antiquare, Sammler und Kunstliebhaber werden immer mehr von Spekulanten verdrängt, die ihre an der Börse jetzt verbotenen Geschäfte — Kauf und Verkauf von Werken der Malerei — auf einige Zeit fortsetzen wollen. Die Geschäfte im Hotel ... gehen relativ lebhaft vonstatten und in viel größerem Umfang als an der Börse. ... Eine kleine Sammlung von 31 Bildern zeitgenössischer Malerei wurde innerhalb einer halben Stunde für 8 Mio Francs verkauft. Claude Monet kostet mehr als 600000 Francs für jedes Bild. ... Die alten Meister werden bevorzugt. ‚Einsamkeit' von Jacob Ruisdael, das 1,9 Mio Francs kostete, steht an erster Stelle, ihm folgt ein Selbstportrait von Goya, das 1,45 Mio Francs kostete, sowie ein Portrait des Kupferstechers ..., das auf 1,24 Mio Francs kam. Schätzungen von Sachverständigen werden schon nicht mehr beachtet." Ähnlich wie in Paris war die Lage auch in Deutschland während des Krieges (Vgl. Frankfurter Zeitung vom 27. 8. 1943).

lungen aller Art, sind sehr stark gestiegen, so daß ihre Zirkulation zusätzliche Banknoten erfordert.

2. In einigen Ländern, vor allem in den USA und Kanada, ist die Preissumme der zirkulierenden Waren teilweise deshalb gestiegen, weil sich der gesamte neugeschaffene Wert erhöht oder die Preise für einige Waren durch die zunehmende Nachfrage gestiegen sind. Die Preissteigerung beruhte nicht auf einem wachsenden Umlauf von Banknoten, sondern erst die Preiserhöhung machte es erforderlich, die umlaufende Geldmenge zu vermehren.

3. Die Umlaufgeschwindigkeit des Geldes nahm während des Krieges ab. Durch die unsicheren Lebensbedingungen, den Wohnortwechsel von vielen Millionen Menschen und die Reisen an entfernte Fronten besaßen sowohl Betriebe als auch Einzelpersonen ständig erheblich größere Bargeldbeträge als in Friedenszeiten; ein sehr großer Teil der zusätzlich ausgegebenen Banknoten wurde thesauriert.

4. Dementsprechend nahm die Bedeutung der bargeldlosen Verrechnung ab. Die Ausgaben der Armee und ihrer Angehörigen in fremden Ländern sowie innerhalb des Landes wurden fast ausschließlich in Bargeld getätigt. Die Umsätze auf dem Schwarzmarkt, die in einigen Ländern sehr groß waren, erfolgten ebenfalls in Bargeld.[77]

Vor allem aus diesen Gründen stiegen die Preise in den kriegführenden Ländern wesentlich langsamer als der Banknotenumlauf.

Die Bedeutung der staatlichen Preisregulierung ergibt sich daraus, daß die Preise in den neutralen Ländern stärker stiegen als in den großen kriegführenden Ländern.[78] So erhöhten sich die Großhandelspreise (erste Hälfte 1939 = 100) bis Ende 1944 wie folgt[79]:

77 Die statistischen Angaben über den Banknotenumlauf während des Krieges in den USA weisen aus, daß der erhöhte Banknotenumlauf meistens zur Schatzbildung und für Zwecke des Großhandels diente:

Wert der Banknoten in Dollar	September 1939*	September 1944*	Zunahme
1	559	937	67
5	1019	2078	103
10	1772	5789	226
20	1576	6731	327
50	460	1829	297
100	919	3765	309
500	191	516	170
1000	425	939	120

Die „New York Times" schreibt, daß die außerordentlich zunehmende Zirkulation von großen Banknoten, wie 50 Dollar und mehr, ins Auge fällt. „Man hat Grund zu der Annahme, daß dies zum Teil auf der Existenz des schwarzen Marktes beruht. Einige Einzel- und Großhändler, die Waren zu illegalen Preisen kaufen und verkaufen, lassen diese Geschäfte nicht in ihren Büchern erscheinen und wickeln sie nicht über die Bank ab, sondern benutzen für die Verrechnung dieser Geschäfte vermutlich große Geldscheine." (New York Times vom 3. Dezember 1944).

78 In den neutralen Ländern spielte der schwarze Markt aber längst nicht die Rolle wie in den kriegführenden Ländern.

79 Monthly Bulletin of Statistics, April 1946, Nr. 4, S. 161.

Argentinien	Iran	Spanien	Portugal	Schweden	Schweiz	Türkei
110	407	107	150	79	109	327

Der Zusammenhang zwischen der erhöhten Zirkulation von Banknoten und der Preissteigerung in der kapitalistischen Kriegswirtschaft ist also nicht so einfach, wie dies die Anhänger der „Quantitätstheorie" meistens behaupten. Eine gewisse Erhöhung des Banknotenumlaufs ist während des Krieges deshalb notwendig, um die langsamere Umlaufgeschwindigkeit des Geldes auszugleichen. Nur dann, wenn die Notenpresse ohne Unterbrechung immer neue Massen von Papiergeld in Umlauf bringt, wie dies in den meisten von den Faschisten okkupierten Ländern der Fall war, tritt eine rasche Geldentwertung, eine Inflation im klassischen Sinne des Wortes ein. Die Währungskurse, umgerechnet in dem dem Gold gleichwertigen amerikanischen Dollar, zeigen, daß es während des Krieges eine Inflation gegeben hat. Tabelle 11 enthält die Kurse der wichtigsten Währungen, doch muß darauf hingewiesen werden, daß die Währungskurse der alliierten Länder keine freien Kurse sind, sondern in Absprache zwischen den USA und den entsprechenden Ländern festgesetzt und mit Hilfe von Dollarkrediten der USA gestützt wurden.

Tabelle 11
Währungskurse (in Cents)

Währung	Juni 1939	Ende 1944	September 1945
Britisches Pfund	468	403,5	402,5
Australisches Pfund	373	322,8	320,7
Kanadischer Dollar	99,77	89,75*	89,91
Indische Rupie	34,92	30,12	30,12
Französischer Franc	2,65	2,00**	0,84+
Italienische Lira	5,26	1,00	1,00
Belgischer Franc	17,01	2,30**	2,30
Deutsche Mark	40,10	2,32***	—

* Freier Kurs.
** Von den Alliierten offiziell festgesetzter Kurs: 50 Franc gleich 1 Dollar.
*** Berechnet nach dem freien Kurs der Mark in der Schweiz: 10 Mark gleich 1 Schweizer Franc.
+ Neuer Kurs nach der Abwertung Ende 1945.
Quelle
Annuaire Statistique; Monthly Bulletin of Statistics.

Von den neutralen Ländern Europas waren Ende 1944 nur die Währungen Schwedens und der Schweiz nicht gegenüber dem Dollar abgewertet.

Eine starke Entwertung der Währung setzte in den von den Hitlerfaschisten besetzten Ländern ein. Sie hielt auch nach der Befreiung dieser Länder an, denn die Faschisten hatten große Mengen Papiergeld im Umlauf gesetzt, und auch die britischen und amerikanischen Armeen gaben nach der Vertreibung der Nazis neues Papiergeld aus, wobei die Ausgaben dieser Länder in der Anfangszeit ebenfalls weitgehend mit Hilfe der Notenpresse gedeckt wurden, weil der Steuermechanismus noch nicht funktionierte.

Die oben genannten Kurse sind aber in den befreiten europäischen Ländern in Cents (in Dollar) wesentlich höher, als dies der Kaufkraft des französischen Franc, der italienischen

Lira usw. auf dem Binnenmarkt entsprechen würde. Der hohe Kurs wurde zugunsten dieser Länder festgesetzt, damit die Besatzungstruppen nicht alle vorhandenen Waren mit Hilfe von Papierdollar und Pfund Sterling aufkaufen konnten. Für den Außenhandel hatte der zu hoch festgesetzte Kurs anfangs keine besondere Bedeutung, denn diese Länder erhielten ihre Waren lange Zeit nur auf Kredit und exportierten nichts. Als jedoch erste Versuche unternommen wurden, Waren in Länder mit harter Währung zu exportieren, also nach den USA, Großbritannien und den Dominien, stellte sich heraus, daß angesichts solcher Kurse die Waren dieser westeuropäischen Länder keineswegs konkurrenzfähig waren.[80] Die Währungen dieser Länder waren in Wirklichkeit weitaus stärker entwertet, als es dem Dollarkurs entsprach. Eine sich aus inneren Ursachen entwickelnde Inflation kann natürlich nicht durch einen erhöhten Kurs nach außen aufgehalten werden.

Das Beispiel Frankreichs zeigt, daß die Festsetzung eines festen Kurses gegenüber dem Dollar — und damit auch gegenüber dem Gold — nicht vor einer Währungsabwertung schützt. Obwohl der Kurs bei der Befreiung des Landes festgesetzt wurde, Frankreich über einen erheblichen Goldvorrat und über Dollarguthaben in den USA verfügte und die französische Regierung einen Teil der Banknoten durch eine einmalige Vermögenssteuer aus dem Umlauf zog, konnte dieser hohe Kurs durch die innere Entwertung des Franc nicht aufrechterhalten werden.[81] Ende 1945 mußte das französische Parlament der Abwertung des Franc zustimmen und den Dollarkurs von 50 auf 119 Francs erhöhen.

Das Beispiel der griechischen Drachme verdeutlicht den völligen Zusammenbruch einer Währung (Banknotenumlauf, Mrd. Drachmen)[82]:

1939	1940	1941	1942	1943	November 1944
9	15	49	306	1266	2500000000

Im November 1944 befanden sich 2,5 Mrd. Drachmen in Umlauf. Die Drachme war nahezu völlig abgewertet: Bei dem Versuch, die Drachme im November 1944 zu stabilisieren, wurden 50 Mrd. alte Drachmen gegen eine neue umgetauscht.

Das Land war aber ökonomisch so verelendet und politisch instabil, daß selbst für kurze Zeit keine Stabilisierung gelang. Bereits im Januar 1945 war die Entwertung der neuen Drachme in vollem Gange, obwohl noch kein zusätzliches Papiergeld in Umlauf gesetzt worden war.

80 „Die Hauptschwierigkeit ist jetzt der ziemlich hohe Kurs des Franc gegenüber dem Dollar. Demnach beträgt die Kaufkraft des Franc noch nicht die Hälfte seines Kurses.... Die amerikanischen Soldaten in Paris und anderen Orten Frankreichs kaufen für ihre Dollar weniger Waren, als dies dem Goldgehalt des Dollar entspricht. Den Franzosen wurde zu verstehen gegeben, daß die Beibehaltung der augenblicklichen Warenpreise beim gegenwärtigen Währungskurs den Export in die USA sehr erschweren wird. Kürzlich weilten Vertreter der französischen Weinexporteure in den USA. Ihnen wurde erklärt, daß die genannten Preise für die Exporterzeugnisse die Exportaussichten sehr zweifelhaft erscheinen lassen. Das gleiche wurde bekanntlich den französischen Exporteuren von anderen Exportgütern mitgeteilt. Außerdem dürfen die Franzosen nicht die künftige Entwicklung des Auslandstourismus außer acht lassen" (New York Times vom 25. Januar 1945).

81 Der Goldbestand der Bank von Frankreich belief sich im September 1945 auf 75 Mrd. Francs. Blockiert waren in den USA 1,4 Mrd. Dollar = 70 Mrd. Francs bei einem Banknotenumlauf von 496 Mrd. Francs.

82 Monthly Bulletin of Statistics, Februar 1945, S. 48.

Eine starke, wenn auch nicht so katastrophale Entwertung der Währungen erfolgte nach dem Zusammenbruch der Hitlerherrschaft auch in allen besetzten und ehemals mit Hitlerdeutschland verbündeten Ländern. Diese Erscheinung spiegelte die wirtschaftliche Ausplünderung und Erschöpfung dieser Länder durch die faschistische Besatzung wider. In allen Ländern hatte die Warenproduktion einen Tiefstand erreicht; der Staatsapparat konnte 1945 nur wenige direkte Steuern einziehen; die reichen Schichten drückten sich vor der Steuerzahlung. Im Staatshaushalt und in den kommunalen Haushalten entstand ein sehr hohes Defizit, das meistens durch Ausgabe von Papiergeld gedeckt werden mußte, da die reichen Leute keine Staatsanleihen zeichnen wollten. Unter diesen Verhältnissen war die Inflation unvermeidbar. Durch die Erhebung einer Vermögenssteuer beim Banknotenumtausch wurde ein Teil der Banknoten aus der Zirkulation abgezogen, was die inflationistische Entwicklung aber überall nur vorübergehend verzögerte.

Ebenso verhielt es sich übrigens auch nach dem ersten Weltkrieg in den besiegten Ländern wie Deutschland, Österreich-Ungarn usw.

*

Es sei daran erinnert, daß das Vorhandensein von Goldbeständen in einzelnen Ländern, der Grad der „Golddeckung" — also das, was im 19. Jahrhundert als entscheidende Voraussetzung für die Stabilität angesehen wurde —, gegenwärtig kaum noch Einfluß auf den Währungskurs hat. Der in Belgien vorhandene relativ große Goldbestand (32 Mrd. Francs) verhinderte nicht die sehr starke Abwertung des belgischen Franc. Die praktisch nicht vorhandene Golddeckung des britischen Pfund ist ohne Einfluß auf dessen Kurs. Da fast kein Land das Gold einsetzte, um die Währungsparität zu stützen — wie dies im 19. Jahrhundert und bis zum ersten Weltkrieg der Fall war —, verlor der Goldbestand für die Entwicklung des Währungskurses praktisch seine Bedeutung, sofern die Währungsabwertung durch die innere wirtschaftliche Situation hervorgerufen wurde.[83]

Die Versuche einzelner Länder, ihre Währung durch Goldverkäufe auf dem Binnenmarkt zu stützen, blieben angesichts der ökonomischen Faktoren, die die Inflation auslösten, wirkungslos, denn das Gold diente zur Schatzbildung oder wurde heimlich ins Ausland exportiert, und die Inflation entwickelte sich weiter.

Als Beispiel kann Ägypten dienen. Die ägyptische Währung (das ägyptische Pfund) behielt während des gesamten Krieges seinen festen Kurs gegenüber dem britischen Pfund und dem Dollar. Die Bestände an Gold und ausländischen Devisen stiegen während des Krieges um das Sechsfache, der Banknotenumlauf dagegen nur um das Vierfache. Der Banknotenumlauf war niedriger als der Gold- und Devisenbestand:

	August 1945 Mio £*
Banknotenumlauf	123,7
Gold	6,3
Devisen	138,7

* Monthly Bulletin of Statistics, Februar 1946.

83 Einige neutrale Länder, wie Spanien, Portugal, Schweden und die Schweiz, erhöhten ihre Goldbestände während des Krieges beträchtlich. Diese Länder verkauften ihre Waren im Ausland oft lieber im Austausch gegen andere Waren als gegen Gold.

Trotzdem kam es zu einer Preissteigerung, die ihrem Ausmaß nach als inflationistisch anzusehen ist. Setzt man die Preise in der ersten Hälfte 1939 gleich 100, so stieg der Index der Großhandelspreise im August 1944 auf 314.

Die Ursachen für die Preissteigerungen, die trotz des Bestandes an Gold und ausländischen Devisen, trotz aktiver Zahlungsbilanz und festem Kurs gegenüber dem Dollar zu verzeichnen waren, lagen darin, daß Ägypten als Basis für die Kriegshandlungen in Afrika und zum Transport von Truppen und Material nach dem Osten diente. Hier wurden ständig die britischen und amerikanischen Armeen versorgt, wodurch sich die realen Werte in Ägypten erschöpften, obwohl gleichzeitig erhebliche Bestände an Dollar und englischen Pfunden hereinströmten. Deshalb blieb auch der Versuch der ägyptischen Regierung, im November 1943 Goldbarren gegen Banknoten umzutauschen (wobei der Preis um das Doppelte über dem Kurs des ägyptischen Pfund Sterling lag), erfolglos. Ein ähnliches Ergebnis war auch in Griechenland im November 1944 zu verzeichnen, als man die Währung durch Einführung des britischen Goldsovereign zu stabilisieren versuchte, wobei der Preis um das Vierfache über dem offiziellen Kurs lag.

Diese Beispiele zeigen, daß sich die Entwertung einer nationalen Währung mit Hilfe des Goldes nur dann aufhalten läßt, wenn die Entwertung nicht aus der inneren wirtschaftlichen Situation entspringt, sondern ausschließlich durch eine passive Zahlungsbilanz bedingt ist.

Natürlich übt das Gold im Kapitalismus auch bei einer Inflation seine Funktion als Maß der Werte und als Weltgeld aus. Hat die Inflation ein gewisses Entwicklungsstadium erreicht, so verdrängt das Gold (gemeinsam mit ausländischen Devisen) immer stärker das im Lande zirkulierende Papiergeld in dessen Eigenschaft als Maßstab der Preise und als Tauschmittel im Großhandel und bei Spekulationskäufen (die in diesem Fall dem Wesen nach gleichzusetzen sind). So richteten sich die in Papiergeld ausgedrückten Preise im Herbst 1945 in Ungarn entweder nach dem Kurs des „Napoléon", einer Goldmünze (Napoléon d'or), die allerdings nirgends als Zirkulationsmittel diente, oder nach dem amerikanischen Dollar, der von der Parität her dem Gold gleichzusetzen war, oder sie wurden einfach in Gramm Gold ausgedrückt.

Wirtschaftliche und soziale Folgen der Inflation

Handelt es sich nun um eine „echte" Inflation im klassischen Sinne, die durch die Ausgabe von Banknoten ausgelöst wurde, um damit ein Defizit im Staatshaushalt zu decken, oder entspringt sie anderen Ursachen, in beiden Fällen beeinflußt sie die wirtschaftlichen und sozialen Verhältnisse, da die Preise in dem Ausmaß und Tempo steigen, in dem sich die Preissteigerung entwickelt. Davon werden die einzelnen Produktionszweige und die verschiedenen Klassen unterschiedlich und ungleichmäßig betroffen.

Eine Entwertung der Währung fördert den Export und erschwert den Import. Deshalb nahmen Großbritannien und die USA zwischen beiden Weltkriegen „organisierte" Währungsabwertungen vor, um die Konkurrenzfähigkeit ihrer Waren auf dem Weltmarkt zu erhöhen, d. h. Großbritannien ging vom Goldstandard ab, und Roosevelt senkte 1933 den Goldgehalt des Dollars. Einzelne Staaten dürften auch in Zukunft zu solchen Maßnahmen greifen. In den ersten Jahren nach Kriegsende werden sich vor allem die am Krieg beteiligten Länder Kontinentaleuropas mit der Inflation auseinanderzusetzen haben, dann aber auch Japan, die Türkei usw.; infolge seiner passiven Zahlungsbilanz droht Großbritannien ebenfalls eine weitere Währungsabwertung.

Die Inflation bedeutet eine Neuverteilung des Realeinkommens im Lande. Die Inflation verringert das Realeinkommen der Arbeiter, Angestellten und Beamten. Ihr Lohn wird in entwerteter Währung gezahlt. Auch wenn er kurzzeitig ansteigt, so bleiben die Arbeiter und Angestellten stets das Opfer der Inflation, da die Lohnerhöhung nicht immer der Teuerung folgt und die Kaufkraft ihres Geldes ständig abnimmt. Deshalb geht die Inflation stets mit einer starken Verschlechterung der Lage der Arbeiter einher. Die Mehrwertrate steigt während der Inflation sprunghaft.

Durch die Inflation geht das Einkommen der Rentiers entsprechend der Geldentwertung zurück. Sie beseitigt völlig oder teilweise die Widersprüche zwischen der durch den Krieg verursachten Verarmung des Landes und den außerordentlich stark gestiegenen Zinszahlungen für die Staatsschulden an die Rentiers und alle übrigen Bürger, die Obligationen des Staates oder andere verzinsliche Wertpapiere besitzen.

Durch die Inflation verarmen Kleinhändler und Handwerker. Auch wenn sie ihre Waren anscheinend mit großem Profit verkaufen, so können sie für das nach jedem Umschlag erhaltene Geld nur noch eine ständig abnehmende Warenmenge kaufen.

Durch die Inflation werden die Schuldner, nämlich Industriebetriebe, Gutsbesitzer, reiche Bauern und Hausbesitzer reicher, denn sie können ihre Schulden in entwertetem Geld bezahlen. Vor allem bereichern sich jene Spekulanten, die während der Inflation Kredite der Notenbank oder anderer Großbanken nehmen, für dieses Geld „Sachwerte" kaufen oder Fabriken errichten und die Kredite mit völlig entwertetem Geld zurückzahlen.

Eine soziale Folge der Inflation besteht also darin, daß die Zentralisation der Kapitale sprunghaft zunimmt. Einerseits werden Kleinhändler, Handwerker und Rentiers massenweise ruiniert. Andererseits setzt sich die Polarisation der kapitalistischen Gesellschaft auf zwei Hauptklassen, nämlich Bourgeoisie und Proletariat, fort, wobei die Arbeiter und Angestellten zunehmend verelenden.

Der wachsende Reichtum, den ein Teil der Bourgeoisie und der Gutsbesitzer aus der Inflation zieht, wird aber mit einer großen Erschütterung der Wirtschaft erkauft. Der Kapitalismus braucht eine feste und harte Währung. Die Inflation darf keine ständige Erscheinung sein. Überschreitet die Inflation eine bestimmte Grenze, so muß die Währung erneut stabilisiert werden, da sonst die gesamte Wirtschafts- und Sozialordnung zerrüttet werden kann. Auf einer bestimmten Entwicklungsstufe trifft die Inflation auch diejenigen Schichten der Bourgeoisie, die aus ihr zuvor großen Nutzen gezogen haben. Deshalb versuchen sie ebenfalls eine Stabilisierung der Währung herbeizuführen.

Pläne zur Stabilisierung der Währung im internationalen Rahmen

Das „Währungschaos" in den zwei Jahrzehnten zwischen dem ersten und zweiten Weltkrieg ergab sich aus dem ersten Weltkrieg und der tiefen Wirtschaftskrise von 1929 bis 1933. Darüber hinaus hat aber die Währungsentwertung die kapitalistische Wirtschaft noch weiter zerrüttet. Deshalb wurden bereits während des zweiten Weltkrieges Pläne ausgearbeitet, um nach dem Krieg eine Inflation zu verhüten. Diesem Zweck dienten einige internationale Konferenzen.

Bekanntlich wollten sowohl Großbritannien als auch die USA diese Frage in die Hand nehmen. Großbritannien konnte die wirtschaftliche Macht des britischen Commonwealth, sein umfangreiches internationales Banksystem und die alten Traditionen Londons als internationaler Mittelpunkt der Bankwelt in die Waagschale werfen. Darüber hinaus konnte es seine „negativen" Einwirkungsmöglichkeiten nutzen, nämlich die Möglichkeit einer

Pfundabwertung und, gestützt auf den Markt des gesamten Commonwealth, auf dem Weltmarkt eine scharfe Konkurrenz entfalten. Demgegenüber stützten sich die USA auf ihren gewaltigen Goldvorrat, auf ihre Möglichkeiten, internationale Kredite zu gewähren, und auf die Macht ihrer Wirtschaft, die im Krieg noch zugenommen hatte.

Entsprechend der unterschiedlichen Ausgangslage dieser beiden führenden kapitalistischen Länder wurden bekanntlich zwei verschiedene Pläne ausgearbeitet: der vom Engländer Keynes und der vom Amerikaner White.[84] Beide Pläne sahen vor, eine Art internationaler Währung und ein internationales Clearingsystem zu schaffen, um mögliche Währungsabwertungen zu vermeiden, wenn sich der Zahlungsbilanzsaldo in einem Land zeitweilig passiv gestalten sollte. Nach dem Plan von Keynes sollte dazu das Gold abgeschafft und ein Fonds gebildet werden, der aus Papiergeldeinlagen aller an dieser Organisation beteiligten Staaten besteht. Dieser Plan entsprach den Interessen Großbritanniens, das seinen Goldbestand bereits vor dem Kriegseintritt der USA für Käufe in Amerika verbraucht hatte.

Demgegenüber sah der Plan von White vor, dieses Ziel durch die Schaffung eines Goldfonds zu erreichen, wobei er sich auf die großen Goldvorräte der USA stützte. Bei der ersten Lösung wäre London und bei der zweiten New York das natürliche Zentrum geworden.[85] Der White-Plan enthielt einen Punkt, der für Großbritannien besonders unangenehm war, nämlich die in Großbritannien „eingefrorenen" Kredite anderer Staaten, darunter Indiens und Ägyptens, dem Währungsfonds zu übertragen und zu mobilisieren.

Nach langen Verhandlungen zwischen den USA und Großbritannien fand man auf der Konferenz von Bretton-Woods im Juli 1944 bekanntlich einen Kompromiß. Die Idee der Schaffung einer internationalen Währungseinheit wurde fallengelassen und von der Mobilisierung der eingefrorenen Kredite Abstand genommen, dem Gold wurde eine größere Rolle als im Plan von Keynes beigemessen. Für jedes Land wurden entsprechende Quoten festgesetzt.

Das ökonomische Wesen der Funktionen des Währungsfonds besteht in folgendem.

Jeder Staat zahlt entsprechend seiner Quote die im Statut vorgesehene Summe in Gold und in Papiergeld seines Landes ein.[86] 25% der Quote oder 10% des Goldbestandes des Landes (jeweils der niedrigere Betrag) sind in Gold und der Rest in Papiergeld des jeweiligen Landes einzuzahlen. Weist ein Staat eine passive Zahlungsbilanz auf, so ist sein Bedarf an fremden Währungen größer als die Nachfrage anderer Länder nach seiner Währung (wir abstrahieren hier vom Kapitalexport). Der Staat kann aus dem Fonds 25% seiner Quote im Laufe von vier Jahren in fremder Währung erhalten, wobei die Zinsen bei kürzerer Laufzeit niedriger und bei längerer Laufzeit höher sind,[87] d. h. er kann insgesamt 100% seiner Quote ziehen. Hat der Staat eine aktive Zahlungsbilanz, so ist auf dem Weltmarkt die Nachfrage nach seiner Währung größer als seine Nachfrage nach fremder

84 Diese Pläne sind aus der Presse bekannt und brauchen deshalb nicht näher behandelt zu werden. Vgl. E. Varga, Plany poslevoennoj stabilizacii valjuty, in: Vojna i rabočij klass, Dezember 1943; I. Trachtenberg, Proekty meždunarodnych valjutnych soglašenij, in: Mirovoe chozjajstvo i mirovaja politika, Februar 1944.

85 Beide Pläne sahen ursprünglich die Schaffung einer neuen Währungseinheit für Verrechnungen vor, nämlich den „Bankór" bei Keynes und die „Unitas" bei White. Später wurde hiervon Abstand genommen.

86 Die Deponierung erfolgt überwiegend im eigenen Land.

87 Werden 25% der Quote in Anspruch genommen, so sind für ein Vierteljahr keine Zinsen zu zahlen; bei neun Monaten sind 0,5% zu zahlen und für jedes weitere Jahr 0,5% mehr; dann steigen die

Währung. Seine Währung wird im Währungsfonds zur „knappen“ Währung erklärt und möglicherweise kontingentiert.

Der Währungsfonds kann und muß Hilfe leisten, um zeitweilige, nicht allzu große Passivsalden in der Zahlungsbilanz einzelner Länder auszugleichen und den Zeitpunkt einer Währungsabwertung aus „äußeren“ Gründen hinauszuschieben. Der Währungsfonds kann aber keine Währungsabwertung aus „inneren“ Gründen verhindern. Eine drohende Abwertung aus „äußeren“ Gründen kann der Fonds nur dann abwenden, wenn es sich um einen kurzfristigen Passivsaldo der Zahlungsbilanz handelt.

Konkret werden nach dem Krieg alle europäischen und die meisten asiatischen Länder eine passive Zahlungsbilanz aufweisen, während die USA (wenn wir vom Kapitalexport absehen) eine stark aktive Zahlungsbilanz besitzen werden. Dadurch müssen nahezu alle Beteiligten im ersten Jahr 25% ihrer Quote beim Währungsfonds in Anspruch nehmen. Damit wird die Währung der USA beim Währungsfonds bald knapp werden,[88] was dessen weitere Tätigkeit ziemlich erschweren wird. Aus diesem Grunde sprach sich die Konferenz der amerikanischen Bankiers Anfang 1945 dafür aus, nur den Kurs des Pfundes gegenüber dem Dollar zeitweilig zu stabilisieren, während sie gegenüber den anderen Währungen eine abwartende Position bezogen und die Schaffung des Währungsfonds ablehnten. Die Vereinigung der britischen Industriellen schlug ebenfalls vor, die Ratifizierung dieses Planes so lange aufzuschieben, solange die Probleme des Welthandels und der Handelspolitik in den Teilnehmerländern nicht einheitlich geregelt sind (also bis die USA ihre Grenzen für den Warenimport aus den Schuldnerländern öffnen).

Der Währungsfonds sollte seine Tätigkeit am 1. Mai 1945 aufnehmen, sobald die Länder 65% der Gesamtsumme eingezahlt haben und das Abkommen ratifizieren. Doch erfolgte die Ratifizierung erst Ende 1945.[89]

Der Währungsfonds kann nicht den erheblichen Kapitalbedarf derjenigen Länder befriedigen, die durch den Krieg verelendet sind.

Deshalb mußte man den Währungsfonds durch die Bildung einer Internationalen Bank für Kapitalexport ergänzen. Diese Bank soll die Anleihen garantieren, die von den Banken der verschiedenen Staaten oder von einem beliebigen Unternehmen gegen entsprechende Staatsgarantie gewährt werden. In Ausnahmefällen kann sie Anleihen aus eigenen Mitteln zur Verfügung stellen. Die Tätigkeit der Internationalen Bank für Wiederaufbau und Ent-

Zinsen um 0,5% für jedes Vierteljahr und Jahr. Nimmt ein Staat seinen Kredit voll in Anspruch, also jeweils ein Viertel seiner Quote innerhalb von vier Jahren, so hat er im sechsten Jahr bereits für das erste Viertel 3% und im 10. Jahr 5%, für das zweite Viertel 4,5% usw. zu zahlen.

88 Von dem gesamten Fonds in Höhe von 10 Mrd. Dollar (von dem für die alliierten und neutralen Länder 8,8 Mrd. vorgesehen sind) entfallen 2,8 Mrd. auf die USA und 6 Mrd. auf andere Länder. Nehmen die anderen Staaten ihre Kreditquote von 25% vorwiegend in Dollar in Anspruch — was in der Praxis wahrscheinlich sein wird — so sind die Dollarbestände des Fonds bereits in zwei Jahren erschöpft.

89 Bekanntlich hatte Großbritannien die Ratifikation so lange hinausgeschoben, bis es mit den USA Ende 1945 ein Abkommen über die Gewährung einer Anleihe in Höhe von 1,1 Mrd. Pfund Sterling und über die Liquidierung der Lend-Lease-Verpflichtungen geschlossen hatte. Die Drohung, die Bretton-Woods-Abkommen überhaupt nicht zu ratifizieren, war bei den langwierigen Verhandlungen über die Anleihe eines der stärksten Argumente Großbritanniens [E. Varga, Das englisch-amerikanische Finanzabkommen, in: Neue Zeit, 1/1946, (Moskva) S. 5].

wicklung wird zweifellos die Rolle des Staates in der Wirtschaft aller kapitalistischer Länder verstärken.

Das Aktienkapital besteht aus 9 Mrd. Dollar, von denen die USA 3,2 und Großbritannien 1,3 Mrd. zeichneten. Das Kapital wird nur zu 20% eingebracht, der Rest kann in Einzelbeträgen abgerufen werden, sobald dies erforderlich ist. Von den Einlagen sind 2% der Gesamtsumme in Gold und der Rest in der Währung des jeweiligen Staates zu zahlen.

Hier sollen nicht die organisatorischen Probleme beider Institutionen behandelt werden. Unter den konkreten Umständen ist es klar, daß die USA das Kapital für die Anleihen zur Verfügung stellen und die durch den Krieg verarmten Länder Kapital importieren werden. Deshalb erhoben amerikanische Geschäftskreise auch erhebliche Bedenken gegen die geplanten Institutionen. Diese Bedenken gipfeln im Prinzip darin, daß sie — wenn sie ihr Kapital geben — auch selbst bestimmen wollen, in welcher Form dies erfolgt.[90] Britische Ökonomen waren wiederum der Auffassung, daß Großbritannien mit der Bildung dieser Institutionen unter die Finanzherrschaft der USA geraten würde. Daß dies eine unausweichliche Folge des Krieges war, zeigt allein schon die Tatsache, daß Großbritannien um eine große Anleihe in den USA nachsuchen mußte.

Versuche zur Währungsstabilisierung in einigen europäischen Ländern

Die Inflation breitete sich in Kontinentaleuropa nach Kriegsende schnell aus. Ökonomisch erklärt sich dies daraus, daß die Produktion überall noch sehr gering war und der überwiegende Teil der Produktionskapazitäten zur Wiederherstellung des Verkehrswesens, wie Eisenbahnen, Brücken und Häfen, sowie für Bauten eingesetzt werden mußte, nicht aber der Produktion von Konsumtionsgütern dienen konnte. Der Nationalreichtum der Länder nimmt bereits zu, aber nicht an Konsumgütern, wodurch die Geldentwertung weiter fortschreitet.

Der politische Aspekt, nämlich die Sabotage reaktionärer Kräfte, die den überwiegenden Teil der Produktionsmittel in den demokratischen Ländern besitzen, verstärkt die Inflation. Sie dauert auch deshalb an, weil die Faschisten vor der Räumung der von ihnen besetzten Länder eine Riesenmenge an Papiergeld druckten, das sie entweder in Umlauf setzten oder mitnahmen. Über große Geldbeträge verfügten solche Personen, die mit den Faschisten zusammengearbeitet hatten, aber auch die Spekulanten auf dem Schwarzmarkt. Die neuen oder aus der Emigration zurückgekehrten Regierungen mußten ebenfalls zur Notenpresse greifen, denn es gab noch keinen staatlichen Steuerapparat. In einigen Ländern entwickelte sich eine beträchtliche und zunehmende Kluft zwischen der äußeren Kaufkraft der Geldeinheit, wie sie von den Alliierten nach der Befreiung des Landes in einem festen Kursverhältnis festgesetzt war, und der inneren Kaufkraft dieser Geldeinheit.

Die kapitalistischen Länder Europas konnten nicht auf eine Stabilisierung mit Hilfe des Währungsfonds warten; sie versuchten, die Währung selbst zu stabilisieren, allerdings fast immer ergebnislos. Überall wurde etwa die gleiche Methode angewandt: der riesige Banknotenumlauf wurde verringert, indem ein Teil der Banknoten den Besitzern vermittels einer Vermögenssteuer oder durch eine staatliche Zwangsanleihe oder durch gleichzeitige Anwendung beider Methoden entzogen wurde.

90 Commercial and Financial Chronicle vom 16. Dezember 1943.

Als Beispiel kann Belgien dienen. Der Banknotenumlauf stieg (in Mrd. Franc) wie folgt:

Ende 1939	Ende 1943	August 1944	Januar 1945	September 1945	Dezember 1945
28	83	100	44	64	70,4

Demnach ging die Menge der zirkulierenden Banknoten zum Zeitpunkt der Reform auf weniger als die Hälfte zurück. Man erreichte dies, indem die Banknoten zu 100 Francs und darüber, die einen Betrag von etwa 60 Mrd. darstellten, für ungültig erklärt wurden.[91] Sie wurden nicht gegen neue umgetauscht, sondern als Kontokorrentkonten ihrer Besitzer gutgeschrieben, wobei jeder Kontoinhaber über einen Betrag von 2000 Francs für jedes Familienmitglied frei verfügen konnte. Zum Umtausch wurden neue Banknoten in Höhe von 28 Mrd. Francs ausgegeben (gleichzeitig wurden auch die anderen Bankkonten gesperrt, und es wurde eine Verordnung erlassen, wonach die Eigentümer eine Erklärung über ihr bewegliches Vermögen abzugeben hatten). 40% des gesperrten Betrages wurden in neue Banknoten umgetauscht.

Diese Maßnahmen verfolgten das Ziel, nicht nur die Gesamtsumme der in Umlauf befindlichen Banknoten zu verringern, sondern auch die während der Besatzungszeit angehäuften Vermögen festzustellen, um sie mit Hilfe von Steuern abzuschöpfen. Die Ergebnisse waren enttäuschend. Die Kollaborateure und Spekulanten aus der Besatzungszeit fanden viele Möglichkeiten, um ihr Vermögen zu verheimlichen.

Aber auch die Preise gingen nicht zurück. Nach den Zeitungsmeldungen steigen die Preise nach der Durchführung der Währungsreform auf dem illegalen Markt weiter. Das ist verständlich, denn die Verringerung der in Umlauf befindlichen Banknoten beseitigte nicht die grundlegenden Ursachen der Geldentwertung: die Ausplünderung des Landes durch Hitlerdeutschland, die Kriegszerstörungen und die Widersprüche zwischen der realen Verelendung des Landes und dem — nach der Geldmenge zu urteilen — scheinbaren Reichtum. Deshalb mußte man, wie oben bereits gesagt, erneut zur Notenpresse greifen. Innerhalb von neun Monaten stieg der Geldumlauf abermals um 20 Mrd. Francs, d. h. um 45%. Die Inflation verlief langsamer, kam aber nicht zum Stehen. Es wird noch lange dauern, bis durch erhöhte Produktion bei geringerem Verbrauch die Kriegsfolgen überwunden werden und eine feste Grundlage für eine stabile Währung geschaffen ist.

Auch in vielen anderen europäischen Ländern wurden ähnliche Maßnahmen ergriffen, um den Banknotenumlauf zu senken, aber bis Ende 1945 wurde nirgends eine echte Stabilisierung der Währung erreicht. In Frankreich verringerte die Mitte 1945 durchgeführte Währungsreform den Banknotenumlauf von 549 auf 444 Mrd. Francs. Aber im Januar 1946 stieg er erneut auf 592 Mrd. Francs. In einzelnen Ländern, wie z. B. in Italien, das lange Zeit teils befreit und teils besetzt war, gab es bis Mitte 1945 überhaupt keine Angaben über die Menge der umlaufenden Banknoten. Später stellte sich heraus, daß sie um das 10fache über dem Stand von 1939 lag. Hier herrschte wie in den anderen, früher von Hitlerdeutschland besetzten Ländern eine sehr starke Inflation.[92]

91 Der Gesamtbetrag der in Umlauf befindlichen kleinen Banknoten machte 4 Mrd. Francs aus.

92 Für die Festigung der Währung in den von der Besatzung befreiten westeuropäischen Ländern, wie Frankreich, Belgien und den Niederlanden, werden die Anleihen eine gewisse Rolle spielen, die die USA-Regierung diesen Ländern 1945 als Fortsetzung der Leih- und Pachtlieferungen gewährten. Die Bedingungen sind annähernd die gleichen, nämlich $2^3/_8$% Zinsen und Rückzahlung innerhalb von

Eine wichtige Inflationsquelle war in Italien die Ausgabe von Papiergeld durch die Alliierten (vgl. Tabelle 12).

Tabelle 12
Umlaufendes Geld (in Mrd. Lire)

	Ende 1939	Ende 1944	Mai 1945	November 1945
Italienische Banknoten	24	233	285	285
Von den alliierten Militärbehörden ausgegebene Banknoten	—	44	61	81

Quelle
Monthly Bulletin of Statistics, L. of N., Februar 1945.

Wie wir sehen, lag eine Hauptquelle für die Zunahme der Papiergeldmenge in Italien 1945 bei der alliierten Militärverwaltung.

Sehr stark wirkte sich die Inflation in Ungarn und anderen Ländern Osteuropas aus.

Die unmittelbare Ursache, daß es zu keiner Währungsstabilisierung kommt, ist in dem riesigen Defizit des Staatshaushaltes zu suchen, das fast alle Länder Kontinentaleuropas auch noch 1946 aufweisen (sogar der Haushaltsplan der USA enthält für 1946 ein Defizit von 20 Mrd. Dollar). Als Beispiel kann Frankreich genannt werden.

Staatshaushalt Frankreichs für 1946
(in Mrd. Franc)

Ausgaben	Einnahmen	Defizit
600	290	310

Ein Großteil des Defizits wird durch Ausgabe neuer Banknoten, d. h. durch weitere Inflation gedeckt (da die Großbourgeoisie keine Staatsanleihen zeichnen will). Obwohl Frankreich Ende 1944 in den USA über 900 Mio Dollar in Gold und über 694 Mio Dollar an Bankeinlagen verfügte und außerdem große Anleihen von den USA erhielt, konnte dies die Inflation nicht aufhalten.

In den meisten früher von Deutschland besetzten Ländern werden 1946 die Staatseinnahmen im Vergleich zu den Ausgaben wesentlich niedriger liegen als in Frankreich. Einige Länder, wie z. B. Griechenland und Ungarn, besitzen überhaupt noch keinen Haushaltsplan für 1946 unö stellen Haushaltspläne nur für einzelne Quartale auf; die Staatseinnahmen decken nur 10 bis 20% der Ausgaben.

30 Jahren. Für den Anleihebetrag liefern die USA zu $^2/_3$ Nahrungsmittel und Konsumgüter und zu $^1/_3$ Produktionsmittel und Ausrüstungen für das Verkehrswesen, wie Lokomotiven, Waggons und Maschinen; für diesen Teil der Lieferungen zahlen die jeweiligen Länder 20% der Gesamtsumme in Gold.

Anders ist die Situation in Großbritannien. Hier gibt es keine inneren Ursachen für die Inflation. Der Verbrauch liegt nicht über der Produktion. Staatsschulden und Banknotenumlauf sind nach dem Krieg nicht weiter angestiegen. Aber durch das Defizit in der Zahlungsbilanz droht eine starke Inflationsgefahr. Die amerikanische Anleihe (und die bereits von Kanada erhaltene Anleihe in Höhe von 1,25 Mrd. kanadische Dollar) sollen das Defizit in der Zahlungsbilanz in den nächsten fünf Jahren decken. Jedoch kann die fällige Überproduktionskrise alle diese Absichten scheitern lassen und Großbritannien veranlassen, das Pfund Sterling abzuwerten.

Auch mit Hilfe des Internationalen Währungsfonds und der Internationalen Bank für Wiederaufbau und Entwicklung sind viele Jahre erforderlich, damit die kapitalistischen Länder das Währungschaos überwinden, sofern dies überhaupt möglich sein sollte.

Achter Teil

„Das Kapital“ von Karl Marx und der moderne Kapitalismus*

* E. Varga, „Kapital“ K. Marksa i sovremennyj kapitalizm, in: Kommunist, 17/1961, S. 24—37, bzw. „Das Kapital“ von Karl Marx und der moderne Kapitalismus, in: Sowjetwissenschaft/Gesellschaftswissenschaftliche Beiträge, 4/1962, S. 352—368.

„Das Kapital“ von Karl Marx und der moderne Kapitalismus

„Das Kapital“ von Marx ist das grundlegende Werk des Marxismus-Leninismus, der Lehre von der siegreichen sozialistischen Revolution. „Das Kapital“ bildet zugleich mit anderen Werken von Marx, Engels und Lenin sowie Dokumenten der Partei die theoretische Grundlage des neuen Programms der Kommunistischen Partei der Sowjetunion wie auch der beiden vorangegangenen Programme.

Das „Manifest der Kommunistischen Partei“, die „Einleitung zur Kritik der politischen Ökonomie“, „Der achtzehnte Brumaire des Louis Bonaparte“ und andere Marxsche Schriften sind ein unabdingbarer Bestandteil des Marxismus. „Das Kapital“ jedoch ist sein Kernstück. Marx selbst betrachtete „Das Kapital“ als sein Lebenswerk.

„Das Kapital“ ist das Ideal einer wissenschaftlichen Arbeit. In ihm sind gründliche und detaillierte Untersuchungen des Faktenmaterials mit allumfassenden Verallgemeinerungen; ist die Erforschung des Wesens der kapitalistischen Produktionsweise und ihrer Entwicklungsgesetze mit der wissenschaftlichen Vorhersage ihres unausbleiblichen Untergangs verbunden.

In meinem Leben habe ich unzählige Male gründlich „Das Kapital“ studiert. Trotzdem stoße ich beim erneuten Lesen immer wieder auf Gedanken, denen ich vordem zu wenig Aufmerksamkeit schenkte, deren Bedeutung ich unterschätzte, Gedanken, die auch heute noch ihre volle Gültigkeit haben. Hier sei nur ein Beispiel angeführt. Als Marx die Frage streifte, wie die katholische Kirche im Mittelalter ihre Herrschaft festigte, äußerte er: „Je mehr eine herrschende Klasse fähig ist, die bedeutendsten Männer der beherrschten Klassen in sich aufzunehmen, desto solider und gefährlicher ist ihre Herrschaft.“[1]

Und wahrhaftig, eine der wichtigsten Ursachen dafür, daß die Macht der Bourgeoisie in den hochentwickelten kapitalistischen Ländern relativ stabil ist, liegt darin, daß die herrschenden Klassen es verstehen, systematisch bedeutende Vertreter der Arbeiterbewegung zu korrumpieren, diese „in sich aufzunehmen“ und in konterrevolutionäre Bourgeois zu verwandeln.

Der unerschöpfliche Gedankenreichtum macht „Das Kapital“ zu einem unversiegbaren Erkenntnisquell für alle, die sich ernsthaft mit der gegenwärtigen, vergangenen und zukünftigen Geschichte der Menschheit beschäftigen. Es kann nicht unsere Aufgabe sein, den gesamten Inhalt des „Kapitals“ darzulegen. Hier sei nur festgestellt, daß Marx im Gegensatz zu vielen bürgerlichen Ökonomen, die — mit Ausnahme einiger Klassiker wie Quesnay, Smith und Ricardo — bei den Oberflächenerscheinungen haftenblieben, das *innere Wesen, die Entwicklungsgesetze des Kapitalismus* aufdeckt.

Wie alle anderen Klassengesellschaften fußt die kapitalistische Produktionsweise auf der Ausbeutung des Menschen durch den Menschen.

Im Gegensatz zu den vorangegangenen Formationen ist jedoch im Kapitalismus die Ausbeutung durch den Kauf — Verkauf der Ware Arbeitskraft zum Wert, durch die auf dem Arbeitsmarkt zwischen Käufer und Verkäufer der Arbeitskraft bestehende scheinbare Gleichheit verschleiert. Marx stellte sich das Ziel, im „Kapital“ das Wesen des Kapitalis-

1 K. Marx, Das Kapital, Dritter Band, in: MEW, Bd. 25, Berlin 1964, S. 614.

mus zu enthüllen und den Ausbeutungsmechanismus aufzudecken. Marx weist nach, wie die Arbeiter im Produktionsprozeß den Mehrwert schaffen, den sich die Kapitalisten aneignen, wie er durch den Verkauf der Waren zu ihrem Marktwert realisiert wird, sich in Profit verwandelt und schließlich zwischen den einzelnen Schichten der herrschenden Klassen in Form des Unternehmergewinns, des Zinses und der Grundrente verteilt wird. Im Kapitalismus ist die einzige Quelle aller nicht auf eigener Arbeit beruhenden Einkommen, welche Form sie auch immer annehmen mögen, der vom Proletariat produzierte Mehrwert. Die Jagd nach Mehrwert, die Profitgier ist die Triebkraft des Kapitalismus.

Marx gibt das Musterbeispiel einer objektiven und zutiefst wissenschaftlichen Analyse der kapitalistischen Produktionsweise. Dabei ist er aber kein unbeteiligter Betrachter. Im Gegenteil, „Das Kapital" ist ein durch und durch emotionales Werk, voller Haß gegenüber der Bourgeoisie und voller Verachtung gegenüber allen Apologeten des Kapitalismus, allen Fälschern auf dem Gebiet der Politökonomie, der Geschichte und der Philosophie. Es ist durchdrungen von heißem Mitgefühl für die ausgebeuteten Arbeiter, insbesondere für die Frauen und Kinder, deren Lage Marx anhand der amtlichen englischen Statistik äußerst aufmerksam studierte. Marx nimmt jede revolutionäre Regung des Prolatariats, und sei sie noch so unbedeutend, mit glühender Begeisterung auf. *„Das Kapital" ist ein Buch über den Klassenkampf, es ist die wissenschaftliche Begründung für die Unausbleiblichkeit des endgültigen Sieges des Proletariats in der ganzen Welt.*

Im „Kapital" verbindet Marx die ökonomische Analyse des Kapitalismus eng mit einer Darlegung seiner Ansichten über die vorkapitalistischen Gesellschaftsformationen, die historischen Voraussetzungen und die Genesis der kapitalistischen Gesellschaftsordnung sowie über die Methodologie der ökonomischen Analyse; er verknüpft sie mit der Kritik an den bürgerlichen Ökonomen (obzwar nicht so eingehend wie in den „Theorien über den Mehrwert"), mit Ausführungen über allgemeine Züge in der Ökonomik aller Gesellschaftsformationen, über die zukünftige sozialistische und kommunistische Gesellschaft sowie über philosophische Probleme — die dialektische Methode, die Abhängigkeit des Bewußtseins, der Ideologie der Menschen von ihrem Sein usw.

Daher scheitern alle Versuche, die ökonomische Lehre von Marx isoliert darzustellen. Sie sind fast immer undialektisch, trocken und atmen nicht den Geist des Klassenkampfes.[2]

*

Marx hat stets den Unterschied zwischen den Gesetzen der kapitalistischen Produktionsweise und den Naturgesetzen hervorgehoben. Nach Marx tritt ein Gesetz, der innere Zusammenhang zwischen den Erscheinungen und Prozessen, als Ergebnis des Kampfes verschiedener Tendenzen, als beherrschende Tendenz zutage. Er schreibt dazu: „Es ist überhaupt bei der ganzen kapitalistischen Produktion immer nur in einer sehr verwickelten und annähernden Weise, als nie festzustellender Durchschnitt ewiger Schwankungen, daß sich das allgemeine Gesetz als die beherrschende Tendenz durchsetzt."[3]

2 Der bekannteste Versuch in dieser Richtung war seinerzeit die Kautskysche Schrift „Karl Marx' ökonomische Lehren". Als Antwort auf die Äußerungen von Lesern, Kautsky sei schwer zu verstehen, sagte Victor Adler, Führer der österreichischen Sozialdemokratie bis zum ersten Weltkrieg, er kenne einen guten Kommentar zu dieser Schrift, und zwar „Das Kapital" von Karl Marx.

3 K. Marx, Das Kapital, Dritter Band, in: MEW, Bd. 25, a. a. O., S. 171.

Bei seiner Analyse wendet Marx konsequent die dialektische Methode an. In diesem Zusammenhang sei an folgenden Ausspruch Lenins erinnert: „Marx analysiert im ‚Kapital' zunächst das einfachste, gewöhnlichste, grundlegendste, massenhafteste, alltäglichste, milliardenfach zu beobachtende *Verhältnis* der bürgerlichen (Waren-)Gesellschaft: den Warenaustausch. Die Analyse deckt in dieser einfachsten Erscheinung (in dieser ‚Zelle' der bürgerlichen Gesellschaft) *alle* Widersprüche (resp. die Keime *aller* Widersprüche) der modernen Gesellschaft auf. Die weitere Darstellung zeigt uns die Entwicklung (*sowohl* Wachstum *als auch* Bewegung) dieser Widersprüche und dieser Gesellschaft im Σ ihrer einzelnen Teile, von ihrem Anfang bis zu ihrem Ende.

Dieser Art muß auch die Methode der Darstellung (resp. Erforschung) der Dialektik überhaupt sein . . ."[4]

„Das Kapital" ist ein Musterbeispiel der Dialektik, eine Demonstration ihrer richtigen Anwendung. Die Behauptungen bürgerlicher Kritiker, „Das Kapital" enthalte „unzählige Wiederholungen", sind darauf zurückzuführen, daß sie die Dialektik nicht verstehen. Im „Kapital" gibt es keine Wiederholungen! Das, was einem undialektisch Denkenden als „überflüssige" Wiederholung erscheint, ist nur die Betrachtung des Gegenstandes von verschiedenen Seiten. Als Beispiel kann die Analyse des Kapitals selbst dienen.

Unter dem Gesichtspunkt der Wert- und Mehrwertbildung zerfällt das Kapital in *konstantes* und *variables* Kapital; die mit dem variablen Kapitalteil gekaufte Arbeitskraft schafft im Produktionsprozeß den Neuwert, der den Mehrwert in sich einschließt.

Unter dem Gesichtspunkt der Übertragung des vorhandenen Werts auf das neue Produkt zerfällt das Kapital in *fixes* Kapital (Gebäude, Maschinen und Ausrüstungen), dessen Wert nach und nach, im Verlaufe einer längeren Zeitspanne, während mehrerer Kreisläufe des Kapitals auf das Produkt übertragen wird, und in *zirkulierendes* Kapital (Rohstoffe, Hilfsstoffe usw.), dessen Wert in jedem Kreislauf voll auf das neue Produkt übergeht.

Unter dem Gesichtspunkt der Funktion des Kapitals unterscheidet man *industrielles*, *zinstragendes* und *kaufmännisches* Kapital. Das industrielle Kapital nimmt verschiedene Formen an: Es beginnt seinen Weg als *Geld*kapital; durch den Umsatz des Geldes in Produktionsmittel und Arbeitskraft verwandelt es sich in *produktives* Kapital, das sich während einer bestimmten Zeitspanne im *Produktions*prozeß aufhält, wo es die Mehrarbeit einsaugt; nach Beendigung des Produktionsprozesses nimmt das Kapital *Waren*form an, jedoch haben wir es hier bereits mit neuproduzierter Ware zu tun, deren Wert größer ist als der Wert der Waren, gegen die das Geldkapital vor Beginn des Produktionsprozesses umgesetzt wurde. Ist die Ware realisiert, so nimmt das Kapital erneut die *Geld*form an, aber die neue Geldsumme ist größer als die ursprünglich vorgeschossene.

Nach einer allseitigen Analyse des individuellen Kapitals untersucht Marx die Bewegung des *gesellschaftlichen Gesamtkapitals*. Und dies ist durchaus keine „Wiederholung", sondern ein notwendiges Stadium der Analyse. „Es handelt sich hier nicht um Definitionen", schreibt Marx, „unter welchen die Dinge subsumiert werden. Es handelt sich um bestimmte Funktionen, welche in bestimmten Kategorien ausgedrückt werden."[5]

Der Vorwurf bürgerlicher Professoren, Marx habe keine „geschlossene Krisentheorie" entwickelt, ist ebenfalls darauf zurückzuführen, daß die Dialektik nicht begriffen wird. In Wirklichkeit hat Marx die einzig richtige Krisentheorie ausgearbeitet. Bei der Analyse der einfachen Reproduktion zeigt Marx die *Möglichkeit* von Krisen, bei der Analyse des

4 W. I. Lenin, Zur Frage der Dialektik, in: Werke, Bd. 38, Berlin 1964, S. 340.
5 K. Marx, Das Kapital, Zweiter Band, in: MEW, Bd. 24, Berlin 1963, S. 228.

Gesamtprozesses der kapitalistischen Produktion weist er die *Unvermeidlichkeit* von periodischen Überproduktionskrisen nach. Die Richtigkeit der Marxschen Theorie wurde durch die Erfahrungen eines ganzen Jahrhunderts vollauf bestätigt.

*

Ist nun „Das Kapital“ tatsächlich ein schwerverständliches oder, wie viele bürgerliche Kritiker weismachen wollen, ein *absolut unverständliches* Buch? „Das Kapital“ ist selbstredend keine belletristische Arbeit. Um dieses Werk zu verstehen, bedarf es Geduld und Arbeit. Dies erklärt sich aus der Tiefe und Fülle der darin enthaltenen Gedanken sowie daraus, daß das von Marx enthüllte Wesen der kapitalistischen Produktionsweise sich stark von der gewohnten „Wirklichkeit“, d. h. von der äußeren Erscheinungsform dieses Wesens, unterscheidet.

Daher läßt sich *„Das Kapital“ subjektiv* schwer lesen. *Objektiv* jedoch ist dieses Buch äußerst verständlich; es ist streng logisch aufgebaut, jeder neue Abschnitt fußt auf den Ergebnissen der vorangegangenen Untersuchungen; es gibt keinerlei Unklarheiten, Ungenauigkeiten oder undialektische Widersprüche. Unverständlich sind die Bücher bürgerlicher Ökonomen, obwohl sie leicht zu lesen sind. Anstelle des Wesens des Kapitalismus werden darin Oberflächenerscheinungen beschrieben. Aus diesem Grunde können diese Bücher verschieden gewertet werden; sie sind oberflächlich bei äußerlicher Gelehrsamkeit; sie sind *objektiv unverständlich*, da sie nichts Vernünftiges enthalten.

Woraus ergeben sich die subjektiven Schwierigkeiten beim Studium des „Kapitals“? Erstens daraus — und dies ist zugleich der größte Vorzug dieses Werkes —, daß *nicht Oberflächenerscheinungen* beschrieben werden, *sondern das Wesen* des Kapitalismus analysiert wird. Im Kapitalismus wird den Menschen von klein auf beigebracht (und dazu tragen die Apologeten des „freien Unternehmertums“ nicht wenig bei), der Kapitalist gebe den Arbeitern Arbeit und Brot, er sei ihr „Ernährer“. Daher ist die völlig richtige Marxsche These, „das Geld, das dem Arbeiter hier vorgeschossen wird, ist nur verwandelte Äquivalentform eines Wertteils des von ihm selbst produzierten Warenwerts“[6], subjektiv nicht so ohne weiteres zu verstehen. Schwer zu verstehen ist auch, daß nicht der Kapitalist „Brotgeber“ des Arbeiters ist, sondern in Wirklichkeit der Arbeiter den Kapitalisten ernährt.

Im Kapitalismus geht den Menschen in Fleisch und Blut über, daß für Geld alles zu haben ist. Darum ist es subjektiv schwer zu verstehen, daß die Fähigkeit, als Kaufmittel zu fungieren, keine Eigenschaft des Goldes an sich ist, sondern ein Ausdruck bestimmter gesellschaftlicher Verhältnisse, ein Ausdruck der Warenwirtschaft.

Die Menschen wissen, daß man Geld auf die Sparkasse bringen und dafür Zinsen erhalten kann. Daher sind sie leicht für die Behauptung der Vulgärökonomen zugänglich, dem Kapital wohne an sich die Eigenschaft inne, Gewinn zu bringen. Um nun die wirkliche Quelle des Profits zu verstehen, muß die fest verwurzelte Vorstellung, Geld werfe automatisch Gewinn ab, überwunden werden.

Sowohl der Kapitalist, der seine Waren auf dem Markt realisiert, als auch der Käufer, der diese Waren abnimmt, überzeugen sich tagtäglich, daß die Warenpreise vom Verhältnis zwischen Angebot und Nachfrage von der Konkurrenz abhängen. Ihnen fällt es daher schwer, zum Wesen der Erscheinung vorzudringen, zu verstehen, daß die Marktpreise letztlich (also von zufälligen Schwankungen abgesehen) durch den gesellschaftlichen Wert bestimmt werden. Die gesamte „Lebenserfahrung“ der in einer kapitalistischen Ge-

6 Ebenda, S. 76.

sellschaft lebenden Menschen, ihr „gesunder Menschenverstand“ erschwert es ihnen, das im „Kapital“ enthüllte Wesen des Kapitalismus zu verstehen.

Ein weiterer wichtiger Faktor, der das Studium des „Kapitals“ subjektiv erschwert, ist die *Klassenlage und die politische Überzeugung des Lesers*. Ein Arbeiter im Kapitalismus, obgleich er selten die Möglichkeit besitzt, die Einzelheiten und Feinheiten des Kapitals als eines gesellschaftlichen Verhältnisses zu erfassen, begreift aus der eigenen Erfahrung heraus ohne Schwierigkeiten dessen Wesen — die Ausbeutung. Er muß tagtäglich schwer arbeiten, lebt aber schlecht, während der Kapitalist, ohne zu arbeiten, ein gutes Leben führen kann. Einem gegen die kapitalistische Ordnung kämpfenden Kommunisten fällt es leichter, „Das Kapital“ zu verstehen, als einem Klopffechter dieser Ordnung.

Die Kapitalisten selbst, die im Dienste des Kapitals stehenden bürgerlichen Ökonomen und alle an der Erhaltung der kapitalistischen Ordnung Interessierten finden „Das Kapital“ unverständlich, weil sie es auf Grund ihrer Klasseninteressen *nicht verstehen wollen*. „Das Kapital“ verstehen heißt, das Lügengebäude von den angeblichen Wohltaten der Bourgeoisie und des Kapitalismus zu zerstören, heißt anzuerkennen, daß der Kapitalismus keine ewige, sondern eine historisch zum Untergang verurteilte Gesellschaftsformation ist.

Bürgerliche Kritiker des „Kapitals“ werfen Marx des öfteren vor, er würde der Produktion zu großes Augenmerk widmen und der Konsumtion nicht die gebührende Bedeutung beimessen. Diese Behauptung ist nicht stichhaltig. Konsumtion und Produktion bilden eine dialektische Einheit und werden von Marx immer in ihrem wechselseitigen Zusammenhang betrachtet. Marx kennzeichnet klipp und klar die Konsumtion als Endziel der Produktion. Er äußert dazu, daß „die Produktion von konstantem Kapital nie seiner selbst wegen stattfindet, sondern nur weil mehr davon gebraucht wird in den Produktionssphären, deren Produkte in die individuelle Konsumtion eingehn“[7].

Es ist allgemein bekannt, daß Marx als letzte Ursache der Überproduktionskrisen den Widerspruch zwischen dem Streben des Kapitals nach schrankenloser Ausdehnung der Produktion und der beschränkten zahlungsfähigen Nachfrage der Massen in der kapitalistischen Gesellschaft ansieht. Marx war der erste Ökonom, der die *Konsumtion der Arbeitskraft im Produktionsprozeß analysierte* und ihre Bedeutung bei der Mehrwertbildung darlegte.

Die bürgerliche Kritik am „Kapital“ ist oberflächlich und falsch, da die Kritiker, mit der Dialektik auf Kriegsfuß stehend, nur einzelne, aus dem allgemeinen Zusammenhang gerissene Teile dieses Werkes betrachten. *„Das Kapital“ kann jedoch nur als geschlossenes Ganzes verstanden werden!*

Die Anfang des 20. Jahrhunderts geführten Auseinandersetzungen um die Auslegung der Marxschen Schemata für die Reproduktion des gesellschaftlichen Gesamtkapitals lassen erkennen, wohin es führt, wenn diese Forderungen mißachtet werden. Die „orthodoxen“ Opportunisten — Kautsky, Hilferding u. a. — erklärten, den Marxschen Schemata zufolge könne sich die kapitalistische Reproduktion ohne Störungen vollziehen. Hilferding verstieg sich sogar so weit, daß er 1926 in einer bürgerlichen wissenschaftlichen Gesellschaft erklärte, es sei nur gut, daß der zweite Band des „Kapitals“ wenig gelesen werde, denn aus den Reproduktionsschemata könne man die Schlußfolgerung ziehen, daß der Kapitalismus ewig existiere. Die revolutionäre Arbeiterführerin Rosa Luxemburg dagegen behauptete, die Marxschen Schemata bewiesen die Unvermeidlich-

7 K. Marx, Das Kapital, Dritter Band, in: MEW, Bd. 25, a. a. O., S. 316—317.

keit des automatischen Zusammenbruchs des Kapitalismus, da es für die Kapitalisten als Gesamtklasse unmöglich sei, Kapital zu akkumulieren.

Beide Seiten waren natürlich im Unrecht, da sie ignorierten, daß „Das Kapital“ ein geschlossenes Ganzes darstellt, und von dem fehlerhaften Standpunkt ausgingen, Marx habe das Schema des *wirklichen*, *realen Prozesses* der kapitalistischen Reproduktion entwickelt. Die Behauptung der Opportunisten widerspricht der Marxschen Lehre als Ganzes, die beweist, daß Disproportionen sowie periodische Überproduktionskrisen unvermeidlich sind und daß die Herrschaft der Kapitalisten unweigerlich durch das revolutionäre Proletariat gestürzt wird. Dem Geist des „Kapitals“ als der wissenschaftlichen Grundlage des Klassenkampfes widerspricht auch die Konzeption von Rosa Luxemburg. Die Akkumulation von Kapital vollzieht sich trotz der allgemeinen Krise des Kapitalismus weiterhin rasch, obwohl seit dem Erscheinen der Schrift von Rosa Luxemburg ein halbes Jahrhundert vergangen ist.

In den Marxschen Schemata sind die allgemeinsten Bedingungen aufgezeigt, unter denen sich der kapitalistische Reproduktionsprozeß normal vollziehen könnte. Marx war jedoch niemals der Auffassung, daß ein ständiges Gleichgewicht, eine sich ständig erneuernde Proportionalität, ein glatter Verlauf der kapitalistischen Reproduktion möglich sei. Marx selbst schätzt diese Schemata folgendermaßen ein: „Die Tatsache, daß die Warenproduktion die allgemeine Form der kapitalistischen Produktion ist, . . . erzeugt gewisse, dieser Produktionsweise eigentümliche Bedingungen des normalen Umsatzes, also des normalen Verlaufs der Reproduktion, sei es auf einfacher, sei es auf erweiterter Stufenleiter, die in ebenso viele Bedingungen des anormalen Verlaufs, *Möglichkeiten von Krisen umschlagen, da das Gleichgewicht — bei der naturwüchsigen Gestaltung dieser Produktion — selbst ein Zufall ist.*“[8]

Im „Kapital“ finden wir ähnliche Äußerungen. Es ist verwunderlich, daß beide Seiten die Marxschen Schemata derart mißverstanden haben.

*

Nach dem Erscheinen des ersten Bandes des „Kapitals“ begannen die Ausbeuterklassen einen wütenden Kampf gegen den Marxismus. Zunächst versuchte die Bourgeoisie, das Werk überhaupt totzuschweigen. Als ihr das nicht gelang, ließ sie ein ganzes Heer von Apologeten des Kapitalismus darauf los, Professoren der Politischen Ökonomie an der Spitze. Im letzten Viertel des 19. Jahrhunderts war kaum ein deutscher Professor der Ökonomie zu finden, der nicht ein Buch oder eine Broschüre veröffentlichte, in der „Das Kapital“ „widerlegt“ wurde.

Aber der Feldzug der bürgerlichen Professoren brachte nicht den erwarteten Erfolg; der Marxismus wurde mehr und mehr zur Ideologie der revolutionären Arbeiter. Da änderte die Bourgeoisie ihre Taktik. Anstelle des schonungslosen Frontalangriffs wurde unter dem Schleier von „Lobgesängen“ der Marxismus diskreditiert und der revolutionäre Geist des „Kapitals“ unterschlagen. Zu diesem Zweck mobilisierte die Bourgeoisie die rechten sozialdemokratischen Führer. Wie Pilze schossen zu jener Zeit „wissenschaftliche“ Abhandlungen von Bernstein, David, Hertz, Hildebrand und anderen aus dem Boden, die einzelne Thesen des Marxismus angriffen und versuchten, den revo-

8 K. Marx, Das Kapital, Zweiter Band, in: MEW, Bd. 24, a. a. O., S. 490/491. (Hervorhebung — E. V.).

lutionären Gehalt des „Kapitals" zu verwässern. Diese Methode des Kampfes gegen den Marxismus wird auch heute in den Büchern von Laski, Strachey, Browder und anderen angewandt.

Durch den Sieg des russischen Proletariats in der Großen Sozialistischen Oktoberrevolution gewann der Marxismus in der ganzen Welt erneut an Einfluß. An die Stelle der bankrotten II. Internationale trat die revolutionäre III. Internationale. Die Bourgeoisie hielt es nunmehr für unzureichend, nur den ideologischen Kampf gegen den Marxismus zu führen. In einer Reihe von Ländern griff sie zur faschistischen Herrschaft; die kommunistischen und selbst die sozialdemokratischen Parteien wurden verboten. Die gleiche Methode wird auch jetzt in den USA, in Westdeutschland, in Franco-Spanien und einigen anderen Ländern praktiziert.

Nach dem zweiten Weltkrieg wandelte die Bourgeoisie ihre Kampfmethoden gegen „Das Kapital" von neuem ab. Sie ist sich darüber im klaren, daß unter Bedingungen, da ein Drittel der Menschheit die Fesseln des Kapitalismus abgeworfen hat und erfolgreich die sozialistische und kommunistische Gesellschaft aufbaut, „Das Kapital" nicht besiegt werden kann, indem es einfach negiert wird. Der Marxismus sei richtig, erklären jetzt die bürgerlichen Ideologen und die rechten Sozialdemokraten, aber nur für schwachentwickelte Länder; auf hochentwickelte Länder sei er nicht anwendbar, da in diesen Ländern der Kapitalismus nichts mehr mit dem Kapitalismus zu Marx' Zeiten gemein habe, sich von Grund auf von diesem unterscheide und eigentlich kein Kapitalismus mehr sei . . . Betrachten wir diese neueste Methode zur Bekämpfung des Marxismus, des „Kapitals", etwas eingehender.

Der moderne Kapitalismus ist immer noch die gleiche Gesellschaftsordnung wie zu der Zeit, als „Das Kapital" erschien. Seine Entwicklungsgesetze sind die gleichen geblieben. Nach wie vor ist die Jagd nach Profit, nach immer größerem Profit, die Triebkraft der kapitalistischen Produktion. Die Quelle des Profits ist genau wie früher der von den Arbeitern produzierte Mehrwert, den sich die Bourgeoisie aneignet. Auch heute noch muß der Arbeiter, um zu leben, tagtäglich seine Arbeitskraft verkaufen, während die Kapitalisten, ohne zu arbeiten, ein Leben in Luxus führen können. Nach wie vor vollzieht sich die Konzentration und Zentralisation des Kapitals, nimmt der Ruinierungsprozeß der Kleinproduzenten sowie der kleinen und mittleren Kapitalisten seinen Fortgang. Der Grundwiderspruch des Kapitalismus — der Widerspruch zwischen dem gesellschaftlichen Charakter der Produktion und dem privaten Charakter der Aneignung — besteht fort und mit ihm Krisen, Massenarbeitslosigkeit und der Klassenkampf zwischen Kapital und Arbeit.

Mehr noch, in einigen wichtigen Zügen entspricht der Kapitalismus heute mehr der theoretischen Konzeption des „Kapitals" als zu Marx' Zeiten. Bekanntlich hat Marx zwecks Vereinfachung der Analyse die „reine" kapitalistische Gesellschaft untersucht, die nur aus zwei Klassen, Proletariern und Kapitalisten, besteht, obzwar er natürlich genau wußte, daß ein erheblicher Teil der Werktätigen kleine Warenproduzenten sind. Heute besteht die überwiegende Mehrheit der Bevölkerung (in England beispielsweise 95%) aus Proletariern (Arbeiter und Angestellte).

Marx unterstellte, daß sich die kapitalistische Produktion durchgehend auf alle Wirtschaftszweige erstreckt, obgleich zu jener Zeit in der Landwirtschaft (England zum Teil ausgenommen) primitive Produktionsmethoden vorherrschten und diese in bedeutendem Maße Naturalcharakter trug. Heute wird die Landwirtschaft in den hochentwickelten Ländern mit Hilfe von komplizierten Maschinen betrieben und ist ein kapitalistischer

Produktionszweig, wo die organische Zusammensetzung des Kapitals oftmals der organischen Zusammensetzung des Kapitals in der Industrie nahekommt.

Wenden wir uns nunmehr den „Argumenten“ zu, die die Vertreter der Theorie von der grundlegenden Transformation des Kapitalismus in den hochentwickelten kapitalistischen Ländern ins Feld führen. Sie behaupten, die Arbeiter hätten sich in den „reichen“ kapitalistischen Ländern in Kapitalisten verwandelt. Welch ein demagogischer Unsinn. Viele amerikanische Arbeiter kaufen sich auf Abzahlung ein Auto oder sogar ein Häuschen; sie schließen Lebensversicherungen ab, damit bei Wegfall des Ernährers ihre Familie nicht plötzlich in Not gerät. Einige haben sogar gewisse Ersparnisse. Sind sie aber Kapitalisten? Keineswegs! Sie müssen nach wie vor ihre Arbeitskraft dem Kapitalisten verkaufen. Sie sind nach wie vor Ausbeutungsobjekt. Ein Kapitalist ist der, der nicht durch seine eigene Arbeit, sondern durch die Ausbeutung fremder Arbeit lebt.

Eine besondere Spielart von Demagogie ist der vielgepriesene Erwerb von Aktien durch Arbeiter, besonders in den USA. Viele Kapitalisten zwingen ihren Arbeitern und Angestellten Aktien ihres Betriebes auf, weil sie darauf spekulieren, diese an einer steigenden Rentabilität des Unternehmens zu interessieren und ihre beherrschende Position in der Aktiengesellschaft zu festigen (je größer die Streuung des Aktienkapitals einer Firma ist, ein desto kleineres Aktienpaket ist notwendig, um die Kontrolle über sie auszuüben). In der amerikanischen Presse stößt man des öfteren auf die Behauptung, in den USA gebe es viele Millionen von Aktionären, und auf Grund dieser Tatsache gehöre das Kapital dem „ganzen Volke“. Daher beständen zwischen den Kapitalisten und den Arbeitern in den USA keinerlei Unterschiede. Welch eine Lüge! Der Besitz einer oder mehrerer Aktien bringt dem Arbeiter einen Gewinn von 10 bis 25 Dollar im Jahr. Nichtsdestotrotz ist und bleibt er ein ausgebeuteter Arbeiter, ein Proletarier.

Der englische Labourführer Hugh Gaitskell hat eine neue Variante aufgebracht. Er vertritt die Ansicht, England sei kein kapitalistisches Land mehr, da dort „alle Menschen arbeiten“. Offenbar ist nach Gaitskell auch „Arbeit“, wenn die Rentiers Dividenden, die Grundbesitzer Pacht und die Häuserbesitzer Miete einstreichen. Aber selbst die Einziehung dieser Einkommen besorgen für die Kapitalisten bezahlte Angestellte.

Im Westen ist häufig vom „Managersozialismus“ die Rede. Dieser Theorie zufolge sind die Kapitalisten angeblich nicht mehr die Herren der Betriebe, da die Leitung in den Händen von Angestellten, von Direktoren, sogenannten Managern, liege. Diese Behauptung hält keiner Kritik stand. Der Besitzer des Aktienkontrollpaketes — das ist der wirkliche Herr eines Unternehmens. McNamara, der jetzige Kriegsminister der USA, war seinerzeit Präsident der Ford-Werke, Ford selbst aber nur Vorstandsmitglied. Ford hätte jedoch McNamara jederzeit entlassen können, da jener eben nur ein Angestellter von ihm war.

Die Klopffechter des Kapitalismus behaupten, die wirtschaftlichen Erfolge der Sowjetunion und der anderen sozialistischen Länder hingen nicht von der sozialistischen Ordnung selbst ab, sondern seien Resultat der dort praktizierten Planung. Sie wollen weiterhin glauben machen, die Planung könne auch im Kapitalismus das gleiche wirtschaftliche Entwicklungstempo gewährleisten, wie im Sozialismus.

Entweder entstellen diese Leute bewußt das Wesen der sozialistischen Planung oder sie haben es nicht begriffen. Die Gesellschaft kann nur dann die Wirtschaft planmäßig leiten, wenn die Produktionsmittel, oder zumindest die entscheidenden Produktionsmittel, sozialistisches Eigentum sind. Im Kapitalismus, wo sich der entscheidende Teil der Produktionsmittel in den Händen der Kapitalisten befindet, wo die Kapitalisten und ihre Verbände in Abhängigkeit von Privatinteressen diese oder jene Waren erzeugen oder deren Produktion einstellen können, wo sie ihre Erzeugnisse nach Gutdünken vom Verkauf zurückhalten und die Warenpreise erhöhen oder senken können, ist eine Planung ausgeschlossen.

In einigen kapitalistischen Ländern wie Frankreich, Italien und anderen bestehen tatsächlich langfristige Pläne. Aber was stellen diese Pläne dar? Der Staat plant nur die Entwicklung des staatlichen Sektors. Hinsichtlich des privaten Sektors, dessen Anteil an der gesamten Wirtschaft wesentlich höher ist, werden nur Prognosen der Wirtschaftsentwicklung aufgestellt, die auf den Ergebnissen der vorangegangenen Jahre fußen. Da der staatliche Sektor neben dem privaten Sektor besteht und engstens mit ihm verflochten ist, wird er von der Anarchie des kapitalistischen Marktes stark beeinflußt. Dadurch wird auch die Planung des staatlichen Sektors illusorisch. Eine vom Staat vorgenommene „Regulierung“ der Investitionen, der Preisbildung und des Außenhandels innerhalb des privaten Sektors zeitigt nur dann effektive Ergebnisse, wenn sie den Interessen der Großbourgeoisie dient. Ist dies nicht der Fall, finden die Kapitalisten genügend Schlupflöcher, um sich dieser Regulierung zu entziehen. Planung in der wahren Bedeutung des Wortes ist unter den Bedingungen der anarchischen kapitalistischen Produktion nicht möglich.

Wenn wir im Gegensatz zur bürgerlichen und sozialdemokratischen Demagogie betonen, daß der moderne Kapitalismus noch die gleiche Gesellschaftsordnung mit den gleichen Entwicklungsgesetzen wie zu Marx' Zeiten ist, so wollen wir damit durchaus nicht sagen, daß der Kapitalismus keinerlei Veränderungen erfahren hat. Diese Veränderungen sind so wesentlich und so zahlreich, daß es unmöglich ist, sie in einem einzigen Artikel abzuhandeln. Marx hat aber diese Veränderungen vorausgesehen.

Der englische Kapitalismus im dritten Viertel des 19. Jahrhunderts, dessen Untersuchung dem „Kapital“ hauptsächlich zugrunde liegt, war für heutige Vorstellungen trotz der industriellen Revolution Ende des 18. Jahrhunderts ein unentwickelter, primitiver und armer Kapitalismus, obwohl er über das mächtigste Kolonialreich verfügte. Die Technik der Produktion und des Transports war rückständig. Die einzige Energiequelle für Fabriken, Eisenbahnen und Schiffe war der Dampf. Der größte Teil der Flotte bestand noch aus Segelschiffen. Es gab keine Elektromotoren, keine Autos, keine Flugzeuge, weder Telefon noch Radio. Die Schwerindustrie war schwach entwickelt. Die Roheisenerzeugung betrug im Jahre 1871 nur 4,7 Mio t, die Stahlerzeugung war unbedeutend. Der englische Kapitalismus wurde zu jener Zeit hauptsächlich durch die Leichtindustrie repräsentiert. Den führenden Platz nahm die Textilindustrie ein.

Die Arbeitsproduktivität war infolge der allgemeinen technischen Rückständigkeit niedrig. Die Unternehmer ließen die Arbeiter 10 bis 12 Stunden am Tag arbeiten. Der Arbeitslohn war gering, der Ausbeutungsgrad hoch, und die Arbeiter lebten in erschreckendem Elend. Die Konzentration der Produktion war äußerst schwach: Im führenden Industriezweig, der Textilindustrie, waren 1870 nur durchschnittlich 165 Arbeiter in einer Fabrik beschäftigt.

Im Jahre 1885 betrug der Nationalreichtum Englands 10 Mrd. £. Davon entfiel mehr als die Hälfte auf unproduktives Kapital, nämlich auf Grund und Boden, Wohnhäuser, Mobiliar sowie Staats- und Munizipalvermögen. Das Kapital belief sich auf ganze 4,5 Mrd. £, wovon *nur 1,4 Mrd. in der Industrie und im Handel* und 1,3 Mrd. im Ausland angelegt waren. Zum Vergleich sei angeführt, daß im Jahre 1960 die Aktiva der „General Motors“ 8,5 Mrd. Dollar oder 3 Mrd. £ betrugen. Selbst wenn die Geldentwertung in Betracht gezogen wird, entspricht diese Summe etwa der Kapitalsumme, die zu Marx' Zeiten in der gesamten englischen Industrie angelegt war.

Die englische Regierung verfügte ebenfalls über keine großen Reichtümer: Im Haushaltjahr 1877/1878 beliefen sich die staatlichen Ausgaben auf 80 Mio £, wovon für den Unterhalt der Armee und der Flotte 28,6 Mio £ aufgewendet wurden. Heute dagegen machen die englischen Rüstungsausgaben bekanntlich mehr als 1500 Mio £ im Jahr aus.

Nicht reich war nach heutigen Begriffen auch die Bourgeoisie, obgleich es zu jener Zeit in England schon eine bedeutende Rentnerschicht gab. Die überwältigende Mehrheit der Kapitalisten leitete ihre Unternehmen selbst, die Bourgeoisie lebte sparsam und akkumulierte Mittel. Es braucht nicht eigens ausgeführt zu werden, daß die anderen kapitalistischen Länder zu jener Zeit technisch noch rückständiger, unentwickelter und ärmer waren als England.

Von der Genialität Marx' legt die Tatsache Zeugnis ab, daß er bei der Analyse dieses „klassischen“ vormonopolistischen Kapitalismus, der nur auf einem kleinen Teil des Erdballs existierte, die inneren Entwicklungsgesetze des Kapitalismus aufzudecken und seine Zukunft abzuzeichnen vermochte.[9]

*

Der moderne Kapitalismus ist zweifelsohne unvergleichlich höher entwickelt, hat eine größere Produktivität erreicht und ist reicher als zu Marx' Zeiten. Das ist allerdings nur ein quantitativer Unterschied. Historisch ist jedoch der qualitative Unterschied maßgebend.

Zu der Zeit, als „Das Kapital“ entstand, war der Kapitalismus eine historisch progressive ökonomische Gesellschaftsformation. Er hatte eine wichtige historische Mission zu erfüllen, nämlich durch die Entwicklung der Produktivkräfte die materielle Basis für den Aufbau des Sozialismus zu schaffen, die unmittelbaren Produzenten in Proletarier zu verwandeln und die Arbeiter zu einer großen Armee zu vereinen, sie zu revolutionieren und den eigenen Totengräber zu erzeugen.

Der moderne Kapitalismus ist eine historisch überlebte, absterbende, auf einem Drittel des Erdballs bereits überwundene Gesellschaftsformation, die *objektiv zu einem Hemmnis der menschlichen Entwicklung geworden ist.* Darin ist der entscheidende qualitative Unterschied zu sehen. Die Bourgeoisie kennt heute nur ein Ziel — ihre überlebte Ordnung aufrechtzuerhalten. Wie im Programm der KPdSU ausgeführt ist, wird der Sozialismus heute immer mehr zum ausschlaggebenden Faktor der Weltgeschichte.

Das heißt nicht, daß die kapitalistischen Länder ihre Politik entsprechend den Forderungen der sozialistischen Welt gestalten müssen. Es bedeutet aber, daß die Großbourgeoisie in der Außenpolitik und oftmals auch in der Innenpolitik das gegenseitige Kräfteverhältnis zwischen der kapitalistischen und der sozialistischen Welt in Rechnung stellen muß. Selbst die Beziehungen zum Proletariat kann sie nicht auf alte Art und Weise gestalten, sie kann nicht mehr ausschließlich von den eigenen Interessen ausgehen. Sie muß ihre Politik so durchführen, daß sich der Revolutionierungsprozeß der Arbeiterklasse nicht beschleunigt. Zuweilen ist sie sogar gezwungen, einzelne Monopole in die Schranken zu weisen, die die allgemeinen Klasseninteressen der Großbourgeoisie außer acht lassend, die Klassenwidersprüche verschärfen. Als markantes Beispiel sei angeführt, wie seinerzeit Nixon in seiner Eigenschaft als Vizepräsident der USA in den Streikkampf der Metallarbeiter eingriff, um einen Kompromiß zu erzielen. Die Existenz des sozialistischen

9 Marx schrieb: „Der bürgerliche Ökonom, dessen beschränktes Hirn die Erscheinungsform von dem, was darin erscheint, nicht trennen kann, schließt die Augen vor der Tatsache, daß selbst noch *heutzutage der Arbeitsfonds nur ausnahmsweis auf dem Erdrund in der Form von Kapital auftritt*“ (Das Kapital, Erster Band, in: MEW, Bd. 23, Berlin 1962, S. 594 (Hervorhebung — E. V.).

Weltsystems und seine Erfolge üben immer größeren Einfluß auf das gesamte Leben der kapitalistischen Welt aus.

Seit der Zeit, da „Das Kapital" entstand, traten an die Stelle von Einzelunternehmen überall Aktiengesellschaften. Die zunehmende Konzentration führte zur Bildung von Monopolen, zur Entstehung des Monopolkapitalismus — des Imperialismus.

Lenin arbeitete die geschlossene Lehre vom modernen Kapitalismus aus. Sein Werk „Der Imperialismus als höchstes Stadium des Kapitalismus" ist die Fortführung und schöpferische Weiterentwicklung der im „Kapital" entwickelten Ideen. Lenin hat des öfteren wiederholt, daß die von Marx im „Kapital" entdeckten Gesetze auch im Imperialismus ihre volle Gültigkeit behalten. Die Konzentration führte zum Monopol. Die Monopole, die das ganze Volk ausplündern, auch die kleinen und mittleren Kapitalisten, haben die Konzentration zu ungeahnten Ausmaßen getrieben. Das Kapital von hundert amerikanischen Großbetrieben in Industrie, Handel und Transport belief sich Ende 1960 auf 176 Mrd. Dollar. Unter Berücksichtigung der Geldentwertung beträgt diese Summe das Siebzehnfache des gesamten Kapitals, das in England zu Marx' Zeiten (1885) in der Industrie, im Handel und Transport angelegt war. Mit zunehmendem Reichtum ist auch der Parasitismus der Großbourgeoisie ungeheuerlich gewachsen. 1960 machten in den USA die Dividenden und Zinsen 40,8 Mrd. Dollar aus. Diese Summe kommt dem durchschnittlichen Jahreslohn von 12 Mio amerikanischen Industriearbeitern gleich.

Zwischen den Einkommen der Finanzoligarchie und den Einkommen der Arbeiter besteht eine große Kluft, die sich weiterhin vertieft. Über die Einkommen der reichsten Leute in den USA gibt es keine statistischen Angaben, wir können jedoch eine Schätzung vornehmen. Das Vermögen von Kennedy-Senior, Vater des jetzigen USA-Präsidenten, beläuft sich auf etwa 300 Mio Dollar. Nehmen wir an, dieses Kapital verzinse sich mit nur 5%, so ergibt das ein jährliches Einkommen von 15 Mio Dollar. Eine solche Summe kann selbstverständlich niemals für den persönlichen Bedarf aufgebraucht werden. Die großen Kapitale wachsen also weiter an.

Der Luxus der amerikanischen Millionäre nimmt unsagbare Formen an. In amerikanischen Zeitungen wurde mitgeteilt, daß Ford zum 18. Geburtstag seiner Tochter ein Fest gab, wozu eigens aus Paris ein Gartenarchitekt verpflichtet und 20000 Rosenstöcke gepflanzt wurden. Die Kosten betrugen 225000 Dollar, was dem Jahreslohn von 271 Landarbeitern entspricht.

Während sich die amerikanischen Millionäre die unglaublichsten Dinge ausdenken, um ihre parasitär erworbenen Einkommen zu verprassen, gibt es in den USA über 5 Millionen Vollarbeitslose, darunter mehr als 1 Million, die keinen Unterstützungsanspruch mehr haben und von Wohltätigkeit leben müssen. Während die Bourgeoisie in den hochentwickelten Ländern sagenhafte Reichtümer anhäuft, lebt die Mehrheit der Bevölkerung in den schwachentwickelten Ländern Asiens, Afrikas und Lateinamerikas weiterhin in Elend.

Im Unterschied zu Marx' Zeiten ist die Großbourgeoisie heute eine durch und durch parasitäre Schicht, die keinerlei Verbindung zur Produktion mehr hat. Die körperliche Arbeit führen für sie die Arbeiter aus, die technische Leitung der Betriebe wird von Ingenieuren ausgeübt, die Büroarbeiten erledigen Angestellte, die Betriebsleitung liegt in den Händen von gutbezahlten Managern, Direktoren, und mit der wissenschaftlichen Forschungsarbeit befassen sich bezahlte Wissenschaftler. Die Großbourgeoisie frönt einem luxuriösen Leben, befaßt sich mit „hoher Politik" und Spekulation . . .

Eine Gesellschaftsordnung, die solche Ergebnisse gezeitigt hat, ist historisch für den Untergang reif.

Mit welchen Mitteln erhält diese Gesellschaftsordnung dennoch ihre Existenz aufrecht? Die wichtigsten sind folgende:

1. Der *staatsmonopolistische Kapitalismus*, der die Macht der Monopole und des Staates zusammenfügt, um die kapitalistische Ordnung in den einzelnen Ländern und das kapitalistische Weltsystem als Ganzes vor dem Untergang zu retten. Der staatsmonopolistische Kapitalismus hat aber noch ein weiteres Ziel, nämlich mit Hilfe des Staates die Bereicherung der Monopole mittels Umverteilung des Nationaleinkommens zu sichern. Politisch widersprechen sich diese Ziele. In ihrem Bestreben, die kapitalistische Gesellschaftsordnung zu erhalten, baut die Monopolbourgeoisie auf die Unterstützung jener Schichten, deren Einkommensquelle die Ausbeutung ist. Da jedoch das Monopolkapital die Einkommen dieser Schichten beschneidet, expropriiert sie diese im Massenmaßstab. Dies führt zur steigenden Isolierung der Monopolisten und schafft die Möglichkeit — wie es im Programm der KPdSU heißt —, das ganze Volk im Kampf gegen die Herrschaft der Monopolisten zusammenzuschließen.

Der staatsmonopolistische Kapitalismus muß streng vom Staatskapitalismus abgegrenzt werden. Der staatsmonopolistische Kapitalismus ist historisch reaktionär, während der in den schwachentwickelten Ländern existierende Staatskapitalismus historisch eine relativ fortschrittliche Rolle spielt, da er zur Entwicklung der Produktivkräfte beiträgt;

2. der *Unterdrückungsapparat*, der in der ganzen Geschichte des Kapitalismus noch nie so aufgebläht war und so viele Mittel verschlang wie heutzutage. Dazu zählen die Armee, die Polizei, die Gerichtsorgane, die Gefängnisse usw.;

3. der sogenannte „über den Klassen stehende“ *Staat der allgemeinen Wohlfahrt*. Die Ideologen des Imperialismus wollen mit allen Mitteln die Illusion erwecken, die Tätigkeit des kapitalistischen Staates diene den Interessen der Arbeiter. In Wirklichkeit ist sie allein auf die Interessen der Bourgeoisie ausgerichtet. Die Politik des Staates auf dem Gebiet der Sozialfürsorge, des Gesundheitswesens usw. soll einmal dazu beitragen, die Arbeiter in einem der Ausbeutung angemessenen Gesundheitszustand zu erhalten, und zum anderen, sie politisch fester an die bestehende Ordnung zu binden. Bei den Anforderungen, die die moderne Technik an die Arbeiter stellt, kann der Kapitalist nicht auf die allgemeine Schulpflicht verzichten. 1960 wendete sich beispielsweise der englische Arbeitgeberverband an die Regierung mit dem Ersuchen, die allgemeine Schulpflicht zu verlängern, weil am Stand der modernen Technik gemessen die jungen Arbeiter keine ausreichenden mathematischen Kenntnisse besitzen und die englische Sprache schlecht beherrschen;

4. der *Reformismus* — die rechte Sozialdemokratie und ihre Führer, die von der Bourgeoisie korrumpiert und mit ihr verwachsen sind. In den Nachkriegsjahren erhöhte sich der Einfluß des Reformismus in den führenden kapitalistischen Ländern, in den USA (wo die Gewerkschaftsführer als Reformisten in Erscheinung treten) und in Westeuropa, wo in der Nachkriegsperiode keine Massenarbeitslosigkeit zu verzeichnen war und wo der Anstieg der Arbeitsproduktivität ohne eine entsprechende Verkürzung der Arbeitszeit zu einer beträchtlichen Vergrößerung des von der Bourgeoisie angeeigneten Mehrprodukts beitrug. Dadurch wurde die Bourgeoisie in die Lage versetzt, einer erheblich breiteren Arbeiterschicht als der früheren Arbeiteraristokratie einen etwas höheren Lebensstandard zu gewährleisten. Das bedeutet aber durchaus nicht, wie die Apologeten des amerikanischen Kapitalismus in die Welt posaunen, daß die gesamte Arbeiterklasse in den USA gut lebt. Nichts dergleichen! Neben der nach Millionen zählenden Armee von Arbeitslosen und Kurzarbeitern gibt es Millionen äußerst schlecht bezahlter Werktätiger, die elend lebenden Wanderarbeiter in der Landwirtschaft, die Neger, Immigranten, insbesondere

die aus dem Süden kommenden, sowie die Arbeiter der Tabak- und Konfektionsindustrie. Davon zeugen auch die amtlichen Angaben über den zunehmenden Anteil älterer Frauen unter den arbeitenden Frauen in den USA:

	1940	1960
Frauen im Alter von 55 bis 64 Jahren	19%	38%
Frauen im Alter von 65 Jahren und darüber	6%	11%

Die Frauen gehen im hohen Alter nicht etwa auf Grund eines guten Lebens noch zur Arbeit!

5. die historisch verwurzelte und von der Bourgeoisie mit allen Mitteln bewahrte *ideologische Knechtung des Proletariats.* Zu den letzten Parlamentswahlen stimmten in England rund 6 Mio Gewerkschaftsmitglieder für die Kandidaten der konservativen Partei. Der starke Einfluß von Kirche, Schule, Presse, Rundfunk usw. hemmt die Verbreitung der revolutionären Ideologie. Dies trifft vor allem auf die hochentwickelten kapitalistischen Länder zu.

Die Bourgeoisie mag in der Lage sein, den unvermeidlichen Untergang der kapitalistischen Gesellschaftsordnung hinauszuzögern, sie kann ihn jedoch nicht abwenden. Die von Marx im „Kapital“ aufgedeckten inneren Widersprüche des Kapitalismus bringen diese Ordnung unweigerlich zum Untergang. Selbst im reichsten kapitalistischen Land der Welt, in den USA, wo die Technik sich am raschesten entwickelt, ist die Bourgeoisie nicht imstande, allen Arbeitern Arbeit zu geben. Die Produktion wächst, aber der Beschäftigungsgrad geht zurück. Die inneren Widersprüche und die gegen die um ihre Freiheit kämpfenden Kolonialvölker geführten Kriege schwächen den Kapitalismus.

Die kapitalistische Gesellschaft hat keine fortschrittliche Ideologie mehr. Der Antikommunismus, das Streben nach Aufrechterhaltung der Ausbeutung, die Jagd nach möglichst hohem Profit — das ist ihre eigentliche Ideologie. Alles andere ist nur dazu angetan, die Ausgebeuteten zu betrügen. Der Kapitalismus wird relativ immer schwächer, während der Sozialismus immer mehr erstarkt.

Folgende wichtige Faktoren haben das Kräfteverhältnis verändert:

1. Die Produktion wächst unter den Bedingungen des Sozialismus weit rascher als im Kapitalismus.

Das englische bürgerliche „National Institute of Economic and Social Research“ hat etwa für die letzten hundert Jahre (bis 1959) den Jahresdurchschnitt der Produktionszuwachsraten je Arbeiter in den wichtigsten kapitalistischen Ländern errechnet. Dabei ergab sich folgendes Bild:

Land	Ausgangsjahr	Zuwachsrate (in %)
Japan	1880	2,9
Italien	1863	1,2
Deutschland	1853	1,5
Frankreich	1855	1,5
Niederlande	1900	1,1
Schweden	1863	2,1
USA	1871	2,0
England	1857	1,2

Wir können also feststellen, daß *im Verlaufe der letzten hundert Jahre in den führenden kapitalistischen Ländern die Produktionszuwachsrate je Arbeiter im Jahresdur hschnitt 2 Prozent betrug.* Es gibt auch keinerlei Grund zu der Annahme, daß sich in Zukunft das Wachstumstempo erhöhen wird.

Die Apologeten des Kapitalismus behaupten, indem sie auf den beträchtlichen Anstieg der Industrieproduktion nach dem zweiten Weltkrieg verweisen, daß solch verheerende Überproduktionskrisen wie die Krise von 1929/1933 nicht mehr auftreten würden. Diese Behauptung entbehrt aber jeder wissenschaftlichen Grundlage.

Die Krise von 1929/1933 und die darauffolgende Periode der Depression waren eine Folge des Wirkens der Gesetze des Kapitalismus in der Periode seiner allgemeinen Krise. Der Produktionsaufschwung in den hochentwickelten Ländern und das zeitweilige Ausbleiben von tiefgreifenden Überproduktionskrisen in der Nachkriegsperiode sind vor allem eine Folge des zweiten Weltkrieges. Millionen junger Menschen wurden zur Armee eingezogen. Weitere Millionen waren in den Rüstungsbetrieben beschäftigt, die Waffen herstellten, die auf den Schlachtfeldern ohne Nutzen für die Gesellschaft vernichtet wurden. Etwa die Hälfte der gesamten Produktion bestand aus Waffen und Munition. Es wurden keine langlebigen Gebrauchsgüter hergestellt, keine neuen Häuser gebaut und auch keine Reparaturen an Altbauten ausgeführt. Die Reserven an Rohstoffen und Fertigerzeugnissen wurden aufgebraucht. Das fixe Kapital, insbesondere in den Zweigen der Zivilproduktion, nutzte sich ab. Durch Artilleriebeschuß und Bombenangriffe wurden unschätzbare Werte vernichtet. Anstelle realer Werte häuften sich Geldmittel an: in den Spartöpfen der Bauern, als Einlagen bei den Sparkassen und Staatsanleihen in den Händen der städtischen Bevölkerung oder im Riesenausmaß als Bankdepositen und Staatspapiere in den Händen der Kapitalisten. Diese außergewöhnliche Ausweitung des kapitalistischen Marktes führte nach dem Kriege zu einem starken Wachstum der Produktion in solchen Ländern wie den USA und Kanada, die nicht Schauplatz von Kriegshandlungen gewesen waren. Einige Zeit später setzte dieser Prozeß auch in den besiegten Ländern — Westdeutschland, Italien und Japan — sowie in Frankreich ein, wo die Kriegszerstörungen es nicht gestatteten, sofort nach Beendigung des Krieges mit der Wiederherstellung zu beginnen. Obzwar der Koreakrieg dem Wachstum der Produktion in den USA neue Impulse gab, erschöpften sich doch bereits die Faktoren, die eine außergewöhnliche Erweiterung des kapitalistischen Marktes nach dem Kriege hervorriefen. Die ständig wirkenden Gesetze der kapitalistischen Produktion, die zu einer relativen Beschränkung des Marktes führen, bestimmen mehr und mehr den Verlauf und die Formen der kapitalistischen Reproduktion. Davon vermittelt die Entwicklung der Industrieproduktion in den kapitalistischen Ländern, die nicht Kriegsschauplatz waren, ein anschauliches Bild:

Entwicklung der Industrieproduktion (1953 = 100)

Jahr	USA	Kanada	England
1956	109	120	113
1958	102	120	113
1960	119	130	128
1961 (1. Halbjahr)	121	128	130

In den letzten fünf Jahren erhöhte sich die Produktion in diesen Ländern nur langsam. Die Voraussetzungen für einen neuen Aufschwung sind nicht gegeben. Der Widerspruch zwischen dem gesellschaftlichen Charakter der Produktion und dem privaten Charakter der Aneignung hat sich derart zugespitzt, daß die Produktionskapazitäten in diesen Ländern nur zu 80 Prozent ausgenutzt werden. Dies hemmt wiederum die massenweise Erneuerung und die Erweiterung des fixen Kapitals, ohne die ein echter Aufschwung unmöglich ist. Wenn die Lücke wieder aufgefüllt ist, die durch die massenhafte Vernichtung von Menschenleben während des zweiten Weltkrieges entstanden war, dann wird die Arbeitslosigkeit noch stärker Massencharakter annehmen. Dies wird den Konsumgütermarkt weiter einengen. Die Agrarkrise vermindert die Kaufkraft der Bauernschaft und der Farmer. Es wird also keine „goldenen 60er“ geben, wie amerikanische Ökonomen prophezeit haben. Ein Wachstum der Produktion um 6 Prozent, wie das Organ der amerikanischen Großbourgeoisie „Fortune“ voraussagt, ist unreal.

In den Ländern, die den Kriegsauswirkungen ausgesetzt waren und daher wesentlich später die Wiederherstellung ihrer Wirtschaft in Angriff nahmen, ist ein lang anhaltender Aufschwung ebenfalls nicht möglich. Die Wirtschaft des Kapitalismus erinnert heute auf Grund des Wirkens seiner inneren Entwicklungsgesetze mehr an die Wirtschaft der dreißiger Jahre als an die der fünfziger Jahre. Im ökonomischen Wettbewerb ist dem Sozialismus der Sieg sicher.

2. Die sozialistische Welt hat einheitliche Ziele; die Erfolge jedes einzelnen Landes tragen zur Festigung aller übrigen Länder bei; die sozialistischen Länder sind durch die ihnen gemeinsame Ideologie des Marxismus-Leninismus geeint.

Die kapitalistische Welt dagegen wird von zahllosen Widersprüchen wie dem Widerspruch zwischen den imperialistischen Mächten selbst, zwischen dem Imperialismus und den sich befreienden Völkern der Kolonien usw. zerrissen. Innerhalb der Länder geht der Kampf zwischen Arbeit und Kapital. In den imperialistischen Staaten verschärft sich der Widerspruch zwischen den Monopolisten und allen anderen Klassen und Schichten der Gesellschaft.

3. In den sozialistischen Ländern entwickelt sich sowohl die materielle als auch die wissenschaftlich-technische Basis schneller als im Kapitalismus, da sie hier den Interessen der Gesellschaft im ganzen dient, während sie im Kapitalismus untergeordnet ist.

Die Sowjetunion hat bereits die führenden kapitalistischen Länder auf wichtigen Gebieten der Wissenschaft und Technik überholt. Dies hat die Verteidigungsfähigkeit der UdSSR und der gesamten sozialistischen Welt gestärkt. Wenn auch die Kriegsbrandstifter noch so sehr zu einem Überfall auf die Sowjetunion aufrufen, so ist doch anzunehmen, daß die verantwortlichen Staatsmänner es sich sehr gründlich überlegen werden, ob sie es sich leisten können, das Ende des Kapitalismus durch die Entfesselung eines dritten Weltkrieges schneller herbeizuführen.

Der Sozialismus wird also zwangsläufig immer mehr zum ausschlaggebenden Faktor der Entwicklung in der Welt. In gewissem Sinne ist er es schon, wie oben ausgeführt wurde, ist doch die gesamte Politik der herrschenden Klassen der imperialistischen Länder und ihrer Satelliten auf die Erhaltung der kapitalistischen Ordnung und auf den Kampf gegen den Sozialismus gerichtet. Jeden Schritt, jede Maßnahme auf dem Gebiet der Ökonomie, der Ideologie und vor allem der Politik betrachten die Imperialisten ausschließlich unter dem Gesichtspunkt: schaden oder nützen sie dem Sozialismus. Eben damit kann man die Tatsache erklären, daß sich die imperialistischen Länder, trotz der zwischen ihnen bestehenden Widersprüche, in Kriegsblocks zusammengeschlossen haben, daß sich auf deutschem Boden amerikanische, englische und französische Militäreinheiten befinden, daß westdeutsche Truppen ihre Manöver in England und Frankreich durchführen, daß die Staatsoberhäupter der „demokratischen" Länder die faschistischen Länder als Zugehörige der „freien" Welt deklarieren und mit ihnen Kriegsbündnisse eingehen und daß die Imperialisten, die Jahrhunderte hindurch skrupellos die Kolonien unterdrückten (und sie auch heute noch ausbeuten, obwohl viele Länder ihre politische Freiheit erkämpft haben), sich als Freunde der wirtschaftlich schwachentwickelten Länder ausgeben.

Aber alle auf die Erhaltung der kapitalistischen Ordnung abzielenden Manöver der herrschenden Klassen sind zum Scheitern verurteilt. Die im „Kapital" ausgearbeitete revolutionäre Theorie des Untergangs des Kapitalismus ist lebendige Gegenwart geworden; in unserer historischen Epoche des Übergangs vom Kapitalismus zum Sozialismus ist der volle Sieg des Marxismus-Leninismus, des Sozialismus und Kommunismus in der ganzen Welt historisch gesichert.

Sachregister

Personenregister

Erschienen im Akademie-Verlag, 108 Berlin, Leipziger Str. 3—4
Lektor: Rainer Sämisch

Lizenznummer: 202 · 100/41/79
Einband und Schutzumschlag: Dietmar Kunz
Gesamtherstellung: VEB Druckerei „Thomas Müntzer", 582 Bad Langensalza
Bestellnummer: 753 470 4 (6486/I—III) · LSV 0306
Printed in GDR
EVP 58,— M für Band 1 bis 3